*Acima de tudo, guarde o seu coração,
pois dele depende toda a sua vida.*

Provérbios 4.23

LEGISLAÇÃO TRIBUTÁRIA

PARA CONCURSOS DA RECEITA FEDERAL

IMPOSTO DE RENDA E IMPOSTO SOBRE PRODUTOS INDUSTRIALIZADOS

MURILLO LO VISCO

LEGISLAÇÃO TRIBUTÁRIA

PARA CONCURSOS DA RECEITA FEDERAL

IMPOSTO DE RENDA E IMPOSTO SOBRE PRODUTOS INDUSTRIALIZADOS

3ª edição, revista e atualizada

Niterói, RJ
2017

© 2017 Editora Impetus Ltda.

Editora Impetus Ltda.
Rua Alexandre Moura, 51 – Gragoatá – Niterói – RJ
CEP: 24210-200 – Telefax: (21) 2621-7007

Conselho Editorial

Ana Paula Caldeira • Benjamin Cesar de Azevedo Costa
Ed Luiz Ferrari • Eugênio Rosa de Araújo • Fábio Zambitte Ibrahim
Fernanda Pontes Pimentel • Izequias Estevam dos Santos
Marcelo Leonardo Tavares • Renato Monteiro de Aquino
Rogério Greco • William Douglas

Projeto Gráfico: Editora Impetus Ltda.
Editoração Eletrônica: Editora Impetus Ltda.
Capa: Editora Impetus Ltda.
Revisão de Português: C&C Criações e Textos Ltda.
Impressão e encadernação: Mark Press Brasil Indústria Ltda.

L774L

    Lo Visco, Murillo, 1975-
        Legislação tributária para concursos da Receita Federal / Murillo Lo Visco. – 3ª ed. - Niterói, RJ : Impetus, 2017.
        768 p.; 16 x 23 cm.

    ISBN: 978-85-7626-917-5

    1. Serviço público – Brasil - Concursos. 2. Direito tributário - Brasil – Problemas, questões, exercícios. I. Título.

                                      CDD- 351.81076

José Carlos dos Santos Macedo - Bibliotecário CRB7 nº 3.575

O autor é seu professor; respeite-o: não faça cópia ilegal.
TODOS OS DIREITOS RESERVADOS – É proibida a reprodução, salvo pequenos trechos, mencionando-se a fonte. A violação dos direitos autorais (Lei nº 9.610/1998) é crime (art. 184 do Código Penal). Depósito legal na Biblioteca Nacional, conforme Decreto nº 1.825, de 20/12/1907.

A **Editora Impetus** informa que quaisquer vícios do produto concernentes aos conceitos doutrinários, às concepções ideológicas, às referências, à originalidade e à atualização da obra são de total responsabilidade do autor/atualizador.

www.impetus.com.br

*À Bel, companheira sempre presente,
incentivadora e provedora da paz de espírito necessária
para a realização de mais esse projeto.
E aos pequenos Bianca e Matteo, que chegaram para
nos alegrar e para dar ainda mais sentido às nossas vidas.*

*Muitas coisas não ousamos empreender
por parecerem difíceis; entretanto, são difíceis
porque não ousamos empreendê-las.*

(Sêneca)

Agradecimentos

"Meu primeiro contato com o mestre Murillo foi logo após a publicação do edital do concurso de Auditor-Fiscal da Receita Federal do Brasil de 2012. Em pouco tempo o professor Murillo Lo Visco lançou um curso em PDF que surpreendeu a todos por conseguir reunir de uma só vez todos os atributos necessários para um bom desempenho em uma prova de alto nível: objetivo, completo e didático. Se em pouco tempo o professor Murillo conseguiu fazer um curso desse nível (uma verdadeira obra-prima, acreditem!), imaginem a qualidade deste livro, que foi feito com muito estudo, dedicação e sensibilidade à demanda de milhares de concurseiros que buscam uma boa performance nesta disciplina. Não tenho dúvidas em recomendar esta obra! Um abraço a todos e mergulhem de cabeça nos estudos."

Thomas Jorgensen
1º colocado no concurso de 2012
para Auditor-Fiscal da RFB

"Nos concursos de 2012 para cargos da Receita Federal do Brasil, a disciplina Legislação Tributária era uma novidade. Na minha preparação pude contar com o material produzido pelo professor Murillo Lo Visco, que se destaca pela qualidade, pela abordagem dos assuntos com o aprofundamento ideal, pelos exercícios e pelos diversos exemplos apresentados."

Juliana Brandão Brasil
12ª colocada no concurso de 2012
para Analista-Tributário da RFB

"Conheci o material do Murillo Lo Visco estudando para o concurso de Analista da Receita Federal em 2012 e de imediato me agradou, pois oferecia tudo que considero fundamental em um bom material preparatório: completo, mas sem perder o foco na prova; elaborado com zelo, sem erros, mostrando o cuidado e carinho com que foi escrito. Estava aprendendo a estudar para a Receita Federal e sabia que podia confiar que estava estudando pelo melhor material de Legislação Tributária a disposição. Em 2014, mais uma vez busquei a ajuda do Murillo para tentar a aprovação para Auditor. Acredito que sua ajuda foi fundamental para minha aprovação na 5ª colocação. Para mim não foi nenhuma surpresa a transformação daquele excelente material em livro, de aquisição obrigatória para quem deseja se tornar Auditor-Fiscal da Receita Federal do Brasil."

Rafael Soares Cruz
5º colocado no concurso de 2014
para Auditor-Fiscal da RFB

"São vários os motivos pelos quais os candidatos aos cargos de Auditor-Fiscal da Receita Federal do Brasil (AFRFB) e Analista-Tributário da Receita Federal do Brasil (ATRFB) devem se dedicar com especial zelo à disciplina de Legislação Tributária. É certo que sua cobrança veio para ficar, pois é assunto diretamente ligado à prática dos futuros AFRFB e ATRFB. É uma matéria que exige preparação bastante antecipada, devido à sua extensão e complexidade. A velocidade das inovações nessa seara é incrível. E, por fim, tem sido uma das disciplinas mais decisivas no certame, aquela que tem definido quem lograra êxito na conquista do cargo de seus sonhos, e quem ficará de fora (às vezes, por muito pouco).

Pensando nisso, e já atenta aos novos moldes de abordagem da matéria desde o concurso de 2012, percebi que deveria ser muito criteriosa na escolha do material utilizado e ter muito foco ao desenvolver os estudos. Felizmente, eu me encantei com a conjugação perfeita de simplicidade nas explicações e riqueza de informações deste livro do professor Murillo Lo Visco, e o adotei como minha fonte primária de estudos. Hoje vejo que ter confiado nesta escolha foi determinante! Saltei de olhos fechados nas páginas deste livro e, como resultado, mergulhei no maior sucesso da minha vida! O livro foi crucial para o meu bom aproveitamento na prova de Legislação Tributária porque me muniu com uma ótima base de conhecimento e direcionamento dos estudos, que, claro, foi expandida pelas imprescindíveis consultas à literalidade dos dispositivos legais.

Longe de exigir mera memorização de dispositivos do Código Tributário Nacional, da Constituição Federal e dos Regulamentos do Imposto de Renda e do Imposto sobre Produtos Industrializados, as últimas provas aplicadas pela Esaf sinalizaram que o que se espera do concursando é uma visão ampla e multifuncional da legislação tributária federal. Ficou explícito que se pretende captar um futuro servidor que esteja disposto a acompanhar o dinamismo das inovações legais, doutrinárias e jurisprudenciais. Não adianta brigar com a prova, candidato! Essa inovação da banca veio em boa hora e está perfeitamente harmonizada com os objetivos de uma administração federal que se pretende moderna e gerencial. Então, o conselho que deixo aqui é que selecione bem suas fontes de estudo, a começar por esta obra. Além de um livro completo, atualizado e de altíssima qualidade, como este que tem em mãos, e da leitura dos próprios regulamentos que regem os tributos federais, recomendo que esteja atento aos aplicativos disponibilizados pela própria Receita Federal do Brasil (como o "Normas"), às mais relevantes decisões e atos judiciais e da própria administração federal e, claro, às notícias relacionadas aos novos desenhos do cenário tributário nacional. Se bem direcionada e organizada, esta será uma tarefa interessante, que certamente encherá de ânimo o candidato realmente vocacionado à fiscalização tributária federal. Aproveite ao máximo esta leitura com ânimo e disciplina!"

Bruna Adalgiza Martins Queiroz
18ª colocada no concurso de 2014
para Auditor-Fiscal da RFB

O Autor

Murillo Lo Visco é Auditor-Fiscal da Receita Federal do Brasil (AFRFB), aprovado em 1º lugar no concurso de 2005 para as Unidades Centrais da Receita Federal. Tomou posse e entrou em exercício como AFRFB na Coordenação-Geral de Tributação. Atualmente, exerce mandato de julgador na Delegacia da Receita Federal de Julgamento em Florianópolis/SC. Formou-se em Engenharia Civil pela Escola Politécnica da USP, e em Direito pela Universidade Federal de Santa Catarina. É professor de Direito Tributário e Legislação Tributária Federal no site do Ponto dos Concursos e em cursos preparatórios do sul do País.

Prefácio

A identificação do professor Murillo Lo Visco com o concurso da Receita Federal do Brasil (RFB) e com a disciplina de Legislação Tributária é imensa. No concurso de 2005 para Auditor-Fiscal da Receita Federal do Brasil (AFRFB), Murillo foi aprovado em primeiro lugar para as Unidades Centrais.

Passou um tempo trabalhando no Coordenação-Geral de Tributação com o PIS/Pasep e a Cofins, além de chefiar a Divisão especializada no IPI. Posteriormente, foi trabalhar na Delegacia de Julgamento de Florianópolis, com o IRPJ e com demais assuntos relacionados à tributação da pessoa jurídica.

Em relação à sua atuação como professor, quando ministrávamos aulas em um curso presencial de Brasília e vi o material de acompanhamento das aulas de Direito Tributário do Murillo, fiquei impressionado com a riqueza de detalhes, a didática e a qualidade do texto.

Algum tempo depois, Murillo foi convidado para ministrar um curso *on-line* de Legislação Tributária no Ponto dos Concursos. O edital da Receita Federal do Brasil havia acabado de sair com essa nova disciplina e Murillo fez um curso excelente, novamente com grande riqueza de detalhes e uma linguagem de fácil compreensão a todos.

Há que se ressaltar que a disciplina de Legislação Tributária está diretamente relacionada ao trabalho na RFB, sendo, sem dúvida alguma, uma das disciplinas mais importantes para candidatos que almejam um cargo nessa instituição.

Diferentemente de outros concursos, os concursos da RFB possuem candidatos de todo o País, que estudam com antecedência, independentemente da publicação do edital.

Este livro traz todo o conteúdo programático de Legislação Tributária cobrado no concurso da Receita Federal do Brasil, sendo um material fundamental na sua preparação para esse concurso.

Com certeza, esta obra é indispensável a você, candidato a um cargo da RFB (Auditor-Fiscal ou Analista-Tributário), que deseja ser aprovado em um dos concursos mais disputados do país.

Moraes Junior
Auditor-Fiscal da Receita Federal e
Professor do Curso Ponto dos Concursos

Nota do Autor à 3ª Edição

Novamente, é com grande alegria que oferecemos mais uma edição ao público interessado no estudo da Legislação do Imposto de Renda e do IPI, em especial aos candidatos a um cargo na Receita Federal do Brasil.

Desta vez, mais de um ano se passou desde a publicação da última edição. Tratando-se de legislação tributária federal, esse seria um período longo o suficiente para a produção de diversas alterações legislativas. No entanto, não foi o que aconteceu, certamente por conta da turbulência política e do ambiente de incerteza que se abateu sobre o País desde meados de 2015.

Entre as poucas inovações legislativas originadas no período, maior destaque deve ser dado à alteração do regime de tributação das chamadas bebidas quentes, advinda com a publicação da Medida Provisória nº 690, de 2015, convertida na Lei nº 13.241, de 2015 (item 71.2).

Também há que se destacar que a Lei nº 13.259, de 2016, alterou o art. 21 da Lei nº 8.981, de 1995, para fins de introduzir a progressividade nas alíquotas do Imposto de Renda incidente sobre o ganho de capital percebido por pessoa física em decorrência da alienação de bens e direitos, submetido ao regime de tributação definitiva do Imposto (Capítulo 15).

Com a publicação da Lei nº 13.149, de 2015, o legislador fez um ajuste nas regras de incidência do IRPF sobre os rendimentos recebidos acumuladamente, previstas no art. 12-A da Lei nº 7.713, de 1988. Mas não se trata propriamente de uma alteração, pois a essência da previsão anterior foi mantida. Trata-se, sim, de uma ampliação dos efeitos da alteração legislativa promovida em 2010. Desta vez, o legislador apenas reconheceu que o efeito indesejado, e que motivou as mudanças feitas em 2010, também se verificava em relação a outras espécies de rendimento, e não somente quanto aos decorrentes do trabalho ou aos pagos pela Previdência Social (item 9.2.6).

Outra situação relevante, e que contou com significativa repercussão na mídia, foi o fim da isenção do Imposto de Renda incidente na fonte sobre os valores remetidos ao exterior destinados à cobertura de gastos de pessoas físicas residentes no País em viagens de turismo, negócios, serviço, treinamento ou missões oficiais. Com o esgotamento do prazo de isenção, em 31 de dezembro de 2015, essas remessas ao exterior passaram a se sujeitar à regra geral de incidência para essa espécie de rendimento, submetendo-se à alíquota de 25%, gerando grande apreensão para o setor de turismo. No entanto, atendendo ao pleito do setor, foi editada a Medida Provisória nº 713, de 1º de março de 2016, convertida na Lei nº 13.315, de 2016, que reduziu para 6% a alíquota do Imposto incidente sobre as referidas remessas, sob condições bem determinadas (item 43.5.4).

Outro ponto a destacar é o fato de que a Lei nº 13.202, de 2015, estendeu a possibilidade de utilização das contribuições para a previdência privada, para fins de dedução da base de cálculo mensal do IRPF, também para o caso de as referidas contribuições serem retidas na fonte no momento do pagamento dos proventos de aposentadoria e pensão. Antes da nova previsão legal, essa dedução somente era autorizada quanto às contribuições retidas na fonte quando do pagamento de rendimentos decorrentes do trabalho com vínculo empregatício ou de administradores (item 13.4.1).

Quanto à incidência do IRPJ sobre os resultados positivos obtidos por meio de sociedades coligadas domiciliadas no exterior, a Lei nº 13.259, de 2016, introduziu o art. 82-A na Lei nº 12.973, de 2014, facultando à pessoa jurídica domiciliada no Brasil oferecer esses resultados à tributação já no balanço de 31 de dezembro do ano-calendário em que os lucros tenham sido apurados pela empresa domiciliada no exterior, e não apenas na data em que lhe forem pagos os dividendos, conforme a regra geral para situações dessa natureza.

E aproveitando o ensejo da publicação da Instrução Normativa RFB nº 1.585, de 31 de agosto de 2015, e da Instrução Normativa RFB nº 1.455, de 6 de março de 2014, foram reescritos o item 43.5 e o Capítulo 44, que tratam da incidência do IR na fonte sobre as remessas ao exterior e da tributação das operações financeiras, respectivamente.

No campo da jurisprudência, o STJ proferiu uma importante decisão em matéria de Imposto de Renda no julgamento do REsp nº 1.116.460, abrangido pela sistemática de recursos repetitivos. Nessa oportunidade, o STJ entendeu que a indenização decorrente de desapropriação não encerra ganho de capital, em razão de a propriedade ser transferida ao Poder Público por valor justo e determinado pela Justiça a título de indenização, não ensejando lucro, mas mera reposição do valor do bem expropriado. Dessa forma, foi afastada a incidência do Imposto de Renda sobre as verbas auferidas a título de indenização advinda de desapropriação, seja por utilidade pública ou por interesse social (Capítulo 15 e item 37.4.2).

E mais uma decisão importante foi proferida pelo STJ em relação à incidência do IPI sobre os produtos de procedência estrangeira na saída do estabelecimento do importador. Trata-se do julgamento de embargos de divergência no REsp nº 1.403.532, realizado em 14/10/2015, ocasião em que a matéria foi decidida a favor da Fazenda Nacional, no âmbito da sistemática de recursos repetitivos (item 55.4.1.a).

Tratando da incidência do IPI na importação, em sessão realizada no dia 03/02/2016, o plenário do STF julgou o mérito do RE nº 723.651, confirmando a incidência do Imposto na hipótese em que o importador é pessoa física. Com isso, o STF modificou o entendimento que o próprio Tribunal vinha adotando, e impôs essa alteração de posicionamento ao STJ, conforme ficou evidente, por exemplo, no julgamento do AgRg no REsp nº 1.505.960, em 10/05/2016 (item 54.1).

Quanto à abrangência da base de cálculo do IPI, por ocasião do julgamento dos RE nº 567.935 e nº 881.908, o STF firmou entendimento no sentido da inconstitucionalidade formal do art. 15 da Lei nº 7.798, de 1989, quanto à inclusão de descontos incondicionais e do valor do frete na base de cálculo do IPI (item 59.1).

Antes de encerrar, quero mais uma vez agradecer aos vários leitores que colaboraram com este trabalho de atualização, enviando mensagens contendo observações relativas à obra para meu e-mail murillo@pontodosconcursos.com.br, ou mesmo através do facebook. Quero aproveitar para dirigir um agradecimento especial ao Tiago Strapazzon Severo pela sua grande contribuição no aperfeiçoamento desta edição.

Por fim, informo que esta edição encontra-se atualizada de acordo com a legislação vigente em 10 de janeiro de 2017.

Nota do Autor à 2ª Edição

É com muita satisfação que ofereço a você, candidato a um cargo na Receita Federal do Brasil, a 2ª edição desta obra. Ela é fruto de um intenso e constante esforço de atualização do trabalho iniciado em 2012, e convertido em livro em 2014.

É verdade que apenas um ano se passou desde a publicação da 1ª edição desta obra. No entanto, em se tratando da legislação do Imposto de Renda e do IPI, é tempo mais que suficiente para a introdução de diversas alterações no ordenamento jurídico.

Entre as inovações contempladas nesta 2ª edição, destaco a exposição relativa ao conteúdo das Leis nº 12.973, de 2014, nº 13.043, de 2014 e nº 13.097, de 2015. Também destaco a publicação da Instrução Normativa RFB nº 1.500, de 2014, que apresenta uma excelente consolidação da legislação do IRPF, e da Instrução Normativa RFB nº 1.515, de 2015, que disciplinou importantes aspectos relativos ao IRPJ.

No campo da jurisprudência, merece destaque a conclusão do julgamento de mérito no Recurso Extraordinário nº 183.130, que validou a combatida Súmula STF nº 584. Também ressalto a decisão da Primeira Seção do STJ em litígio envolvendo a incidência do IPI na revenda de produto de procedência estrangeira, pelo estabelecimento importador.

Antes de encerrar, quero agradecer aos vários leitores que colaboraram com este trabalho de atualização, enviando mensagens contendo observações relativas à obra para meu e-mail murillo@pontodosconcursos.com.br. As críticas e sugestões que se apresentam para o fim de contribuir com a qualidade da obra serão sempre bem-vindas!

Por fim, cabe alertar que esta edição encontra-se atualizada de acordo com a legislação vigente em 12 de maio de 2015.

Bom estudo a todos!

Nota do Autor à 1ª Edição

Este livro é o resultado de um enorme esforço empreendido para levar o conteúdo da vasta e complexa legislação do Imposto de Renda (IR) e do Imposto sobre Produtos Industrializados (IPI) aos candidatos a cargos na Receita Federal do Brasil.

O trabalho se iniciou em 2012 com a publicação dos editais de concursos públicos para Analista-Tributário e Auditor-Fiscal da Receita Federal do Brasil. Naquela oportunidade, oferecemos cursos *on-line* no site do Ponto dos Concursos, especialmente produzidos de acordo com os editais que haviam sido publicados. A exigência de conhecimentos sobre a Legislação Tributária era uma grande novidade dos editais, e a procura dos candidatos foi maior do que esperávamos, o que me trouxe muita satisfação, mas também acarretou grande responsabilidade.

A produção do curso envolveu um esforço enorme, que no final foi integralmente recompensado, pois dezenas de nossos alunos foram aprovados e hoje ocupam o cargo de Analista-Tributário ou Auditor-Fiscal da Receita Federal do Brasil.

Concluída a preparação para os concursos de 2012, continuamos oferecendo cursos *on-line*, e seguimos com o aperfeiçoamento do material, culminando com a produção deste livro.

No caminho até sua finalização, fundamental foi a participação dos alunos que, a cada dúvida postada no fórum do curso, indicavam os pontos que precisavam de maior esclarecimento, ou mesmo de uma completa reformulação.

Também foi fundamental o empenho do pessoal do Ponto dos Concursos e da Editora Impetus, a quem eu sinceramente agradeço pela valiosa contribuição para a concretização do trabalho.

Espero que este livro seja útil para aqueles que pretendem se preparar com antecedência para a difícil missão de garantir uma vaga no próximo concurso para a Receita Federal do Brasil. Nesse contexto, a Legislação Tributária constitui um conteúdo de grande importância. Além da nota mínima que precisa ser alcançada para evitar a eliminação do concurso, por outros dois motivos entendo que o candidato deve se dedicar com afinco ao estudo da

Legislação Tributária. Primeiro, porque é disciplina de peso 2. Segundo, sendo ela bastante específica, quem vai bem em Legislação Tributária se destaca no meio da multidão. Ou seja, uma única questão sobre a Legislação Tributária pode fazer toda a diferença na classificação final do concurso.

Este livro está dividido em cinco Partes, ao final de cada uma delas há uma lista de exercícios para contribuir com a consolidação dos conhecimentos adquiridos. Quatro partes são dedicadas ao IR, e uma ao IPI. Não que o IPI seja menos importante. Na verdade, o conteúdo do IPI é vasto, estendendo-se ao longo de vinte e sete capítulos. As quatro partes destinadas ao IR se devem à própria estrutura do Regulamento do Imposto de Renda.

Por fim, diante da incessante produção legislativa, é preciso destacar que o livro encontra-se atualizado de acordo com a legislação vigente em 21 de fevereiro de 2014.

Boa sorte na sua jornada até a aprovação!

Sumário

Parte I
Noções Gerais sobre o Imposto de Renda

Capítulo 1 – A Disciplina Constitucional do Imposto de Renda 3
- 1.1. A origem do poder de tributar a renda 3
- 1.2. Princípios constitucionais aplicáveis ao Imposto de Renda 5
  - 1.2.1. Capacidade contributiva como princípio balizador do conceito de renda 5
  - 1.2.2. A isonomia, a capacidade contributiva e a progressividade 6
  - 1.2.3. Capacidade contributiva e vedação ao confisco 8
  - 1.2.4. A generalidade e a universalidade da tributação sobre a renda 9
  - 1.2.5. Irretroatividade e anterioridade do exercício financeiro 10
  - 1.2.6. Anterioridade nonagesimal 17

Capítulo 2 – Normas Gerais em matéria de Imposto de Renda 17
- 2.1. A eficácia do Código Tributário Nacional 18
- 2.2. Fato Gerador do Imposto de Renda 18
- 2.3. Base de Cálculo do Imposto de Renda 20
- 2.4. Contribuinte do Imposto de Renda 21

Capítulo 3 – Conceitos Fundamentais Relativos ao Fato Gerador do Imposto de Renda 22
- 3.1. Aquisição de disponibilidade 22
- 3.2. Disponibilidade econômica ou jurídica 23
- 3.3. Conceito de Renda 24
- 3.4. Proventos de qualquer natureza 26
- 3.5. Acréscimo patrimonial 26

Capítulo 4 – Exercícios da Parte I 31
- 4.1. Gabarito dos exercícios da Parte I 37

Parte II
Imposto de Renda da Pessoa Física

Capítulo 5 – A Legislação do Imposto de Renda da Pessoa Física 41
- 5.1. O Imposto de Renda da Pessoa Física no RIR/99 42
- 5.2. Leis e atos administrativos que dispõem sobre o IRPF 42

Capítulo 6 – Contribuintes do Imposto de Renda da Pessoa Física 43
6.1. Pessoas físicas domiciliadas ou residentes no Brasil 44
6.2. Pessoas físicas domiciliadas ou residentes no exterior 45
6.3. Situações especiais 45
    6.3.1. Menores e outros civilmente incapazes 46
    6.3.2. Sociedade conjugal 47
    6.3.3. Espólio 51
    6.3.4. Bens em condomínio 52
    6.3.5. Transferência de residência entre o Brasil e o exterior 53
    6.3.6. Servidores de representações estrangeiras e de organismos internacionais 56

Capítulo 7 – Responsáveis pelo Imposto de Renda da Pessoa Física 57
7.1. Responsabilidade dos sucessores 58
7.2. Responsabilidade de terceiros 59
    7.2.1. Responsabilidade pela inobservância do dever de boa administração ... 60
    7.2.2. Responsabilidade em razão de atuação infracional de terceiros 61
    7.2.3. Responsabilidade por obrigação de pessoa física que deixa o País 62
7.3. Responsabilidade de menores 63
7.4. Responsabilidade da fonte pagadora 63

Capítulo 8 – Domicílio Fiscal da Pessoa Física 63
8.1. Regras de determinação do domicílio fiscal da pessoa física 64
8.2. Contribuinte ausente do domicílio 66
8.3. Transferência de domicílio 67
8.4. Saída temporária do País 67
8.5. Domicílio de pessoa física residente no exterior 68
8.6. Domicílio de procurador de pessoa física residente no exterior ... 68

Capítulo 9 – Fato Gerador do Imposto de Renda da Pessoa Física 68
9.1. Conceito de rendimento 69
9.2. Rendimentos tributáveis 70
    9.2.1. Rendimentos do trabalho assalariado e assemelhados 71
    9.2.2. Rendimentos do trabalho não assalariado e assemelhados .. 78
    9.2.3. Rendimentos de aluguel 79
    9.2.4. Rendimentos de *royalties* 80
    9.2.5. Rendimentos de pensão judicial 81
    9.2.6. Rendimentos recebidos acumuladamente 81
    9.2.7. Rendimentos da Atividade Rural 84
    9.2.8. Outros rendimentos tributáveis 85

Capítulo 10 – Rendimentos Isentos ou não Tributáveis 87
10.1. Diárias e ajuda de custo 88
10.2. Alimentação, transporte, uniformes e serviços médicos 88
10.3. Contribuições previdenciárias, seguro e pecúlio 88

10.4. Proventos de aposentadoria e pensões 89
    10.4.1. Contribuinte aposentado com 65 anos ou mais 89
    10.4.2. Aposentado portador de moléstia grave ou profissional 90
10.5. Indenizações 91
10.6. Rescisão de contrato de trabalho 92
10.7. Lucros e dividendos 93
10.8. Lucros distribuídos a sócio de optante do Simples Nacional 93
10.9. Ganhos de capital na alienação de bens imóveis 94
10.10. Ganhos de capital na alienação de bens móveis 95
10.11. Bolsas de estudo 95
10.12. Outros rendimentos isentos ou não tributáveis 96

Capítulo 11 – Visão Geral dos Regimes de Tributação do IRPF 100
11.1. Regime de tributação anual 100
11.2. Regime de tributação exclusiva na fonte 101
11.3. Regime de tributação definitiva 102
11.4. Sistema de bases correntes 103

Capítulo 12 – Retenções na Fonte 104
12.1. Regime de retenção por antecipação 105
12.2. Regime de retenção exclusiva 106
12.3. Regimes de retenção x regimes de tributação 106
12.4. Falta de retenção 107
12.5. O papel da DIRF 109

Capítulo 13 – Regime de Tributação Anual 110
13.1. Apuração do imposto no regime anual 110
13.2. Determinação da base de cálculo no regime anual 113
    13.2.1. Rendimentos tributáveis submetidos ao regime anual do IRPF 113
    13.2.2. Deduções da base de cálculo anual do IRPF 114
13.3. Determinação do imposto devido no regime anual 122
    13.3.1. Aplicação da tabela progressiva anual 122
    13.3.2. Deduções do imposto devido 124
13.4. Determinação do saldo de imposto a pagar no regime anual 127
    13.4.1. Retenções na fonte sobre rendimentos submetidos à tributação anual 128
    13.4.2. Recolhimento mensal obrigatório (carnê-leão) 131
    13.4.3. Recolhimento complementar (mensalão) 133
    13.4.4. Imposto pago no exterior 134

Capítulo 14 – Regime de Tributação Exclusiva na Fonte 136

Capítulo 15 – Regime de Tributação Definitiva 138
15.1. Regras permanentes do regime de tributação definitiva 139
15.2. Regime Especial de Regularização Cambial e Tributária (RERCT) 141

Capítulo 16 – Lançamento do Imposto de Renda da Pessoa Física 143

Capítulo 17 – Anexos 146
    17.1.   Deduções da base de cálculo do IRPF – Quadro-resumo 146
    17.2.   Apuração anual do IRPF – Quadro-Resumo 147
    17.3.   Apuração do imposto mensal incidente na fonte sobre rendimentos do trabalho assalariado – Quadro-Resumo 148

Capítulo 18 – Exercícios da Parte II 149
    18.1.   Gabarito dos exercícios da Parte II 171

Parte III
Imposto de Renda da Pessoa Jurídica

Capítulo 19 – A Legislação do Imposto de Renda da Pessoa Jurídica 175
    19.1.   O Imposto de Renda da Pessoa Jurídica no RIR/99 175
    19.2.   Leis e atos administrativos que dispõem sobre o IRPJ 176

Capítulo 20 – Contribuintes do Imposto de Renda da Pessoa Jurídica ... 178
    20.1.   Pessoas jurídicas 179
    20.2.   Equiparação à pessoa jurídica 181
            20.2.1.   Sociedades em conta de participação 181
            20.2.2.   Empresas individuais 182
    20.3.   Quadro síntese dos contribuintes do IRPJ 185

Capítulo 21 – Responsáveis pelo Imposto de Renda da Pessoa Jurídica 185
    21.1.   Responsabilidade dos sucessores 186
            21.1.1.   Responsabilidade dos sucessores em reorganizações societárias 186
            21.1.2.   Responsabilidade dos sucessores em aquisições de fundo de comércio ou estabelecimento 188
    21.2.   Responsabilidade de terceiros 189
            21.2.1.   Responsabilidade pela inobservância do dever de boa administração 189
            21.2.2.   Responsabilidade em razão de atuação infracional de terceiros 191
            21.2.3.   Responsabilidade pelas obrigações de comitentes domiciliados no exterior 192

Capítulo 22 – Domicílio Fiscal da Pessoa Jurídica 193
    22.1.   Regras de determinação do domicílio fiscal da pessoa jurídica 194
    22.2.   Procurador de residente ou domiciliado no exterior 195
    22.3.   Transferência de domicílio 195

Capítulo 23 – Imunidades Relativas ao Imposto de Renda da Pessoa Jurídica 196
    23.1.   Disposições gerais 197
    23.2.   Templos de qualquer culto 197
    23.3.   Imunidade de partidos políticos e entidades sindicais dos trabalhadores 198

23.4. Imunidade das instituições de educação e assistência social 199
23.5. Suspensão da imunidade 201

Capítulo 24 – Isenções Subjetivas do Imposto de Renda da Pessoa Jurídica 202
24.1. Instituições de caráter filantrópico, recreativo, cultural e científico 203
24.2. Empresas estrangeiras de transporte 204
24.3. Associações de Poupança e Empréstimo 204
24.4. Outras entidades isentas 204

Capítulo 25 – Não Incidências Relativas ao Imposto de Renda da Pessoa Jurídica 205
25.1. Sociedades cooperativas 206
    25.1.1. Cooperativas de consumo 206
    25.1.2. Operações estranhas à finalidade da cooperativa 206
    25.1.3. Cooperativas de crédito 206
25.2. Subvenções para investimentos 207
25.3. Prêmio na emissão de debêntures 209

Capítulo 26 – Fato Gerador do Imposto de Renda da Pessoa Jurídica ... 210
26.1. Momento de incidência do imposto 212
26.2. Receitas e rendimentos 212
26.3. Conceito de receita bruta 213
26.4. Ajuste a valor presente de elementos do ativo 215

Capítulo 27 – Determinação do IRPJ Devido 216
27.1. Base de cálculo do IRPJ 217
27.2. Regime de caixa e regime de competência 219
    27.2.1. Inobservância do regime de competência 219
    27.2.2. Exceções ao regime de competência 224
27.3. Período de apuração 227
    27.3.1. Início do negócio 227
    27.3.2. Transformação e continuação 228
    27.3.3. Eventos especiais de incorporação, fusão, cisão ou extinção 228
27.4. Alíquota do IRPJ e adicional do imposto 229
    27.4.1. Alíquota geral 230
    27.4.2. Adicional de 10% 230
    27.4.3. Exemplos de cálculo do imposto devido 231

Capítulo 28 – Lançamento do Imposto de Renda da Pessoa Jurídica 231

Capítulo 29 – Lucro Real 232
29.1. Pessoas jurídicas obrigadas ao Lucro Real 233
29.2. Conceito de lucro real 235
29.3. "Conceito tributário" de lucro líquido 235

29.4. Ajustes do lucro líquido 237
    29.4.1. Ajustes por adição 238
    29.4.2. Ajustes por exclusão 240
    29.4.3. Síntese sobre adições e exclusões ao lucro líquido 241
    29.4.4. Compensação de prejuízos fiscais de períodos anteriores 242
29.5. Exemplo de apuração do imposto no regime de Lucro Real 246
29.6. Apuração anual do lucro real 247
    29.6.1 Estimativa calculada com base na receita bruta mensal e acréscimos ... 248
    29.6.2. Ganhos de capital e outras receitas 250
    29.6.3. Redução ou suspensão do pagamento mensal por estimativa 251
29.7. Isenções e reduções 254
    29.7.1. Mecanismo dos benefícios 255
    29.7.2. Lucro da Exploração 255
    29.7.3. Exemplo de cálculo dos benefícios de isenção ou redução 256
29.8. Livros Fiscais exigidos no regime de Lucro Real 257
    29.8.1. Livros para registro de inventário e registro de entradas 258
    29.8.2. Livro de Apuração do Lucro Real 258
    29.8.3. Conservação de livros e comprovantes 261

Capítulo 30 – Dedutibilidade de Custos, Despesas e Encargos 261

30.1. Regra geral de dedutibilidade 262
30.2. Aplicações de capital 263
30.3. Depreciação 263
30.4. Amortização 267
30.5. Despesas pré-operacionais ou pré-industriais 268
30.6. Exaustão 268
30.7. Despesas com juros na aquisição de bens do ativo não circulante 269
30.8. Despesas com reparos e conservação de bens e instalações 269
30.9. Ajuste a valor presente sobre elementos do passivo 270
30.10. Variações cambiais referentes aos saldos a apropriar decorrentes de ajuste a valor presente 271
30.11. Provisões 272
30.12. Despesa decorrente do teste de recuperabilidade 274
30.13. Gastos de desmontagem de ativo imobilizado 274
30.14. Perdas no recebimento de créditos 275
30.15. Tributos e multas por infrações fiscais 276
30.16. Aluguéis 277
30.17. Distribuição disfarçada de lucros 277
30.18. Arrendamento mercantil financeiro 279
    30.18.1. Ajustes relativos ao arrendamento mercantil financeiro submetido ao controle do Banco Central 280
    30.18.2. Ajustes relativos ao arrendamento mercantil financeiro não submetido ao controle do Banco Central 281

30.19.	*Royalties*	281
30.20.	Juros sobre o capital próprio	282
30.21.	Pagamento a pessoa física vinculada	283
30.22.	Pagamentos sem causa ou a beneficiário não identificado	283
30.23.	Remuneração de administradores	283
	30.23.1. Remuneração de sócios e dirigentes	284
	30.23.2. Remuneração indireta a administradores e terceiros	284
30.24.	Gratificações e participações nos lucros	285
	30.24.1. Gratificações e participações de diretores	285
	30.24.2. Participação dos trabalhadores nos lucros da empresa	285
	30.24.3. Participações estatutárias	285
30.25.	Pagamento baseado em ações	286
30.26.	Despesas com emissão de ações	287
30.27.	Juros pagos a beneficiário no exterior	288
30.28.	Outras despesas dedutíveis	290

Capítulo 31 – Lucro Presumido 291

31.1.	A opção pelo regime do Lucro Presumido	291
31.2.	Pessoas jurídicas autorizadas a optar	292
31.3.	Apuração da base de cálculo do Lucro Presumido	293
	31.3.1. Lucro presumido decorrente da receita bruta	293
	31.3.2. Valores diferidos na apuração do lucro real	296
	31.3.3. Ganhos de capital	297
	31.3.4. Outras receitas e rendimentos tributáveis	297
31.4.	Exemplo de apuração do imposto segundo as regras do Lucro Presumido	298
31.5.	Escrituração fiscal exigida no regime de Lucro Presumido	300

Capítulo 32 – Lucro Arbitrado 301

32.1.	Hipóteses de arbitramento do lucro	301
32.2.	Arbitramento do lucro pelo contribuinte	302
32.3.	Base de cálculo quando conhecida a receita bruta	302
32.4.	Base de cálculo quando não conhecida a receita bruta	303

Capítulo 33 – Omissão de Receita 305

33.1.	Saldo credor de caixa	306
33.2.	Falta de escrituração de pagamentos	309
33.3.	Passivo fictício	310
33.4.	Suprimentos de caixa	310
33.5.	Falta de emissão de nota fiscal	311
33.6.	Levantamento quantitativo por espécie	311
33.7.	Depósitos bancários sem comprovação de origem	312
33.8.	Tratamento tributário da receita omitida	313

Capítulo 34 – Atividade Rural **314**
    34.1. Definição legal de atividade rural 314
    34.2. Receita bruta da atividade rural 315
    34.3. Depreciação integral de bem utilizado na atividade rural 315
    34.4. Compensação de prejuízos fiscais da atividade rural 317

Capítulo 35 – Reorganizações Societárias **318**
    35.1. Conceito legal das operações de reorganização societária 319
    35.2. Responsabilidade tributária de sucessores nas reorganizações societárias 320
    35.3. Momento de tributação nas reorganizações societárias 321
        35.3.1. Transformação e continuação 321
        35.3.2. Incorporação, fusão ou cisão 321
    35.4. Compensação de prejuízos nas reorganizações societárias 322
    35.5. Transferência de incentivos fiscais nas reorganizações societárias 322
    35.6. Tratamento da mais ou menos-valia, do *goodwill* e do ganho decorrente de compra vantajosa nos casos de incorporação, fusão ou cisão 323

Capítulo 36 – Investimentos Avaliados pelo Método do Patrimônio Líquido **323**
    36.1. Dever de avaliar o investimento pelo método do valor de patrimônio líquido 324
    36.2. Tratamento fiscal da contrapartida do ajuste do valor do patrimônio líquido 325
    36.3. Repercussão tributária do recebimento de lucros ou dividendos pela investidora 326
    36.4. Participação societária adquirida com mais-valia, menos-valia ou ágio por rentabilidade futura 327
        36.4.1. Registro da aquisição do investimento com mais-valia, menos-valia ou ágio por rentabilidade futura 328
        36.4.2. Redução da mais ou menos-valia e do *goodwill* 330
        36.4.3. Ajuste decorrente de avaliação a valor justo na investida 330
    36.5. Tratamento da mais ou menos-valia e do *goodwill* no caso de incorporação, fusão ou cisão 333
        36.5.1. Tratamento da mais-valia no caso de incorporação, fusão ou cisão 333
        36.5.2. Tratamento da menos-valia no caso de incorporação, fusão ou cisão 335
        36.5.3. Tratamento do *goodwill* no caso de incorporação, fusão ou cisão 336
    36.6. Ganho proveniente de compra vantajosa 337
        36.6.1. Tratamento do ganho proveniente de compra vantajosa originado na aquisição de participação societária avaliada pelo MEP 338
        36.6.2. Tratamento do ganho proveniente de compra vantajosa originado nos demais casos de combinação de negócios 339
    36.7. Aquisição de participações societárias em estágios 339
        36.7.1. Efeitos tributários da aquisição de controle de empresa na qual se detinha participação societária anterior 340

36.7.2. Efeitos tributários decorrentes de incorporação, fusão ou cisão de empresa controlada adquirida em estágios 341
36.7.3. Efeitos tributários decorrentes de incorporação, fusão ou cisão de empresa não controlada na qual se detinha participação societária anterior 342

Capítulo 37 – Ganhos de Capital 343

37.1. Influência da depreciação acelerada incentivada no cálculo do ganho de capital 343
37.2. Devolução de capital em bens ou direitos 346
37.3. Vendas a longo prazo 347
37.4. Ganhos em desapropriação 348
    37.4.1. Imunidade do ganho de capital na desapropriação para fins de reforma agrária 348
    37.4.2. Diferimento do ganho de capital nos demais casos de desapropriação 348
37.5. Perdas em operações de *lease back* 350
37.6. Perdas na alienação ou baixa de investimento oriundo de incentivo fiscal 350
37.7. Resultado na alienação de participações societárias 351
    37.7.1. Alienação de investimento avaliado pelo custo de aquisição 351
    37.7.2. Alienação de investimento avaliado pelo método de equivalência patrimonial 351
37.8. Variação no percentual de participação societária 352
37.9. Subscrição de capital social mediante conferência de bens 354
    37.9.1. Ganho na subscrição de capital 354
    37.9.2. Perda na subscrição de capital 356

Capítulo 38 – Avaliação a valor justo 358

38.1. Ganhos decorrentes da avaliação a valor justo 358
38.2. Perdas decorrentes da avaliação a valor justo 360
38.3. Reflexos da avaliação a valor justo na determinação das estimativas mensais e da base de cálculo do Lucro Presumido e Arbitrado 360

Capítulo 39 – Preços de Transferência 361

39.1. Preços de transferência nas operações comerciais 362
    39.1.1. Preços de transferência nas operações de importação 364
    39.1.2. Preços de transferência nas operações de exportação 368
39.2. Preços de transferência nas operações financeiras 371
    39.2.1. Empréstimo contraído junto à pessoa vinculada no exterior 371
    39.2.2. Empréstimo concedido à pessoa vinculada no exterior 372
39.3. Aspectos subjetivos dos preços de transferência 372
    39.3.1. Pessoa Vinculada 372
    39.3.2. Pessoa residente em país com tributação favorecida 373
    39.3.3. Pessoa residente no exterior, beneficiária de regime fiscal privilegiado 374

Capítulo 40 – Lucros, Rendimentos e Ganhos de Capital obtidos no Exterior.. **375**
40.1. Regime de apuração da base de cálculo do imposto de pessoa jurídica que aufere lucros, rendimentos ou ganhos de capital oriundos do exterior 375
40.2. Rendimentos e ganhos de capital auferidos no exterior diretamente pela pessoa jurídica domiciliada no Brasil 376
40.3. Lucros auferidos no exterior por intermédio de filiais, sucursais, controladas ou coligadas de pessoas jurídicas domiciliadas no Brasil 376
    40.3.1. Regras aplicáveis à pessoa jurídica controladora domiciliada no Brasil 379
    40.3.2. Regras aplicáveis à pessoa jurídica coligada domiciliada no Brasil... 383
40.4. Deduções admitidas..384
    40.4.1. Deduções da base de cálculo 384
    40.4.2. Deduções do imposto 385
40.5. Pagamento parcelado do imposto 386
40.6. Breve resumo das alterações da legislação referente à tributação em bases universais 387
40.7. Tratados internacionais para evitar dupla tributação....................................388

Capítulo 41 – Planejamento Tributário **389**

Capítulo 42 – Exercícios da Parte III **397**
42.1. Gabarito dos exercícios da Parte III 433
42.2. Justificativa da Esaf para anulação de questão do concurso de 2012...........434

Parte IV
Tributação na Fonte e sobre Operações Financeiras

Capítulo 43 – Tributação na Fonte.. **439**
43.1. Rendimentos sujeitos à tabela progressiva 439
    43.1.1. Rendimentos do trabalho assalariado 440
    43.1.2. Rendimentos do trabalho não assalariado..................................... 440
    43.1.3. Rendimentos de aluguéis e *royalties*... 441
    43.1.4. Remuneração, gratificação e participação de administrador............ 441
    43.1.5. Décimo terceiro salário 442
    43.1.6. Rendimentos recebidos acumuladamente..................................... 442
43.2. Rendimentos de pessoas jurídicas sujeitos a alíquotas específicas................443
    43.2.1. Serviços profissionais prestados por pessoas jurídicas..................... 444
    43.2.2. Serviços de limpeza, conservação, segurança, vigilância e locação de mão de obra.. 444
    43.2.3. Mediação de negócios, propaganda e publicidade 444
    43.2.4. Pagamentos a cooperativas de trabalho e associações profissionais... 445
    43.2.5. Serviços de assessoria creditícia, mercadológica, gestão de crédito, seleção e riscos e administração de contas a pagar e a receber 445
    43.2.6. Pagamentos efetuados por órgãos públicos federais 446

43.3. Rendimentos de Participações Societárias 446
    43.3.1. Lucros ou Dividendos 446
    43.3.2. Juros sobre o capital próprio 446
    43.3.3. Rendimentos de partes beneficiárias ou de fundador 447
43.4. Outros rendimentos de residentes no País 447
    43.4.1. Pagamento a beneficiário não identificado 447
    43.4.2. Remuneração indireta paga a beneficiário não identificado 448
    43.4.3. Participação nos lucros 448
    43.4.4. Loterias e outros prêmios 449
    43.4.5. Títulos de capitalização 449
    43.4.6. Rendimentos de proprietários e criadores de cavalos de corrida 449
    43.4.7. Juros e lucros cessantes 450
    43.4.8. Rendimento decorrente de decisão da Justiça Federal 450
    43.4.9. Multas por rescisão de contratos 450
43.5. Rendimentos de residentes ou domiciliados no exterior 451
    43.5.1. Regras gerais de incidência 451
    43.5.2. Regras específicas de incidência à alíquota de 15% 452
    43.5.3. Regras específicas de incidência à alíquota de 15%, mesmo na hipótese em que o beneficiário esteja domiciliado em paraíso fiscal 453
    43.5.4. Regra específica de incidência à alíquota de 6% 453
    43.5.5. Rendimentos beneficiados com alíquota zero 454
    43.5.6. Rendimentos beneficiados com alíquota zero%, mesmo na hipótese em que o beneficiário esteja domiciliado em paraíso fiscal 455
    43.5.7. Isenções e não incidências 457

Capítulo 44 – Tributação das Operações Financeiras 458
44.1. Tributação das aplicações em fundos de investimento 460
    44.1.1. Norma geral de tributação dos rendimentos de aplicações em fundos de investimento 460
    44.1.2. Fundos de investimento em ações 462
    44.1.3. Fundos de Investimento em Participações em Infraestrutura (FIP-IE) e Fundos de Investimento em Participação na Produção Econômica Intensiva em Pesquisa, Desenvolvimento e Inovação (FIP-PD&I) 462
    44.1.4. Fundos de Investimento com Carteira em Debêntures 463
    44.1.5. Fundos de investimento imobiliário 463
44.2. Tributação das aplicações em títulos e valores mobiliários 463
    44.2.1. Tributação das aplicações em títulos e valores mobiliários realizadas fora de bolsa 463
    44.2.2. Tributação das aplicações em títulos e valores mobiliários realizadas em bolsas de valores, mercadorias e futuros 466
44.3. Tributação das aplicações de residentes ou domiciliados no exterior 467
    44.3.1. Regime Geral 468
    44.3.2. Regime Especial 468

Capítulo 45 – Exercícios da Parte IV 470
    45.1. Gabarito dos exercícios da Parte IV 475

PARTE V
Imposto sobre Produtos Industrializados

Capítulo 46 – Considerações Iniciais.. 479

Capítulo 47 – Legislação do IPI 480

Capítulo 48 – Princípios Constitucionais Aplicáveis ao IPI.................. 480
    48.1. Legalidade tributária..481
    48.2. Anterioridade do exercício financeiro.......................................481
    48.3. Noventena 482
    48.4. Uniformidade geográfica da tributação 484
    48.5. Seletividade 484
    48.6. Não cumulatividade 484

Capítulo 49 – Imunidades Relativas ao IPI... 488
    49.1. Imunidade recíproca..489
    49.2. Imunidades subjetivas 491
    49.3. Imunidade do livro, jornal, periódico e do papel utilizado em sua impressão 492
    49.4. Imunidade na exportação de produtos industrializados............494

Capítulo 50 – Industrialização.. 496
    50.1. Características e modalidades de industrialização 497
        50.1.1. Transformação.. 497
        50.1.2. Beneficiamento 498
        50.1.3. Montagem... 498
        50.1.4. Acondicionamento ou reacondicionamento 499
        50.1.5. Renovação ou recondicionamento 500
        50.1.6. Síntese do conceito de industrialização e suas modalidades 500
    50.2. Exclusões do conceito de industrialização 501

Capítulo 51 – Campo de Incidência do IPI 505

Capítulo 52 – Classificação de Produtos 507
    52.1. Estrutura da nomenclatura de classificação de produtos 508
        52.1.1. Desdobramentos de interesse nacional na TIPI 510
        52.1.2. Repercussão de alterações na NCM............................ 511
        52.1.3. Visão geral da estrutura da classificação de produtos 513
    52.2. Regras Gerais de Interpretação (RGI) 513
        52.2.1. Primeira Regra para Interpretação do SH (RGI-1) 514
        52.2.2. Segunda Regra para Interpretação do SH (RGI-2) 515
        52.2.3. Terceira Regra para Interpretação do SH (RGI-3) 516
        52.2.4. Quarta Regra para Interpretação do SH (RGI-4) 519
        52.2.5. Quinta Regra para Interpretação do SH (RGI-5) 519

        52.2.6.   Sexta Regra para Interpretação do SH (RGI-6) 520
        52.2.7.   Quadro sinótico das Regras Gerais para Interpretação do SH 521
  52.3.   Regras Gerais Complementares da NCM 522
        52.3.1.   Regra Geral Complementar nº 1 (RGC-1) 522
        52.3.2.   Regra Geral Complementar nº 2 (RGC-2) 523
  52.4.   Elementos subsidiários para classificação 523
  52.5.   Elementos de classificação específicos da TIPI 524
        52.5.1.   Regra Geral Complementar da TIPI (RGC/TIPI) 524
        52.5.2.   Notas Complementares da TIPI 525

Capítulo 53 – Redução e Majoração do IPI 527

Capítulo 54 – Contribuintes do IPI 529
  54.1.   Importador de produtos de procedência estrangeira 530
  54.2.   Pessoa física ou jurídica que descumpre a condição de utilização do papel imune 531

Capítulo 55 – Estabelecimentos Industriais e Equiparados a Industrial 532
  55.1.   Estabelecimento industrial 533
  55.2.   Autonomia dos estabelecimentos 533
  55.3.   Conceito de estabelecimentos atacadistas e varejistas 534
  55.4.   Estabelecimentos equiparados a industrial 535
        55.4.1.   Hipóteses de equiparação a industrial 536
        55.4.2.   Equiparados a industrial por opção 548

Capítulo 56 – Responsabilidade Tributária em Relação ao IPI 549
  56.1.   Responsáveis pelo IPI por imputação legal 550
  56.2.   Responsabilidade pelo IPI por substituição 553
  56.3.   Responsabilidade solidária em relação ao IPI 556

Capítulo 57 – Domicílio Fiscal em Relação ao IPI 559
  57.1.   Domicílio fiscal segundo a espécie de sujeito passivo 559
  57.2.   Regra subsidiária para definição do domicílio fiscal 560
  57.3.   Recusa do domicílio eleito pelo sujeito passivo 560
  57.4.   Síntese das regras de definição do domicílio fiscal em relação ao IPI 560

Capítulo 58 – Fato Gerador do IPI 561
  58.1.   A arrematação de produto apreendido ou abandonado 562
  58.2.   A interpretação da hipótese de incidência do IPI 563
  58.3.   Momento de ocorrência do fato gerador do IPI 564
        58.3.1.   Produtos vendidos por intermédio de ambulantes 564
        58.3.2.   Saída de armazém-geral 565
        58.3.3.   Saída da repartição aduaneira diretamente a terceiros 566
        58.3.4.   Remessa de produto industrializado por encomenda a estabelecimento diverso do encomendante 567
        58.3.5.   Executor da encomenda que adquire os produtos resultantes da industrialização por encomenda 567

        58.3.6. Saída de bens de produção dos associados para as suas cooperativas 568
        58.3.7. Saída simbólica de álcool das usinas produtoras 568
        58.3.8. Industrialização fora do estabelecimento 570
        58.3.9. Desvio de finalidade do papel imune 570
        58.3.10. Produto que não é exportado após ter sido remetido a empresa comercial exportadora 570
        58.3.11. Consumo no próprio estabelecimento industrial 571
        58.3.12. Produto que permanece no estabelecimento mesmo depois de emitida a nota fiscal 571
        58.3.13. Mercadorias importadas que permanecem em recinto alfandegado além do prazo permitido 572
        58.3.14. Descumprimento de condição para benefício fiscal 572
    58.4. Hipóteses de não ocorrência do fato gerador do IPI 573
        58.4.1. No desembaraço aduaneiro 573
        58.4.2. Em relação a saídas do estabelecimento contribuinte 574

Capítulo 59 – Base de Cálculo do IPI 576
    59.1. Valor tributável 576
    59.2. Valor tributável no caso de consignação mercantil 578
    59.3. Valor tributável no caso de ausência de valor da operação 578
    59.4. Valor tributável no recondicionamento de produto usado 579
    59.5. Valor tributável mínimo 579
    59.6. Arbitramento do Valor Tributável 581

Capítulo 60 – Créditos da Não Cumulatividade do IPI 581
    60.1. Créditos básicos 582
        60.1.1. Créditos decorrentes da aquisição de insumos tributados 583
        60.1.2. Créditos na industrialização por encomenda 586
        60.1.3. Créditos relativos ao imposto pago no desembaraço aduaneiro 588
        60.1.4. Créditos do estabelecimento equiparado a industrial que recebe produtos importados diretamente da repartição aduaneira 589
        60.1.5. Créditos do estabelecimento comercial equiparado a industrial por opção 590
        60.1.6. Regra genérica de direito ao crédito para estabelecimentos equiparados a industrial 590
        60.1.7. Créditos na hipótese de descumprimento de condição à que esteja vinculada a imunidade, a isenção ou a suspensão 590
        60.1.8. Créditos nas remessas simbólicas 591
        60.1.9. Créditos nas remessas de terceiros para armazém-geral ou depósito fechado 591
        60.1.10. Créditos nas aquisições junto a fornecedor não contribuinte do IPI 592
        60.1.11. Vedação ao creditamento na aquisição junto a fornecedor optante do Simples Nacional 593
        60.1.12. Vedação ao creditamento na aquisição de bens do ativo permanente 593

60.2.	Créditos por devolução ou retorno de produtos		593
	60.2.1.	Obrigação de emitir nota fiscal de entrada	594
	60.2.2.	Reentrada de produto alugado a terceiros	594
60.3.	Créditos como incentivo		594
60.4.	Créditos de outra natureza		596
60.5.	Anulação do crédito		596
60.6.	Manutenção do crédito		597
60.7.	Utilização dos créditos		597

Capítulo 61 – Crédito Presumido de IPI 598

61.1.	Origem do crédito presumido de IPI		598
61.2.	Cálculo do crédito presumido de IPI		599
	61.2.1.	Forma original de cálculo do crédito presumido de IPI	599
	61.2.2.	Forma alternativa de cálculo do crédito presumido de IPI	601
61.3.	Utilização do crédito		603

Capítulo 62 – Lançamento do IPI 603

62.1.	Conceito de lançamento	604
62.2.	Lançamento por homologação	605
62.3.	Definição de pagamento antecipado	605
62.4.	Momento em que o sujeito passivo deve praticar os atos de sua responsabilidade	606
62.5.	Destaque antecipado do imposto	607
62.6.	Lançamento de ofício	607

Capítulo 63 – Apuração e Recolhimento do IPI 607

63.1.	Período de apuração	608
63.2.	Apuração do valor a recolher	608
63.3.	Prazos e forma de recolhimento	609

Capítulo 64 – Suspensão do IPI 610

64.1.	Descumprimento da condição à que estiver subordinada a suspensão	611
64.2.	Finalidade da suspensão do imposto	612
64.3.	Hipóteses de suspensão do imposto	613

Capítulo 65 – Isenção do IPI 621

65.1.	Isenções condicionadas ou incondicionadas	621
65.2.	Isenções objetivas ou subjetivas	622
65.3.	Hipóteses de isenção do IPI	624

Capítulo 66 – Bens de Capital 626

Capítulo 67 – IPI na Importação 628

Capítulo 68 – Regimes Fiscais 632

68.1.	Regimes fiscais regionais		632
	68.1.1.	Zona Franca de Manaus	632
	68.1.2.	Amazônia Ocidental	635

68.1.3. Áreas de Livre Comércio 637
68.1.4. Zonas de Processamento de Exportação 638
68.1.5. Quadro-resumo dos Regimes Regionais 639
68.2. Regimes fiscais setoriais 640
68.2.1. Setor automotivo 640
68.2.2. Bens de informática 642
68.2.3. Indústria de semicondutores 642
68.2.4. Indústria de equipamentos para a TV Digital 643
68.2.5. Modernização e ampliação da estrutura portuária (Reporto) 643
68.2.6. Plataforma de exportação de serviços de tecnologia da informação (Repes) 644
68.2.7. Quadro-resumo dos Regimes Setoriais 644

Capítulo 69 – Obrigações Acessórias Relativas ao IPI 645
69.1. Rotulagem e marcação de produtos 646
69.1.1. Marcação de joias e relógios 648
69.1.2. Falta de rotulagem 649
69.1.3. Dispensa de rotulagem ou marcação 649
69.1.4. Proibições 650
69.2. Selos de controle 650
69.2.1. Produtos sujeitos ao selo de controle 651
69.2.2. Confecção, distribuição, depósito e fornecimento de selos de controle aos usuários 654
69.2.3. Ressarcimento do custo dos selos de controle 655
69.2.4. Falta ou excesso de estoque do selo 657
69.2.5. Aplicação do selo 658
69.2.6. Emprego indevido do selo 658
69.3. Registro Especial 659
69.4. Obrigações dos transportadores, adquirentes e depositários de produtos 660
69.4.1. Obrigações de transportadores 660
69.4.2. Obrigações de adquirentes e depositários 661

Capítulo 70 – Cigarros 662
70.1. A incidência do IPI sobre o cigarro 662
70.2. Obrigações acessórias específicas em relação ao cigarro 664
70.2.1. Exportação de cigarros 665
70.2.2. Importação de cigarros 665
70.2.3. Demais obrigações acessórias relativas à fabricação de cigarros 666
70.3. Disposições diversas relativas ao cigarro 666

Capítulo 71 – Bebidas 667
71.1. Incidência do IPI sobre as bebidas frias 667
71.2. Incidência do IPI sobre as bebidas quentes 669

71.3.	Obrigações acessórias específicas em relação a bebidas	671
	71.3.1. Remessa de bebidas ao comércio varejista	671
	71.3.2. Exportação de bebidas	672
71.4.	Disposições diversas relativas a bebidas	672

Capítulo 72 – Produtos Industrializados por Encomenda 673
72.1.	Remessa de MP, PI ou ME para o executor da encomenda	673
	72.1.1. Remessa pelo encomendante	674
	72.1.2. Remessa por terceiros	674
72.2.	Industrialização pelo executor da encomenda	675
	72.2.1. Execução da encomenda com o emprego de produtos de industrialização ou importação do executor da encomenda	675
	72.2.2. Execução da encomenda sem o emprego de produtos de industrialização ou importação do executor da encomenda	676
72.3.	Aquisição pelo executor da encomenda	676
72.4.	Remessa dos produtos industrializados por encomenda para o encomendante	677
72.5.	Remessa dos produtos industrializados por encomenda para estabelecimento que não o encomendante	678
72.6.	Conclusões sobre a industrialização por encomenda	679

Capítulo 73 – Seções e Capítulos da TIPI 680

Capítulo 74 – Exercícios da Parte V 688
74.1.	Gabarito dos exercícios da Parte V	724
74.2.	Justificativa da Esaf para anulação de questão do Concurso de 2012	725

Referências bibliográficas 729

PARTE I
Noções Gerais sobre o Imposto de Renda

Capítulo 1
A Disciplina Constitucional do Imposto de Renda

Em matéria tributária, é preciso ter bem clara a existência de quatro planos normativos: o plano constitucional, o das normas gerais, o das leis instituidoras e disciplinadoras dos tributos, e o plano do detalhamento das leis pela via da regulamentação infralegal.

Em relação ao Imposto de Renda, neste capítulo inicial ficaremos no plano constitucional. No restante da Parte I, iremos percorrer o plano das normas gerais, previstas no Código Tributário Nacional (CTN). Ainda que brevemente, vamos seguir um caminho desde a fonte do poder de tributar a renda, passando pelos princípios constitucionais que informam esse poder, e concluiremos a Parte I analisando mais de perto os conceitos fundamentais utilizados pelo legislador para definir a incidência do imposto. Exatamente como pretendeu a Esaf com a previsão dos tópicos iniciais do conteúdo de Legislação Tributária nos editais dos concursos para cargos da carreira de Auditoria da Receita Federal do Brasil.

Todos os demais capítulos que tratam do Imposto de Renda, nas Partes II a IV, irão se situar no plano das leis e, principalmente, no plano da regulamentação infralegal.

Considerando que alguns dos temas a serem abordados nesta Parte I compõem o objeto da disciplina Direito Tributário, nosso objetivo será apresentar uma análise desses mesmos temas sob um enfoque bem específico, ressaltando o que interessa à boa compreensão da incidência do Imposto de Renda.

1.1. A origem do poder de tributar a renda

A Constituição Federal (CF) não cria tributos. Em verdade, a CF atribui competência tributária aos entes políticos, que corresponde ao poder de, mediante leis próprias, criar os tributos e sobre eles legislar. E além de atribuir a competência tributária, a CF também estabelece certos limites ao exercício desse poder.

Sabemos que à União foi atribuída a competência para tributar a renda e os proventos de qualquer natureza. No entanto, ainda que em teoria sejam relativamente bem definidos os contornos desse poder de tributar, é preciso reconhecer que, na prática, diante de certos casos concretos, há certa dificuldade em identificá-los. A dificuldade começa pelo próprio conceito de renda, que define o alcance da tributação. Inúmeras são as discussões acerca do que é renda, para fins de incidência do Imposto. Mas, como nosso objetivo é na prova do concurso colocar o "X" no lugar certo, não podemos entrar de cabeça nesse debate. Por isso mesmo, o desafio será compreender a essência dessas discussões e, principalmente, identificar as matérias em que há relativo consenso nos tribunais.

Veremos mais de perto o conceito de renda no item 3.3. Por ora, basta dizer que, em geral, é defendida a existência de um conceito constitucional de renda e proventos de qualquer natureza. De qualquer forma, é certo que a CF estabeleceu os contornos do que pode e do que não pode ser tributado a esse título.

Para perceber o que isso tudo significa, primeiro vamos reconhecer que existem alguns valores recebidos, como os aluguéis, por exemplo, sobre os quais não paira qualquer dúvida de que se trata de renda; e outros sobre os quais se tem certeza de que não constituem nem renda, e nem provento de qualquer natureza, como no caso do valor recebido a título de principal de empréstimo concedido.

Por outro lado, há uma zona cinzenta, intermediária, em que a resposta não é assim tão óbvia. O que dizer das indenizações? Não é renda e nem provento, muitos vão dizer. Mas e se eu disser que da indenização resultou um acréscimo patrimonial? Continua a certeza de que não se trata nem de renda e nem de provento?

Para evitar essa armadilha, talvez o melhor seja entender que a Constituição estabeleceu os contornos do conceito de renda e de proventos de qualquer natureza mediante a imposição de limites derivados, principalmente, do princípio da capacidade contributiva. Nesse sentido, verbas, direitos, créditos, ingressos, seja lá qual for a denominação utilizada, somente podem ser qualificados como renda ou provento se representarem riqueza nova, pois só assim estará atendido o princípio da capacidade contributiva, sob pena de se invadir o patrimônio do contribuinte, a pretexto de tributar sua renda.

Como se nota, ao delimitar os contornos do que é renda, o princípio da capacidade contributiva nos ajuda a definir a própria competência tributária relativa ao Imposto de Renda. Por isso é tão importante o estudo desse e de outros princípios constitucionais tributários, tema do próximo item.

1.2. Princípios constitucionais aplicáveis ao Imposto de Renda

Os princípios constitucionais tributários constituem verdadeiras "barreiras de contenção" que limitam o poder tributar.

Neste tópico não analisaremos somente os princípios constitucionais específicos aplicáveis ao Imposto de Renda. Vamos também analisar alguns princípios gerais quanto a seus efeitos particulares em relação ao referido imposto.

Não ignoramos que exista na ciência jurídica um amplo debate acerca da distinção entre princípios e regras, principalmente para avaliar a atuação judicial nos casos em que normas constitucionais entram em rota de colisão. Porém, para o nosso objetivo, não há prejuízo em utilizar genericamente o termo "princípio" para designar esses enunciados que orientam a criação e a aplicação das normas de incidência tributária propriamente dita.

1.2.1. Capacidade contributiva como princípio balizador do conceito de renda

Imposto é o tributo cuja obrigação tem por fato gerador uma situação independente de qualquer atividade estatal específica, relativa ao contribuinte (CTN, art. 16). Com isso, nota-se claramente que impostos não têm o caráter contraprestacional típico dos tributos vinculados.

Na definição do art. 16 do CTN, perceba que ali foi estabelecido o que os impostos não são: impostos não são tributos vinculados a uma atividade estatal específica relativa ao contribuinte. No entanto, se os impostos não constituem espécie de tributo vinculado, de caráter retributivo, temos que justificar sua cobrança de outro modo.

Tradicionalmente, a cobrança dos impostos é justificada pela necessária distribuição de riqueza, que constitui a essência da solidariedade social. Por isso mesmo, os impostos são legitimamente cobrados de quem demonstra aptidão para contribuir com o Estado, de modo que sua cobrança está intimamente ligada à capacidade econômica dos contribuintes.

A ideia é simples: quem apresenta capacidade contributiva deve pagar impostos e, dessa forma, colaborar com o Estado na consecução de suas atividades voltadas à sociedade; por outro lado, quem não demonstra tal capacidade deve ser poupado desse encargo. Com isso, resta claro por que o constituinte de 1988, no § 1º do art. 145, dedicou especial atenção aos impostos, estabelecendo que eles devem ser graduados segundo a capacidade econômica dos contribuintes.

Em alguns casos, a manifestação da aptidão para contribuir pode constituir um estado permanente. É o caso da propriedade imobiliária, que justifica a cobrança de imposto sobre o patrimônio, ITR ou IPTU, conforme o caso. Por outro lado, eventos esporádicos da mesma forma podem revelar a aptidão para contribuir com o Estado. É o caso da renda recebida, que também justifica a cobrança de imposto.

E diante de tudo que vimos até aqui, podemos concluir que somente a riqueza nova pode ser qualificada como renda, capaz de justificar a incidência do respectivo imposto. Admitir o contrário significaria, a pretexto de tributar a renda, permitir a incidência de verdadeiro imposto sobre o patrimônio.

Com isso, fica claro que a capacidade contributiva funciona como princípio balizador do conceito de renda, que deve orientar as conclusões acerca da verdadeira natureza dos ingressos recebidos pelas pessoas, conforme veremos mais adiante.

1.2.2. A isonomia, a capacidade contributiva e a progressividade

Aqui, mais do que reafirmar o conteúdo de cada um desses princípios, pretendo mostrar como eles se relacionam, e como desse relacionamento emergem orientações para a tributação da renda.

A isonomia tributária é clara expressão do princípio da igualdade. Longe de determinar igual tratamento a todos os contribuintes, a isonomia tributária, em verdade, veda o tratamento diferenciado aos que se encontrem em situação equivalente. Além disso, orienta para a criação de tratamento diferenciado aos que se encontrem em situação desigual, na medida de suas desigualdades.

Por sua vez, em matéria de Imposto de Renda, além de informar o conceito de renda (conforme vimos no item anterior), a capacidade contributiva é o parâmetro mais legítimo para identificar contribuintes em situação desigual. Por isso mesmo, o respeito às diferentes capacidades contributivas representa a concretização da isonomia tributária.

Não podemos deixar de mencionar que a identificação das diferentes capacidades contributivas é viabilizada pelo caráter pessoal do Imposto de Renda, na medida em que a estrutura de sua regra de incidência considera aspectos próprios de cada contribuinte. No âmbito do Imposto de Renda da Pessoa Física (IRPF), a manifestação do caráter pessoal é muito evidente em face da possibilidade de o contribuinte deduzir da base de cálculo do imposto despesas médicas, gastos com instrução, e um valor fixo por dependente, entre outras deduções.

E uma vez identificada a situação desigual, determinada pela desigual capacidade contributiva, a progressividade das alíquotas é uma forma de implementar o tratamento tributário diferenciado que confere efetividade à isonomia.

Também em relação ao Imposto de Renda da Pessoa Jurídica (IRPJ) as diferentes capacidades contributivas justificam a tributação diferenciada. É o que se verifica no caso da incidência da alíquota adicional de 10% na hipótese de bases de cálculo superiores a determinado valor, conforme veremos em momento próprio.

Quanto à necessidade de também observar a capacidade contributiva das pessoas jurídicas, vale destacar que a Esaf, em concurso aplicado no ano de 2012, considerou incorreta a assertiva que restringia sua aplicação somente às pessoas físicas. Confira:

> **(Esaf/Analista de Comércio Exterior – 27/05/2012) O princípio da capacidade contributiva, que informa o ordenamento jurídico tributário, estabelece que, sempre que possível, os impostos terão caráter pessoal e serão graduados segundo a capacidade econômica do contribuinte, facultado à administração tributária, especialmente para conferir efetividade a esses objetivos, identificar, respeitados os direitos individuais e nos termos da lei, o patrimônio, os rendimentos e as atividades econômicas do contribuinte. Sobre ele, assinale a opção incorreta.**
> a) Tal princípio aplica-se somente às pessoas físicas.
> b) Constitui subprincípio do princípio da solidariedade.
> c) Visa, entre outros objetivos, a assegurar o mínimo vital, ou mínimo existencial.
> d) Constitui subprincípio do princípio da igualdade.
> e) É compatível com a progressividade de alíquotas.

Pelo que até aqui já foi dito, a alternativa A é a resposta da questão. A validade das alternativas D e E pode ser facilmente confirmada com o que estudamos até este ponto. Quanto às demais alternativas, a C está correta porque devem ser respeitadas as menores capacidades econômicas para não privar as pessoas do mínimo existencial (veja a aplicação prática disso na faixa de isenção da tabela progressiva do IRPF – item 13.3.1). E no outro extremo, a alternativa B também está correta, pois, na medida em que proporciona clara distribuição de renda, a incidência tributária mais gravosa sobre as pessoas com maior capacidade contributiva representa medida de solidariedade e justiça fiscal.

Para fechar este item, vamos adotar como síntese uma assertiva considerada correta pela Esaf no concurso para Auditor-Fiscal da Receita Federal do Brasil (AFRFB) realizado em 2009:

> *Pode-se afirmar que o critério da progressividade decorre dos princípios da igualdade e da capacidade contributiva, na medida em que contribuintes com maiores rendimentos sejam tributados de modo mais gravoso do que aqueles com menores rendimentos.*

1.2.3. Capacidade contributiva e vedação ao confisco

Quando o constituinte estabelece que é vedado utilizar tributo com efeito de confisco, claramente pretende evitar a imposição de incidências tributárias excessivas, que resultem em verdadeira subtração do patrimônio dos contribuintes, ou em privação do mínimo vital para sobrevivência.

Trata-se, portanto, de uma vedação ao excesso que, em matéria de impostos, está em harmonia com a necessidade de graduá-los segundo a capacidade econômica dos contribuintes.

No caso do Imposto de Renda, pode-se afirmar que a vedação ao confisco está relacionada à graduação máxima a que se pode chegar com a incidência do imposto, sem que isso signifique um avanço da tributação para além do que revela a capacidade contributiva que fundamenta sua cobrança.

Nesse contexto, é certo que confisco é um conceito indeterminado, que demanda a definição de seu alcance em face do caso concreto. Outro detalhe importante diz respeito ao entendimento do Supremo Tribunal Federal (STF) no sentido de que a avaliação da existência de confisco **não** deve ser realizada considerando o tributo isoladamente. Para esse fim é preciso analisar o efeito das múltiplas incidências a que se encontra submetido o patrimônio ou a renda do contribuinte (ADC/MC nº 8 e ADI/QO nº 2.010)[1].

Portanto, a partir do que vimos até este ponto, em matéria de Imposto de Renda, a capacidade contributiva, manifestada pela obtenção de riqueza nova, revela a natureza de renda do ingresso percebido pelo contribuinte. E além de revelar a natureza de renda, o princípio da capacidade contributiva, associado

---

[1] Esse entendimento do STF foi construído na apreciação da constitucionalidade de uma lei federal que pretendeu elevar a contribuição previdenciária do servidor público federal para um patamar de até 25% (ADI 2.010). Uma das alegações de inconstitucionalidade era referente à vedação ao efeito confiscatório. A defesa da norma alegou que 25% não representava confisco, afinal, trata-se de alíquota inclusive inferior à máxima aplicada no caso do IR. Nesse caso, o STF entendeu que, ao considerar a incidência simultânea do IR (à alíquota de até 27,5%) com a contribuição previdenciária segundo a nova alíquota (25%), quase a metade do rendimento do servidor seria transferida para a União a título de tributos, evidenciando situação claramente confiscatória. Por consequência, enunciaram esse entendimento: a avaliação da existência de confisco não deve ser feita considerando o tributo isoladamente. Para fins de aferição do respeito ao princípio do não confisco devem ser consideradas as várias incidências a que se encontra sujeito o contribuinte.

à vedação ao confisco, também atua na delimitação do máximo a que se pode chegar com a tributação.

Perceba mais uma vez o papel fundamental do princípio da capacidade contributiva: ele nos ajuda a identificar o que pode ser tributado, e em que medida pode ser tributado.

1.2.4. A generalidade e a universalidade da tributação sobre a renda

A Constituição determina que o Imposto de Renda seja informado pelos critérios da generalidade e da universalidade, na forma da lei (art. 153, § 2º).

Quando considerados isoladamente, existe alguma controvérsia com relação ao conteúdo desses critérios. Há quem entenda o contrário, mas em geral, tem-se que a generalidade implica a sujeição de todas as pessoas à incidência do imposto, enquanto a universalidade impõe o alcance da tributação em relação a quaisquer espécies de rendimentos, independentemente de sua denominação.

De qualquer forma, juntos, os critérios da generalidade e da universalidade conferem ampla abrangência subjetiva (todas as pessoas) e objetiva (todas as rendas) à incidência do Imposto de Renda, respeitadas, obviamente, as imunidades tributárias.

De se destacar que o Cespe-UnB, num Exame da OAB, já marcou posição no sentido de que a generalidade informa a abrangência subjetiva do Imposto de Renda, enquanto a universalidade se refere à sua abrangência objetiva. Por sua vez, a Esaf ainda não abordou o tema sob esse prisma.

De qualquer forma, pacífico é o fato de que generalidade e universalidade decorrem da isonomia. Desse modo, se não houver um motivo legítimo capaz de justificar tratamento diferenciado, todas as pessoas devem se sujeitar ao Imposto de Renda. Da mesma forma, inexistindo razão para a diferenciação, todas as várias espécies de renda ou provento de qualquer natureza devem ser alcançadas pelo imposto.

A título de exemplo, note como a generalidade e a universalidade realmente informam a criação das normas de incidência do Imposto de Renda:

> **Abrangência objetiva**
>
> *A tributação independe da denominação dos rendimentos, títulos ou direitos, da localização, condição jurídica ou nacionalidade da fonte, da origem dos bens produtores da renda, e da forma de percepção das rendas ou proventos, bastando, para a incidência do imposto, o benefício do contribuinte por qualquer forma e a qualquer título (Lei nº 7.713, de 1988, art. 3º, § 4º).*

Abrangência subjetiva

As pessoas físicas domiciliadas ou residentes no Brasil, titulares de disponibilidade econômica ou jurídica de renda ou proventos de qualquer natureza, inclusive rendimentos e ganhos de capital, são contribuintes do imposto de renda, sem distinção da nacionalidade, sexo, idade, estado civil ou profissão (Decreto nº 3.000, de 1999, art. 2º).

Antes de fechar este item e apenas para não perder a oportunidade, vale dizer que a Esaf, em 2004, foi muito maldosa ao apresentar numa prova para Procurador da Fazenda Nacional a seguinte assertiva: "o imposto sobre renda e proventos de qualquer natureza sujeita-se aos princípios da generalidade, uniformidade e progressividade".

A assertiva foi considerada incorreta. Apesar de ter utilizado o termo "princípios" em vez de "critérios", como fez o constituinte, certamente essa não foi a razão pela qual a Esaf considerou incorreta a assertiva. Ali o problema foi outro. Note que foi substituída a "universalidade", por "uniformidade". É bem verdade que são atributos distintos, mas, em vista do que dispõe o inciso I do art. 151 da CF, não deixa de estar correto afirmar que o Imposto de Renda se submete ao princípio da uniformidade! Além disso, trata-se de uma armadilha que pouco contribui para a avaliação dos candidatos. Infelizmente, o concursando tem que aprender a conviver com esse tipo de situação!

1.2.5. Irretroatividade e anterioridade do exercício financeiro

Em obediência ao princípio da irretroatividade, a União não pode cobrar o Imposto de Renda em relação a fatos geradores ocorridos antes do início da vigência da lei que o houver instituído ou aumentado (CF, art. 150, III, alínea "a").

Além da irretroatividade, também deve ser respeitado o princípio da anterioridade do exercício financeiro, segundo o qual a União não pode cobrar o Imposto de Renda no mesmo ano em que haja sido publicada a lei que o instituiu ou o aumentou (CF, art. 150, III, alínea "b").

Exatamente conforme fizemos antes, aqui também não vamos analisar detalhadamente o conteúdo desses princípios, amplamente estudados em Direito Tributário. Em verdade, agora nos interessa analisar os efeitos da lei que majora o imposto em relação aos rendimentos auferidos no mesmo ano de sua publicação.

Antes de analisar essa situação, é preciso dizer que, em relação ao Imposto de Renda, considera-se ocorrido o fato gerador no final do período de apuração. Essa é a regra. Exceção a essa regra se verifica em relação ao Imposto de Renda

Retido na Fonte (IRRF). Nesse caso, a obrigação da fonte pagadora nasce instantaneamente, mas não se preocupe com isso agora.

Portanto, no caso da incidência anual do Imposto de Renda, ainda que o contribuinte seja beneficiário de vários rendimentos ao longo do ano, considera--se ocorrido o fato gerador do imposto no dia 31 de dezembro. Trata-se do que normalmente se denomina fato gerador periódico composto, ou simplesmente fato gerador complexivo.

Mais um detalhe: é na declaração de ajuste que a apuração do imposto anual deve ser demonstrada à Receita Federal. Inclusive, no caso das pessoas físicas, o vencimento do prazo para pagamento do imposto anual coincide com a data limite para entrega da declaração (Lei nº 9.250, de 1995, arts. 7º e 13, parágrafo único).

Para simplificar a compreensão do problema, vamos considerar a situação retratada no seguinte diagrama:

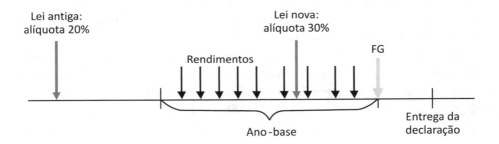

No diagrama acima, considerando que 'FG' é o fato gerador do imposto relativo aos rendimentos auferidos no ano-base, e considerando, ainda, que o início da vigência da lei nova se deu no mesmo dia de sua publicação, a pergunta é: qual a alíquota aplicável no cálculo do imposto anual, 20% ou 30%?

Na década de 1970, quando essa mesma pergunta bateu às portas do STF, a resposta foi favorável à aplicação da lei nova. Segundo o entendimento que prevaleceu, como a data de início da vigência da lei nova é anterior à data de ocorrência do fato gerador, a lei nova não é retroativa. Além disso, entenderam que o Imposto é devido no exercício financeiro em que deve ser apresentada a declaração, e o ano-base é apenas o critério para calcular o tributo. Esta é a origem da Súmula nº 584/STF, aprovada em Sessão Plenária de 15/12/1976:

Súmula nº 584/STF — *Ao Imposto de Renda calculado sobre os rendimentos do ano-base, aplica-se a lei vigente no exercício financeiro em que deve ser apresentada a declaração.*

Nem mesmo a formulação do princípio da anterioridade do exercício financeiro, pelo constituinte de 1988, tem se mostrado suficiente para que o STF considere superada a Súmula nº 584. Vale dizer, mesmo sob a égide da CF/88, o STF fundamentou algumas de suas decisões na referida Súmula[2].

Esse entendimento do STF é objeto de duras críticas por parte da doutrina. Em relação à irretroatividade, a reprovação recai sobre o fato de que, ainda que entre em vigor antes da ocorrência do fato gerador previsto na lei, no caso em análise, é inegável que a lei nova alcança rendimentos auferidos antes do início da sua vigência. É o que a doutrina denomina **retroatividade imprópria** (ou econômica): considerando o aspecto temporal do fato gerador anual, a lei nova não é retroativa (daí dizer que o princípio da irretroatividade não é afrontado nesse caso); mas em relação aos rendimentos auferidos antes da publicação da lei nova, e que compõem o fato gerador anual, ela não deixa de ser retroativa sob o ponto de vista econômico.

Além disso, a reprovação da doutrina também se deve à afronta ao princípio da anterioridade. Quem defende que, em casos como o aqui analisado, a aplicação da lei nova não afrontaria o princípio da anterioridade se baseia no fato de que o imposto somente vai ser "cobrado" no ano seguinte, com base em apuração realizada após o encerramento do ano-base.

Ora, este entendimento é bastante questionável porque considera o sentido meramente prático (ou operacional) do vocábulo "cobrar", utilizado pelo constituinte de 1988 na definição do conteúdo do princípio da anterioridade. Sob esse entendimento, "cobrar" significaria "exigir o pagamento de algo que é devido", o que de fato só ocorre no momento da apuração após o encerramento do ano-base.

No entanto, no sentido mais aceito pela doutrina, o termo "cobrar", que o constituinte utilizou no inciso III do art. 150 da CF, deve ser entendido em sua conotação jurídica, significando "impor a exação". Trata-se, portanto, de vedar a produção de efeitos da lei nova em relação a fatos ocorridos no mesmo ano de sua publicação. Em outras palavras, sob esse entendimento, com o princípio da anterioridade do exercício financeiro pretende-se evitar a verificação concreta da majoração do tributo em relação a fato gerador ocorrido no próprio ano de publicação da lei majoradora.

Em vista dessas críticas, o Superior Tribunal de Justiça (STJ) já se pronunciou no sentido da "inaplicabilidade da Súmula nº 584/STF, construída à luz de legislação anterior ao CTN" (REsp 179.966).

No âmbito do STF, era de se esperar o reconhecimento da superação da Súmula nº 584, principalmente depois do brilhante voto-vista da Ministra Ellen Gracie no RE 587.008, em 02/02/2011, cujo excerto vale a pena reproduzir:

---

2 Nesse sentido: RE 194.612; AI 180.776 AgR-ED; RE 232.084; ARE 640.953.

> *Não obstante se deva, como regra, prestigiar a jurisprudência deste Tribunal, evitando flutuações de entendimentos e insegurança jurídica quanto ao que é válido ou inválido em face da Constituição, tenho que é chegada a hora de avançarmos na compreensão da matéria ora em julgamento.*
>
> *A necessidade de revisão do posicionamento do Supremo Tribunal Federal quanto a este ponto, aliás, é há muito tempo apontada pela doutrina especializada e pelas instâncias intermediárias da própria Justiça. Vale lembrar que a matéria até mesmo já começou a ser revista por este Tribunal nos autos do RE 183.130, em que se analisa a questão relativa ao aumento do imposto de renda no final do período, com aplicação sobre o lucro do ano todo, que conta com voto do Ministro Carlos Velloso em sentido favorável aos contribuintes, seguido no ponto pelo Ministro Joaquim Barbosa, conforme se vê dos Informativos 111, 419 e 485.*
>
> *[...]*
>
> *Vem ocorrendo, pois, o reconhecimento da intangibilidade dos fatos já ocorridos, ainda que relativos a tributo com fato gerador de período que esteja inconcluso, o que merece ainda maior atenção em face do reconhecimento, pela Constituição brasileira, não só da irretroatividade, mas também da anterioridade da lei tributária.*
>
> *[...]*
>
> *Com razão, porquanto as garantias de irretroatividade e de anterioridade têm caráter substancial e não meramente formal. Devem ser interpretadas tendo em conta a situação material reveladora de capacidade contributiva e que é geradora da obrigação tributária. É o aspecto material – e não o aspecto temporal da norma – que deve ser considerado para fins de resguardo da irretroatividade e da anterioridade da lei tributária, seja esta a de exercício (CF, art. 150, III, "b"), a nonagesimal mínima (art. 150, III, "c") ou a nonagesimal das contribuições de seguridade (art. 195, § 6º).*

No entanto, no julgamento do RE 183.130 (mencionado pela Ministra Ellen Gracie no excerto acima reproduzido), o Plenário do STF deixou passar a oportunidade de declarar a superação da Súmula nº 584.

O caso envolvia a análise da validade de aumento da alíquota do IRPJ por meio de lei publicada dois dias antes do fim de 1989, alcançando o lucro decorrente de exportações incentivadas realizadas no mesmo ano de publicação da lei. O julgamento foi concluído em setembro de 2014, e prevaleceu a tese de que a lei nova não poderia alcançar os fatos ocorridos no mesmo ano de publicação da lei, mas não por conta de ofensa ao princípio da anterioridade. Na verdade, segundo o entendimento que prevaleceu, a Súmula nº 584 foi considerada ainda válida, todavia não aplicável aos casos de Imposto de Renda sobre exportações incentivadas. De acordo com o voto que conduziu à decisão final, não se encontrava sob exame hipótese enquadrada no regime normal de tributação da pessoa jurídica, razão pela qual não caberia questionar a aplicação da Súmula nº 584. O que se examinava no caso, de acordo com os ministros que acompanharam o entendimento que prevaleceu, era "a legitimidade da aplicação retroativa de norma que majora alíquota incidente sobre o lucro proveniente de operações incentivadas, ocorridas no passado, às quais a lei havia conferido tratamento fiscal destacado e mais favorável, justamente para incrementar a sua exportação". Nesse caso, o tributo cumpria função claramente extrafiscal e "a norma, ao atingir retroativamente as operações já consumadas antes da sua vigência e favorecidas, à época de sua realização, com tratamento fiscal próprio, não se mostra compatível com a garantia constitucional do direito adquirido". Em síntese, o julgamento do RE 183.130 foi fundamentado no preceito geral do direito adquirido, e a Súmula nº 584 saiu ilesa. Mais que isso, a Súmula nº 584 foi considerada ainda válida.

Na mesma linha do entendimento que prevaleceu no julgamento do RE 183.130, o STF concluiu o julgamento do RE 592.396, em 03/12/2015. Nessa oportunidade, o Plenário considerou ser inconstitucional a aplicação retroativa de lei que majora a alíquota incidente sobre o lucro proveniente de operações incentivadas ocorridas no passado, por entender que, nesse caso, o fato gerador se consolida no momento em que ocorre cada operação de exportação, e não no último dia do período de apuração, permanecendo, assim, a polêmica em torno da Súmula nº 584.

Assim colocada a questão, como deve agir o concursando? Nesse caso há um precedente da própria Esaf claramente desconsiderando a Súmula nº 584/STF. Trata-se de questão do concurso de 2003 para Técnico da Receita Federal, em que a resposta correta somente poderia ser assinalada se o candidato ignorasse a Súmula nº 584, e aplicasse a lei antiga. Trata-se da seguinte questão:

(Esaf/ Técnico da Receita Federal – 2003) De acordo com a Lei nº 10.637/2002, o imposto de renda devido na declaração de rendimentos das pessoas físicas deve ser calculado mediante utilização da seguinte tabela:

Base de cálculo (R$)	Alíquota (%)	Parcela a deduzir
Até 12.696,00	–	–
De 12.696,01 a 25.380,00	15	1.904,40
Acima de 25.380,00	27,5	5.076,90

Sabe-se que, de acordo com a lei, essa foi a tabela utilizada para cálculo do imposto devido na declaração apresentada em 2003, relativa ao ano-calendário de 2002.

Suponha que em 10 de dezembro de 2003 seja publicada uma lei com a seguinte redação:

Art. 1º O imposto de renda devido na declaração de rendimentos das pessoas físicas deve ser calculado mediante utilização da seguinte tabela:

Base de cálculo (R$)	Alíquota (%)	Parcela a deduzir
Até 10.000,00	–	–
De 10.000,01 a 20.000,00	15	1.500,00
De 20.000,01 a 30.000,00	20	2.500,00
Acima de 30.000,00	30	5.500,00

Art. 2º Esta lei entra em vigor na data de sua publicação, revogadas as disposições em contrário.

As informações a respeito do contribuinte João da Silva são as seguintes:
- Ano-calendário de 2003
- Rendimentos do trabalho assalariado: R$ 60.000,00
- Contribuição para a Previdência Social da União: R$ 6.600,00
- Despesas de locomoção, escrituradas em Livro Caixa: R$ 2.500,00
- Despesas médicas: R$ 3.400,00
- Despesas com aluguel: R$ 3.720,00

Isto posto, assinale a seguir a opção que indica corretamente o valor do imposto de renda devido na declaração de João da Silva, relativa ao ano-calendário de 2003 (data de entrega, até 30/04/2004):
a) R$ 9.500,00;
b) R$ 8.750,00;
c) R$ 8.673,10;
d) R$ 6.962,60;
e) R$ 7.634,00.

Dois aspectos são essenciais para resolver essa questão. O primeiro aspecto, como já adiantamos, é que deve ser ignorado o entendimento expresso na Súmula nº 584. Desse modo, tendo em vista que se considera ocorrido o fato gerador do IRPF no último dia do ano-base, a lei nova, publicada em 10 de dezembro de 2003, somente poderia alcançar o fato gerador anual ocorrido em 31 de dezembro de 2004. Portanto, tratando-se do imposto anual de 2003, para resolver a questão utilizaremos a primeira tabela.

O segundo aspecto, conforme veremos adiante, refere-se à indedutibilidade das despesas com aluguel e das despesas escrituradas em Livro Caixa em relação à base de cálculo formada por rendimentos decorrentes de trabalho assalariado. Além disso, ainda que os rendimentos decorressem de trabalho não assalariado, como regra, as despesas de locomoção não são dedutíveis, ressalvado o caso do representante comercial.

Assim, na questão, a base de cálculo do imposto anual alcança o valor de R$ 50.000 (= R$ 60.000 − R$ 6.600 − R$ 3.400). Aplicando a primeira tabela, temos como resultado R$ 8.673,10 [= (R$ 50.000 x 27,5%) − R$ 5.076,90]. Portanto, a resposta é a alternativa C.

De qualquer forma, o mais importante nessa questão é perceber que a Esaf deixou claro que não adere ao entendimento da Súmula nº 584/STF.

Antes de fechar esse tópico, é preciso fazer uma breve referência ao inciso III do art. 104 do CTN. Trata-se do que tem sido considerada uma proteção adicional ao contribuinte, recepcionada pela CF/88:

> **Art. 104.** Entram em vigor no primeiro dia do exercício seguinte àquele em que ocorra a sua publicação os dispositivos de lei, referentes a impostos sobre o patrimônio ou a renda:
>
> [...]
>
> III − que extinguem ou reduzem isenções, salvo se a lei dispuser de maneira mais favorável ao contribuinte, e observado o disposto no art. 178.

Como se nota, o dispositivo acima reproduzido se refere à lei que reduz ou revoga isenções relativas a impostos sobre patrimônio ou renda, que certamente representam situações mais gravosas para o contribuinte.

Esse dispositivo ganha importância principalmente diante do entendimento do STF no sentido de que o princípio da anterioridade não constitui proteção contra revogação ou redução de isenções. Para o Tribunal, como a isenção significa mera dispensa legal do pagamento de tributo devido, revogação de isenção não se equipara à criação ou majoração de tributo. Com base nessa tese, o STF entendeu que, "revogada a isenção, o tributo torna-se imediatamente exigível. Em casos assim, não há que se observar o princípio da anterioridade, dado que o tributo já é existente" (RE 204.062)[3].

Note que essa tese se aplica à revogação de isenções relativas a qualquer tributo, inclusive impostos sobre o patrimônio ou a renda. Portanto, se não

---

3 Sobre esta questão, é preciso ficar atento a uma eventual mudança no entendimento do STF sobre a aplicação do princípio da anterioridade aos casos de revogação de benefício fiscal. Em 2 de setembro de 2014, no julgamento do Agravo Regimental no Recurso Extraordinário nº 564.225, por meio de uma apertada maioria de três votos a dois, a Primeira Turma do STF entendeu que, havendo revogação de benefício fiscal, surge o dever de observância ao princípio da anterioridade, geral e nonagesimal.

fosse pelo inciso III do art. 104 do CTN, dispositivos de lei que extinguem ou reduzem isenções referentes a impostos sobre patrimônio ou renda poderiam entrar em vigor na data de sua publicação e, sem a proteção da anterioridade, poderiam produzir efeitos imediatamente.

No entanto, por força dessa proteção adicional prevista no CTN, extinção ou redução de isenções referentes a impostos sobre o patrimônio ou a renda somente entram em vigor no primeiro dia do exercício seguinte àquele em que ocorrer a publicação da respectiva lei. Mas isso somente vale se a lei não dispuser de modo mais favorável ao contribuinte, por exemplo, estabelecendo o início de sua vigência em data posterior ao primeiro dia do exercício seguinte, de modo a conceder ao contribuinte mais prazo até que a revogação da isenção produza seus efeitos.

1.2.6. Anterioridade nonagesimal

Este item está aqui só para lembrá-lo de que o Imposto de Renda é exceção ao princípio da anterioridade nonagesimal, segundo o qual é vedado cobrar tributos antes de decorridos noventa dias da data em que haja sido publicada a lei que os instituiu ou aumentou (CF, art. 150, III, alínea "c").

Portanto, continua sendo possível que majoração nas alíquotas do Imposto de Renda veiculada em lei publicada dentro dos últimos noventa dias do ano produza efeitos já a partir do primeiro dia do exercício seguinte. Mas não se esqueça de que, por força do § 2º do art. 62 da CF, caso a referida majoração seja veiculada por medida provisória, a produção de seus efeitos somente se inicia no primeiro dia do exercício seguinte se ela for convertida em lei até o final do ano de sua publicação.

Capítulo 2
Normas Gerais em matéria de Imposto de Renda

A partir deste ponto deixamos o plano constitucional e entramos no plano das normas gerais relativas ao Imposto de Renda.

As normas gerais cumprem importante função de uniformização do Sistema Tributário. Além disso, em relação aos impostos, contribuem para esclarecer a própria delimitação da competência tributária atribuída pela Constituição. Isso porque, nos termos da alínea "a" do inciso III do art. 146 da CF, a definição dos principais elementos da hipótese de incidência dos impostos constitui norma geral em matéria tributária, objeto de lei complementar.

A preocupação do constituinte é óbvia: se os impostos são tributos não vinculados, que incidem sobre a riqueza manifestada pelos contribuintes, é preciso estabelecer critérios seguros para delimitar os contornos do poder de tributar; critérios sem os quais os entes tributantes ficariam demasiadamente livres para criar suas hipóteses de incidência e, consequentemente, o particular ficaria excessivamente exposto à voracidade da tributação sem limites claros.

Nesse sentido, em relação aos impostos discriminados na CF, compete à lei complementar definir: (1) a causa de surgimento da obrigação tributária (o fato gerador); (2) o elemento quantificador do fato gerador (a base de cálculo); e (3) o sujeito obrigado ao pagamento do imposto (o contribuinte).

De qualquer forma, a mera existência de norma geral relativa a determinado imposto não é suficiente para que se possa considerá-lo instituído, e quanto a isso não pode haver qualquer dúvida!

2.1. A eficácia do Código Tributário Nacional

Talvez você já saiba, mas cabe ressaltar que o Código Tributário Nacional (CTN), nosso mais importante diploma legal em matéria de normas gerais tributárias, é lei ordinária publicada sob a égide da Constituição de 1946, que nem mesmo previa a espécie "lei complementar".

Apenas com a Constituição de 1967 surge a lei complementar e a exigência dessa espécie normativa para dispor sobre normas gerais em matéria tributária. Como sabemos, exigência semelhante se encontra na atual CF.

Em consequência, conforme nos esclarece a Teoria da Recepção, embora formalmente lei ordinária, o CTN é materialmente lei complementar. Isso significa que o CTN tem força (eficácia) de lei complementar.

2.2. Fato Gerador do Imposto de Renda

O art. 43 do CTN estabelece que o fato gerador do Imposto de Renda é a aquisição da disponibilidade econômica ou jurídica de renda ou de proventos de qualquer natureza.

No capítulo 3 estudaremos mais detalhadamente os conceitos utilizados pelo legislador do Código para definir o fato gerador do Imposto de Renda. Neste momento, vamos nos ocupar dos parágrafos do art. 43 do CTN, introduzidos pela Lei Complementar nº 104, de 2001.

O § 1º dispõe sobre a abrangência objetiva da hipótese de incidência. Nesse sentido:
- em relação à receita ou ao rendimento, a incidência do imposto independe de sua denominação, origem e forma de percepção; e
- em relação à fonte da receita ou dos rendimentos, a incidência do imposto independe de sua localização, condição jurídica ou nacionalidade.

Portanto, se houver aquisição de disponibilidade de renda ou provento de qualquer natureza, a incidência do imposto independe da denominação que a eles seja atribuída. A tributação também é indiferente à origem (lícita ou ilícita) e à forma de percepção da receita ou rendimento (pecúnia, *in natura*, *in labor* etc.).

A incidência do Imposto de Renda também independe da condição jurídica da fonte dos rendimentos. Ou seja, para fins de incidência do imposto, é indiferente o fato de a fonte pagadora estar ou não regularmente constituída na forma de pessoa jurídica, de ser pessoa física, de ser pessoa civilmente capaz ou incapaz, de nem mesmo ser pessoa (espólio, massa falida etc.), entre outras possibilidades.

Também são indiferentes a nacionalidade e a localização da fonte da receita ou dos rendimentos. Desse modo, se o beneficiário dos rendimentos for residente[4] ou domiciliado no País, estará sujeito à incidência do imposto brasileiro, ainda que:
- não seja brasileira a fonte dos rendimentos localizada no Brasil – é o caso da tributação dos rendimentos auferidos por residentes no País em decorrência de serviços prestados a embaixadas de países estrangeiros no Brasil (RIR/99, art. 106, III)[5];
- a fonte dos rendimentos não esteja localizada no Brasil – é o caso da tributação de rendimentos auferidos por pessoa residente no Brasil, produzidos por bem de sua propriedade localizado no exterior (RIR/99, arts. 2º e 38), bem assim dos lucros, rendimentos e ganhos de capital auferidos no exterior por pessoa jurídica domiciliada no Brasil (RIR/99, art. 394).

Por oportuno, vale dizer que, ainda que o beneficiário não seja residente ou domiciliado no Brasil, estará sujeito à incidência do imposto brasileiro se a fonte dos rendimentos estiver situada no País (RIR/99, arts. 3º, 22, § 2º, e 682).

Por outro lado, ainda que brasileiro, se o beneficiário do rendimento não for residente no País, e também não estiver localizada no País a fonte dos rendimentos, não haverá incidência do Imposto de Renda brasileiro. É o caso

---
4 Veremos mais adiante, no item 6.3.5, o conceito de residente no País.
5 RIR/99: Regulamento do Imposto de Renda – Decreto nº 3.000, de 26 de março de 1999.

do jogador brasileiro que se retira em caráter permanente do território nacional para atuar em clube de futebol de país estrangeiro.

Em resumo, para incidir o Imposto de Renda brasileiro:
- o beneficiário do rendimento tem que ser residente ou domiciliado no País, hipótese em que é indiferente a localização da fonte; ou
- se o beneficiário do rendimento não for residente ou domiciliado no País, pelo menos a fonte dos rendimentos tem que estar situada no País.

A incidência do Imposto de Renda brasileiro sobre os rendimentos auferidos no exterior, por residentes ou domiciliados no Brasil, caracteriza a denominada tributação em bases universais (TBU), que consagra a extraterritorialidade da tributação, tendência que se observa com a globalização dos negócios.

Por fim, nos termos do § 2º do art. 43 do CTN, "na hipótese de receita ou de rendimento oriundos do exterior, a lei estabelecerá as condições e o momento em que se dará sua disponibilidade, para fins de incidência do imposto".

2.3. Base de Cálculo do Imposto de Renda

O art. 44 do CTN estabelece que a base de cálculo do imposto é o montante, real, arbitrado ou presumido, da renda ou dos proventos tributáveis.

É preciso dizer que, ao dispor dessa forma sobre a base de cálculo do Imposto de Renda, o CTN se utilizou apenas de figuras aplicáveis ao IRPJ, que estudaremos em momento próprio.

Quanto ao IRPF, o art. 3º da Lei nº 7.713, de 1988, estabelece que sua base de cálculo corresponde ao rendimento bruto, permitidas apenas as deduções autorizadas em lei. Também estudaremos esse tema em momento próprio.

Vamos aqui apenas aproveitar para destacar uma questão antiga e simples que abordou o tema:

(Esaf/ Técnico da Receita Federal – 2002.2) Entre as formas de tributação pelo Imposto de Renda Pessoa Jurídica previstas na legislação, não se inclui:
a) a tributação pelo lucro presumido;
b) o pagamento mensal unificado de impostos e contribuições federais (Simples);
c) a tributação pelo lucro arbitrado;
d) a tributação pelo lucro bruto;
e) a tributação pelo lucro real.

As formas previstas na legislação de tributação pelo IRPJ são o Lucro Real, o Lucro Presumido ou o Lucro Arbitrado, isso sem falar no Simples Nacional.

Portanto, entre as formas de incidência do IRPJ não se inclui a tributação pelo lucro bruto. Embora seja uma questão bem fácil, ela somente está aqui para destacar que, enquanto a base de cálculo do IRPF é o rendimento bruto, as pessoas jurídicas **não** são tributadas pelo lucro bruto. Não confunda!

2.4. Contribuinte do Imposto de Renda

Contribuinte do imposto é o titular da disponibilidade de renda ou de proventos de qualquer natureza (CTN, art. 45).

O Código ainda estabelece que a lei pode atribuir a condição de contribuinte ao possuidor, a qualquer título, dos bens produtores de renda ou dos proventos tributáveis.

Essa última previsão recebe algumas críticas da doutrina. Há quem entenda que o legislador pretendeu tributar a fonte pagadora dos rendimentos, o que realmente seria um disparate! Não me parece que tenha sido essa a intenção do legislador. Parece-me, em verdade, que o legislador do Código, para fins de atribuir a condição de sujeito passivo do Imposto de Renda, pretendeu tornar indiferente a natureza do vínculo entre a pessoa e o bem produtor da renda. Em outras palavras, a pessoa não precisa ser a proprietária do bem para se revestir da condição de contribuinte em relação à renda por ele produzida.

Essa conclusão é corroborada pelo Regulamento do Imposto de Renda que, referindo-se a esse dispositivo, estabelece que "são também contribuintes as pessoas físicas que perceberem rendimentos de bens de que tenham a posse como se lhes pertencessem, de acordo com a legislação em vigor" (RIR, art. 2º, § 1º).

Vamos a um exemplo. No caso de desaparecimento de uma pessoa, o Código Civil estabelece o trâmite após o qual pode ser decretada sua ausência. Transcorrido determinado período, depois de adotadas algumas cautelas, o juiz pode abrir provisoriamente a sucessão. Nesse estado de sucessão provisória os herdeiros poderão se imitir na posse dos bens do ausente. A sucessão é provisória porque o ausente pode regressar, hipótese em que seus bens a ele retornam. Se o ausente não retornar depois de dez anos após a abertura da sucessão provisória, os interessados podem requerer a sucessão definitiva. Pois bem, durante o período de dez anos em que os bens se encontram apenas na posse dos herdeiros, em relação aos rendimentos produzidos (caso de aluguéis gerados por bens imóveis), certamente que a eles (os herdeiros) pode ser atribuída a condição de contribuintes do Imposto de Renda, ainda que não sejam os efetivos proprietários dos bens.

Por fim, o CTN dispõe sobre a possibilidade (amplamente utilizada, e que analisaremos mais adiante) de atribuir à fonte pagadora da renda ou dos proventos tributáveis a condição de responsável pelo imposto cuja retenção e recolhimento lhe caibam. Note que não se trata de tributar a fonte. Trata-se, sim, de aproveitar a conveniência de encarregá-la de promover a arrecadação do tributo devido pelo beneficiário do rendimento, este último o verdadeiro contribuinte do imposto.

Capítulo 3
Conceitos Fundamentais Relativos ao Fato Gerador do Imposto de Renda

Neste capítulo, vamos analisar com mais cuidado os elementos nucleares utilizados pelo CTN para definir as possíveis hipóteses de incidência do Imposto de Renda, conforme previsão abaixo reproduzida:

> **Art. 43.** O imposto, de competência da União, sobre a renda e proventos de qualquer natureza tem como fato gerador a aquisição da disponibilidade econômica ou jurídica:
>
> I – de renda, assim entendido o produto do capital, do trabalho ou da combinação de ambos;
>
> II – de proventos de qualquer natureza, assim entendidos os acréscimos patrimoniais não compreendidos no inciso anterior.

De acordo com os editais dos concursos de 2012, desse dispositivo a Esaf pinçou os seguintes elementos: renda, proventos, disponibilidade econômica ou jurídica e acréscimo patrimonial.

Isso não foi por acaso. Sobre esses conceitos existem discussões infindáveis. Vamos, a partir deste ponto, identificar algumas controvérsias importantes e apresentar o que se tornou pacífico, pelo menos no âmbito do STJ.

3.1. Aquisição de disponibilidade

No contexto que aqui nos interessa, disponibilidade significa a possibilidade de utilizar algo quando e como quiser. É a qualidade de algo do qual se pode dispor. E só pode dispor quem for o dono ou, pelo menos, o legítimo possuidor. O mero detentor de algo que pertence a outrem não tem disponibilidade sobre esse algo.

Como se nota, a disponibilidade é um estado. Algo está disponível, ou algo não está disponível. Por isso mesmo, a disponibilidade é um estado que em algum momento se adquire. E esse momento, o da aquisição, é o que interessa à tributação. Mas, esse é só o começo da história!

3.2. Disponibilidade econômica ou jurídica

A diferenciação entre disponibilidade econômica e disponibilidade jurídica é objeto de debates há quase cinco décadas.

Não nos cabe entrar profundamente nesse debate. Mas antes de apresentar a conceituação oferecida pela própria Esaf no curso de formação para os então aprovados no concurso para AFRFB de 2005, vamos analisar uma das teses defendidas. Acredito que conhecê-la irá alargar sua compreensão sobre o tema.

Há quem defenda que a disponibilidade jurídica significa a possibilidade de usar algo que tenha sido obtido em consonância com o Direito; enquanto a disponibilidade econômica decorre de fato irrelevante ao Direito. Com todo respeito que merecem os formuladores e os defensores dessa tese, ela não é adequada para o nosso problema porque qualifica como jurídica ou econômica a aquisição (conforme o Direito ou não), e não a disponibilidade. Em outras palavras, não estamos interessados em definir a aquisição jurídica de disponibilidade; estamos na verdade interessados em definir a aquisição de disponibilidade jurídica, o que é bem diferente!

Para esclarecer essa diferenciação, como disse acima, vou reproduzir os conceitos oferecidos pela Esaf no curso de formação dos aprovados no concurso para AFRFB do ano de 2005:

- **Aquisição de Disponibilidade Econômica** – é a obtenção da faculdade de usar, gozar e dispor de dinheiro ou de coisas nele conversíveis, entrados para o patrimônio do adquirente por ato, fato ou negócio jurídico. É o ter de fato, concretamente.
- **Aquisição de Disponibilidade Jurídica** – é a obtenção de direitos de crédito, não sujeitos à condição suspensiva, representados por títulos ou documentos de liquidez e certeza, que podem ser convertidos em moeda ou equivalente. É o ter direito, abstratamente.

Portanto, econômica é a disponibilidade plena para usar, gozar e dispor. É o caso do recebimento em dinheiro pelas vendas realizadas. Já a disponibilidade jurídica é a realidade representada apenas pelo crédito disponível, livre e desembaraçado. Portanto, se o crédito estiver sujeito a evento futuro e incerto (condição), ainda não haverá disponibilidade jurídica. Por exemplo, alguém detém disponibilidade jurídica quando possui em seu poder uma duplicata com aceite do cliente (um título de crédito), em razão das vendas realizadas.

Antes de encerrar este item, vamos cuidar para não confundir disponibilidade econômica com disponibilidade financeira. Para isso, pela clareza, recorro à seguinte lição do STJ, colhida no REsp 983.134: "Não é necessário que a renda se torne efetivamente disponível (disponibilidade financeira) para que se considere ocorrido o fato gerador do imposto de renda, limitando-se a lei a exigir a verificação do acréscimo patrimonial (disponibilidade econômica)".

Para entender o sentido desse pronunciamento do STJ, vamos pensar no seguinte exemplo. Suponha que um fabricante de esquadrias de alumínio, em troca do fornecimento e instalação de seus produtos em todas as unidades de um edifício recém-construído, receba da construtora um dos apartamentos como contraprestação. Temos aí um caso de aquisição de disponibilidade econômica de renda. Agora, suponha que nessa mesma situação, ao invés de receber um apartamento, pelo seu fornecimento o fabricante tenha recebido um crédito em sua conta bancária. Seria, então, caso de aquisição de disponibilidade financeira de renda (que não deixa de ser também econômica). Portanto, nem sempre a disponibilidade econômica significa "dinheiro na mão"!

Mais um exemplo, para encerrar. Se alguém vende por R$ 150 mil um terreno que lhe tenha custado R$ 100 mil, o ganho de capital de R$ 50 mil corresponderia à aquisição de:

- disponibilidade econômica, se recebesse o valor total em dinheiro vivo, ou por meio de uma transferência bancária;
- disponibilidade econômica, se recebesse parte do valor em dinheiro, e o restante em bens (automóveis, por exemplo);
- disponibilidade jurídica, se recebesse o valor total em cheque, que é um título de crédito.

3.3. Conceito de Renda

Muito embora a Constituição não estabeleça expressamente o significado dos elementos nucleares da incidência do Imposto de Renda, com frequência é defendida a existência de um conceito constitucional de renda e proventos de qualquer natureza.

O STF, o STJ e a doutrina em geral entendem que renda e proventos de qualquer natureza, em seu sentido constitucional, necessariamente representam acréscimo patrimonial, principalmente em vista dos limites representados pelo princípio da capacidade contributiva, de acordo com o que já sabemos. Esse entendimento tem orientado diversas decisões judiciais em matéria de Imposto de Renda, conforme veremos no item 3.5.

Até mesmo quando analisamos o conceito de renda contido no CTN, é possível chegar a essa conclusão. A partir de uma interpretação gramatical do texto, não exatamente quando analisamos a própria definição de renda contida no inciso I do art. 43, mas quando nos deparamos com a fórmula "outros acréscimos patrimoniais não compreendidos no conceito de renda", utilizada no inciso II para definir proventos de qualquer natureza.

Parece inevitável concluir que renda também tem que representar acréscimo patrimonial, do contrário não haveria razão para afirmar que proventos são **outros** acréscimos patrimoniais não compreendidos no conceito de renda.

Nos termos do inciso I do art. 43 do CTN, renda é o produto do capital, do trabalho ou da combinação de ambos. Como exemplo de renda produto do capital, podemos relacionar rendimentos de aluguel, de aplicações financeiras, juros recebidos, lucros e dividendos distribuídos a sócios ou acionistas etc. Como produto do trabalho, temos salários, honorários, comissões etc. Como combinação de ambos a retirada de pró-labore é o resultado da atividade econômica de um pequeno comerciante. Nota-se que todos esses exemplos representam riqueza nova, pelo menos no momento de sua aquisição.

Mas, no caso das pessoas físicas, com frequência verificamos a inexistência de acréscimo patrimonial ao final do período de apuração. Basta pensar no trabalhador assalariado que, num determinado período, incorre em itens de despesa em montante superior ao que recebe a título de salário. Ainda assim, persistirá a tributação sobre o rendimento bruto, constituído da soma dos salários, permitidas algumas poucas deduções. Nesse caso, a renda está sujeita à incidência do imposto ainda que seja completamente consumida no período de apuração. Portanto, no caso das pessoas físicas parece prevalecer a verificação de acréscimo patrimonial apenas no momento de aquisição da renda.

Com as pessoas jurídicas é diferente. O imposto incide sobre o lucro, acréscimo patrimonial resultante do confronto de receitas, custos e despesas. É necessário considerar custos e despesas para evitar que o imposto incida simplesmente sobre a receita, base de incidência de outros tributos. Mesmo no caso do regime de tributação pelo Lucro Presumido, o imposto não incide diretamente sobre a receita auferida, conforme veremos no capítulo 31.

Portanto, no caso das pessoas jurídicas, para que possa ser considerado na apuração do resultado, o ingresso tem que representar uma mutação patrimonial positiva no momento de sua percepção e, além disso, é preciso aguardar a apuração realizada no final do período para verificar o efetivo acréscimo patrimonial.

Além da existência de outras incidências tributárias sobre as pessoas jurídicas, questões de ordem prática parecem justificar a diferença no tratamento conferido a pessoas físicas e jurídicas. E mesmo no caso das pessoas jurídicas, há hipóteses em que se dispensa a verificação concreta de efetivo acréscimo patrimonial no final de um período de apuração, como no caso do imposto devido por empresa não domiciliada no País, retido na fonte no momento da remessa ao exterior.

3.4. Proventos de qualquer natureza

Proventos de qualquer natureza são acréscimos patrimoniais que não decorrem do capital, do trabalho, e nem da combinação de ambos.

Constituem exemplos de proventos, a aposentadoria, as pensões, os ganhos de capital verificados na alienação de bens, os acréscimos patrimoniais cuja origem não é identificada ou comprovada, os prêmios de loteria e as recompensas.

Mais importante do que não decorrerem do capital, do trabalho, e nem da combinação de ambos, a característica essencial dos proventos é a sua natureza de acréscimo patrimonial, o que nos leva para o próximo item.

3.5. Acréscimo patrimonial

A ciência contábil, entre outras coisas, especializou-se nas técnicas destinadas à apuração e à demonstração de acréscimos patrimoniais. Para isso, precisou definir patrimônio e os fatos que ensejam sua mutação, tais como a realização de receitas e a execução de despesas. Em seu sentido estritamente contábil, patrimônio é o conjunto de bens, direitos e obrigações de uma pessoa, que podem ser avaliados economicamente.

Considerando que os bens e direitos constituem a parte positiva do patrimônio, e as obrigações compõem a parte negativa, o valor do patrimônio de uma pessoa, em determinado momento, é o resultado da soma do valor dos bens e direitos subtraído do valor das obrigações.

Se o valor do patrimônio de uma mesma pessoa for calculado em momentos diferentes, a comparação entre os valores encontrados nos informa se, no período considerado, o patrimônio aumentou, diminuiu ou se manteve estável. Quando o patrimônio aumenta, fala-se, por óbvio, em acréscimo patrimonial.

Essas considerações nos ajudam a entender a incidência sobre os acréscimos cuja origem não é identificada ou comprovada, assim expressa na Instrução Normativa RFB nº 1.500, de 2014:

> **Art. 77.** Constitui rendimento tributável na Declaração de Ajuste Anual o valor correspondente ao acréscimo patrimonial, apurado mensalmente, não justificado pelos rendimentos tributáveis, não tributáveis, isentos, tributáveis exclusivamente na fonte ou de tributação definitiva.

A previsão acima, fundamentada na Lei nº 7.713, de 1988, autoriza presumir a omissão de rendimentos quando o contribuinte, considerando um determinado período, com os rendimentos declarados não consegue justificar o acréscimo patrimonial percebido. Trata-se do denominado acréscimo patrimonial a descoberto.

Portanto, a contabilidade ajuda, e muito, a compreender e identificar a ocorrência concreta da hipótese de incidência do Imposto de Renda.

Mas as principais discussões envolvendo a incidência do Imposto de Renda, sem dúvida, se referem às **indenizações**. E nesse aspecto passam a se destacar as teses jurídicas.

No senso comum, há uma ideia de que indenizações não são tributáveis porque não representam acréscimo patrimonial. Ora, isso nem sempre é verdade. Por isso mesmo, não é possível fechar os olhos e sair repetindo aos quatro ventos que verbas indenizatórias não se submetem à incidência do Imposto de Renda.

Vamos utilizar apenas dois exemplos para desmitificar essa tese. O primeiro deles referente a indenizações de seguro, e o segundo, relativo aos lucros cessantes.

Suponha que uma grande transportadora mantenha um determinado caminhão em sua frota. Suponha também que, após computar por um longo tempo os encargos de depreciação desse bem (que, inclusive, reduziram seu lucro tributável), seu valor contábil seja de R$ 50 mil. Suponha agora que esse mesmo bem seja objeto de um sinistro, e que a seguradora tenha pago à transportadora uma indenização no valor de R$ 70 mil, conforme estabelecido no contrato celebrado entre as partes. Ora, não lhe parece óbvio que, mesmo se tratando de indenização, a transportadora percebeu um acréscimo patrimonial de R$ 20 mil? Acredite, essa situação não é incomum, e a fiscalização da Receita Federal tem lançado de ofício o imposto sobre a diferença entre o valor recebido a título de indenização de seguro e o valor contábil do bem.

Vamos agora ao caso dos lucros cessantes. Imagine que um taxista perde o automóvel utilizado na profissão, em decorrência de acidente causado por outra pessoa. Suponha que o responsável pelo acidente seja condenado a pagar a reposição do bem e também o valor que o taxista deixou de faturar por conta de seu impedimento para o trabalho (faltava-lhe o taxi!). Quanto ao valor relativo à reposição do bem, de fato não há acréscimo patrimonial. Mas a outra parcela da indenização, denominada lucros cessantes, essa sim é tributável, afinal, a sua finalidade é justamente repor a renda que deixou de ser auferida. Nesse caso, embora seja indiscutível sua natureza indenizatória, a indenização por lucros cessantes constitui rendimento tributável (RIR/99, art. 55, inciso VI).

No julgamento do REsp 695.499, a verificação de acréscimo patrimonial no caso da indenização por lucros cessantes foi utilizada pelo STJ para ilustrar que não basta a natureza indenizatória para afastar a incidência do Imposto de Renda:

> *Ademais, mesmo que caracterizada a natureza indenizatória do quantum recebido, ainda assim incide Imposto de Renda, se der ensejo a acréscimo patrimonial, como ocorre na hipótese de lucros cessantes.*

Ainda sobre a necessidade de analisar com cuidado a real natureza da indenização, para só então concluir sobre a incidência do Imposto de Renda, cabe agora destacar o entendimento estampado na seguinte súmula do STJ, aprovada em 25/08/2010:

> **Súmula nº 463/STJ**: *Incide imposto de renda sobre os valores percebidos a título de indenização por horas extraordinárias trabalhadas, ainda que decorrentes de acordo coletivo.*

Entre as decisões que serviram de paradigma para a Súmula 463/STJ, encontra-se a que foi proferida no REsp 670.514, cuja ementa contém o seguinte excerto:

> *Apesar da denominação "Indenização por Horas Trabalhadas – IHT", é a natureza jurídica da verba que definirá a incidência tributária ou não. O fato gerador de incidência tributária, conforme dispõe o art. 43 do CTN, sobre renda e proventos, é tudo que tipificar acréscimo ao patrimônio material do contribuinte, e aí estão inseridos os pagamentos efetuados por horas-extras trabalhadas, porquanto sua natureza é remuneratória, e não indenizatória.*

Vários são os aspectos relevantes no pronunciamento acima. Merece destaque a passagem que afirma que o fato gerador de incidência tributária sobre renda e proventos é tudo que tipificar **acréscimo ao patrimônio material** do contribuinte. Note bem a qualificação "material" do acréscimo patrimonial que, segundo o STJ, é capaz de gerar a obrigação de pagar o Imposto de Renda.

A distinção entre o patrimônio material e imaterial foi determinante para que o STJ entendesse pela não incidência do Imposto de Renda sobre as indenizações decorrentes de dano moral. Havia uma divergência, mas, ao que parece, o STJ firmou o entendimento de que não estão sujeitas à tributação pelo Imposto de Renda as indenizações decorrentes de dano moral (REsp 963.387; REsp 1.152.764).

No REsp 963.387, o STJ decidiu que "a indenização por dano estritamente moral não é fato gerador do Imposto de Renda, pois limita-se a recompor o patrimônio imaterial da vítima, atingido pelo ato ilícito praticado". Ainda, "a negativa de incidência do Imposto de Renda não se faz por força de isenção, mas em decorrência da ausência de riqueza nova". O resultado de reiteradas decisões do STJ nesse sentido encontra-se gravado na seguinte súmula, aprovada no dia 13/08/2012:

> *Súmula nº 498/STJ* – *Não incide imposto de renda sobre a indenização por danos morais.*

Aqui, vale mencionar que esse mesmo entendimento foi "incorporado" à legislação tributária pela via do rito previsto no art. 19 da Lei nº 10.522, de 19 de julho de 2002[6], conforme explicamos a seguir.

Com base no dispositivo acima citado, e observando a jurisprudência pacífica do STJ, a Procuradoria da Fazenda Nacional emitiu o Parecer PGFN/CRJ nº 2.123, de 2011, com o objetivo de obter do Ministro da Fazenda a autorização para a dispensa de interposição de recursos ou o requerimento de desistência dos já interpostos, com relação a litígios envolvendo a incidência do IRPF sobre as verbas recebidas por pessoas físicas a título de indenização por dano moral. Além disso, conforme consta de seu próprio texto:

> *2. Tal Parecer, em face da alteração trazida pela Lei nº 11.033, de 2004, à Lei nº 10.522/2002, terá também o condão de dispensar a apresentação de contestação pelos Procuradores da Fazenda Nacional, bem como **de impedir que a Secretaria da Receita Federal do Brasil constitua o crédito tributário relativo à presente hipótese, obrigando-a a rever de ofício os lançamentos já efetuados**, nos termos do citado art. 19 da Lei nº 10.522/2002. (destaque acrescido)*

O parecer foi aprovado pelo Ministro da Fazenda e, por consequência, pode-se dizer que o entendimento da jurisprudência foi "incorporado" à legislação tributária.

Portanto, em vista de tudo o que foi exposto neste item, nota-se que a denominação "indenização" é insuficiente para determinar a impossibilidade de incidência do Imposto de Renda. Em verdade, para emitir um juízo acerca da incidência do Imposto de Renda sobre valores recebidos a título de indenização, é preciso investigar a real natureza da verba recebida, primeiro perguntando se de seu recebimento resultou acréscimo patrimonial. E ainda se houver um acréscimo material, não incidirá o Imposto de Renda se o referido acréscimo for percebido para compensar um decréscimo no patrimônio imaterial, conforme

---

6 Lei nº 10.522, de 19 de julho de 2002. "Art. 19. Fica a Procuradoria-Geral da Fazenda Nacional autorizada a não contestar, a não interpor recurso ou a desistir do que tenha sido interposto, desde que inexista outro fundamento relevante, na hipótese de a decisão versar sobre: [...] II - matérias que, em virtude de jurisprudência pacífica do Supremo Tribunal Federal, do Superior Tribunal de Justiça, do Tribunal Superior do Trabalho e do Tribunal Superior Eleitoral, sejam objeto de ato declaratório do Procurador-Geral da Fazenda Nacional, aprovado pelo Ministro de Estado da Fazenda; [...] § 4º A Secretaria da Receita Federal do Brasil não constituirá os créditos tributários relativos às matérias de que tratam os incisos II, IV e V do *caput*, após manifestação da Procuradoria-Geral da Fazenda Nacional nos casos dos incisos IV e V do *caput*."

assentou o STJ. Se este raciocínio for incorporado pelo concursando, haverá grandes chances de acerto numa questão de prova se, eventualmente, não for possível lembrar do específico caso cobrado pelo examinador.

Ainda vamos estudar os rendimentos tributáveis da pessoa física no item 9.2. Mas, por ora, cabe propor a seguinte síntese:

- em regra indenizações não acrescem o patrimônio, apenas o recompõem (ex.: indenização por acidente sofrido – RIR, art. 39, inciso XVI);
- no entanto, há casos em que se verifica o acréscimo ao patrimônio e, portanto, ocorre o fato gerador do Imposto de Renda, mas a lei tratou de os isentar (ex.: indenização de seguro de vida em caso de morte do segurado – RIR, art. 39, inciso XLIII);
- há o caso da indenização por dano moral, em que o acréscimo ao patrimônio material ocorre para compensar um decréscimo no patrimônio imaterial, e o Judiciário não admite a incidência do Imposto de Renda;
- por fim, há alguns poucos casos em que as indenizações não escapam do Imposto de Renda, a exemplo dos lucros cessantes e da indenização por horas extras trabalhadas.

Capítulo 4
Exercícios da Parte I

1. (Esaf/ Auditor-Fiscal da Receita Federal – 2002) Leia o texto, preencha as lacunas e escolha, em seguida, a opção que contém a sequência em que foram preenchidas.

    O Tribunal Regional Federal da 2ª Região julgou interessante questão sobre a competência para cobrar imposto de renda descontado na fonte sobre vencimentos de vereadores. Como você julgaria?

    O imposto de renda incidente sobre rendimentos pagos a servidores municipais, descontado na fonte, pertence _____[i]_____. Caberá _____[ii]_____ exigi-lo, faltando _____[iii]_____ capacidade ativa para fazê-lo. Quanto às parcelas do vencimento que os servidores julgam isentas ou imunes a tributação, contra o entendimento da Receita Federal, e por isso excluídas das respectivas declarações, competente para exigi-las é _____[iv]_____.

    a) [i] à União... [ii] a ela... [iii] ao Município... [iv] a União.

    b) [i] à União... [ii] ao Município... [iii] à União... [iv] o Município.

    c) [i] ao próprio Município ... [ii] a ele... [iii] à União... [iv] o Município.

    d) [i] ao próprio Município ... [ii] a ele... [iii] à União... [iv] a União.

    e) [i] ao próprio Município... [ii] à União... [iii] ao Município, caso não tenha descontado na fonte, ... [iv] a União.

2. (Cespe/UnB – Juiz Federal Substituto da 2ª Região – 2009) Com relação às limitações constitucionais do poder de tributar, assinale a opção correta.

    a) A proibição constitucional da utilização de tributo com efeito de confisco decorre de seu efeito cumulativo, ou seja, sempre que várias incidências estabelecidas pelo mesmo ente tributante afetarem o patrimônio ou rendimentos do contribuinte de forma não razoável. Nessa situação, sua verificação é individual, passível apenas de controle difuso da constitucionalidade.

    b) A utilização de tributo com efeito de confisco tem como parâmetro a incidência do novo tributo em face de sua própria carga tributária, não o total da carga tributária a que esteja submetido o contribuinte.

    c) As multas aplicadas em face da sonegação ou do não recolhimento dos impostos, quando superem o valor do bem, em princípio ofendem tanto o princípio da proporcionalidade quanto o da proibição de tributos com efeito de confisco.

    d) Confisco é sanção e, para verificar se o tributo tem esse efeito, é necessário examinar se a lei que instituiu o tributo tem como fim impor penalidade ao contribuinte.

    e) Os tributos indiretos são repassados ao consumidor final e não incidem sobre renda ou patrimônio, sendo-lhes inaplicável o princípio constitucional da vedação de confisco.

3. (Esaf/ Técnico da Receita Federal – 2003) Para atender a despesas extraordinárias decorrentes de calamidade pública, em janeiro do ano de 200X, o Congresso Nacional aprovou uma lei complementar que instituiu um imposto de renda adicional, à alíquota de 5%, a ser cobrado imediatamente, incidente sobre quaisquer rendimentos de pessoas físicas. Esse imposto, cobrado de forma definitiva (o que significa que não é deduzido do imposto apurado na declaração anual de rendimentos), não exclui a incidência do imposto de renda segundo a tabela progressiva.

Considerando a situação descrita, assinale as proposições abaixo com F para falsa ou V para verdadeira e, a seguir, indique a opção que contém a sequência correta.

( ) A lei em questão não atende o critério da progressividade.

( ) Dada a situação de urgência e excepcionalidade, o Congresso pode editar uma lei nessas condições, sem observar o princípio da anterioridade.

( ) A lei em questão está informada pelos critérios da generalidade, da universalidade e da seletividade.

a) F, F, V
b) V, V, F
c) F, V, F
d) V, F, V
e) V, F, F

4. (Esaf/ Técnico da Receita Federal – 2003) Assinale as proposições abaixo com F para falsa ou V para verdadeira e, a seguir, indique a opção que contém a sequência correta.

( ) O critério da progressividade do imposto de renda está sintonizado com a capacidade econômica do contribuinte e observa o caráter pessoal previsto na Constituição.

( ) O princípio constitucional da anterioridade significa que a lei tributária não se aplica aos fatos geradores anteriores à sua publicação.

( ) Em atendimento às normas constitucionais relativas aos impostos de competência da União, para fins de incidência do imposto de renda, devem ser deduzidos da renda recebida todos os valores pagos, necessários à sua percepção, atendendo--se, assim, o princípio da não cumulatividade.

a) V, F, V
b) V, V, F
c) F, V, V
d) V, F, F
e) F, F, V

Parte I | Noções Gerais sobre o Imposto de Renda					33

5. (Esaf/ Técnico da Receita Federal – 2002) Assinale as proposições abaixo com F para falsa ou V para verdadeira e, a seguir, indique a opção que contém a sequência correta.

   ( ) O imposto sobre a renda e proventos de qualquer natureza, de competência da União, deve ser informado pelos critérios da progressividade e da especialidade.

   ( ) É vedado à União instituir imposto sobre a renda das empresas públicas estaduais e municipais.

   ( ) De acordo com o princípio da anterioridade, sobrevindo lei que aumente o imposto de renda e preveja expressamente sua entrada em vigor para a data de sua publicação, o imposto decorrente do aumento pode ser cobrado imediatamente a partir da data da publicação, porém sem alcançar fatos geradores ocorridos anteriormente.

   a) V, V, F
   b) F, F, F
   c) V, F, F
   d) V, V, V
   e) F, V, V

6. (Esaf/ Auditor-Fiscal da Receita Federal do Brasil – 2009) Considerando a publicação de norma, em 15 de dezembro de 2009, visando à majoração de tributo, sem disposição expressa sobre a data de vigência, aponte a opção correta.

   a) Tratando-se de imposto sobre a renda e proventos de qualquer natureza, poderá ser editada lei ordinária, produzindo efeitos financeiros a partir de 1º de janeiro de 2010.

   b) Tratando-se de imposto sobre produtos industrializados, poderá ser expedido decreto presidencial, produzindo efeitos financeiros a partir de sua publicação.

   c) Tratando-se de imposto sobre a propriedade territorial rural, poderá ser editada medida provisória, produzindo efeitos financeiros noventa dias após a sua publicação.

   d) Tratando-se de imposto sobre importação, poderá ser expedido decreto presidencial, produzindo efeitos financeiros noventa dias após a sua publicação.

   e) Tratando-se de contribuição social, poderá ser editada medida provisória, produzindo efeitos financeiros a partir de 1º de janeiro de 2011, caso não tenha sido convertida em Lei nº mesmo exercício financeiro em que tenha sido publicada.

7. (Esaf/ Analista-Tributário da Receita Federal do Brasil – 2009) Entre outras limitações ao poder de tributar, que possuem os entes políticos, temos a de cobrar tributos em relação a fatos geradores ocorridos antes do início da vigência da lei que os houver instituído ou aumentado. Sobre essa limitação, analise os itens a seguir,

classificando-os como verdadeiros ou falsos. Depois, escolha a opção que seja adequada às suas respostas:

I. a irretroatividade da lei tributária vem preservar o passado da atribuição de novos efeitos tributários, reforçando a própria garantia da legalidade, porquanto resulta na exigência de lei prévia, evidenciando-se como instrumento de otimização da segurança jurídica ao prover uma maior certeza do direito;

II. o Supremo Tribunal Federal tem como referência, para análise da irretroatividade, o aspecto temporal da hipótese de incidência, ou seja, o momento apontado pela lei como sendo aquele em que se deve considerar ocorrido o fato gerador;

III. a mesma lei que rege o fato é também a única apta a reger os efeitos que ele desencadeia, como a sujeição passiva, extensão da responsabilidade, base de cálculo, alíquotas, deduções, compensações e correção monetária, por exemplo;

IV. a lei instituidora ou majoradora de tributos tem de ser, como regra, prospectiva; admite-se, porém, a sua retroatividade imprópria.

a) Todos os itens estão corretos.
b) Estão corretos apenas os itens I, II e III.
c) Estão corretos apenas os itens I, III e IV.
d) Estão corretos apenas os itens I, II e IV.
e) Estão corretos apenas os itens I e III.

8. (Esaf/ Auditor do Tribunal de Contas do Estado/PR – 2003) Em relação ao imposto sobre a renda e proventos de qualquer natureza, é incorreto afirmar que, nos termos do Código Tributário Nacional:

a) A incidência do imposto independe da denominação da receita ou do rendimento, da localização, condição jurídica ou nacionalidade da fonte, da origem e da forma de percepção.

b) Na hipótese de receitas ou rendimentos tributáveis, oriundos do exterior, é facultado ao Poder Executivo estabelecer, mediante decreto, as condições e o momento em que se dará sua disponibilidade, para fins de incidência do imposto.

c) A base de cálculo do imposto é o montante, real, arbitrado ou presumido, da renda ou dos proventos tributáveis.

d) Contribuinte do imposto é o titular de disponibilidade econômica ou jurídica de renda ou de proventos de qualquer natureza, sem prejuízo de a lei atribuir essa condição ao possuidor, a qualquer título, dos bens produtores de renda ou dos proventos tributáveis.

e) A lei pode atribuir à fonte pagadora da renda ou dos proventos tributáveis a condição de responsável pelo imposto cuja retenção e recolhimento lhe caibam.

9. (Esaf/ Auditor-Fiscal da Receita Federal do Brasil – 2005) Para os efeitos do imposto de renda, o _____ percebido na alienação de bens imóveis considera-se

Parte I | Noções Gerais sobre o Imposto de Renda   35

_____. Já a importância paga a título de aluguel, remetida, creditada, empregada ou entregue ao contribuinte, produzido por bens imóveis é denominada _____. Um(a) _____, na linguagem tributária, é o valor percebido independentemente de ser produzido pelo capital ou o trabalho do contribuinte.

a) rendimento/rendimento de capital/ganho imobiliário/sinecura
b) rendimento/rendimento de capital/ganho imobiliário/prebenda
c) ganho/ganho de capital/rendimento de capital/provento
d) ganho/ganho de capital/rendimento de capital/sinecura
e) provento/rendimento imobiliário/provento predial/provento

10. (Esaf/ Técnico da Receita Federal – 2003) Assinale as proposições abaixo com F para falsa ou V para verdadeira e, a seguir, indique a opção que contém a sequência correta.

( ) O fato gerador do imposto sobre a renda é a aquisição, de fonte situada no Brasil, da disponibilidade econômica ou jurídica de renda ou de proventos de qualquer natureza.

( ) A fonte pagadora da renda ou dos proventos tributáveis pode ser contribuinte do imposto sobre as importâncias que a esse título pagar, desde que a lei assim o determine.

( ) São contribuintes do imposto de renda todas as pessoas jurídicas domiciliadas no País, sejam quais forem seus fins, nacionalidade ou participantes no capital.

( ) Os períodos-base de apuração do imposto de renda de pessoa jurídica são trimestrais, sendo que, no caso de lucro real, o contribuinte pode apurar o imposto anualmente, pagando mensalmente o imposto sobre bases estimadas.

( ) De acordo com a legislação em vigor, são formas de tributação pelo imposto de renda das pessoas jurídicas, a tributação pelo lucro real, a tributação pelo lucro presumido e a tributação pelo lucro arbitrado, podendo o contribuinte livremente optar por uma das duas primeiras, sendo a tributação pelo lucro arbitrado privativa do fisco.

a) F, F, F, V, F
b) V, V, F, F, V
c) F, V, F, F, V
d) V, F, V, V, F
e) F, F, F, F, V

11. (Esaf/ Procurador da Fazenda Nacional – 2012) Sobre o Imposto sobre a Renda e Proventos de qualquer Natureza, julgue os itens a seguir, para então assinalar a opção que corresponda às suas respostas.

I. Como renda deve-se entender a aquisição de disponibilidade de riqueza nova, na forma de um acréscimo patrimonial, ao longo de um determinado período de tempo.

II. Tanto a renda quanto os proventos de qualquer natureza pressupõem ações que revelem mais-valias, isto é, incrementos na capacidade contributiva.

III. Limitações temporais ou quantitativas com relação às despesas e provisões não necessariamente guardam estrita compatibilidade com a teoria do acréscimo patrimonial e com a atividade do contribuinte.

IV. Embora haja diversas teorias que se destinem a delinear o conceito de renda, em todas prevalece a ideia de que haja a necessidade de seu confronto com o conjunto de desembolsos efetivados relativamente ao conjunto das receitas.

V. Pode-se afirmar, a partir de alguns julgados do Supremo Tribunal Federal, que o conceito legalista/fiscalista de renda, assim considerado aquilo que a legislação do imposto de renda estabelecer que é, está ultrapassado.

Estão corretos apenas os itens:

a) II, IV e V;
b) I, II e III;
c) II, III, IV e V;
d) I, II, IV e V;
e) todos os itens estão corretos.

12. (Cespe/UnB – OAB-SP – 2008) A CF determina que o imposto de renda será informado pelos critérios da generalidade, da universalidade e da progressividade, na forma da lei. É correto afirmar que o critério da generalidade:

a) constitui técnica de incidência de alíquotas por meio da qual se procura variá-las em uma razão proporcional à base de cálculo;
b) determina que a totalidade da renda do sujeito passivo deve sujeitar-se à tributação, independentemente da denominação jurídica dos rendimentos;
c) tem por finalidade implementar a isonomia na tributação da renda, onerando mais gravosamente os contribuintes que tenham maior capacidade contributiva;
d) impõe a sujeição de todos os indivíduos à tributação do imposto de renda, independentemente de quaisquer características do contribuinte.

13. (Questão inédita – MLV) Assinale as proposições abaixo com F para falsa ou V para verdadeira e, a seguir, indique a opção que contém a sequência correta.

( ) Em atendimento às normas constitucionais, para fins de incidência do imposto de renda, os maiores rendimentos devem ser tributados com maior intensidade, atendendo-se, assim, ao princípio da seletividade.

( ) Os critérios da generalidade e da universalidade, específicos do imposto de renda, constituem desdobramentos do princípio da isonomia tributária.

( ) O princípio constitucional da anterioridade nonagesimal constitui limitação a ser observada pela lei que majora o imposto de renda, no sendo de impedir sua produção de efeitos no período de noventa dias contados da data de sua publicação.

( ) Imposto de competência da União tem como fato gerador a aquisição jurídica de disponibilidade econômica de renda ou proventos de qualquer natureza.

a) V, F, V, V
b) F, V, F, F
c) F, V, F, V
d) V, F, F, F
e) F, F, F, F

14. (Questão inédita – MLV) Em relação ao imposto sobre a renda e proventos de qualquer natureza, nos termos do Código Tributário Nacional, é correto afirmar que:

a) responsável é o titular de disponibilidade econômica ou jurídica de renda ou de proventos de qualquer natureza, sem prejuízo de a lei atribuir à fonte pagadora da renda ou dos proventos tributáveis a condição de contribuinte pelo imposto cuja retenção e recolhimento lhe caibam;

b) na hipótese de receitas ou rendimentos tributáveis, oriundos do exterior, lei complementar estabelecerá as condições e o momento em que se dará sua disponibilidade, para fins de incidência do imposto;

c) a aquisição da disponibilidade econômica ou jurídica de proventos de qualquer natureza constitui fato gerador do imposto de renda, de competência da União;

d) o imposto, de competência da União, sobre a renda e proventos de qualquer natureza tem como fato gerador a aquisição da disponibilidade econômica ou jurídica de proventos de qualquer natureza, assim entendidos os demais ingressos financeiros não compreendidos no conceito de renda;

e) para fins de incidência do imposto de renda é relevante a denominação, a origem e a forma de percepção da receita ou do rendimento, bem assim a localização, condição jurídica ou nacionalidade da fonte.

4.1. Gabarito dos exercícios da Parte I

1. E	2. C	3. E	4. D
5. B	6. A	7. B	8. B
9. C	10. A	11. D	12. D
13. B	14. C		

PARTE II
Imposto de Renda da Pessoa Física

Capítulo 5
A Legislação do Imposto de Renda da Pessoa Física

A primeira disposição legal sobre o Imposto de Renda no Brasil remonta ao ano de 1843. Naquela oportunidade, foi instituído um imposto progressivo sobre os vencimentos pagos pelos cofres públicos, que vigorou por dois anos.

Mas, de fato, o Imposto de Renda somente foi instituído no Brasil em 1922. Diversas alterações foram introduzidas até chegarmos ao regramento atual, e muitos diplomas legais editados antes da CF/88 continuam vigentes.

Diante da grande quantidade de disposições legais esparsas, o Regulamento do Imposto de Renda (RIR), veiculado por decreto do Presidente da República, sempre teve um papel fundamental. Infelizmente, a última atualização ocorreu em 1999. De lá para cá várias leis e medidas provisórias dispuseram sobre o imposto, criando novas regras ou alterando as já existentes. Isso não seria um problema se houvesse a disposição de manter o Regulamento atualizado. Mas, como isso não aconteceu, criou-se uma enorme dificuldade para o dia a dia de quem opera com o imposto. Para o concursando, então, nem se fala!

Em breve o Governo Federal deve providenciar uma atualização do RIR. Inclusive, no âmbito do Ministério da Fazenda o grupo de trabalho incumbido da tarefa já se encontra em estágio bem avançado. No entanto, enquanto a atualização não chega, mantém-se a dificuldade acima mencionada. Por isso mesmo, nesta obra será indicada a base legal pertinente à medida que os temas forem demandando.

Neste momento, vale ressaltar que, muito embora o conteúdo esteja todo ancorado na legislação tributária, optamos pelo comedimento na transcrição dos dispositivos legais. Essa opção pode ser atribuída ao esforço de transformar a leitura menos árida e o assunto menos indigesto. De qualquer forma, como ao longo do texto há referência aos dispositivos legais acessíveis ao público pela internet, é importante, sempre que possível, que eles sejam examinados e, inclusive, confrontados com as posições assumidas nesta obra. Trata-se de uma tarefa essencial ao sucesso do concursando, que deve se acostumar com a redação do legislador.

Antes de entrar de fato no conteúdo, vamos conhecer a estrutura do RIR/99 e mencionar alguns diplomas legais e atos infralegais, importantes em matéria de Imposto de Renda da Pessoa Física (IRPF).

5.1. O Imposto de Renda da Pessoa Física no RIR/99

O Regulamento vigente encontra-se veiculado pelo Decreto nº 3.000, de 26 de março de 1999. Por essa razão, quando nos referimos a ele utilizamos "RIR/99", ou simplesmente "RIR".

O Livro I do RIR/99 é dedicado à tributação das pessoas físicas, e divide-se em 10 títulos, sendo que:
- os três primeiros títulos (arts. 2º a 36) são dedicados às disposições relativas a "**quem**" é obrigado a pagar o imposto;
- o Título IV procura classificar os rendimentos em tributáveis (arts. 43 a 72), e em isentos ou não tributáveis (arts. 39 a 42), de forma que se refere ao "**por que**" alguém é obrigado (ou não) a pagar o imposto;
- os títulos V a IX (arts. 73 a 116) dizem respeito à apuração do imposto em relação aos rendimentos sujeitos ao regime de tributação anual, de modo que tratam do "**como**" pagar o imposto; e
- o Título X (arts. 117 a 145) dispõe sobre o regime de tributação definitiva, envolvendo, basicamente, ganhos de capital e ganhos líquidos em operações financeiras nos mercados de renda variável.

Nesta obra, seguindo o que foi exigido pela Esaf nos concursos de 2012, não vamos analisar a matéria tratada no Título III (Inscrição no Cadastro de Pessoas Físicas), que não foi incluída no conteúdo programático do edital.

5.2. Leis e atos administrativos que dispõem sobre o IRPF

Há inúmeras leis que, de forma mais ou menos intensa, dispõem sobre o IRPF. Entre elas podemos identificar como mais importantes as seguintes:
- o Decreto-Lei nº 5.844, de 1943, que dispõe sobre a cobrança e fiscalização do imposto de renda, tem muito mais que valor histórico, afinal, várias de suas disposições ainda se encontram vigentes;

- a Lei nº 4.506, de 1964, é uma lei importante que contém quase noventa artigos tratando sobre o imposto de renda em geral. Felizmente, ela não é objeto de muitas alterações, e se encontra consolidada no RIR/99;
- a Lei nº 7.713, de 1988, foi editada logo após a promulgação da CF/88. Trata de uma série de assuntos, mas nosso maior interesse recai sobre a definição genérica da base de cálculo do IRPF (rendimento bruto), e sobre a enumeração de vários rendimentos isentos, entre outros temas;
- a Lei nº 9.250, de 1995, contém os vários elementos necessários à apuração do IRPF no regime de tributação anual. Esta lei tem sofrido várias alterações, de modo que ela se encontra relativamente atualizada. Por isso mesmo, é a ela que iremos recorrer, com frequência.

Entre as dezenas de instruções normativas que regulam a tributação da renda das pessoas físicas, encontram-se as seguintes:

- IN SRF nº 81, de 2001 – dispõe sobre as declarações de espólio;
- IN SRF nº 208, 2002 – dispõe sobre a tributação:
    - ✓ dos rendimentos recebidos de fontes situadas no exterior;
    - ✓ dos ganhos de capital apurados na alienação de bens e direitos situados no exterior, por pessoa física residente no Brasil; e
    - ✓ dos rendimentos recebidos e dos ganhos de capital apurados no País por pessoa física não residente no Brasil.
- IN RFB nº 1.131, de 2011 – dispõe sobre deduções do imposto anual devido, de incentivos, e a referente à contribuição patronal do empregador doméstico;
- IN RFB nº 1.500, de 2014 – é uma grande consolidação das normas de incidência do IRPF, sendo, portanto, de leitura obrigatória;
- IN RFB nº 1.613, de 2016 – dispõe sobre a Declaração do Imposto sobre a Renda referente ao ano-calendário de 2015.

Capítulo 6
Contribuintes do Imposto de Renda da Pessoa Física

De acordo com o art. 121 do CTN, a pessoa obrigada ao pagamento de tributo é genericamente denominada "sujeito passivo da obrigação tributária principal", categoria jurídica que comporta duas espécies: contribuinte e responsável.

Em Direito Tributário, aprendemos que o contribuinte tem relação pessoal e direta com a situação que constitui o fato gerador da obrigação tributária, enquanto o responsável se vê legalmente obrigado ao pagamento do tributo mesmo sem ter praticado o fato gerador.

Neste capítulo que se inicia, vamos analisar as disposições legais relativas ao contribuinte do IRPF, e no Capítulo 7 vamos estudar as previsões relativas à responsabilidade pelo referido tributo.

O RIR/99 trata dos contribuintes do IRPF em seus arts. 2º a 22. Vamos primeiro enxergar o assunto de uma forma ampla, para só depois apresentar o detalhamento.

Em linhas gerais, podemos dizer que são contribuintes do Imposto de Renda brasileiro:

- as pessoas físicas residentes no País, independentemente de sua nacionalidade, que recebam rendimentos ou percebam ganhos de capital, oriundos de fontes situadas no País ou no exterior; e
- as pessoas físicas não residentes, em relação à renda e aos proventos de qualquer natureza provenientes de fontes situadas no País.

Dessa forma, podemos afirmar que uma pessoa de nacionalidade alemã, quando residente no Brasil, é contribuinte do Imposto de Renda brasileiro, inclusive em relação a rendimentos auferidos a partir de fontes situadas no exterior, como no caso do aluguel de um imóvel de sua propriedade situado em Berlim. Por outro lado, um brasileiro residente na Alemanha será contribuinte do Imposto de Renda brasileiro somente se auferir rendimentos provenientes de fontes situadas no Brasil.

6.1. Pessoas físicas domiciliadas ou residentes no Brasil

Em observância ao critério da generalidade, que estudamos no item 1.2.4, a legislação tributária estabelece que a condição de contribuinte do IRPF independe da nacionalidade, sexo, idade, estado civil ou profissão da pessoa física domiciliada ou residente no Brasil (RIR, art. 2º).

São também contribuintes as pessoas físicas que perceberem rendimentos de bens de que tenham a posse como se lhes pertencessem, de acordo com a legislação em vigor. Sobre esse ponto, vimos no item 2.4 o exemplo do herdeiro na sucessão provisória, e sua condição de contribuinte em relação aos rendimentos produzidos por bens de que tem apenas a posse.

Em regra, os rendimentos de pessoas físicas residentes no Brasil são tributados segundo o regime anual. Mais adiante, no Capítulo 13, veremos o funcionamento desse regime, com muitos detalhes. Por ora, em poucas palavras, podemos dizer que no regime anual o imposto devido é apurado somente após o encerramento do ano. No entanto, são exigidas antecipações à medida que os rendimentos são recebidos, gerando a necessidade de ser realizado um encontro de contas (um ajuste) após o encerramento do ano.

Mas há também alguns rendimentos de residentes no País que são tributados exclusivamente na fonte (Capítulo 14), e outros que são tributados de forma definitiva (Capítulo 15). Em ambos os casos, os rendimentos são apenas informados na declaração anual, e não integram o ajuste anual. De qualquer forma, são situações muito específicas, conforme veremos no momento certo.

6.2. Pessoas físicas domiciliadas ou residentes no exterior

A renda e os proventos de qualquer natureza, percebidos no País por residentes ou domiciliados no exterior estão sujeitos à incidência do IRPF brasileiro (RIR, art. 3º). Portanto, um francês que reside na Inglaterra e que recebe aluguel referente a imóvel situado em Brasília encontra-se sujeito à incidência do Imposto de Renda brasileiro.

Diferentemente do que vimos no item anterior, no caso de rendimentos auferidos no Brasil por não residentes, a falta de uma relação de permanência com o País impede (ou, no mínimo, dificulta muito) a aplicação do regime anual, baseado em antecipações e posterior ajuste. Por isso, a renda e os proventos de qualquer natureza, percebidos no País por residentes ou domiciliados no exterior, independentemente da nacionalidade, são tributados de forma definitiva ou exclusivamente na fonte, a depender da natureza do rendimento, conforme veremos adiante.

6.3. Situações especiais

A seguir, vamos estudar algumas disposições especiais previstas pela legislação tributária em relação a certos contribuintes do imposto. São situações que envolvem alguma peculiaridade, em relação às quais o legislador entendeu ser necessário regulá-las mais de perto.

Vamos analisar o caso dos menores e outros civilmente incapazes, da sociedade conjugal, do espólio e dos bens em condomínio. Analisaremos, também, os casos de transferência de residência entre o exterior e o Brasil, e a situação dos servidores de representações estrangeiras e de organismos internacionais. Adotaremos, basicamente, a sequência encontrada no Regulamento entre os arts. 4º e 22.

Para não se perder diante de tantas regras, é bom ter em mente o seguinte: o montante total oferecido à tributação deve ser equivalente à soma dos rendimentos recebidos; o mesmo vale em relação ao valor dos bens ou direitos. Para evitar duplicidades, essa diretriz prevalece mesmo nos casos de declaração em conjunto, e também no caso de existirem bens comuns.

6.3.1. Menores e outros civilmente incapazes

A essa altura, apenas com o que estabelece o art. 126 do CTN[1], não pode haver qualquer dúvida de que os menores e outros civilmente incapazes são contribuintes do Imposto de Renda em relação a seus próprios rendimentos.

Vamos analisar dois casos: declaração em separado, e declaração em conjunto.

a. Declaração em separado

Como regra, os rendimentos e ganhos de capital de que sejam titulares menores e outros incapazes, inclusive a título de prestação alimentícia, são tributados em seus respectivos nomes, com o número de inscrição próprio no Cadastro de Pessoas Físicas (RIR, art. 4º).

Nesse caso, o recolhimento do tributo e a apresentação da respectiva declaração de rendimentos, em nome do contribuinte civilmente incapaz, são de responsabilidade de qualquer um dos pais, do tutor, do curador ou do responsável por sua guarda.

b. Declaração em conjunto

Por opção, a apuração do imposto e a entrega da declaração podem ser feitas em conjunto com a dos pais, do tutor, do curador ou do responsável por sua guarda (RIR, art. 4º, § 2º). Feita essa opção, a declaração em conjunto supre a obrigatoriedade da apresentação da declaração a que porventura estiver sujeito o menor ou o civilmente incapaz.

Na declaração em conjunto, os menores e outros incapazes são considerados dependentes, e seus rendimentos, ainda que em valor inferior ao limite de isenção da tabela progressiva, devem ser incluídos na declaração do pai, do tutor, do curador ou do responsável por sua guarda, conforme o caso.

No caso de menores ou de filhos incapazes que estejam sob a responsabilidade de apenas um dos pais, em virtude de sentença judicial, a opção de declaração em conjunto somente poderá ser exercida por aquele que detiver a guarda.

---

1 CTN, art. 126, I. A capacidade tributária passiva independe da capacidade civil das pessoas naturais.

O mesmo se aplica em relação a alimentos e pensões recebidas em cumprimento de decisão judicial ou de acordo, homologado judicialmente ou por escritura pública. Assim, em regra, a tributação dos rendimentos recebidos a título de prestação alimentícia se dá individualmente, em nome do próprio alimentado ou, opcionalmente, pode ocorrer em conjunto com responsável pela sua guarda.

6.3.2. Sociedade conjugal

Em relação à sociedade conjugal, vamos novamente analisar dois casos: declaração em separado, e declaração em conjunto.

a. Declaração em separado

Como regra, na constância da sociedade conjugal, cada cônjuge é tributado individualmente na proporção de (RIR, arts. 6º e 7º):

- 100%, em relação aos rendimentos próprios; e
- 50%, em relação aos rendimentos produzidos pelos bens comuns.

Portanto, a título de exemplo, vamos considerar que num determinado ano um contribuinte tenha recebido salários no valor de R$ 40 mil, e sua esposa, dentista, no mesmo ano tenha recebido de seus pacientes a soma de R$ 50 mil. Suponha, ainda, que o casal seja proprietário de um apartamento que, alugado a terceiros, tenha gerado no ano rendimentos de R$ 16 mil. Nesse caso, se resolverem declarar seus rendimentos em separado, ele deverá oferecer à tributação o montante de R$ 48 mil, e ela, R$ 58 mil.

Ainda tratando de declaração em separado, a legislação estabelece que os rendimentos produzidos pelos bens comuns podem ser tributados, em sua totalidade, em nome de um dos cônjuges (RIR, art. 6º, parágrafo único). Ou seja, no exemplo acima, os aluguéis gerados pelo apartamento comum, no valor de R$ 16 mil, poderiam ser tributados integralmente na declaração do marido, hipótese em que os rendimentos tributáveis na declaração dele alcançariam o montante de R$ 56 mil, e na declaração da esposa deveriam ser declarados apenas seus rendimentos de dentista, no valor de R$ 50 mil. Por outro lado, se decidissem concentrar os rendimentos do bem comum do casal na declaração da esposa, ela deveria oferecer à tributação o montante de R$ 66 mil, e na declaração do marido deveria constar o valor de R$ 40 mil, referente unicamente a seus salários.

Note que, em qualquer dos casos acima, a soma dos rendimentos oferecidos à tributação alcançaria o montante de R$ 106 mil.

Até aqui, vimos as regras em relação aos rendimentos. Quanto aos bens comuns, eles somente podem ser relacionados na declaração de bens ou direitos de um dos cônjuges, ainda que ambos estejam obrigados à apresentação da declaração (RIR, art. 7º, § 3º). E no caso em que um dos cônjuges esteja desobrigado de apresentar a declaração, os bens comuns, obrigatoriamente, devem ser relacionados pelo cônjuge que apresentar a declaração.

Portanto, na sociedade conjugal, ainda que a declaração seja em separado, note que **o valor dos bens comuns** não pode ser dividido entre os declarantes, diferentemente do que ocorre com **o valor dos rendimentos provenientes desses mesmos bens comuns**, que em regra são divididos na proporção de 50% para cada cônjuge.

Desse modo, cuidado para não confundir "bens comuns" (imóvel, por exemplo) com "rendimentos de bens comuns" (aluguel do imóvel). Como vimos, no caso de declaração em separado, ainda que os rendimentos de bens comuns possam ser informados na proporção de 50% em cada declaração, os bens comuns devem ser declarados integralmente por um dos cônjuges.

b. Declaração em conjunto

Por opção, a apuração do imposto e a entrega da declaração podem ser feitas em conjunto pelos cônjuges (RIR, art. 8º). Isso se aplica inclusive em relação aos rendimentos provenientes de bens gravados com cláusula de incomunicabilidade ou inalienabilidade, da atividade rural e das pensões de que tiverem gozo privativo.

Nesse caso, o declarante pode relacionar o outro cônjuge como dependente, e os bens, inclusive os gravados com cláusula de incomunicabilidade ou inalienabilidade, devem ser relacionados na declaração de bens do cônjuge declarante.

No exemplo que vimos no item anterior, se aquele mesmo casal decidisse apresentar a declaração em conjunto em nome da esposa, na declaração deveria constar o valor total dos rendimentos do casal (R$ 106 mil), e o marido poderia ser relacionado como dependente.

Por fim, talvez seja oportuno esclarecer que o regime de casamento não é determinante da forma como os rendimentos serão oferecidos pelo casal, conjuntamente ou em separado. Desse modo, mesmo sob o regime de comunhão universal de bens, um casal pode apresentar declaração em separado. E mesmo um casal unido com separação total de bens pode declarar seus rendimentos em conjunto. Em verdade, para os efeitos da declaração de rendimentos, o regime de casamento é relevante unicamente na determinação de quais bens são comuns e, consequentemente, do montante dos rendimentos que têm origem em bens comuns.

c. União estável

Tudo que vimos até aqui em relação à sociedade conjugal, aplica-se, no que couber, à união estável (RIR, art. 10). Nesse caso, pode haver contrato escrito, conforme previsto no art. 1.725 do Código Civil, estipulando, por exemplo, proporções na participação de bens comuns diferentes de 50%, que deverão ser observadas no momento de oferecer à tributação os rendimentos produzidos por esses bens.

E de acordo com o Parecer PGFN/CAT nº 1.503, de 19 de julho de 2010, aprovado pelo Ministro da Fazenda em 26 de julho de 2010, o(a) contribuinte pode incluir o(a) companheiro(a) homoafetivo(a) como dependente para efeito de dedução do IRPF, desde que preenchidos os demais requisitos exigíveis à comprovação da união estável. Nesse caso, valem as mesmas regras aqui já analisadas, de modo que a declaração pode ser apresentada em separado ou, opcionalmente, em conjunto com o(a) companheiro(a).

Portanto, em síntese, diante do que vimos até este ponto, podemos afirmar o seguinte:

- em regra, cônjuges (ou companheiros) apresentam declaração em separado;
- ainda que a declaração seja em separado, rendimentos de bens comuns podem ser incluídos integralmente na declaração de um dos cônjuges;
- opcionalmente, cônjuges (ou companheiros) podem apresentar declaração em conjunto, hipótese em que o declarante deve incluir os rendimentos próprios do outro cônjuge (que pode ser relacionado como dependente), ainda que em valor inferior ao limite de isenção da tabela progressiva.

Tudo que vimos até aqui diz respeito ao período em que estiver vigente o casamento ou a união estável. Vamos agora analisar as consequências tributárias da dissolução da sociedade conjugal.

d. Dissolução da sociedade conjugal

A dissolução da sociedade conjugal pode ocorrer em vida, ou em razão da morte de um dos cônjuges. Quando a dissolução ocorre em vida, por meio de separação judicial, divórcio, ou mesmo em razão de anulação de casamento, a declaração de rendimentos deve ser apresentada em nome de cada um dos contribuintes (RIR, art. 9º, § 1º).

Em outras palavras, na hipótese de dissolução da sociedade conjugal em vida, é vedado apresentar a declaração em conjunto. Mas essa vedação somente se aplica em relação ao ano-base em que se verificar a dissolução. Ou seja, se o divórcio é realizado em janeiro de 2015, em relação ao ano-calendário de 2014 os declarantes devem observar as regras relativas à sociedade conjugal, pois em 31 de dezembro de 2014 ainda estavam casados. Somente em 2016, quando da entrega da declaração relativa ao ano de 2015, é que irão reportar essa nova condição de divorciados.

Cabe ressaltar que a legislação tributária não reconhece a separação de fato como circunstância que caracteriza a dissolução da sociedade conjugal, conforme se depreende do disposto no § 2º do art. 9º do RIR.

A outra circunstância regulada pela legislação tributária envolve a dissolução da sociedade conjugal em razão da morte de um dos cônjuges. Segundo a lei civil, com a morte da pessoa, abre-se a sucessão e surge o espólio, uma entidade despersonalizada que corresponde ao conjunto de bens, direitos e obrigações da pessoa falecida. A formalização da transmissão da herança líquida se dá por meio da partilha ou adjudicação ao final do procedimento de inventário, e marca o encerramento do espólio.

A legislação tributária contém disposições específicas em relação ao espólio, que iremos analisar no item 6.3.3. Neste momento, vamos estudar as regras aplicáveis ao cônjuge sobrevivente. Segundo dispõe o art. 9º do RIR, no caso de dissolução da sociedade conjugal por morte de um dos cônjuges, em nome do sobrevivente devem ser tributadas:

- as importâncias que perceber de seu trabalho próprio;
- as pensões de que tiver gozo privativo;
- os rendimentos de quaisquer bens que não se incluam entre aqueles a partilhar; e
- 50% dos rendimentos produzidos pelos bens comuns (com o espólio).

Opcionalmente, os rendimentos produzidos pelos bens comuns no curso do inventário podem ser tributados, em sua totalidade, em nome do espólio (RIR, art. 12, § 3º). Note que a legislação não prevê o contrário. Não há autorização para que os rendimentos produzidos pelos bens comuns sejam tributados, em sua totalidade, em nome do cônjuge sobrevivente.

Quanto aos bens incluídos no monte a partilhar, sendo comuns ou não, devem ser declarados pelo espólio, obrigatoriamente (RIR, art. 12, § 5º).

Portanto, na dissolução da sociedade conjugal por morte de um dos cônjuges, quanto aos rendimentos de bens comuns, temos o seguinte:

- o cônjuge sobrevivente deve declarar 50% dos rendimentos provenientes de bens comuns;
- a outra parte dos rendimentos produzidos pelos bens comuns deve ser declarada em nome do espólio;

- opcionalmente, os rendimentos produzidos pelos bens comuns poderão ser tributados, em sua totalidade, em nome do espólio.

E quanto aos bens, sendo comuns ou não, se estiverem incluídos no monte a partilhar devem ser declarados pelo espólio, obrigatoriamente.

6.3.3. Espólio

Conforme vimos no item anterior, o espólio é o conjunto de bens, direitos e obrigações da pessoa falecida. Embora não tenha personalidade jurídica, é contribuinte distinto do cônjuge sobrevivente, e de herdeiros ou legatários.

Ao espólio aplicam-se as normas a que estão sujeitas as pessoas físicas, sendo ele representado pelo inventariante a partir da data de abertura da sucessão (RIR, art. 11).

Pelo inventariante, em nome do espólio, devem ser apresentadas (RIR, art. 12):

- as declarações de rendimentos, a partir do ano-calendário do falecimento, e até a data em que for homologada a partilha ou feita a adjudicação dos bens (são declarações do espólio);
- as declarações obrigatórias não entregues em vida pelo falecido.

Na declaração do espólio são tributados os rendimentos próprios do falecido e 50% dos rendimentos produzidos pelos bens comuns no curso do inventário (lembre-se de que a outra metade deve ser declarada pelo cônjuge sobrevivente). Opcionalmente, os rendimentos produzidos pelos bens comuns poderão ser tributados, em sua totalidade, em nome do espólio.

Homologada a partilha ou feita a adjudicação dos bens, o inventariante deve apresentar a Declaração Final de Espólio. Quanto ao prazo de entrega dessa declaração há que se ter cuidado. O art. 13 do RIR faz referência a um prazo que não mais se observa. Atualmente, o prazo de entrega dessa declaração está fixado no art. 6º da IN SRF nº 81, de 2001, com a redação dada pela IN RFB nº 897, de 2008:

> **Art. 6º** A Declaração Final de Espólio deve ser apresentada até o último dia útil do mês de abril do ano-calendário subsequente ao:
>
> I – da decisão judicial da partilha, sobrepartilha ou adjudicação dos bens inventariados, que tenha transitado em julgado até o último dia do mês de fevereiro do ano-calendário subsequente ao da decisão judicial;
>
> II – da lavratura da escritura pública de inventário e partilha;
>
> III – do trânsito em julgado, quando este ocorrer a partir de 1º de março do ano-calendário subsequente ao da decisão judicial da partilha, sobrepartilha ou adjudicação dos bens inventariados.

Portanto, aqui temos uma situação curiosa. Por mais estranho que possa parecer, uma instrução normativa alterou o prazo anterior definido em lei! Você deve estar se perguntando como isso é possível. Vamos tentar esclarecer.

O art. 13 do RIR se fundamenta no § 4º do art. 7º da Lei nº 9.250, de 1995, dispositivo que não foi revogado expressamente. Só que o art. 16 da Lei nº 9.779, de 1999, atribuiu ao Secretário da Receita Federal o poder de "dispor sobre as obrigações acessórias relativas aos impostos e contribuições por ela administrados, estabelecendo, inclusive, forma, prazo e condições para o seu cumprimento e o respectivo responsável". Com base nessa autorização genérica, o Secretário da Receita Federal do Brasil editou a IN RFB nº 897, de 2008, alterando o prazo para entrega da declaração final de espólio. Portanto, a alteração do prazo anterior definido em lei só foi possível por meio de uma IN porque outra lei (posterior à primeira), assim autorizou.

Vamos agora compreender a regra atual que fixa o prazo. Note que a declaração final de espólio deve ser entregue no último dia útil do mês de abril do ano-calendário subsequente à ocorrência de algum dos eventos que se verificam na sucessão.

A mais fácil é a hipótese da escritura pública de inventário, prevista na Lei nº 11.441, de 2007, como forma de desafogar o Judiciário. Nesse caso, a declaração final de espólio deve ser entregue no último dia útil do mês de abril do ano seguinte ao de sua lavratura. Assim, por exemplo, se uma escritura como essa tivesse sido lavrada em 15 de outubro de 2015, o prazo de entrega da declaração se encerraria em 29 de abril de 2016.

Já nos casos em que a sucessão é levada ao Judiciário, importa verificar a data do trânsito em julgado da sentença. Se o trânsito em julgado ocorrer no mesmo ano da prolação da sentença, a declaração deve ser entregue no último dia útil do mês de abril do ano-calendário subsequente. No entanto, se a decisão é prolatada num ano, e passa em julgado somente no ano seguinte, a Administração Tributária elegeu o dia 1º de março como data de corte. Por exemplo, se uma decisão do dia 19 de novembro de 2014 transitou em julgado no dia 27 de fevereiro de 2015, a declaração final do espólio deve ser entregue até 30 de abril de 2015. Mas, se essa mesma decisão somente transita em julgado no dia 5 de março de 2015, a declaração poderá ser entregue até o último dia útil do mês de abril de 2016.

6.3.4. Bens em condomínio

Suponha que dois amigos decidam juntos comprar um terreno de frente para o mar. Sobre ele constroem uma casa, e a põem para alugar na alta temporada. Nesse caso, o aluguel do imóvel possuído em condomínio deve ser tributado proporcionalmente à parcela que cada condômino detiver (RIR, art. 15).

Quanto ao valor da casa, na declaração de bens de cada um dos condôminos deve constar a parte que lhes couber. Note que, diferentemente do que ocorre na sociedade conjugal, o valor dos bens em condomínio deve ser dividido entre os declarantes, proporcionalmente à parcela que cada um detiver.

6.3.5. Transferência de residência entre o Brasil e o exterior

Neste tópico vamos analisar os casos que envolvem transferência de residência entre o Brasil e o exterior.

Vamos iniciar com os casos em que as pessoas físicas deixam a condição de residentes no Brasil. Depois, vamos analisar os casos em que as pessoas provenientes do exterior adquirem a condição de residente no País, pelo menos para os efeitos da tributação.

Aproveito para lembrar o que vimos nos itens 6.1 e 6.2:

- ainda que a fonte esteja no exterior, os rendimentos de residentes no Brasil são tributados, em regra, segundo o regime anual e, eventualmente, de forma definitiva ou exclusivamente na fonte;
- por outro lado, a renda e os proventos de qualquer natureza, percebidos no País por residentes ou domiciliados no exterior, sofrem a incidência do imposto brasileiro segundo o regime de tributação definitiva ou exclusiva na fonte, a depender da natureza do rendimento.

a. Saída do País em caráter definitivo

Nos casos em que a pessoa física deixa o País em caráter definitivo, duas são as possíveis formas de tributação, a depender do fato de ela ter apresentado, ou não, a Declaração de Saída Definitiva do País e a Comunicação de Saída Definitiva do País, previstas, respectivamente, nos arts. 9º e 11-A da Instrução Normativa SRF nº 208, de 2002.

Em poucas palavras, se a pessoa apresentar a Comunicação de Saída Definitiva do País e a Declaração de Saída Definitiva do País, ela passa à condição de residente no exterior tão logo deixe o Brasil.

Por outro lado, ainda que deixe o País em caráter definitivo, se não apresentar a Comunicação de Saída Definitiva do País, e nem a Declaração de Saída Definitiva do País, durante os primeiros 12 meses, contados a partir da data da saída, seus rendimentos são tributados como se ainda fosse residente no Brasil. Nesse caso, a grande consequência é a seguinte: durante esses 12 meses em que mantém a condição de residente no País, é devido ao Brasil o imposto incidente, inclusive, sobre os rendimentos recebidos de fontes situadas no exterior (IN SRF nº 208, de 2002, art. 10, § 2º).

Mas é importante ressaltar que nada disso se aplica à pessoa física que se ausente para prestar serviços como assalariada a autarquias ou repartições do Governo brasileiro situadas no exterior (RIR, art. 17). Nesse caso, permanece o vínculo de residência no Brasil porque o "empregador" é o próprio governo brasileiro (*vide* item 9.2.1.h).

Cabe ainda destacar outra previsão legal referente ao tema, incluída na Lei nº 12.249, de 2010:

> **Art. 27.** A transferência do domicílio fiscal da pessoa física residente e domiciliada no Brasil para país ou dependência com tributação favorecida ou regime fiscal privilegiado, nos termos a que se referem, respectivamente, os arts. 24 e 24-A da Lei nº 9.430, de 27 de dezembro de 1996, somente terá seus efeitos reconhecidos a partir da data em que o contribuinte comprove:
>
> I – ser residente de fato naquele país ou dependência; ou
>
> II – sujeitar-se a imposto sobre a totalidade dos rendimentos do trabalho e do capital, bem como o efetivo pagamento desse imposto.
>
> **Parágrafo único.** Consideram-se residentes de fato, para os fins do disposto no inciso I do *caput* deste artigo, as pessoas físicas que tenham efetivamente permanecido no país ou dependência por mais de 183 (cento e oitenta e três) dias, consecutivos ou não, no período de até 12 (doze) meses, ou que comprovem ali se localizarem a residência habitual de sua família e a maior parte de seu patrimônio.

Como se nota, a legislação tributária passou a ser mais rigorosa para fins de permitir a caracterização da transferência de domicílio da pessoa física para os chamados paraísos fiscais. Nesse caso, não basta mais declarar a saída; é preciso comprovar que ela é efetiva.

b. Entrada no País com visto permanente

Vamos agora analisar o caso das pessoas que transferem residência para o Brasil. Nessa hipótese, ficam sujeitas ao imposto brasileiro, como residentes ou domiciliadas no País, em relação aos fatos geradores ocorridos a partir da data de sua chegada (RIR, art. 18).

Além disso, se a pessoa que ingressa no País com visto permanente, num mesmo ano-calendário deixa o território nacional em caráter definitivo, fica sujeita ao regime de saída definitiva aplicado aos residentes no Brasil, visto no item anterior (RIR, art. 20).

c. Entrada no País com visto temporário

No caso das pessoas portadoras de visto temporário e que, portanto, não transferem residência para o Brasil, duas possíveis situações são relevantes para a tributação:

- o ingresso no País ter se dado em razão de trabalho com vínculo empregatício ou para atuar como médico bolsista no âmbito do Programa Mais Médicos; ou
- o ingresso no País ter se dado por qualquer outro motivo que não o trabalho com vínculo empregatício.

No primeiro caso, a pessoa se sujeita à tributação pelo Imposto de Renda, como residente, em relação aos fatos geradores ocorridos a partir da data de sua chegada (RIR, art. 19, inciso I).

Quanto às pessoas que ingressam no País com visto temporário sem trabalho com vínculo empregatício, haverá um "momento de virada", em que passam a ser consideradas residentes no País para os efeitos da tributação. Na situação mais direta, essas pessoas passam a ser tributadas como residentes no Brasil a partir da data em que o visto temporário for transformado em permanente (RIR, art. 19, § 1º).

Além disso, ainda que o visto temporário não tenha sido transformado em permanente, se permanecerem no País por mais de 183 dias, consecutivos ou não, contados dentro de um intervalo de 12 meses, passam a ser tributadas como se residentes fossem (RIR, art. 19, inciso II). É o caso das pessoas "que vão ficando".

Portanto, a pessoa física proveniente do exterior que, com visto temporário, ingressar no Brasil por qualquer outro motivo que não o trabalho com vínculo empregatício ou a atuação no Programa Mais Médicos:

- é tributada como residente no exterior durante o período anterior àquele em que se completar o período de permanência no Brasil (de 183 dias), ou até a data em que o visto temporário for transformado em permanente, o que ocorrer primeiro;
- é tributada como residente no País em relação aos fatos geradores ocorridos a partir do dia subsequente ao fim do prazo de permanência, ou da obtenção do visto permanente, também nesse caso, o que ocorrer primeiro.

Diante do que vimos, suponha que, no início de janeiro de 2016, um viajante residente no exterior tenha entrado no País com visto temporário e sem trabalho. Depois de passar 90 dias por aqui, deixou o País para conhecer a Argentina. Admita, ainda, que tenha retornado ao Brasil 30 dias depois de sair e, apaixonado pelo nosso clima e pelo nosso povo, ele decide que não vai embora.

Nesse caso, no início de agosto de 2016, quando se completarem 183 dias de permanência no Brasil (90 dias da primeira entrada, mais 93 a partir da segunda entrada depois de retornar da viagem à Argentina), essa pessoa passa a ser considerada residente no País para os efeitos da tributação. Ou seja, em regra, até mesmo os rendimentos decorrentes do aluguel de um imóvel de sua propriedade, localizado no seu País de origem, passam a se sujeitar à tributação pelo IRPF brasileiro.

6.3.6. Servidores de representações estrangeiras e de organismos internacionais

Vamos agora analisar alguns casos de isenção subjetiva, concedida com fundamento nas relações internacionais. Nesse sentido, são isentos do imposto os rendimentos do trabalho percebidos no Brasil por (RIR, art. 22):
- servidor diplomático de governos estrangeiros;
- servidor de organismos internacionais;
- servidor não brasileiro de embaixada, consulado e repartições oficiais de outros países no Brasil.

Note bem que isentos são os rendimentos do trabalho desses servidores. Por isso mesmo, eles são contribuintes do imposto, como residentes no exterior, em relação a outros rendimentos e ganhos de capital produzidos no País, recebidos de pessoa física ou jurídica domiciliada no Brasil (RIR, art. 22, § 1º).

A primeira hipótese de isenção, envolvendo os servidores diplomáticos, é uma repercussão imediata da Convenção de Viena sobre Relações Diplomáticas. No entanto, a isenção não se aplica aos servidores estrangeiros que tenham transferido residência permanente para o Brasil (RIR, art. 22, § 2º). Ou seja, a isenção somente se aplica enquanto o servidor diplomático mantiver sua condição de residente no exterior.

No caso do servidor de organismo internacional (OI), para prevalecer a isenção sobre os rendimentos de seu trabalho, o Brasil tem que fazer parte da OI e, além disso, a isenção tem que constituir uma obrigação assumida em tratado ou convênio.

Por fim, a terceira hipótese de isenção se refere a pessoas que, embora trabalhem para embaixadas, consulados ou repartições oficiais de outros países no Brasil, não integram o corpo diplomático. Nesse caso, a isenção é condicionada à existência de reciprocidade de tratamento. Em outras palavras, a isenção do imposto sobre os rendimentos do trabalho é concedida aos servidores não brasileiros de embaixadas, consulados ou repartições oficiais de outros países, desde que no país de sua nacionalidade seja assegurado igual tratamento a brasileiros que ali exerçam idênticas funções.

Antes de encerrar, cabe ressaltar um detalhe importante. Ainda que os rendimentos sejam pagos por governo estrangeiro ou organismo internacional, haverá incidência do imposto brasileiro quando o beneficiário dos rendimentos não for servidor diplomático, de organismos internacionais, e nem de embaixada, consulado ou repartição oficial de país estrangeiro. Veja, nesse sentido, o que estabelecem os seguintes dispositivos do RIR:

Art. 55. São também tributáveis:

[...]

V – os rendimentos recebidos de governo estrangeiro e de organismos internacionais, quando correspondam à atividade exercida no território nacional, observado o disposto no art. 22;

[...]

Art. 106. Está sujeita ao pagamento mensal do imposto a pessoa física que receber de outra pessoa física, ou de fontes situadas no exterior, rendimentos que não tenham sido tributados na fonte, no País, tais como:

[...]

III – os rendimentos recebidos por residentes ou domiciliados no Brasil que prestem serviços a embaixadas, repartições consulares, missões diplomáticas ou técnicas ou a organismos internacionais de que o Brasil faça parte;

Capítulo 7
Responsáveis pelo Imposto de Renda da Pessoa Física

Vimos que "sujeito passivo da obrigação tributária" é um gênero que comporta duas espécies: contribuinte e responsável. Contribuinte é o sujeito passivo que pratica o fato gerador da obrigação tributária; e responsável é aquele que, mesmo sem praticar o fato gerador, encontra-se obrigado ao pagamento do tributo em razão de expressa previsão legal.

Ainda que possa parecer temerário o fato de alguém se encontrar obrigado ao pagamento de um tributo sem que tenha praticado o respectivo fato gerador, a atribuição legal de responsabilidade tributária não pode ser aleatória e muito menos arbitrária. Em verdade, o próprio Código estabelece que "a lei pode atribuir de modo expresso a responsabilidade pelo crédito tributário a terceira pessoa, vinculada ao fato gerador da respectiva obrigação" (CTN, art. 128).

Note como são restritas as possibilidades para eleição do responsável pelo pagamento do tributo. Se não restar configurada a condição de contribuinte, para que a alguém seja atribuída a condição de sujeito passivo da obrigação tributária, na qualidade de responsável, é preciso haver alguma outra espécie de vinculação com o fato gerador da respectiva obrigação.

Quanto ao IRPF, a matéria está compreendida entre os arts. 23 e 27 do RIR/99 e, em grande parte, representa o mero reflexo de disposições do CTN.

7.1. Responsabilidade dos sucessores

Nos termos do art. 23 do RIR, são pessoalmente responsáveis:

- o espólio, pelo tributo devido pelo *de cujus* até a data da abertura da sucessão;
- o sucessor a qualquer título e o cônjuge meeiro, pelo tributo devido pelo *de cujus* até a data da partilha ou adjudicação, limitada esta responsabilidade ao montante do quinhão, do legado, da herança ou da meação.

Para compreender essas disposições, vamos recordar o seguinte: com a morte se encerra a personalidade da pessoa falecida e surge o espólio, ente despersonalizado; e no encerramento do inventário, com a partilha ou adjudicação, extingue-se o espólio e os quinhões são atribuídos aos herdeiros.

Em síntese, o art. 23 do RIR estabelece que, quanto ao IRPF incidente sobre fatos ocorridos antes da data de abertura da sucessão (**antes da morte**), contribuinte é o *de cujus* e responsável é o espólio. Se o espólio não saldar eventual dívida relativa ao imposto devido em vida pelo falecido – porque somente foi apurada pela fiscalização depois da partilha, por exemplo –, os herdeiros respondem até o limite do quinhão recebido.

Quanto ao IRPF incidente sobre fatos ocorridos **após a data de abertura da sucessão e até a data da partilha ou adjudicação**, o espólio é o contribuinte, e responsáveis são o sucessor a qualquer título e o cônjuge meeiro.

Vamos tentar compreender essas previsões com o auxílio do diagrama abaixo:

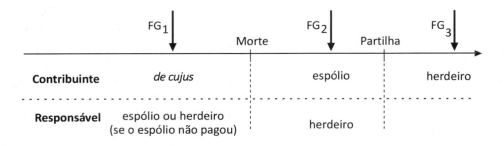

Para tornar mais concreto o exemplo, vamos admitir que os fatos geradores FG_1, FG_2 e FG_3 se referem ao imposto que incide sobre os rendimentos de aluguel de um imóvel de propriedade do *de cujus*.

No diagrama acima note que, em relação ao fato gerador que ocorre antes da morte (FG_1), contribuinte é a própria pessoa (aqui referida como *de cujus*). Ainda em relação ao FG_1, se após a morte do contribuinte perdurar a falta de pagamento do respectivo tributo, o espólio será chamado para honrar a dívida ou, se o espólio já houver sido extinto, o herdeiro será chamado a cumprir a obrigação, mas, nesse caso, somente até o limite das forças da herança recebida.

Quanto ao FG_2, ocorrido após a morte do *de cujus*, contribuinte é o espólio. Depois de encerrado o espólio, se ainda assim perdurar a falta de pagamento do imposto relativo ao FG_2, o herdeiro será chamado ao pagamento na qualidade de responsável e, novamente, somente até o limite das forças da herança recebida.

Quanto ao FG_3, ocorrido após o encerramento do espólio, contribuinte será o herdeiro que houver recebido em herança o bem imóvel gerador do rendimento de aluguel. Nesse caso, o herdeiro é o próprio titular dos rendimentos de aluguel.

Ante de encerrar este tópico, é oportuno enfatizar que em nenhum momento o inventariante é mencionado no art. 23 do RIR, acima estudado. Portanto, dentro da normalidade, o inventariante não tem responsabilidade pelo pagamento do imposto.

Essa observação é importante porque em concursos públicos o examinador adora inserir o inventariante neste contexto de responsabilidade dos sucessores, tornando incorreta a alternativa ou a assertiva em que isso se verificar. Neste ponto, vale lembrar que o inventariante representa o espólio que, como sabemos, não tem personalidade jurídica. Nesse sentido, o inventariante é o responsável pela administração dos interesses do espólio e, por consequência, pela apuração dos tributos devidos pelo ente despersonalizado, bem assim pela apresentação das respectivas declarações, conforme vimos no item 6.3.3.

Em verdade, o inventariante somente será responsável pelo pagamento dos tributos devidos pelo espólio em relação aos atos em que intervier ou quanto às omissões de que for responsável, ainda assim, somente no caso de impossibilidade de exigência do cumprimento da obrigação pelo espólio. Além disso, outra hipótese em que ao inventariante pode ser atribuída responsabilidade tributária se refere às obrigações tributárias resultantes de atos praticados com excesso de poderes ou infração de lei, o que nos remete ao tema do próximo item.

7.2. Responsabilidade de terceiros

Entre os arts. 24 e 26, o RIR dispõe sobre a responsabilidade de terceiros, pessoas que não se enquadram na condição de contribuintes, mas que possuem alguma espécie de vínculo com a situação que constitui o fato gerador da obrigação tributária, suficiente para atrair a responsabilização pelo pagamento do tributo.

Em verdade, nos dois primeiros artigos o Regulamento praticamente reproduz a disciplina dos arts. 134 e 135 do CTN, naquilo que é pertinente à tributação das pessoas físicas. Trata-se da responsabilidade atribuída a terceiros em razão da inobservância do dever legal de cuidado na gestão do patrimônio dos contribuintes (no art. 24), ou por conta de uma atuação infracional (no art. 25).

Já o art. 26 do RIR reproduz uma disposição antiga, com pouca aplicação prática nos dias de hoje.

7.2.1. Responsabilidade pela inobservância do dever de boa administração

Conforme já adiantamos, no seu art. 24, o Regulamento dispõe sobre a responsabilidade tributária atribuída a terceiros em razão da inobservância do dever legal de cuidado na gestão do patrimônio dos respectivos contribuintes, nos seguintes termos:

> **Art. 24.** Nos casos de impossibilidade de exigência do cumprimento da obrigação principal pelo contribuinte, respondem solidariamente com este nos atos em que intervierem ou pelas omissões de que forem responsáveis:
>
> I – os pais, pelo tributo devido por seus filhos menores;
>
> II – os tutores, curadores e responsáveis, pelo tributo devido por seus tutelados, curatelados ou menores dos quais detenham a guarda judicial;
>
> III – os administradores de bens de terceiros, pelo tributo devido por estes;
>
> IV – o inventariante, pelo tributo devido pelo espólio.
>
> **Parágrafo único.** O disposto neste artigo só se aplica, em matéria de penalidades, às de caráter moratório.

Note que, dos sete incisos do art. 134 do CTN, quatro encontram-se reproduzidos no art. 24 do RIR. Dos três incisos que não foram reproduzidos no art. 24 do RIR, dois realmente nem poderiam constar no Livro que trata da tributação das pessoas físicas, afinal, referem-se à responsabilização de terceiros em relação a obrigações originalmente atribuídas a contribuintes pessoas jurídicas: a sociedades de pessoas, e as sociedades em processo de falência ou recuperação judicial.

Por outro lado, há que se reconhecer que o inciso VI do art. 134 do CTN, que trata da responsabilidade de tabeliães, escrivães e demais serventuários de ofício, bem que poderia ser incluído no rol previsto no art. 24 do RIR, haja vista que tal hipótese pode perfeitamente se referir à obrigação que originalmente teria como contribuinte uma pessoa física.

De toda sorte, perceba como todos os incisos do art. 24 do RIR se referem a terceiros que possuem alguma espécie de vínculo jurídico em relação a contribuintes pessoas físicas, ou com tratamento análogo ao de pessoas físicas (no caso do espólio):

- os pais, em relação a seus filhos menores;
- os tutores, curadores e responsáveis, em relação a seus tutelados, curatelados ou menores dos quais detenham a guarda judicial;
- os administradores de bens de terceiros, em relação aos proprietários ou possuidores dos referidos bens;
- o inventariante, em relação ao espólio.

Perceba, também, que nas hipóteses do art. 24 do RIR a responsabilidade tributária somente surge em relação a obrigações de alguma forma associadas a uma ação ou omissão imputável ao terceiro. Nesse sentido, para fins de imputação das hipóteses de responsabilidade aqui estudadas, é necessário que o terceiro participe, por ação ou omissão, do descumprimento do dever de pagar o tributo. Como exemplo, suponha que o pai seja o administrador de bens do filho havidos em herança e, sem o devido zelo, gaste integralmente os rendimentos produzidos por esses bens sem reservar o suficiente para pagar os respectivos tributos.

Além disso, em nossos estudos sobre o Direito Tributário, aprendemos que existe uma imprecisão terminológica no CTN, infelizmente reproduzida no RIR. No art. 24, a responsabilidade atribuída aos terceiros tem clara natureza subsidiária, e não solidária como consta na letra do dispositivo. De qualquer forma, em provas de concurso público, a reprodução da referida imprecisão não constitui motivo para assinalar como incorreta a respectiva alternativa ou assertiva.

Por fim, considerando-se que as hipóteses do art. 24 do RIR representam circunstâncias em que não se imputa uma conduta infracional ao terceiro responsável, deste somente podem ser exigidas as penalidades de caráter moratório.

7.2.2. Responsabilidade em razão de atuação infracional de terceiros

Reproduzindo o inciso I do art. 135 do RIR, o art. 25 do RIR estabelece que as pessoas referidas no art. 24 são pessoalmente responsáveis pelos créditos correspondentes a obrigações tributárias resultantes de atos praticados com excesso de poderes ou infração de lei.

Diferentemente das hipóteses do art. 24, que vimos no item 7.2.1, no art. 25 o Regulamento atribui responsabilidade a terceiros que, em relação aos próprios atos de que resultam obrigações tributárias, agem de forma irregular, em infração a lei ou com excesso de poderes. Vale dizer, segundo entendimento do STJ, para fins de aplicação dessa hipótese de responsabilidade tributária, não basta o mero inadimplemento.

Como exemplo, o inventariante que pratica uma fraude na declaração do espólio com o objetivo de recolher o imposto em valor menor que o devido, será responsável pelo imposto e penalidade que vierem a ser lançados.

Por fim, cabe ressaltar que no art. 25 do RIR, contido em Livro que trata da tributação das pessoas físicas, não foram reproduzidos os incisos do art. 135 do CTN que, mais uma vez, referem-se a hipóteses de responsabilidade por obrigações originalmente atribuídas a contribuintes pessoas jurídicas. Também por ser impertinente à disciplina da tributação das pessoas físicas, note que não há referência a "infração a contrato social" como causa de responsabilização no art. 25 do RIR.

7.2.3. Responsabilidade por obrigação de pessoa física que deixa o País

Ainda em relação à responsabilidade de terceiros, no art. 26 do RIR há uma hipótese específica para o IRPF, prevista em 1943, dificilmente aplicada na prática. Mas, de qualquer forma, é bom conhecê-la:

> As firmas ou sociedades nacionais e as filiais, sucursais ou agências, no País, de firmas ou sociedades com sede no exterior, são responsáveis pelos débitos do imposto correspondentes aos rendimentos que houverem pago a seus diretores, gerentes e empregados e de que não tenham dado informação à repartição, quando estes se ausentarem do País sem os terem solvido.

Como já adiantamos, essa hipótese foi prevista em 1943, num contexto bem diferente do atual. A ideia por trás dessa responsabilidade, basicamente, é a seguinte: se a pessoa física deixar o País sem pagar o Imposto de Renda incidente sobre rendimentos recebidos no Brasil, a União poderá exigir o imposto da pessoa jurídica que pagou os rendimentos, caso ela (a pessoa jurídica) não tenha informado à RFB o pagamento dos rendimentos.

Na prática, os pagamentos decorrentes do trabalho sofrem a incidência do imposto na fonte e, depois de fazer a retenção, a fonte deve recolher o imposto retido e informar à Receita Federal, por meio da Declaração do Imposto de Renda Retido na Fonte (DIRF), o CPF do beneficiário do pagamento, que é o verdadeiro contribuinte do imposto. Por isso mesmo, dificilmente a fonte pagadora não efetua a comunicação à Administração Tributária, de modo que esse dispositivo, atualmente, possui pouca aplicação prática.

7.3. Responsabilidade de menores

Temos, no art. 27 do RIR, outra hipótese de responsabilidade tributária específica para o IRPF:

> Os rendimentos e os bens de menores só responderão pela parcela do imposto proporcional à relação entre seus rendimentos tributáveis e o total da base de cálculo do imposto, quando **declarados conjuntamente** com o de seus pais.

Mais do que uma hipótese em que se pretende trazer alguém para o polo passivo da obrigação, trata-se aqui, em verdade, de uma forma de proteger os rendimentos e os bens do menor em relação ao imposto e às penalidades decorrentes de infrações para as quais, presume-se, não tenha concorrido.

Para bem compreender essa hipótese, suponha que na declaração em conjunto, o rendimento tributável do menor seja de R$ 5 mil, e o de seu responsável, R$ 45 mil. Portanto, do montante dos rendimentos tributáveis, a parcela de 10% se refere ao rendimento do menor (R$ 5 mil em R$ 50 mil). Caso sejam apuradas infrações na declaração em conjunto, e seja lavrado um auto de infração com exigência de R$ 8 mil a título de imposto, o menor só responderá, no máximo, por R$ 800.

7.4. Responsabilidade da fonte pagadora

Neste momento, não podemos deixar de mencionar a hipótese, amplamente utilizada, de atribuição de responsabilidade à fonte pagadora, com amparo no parágrafo único do art. 45 do CTN.

Essa responsabilidade abrange o dever atribuído a uma pessoa, física ou jurídica, de reter e recolher o tributo retido na fonte, em relação aos pagamentos que realizar. Nesse caso, contribuinte é o beneficiário do pagamento, mas responsável pelo recolhimento do imposto retido é a fonte pagadora. Essa hipótese será amplamente trabalhada mais adiante, nos capítulos 12 e 43.

Capítulo 8
Domicílio Fiscal da Pessoa Física

Domicílio, no sentido que aqui nos interessa, é o local onde se centralizam os interesses jurídicos de uma pessoa, não se confundindo com residência. Domicílio é um conceito jurídico abstrato, enquanto residência é o local físico da morada, a edificação. É verdade que o local do domicílio e a residência podem coincidir fisicamente, mas isso não é algo que ocorre necessariamente.

Já o domicílio fiscal é o local onde o sujeito passivo deverá ser encontrado para responder às suas obrigações de natureza tributária. Por conseguinte, é o local para onde devem ser dirigidas as comunicações e os atos de interesse fiscal (intimações, notificações de lançamento, autos de infração etc.).

Entre os arts. 28 e 32, o RIR se ocupa do domicílio fiscal da pessoa física, quanto às obrigações relativas ao IRPF. Em geral, são regras previstas em 1943, algumas delas pouco adequadas aos dias de hoje. Vamos a elas.

8.1. Regras de determinação do domicílio fiscal da pessoa física

Muito embora as regras encontradas no Regulamento reflitam previsões legais editadas na década de 1940, pode-se afirmar que, na prática, vale a regra geral prevista no art. 127 do CTN, de 1966, qual seja, o domicílio de eleição. O próprio § 5º do art. 28 do RIR não deixa dúvidas a esse respeito ao estabelecer que "a autoridade administrativa pode recusar o domicílio eleito, quando impossibilite ou dificulte a arrecadação ou a fiscalização do imposto".

Em caso de omissão do contribuinte na escolha de seu domicílio, o RIR contém as seguintes previsões (RIR, art. 28):

- considera-se como domicílio fiscal da pessoa física a sua residência habitual, assim entendido o lugar em que ela tiver uma habitação em condições que permitam presumir intenção de mantê-la (*caput*);
- no caso de exercício de profissão ou função particular ou pública, o domicílio fiscal é o lugar onde a profissão ou função estiver sendo desempenhada (§ 1º);
- quando se verificar pluralidade de residência no País, o domicílio fiscal será eleito perante a autoridade competente, considerando-se feita a eleição no caso da apresentação continuada das declarações de rendimentos num mesmo lugar (§ 2º).

Nota-se claramente que, em razão da atual entrega de declarações por meio da internet e com o uso do programa gerador de declaração (PGD), a regra prevista em caso de pluralidade de residência no País se encontra ultrapassada. De qualquer forma, é uma regra que precisa ser conhecida por aqueles que irão se submeter a uma prova de concurso público.

E ainda quanto ao caso de pluralidade de residência, o Regulamento dispõe que, se não houver a apresentação continuada da declaração, a autoridade fiscal deve fixar, de ofício, o domicílio fiscal no lugar da residência habitual ou, sendo esta incerta ou desconhecida, no centro habitual de atividade do contribuinte (RIR, art. 28, § 3º). No entanto, se não forem conhecidos o lugar da residência habitual e nem o centro habitual de atividade do contribuinte, considera-se como domicílio do contribuinte o lugar onde se encontrem seus bens principais, ou onde ocorreram os atos e fatos que deram origem à obrigação tributária (RIR, art. 28, § 4º).

Até aqui, vimos que a regra geral é o domicílio de eleição, e que a legislação estabelece regras para o caso de omissão na escolha do domicílio pelo contribuinte. De toda sorte, o direito de escolha do sujeito passivo não é absoluto. Se o domicílio escolhido impossibilitar ou dificultar a arrecadação ou a fiscalização do tributo, a autoridade administrativa pode recusá-lo (RIR, art. 28, § 5º). Nesse caso, considera-se como domicílio do contribuinte:

- o lugar da residência habitual;
- o centro habitual de atividade do contribuinte;
- o lugar onde se encontrem seus bens principais; ou
- onde ocorreram os atos e fatos que deram origem à obrigação tributária.

Por fim, note que a autoridade fiscal não exerce uma escolha. Pode, no máximo, recusar a escolha feita pelo sujeito passivo, hipótese em que o próprio RIR estabelece os locais que podem servir a esse fim. E, obviamente, a recusa deve ser motivada, sob pena de caracterizar arbítrio.

Portanto, o que vimos até aqui pode ser sintetizado da seguinte forma:

DOMICÍLIO FISCAL – PESSOA FÍSICA	Regra geral: domicílio de eleição		
	Em caso de **omissão** do contribuinte	Hipótese mais direta: residência habitual	
		No caso de exercício de profissão ou função particular ou pública	Local onde a profissão ou função estiver sendo desempenhada
		Pluralidade de residência no País	1. Escolha do local, demonstrada pela apresentação continuada das declarações de rendimentos num mesmo lugar; 2. Se não for feita escolha: residência habitual; 3. Se a residência é incerta ou desconhecida: centro habitual de atividade do contribuinte
	Regra subsidiária (quando não couber a aplicação das regras acima)		• o local onde se encontrem os bens principais; ou • o local onde ocorreram os atos e fatos que deram origem à obrigação tributária.
	Recusa da autoridade fiscal (quando o domicílio eleito impossibilite ou dificulte a arrecadação ou a fiscalização)		• o local da residência habitual; • o centro habitual de atividade do contribuinte; • o local onde se encontrem os bens principais; ou • o local onde ocorreram os atos e fatos que deram origem à obrigação tributária.

8.2. Contribuinte ausente do domicílio

O art. 29 do RIR contém mais uma regra obsoleta diante dos avanços tecnológicos. Confira:

> **Art. 29.** O contribuinte ausente de seu domicílio fiscal, durante o prazo de entrega da declaração de rendimentos ou de interposição de impugnação ou recurso, deve cumprir suas obrigações perante a autoridade fiscal da jurisdição em que estiver, dando-lhe conhecimento do domicílio do qual se encontra ausente.

Vale dizer, essa regra foi prevista pelo Decreto-Lei nº 5.844, de 1943, portanto, há várias décadas atrás, período em que o relacionamento com o fisco dependia do comparecimento pessoal do contribuinte à repartição fiscal.

Com base no dispositivo acima reproduzido, uma vez longe de seu domicílio no período de entrega da declaração, para cumprir suas obrigações o contribuinte deveria se apresentar à autoridade fiscal da jurisdição em que estivesse. Nesse momento, o contribuinte também deveria informar o domicílio ao qual se encontrava vinculado.

Parece bastante claro que a entrega da declaração pela internet tornou obsoleta essa regra.

8.3. Transferência de domicílio

De acordo como art. 30 do RIR, o contribuinte que transferir sua residência de um Município para outro ou de um para outro ponto do mesmo Município fica obrigado a comunicar essa mudança às repartições competentes dentro do prazo de 30 dias.

A comunicação deve ser feita nas unidades da Secretaria da Receita Federal do Brasil, ou por meio de informação em campo próprio da declaração de rendimentos.

8.4. Saída temporária do País

O art. 31 do RIR contém uma regra bastante óbvia, mas muito pouco observada. Trata-se dos casos de saída temporária do contribuinte para o exterior, hipótese em que deve ser constituído um representante para atuar em seu nome em assuntos de natureza fiscal. Nos termos do Regulamento:

> **Art. 31.** A pessoa física que se retirar do território nacional temporariamente deverá nomear pessoa habilitada no País a cumprir, em seu nome, as obrigações previstas neste Decreto e representá-la perante as autoridades fiscais.

Vale dizer, em certas situações, principalmente quando um procedimento de fiscalização estiver em andamento – ou mesmo em vias de ser iniciado –, a inobservância do dever de constituir um representante nos casos de saída temporária do País pode caracterizar sério obstáculo ao trabalho fiscal, ficando o contribuinte sujeito às medidas legais pertinentes.

8.5. Domicílio de pessoa física residente no exterior

Nos termos do parágrafo único do art. 32 do RIR, se o residente no exterior permanecer no território nacional e não tiver nomeado procurador, representante ou empresário no País para atuar em seu nome, o domicílio fiscal (do próprio contribuinte residente no exterior) é o lugar no Brasil onde estiver exercendo sua atividade.

8.6. Domicílio de procurador de pessoa física residente no exterior

No item anterior, vimos que o contribuinte residente no exterior pode ter um domicílio no País enquanto aqui permanecer. No entanto, na situação mais comum, o contribuinte residente no exterior permanece fora do País, hipótese em que pode nomear um procurador para representá-lo perante a Administração Tributária brasileira.

Nesse caso, de acordo com o art. 32 do RIR, o domicílio fiscal do procurador ou representante de residentes ou domiciliados no exterior é o lugar de sua residência habitual ou a sede da representação no País, aplicando-se, no que couber, as regras previstas para fixação do domicílio fiscal das demais pessoas físicas.

Capítulo 9
Fato Gerador do Imposto de Renda da Pessoa Física

Sabemos que o fato gerador do Imposto de Renda, previsto em âmbito de norma geral no CTN, é a aquisição de disponibilidade econômica ou jurídica de renda ou de proventos de qualquer natureza (item 2.2).

Por sua vez, a legislação tributária define de forma implícita o fato gerador do IRPF quando estabelece que os rendimentos e ganhos de capital são tributados pelo imposto de renda (Lei nº 7.713, de 1988, art. 1º); e também quando dispõe que o imposto de renda é devido, mensalmente, à medida em que os rendimentos e ganhos de capital são percebidos (Lei nº 7.713, de 1988, art. 2º).

Nesse sentido, muito importante é a previsão do parágrafo único do art. 38 do RIR:

> Os rendimentos serão tributados no mês em que forem recebidos, considerado como tal o da entrega de recursos pela fonte pagadora, mesmo mediante depósito em instituição financeira em favor do beneficiário.

Note que, nesse dispositivo, o RIR fez referência a rendimentos "recebidos", e não "percebidos", conforme a fórmula utilizada pela Lei nº 7.713, de 1988. Por isso, o parágrafo único do art. 38 do RIR tem sido apontado como fundamento para a adoção do regime de caixa como regra geral para a tributação das pessoas físicas.

Além disso, também sabemos que a tributação independe da denominação dos rendimentos, títulos ou direitos, da localização, condição jurídica ou nacionalidade da fonte, da origem dos bens produtores da renda e da forma de percepção das rendas ou proventos, bastando, para a incidência do imposto, o benefício do contribuinte por qualquer forma e a qualquer título (Lei nº 7.713, de 1988, art. 3º, § 4º).

Como se nota, não é possível falar em incidência do IRPF sem mencionar e definir "rendimentos".

9.1. Conceito de rendimento

A legislação do IRPF, em geral, utiliza o termo "rendimentos" respeitando o significado jurídico do termo, com o sentido de fruto periódico produzido por bens e direitos ou pelo capital, sem esgotar a fonte. Nessa acepção, rendimento não se confunde com ganho de capital. Este último, em geral, representa a mais-valia percebida em decorrência da alienação do bem ou direito.

Portanto, se alguém possui um imóvel que se encontra alugado a terceiros, os aluguéis recebidos constituem rendimento, que periodicamente se renova. Mas se esse mesmo imóvel é vendido por R$ 200 mil, sendo que R$ 120 mil é o seu custo de aquisição, um ganho de capital de R$ 80 mil terá sido percebido na venda. Em ambos os casos o patrimônio do contribuinte aumenta, mas de maneiras diferentes.

Respeitando essa diferença, com frequência a legislação tributária se refere a "rendimentos e ganhos de capital". Confira só um exemplo:

> *O imposto de renda das pessoas físicas será devido, mensalmente, à medida em que os rendimentos e ganhos de capital forem percebidos (Lei nº 7.713, de 1988, art. 2º).*

Talvez para não ficar repetindo "rendimentos e ganhos de capital", o legislador simplificou, atribuindo a esse conjunto a denominação "rendimento bruto":

> Lei nº 7.713, de 1988
>
> **Art. 3º** [...]
>
> § 1º Constituem rendimento bruto todo o produto do capital, do trabalho ou da combinação de ambos, os alimentos e pensões percebidos

em dinheiro, e ainda os proventos de qualquer natureza, assim também entendidos os acréscimos patrimoniais não correspondentes aos rendimentos declarados.

§ 2º Integrará o rendimento bruto, como ganho de capital, o resultado da soma dos ganhos auferidos no mês, decorrentes de alienação de bens ou direitos de qualquer natureza, considerando-se como ganho a diferença positiva entre o valor de transmissão do bem ou direito e o respectivo custo de aquisição [...].

O grande problema, talvez, seja o fato de que nem tudo o que a legislação denomina "rendimento" constitui renda. Em outras palavras, por vezes a legislação denomina "rendimento" valores que não produzem acréscimo patrimonial. Por isso, é necessário classificá-los em tributáveis, não tributáveis ou isentos.

9.2. Rendimentos tributáveis

De acordo com o § 4º do art. 3º da Lei nº 7.713, de 1988, a tributação independe da denominação dos rendimentos, títulos ou direitos, da localização, condição jurídica ou nacionalidade da fonte, da origem dos bens produtores da renda, e da forma de percepção das rendas ou proventos, bastando, para a incidência do imposto, o benefício do contribuinte por qualquer forma e a qualquer título.

Em decorrência dessa previsão, concretizadora do critério da universalidade, a definição de rendimento é ampla, não se restringindo apenas às hipóteses de seu recebimento em dinheiro ou depósito em conta bancária.

Por exemplo, se uma pessoa física tem suas dívidas perdoadas em troca de serviços prestados, estará auferindo rendimento, que pode ser quantificado pelo valor da referida dívida (RIR, art. 55, inciso I). Ou ainda, se o empregador paga o aluguel da residência do empregado, para este último o valor do aluguel pago pelo empregador também se caracteriza como rendimento recebido (RIR, art. 43, inciso VI).

No caso de rendimentos recebidos em bens ou direitos, estes são avaliados em dinheiro pelo valor de mercado que tiverem na data do recebimento (RIR, art. 55, inciso IV).

Em alguns casos, a legislação presume a existência de rendimentos, como nas seguintes hipóteses:

- sinais exteriores de riqueza incompatíveis com a renda declarada (RIR, art. 846);
- depósitos bancários sem comprovação de origem (RIR, art. 849).

Mais adiante vamos analisar o momento e a forma de tributação dos rendimentos. Agora, sem listar as inúmeras hipóteses de rendimentos tributáveis previstas no RIR entre os arts. 43 e 72, vamos apenas evidenciar a sistematização utilizada, e fazer algumas poucas observações.

No Regulamento, o capítulo que trata dos rendimentos tributáveis encontra-se dividido em diferentes seções, conforme a natureza do rendimento.

9.2.1. Rendimentos do trabalho assalariado e assemelhados

Os rendimentos tributáveis decorrentes do trabalho assalariado estão listados, de forma exemplificativa, no art. 43 do RIR. Na medida do possível, recomenda-se a leitura atenta desse artigo procurando identificar, nas diversas hipóteses ali relacionadas, a ocorrência do acréscimo patrimonial que justifica a tributação pelo IRPF.

a. Rendimentos do trabalho

São tributáveis os salários, ordenados, vencimentos, soldos, soldadas, vantagens, subsídios, honorários, diárias de comparecimento, bolsas de estudo e de pesquisa e remuneração de estagiários (RIR, art. 43, inciso I).

Note bem que, apesar do espanto de muitos, a remuneração de estagiários constitui rendimento tributável. O fato de a remuneração mensal de estagiários normalmente se situar na faixa de isenção da tabela progressiva (item 13.4.1) implica a inexistência de valor de imposto a pagar, mas não prejudica sua natureza de rendimento tributável.

Sobre as bolsas de estudo, é oportuno ressaltar que, sob certas circunstâncias, o rendimento dessa natureza é isento do IRPF, conforme veremos no item 10.11.

b. Férias

No art. 43 do RIR merece destaque o inciso II, que trata do valor recebido a título de "férias, inclusive as pagas em dobro, transformadas em pecúnia ou indenizadas, acrescidas dos respectivos abonos[2]".

A despeito da letra expressa da legislação tributária no sentido de que são tributáveis os valores recebidos a título de férias transformadas em pecúnia ou indenizadas, o STJ consolidou seu entendimento em sentido contrário nas seguintes súmulas:

> **Súmula nº 125/STJ** – O pagamento de férias não gozadas por necessidade do serviço não está sujeito à incidência do imposto de renda.

---

2 Quanto ao adicional de 1/3 de férias **gozadas**, a jurisprudência do STJ é pacífica quanto à incidência do imposto de renda (REsp nº 1.459.779, julgado em 22/04/2015).

Súmula nº 386/STJ – *São isentas de imposto de renda as indenizações de férias proporcionais e o respectivo adicional.*

A Súmula nº 125/STJ se refere às férias transformadas em pecúnia ("vendidas"), enquanto a Súmula nº 386/STJ diz respeito às férias indenizadas na rescisão do contrato de trabalho.

Portanto, em relação às férias, temos o seguinte cenário: a legislação estabelece a incidência do IRPF sobre férias, inclusive as pagas em dobro, transformadas em pecúnia ou indenizadas, acrescidas dos respectivos abonos (RIR, art. 43, inciso II); por outro lado, o STJ entende que o imposto não incide sobre férias transformadas em pecúnia ou indenizadas. Numa prova de legislação tributária, salvo quando o examinador solicitar o entendimento da jurisprudência, o concursando deve se guiar pela legislação.

Quanto às férias indenizadas, prevalece a divergência entre a legislação e o entendimento jurisprudencial. No entanto, quanto às férias "vendidas", a divergência foi superada por conta do rito previsto no art. 19 da Lei nº 10.522, de 19 de julho de 2002, já referido no item 3.5.

Desse modo, com base na Súmula nº 125/STJ, a Procuradoria da Fazenda Nacional emitiu parecer, com o objetivo de obter do Ministro da Fazenda a autorização para a dispensa de interposição de recursos ou o requerimento de desistência dos já interpostos, com relação a litígios envolvendo a incidência do IRPF sobre as verbas recebidas por trabalhadores em geral ou servidores públicos, em face da conversão em pecúnia de férias não gozadas por necessidade do serviço. O parecer foi aprovado e, por consequência, ato do Secretário da Receita Federal[3] foi emitido determinando o cancelamento de lançamentos envolvendo essa matéria.

Portanto, pode-se afirmar que o entendimento do STJ expresso na Súmula nº 125 foi "incorporado" à legislação tributária pela via do rito previsto no art. 19 da Lei nº 10.522/2002. Desse modo, quando as férias são transformadas em pecúnia (por não terem sido gozadas por necessidade do serviço), a própria legislação tributária aderiu ao entendimento do STJ para afastar a incidência do IRPF.

Por fim, vale ressaltar que, quanto às férias proporcionais indenizadas (Súmula nº 386/STJ), não houve a mesma repercussão decorrente da aplicação do art. 19 da Lei nº 10.522/2002. Portanto, nesse caso, o ideal é adotar o que consta no inciso II do art. 43 do RIR, ressalvada a hipótese de o examinador solicitar a jurisprudência.

---

3 Ato Declaratório Interpretativo SRF nº 5, de 27 de abril de 2005.

c. Licença-prêmio

Quanto ao inciso III, que estabelece a incidência do IRPF sobre valores recebidos a título de "licença especial ou licença-prêmio, inclusive quando convertida em pecúnia", cabe destacar a seguinte súmula do STJ:

> **Súmula nº 136/STJ** – O pagamento de licença-prêmio não gozada por necessidade do serviço não está sujeito ao imposto de renda.

Mais uma vez, estamos diante de um entendimento do STJ que foi "incorporado" à legislação tributária pela via do rito previsto no art. 19 da Lei nº 10.522/2002. Vale dizer, a despeito da expressa disposição do inciso III do art. 43 do RIR, foi afastada a incidência do IRPF sobre as verbas recebidas por servidores públicos em face da conversão em pecúnia de licença-prêmio não gozada por necessidade do serviço. A matéria é objeto do mesmo Ato Declaratório Interpretativo SRF nº 5, de 27 de abril de 2005, mencionado em nota no item relativo à tributação das férias.

d. Despesas do empregado pagas pelo empregador

Entre os incisos VI a IX do art. 43 do RIR, percebe-se uma característica em comum: em todos esses casos, trata-se de despesas do empregado, que são custeadas pelo empregador. Confira:

- aluguel do imóvel ocupado pelo empregado e pago pelo empregador a terceiros, ou a diferença entre o aluguel que o empregador paga pela locação do imóvel e o que cobra a menos do empregado pela respectiva sublocação;
- valor locativo de cessão do uso de bens de propriedade do empregador;
- pagamento ou reembolso do imposto ou contribuições que a lei prevê como encargo do assalariado;
- prêmio de seguro individual de vida do empregado pago pelo empregador, quando o empregado é o beneficiário do seguro, ou indica o beneficiário deste.

Sobre a previsão do inciso IX do art. 43 (rendimento tributável: "prêmio de seguro individual de vida do empregado pago pelo empregador"), deve ser evitada confusão com a isenção sobre "o capital das apólices de seguro ou pecúlio pago por morte do segurado", prevista no art. 39, XLIII (item 10.3). Para evitar tal confusão, é preciso ter em mente que prêmio é a remuneração da seguradora, recebida em troca da cobertura do risco. No caso, o risco é a morte, e o capital da apólice de seguro é a indenização devida em caso de morte do segurado.

Nesse sentido, a isenção para o capital é compreensível: ainda que o beneficiário da indenização perceba um acréscimo patrimonial, isso acontece em razão da morte do segurado, normalmente o provedor de rendimentos da família. Nessa circunstância, o legislador entendeu ser inapropriado exigir o pagamento do imposto incidente sobre o acréscimo patrimonial percebido pelo beneficiário da indenização.

Por outro lado, na hipótese do inciso IX do art. 43 do RIR, a inclusão do valor do prêmio na base de cálculo do imposto devido pelo empregado se justifica pelo fato de que tal verba corresponde a um valor pago pelo empregador em benefício do empregado, constituindo remuneração indireta do empregado.

Por fim, de se destacar que, se de um lado são tributáveis os valores pagos pelo empregador a título de prêmio de seguro individual de vida do empregado, de outro, são isentas as contribuições pagas pelos empregadores em favor dos empregados, quando relativas a programa de previdência complementar e a Planos de Incentivo à Aposentadoria Programada Individual (item 10.3).

e. Verbas necessárias ao exercício de cargo

O inciso X do art. 43 estabelece a incidência do imposto sobre "verbas, dotações ou auxílios, para representações ou custeio de despesas necessárias para o exercício de cargo, função ou emprego".

Aqui vale destacar que, certa vez, tratando do exercício de mandato no Poder Legislativo, o STJ decidiu no sentido de inadmitir a incidência do IRPF em relação a verbas destinadas a ressarcir despesas do gabinete de parlamentar (REsp 842.931).

Mas é importante lembrar: numa prova de legislação tributária, salvo quando o examinador solicitar o entendimento da jurisprudência, o concursando deve se guiar pela legislação.

f. Remuneração de trabalhadores avulsos

Quanto ao inciso XIII do art. 43, mais especificamente na alínea "e", vale destacar o que foi cobrado no concurso de 2012 para Auditor-Fiscal da Receita Federal do Brasil. Trata-se da seguinte alternativa:

> *A base de cálculo do imposto de renda na fonte devido pelos trabalhadores portuários avulsos, inclusive os pertencentes à categoria de "arrumadores", será o total do valor pago ao trabalhador pelo órgão gestor de mão de obra do trabalho portuário, desde que esse valor corresponda à quantia paga por, no máximo, três empresas para as quais o beneficiário tenha prestado serviço.*

A alternativa é incorreta. Que esses rendimentos são tributáveis, nunca houve dúvida. O que se questionava era a forma de aplicação da tabela progressiva mensal sobre esses rendimentos, nas hipóteses em que correspondiam ao trabalho prestado a mais de um tomador de serviço. Havia os que defendiam a aplicação da tabela progressiva mensal tantas vezes quantas fossem as empresas tomadoras de serviços, procedimento do qual resulta um imposto menor do que aquele resultante da aplicação da mesma tabela uma única vez, sobre o total recebido.

Para não restar dúvida quanto a esse fato, admita que, em algum mês do ano-calendário de 2015, um trabalhador tenha recebido R$ 4.500,00 em razão de serviços prestados a três diferentes empresas, todos no valor de R$ 1.500,00. Caso fosse aplicada a tabela progressiva mensal[4] uma única vez, para os R$ 4.500,00, o imposto devido seria de R$ 376,37 (= 4.500 x 22,5% − 636,13). Caso fosse aplicada a tabela progressiva mensal sobre cada parcela de R$ 1.500,00 isoladamente, não haveria imposto a recolher porque tal valor ficaria na faixa de isenção.

Para resolver essa dúvida, foi editada a regra que consta no art. 65 da Medida Provisória nº 2.158, de 2001:

> **Art. 65.** A responsabilidade pela retenção e recolhimento do imposto de renda devido pelos trabalhadores portuários avulsos, inclusive os pertencentes à categoria dos "arrumadores", é do órgão gestor de mão de obra do trabalho portuário.
>
> § 1º O imposto deve ser apurado utilizando a tabela progressiva mensal, tendo como base de cálculo o total do valor pago ao trabalhador, independentemente da quantidade de empresas às quais o beneficiário prestou serviço.
>
> [...]

Portanto, a alternativa errava ao vincular a aplicação da tabela progressiva sobre o valor total pago ao trabalhador por, no máximo, três empresas para as quais tenha prestado serviço.

g. Benefícios recebidos de entidades de previdência privada

O inciso XIV do art. 43 do RIR se refere a benefícios recebidos de entidades de previdência privada, bem como às importâncias correspondentes ao resgate de contribuições. Sobre o tema, mais uma vez é preciso destacar o que foi cobrado no concurso de 2012 para AFRFB.

---

4 Disponível em: <http://idg.receita.fazenda.gov.br/acesso-rapido/tributos/irpf-imposto-de-renda-pessoa-fisica#tabelas--de-incid-ncia-mensal>.

Na questão de abertura da prova de legislação tributária (do gabarito 1), a resposta estava na seguinte alternativa, dada como correta e que se referia ao que o mercado de planos de previdência costuma denominar "VGBL":

> Na determinação da base de cálculo do imposto de renda incidente sobre valores recebidos em decorrência de cobertura por sobrevivência em apólices de seguros de vida, poderão ser deduzidos os valores dos respectivos prêmios pagos, observada a legislação aplicável à matéria.

De acordo com o § 2º do art. 63 da já referida Medida Provisória nº 2.158, de 2001, a partir de 1º de janeiro de 2002, a base de cálculo do imposto incidente sobre valores recebidos em decorrência de cobertura por sobrevivência em apólices de seguros de vida é a diferença positiva entre o valor resgatado e o somatório dos respectivos prêmios pagos. Ou seja, para os efeitos dessa incidência bem específica, podem ser deduzidos os valores dos respectivos prêmios pagos, que foram vertidos pelo participante para o plano, exatamente como se afirma na alternativa.

Desse modo, no período de fruição do benefício de plano do tipo VGBL, o IRPF incide apenas sobre o valor dos rendimentos, diferentemente do que ocorre com os benefícios pagos no âmbito de planos do tipo PGBL.

No período de fruição do benefício de plano do tipo PGBL, não é permitida nova dedução dos valores vertidos para o plano, haja vista que as contribuições podem ser deduzidas da base de cálculo do imposto referente ao ano-base em que tenham sido efetuadas (item 13.2.2). Assim, quanto aos valores pagos no período de fruição do benefício de plano PGBL, o IRPF incide sobre o valor total recebido pelo beneficiário.

h. Remuneração de ausentes no exterior a serviço do País

Ainda em relação aos rendimentos tributáveis, o art. 44 do RIR contém uma interessante previsão dirigida às pessoas físicas ausentes no exterior a serviço do País. Vale dizer, fizemos breve referência a essas pessoas no item 6.3.5, quando comentamos o conteúdo do art. 17 do RIR. Conforme vimos naquela oportunidade, os denominados "ausentes no exterior a serviço do País" são pessoas que mantêm a condição de residentes no Brasil, mesmo trabalhando (e vivendo) no exterior:

> Art. 17. As pessoas físicas domiciliadas no Brasil, ausentes no exterior a serviço do País, que recebam rendimentos do trabalho assalariado, em moeda estrangeira, de autarquias ou repartições do Governo brasileiro situadas no exterior, estão sujeitas à tributação na forma prevista nos arts. 44, parágrafo único, e 627.

Nesse caso, o rendimento tributável da pessoa física ausente no exterior a serviço do País é constituído de 25% do valor total recebido em razão do trabalho assalariado:

> **Art. 44.** No caso de rendimentos do trabalho assalariado recebidos, em moeda estrangeira, por ausentes no exterior a serviço do País, de autarquias ou repartições do Governo brasileiro, situadas no exterior, considera-se tributável vinte e cinco por cento do total recebido.
>
> **Parágrafo único.** Os rendimentos serão convertidos em Reais mediante utilização do valor do dólar dos Estados Unidos da América fixado para compra pelo Banco Central do Brasil para o último dia útil da primeira quinzena do mês anterior ao do pagamento do rendimento.

Mas tenha cuidado, pois 25% não é a alíquota! Esse percentual define a própria base de cálculo, sobre a qual incidirá a alíquota definida pela tabela progressiva:

> **Art. 627.** As pessoas físicas residentes ou domiciliadas no Brasil que recebam rendimentos de trabalho assalariado, em moeda estrangeira, de autarquias ou repartições do Governo brasileiro, situadas no exterior, estão sujeitas ao imposto na fonte mediante aplicação da tabela progressiva de que trata o art. 620.
>
> [...]
>
> § 2º A base de cálculo do imposto corresponde a vinte e cinco por cento do total dos rendimentos do trabalho assalariado recebidos nas condições referidas neste artigo.
>
> § 3º Para determinação da base de cálculo do imposto serão permitidas as deduções referidas nos arts. 642, 643 e 644.
>
> [...]

Portanto, se uma pessoa ausente no exterior a serviço do País recebe do governo brasileiro o equivalente a R$ 10 mil, apenas a parcela de R$ 2.500,00 constitui o valor tributável, e ainda, para fins de determinação da base de cálculo do imposto mensal, são permitidas algumas deduções, a título de dependentes, pensão alimentícia paga e contribuições previdenciárias.

Depois de definida a base de cálculo, o imposto incide na fonte, a título de antecipação, mediante aplicação da tabela progressiva mensal. No ano seguinte, os valores recebidos devem integrar o ajuste na declaração anual.

9.2.2. Rendimentos do trabalho não assalariado e assemelhados

Os rendimentos tributáveis decorrentes do trabalho não assalariado estão listados, também de forma exemplificativa, entre os arts. 45 e 48 do RIR.

De acordo com o art. 45, entre outras espécies, são tributáveis os seguintes rendimentos do trabalho não assalariado:

- honorários do livre exercício das profissões de médico, engenheiro, advogado, dentista, veterinário, professor, economista, contador, jornalista, pintor, escritor, escultor e de outras que lhes possam ser assemelhadas;

Observação: Vale destacar que as bolsas de estudo recebidas pelos médicos-residentes são isentas do imposto, conforme veremos no item 10.11.

- remuneração proveniente de profissões, ocupações e prestação de serviços não comerciais (sem organização empresarial);
- remuneração dos agentes, representantes e outras pessoas sem vínculo empregatício que, tomando parte em atos de comércio, não os pratiquem por conta própria;

Observação: No caso dos representantes comerciais, note que seus rendimentos são tributados segundo as regras aplicáveis às pessoas físicas apenas nos casos em que não praticarem atos de comércio por conta própria. Caso contrário, ou seja, se praticarem atos de comércio por conta própria, seus rendimentos serão tributados conforme as regras aplicáveis às pessoas jurídicas, conforme veremos no item 20.2.2.

- emolumentos e custas dos serventuários da Justiça, como tabeliães, notários, oficiais públicos e outros, quando não forem remunerados exclusivamente pelos cofres públicos;
- corretagens e comissões dos corretores, leiloeiros e despachantes, seus prepostos e adjuntos;
- lucros da exploração individual de contratos de empreitada unicamente de lavor, qualquer que seja a sua natureza;
- direitos autorais de obras artísticas, didáticas, científicas, urbanísticas, projetos técnicos de construção, instalações ou equipamentos, quando explorados diretamente pelo autor ou criador do bem ou da obra;

Observação: Quanto aos rendimentos decorrentes da exploração de obras intelectuais, a legislação tributária optou por denominá-los "direitos autorais" apenas nos casos em que são direitos são explorados diretamente pelo autor ou criador do bem ou da obra. Mas isso não significa que não sejam tributáveis caso sejam explorados por terceiros. Em verdade, quando explorados por terceiros, esses rendimentos serão tributados como *royalties* (item 9.2.4).

- remuneração pela prestação de serviços no curso de processo judicial.

Ainda tratando de rendimentos do trabalho não assalariado, os arts. 47 e 48 do RIR apresentam hipóteses de bases de cálculo diferenciadas. Nesse sentido, são tributáveis, no mínimo (art. 47, § 2º; e art. 48, § 1º):

- 10% do rendimento total decorrente do transporte de carga em veículo próprio ou locado, inclusive mediante arrendamento mercantil, ou adquirido com reserva de domínio ou alienação fiduciária (percentual atualizado pela Lei nº 12.794, de 2013);
- 60% do rendimento total decorrente do transporte de passageiros em veículo próprio ou locado, inclusive mediante arrendamento mercantil, ou adquirido com reserva de domínio ou alienação fiduciária (art. 47, inciso II);
- 10% do rendimento total decorrente da prestação de serviços com trator, máquina de terraplenagem, colheitadeira e assemelhados (percentual atualizado pela Lei nº 12.794, de 2013);
- 10% do rendimento bruto percebido por garimpeiros na venda, a empresas legalmente habilitadas, de metais preciosos, pedras preciosas e semipreciosas por eles extraídos (art. 48).

Em relação aos rendimentos decorrentes da prestação de serviços de transporte, quando se compara o valor tributável mínimo estabelecido para as diferentes modalidades (10% para cargas; e 60% para passageiros), note que a lei presume serem os custos do transporte de cargas superiores aos incorridos no transporte de passageiros.

9.2.3. Rendimentos de aluguel

Também de forma exemplificativa, o art. 49 lista os rendimentos recebidos a título de aluguéis ou arrendamento. Nesse sentido, são tributáveis os rendimentos decorrentes da ocupação, uso ou exploração de bens corpóreos, tais como:

- aforamento, locação ou sublocação, arrendamento ou subarrendamento, direito de uso ou passagem de terrenos, seus acrescidos e benfeitorias, inclusive construções de qualquer natureza;
- locação ou sublocação, arrendamento ou subarrendamento de pastos naturais ou artificiais, ou campos de invernada;
- direito de uso ou aproveitamento de águas privadas ou de força hidráulica;
- direito de uso ou exploração de películas cinematográficas ou de videoteipe;
- direito de uso ou exploração de outros bens móveis de qualquer natureza;
- direito de exploração de conjuntos industriais.

No valor recebido a título de aluguel devem ser incluídos os juros de mora, multas por rescisão de contrato de locação, e quaisquer outras compensações pelo atraso no pagamento, inclusive atualização monetária (RIR, art. 49, § 2º).

No § 1º do mesmo artigo, tratando da hipótese de cessão gratuita de uso de bem imóvel, o Regulamento estabelece que, ressalvados os casos de isenção em que o imóvel é cedido gratuitamente para uso do cônjuge ou de parentes de primeiro grau (item 10.12), a parcela de 10% do valor venal do imóvel (ou do valor constante da guia do IPTU) constitui rendimento tributável. Segundo alguns autores[5], essa previsão parte da (falsa) premissa de que todas as situações de cessão gratuita de imóvel acobertam uma locação.

No art. 50, o Regulamento dispõe sobre as parcelas que não integram a base de cálculo referente ao valor do aluguel de bens imóveis. São elas:

- o valor dos impostos, taxas e emolumentos incidentes sobre o bem que produzir o rendimento;
- o aluguel pago pela locação de imóvel sublocado;
- as despesas pagas para cobrança ou recebimento do rendimento; e
- as despesas de condomínio.

Neste momento, talvez seja necessário algum esclarecimento acerca do que vem a ser "o aluguel pago pela locação de imóvel sublocado". Essa exclusão se aplica ao inquilino que subloca, e não ao locador. Desconsiderando quaisquer outras exclusões, pense na seguinte hipótese:

- Alberto aluga um imóvel para Bianca por R$ 1.000;
- Bianca subloca esse imóvel para César por R$ 1.100;
- Rendimento bruto de Alberto: R$ 1.000;
- Rendimento bruto de Bianca: R$ 100 = R$ 1.100 – R$ 1.000 (esta última parcela correspondendo à exclusão a título de aluguel pago pela locação de imóvel sublocado).

9.2.4. Rendimentos de *royalties*

Nos arts. 52 e 53 estão listados os rendimentos decorrentes de uso, fruição ou exploração de direitos.

Merece destaque o inciso IV do art. 52: "são tributáveis na declaração os rendimentos decorrentes da exploração de direitos autorais, salvo quando percebidos pelo autor ou criador do bem ou da obra". Conforme já assinalado antes, com essa ressalva na parte final do inciso não se pretendeu estabelecer

---

5 Nesse sentido pode-se mencionar a seguinte obra: LEONETTI, Carlos Araújo. *O imposto sobre a renda como instrumento de justiça social no Brasil*. Barueri, SP: Manole, 2003. p. 181.

uma hipótese de isenção, afinal, quando percebido pelo autor ou criador do bem ou da obra, o rendimento foi listado no inciso VII do art. 45, como rendimento tributável decorrente do trabalho não assalariado (item 9.2.2).

Também merece destaque o inciso V do art. 53:

> **Art. 53.** Serão também consideradas como aluguéis ou *royalties* todas as espécies de rendimentos percebidos pela ocupação, uso, fruição ou exploração dos bens e direitos, além dos referidos nos arts. 49 e 52, tais como:
> [...]
> V – a indenização pela rescisão ou término antecipado do contrato.

O art. 32 da IN RFB nº 1.500, de 2014, nos ajuda a compreender essa previsão: trata-se, por exemplo, do caso de indenização por rescisão antecipada ou término do contrato de locação de bem imóvel. Nesse caso, a indenização se refere aos valores do aluguel que o locador tinha a expectativa de receber, e que não mais receberá porque o contrato foi rescindido antecipadamente. De forma análoga ao que acontece no caso dos lucros cessantes (RIR, art. 55, VI – item 9.2.8), a indenização não recompõe o valor de um dano. Em verdade, "substitui" rendimento tributável que seria recebido no futuro, razão pela qual corresponde a rendimento tributável.

9.2.5. Rendimentos de pensão judicial

O art. 54 do RIR se limita a afirmar que são tributáveis os valores percebidos, **em dinheiro**, a título de alimentos ou pensões, em cumprimento de decisão judicial ou acordo homologado judicialmente, inclusive a prestação de alimentos provisionais.

Vale dizer, alimentos provisionais se referem à prestação destinada ao sustento da parte requerente, enquanto durar o processo judicial. Como o sustento da pessoa é necessidade inadiável, o objetivo é o amparo durante a tramitação da ação de alimentos.

Importa ressaltar, também, que o valor dos alimentos é tributável na pessoa do alimentando, razão pela qual corresponde à parcela dedutível da base de cálculo do alimentante, conforme veremos no item 13.2.2.

9.2.6. Rendimentos recebidos acumuladamente

O art. 56 do RIR reproduz o art. 12 da Lei nº 7.713, de 1988, que atualmente encontra-se revogado pela Lei nº 13.149, de 2015. Ele se referia aos rendimentos recebidos acumuladamente, dispondo que o imposto incidiria no mês do recebimento, sobre o total dos rendimentos.

Vale dizer, o tratamento originalmente previsto pela Lei nº 7.713, de 1988, encontra-se preservado no art. 12-B da referida lei, apenas para o caso de os rendimentos recebidos acumuladamente serem correspondentes ao próprio ano-calendário do recebimento. Isso porque, tratando-se de rendimentos correspondentes a anos-calendários anteriores, a sistemática foi alterada.

Em breve síntese, com base na sistemática prevista no art. 12 da Lei nº 7.713, de 1988, em relação a rendimentos correspondentes a anos-calendários anteriores, a União também exigia o imposto calculado mediante a utilização da tabela progressiva de uma única vez. Com isso, mesmo os menores rendimentos mensais (que normalmente seriam enquadrados na faixa de isenção da tabela progressiva), quando recebidos acumuladamente e inseridos de uma vez na tabela, eram tributados quase sempre mediante aplicação das maiores alíquotas.

Depois de reiteradas derrotas da Fazenda Nacional em juízo, tentando cobrar o imposto de renda com base no art. 12 da Lei nº 7.713, de 1988, o legislador decidiu mudar a sistemática aplicável aos rendimentos recebidos acumuladamente, quando relativos a anos anteriores. Para esse fim, em 2010, foi inserido o art. 12-A na referida lei. Esse dispositivo já foi alterado, e atualmente sua redação é a seguinte:

> **Art. 12-A**. Os rendimentos recebidos acumuladamente e submetidos à incidência do imposto sobre a renda com base na tabela progressiva, quando correspondentes a anos-calendário anteriores ao do recebimento, serão tributados exclusivamente na fonte, no mês do recebimento ou crédito, em separado dos demais rendimentos recebidos no mês.
>
> § 1º O imposto será retido pela pessoa física ou jurídica obrigada ao pagamento ou pela instituição financeira depositária do crédito e calculado sobre o montante dos rendimentos pagos, mediante a utilização de tabela progressiva resultante da multiplicação da quantidade de meses a que se refiram os rendimentos pelos valores constantes da tabela progressiva mensal correspondente ao mês do recebimento ou crédito.
>
> § 2º Poderão ser excluídas as despesas, relativas ao montante dos rendimentos tributáveis, com ação judicial necessárias ao seu recebimento, inclusive de advogados, se tiverem sido pagas pelo contribuinte, sem indenização.
>
> [...]

Portanto, diferentemente do que previa o art. 12 da mesma lei, **em se tratando de rendimentos relativos a anos-calendários anteriores**, o imposto deve ser apurado mediante a aplicação da tabela progressiva mensal vigente no mês de recebimento, multiplicada pela quantidade de meses a que se refiram os rendimentos.

Com isso, pretende-se restabelecer a possibilidade de os menores rendimentos continuarem isentos ou tributados pelas menores alíquotas, ainda que recebidos acumuladamente. Isso se obtém com a "utilização da tabela progressiva resultante da multiplicação da quantidade de meses a que se refiram os rendimentos pelos valores constantes da tabela progressiva mensal correspondente ao mês do recebimento ou crédito".

Para compreender bem essa situação, suponha que, em agosto de 2015, o Judiciário tenha reconhecido o direito de um trabalhador receber a aposentadoria, inicialmente denegada pelo INSS. Suponha que o reconhecimento desse direito represente, a valores de 2015, R$ 1 mil por mês durante 50 meses, totalizando o recebimento de R$ 50 mil, de uma só vez. Descontado o valor das despesas com a ação judicial, digamos, R$ 5 mil, seguindo o mandamento que era previsto no art. 12 da Lei nº 7.713, de 1988, para calcular o imposto devido deveríamos levar R$ 45 mil, de uma só vez, para a tabela progressiva mensal (reproduzida a seguir):

Tabela Progressiva para o cálculo mensal do Imposto sobre a Renda da Pessoa Física a partir do mês de abril do ano-calendário de 2015.

Base de cálculo mensal em R$	Alíquota %	Parcela a deduzir do imposto em R$
Até 1.903,98	-	-
De 1.903,99 até 2.826,65	7,5	142,80
De 2.826,66 até 3.751,05	15,0	354,80
De 3.751,06 até 4.664,68	22,5	636,13
Acima de 4.664,68	27,5	869,36

Utilizando a tabela em vigor no mês do recebimento, chegaríamos ao imposto devido de R$ 11.505,64 (= R$ 45 mil x 27,5% − R$ 869,36). Para o bolso do autor da ação, portanto, iriam apenas R$ 33.494,36 (= R$ 45 mil − R$ 11.505,64).

No entanto, se o aposentado tivesse recebido mensalmente o valor de R$ 1 mil, ficaria na faixa de isenção. Por isso, na Lei nº 7.713, de 1988, foi inserido o art. 12-A, de modo que, no momento do recebimento, seja aplicada a tabela mensal multiplicada pelo número de meses a que se refere o direito reconhecido na Justiça.

No nosso exemplo, a tabela relativa aos meses de 2015 deveria ser multiplicada por 50, de modo que o limite de isenção, para esse caso específico, de R$ 1.903,98 passaria para R$ 95.199,00, e nenhum tributo haveria de ser recolhido!

Esse tema foi objeto de uma alternativa na prova objetiva do concurso de 2012 para Auditor-Fiscal da Receita Federal do Brasil:

> Os rendimentos recebidos acumuladamente, a partir de 28 de julho de 2010, relativos a anos-calendário anteriores ao do recebimento, salvo quando pagos por pessoa física, serão tributados exclusivamente na fonte, no mês do recebimento ou crédito, em separado dos demais rendimentos recebidos no mês, quando relativos a rendimentos do trabalho ou a aposentadoria, pensão, transferência para a reserva remunerada ou reforma, pagos pela Previdência Social da União, dos Estados, do Distrito Federal e dos Municípios.

A alternativa é incorreta porque, diversamente do que nela se afirma, à luz do que dispõe o § 1º do art. 12-A da Lei nº 7.713, de 1988, o novo tratamento se aplica, inclusive, no caso de a fonte pagadora ser uma pessoa física:

> Art. 12-A.(...)
>
> § 1º O imposto será retido **pela pessoa física ou jurídica obrigada ao pagamento** ou pela instituição financeira depositária do crédito e calculado sobre o montante dos rendimentos pagos, mediante a utilização de tabela progressiva resultante da multiplicação da quantidade de meses a que se refiram os rendimentos pelos valores constantes da tabela progressiva mensal correspondente ao mês do recebimento ou crédito.

Em 2014, esse tema novamente foi objeto de uma questão na prova de Legislação Tributária do concurso para AFRFB. Essa questão está reproduzida na lista encontrada no Capítulo 18, sob o número de ordem 45.

Por fim, vale dizer que, nesse regime de tributação dos rendimentos recebidos acumuladamente, a incidência do imposto é, em regra, exclusiva na fonte. No entanto, cabe registrar que esses rendimentos, à opção do contribuinte, podem integrar a base de cálculo do imposto na Declaração de Ajuste Anual relativa ao ano-calendário do recebimento, hipótese em que o imposto retido na fonte é considerado antecipação do imposto devido apurado na declaração (Lei nº 7.713, de 1988, art. 12-A, §§ 5º e 6º). Em outras palavras, esses rendimentos, à opção do contribuinte, podem ser submetidos ao regime anual de tributação, que iremos analisar no Capítulo 13.

9.2.7. Rendimentos da Atividade Rural

A incidência do IRPF sobre rendimentos da atividade rural encontra-se disciplinada entre os arts. 57 e 71 do RIR. É uma regulamentação relativamente extensa, de modo que vamos cuidar apenas do que é essencial.

Primeiramente, o art. 57 desde logo estabelece que tributável é o resultado positivo proveniente da atividade rural exercida pelas pessoas físicas. Por sua vez, o art. 63 define esse resultado: "considera-se resultado da atividade rural a diferença entre o valor da receita bruta recebida e o das despesas pagas no ano-calendário, correspondente a todos os imóveis rurais da pessoa física".

O resultado da exploração da atividade rural deve ser apurado mediante escrituração de Livro Caixa, que deve abranger as receitas, as despesas de custeio, os investimentos e demais valores que integram a atividade (RIR, art. 60).

A receita bruta da atividade rural é constituída pelo montante das vendas de produtos oriundos das atividades rurais definidas no art. 58, exploradas pelo próprio produtor-vendedor (RIR, art. 61).

Os investimentos devem ser considerados como despesas no mês do pagamento, e correspondem à aplicação de recursos financeiros com vistas ao desenvolvimento da atividade para expansão da produção ou melhoria da produtividade. Nesse conceito não se inclui a parcela que corresponder ao valor da terra nua (RIR, art. 62).

Quando positivo, o resultado da atividade rural integra a base de cálculo do imposto, na declaração de rendimentos (RIR, art. 68). Por outro lado, quando negativo, o resultado da atividade rural constitui prejuízo compensável com resultados positivos de anos posteriores (RIR, art. 68 c/c art. 65).

À opção do contribuinte, o resultado da atividade rural a ser oferecido à tributação pode se limitar a 20% da receita bruta do ano-calendário. Nesse caso, fazendo a opção por esse resultado presumido, a pessoa perde o direito à compensação do total dos prejuízos correspondentes a anos-calendário anteriores ao da opção (RIR, art. 71).

Por fim, vale ressaltar que esse regime de tributação não se aplica à mera intermediação na comercialização de animais e de produtos agrícolas (RIR, art. 58, parágrafo único).

9.2.8. Outros rendimentos tributáveis

Antes de encerrar este Capítulo, de se mencionar os "outros rendimentos tributáveis" enumerados no art. 55. Segundo esse dispositivo, entre outros casos, são tributáveis:

- as importâncias com que for beneficiado o devedor, nos casos de perdão ou cancelamento de dívida em troca de serviços prestados;

Observação: Nesse caso, o beneficiário do rendimento não chega a receber qualquer valor. Em verdade, ele deixa de efetuar um desembolso.

- os lucros do comércio e da indústria auferidos por todo aquele que não exercer, habitualmente, a profissão de comerciante ou industrial;

Observação: Nos termos do inciso II do § 1º do art. 150 do RIR (item 20.2.2), caso a pessoa física explore, habitual e profissionalmente, atividade econômica de natureza comercial com o fim especulativo de lucro, será equiparada à pessoa jurídica para fins de tributação dos seus rendimentos.

- os rendimentos recebidos na forma de bens ou direitos avaliados em dinheiro, pelo valor que tiverem na data da percepção;
- os rendimentos recebidos de governo estrangeiro e de organismos internacionais, quando correspondam à atividade exercida no território nacional, respeitadas as hipóteses de isenção previstas no item 6.3.6;
- as importâncias recebidas a título de juros e indenizações por lucros cessantes;

Observação: Note a expressa previsão de incidência tributária sobre verba de indiscutível natureza indenizatória.

- os rendimentos recebidos no exterior, transferidos ou não para o Brasil, decorrentes de atividade desenvolvida ou de capital situado no exterior;

Observação: Obviamente, para ser legítima a incidência do imposto brasileiro, aqui estamos tratando da pessoa física residente no Brasil.

- as importâncias relativas a multas ou vantagens recebidas de pessoa física no caso de rescisão de contrato, ressalvadas as hipóteses abrangidas por rescisão de contrato de trabalho;
- a multa ou qualquer outra vantagem recebida de pessoa jurídica, ainda que a título de indenização, em virtude de rescisão de contrato, ressalvadas as hipóteses abrangidas por rescisão de contrato de trabalho;
- os rendimentos derivados de atividades ou transações ilícitas ou percebidos com infração à lei, independentemente das sanções que couberem;
- as quantias correspondentes ao acréscimo patrimonial da pessoa física apurado mensalmente, quando esse acréscimo não for justificado pelos rendimentos tributáveis, não tributáveis, tributados exclusivamente na fonte ou objeto de tributação definitiva;

> **Observação:** Aqui temos o que se denomina "acréscimo patrimonial a descoberto". Nesse caso, a incidência do imposto é legitimada pela presunção de que o acréscimo patrimonial que não puder ser explicado pelos rendimentos declarados, tributáveis ou não, decorre de rendimentos omitidos.

- os juros compensatórios ou moratórios de qualquer natureza, inclusive os que resultarem de sentença, e quaisquer outras indenizações por atraso de pagamento, exceto aqueles correspondentes a rendimentos isentos ou não tributáveis;

> **Observação:** Quanto a essa hipótese, por diversas vezes o STJ inadmitiu a incidência do imposto de renda sobre juros compensatórios ou moratórios, quando acrescidos a verbas indenizatórias. Confira um exemplo: "Os juros de mora e compensatórios recebidos como indenização em ação expropriatória não se submetem à incidência do Imposto de Renda." (REsp 674.959)

- o abono de permanência a que se refere o § 19 do art. 40 da Constituição Federal, segundo decidiu o STJ no julgamento do REsp nº 1.192.556, inserido na sistemática dos recursos repetitivos.

Capítulo 10
Rendimentos Isentos ou não Tributáveis

O RIR, em seu art. 39, define os rendimentos que não entram no cômputo do rendimento bruto para fins de apuração do IRPF.

Antes de qualquer coisa, é preciso ressaltar que, diferentemente da enumeração de rendimentos tributáveis, a lista de rendimentos isentos ou não tributáveis é exaustiva, sem prejuízo das hipóteses previstas em legislação superveniente.

Percebe-se, ainda, que o Regulamento não enfrentou a questão relativa à eventual natureza de acréscimo patrimonial desses "rendimentos". Ao contrário, simplesmente os agrupou num capítulo denominado "Rendimentos Isentos ou Não Tributáveis", e estabeleceu que eles não entram no cômputo do rendimento bruto.

A rigor, nas hipóteses a seguir listadas, uma vez verificado acréscimo patrimonial, deveríamos falar em rendimento isento e, inexistindo acréscimo patrimonial, estaríamos diante de verba não tributável.

A seguir, as diversas hipóteses foram agrupadas numa tentativa de ajudar o leitor a evitar a tarefa inglória de ter que "decorá-las". Vamos a elas.

10.1. Diárias e ajuda de custo

Não entram no cômputo do rendimento bruto as diárias, quando destinadas exclusivamente ao pagamento de despesas de alimentação e pousada, por serviço eventual realizado em Município diferente da sede do trabalho ou no exterior.

Também não entra no cômputo do rendimento bruto a ajuda de custo destinada a atender às despesas com transporte, frete e locomoção do beneficiado e seus familiares, em caso de remoção de um Município para outro, sujeita à comprovação pelo contribuinte.

10.2. Alimentação, transporte, uniformes e serviços médicos

Não entram no cômputo do rendimento bruto:
- a alimentação, o transporte, o vale-transporte e o uniforme fornecidos gratuitamente pelo empregador a seus empregados, ou a diferença entre o preço cobrado e o valor de mercado;
- os serviços médicos, hospitalares e dentários mantidos ou pagos pelo empregador em benefício de seu empregados;
- o auxílio-alimentação e a indenização de transporte pagos a servidor público federal (sim, é isso mesmo que consta no inciso V do art. 39 do RIR!).

10.3. Contribuições previdenciárias, seguro e pecúlio

Não entram no cômputo do rendimento bruto:
- as contribuições pagas pelos empregadores, relativas a programa de previdência complementar e a Planos de Incentivo à Aposentadoria Programada Individual – FAPI, em favor dos empregados e dirigentes;
- o capital das apólices de seguro ou pecúlio pago por morte do segurado, bem como os prêmios de seguro restituídos em qualquer caso, inclusive no de renúncia do contrato;
- os seguros recebidos de entidades de previdência privada decorrentes de morte ou invalidez permanente do participante.

> **Observação:** Esta última hipótese encontra-se assim prevista na IN RFB nº 1.500, de 2014, art. 6º, XII: "São isentos ou não se sujeitam ao imposto sobre a renda, os seguintes rendimentos originários pagos por previdências: [...] pecúlio recebido em prestação única de entidades de previdência complementar, quando em decorrência de morte ou invalidez permanente do participante".
>
> Importante: pecúlio é uma espécie de seguro, e não se confunde com resgate de contribuições.

10.4. Proventos de aposentadoria e pensões

Para não haver confusão, vamos dividir este item em dois: um relativo a contribuinte aposentado com 65 anos ou mais; e outro, relativo a aposentado portador de moléstia grave ou profissional.

10.4.1. Contribuinte aposentado com 65 anos ou mais

No caso de contribuinte com 65 anos ou mais, são isentas do Imposto de Renda as parcelas de aposentadorias, pensões, rendimentos da transferência para a reserva remunerada ou reforma, até determinado valor definido em lei. A título de exemplo, no ano-calendário de 2013, o valor da parcela isenta foi fixado em R$ 1.710,78 por mês (Lei nº 9.250, de 1995, art. 4º, inciso VI).

Aqui é preciso cuidado para não confundir essa hipótese de isenção com uma imunidade que constava do texto original da Constituição de 1988, no art. 153, § 2º, inciso II, e que foi revogada pela EC nº 20, de 1998:

> Art. 153. [...]
>
> § 2º O imposto previsto no inciso III [sobre a renda e proventos de qualquer natureza]:
>
> [...]
>
> II – ~~não incidirá, nos termos e limites fixados em lei, sobre rendimentos provenientes de aposentadoria e pensão, pagos pela previdência social da União, dos Estados, do Distrito Federal e dos Municípios, a pessoa com idade superior a sessenta e cinco anos, cuja renda total seja constituída, exclusivamente, de rendimentos do trabalho~~. (Revogado pela Emenda Constitucional nº 20, de 1998)

Portanto, em 1998 foi revogada a imunidade, mas em 2002 foi concedida a hipótese de isenção ora estudada. No entanto, como se nota, para o benefício mensal em valor superior ao limite previsto em lei, a isenção vigente é parcial.

O benefício é aplicável a partir do mês em que o contribuinte completar 65 anos de idade, e somente é admissível quando pago:
- pela previdência social da União, dos Estados, do Distrito Federal e dos Municípios (previdência oficial);
- por qualquer pessoa jurídica de direito público interno;
- por entidade de previdência privada domiciliada no País.

Essa hipótese se verifica sem prejuízo do enquadramento na faixa de isenção prevista na tabela progressiva. Ou seja, ao longo do ano de 2013, no pagamento de, por exemplo, R$ 2.710,78 mensais a um aposentado com mais de 65 anos, o INSS deve considerar tributável apenas a parcela excedente, de R$ 1 mil. Levando esse valor para a tabela progressiva mensal (item 13.4.1), sendo inferior ao limite de isenção, não há retenção a efetuar.

Por fim, há que se registrar que, na declaração de rendimentos, o valor da isenção anual equivale a doze vezes o valor da parcela mensal isenta, exceto no ano em que o contribuinte tenha completado 65 anos, caso em que o valor da isenção anual será proporcional ao número de meses decorridos após ter atingido 65 anos.

Desse modo, percebe-se que o valor da parcela anual isenta independe de o total recebido no ano se referir a uma ou mais aposentadorias ou pensões. Havendo valor excedente, ele deve ser informado na declaração como rendimento tributável.

10.4.2. Aposentado portador de moléstia grave ou profissional

No caso de aposentado portador de moléstia grave ou profissional, ou de aposentado em decorrência de acidente em serviço, são isentos do Imposto de Renda os proventos de aposentadoria ou reforma, mesmo que a doença tenha sido contraída após a aposentadoria ou reforma.

A referida isenção também se aplica à complementação de aposentadoria ou reforma recebida por essas pessoas de entidade de previdência privada, Fundo de Aposentadoria Programada Individual (Fapi) ou Programa Gerador de Benefício Livre (PGBL).

Também são isentas as pensões, e as complementações de pensão recebidas por **pensionista portador de moléstia grave**[6], mesmo que a doença tenha sido contraída após a concessão da pensão. No entanto, esta hipótese de isenção não se aplica no caso de pensionista portador de moléstia profissional.

---

6 No julgamento do REsp nº 1.116.620, inserido na sistemática dos recursos repetitivos, o STJ entendeu que o rol de doenças contido no dispositivo legal é taxativo (*numerus clausus*), de modo que restringe a concessão de isenção às situações nele enumeradas, sendo incabível interpretação extensiva do benefício à situação que não se enquadre no texto expresso da lei, em conformidade com o estatuído pelo art. 111, II, do CTN.

Difícil dizer o que passou pela cabeça do legislador quando criou essa diferenciação. Note que, quando se trata do(a) aposentado(a), a circunstância de ser portador(a) de moléstia profissional implica o direito à isenção. O mesmo não se aplica ao(à) pensionista. Arrisca-se dizer que:

- quando se trata do(a) aposentado(a), é bastante provável que a moléstia profissional tenha sido adquirida no desempenho do trabalho que originou o direito à aposentadoria, razão pela qual o legislador teria entendido que seria o caso de conceder a isenção; e
- quando se trata do(a) pensionista, é provável que o legislador tenha considerado que eventual moléstia profissional que o(a) acometa não se relaciona ao benefício em questão, afinal, o(a) pensionista não trabalhou para recebê-lo. Talvez essa seja a razão pela qual o legislador tenha entendido que o(a) pensionista não mereceria receber o mesmo tratamento conferido ao(à) aposentado(a).

Por fim, cabe mencionar que são isentos do Imposto de Renda os valores recebidos por deficiente mental a título de pensão, pecúlio, montepio ou auxílio, quando decorrentes de prestações do regime de previdência social ou de entidades de previdência privada. Mas, de acordo com o § 3º do art. 39 do RIR, essa isenção não se comunica aos rendimentos de deficientes mentais originários de outras fontes de receita, ainda que sob a mesma denominação dos benefícios acima referidos (pensão, pecúlio, montepio e auxílio).

10.5. Indenizações

De acordo com o art. 39 do RIR, não entram no cômputo do rendimento bruto as seguintes indenizações:

- reparatória por danos físicos, invalidez ou morte, ou por bem material danificado ou destruído, em decorrência de acidente, até o limite fixado em condenação judicial, exceto no caso de pagamento de prestações continuadas;
- por acidente de trabalho;
- recebida por desapropriação de terra nua para fins de reforma agrária;

Observação: Note que não se trata de qualquer indenização por desapropriação; a hipótese é específica para os casos de reforma agrária.

Aqui é importante observar que, ao julgar o REsp nº 1.116.460, abrangido pela sistemática de recursos repetitivos, o STJ entendeu que a indenização decorrente de desapropriação não encerra ganho de capital, tendo-se em vista que a propriedade é transferida ao Poder Público por valor justo e determinado pela Justiça a título de indenização, não ensejando lucro, mas mera reposição do valor do bem expropriado. Dessa forma, foi afastada a incidência do Imposto de Renda sobre as verbas auferidas a título de indenização advinda de desapropriação, seja por utilidade pública ou por interesse social.

Em razão do disposto no art. 19 da Lei nº 10.522, de 2002, na Portaria Conjunta PGFN/RFB nº 1, de 2014, e na Nota PGFN/CRJ nº 1.114, de 2012, a Secretaria da Receita Federal do Brasil (RFB) encontra-se vinculada ao referido entendimento.

- por liquidação de sinistro, furto ou roubo, relativo a objeto segurado;
- de transporte a servidor público da União que realizar despesas com a utilização de meio próprio de locomoção para a execução de serviços externos por força das atribuições próprias do cargo;

Observação: Tem-se aqui mais uma hipótese específica para o servidor público federal.

- por danos patrimoniais em virtude de rescisão de contrato.

Não se esqueça de que a indenização por lucros cessantes é tributável (item 9.2.8). Além disso, é oportuno relembrar a jurisprudência do STJ:

> **Súmula nº 463/STJ:** Incide imposto de renda sobre os valores percebidos a título de indenização por horas extraordinárias trabalhadas, ainda que decorrentes de acordo coletivo.
>
> **Súmula nº 498/STJ:** Não incide imposto de renda sobre a indenização por danos morais.

10.6. Rescisão de contrato de trabalho

Não entram no cômputo do rendimento bruto:
- a indenização e o aviso prévio pagos por despedida ou rescisão de contrato de trabalho, até o limite garantido pela lei trabalhista ou por dissídio coletivo e convenções trabalhistas homologados pela Justiça do Trabalho;

Observação: Quanto ao aviso prévio, a Receita Federal do Brasil entende que é isento apenas o não trabalhado[7].

---

7 Perguntas e Respostas – IRPF 2016. Pergunta nº 258, disponível em: http://idg.receita.fazenda.gov.br/interface/cidadao/irpf/2016/perguntao/irpf2016perguntao.pdf

- o montante recebido nos termos da legislação do FGTS;
- os rendimentos pagos por pessoas jurídicas, a título de incentivo à adesão a programas de desligamento voluntário (RIR art. 39, inciso XIX e § 9º).

10.7. Lucros e dividendos

Nos termos do art. 10 da Lei nº 9.249, de 1995, os lucros ou dividendos calculados com base nos resultados apurados a partir do mês de janeiro de 1996, pagos ou creditados pelas pessoas jurídicas tributadas com base no lucro real, presumido ou arbitrado, não estão sujeitos à incidência do imposto de renda na fonte, nem integram a base de cálculo do imposto de renda do beneficiário, pessoa física ou jurídica, domiciliado no País ou no exterior.

Note que são isentos apenas os lucros e dividendos pagos por pessoa jurídica domiciliada no Brasil, tributada com base nas regras do lucro real, presumido ou arbitrado, ainda que o beneficiário seja residente no exterior. Por isso mesmo, pode-se concluir que não são isentos do Imposto de Renda os lucros ou dividendos recebidos por pessoa física residente no Brasil de pessoa jurídica domiciliada no exterior.

Por fim, cabe ressaltar que, no caso de lucros e dividendos pagos por pessoa jurídica tributada segundo as regras do lucro presumido ou arbitrado, a isenção se aplica apenas ao montante que não ultrapassar o valor que serviu de base de cálculo do IRPJ, deduzido dos impostos e contribuições a que estiver sujeita a pessoa jurídica (Instrução Normativa RFB nº 1.515, de 2014, art. 141, § 2º).

No entanto, a parcela de lucros ou dividendos excedentes pode ser distribuída com isenção do imposto, desde que a empresa demonstre, através de escrituração contábil, que o lucro efetivo é maior que o determinado segundo as normas do regime do lucro presumido (Capítulo 31), ou do lucro arbitrado (Capítulo 32).

10.8. Lucros distribuídos a sócio de optante do Simples Nacional

Nos termos do art. 14 da Lei Complementar nº 123, de 2006, são isentos do imposto de renda, na fonte e na declaração de ajuste do beneficiário, os valores efetivamente pagos ou distribuídos ao titular ou sócio da microempresa ou empresa de pequeno porte optante pelo Simples Nacional, salvo os que corresponderem a pró-labore, aluguéis ou serviços prestados.

Na declaração de ajuste, a isenção é limitada ao valor da receita bruta total anual, subtraído do valor devido na forma do Simples Nacional no período, exceto na hipótese de a pessoa jurídica manter escrituração contábil e evidenciar lucro superior àquele limite.

10.9. Ganhos de capital na alienação de bens imóveis

Por mais óbvio que possa parecer, primeiramente cabe dizer que ganho de capital corresponde à diferença positiva entre o valor de alienação de bens ou direitos e o respectivo custo de aquisição.

No caso de alienação de bens imóveis, o ganho de capital é isento do Imposto de Renda nas seguintes situações:

- quando auferido na alienação do único imóvel que o titular possua, cujo valor da alienação seja até R$ 440 mil, desde que não tenha sido realizada qualquer outra alienação nos últimos cinco anos (Instrução Normativa SRF nº 84, de 2001);
- quando o produto da venda de imóvel residencial for aplicado na compra de outro imóvel residencial em até 180 dias da celebração do contrato (Instrução Normativa SRF nº 599, de 2005, art. 2º).

> **Observação:** Também nessa hipótese, o contribuinte somente poderá usufruir do benefício uma vez a cada cinco anos (Lei nº 11.196, de 2005, art. 39, § 5º).

Note que são duas hipóteses distintas de isenção do imposto sobre o ganho de capital na alienação de bens imóveis. No caso da alienação do único imóvel além de não ser autorizada a utilização desse benefício mais de uma vez dentro do prazo de cinco anos, o valor da alienação está limitado a R$ 440 mil. Já na outra hipótese, caso o produto da venda de imóvel residencial seja aplicado na compra de outro imóvel residencial em até 180 dias da celebração do contrato, não há limite de valor, apenas há a vedação para utilização do benefício mais de uma vez dentro do prazo de cinco anos.

Para bem compreender essas hipóteses, suponha que alguém tenha vendido uma sala comercial por R$ 200 mil. Considerando que a sala tenha sido adquirida por R$ 150 mil, e que este seja o único imóvel do vendedor, o ganho de capital de R$ 50 mil estará isento do IR desde que ele não tenha se beneficiado dessa mesma hipótese de isenção há menos de cinco anos.

Agora considere que, passados apenas 10 meses, essa mesma pessoa tenha adquirido outra sala comercial, menor, por 80 mil, e mais um imóvel residencial, pagando por este último o valor de R$ 300 mil. Depois de três anos, pensando em adquirir um imóvel maior, decida vender o imóvel residencial por R$ 500 mil. Nesse caso, ainda que não se trate de seu único imóvel, e que o valor da venda supere R$ 440 mil, o ganho de capital de R$ 200 mil estará isento do

IR se o valor da venda for aplicado na compra de outro imóvel residencial, em menos de 180 dias, admitindo que esse benefício não tenha sido utilizado nos últimos cinco anos.

10.10. Ganhos de capital na alienação de bens móveis

No caso de bens móveis e direitos a ele relativos, é isento do Imposto de Renda o ganho de capital auferido na alienação de pequeno valor, cujo preço unitário de alienação, no mês em que for realizada, seja igual ou inferior a (Instrução Normativa SRF nº 599, de 2005, art. 1º):

- R$ 20 mil, no caso de alienação de ações negociadas no mercado de balcão;
- R$ 35 mil, nos demais casos.

Esses limites são considerados em relação ao bem ou ao valor do conjunto dos bens ou direitos da mesma natureza, alienados em um mesmo mês. Nesse sentido, consideram-se bens ou direitos da mesma natureza aqueles que guardem as mesmas características entre si, tais como automóveis e motocicletas; quadros e esculturas.

Assim, se no mesmo mês são vendidas várias peças de arte de pequeno valor, mas, no total, o valor de alienação supera os R$ 35 mil, haverá tributação sobre o eventual ganho de capital.

Cabe ainda ressaltar que, no caso de sociedade conjugal, esses limites são considerados em relação a cada um dos bens ou direitos possuídos em comunhão, ou ao valor do conjunto dos bens ou direitos da mesma natureza, alienados em um mesmo mês.

Por exemplo, se um casal vende um bem comum (uma obra de arte) por R$ 60 mil, com ganho de capital de R$ 15 mil, não há que se falar em isenção, pois o valor da alienação superou o limite de R$ 35 mil. Nesse caso, não procede a tese de que a venda representaria R$ 30 mil de cada cônjuge e, portanto, ficaria abaixo do limite de isenção.

10.11. Bolsas de estudo

Como regra, as bolsas de estudo são tributáveis (item 9.2.1 – RIR, art. 43, inciso I). No entanto, são isentas as bolsas recebidas exclusivamente para fins de estudo e pesquisa caracterizadas como doação sem representar vantagens para o doador ou contraprestação de serviços prestados pelo beneficiário do rendimento.

Para efeito da isenção, as bolsas recebidas pelos servidores das redes públicas de educação profissional, científica e tecnológica que participem das atividades do Pronatec, não caracterizam contraprestação de serviços nem vantagem para o doador (Lei nº 9.250, de 1995, art. 26, parágrafo único). Em outras palavras, essas bolsas de estudo são isentas do imposto.

Da mesma forma, por força do mesmo dispositivo legal (Lei nº 9.250, de 1995, art. 26, parágrafo único), as bolsas de estudo recebidas pelos médicos--residentes também não caracterizam contraprestação de serviços nem vantagem para o doador, sendo, portanto, isentas do IRPF.

Além disso, cabe registrar que, por força do art. 29 da Lei nº 12.871, de 2013, enquadram-se nessa hipótese de isenção os valores percebidos a título de bolsa no âmbito:

- do Programa de Bolsas para a Educação pelo Trabalho, previsto no art. 15 da Lei nº 11.129, de 2005; e
- do Programa Mais Médicos, instituído pela Lei nº 12.871, de 2013.

Sobre esse tema, no concurso para Auditor-Fiscal da Receita Federal do Brasil de 2014, a Esaf considerou corretas as seguintes alternativas:

> *Os valores percebidos a título de bolsa pela lei instituidora do Programa Mais Médicos não caracterizam contraprestação de serviços para fins tributários, ficando isentos do pagamento de Imposto de Renda da Pessoa Física.*
>
> *Os valores percebidos a título de bolsa pela participação dos servidores das redes públicas de educação profissional nas atividades do Programa Nacional de Acesso ao Ensino Técnico e Emprego (Pronatec) não caracterizam contraprestação de serviços para fins tributários, ficando isentos do pagamento de Imposto de Renda da Pessoa Física.*
>
> *Os valores percebidos a título de bolsa pelos médicos-residentes não caracterizam contraprestação de serviços para fins tributários, ficando isentos do pagamento de Imposto de Renda da Pessoa Física.*

10.12. Outros rendimentos isentos ou não tributáveis

Antes de encerrar este capítulo, cabe destacar as seguintes hipóteses de rendimentos isentos ou não tributáveis:

- rendimentos de cadernetas de poupança;

> **Observação:** Aqui você tem que tomar cuidado! Todo o rendimento da caderneta de poupança é isento do imposto. Ocorre que, em setembro de 2009, o Ministro Mantega ameaçou tributar os rendimentos de aplicações superiores a R$ 50 mil, mas a proposta não foi adiante! E de tanto a mídia divulgar a intenção, essa ameaça ficou marcada no imaginário das pessoas, e algumas bancas andam explorando esse fato.

- valor dos bens e direitos adquiridos por doação ou por sucessão, nos casos de herança, legado ou doação em adiantamento da legítima;

> **Observação:** Nesse caso, se a transferência for efetuada a valor de mercado, sujeita-se à incidência de imposto o valor da diferença a maior entre o valor de mercado e aquele pelo qual constavam da declaração de bens do *de cujus* ou do doador.

- valor locativo do imóvel ocupado pelo seu proprietário ou cedido gratuitamente para uso de cônjuge ou parentes de primeiro grau;

> **Observação:** Neste caso, o legislador não adotou a premissa de que a cessão gratuita de imóvel entre pais e filhos poderia servir para acobertar uma locação (*vide* item 9.2.3).

- créditos correspondentes ao PIS/Pasep;
- salário-família;
- seguro-desemprego e auxílios (natalidade, doença, funeral, acidente) pagos pela previdência oficial (da União, Estados, Distrito Federal ou Municípios) ou por entidades de previdência privada;
- capital das apólices de seguro ou pecúlio pago por companhia seguradora em virtude de morte do segurado, bem assim os prêmios de seguro restituídos em qualquer caso, inclusive renúncia de contrato;
- 75% dos rendimentos do trabalho assalariado recebidos em moeda estrangeira por servidores de autarquias ou repartições do Governo Brasileiro situadas no exterior;
- até 90% dos rendimentos de transporte de carga e serviços com trator, máquina de terraplenagem, colheitadeira e assemelhados;
- até 40% dos rendimentos de transporte de passageiros;
- até 90% dos rendimentos dos garimpeiros;
- as pensões e os proventos concedidos, em decorrência de reforma ou falecimento de ex-combatente da Força Expedicionária Brasileira;
- indenização a título reparatório, paga a beneficiários diretos de desaparecidos políticos;
- restituição do Imposto de Renda;
- a diferença a maior entre o valor de mercado de bens e direitos, recebidos em devolução do capital social e o valor destes constantes da declaração de bens do titular, sócio ou acionista, quando a devolução for realizada pelo valor de mercado;

> **Observação:** Aqui cabe ressaltar que, nos termos do art. 17 da Lei nº 9.532, de 1997, tratando-se de devolução efetuada por instituição isenta, a diferença entre o valor em dinheiro ou o valor dos bens e direitos recebidos da instituição a título de devolução de patrimônio, e o valor em dinheiro ou o valor dos bens e direitos que a pessoa física tenha entregado para a formação do referido patrimônio, fica sujeita à incidência do Imposto à alíquota de 15%.

- os rendimentos de pessoas físicas não residentes no País, empregadas ou de outra forma contratadas para trabalhar de forma pessoal e direta na organização ou realização da Copa das Confederações Fifa 2013 e da Copa do Mundo Fifa 2014, que ingressarem no País com visto temporário, quando pagos, creditados, empregados, entregues ou remetidos pela (Lei nº 12.350, de 2010, art. 10):
  - ✓ Fifa;
  - ✓ Confederações Fifa;
  - ✓ Associações estrangeiras membros da Fifa;
  - ✓ Emissora Fonte da Fifa;
  - ✓ Prestadores de Serviços da Fifa;
  - ✓ Subsidiária Fifa no Brasil.
- os valores dos benefícios indiretos e o reembolso de despesas recebidos por Voluntário da Fifa, da Subsidiária Fifa no Brasil ou do Comitê Organizador Brasileiro que auxiliar na organização e realização da Copa das Confederações Fifa 2013 e da Copa do Mundo Fifa 2014, até o valor de 5 (cinco) salários-mínimos por mês, sem prejuízo da aplicação da tabela de incidência mensal do imposto sobre a renda sobre o valor excedente (Lei nº 12.350, de 2010, art. 11);
- os rendimentos de pessoas físicas não residentes no Brasil, empregadas ou de outra forma contratadas para trabalhar de forma pessoal e direta na organização ou realização dos Jogos Olímpicos de 2016 e dos Jogos Paraolímpicos de 2016, que ingressarem no País com visto temporário, quando pagos, creditados, empregados, entregues ou remetidos pelo (Lei nº 12.780, de 2013, art. 11):
  - ✓ Comitê Olímpico Internacional;
  - ✓ por empresas vinculadas ao Comitê Olímpico Internacional;
  - ✓ pelos Comitês Olímpicos Nacionais;
  - ✓ pelas federações desportivas internacionais;
  - ✓ pela Agência Mundial Antidoping;
  - ✓ pela Corte Arbitral de Esportes;
  - ✓ por empresas de mídia;
  - ✓ por transmissores credenciados; e
  - ✓ pelo Comitê Organizador dos Jogos Olímpicos Rio 2016.
- o valor de bonificação de ações, decorrente de aumento de capital mediante a incorporação de reservas ou lucros apurados por pessoas jurídicas tributadas com base no lucro real, presumido ou arbitrado (Lei nº 9.249, de 1995, art. 10, parágrafo único);

- os rendimentos auferidos por pessoa física no resgate de cotas de fundos de investimento em ações constituídos sob a forma de condomínio aberto, que atendam aos requisitos previstos no art. 18 da Lei nº 13.043, de 2014;
- os ganhos de capital auferidos por pessoa física na alienação realizada no mercado à vista de bolsas de valores, de ações de pequenas e médias empresas, nos termos dos arts. 16 a 19 da Lei nº 13.043, de 2014;
- os ganhos líquidos auferidos por pessoa física em operações no mercado à vista de ações nas bolsas de valores, bem assim nas operações com ouro ativo financeiro, cujo valor das alienações realizadas em cada mês, seja igual ou inferior a R$ 20 mil, para o conjunto de ações ou ouro ativo financeiro, respectivamente (Lei nº 11.033, de 2004, art. 3º, inciso I);
- a remuneração produzida por letras hipotecárias, certificados de recebíveis imobiliários e letras de crédito imobiliário (Lei nº 11.033, de 2004, art. 3º, inciso II);
- os rendimentos distribuídos pelos Fundos de Investimento Imobiliários cujas quotas sejam admitidas à negociação exclusivamente em bolsas de valores ou no mercado de balcão organizado imobiliário (Lei nº 11.033, de 2004, art. 3º, inciso III);
- a remuneração produzida por Certificado de Depósito Agropecuário (CDA), *Warrant* Agropecuário (WA), Certificado de Direitos Creditórios do Agronegócio (CDCA), Letra de Crédito do Agronegócio (LCA) e Certificado de Recebíveis do Agronegócio (CRA) (Lei nº 11.033, de 2004, art. 3º, inciso IV);
- a remuneração produzida pela Cédula de Produto Rural (CPR), com liquidação financeira, desde que negociada no mercado financeiro (Lei nº 11.033, de 2004, art. 3º, inciso V).

Pode parecer um exagero listar as hipóteses de isenção bastante específicas, previstas na Lei nº 11.033, de 2004, aplicáveis à remuneração produzida por fundos e títulos de crédito negociados no mercado financeiro. No entanto, a necessidade de apresentar essas hipóteses foi determinada pela própria Esaf que, no concurso para Auditor-Fiscal da Receita Federal do Brasil realizado em 2012, logo na questão que abriu a prova de Legislação Tributária, apresentou as duas alternativas a seguir reproduzidas, ambas erradas:

> *Estão sujeitos ao imposto de renda na fonte os rendimentos distribuídos pelos Fundos de Investimento Imobiliários cujas quotas sejam admitidas à negociação exclusivamente em bolsas de valores ou no mercado de balcão organizado.*

> *Está sujeita ao imposto de renda na fonte a remuneração produzida por letras hipotecárias, certificados de recebíveis imobiliários e letras de crédito imobiliário.*

Capítulo 11
Visão Geral dos Regimes de Tributação do IRPF

Como regra, o IRPF é devido em base anual, sendo exigidas antecipações mensais. E por que devemos considerar que essa afirmação é válida como regra? Porque há rendimentos e acréscimos patrimoniais que não são tributados em base anual.

Nesse sentido, podemos dizer que o IRPF incide de diferentes formas a depender do tipo de rendimento ou ganho de capital que é objeto da tributação. E aos conjuntos de regras que estabelecem as diferentes formas de incidência do IRPF damos o nome de "regimes de tributação".

Por conta das claras diferenças estabelecidas pela legislação tributária, podemos dizer que há três diferentes regimes de apuração do IRPF: o regime de tributação anual, o regime de tributação definitiva e o regime de tributação exclusiva na fonte.

Neste Capítulo, vamos apresentar apenas uma visão geral do funcionamento desses diferentes regimes. Mais adiante, nos capítulos 13 a 15, iremos estudá-los detalhadamente.

11.1. Regime de tributação anual

Conforme já adiantamos, o regime de tributação anual é a regra geral da incidência do IRPF sobre rendimentos auferidos por residentes no Brasil.

Segundo esse regime, o imposto é devido em períodos anuais de apuração e, ao longo do ano-base, são exigidas antecipações mensais.

Uma vez encerrado o ano-base, deve ser realizada uma espécie de encontro de contas, que a legislação denomina "ajuste anual". Esse encontro de contas é efetuado e demonstrado na Declaração Anual de Ajuste, também conhecida como Declaração do Imposto de Renda da Pessoa Física (DIRPF).

Fica claro, então, que a DIRPF, apresentada até o último dia útil do mês de abril de cada ano, refere-se ao ano anterior, denominado ano-base. Por isso, uma declaração específica é tradicionalmente identificada por meio do exercício (ano de apresentação) e do ano-base a que se refere. Por exemplo, no exercício de 2014, foi exigida a entrega da DIRPF 2014 (ano-base 2013).

Talvez o leitor esteja se perguntando: No que consiste o ajuste? Para essa pergunta, uma resposta simples e direta é a seguinte: como a soma das antecipações mensais dificilmente reflete, com exatidão, o valor do imposto devido em base anual, o ajuste é o momento de verificar se no ano-base o contribuinte antecipou imposto em montante maior ou menor do que o valor devido em base anual.

Nesse sentido, no ajuste calculamos o imposto devido em base anual e comparamos com o valor da soma das antecipações efetuadas ao longo do ano-base. Se as antecipações superam o valor do imposto anual devido, o contribuinte tem imposto a restituir. Se as antecipações são insuficientes para quitar o valor do imposto anual devido, o contribuinte tem saldo a pagar na declaração anual.

Mais adiante, estudaremos o cálculo do imposto devido em base anual, e também das antecipações mensais. Por enquanto, estamos apenas na visão geral.

Antes de encerrar, vale ressaltar que o regime de tributação anual, devido a suas características (principalmente a necessidade de ajuste), não se aplica a rendimentos recebidos de fontes situadas no Brasil por pessoas físicas não residentes no País. Isso não significa que esses rendimentos não sejam tributados. Apenas significa que esses rendimentos são tributados de outra forma.

11.2. Regime de tributação exclusiva na fonte

Os rendimentos submetidos à tributação exclusiva na fonte não integram a regra geral de incidência anual do IRPF. Por isso mesmo, podemos dizer que os rendimentos tributados exclusivamente na fonte não devem compor a base de cálculo do imposto apurado na declaração de ajuste, e o imposto pago em relação a esses rendimentos não constitui antecipação do imposto anual.

A característica descrita no parágrafo anterior aproxima os regimes de tributação exclusiva na fonte e de tributação definitiva, apresentado no próximo item. No entanto, diferentemente do que ocorre na tributação definitiva, quando a tributação é exclusiva na fonte o contribuinte fica desobrigado de apurar e recolher o imposto devido. Essas são atribuições que competem exclusivamente à fonte pagadora.

Mais adiante veremos mais detalhes sobre esse regime. Por ora, basta dizer que, entre outros, estão sujeitos ao regime de tributação exclusiva na fonte os rendimentos produzidos por aplicações financeiras de renda fixa, o décimo terceiro salário, e os juros recebidos por titular, sócio ou acionista de pessoa jurídica a título de remuneração do capital próprio.

Ainda que o contribuinte não deva incluir os rendimentos sujeitos à tributação exclusiva na fonte na base de cálculo do imposto anual, ele não pode deixar de informar esses rendimentos na declaração de ajuste, porque eles também ajudam a explicar a variação patrimonial percebida de um ano para outro.

Também importa ressaltar que os rendimentos recebidos por não residentes são tributados exclusivamente na fonte, quando ela (a fonte) estiver situada no Brasil (IN RFB nº 1.500, de 2014, art. 19, inciso XVI).

11.3. Regime de tributação definitiva

Há outros rendimentos que também não são levados ao ajuste anual. Trata-se dos rendimentos submetidos à tributação definitiva.

O regime de tributação definitiva aplica-se, basicamente, ao ganho de capital percebido na alienação de bens ou direitos. Há, porém, outros acréscimos patrimoniais submetidos a esse regime. Deixaremos esse detalhamento para um momento mais oportuno, no Capítulo 15.

Estão sujeitos à incidência do IRPF segundo o regime de tributação definitiva, inclusive, os ganhos de capital percebidos por pessoas físicas não residentes no Brasil, na alienação de bens e direitos situados no País (IN SRF nº 84, de 2001, art. 4º; e IN SRF nº 208, de 2002, art. 26).

Em poucas palavras, o regime tem esse nome porque o ganho de capital não integra a base de cálculo do imposto apurado na declaração anual, e o imposto pago em relação ao ganho de capital não constitui antecipação do imposto anual. Portanto, a tributação sobre o ganho de capital é definitiva, no sentido de que se resolve ao longo do ano-base, sem integrar o ajuste anual. Inclusive, o cálculo e o pagamento do imposto devido sobre ganhos de capital devem ser efetuados em separado dos demais rendimentos tributáveis recebidos no mês, quaisquer que sejam.

Já sabemos que o fato de os rendimentos submetidos à tributação definitiva não integrarem a base de cálculo do imposto apurado na declaração anual é uma característica comum deste regime com o de tributação exclusiva na fonte, apresentado no item anterior. No entanto, embora apresentem essa característica em comum, os regimes são diferentes na medida em que, quando a tributação é definitiva, recai sobre o contribuinte o dever de apurar e recolher o imposto devido, diferentemente do que se observa no regime de tributação exclusiva na fonte, em que essas atribuições competem à fonte pagadora.

Na mesma linha do que vimos no item anterior, mesmo não sendo tributados na declaração de ajuste anual, os ganhos de capital devem ser ali informados, entre outros motivos, porque também explicam parte da variação patrimonial percebida de um ano para outro.

Em síntese, na Declaração do Imposto de Renda da Pessoa Física é realizado o ajuste específico para o regime anual. Por isso podemos afirmar que na declaração de ajuste só há apuração de imposto segundo as regras do regime anual, afinal, no momento da entrega da declaração anual, o imposto incidente sobre os rendimentos tributados segundo os demais regimes já foi (pelo menos deveria ter sido) apurado e recolhido ao longo do ano-base, de maneira definitiva pelo próprio contribuinte, ou exclusivamente pela fonte, conforme o caso.

11.4. Sistema de bases correntes

Sistema de bases correntes era um item do conteúdo de Legislação Tributária nos editais dos concursos de 2012 e de 2014 para provimento de cargos de Auditor-Fiscal e Analista-Tributário da Receita Federal do Brasil.

Antes de abordar o tema, vale dizer que é no mínimo estranho a Esaf ter exigido este item no edital de concursos públicos realizados no ano de 2012, haja vista que, conforme a própria Receita Federal do Brasil informa em seu site[8], o sistema de bases correntes foi introduzido pela Lei nº 7.713, de 22 de dezembro de 1988, e durou apenas um ano.

A referida lei não inovou ao estabelecer que o Imposto de Renda das Pessoas Físicas passaria a ser devido, mensalmente, à medida que os rendimentos e ganhos de capital fossem percebidos, pois essa previsão já constava da Lei nº 7.450, de 1985. Em verdade, a Lei nº 7.713, de 1988, inovou ao substituir a base anual do imposto pelo sistema de bases correntes, com ajuste mensal.

No sistema inicialmente concebido pela Lei nº 7.713, de 1988, deveria apresentar a declaração anual apenas o contribuinte que, em um mesmo mês, tivesse recebido rendimentos tributáveis de mais de uma fonte pagadora, e que optasse pelo recolhimento da diferença do imposto devido somente após o encerramento do ano (Lei nº 7.713, de 1988, art. 24).

Conforme já afirmado, o sistema de bases correntes, utilizado no ano-base de 1989, foi logo abandonado. A Lei nº 8.134, de 27 de dezembro de 1990, restabeleceu a sistemática de antecipações mensais e ajuste anual, já para o próprio ano-base de 1990 (declaração apresentada em 1991).

Talvez pelo fato de a Lei nº 8.134, de 1990, ter preservado a determinação de que o imposto é devido à medida que os rendimentos e ganhos de capital são percebidos, há quem entenda que temos um sistema de bases correntes atualmente em vigor. Parece que a Esaf se enquadra nesse grupo (ou pelo menos pensa assim quem elaborou o edital). Essa última conclusão tem que ser verdadeira, do contrário, a Esaf estaria cobrando história do Imposto de Renda!

Mas, e o concursando, como é que fica no meio dessa confusão? Para evitar qualquer problema, deve-se ter em mente algo que é irrefutável: segundo a sistemática atualmente em vigor, como regra, o IRPF é devido mensalmente, a título

---
8 Disponível em: <http://www.receita.fazenda.gov.br/Memoria/irpf/historia/hist1982a1990.asp#sistemasBases>.

de antecipação, à medida que os rendimentos são percebidos, sem prejuízo do ajuste realizado na declaração anual (Lei nº 8.134, de 1990, art. 2º; RIR, art. 2º, § 2º).

Desse modo, se é que podemos falar que existe hoje um sistema de bases correntes, ele consiste no fato de que os rendimentos e ganhos de capital são tributados à medida que são recebidos. Conforme vimos nos itens anteriores, isso se verifica na prática, da seguinte forma:

- no regime de tributação anual, todo mês há antecipações, e após o encerramento do ano-base é realizado o ajuste anual;
- no regime de tributação definitiva, sempre que houver um ganho de capital, o imposto incide definitivamente no mês em que o ganho é percebido;
- no regime de tributação exclusiva na fonte, é instantânea a incidência do imposto sobre os pagamentos realizados.

Portanto, diferentemente do sistema de bases correntes que vigorou no ano de 1989 (quando o ajuste anual era excepcional), hoje temos como regra um sistema de tributação em que o imposto incide à medida que os rendimentos são recebidos, ainda que a título de antecipação, e após o encerramento do ano--base é realizado o ajuste anual.

Vistos esses conceitos iniciais, a partir deste ponto estudaremos como incide o imposto sobre as diferentes espécies de rendimentos tributáveis, dando forma aos diferentes regimes de tributação (anual, definitiva ou exclusiva na fonte). Mas antes, é necessário fazer alguns esclarecimentos acerca das retenções na fonte.

Capítulo 12
Retenções na Fonte

Embora não tenha constado expressamente dos editais dos concursos de 2012 e de 2014 para cargos da Receita Federal, este tema é de fundamental importância para a compreensão dos regimes de tributação do IRPF.

A retenção na fonte é uma técnica muito empregada pela Administração Tributária federal, de grande utilidade para a atividade de controle e muito conveniente do ponto de vista da arrecadação. Consiste na obrigação, imposta à fonte pagadora dos rendimentos, de reter uma parte do valor pago, e de recolher o valor retido aos cofres públicos a título de tributo devido pelo beneficiário do pagamento (CTN, art. 45, parágrafo único).

Uma vez efetuada a retenção e recolhido o valor retido, cabe ainda à fonte pagadora identificar o beneficiário do pagamento. Na esfera federal, em relação ao imposto de renda, a identificação de beneficiários dos pagamentos é efetuada por meio da Declaração do Imposto de Renda Retido na Fonte (DIRF).

Sob a ótica do beneficiário do pagamento – que é o verdadeiro contribuinte do imposto retido e recolhido pela fonte pagadora –, importa esclarecer que há diferentes regimes de retenção: o regime de retenção por antecipação, e o regime de retenção exclusiva.

12.1. Regime de retenção por antecipação

Quando o valor do tributo retido pode ser utilizado pelo contribuinte para fins de dedução do valor do imposto devido, resultante de apuração efetuada em momento posterior, estamos diante do regime de retenção por antecipação.

Assim, neste regime o valor retido constitui uma antecipação do imposto devido. Em outras palavras, o imposto retido (antecipado) pode ser utilizado pelo próprio contribuinte para determinar o saldo de imposto a pagar:

> Saldo de imposto a pagar = Imposto devido – Imposto retido (antecipado)

Para ilustrar o funcionamento desse regime, considere os rendimentos decorrentes do trabalho assalariado, que é um exemplo de rendimento submetido ao regime de tributação anual. Nesse caso, o imposto retido ao longo do ano pela fonte pagadora pode ser utilizado pelo trabalhador, no ano seguinte, como dedução do imposto devido resultante de apuração efetuada na Declaração de Ajuste Anual.

No exemplo do rendimento do trabalho assalariado, percebe-se claramente que o imposto retido pela fonte pagadora é uma antecipação do imposto devido, que somente será conhecido quando o trabalhador efetuar a apuração anual, na declaração de ajuste apresentada até o último dia do mês de abril do ano seguinte.

Nesse caso, em linhas gerais, se o valor das retenções superar o valor do imposto devido na apuração anual, o contribuinte terá direito à restituição. Porém, se o montante das retenções, somado a outras antecipações (item 13.4), totalizar valor menor que o imposto devido na declaração de ajuste anual, o contribuinte terá saldo de imposto a pagar.

Vale ressaltar que o regime de retenção por antecipação não se aplica apenas à tributação anual. Quando o rendimento estiver submetido ao regime de tributação definitiva, as eventuais retenções na fonte também são efetuadas a título de antecipação. É o caso, por exemplo, do imposto incidente sobre os ganhos no mercado de ações. Considerando as operações no mercado à vista, o imposto retido na fonte, calculado à alíquota de 0,005% sobre o valor da alienação, pode ser utilizado como dedução do valor do imposto devido, incidente sobre o ganho líquido das operações, posteriormente apurado pelo próprio investidor[9].

Sobre o regime por antecipação, cabe ainda dizer que as retenções cumprem pelo menos duas funções. Além de antecipar a arrecadação do imposto, as retenções exercem um importante papel na atividade de controle, fornecendo à Administração Tributária informações sobre o contribuinte e os rendimentos por ele recebidos.

12.2. Regime de retenção exclusiva

No regime de retenção exclusiva, o imposto retido e recolhido pela fonte pagadora corresponde ao próprio imposto devido em relação ao rendimento pago. Nesse caso, a tributação se resolve na fonte pagadora, e o contribuinte beneficiário do pagamento tem sua responsabilidade pelo pagamento do imposto totalmente excluída.

Isso justifica a denominação do regime da retenção: quanto a determinado rendimento, a retenção é exclusiva porque, neste regime, fica totalmente excluída a responsabilidade do contribuinte pelo pagamento do imposto. Como se nota, trata-se da hipótese compatível com o regime de tributação exclusiva na fonte.

Portanto, em relação a rendimento submetido ao regime de retenção exclusiva, não há apuração a ser efetuada pelo contribuinte beneficiário do pagamento. Isso significa que o valor do rendimento que serviu de base para a retenção exclusiva não irá compor nova base de cálculo em apuração posterior, e o valor do imposto retido não poderá ser utilizado na dedução de outros valores posteriormente apurados. É o caso da tributação do IRPF sobre o décimo terceiro salário, sobre os rendimentos decorrentes de aplicações em renda fixa, e sobre os rendimentos recebidos a título de juros sobre o capital próprio, entre outros casos.

12.3. Regimes de retenção x regimes de tributação

Até este ponto, deve-se ter cuidado para não confundir os regimes de retenção com os regimes de tributação.

---

[9] Lei nº 11.033, de 21 de dezembro de 2004, art. 2º, §§ 1º e 7º; IN RFB nº 1.022, de 2010, art. 52, § 8º, inciso I.

Como vimos, a retenção na fonte é uma técnica de tributação que consiste na atribuição de responsabilidade, à fonte pagadora, de reter e recolher o imposto incidente sobre os pagamentos que realizar. Vimos também que, a depender dos efeitos dessa retenção, ela pode representar antecipação do imposto devido ou corresponder ao próprio imposto devido.

Por outro lado, os regimes de tributação são conjuntos de regras que definem o tratamento completo a que se submete um dado rendimento. No caso do Imposto de Renda das Pessoas Físicas correspondem ao regime anual, ao regime de tributação definitiva, e ao regime de tributação exclusiva na fonte.

Por fim, perceba que as retenções na fonte estão presentes em todos os regimes de tributação (anual, definitivo, e exclusivo na fonte). No caso do regime anual e do regime de tributação definitiva, as retenções constituem antecipações. E, no caso do regime de tributação exclusiva na fonte, as retenções não são antecipações, pois correspondem ao próprio tributo devido! Acompanhe:

- no regime de tributação anual, as retenções na fonte cumprem um papel de antecipação do imposto devido (retenção por antecipação);
- no regime de tributação definitiva, as (eventuais) retenções na fonte também representam antecipações do imposto devido (retenção por antecipação);
- no regime de tributação exclusiva na fonte, as retenções na fonte correspondem ao próprio imposto devido (retenção exclusiva).

12.4. Falta de retenção

Questão interessante envolve a situação em que a fonte pagadora não efetua a retenção a que esteja obrigada. Nesse caso, as consequências para o contribuinte, beneficiário do pagamento, variam de acordo com o regime da retenção.

Nos casos em que o rendimento estiver submetido ao regime de retenção exclusiva, a falta de retenção não acarreta maiores consequências para o contribuinte, uma vez que o imposto devido será cobrado da fonte pagadora[10]. Trata-se de consequência imediata da técnica de tributação exclusiva na fonte.

Por outro lado, nos casos em que a retenção constitui uma antecipação do imposto devido, se a fonte pagadora deixar de efetuar a retenção, por óbvio, o contribuinte não poderá utilizar o valor que deixou de ser retido como dedução do imposto devido. Consequentemente, terá que oferecer o

---

10 Conforme esclarece o parágrafo 10 do Parecer Normativo nº 1, de 24 de setembro de 2002, exarado pela Coordenação-
-Geral de Tributação da Secretaria da Receita Federal, disponível em: <http://www.receita.fazenda.gov.br/legislacao/
ParecaresNormativos/2002/parecer0012002.htm>.

rendimento à tributação sem dispor da respectiva dedução do imposto devido. Dessa forma, o valor do imposto a pagar, apurado pelo contribuinte, será maior do que aquele que resultaria se a retenção tivesse sido efetuada normalmente. Por isso, podemos afirmar que, no regime de retenção por antecipação, a responsabilidade do contribuinte é supletiva, no sentido de que ele responde pelo pagamento do imposto devido se a fonte pagadora não cumprir com a sua obrigação de, antecipadamente, efetuar a retenção e recolher o imposto retido.

Para ser mais preciso, no âmbito do regime de antecipação, da fonte pagadora será exigida a retenção e o recolhimento do valor retido somente até o momento da apuração do imposto devido, pelo contribuinte beneficiário do pagamento. Ultrapassado esse marco, se a fonte pagadora não tiver cumprido com sua obrigação, dela não será exigido o valor que deixou de ser retido, e o destinatário da exigência passa a ser o próprio contribuinte[11].

Em síntese, no regime de antecipação, verificada a falta de retenção, tratando--se de rendimento sujeito à apuração anual, o contribuinte deve declarar o rendimento que não sofreu retenção, normalmente, na ficha de rendimentos tributáveis da declaração de ajuste, sem associar a ele qualquer valor de imposto retido na fonte.

Analogamente, em se tratando de rendimento sujeito à tributação definitiva, quando a fonte pagadora deixa de efetuar a retenção, o contribuinte deve apurar o imposto devido normalmente. Apenas não haverá a respectiva antecipação (retenção) para ser utilizada como dedução do imposto devido.

Isso explica o seguinte entendimento do STJ:

> A falta de cumprimento do dever de recolher na fonte, ainda que importe em responsabilidade do retentor omisso, não exclui a obrigação do pagamento pelo contribuinte, que auferiu a renda, de oferecê-la à tributação, por ocasião da declaração anual, como aliás, ocorreria se tivesse havido recolhimento na fonte. (REsp 644.223)

Portanto, no regime de retenção por antecipação, o contribuinte responde pelo pagamento do imposto devido se a fonte pagadora não cumprir com a sua obrigação de, antecipadamente, efetuar a retenção e recolher o imposto retido.

No entanto, no regime de antecipação, para desestimular o descumprimento da obrigação de reter e recolher o imposto na fonte, a lei prevê uma multa à fonte pagadora que deixa de efetuar a retenção. A referida multa é fixada em, no mínimo, 75% do valor do imposto que deixou de ser retido (Lei nº 10.426, de 24 de abril de 2002, art. 9º).

---

11 Conforme esclarecem os parágrafos 12, 13 e 14 do já mencionado Parecer Normativo nº 1, de 2002, da Coordenação--Geral de Tributação da Secretaria da Receita Federal.

Por fim, vale ressaltar que a situação em que a fonte pagadora deixa de fazer a retenção é diferente daquela em que a fonte faz a retenção, mas não recolhe o valor retido aos cofres públicos. Conforme aqui já consignado, havendo a retenção, a responsabilidade pelo recolhimento do imposto retido recai sobre a fonte pagadora. Nesse caso, no âmbito do regime de retenção por antecipação, o beneficiário do pagamento permanece com a possibilidade de utilizar o valor retido como dedução do imposto devido, ainda que a fonte pagadora não o tenha recolhido aos cofres públicos.[12]

12.5. O papel da DIRF

Antes de encerrar este Capítulo, é oportuno tecer breves considerações sobre a Declaração do Imposto de Renda Retido na Fonte (Dirf).

Sabemos que a fonte pagadora faz diversas retenções em relação aos pagamentos que efetua no mês. Suponha que todas as retenções se refiram a rendimentos do trabalho assalariado. Mesmo tendo efetuado diversas retenções (por exemplo, em relação aos salários pagos a cem funcionários), a fonte recolhe apenas um único documento de arrecadação (Darf) referente a todas as retenções da mesma espécie efetuadas no mês, indicando seu CNPJ (da fonte pagadora) e o código de receita 0561.

Se esse é o procedimento a cargo da fonte pagadora, como a RFB toma conhecimento de quem são os beneficiários dos pagamentos, verdadeiros contribuintes do imposto retido na fonte? Esse é o papel da Dirf.

Na referida declaração, entregue normalmente até o último dia do mês de fevereiro do ano seguinte àquele em que ocorre a retenção, a fonte relaciona todos os pagamentos que fez e as retenções que efetuou, identificando, no nosso exemplo, o CPF de cada funcionário beneficiário de pagamentos.

Com isso, é possível fazer um cruzamento simples da Dirf (da fonte) com a Dirpf (do contribuinte), para verificar inconsistências. Por exemplo, caso a fonte declare em Dirf que reteve o montante de R$ 20 mil referente a pagamentos realizados ao trabalhador Fulano, mas, de seu lado, Fulano informe na sua declaração anual (Dirpf) que, dessa mesma fonte pagadora, sofreu retenções no valor total de R$ 30 mil, a Malha Dirf x Dirpf será acionada. Nesse caso, há alguma inconsistência a ser verificada!

---

[12] Parecer Normativo nº 1, de 2002, da Coordenação-Geral de Tributação da Secretaria da Receita Federal, parágrafo 17.

Capítulo 13
Regime de Tributação Anual

Como visto, nem todos os rendimentos tributáveis das pessoas físicas são abrangidos pelo regime anual do IRPF.

No entanto, seguramente, o regime de tributação anual é o que na prática se verifica com maior frequência. Além de abranger as principais formas de remuneração dos trabalhadores – como salários, férias, comissões e honorários –, é também o regime de tributação que tem a maior amplitude, alcançando grande parte das diferentes espécies de rendimentos das pessoas físicas.

Antes de nos aprofundarmos nos detalhes da apuração anual do imposto, vamos procurar entender seu funcionamento de uma forma mais ampla. Essa visão panorâmica da apuração do imposto no regime anual, fornecida no item 13.1, confere maior segurança para a compreensão dos detalhes que precisam ser abordados, e que compõem o objeto do restante deste capítulo.

13.1. Apuração do imposto no regime anual

No regime de tributação anual, considera-se ocorrido o fato gerador do imposto no dia 31 de dezembro de cada ano, e sua apuração é efetuada e formalizada na declaração de ajuste, apresentada até o último dia útil do mês de abril do ano seguinte (Lei nº 9.250, de 1995, art. 7º).

A base de cálculo do IRPF apurado na declaração anual é composta da soma de todos os rendimentos percebidos durante o ano-base, exceto os isentos, os não tributáveis, os tributáveis exclusivamente na fonte e os sujeitos à tributação definitiva (Lei nº 9.250, de 1995, art. 8º, I).

Dessa forma, se um rendimento não estiver expressamente isento ou submetido à tributação definitiva ou exclusiva, ele será tributado pelo IRPF segundo as regras do regime anual.

Além disso, para fins de determinação da base de cálculo do imposto são permitidas algumas deduções. Trata-se das chamadas "deduções da base de cálculo" (item 13.2.2), que não se confundem com as "deduções do imposto devido", analisadas no item 13.3.2.

Portanto, no regime anual, a base de cálculo do IRPF é determinada da seguinte forma:

> Base de cálculo = Rendimentos tributáveis − Deduções da base de cálculo

Quanto às deduções da base de cálculo, na declaração de ajuste anual há duas alternativas disponíveis ao contribuinte: as deduções legais ou o desconto simplificado. As deduções legais correspondem, basicamente, a despesas médicas, despesas com instrução, contribuições para a previdência oficial, contribuições para a previdência privada, pensões alimentícias pagas, despesas escrituradas no Livro Caixa e um valor fixado por dependente.

Alternativamente, na declaração o contribuinte pode optar pelo desconto simplificado, com o qual consegue reduzir sua base de cálculo para até 80% da soma do rendimento tributável. Isso porque o desconto simplificado é calculado em 20% do rendimento tributável bruto, limitado (o desconto) a um teto definido em lei, conforme veremos no item 13.2.2.

Definida a base de cálculo, o imposto devido é apurado mediante a aplicação da alíquota definida com auxílio da tabela progressiva em base anual.

E ainda para fins de apuração do imposto devido no regime anual, observadas as disposições específicas, a legislação tributária autoriza algumas deduções de incentivo, além da dedução de quantias pagas pelo contribuinte à Previdência Social a título de contribuição patronal como empregador doméstico. Trata-se das deduções do imposto devido, e não mais de deduções da base de cálculo!

Com isso, podemos assim representar a determinação do imposto devido no regime anual:

Base de cálculo

(x)	Alíquota (tabela progressiva anual)
(–)	Deduções de incentivo
(–)	Contribuições como empregador doméstico
(=)	Imposto devido

Por meio das operações descritas até este ponto o contribuinte determina o imposto devido em base anual. Só que, em razão de existirem as antecipações mensais, ainda não se trata do valor de imposto a pagar. Na verdade, uma vez determinado o imposto devido em base anual, para encontrar o valor do saldo de imposto a pagar (ou a restituir), o contribuinte deve descontar as antecipações (item 13.4), que abrangem as retenções na fonte, o recolhimento mensal obrigatório (carnê-leão), o recolhimento complementar (mensalão) e o imposto pago no exterior.

Essa é a grande marca do regime anual. Embora a tributação seja anual, para não ficar sem os recursos relativos ao imposto por um ano inteiro e, principalmente, para evitar que o contribuinte tenha que fazer um único pagamento, concentrado no momento da declaração (correndo o risco de não dispor desse dinheiro), a União exige antecipações mensais, recolhidas pela fonte pagadora ou pelo próprio contribuinte, conforme o caso.

Analisando o Título V do RIR (arts. 73 a 82), percebe-se que o tema "deduções da base de cálculo" está organizado da seguinte forma: dedução mensal; e dedução na declaração de rendimentos. Olhando mais de perto, percebemos que há deduções permitidas na declaração anual, que não são permitidas na apuração mensal. São principalmente essas as diferenças no cálculo das antecipações e do imposto anual que dão origem à necessidade do ajuste!

O ideal seria que a apuração das antecipações mensais se aproximasse ao máximo da apuração do imposto anual. Mas isso nem sempre é possível (ou conveniente), pois algumas deduções da base de cálculo podem revelar informações muito pessoais do contribuinte (como as despesas médicas). Nesse caso, o legislador considerou que não seria adequado, por exemplo, dar conhecimento de certos fatos muito pessoais do contribuinte à fonte pagadora encarregada de calcular a antecipação.

Portanto, exatamente em razão da existência das antecipações, faz-se necessário o ajuste: se as antecipações superarem o valor do imposto anual devido, o contribuinte terá imposto a restituir; por outro lado, se as antecipações forem insuficientes para quitar o valor do imposto anual devido, o contribuinte terá saldo de imposto a pagar na declaração anual:

> Saldo de imposto a pagar (ou a restituir) = Imposto devido − Antecipações

Diante do que até aqui foi dito, podemos sintetizar a apuração do IRPF no regime de tributação anual da seguinte forma:

	Rendimentos tributáveis
(−)	Deduções da base de cálculo
(=)	Base de cálculo
(x)	Alíquota (tabela progressiva)
(=)	Imposto devido

(−)	Deduções de incentivo
(=)	**Imposto devido I**
(−)	Contribuições como empregador doméstico
(=)	**Imposto devido II**
(−)	Antecipações do imposto devido
(=)	**Saldo do imposto a pagar ou a restituir**

Uma vez compreendido, em linhas gerais, o funcionamento do regime anual, nosso próximo passo é detalhar a determinação da base de cálculo (item 13.2), do imposto devido (item 13.3) e do saldo de imposto a pagar ou a restituir (item 13.4).

13.2. Determinação da base de cálculo no regime anual

A base de cálculo do IRPF no regime anual corresponde à soma dos rendimentos tributáveis auferidos no ano-base após a dedução de algumas parcelas autorizadas pela legislação tributária:

> Base de cálculo = Rendimentos tributáveis − Deduções da base de cálculo

13.2.1. Rendimentos tributáveis submetidos ao regime anual do IRPF

Já dissemos antes, mas vale repetir: são abrangidos pelo regime anual todos os rendimentos percebidos durante o ano-base, exceto os isentos ou não tributáveis, os tributáveis exclusivamente na fonte e os sujeitos à tributação definitiva.

Basicamente, são alcançados pelo regime anual os rendimentos do trabalho assalariado e assemelhado, os rendimentos do trabalho autônomo sem vínculo empregatício, os aluguéis, os *royalties*, as pensões judiciais, entre outros rendimentos.

13.2.2. Deduções da base de cálculo anual do IRPF

As deduções constituem aspecto de grande importância para a determinação da base de cálculo. Conforme vimos antes, na apuração da base de cálculo do imposto no regime anual, a legislação tributária autoriza a dedução de determinados dispêndios efetuados pelos contribuintes, refletindo o caráter pessoal do imposto. Ainda que exista um sentimento de insuficiência dessas deduções, pretende-se por meio delas identificar a capacidade econômica dos contribuintes, à luz do que dispõe o § 1º do art. 145 da CF.

Nesse sentido, na apuração da base de cálculo anual são permitidas as seguintes deduções previstas em lei:

- contribuições para a Previdência Social oficial da União, dos Estados, do Distrito Federal e dos Municípios;
- contribuições a entidades de previdência privada (inclusive a Plano Gerador de Benefício Livre – PGBL) e aos Fundos de Aposentadoria Programada Individual (Fapi), destinadas a custear benefícios complementares, assemelhados aos da previdência oficial, cujo ônus tenha sido do participante;
- contribuições para as entidades de previdência complementar de que trata a Lei nº 12.618, de 30 de abril de 2012;

Observação: Trata-se das contribuições para o regime de previdência complementar dos servidores públicos federais titulares de cargo efetivo.

- despesas escrituradas no Livro Caixa;
- um valor anual fixado por dependente;
- as importâncias pagas em dinheiro a título de pensão alimentícia em face das normas do direito de família, quando em cumprimento de decisão judicial, acordo homologado judicialmente ou por escritura pública, abrangendo inclusive a prestação de alimentos provisionais;
- despesas médicas ou de hospitalização pagas para tratamento do contribuinte, de seus dependentes, ou de alimentandos em virtude de decisão judicial;
- despesas com instrução do contribuinte, de seus dependentes ou de alimentandos em virtude de decisão judicial, até um limite anual individual.

Antes de iniciar o detalhamento de cada hipótese de dedução autorizada, merecem destaque as seguintes disposições:

- todas as deduções estão sujeitas à comprovação ou justificação, a juízo da autoridade fiscal lançadora (RIR, art. 73);
- se forem pleiteadas deduções exageradas em relação aos rendimentos declarados, ou se tais deduções não forem cabíveis, poderão ser glosadas sem a audiência do contribuinte (RIR, art. 73, § 1º).

> **Observação:** Esse dispositivo se presta aos casos que não apresentam qualquer razoabilidade, quando ninguém teria dúvida de que a dedução é excessiva. E que casos são esses? Imagine que alguém utiliza como dedução a título de despesas médicas valor equivalente a 99% dos rendimentos declarados. Parece razoável?
>
> De qualquer forma, na prática, observa-se que o contribuinte normalmente é chamado para explicar a dedução, antes de ser promovida sua glosa.
>
> No entanto, como estamos estudando para um concurso público, o examinador pode exigir a literalidade do RIR.

Até aqui, fizemos referência às chamadas "deduções legais". Alternativamente, em substituição a todas as deduções legais, o contribuinte pode optar pelo desconto simplificado, sem a necessidade de comprovação, calculado em 20% do rendimento tributável bruto, limitado (o desconto) a um teto em reais, definido em lei.

Para que seja possível acompanhar na legislação, vale dizer que as deduções a seguir detalhadas encontram-se previstas no art. 8º da Lei nº 9.250, de 1995. Mais adiante, quando estivermos estudando as antecipações do imposto (item 13.4), analisaremos as deduções permitidas para determinação da base de cálculo do imposto mensal.

a. Contribuições previdenciárias

Quanto às deduções da base de cálculo relativas a contribuições previdenciárias efetuadas pelo contribuinte, é importante ter em mente que a legislação identifica três possibilidades:

- contribuições à previdência oficial, que abrange tanto o Regime Geral de Previdência Social (RGPS) administrado pelo INSS, quanto os Regimes Próprios de Previdência de servidores públicos (RPPS);
- contribuições para as entidades de previdência complementar de que trata a Lei nº 12.618, de 30 de abril de 2012 (Funpresp-Exe, Funpresp-Leg e Funpresp-Jud, responsáveis pela previdência complementar dos servidores públicos titulares de cargo efetivo da União, suas autarquias e fundações, inclusive para os membros do Poder Judiciário, do Ministério Público da União e do Tribunal de Contas da União); e

- contribuições a entidades de previdência privada domiciliadas no Brasil e a Fundos de Aposentadoria Programada Individual (FAPI).

No primeiro caso, envolvendo a previdência oficial, as contribuições efetivamente realizadas são dedutíveis da base de cálculo do imposto anual, apurado na declaração, sem qualquer limite.

Também não há limite para a dedução relativa às contribuições para entidades de previdência complementar servidores públicos titulares de cargo efetivo, desde que limitadas à alíquota de contribuição do ente público patrocinador.

Por outro lado, no terceiro caso, que envolve a previdência complementar, a dedutibilidade das contribuições é limitada. Do valor total de contribuições à previdência complementar efetuadas no ano-base, apenas o montante equivalente a 12% do total dos rendimentos computados na determinação da base de cálculo do imposto devido na declaração anual pode ser utilizado como dedução dessa mesma base de cálculo (Lei nº 9.532, de 1997, art. 11).

Note bem que o limite de 12% se refere apenas à dedutibilidade das contribuições para previdência complementar. As contribuições para a previdência oficial não se submetem a esse limite. Nesse sentido, suponha que uma pessoa tenha recebido R$ 100 mil de rendimentos tributáveis na declaração, e tenha contribuído para a previdência oficial (RGPS ou RPPS) com R$ 11 mil. Nesse caso, ela poderá deduzir todo o valor de R$ 11 mil, e ainda, caso tenha efetuado contribuições para a previdência complementar, poderá deduzir a esse título até o limite de R$ 12 mil (12% de R$ 100 mil).

Cabe, ainda, ressaltar que a dedução das contribuições para previdência complementar, além de limitada, também é condicionada. Para se aproveitar da dedução a título de contribuições para a previdência complementar, é necessário que também tenham sido efetuadas contribuições para o Regime Geral de Previdência Social ou, quando for o caso, para Regime Próprio de Previdência Social dos servidores públicos (Lei nº 9.532, de 1997, art. 11, *caput* e § 5º).

No entanto, essa condição não alcança os beneficiários de aposentadoria ou pensão dos regimes oficiais. Ou seja, da base de cálculo do IRPF, beneficiários de aposentadoria ou pensão dos regimes oficiais podem deduzir contribuições para previdência complementar sem que seja necessário também contribuir para a previdência oficial, da qual já são beneficiários.

Por fim, cumpre dizer que os valores de contribuição para entidades de previdência complementar servidores públicos (segundo caso) que excederem a contribuição do ente público patrocinador devem ser computados para fins de aferição do respeito ao limite de 12%, nos termos do § 7º do art. 11 da Lei nº 9.532, de 1997.

b. Livro caixa

A dedução de despesas escrituradas no Livro Caixa é permitida ao contribuinte que receber rendimentos do trabalho não assalariado, ao leiloeiro, e ao titular de serviços notariais e de registro (Lei nº 8.134, de 1990, art. 6º, e Lei nº 9.250, de 1995, arts. 4º, inciso I e 8º, inciso II, alínea *f*).

Mas é preciso observar que as deduções a esse título abrangem apenas:
- a remuneração paga a terceiros, desde que com vínculo empregatício, e os respectivos encargos trabalhistas e previdenciários;
- os emolumentos pagos a terceiros, assim considerados os valores referentes à retribuição pela execução, pelos serventuários públicos, de atos cartorários, judiciais e extrajudiciais; e
- as despesas de custeio pagas, necessárias à percepção da receita e a manutenção da fonte produtora;
- os investimentos e demais gastos efetuados com informatização, para fins de implementação dos serviços de registros públicos, em meio eletrônico, que compreende a aquisição de hardware, aquisição e desenvolvimento de software e a instalação de redes pelos titulares dos referidos serviços.

Por outro lado, não são dedutíveis (Lei nº 8.134, de 1990, art. 6º, § 1º):
- as quotas de depreciação de instalações, máquinas e equipamentos, bem como as despesas de arrendamento (*leasing*);
- as despesas de locomoção e transporte, salvo no caso de representante comercial autônomo, quando correrem por conta deste;
- as despesas relacionadas à prestação de serviços de transporte, serviços com trator, máquina de terraplenagem, colheitadeira e assemelhados, e também em relação a rendimentos auferidos por garimpeiros.

Além disso, cabe ressaltar que a dedução a título de despesas registradas em Livro Caixa não pode superar a receita da respectiva atividade não assalariada às quais estiverem associadas. Eventual excedente de despesas, porventura existente no final do ano-base, não pode ser transposto para o ano seguinte (Instrução Normativa RFB nº 1.500, de 2014, art. 104, § 3º).

Portanto, como a dedução de despesas escrituradas no Livro Caixa não pode superar a receita decorrente da respectiva atividade, um contribuinte que, simultaneamente, exerça trabalho assalariado e atividade autônoma não pode aproveitar o prejuízo da atividade autônoma para reduzir a base de cálculo do imposto referente aos rendimentos do trabalho assalariado. Por exemplo, se os rendimentos do trabalho assalariado totalizarem R$ 40 mil, as receitas do trabalho não assalariado somarem R$ 20 mil, e as despesas correspondentes a essa atividade estiverem regularmente escrituradas em valor de R$ 25 mil, o valor excedente de despesas (R$ 5 mil) não poderá ser utilizado para deduzir os rendimentos do trabalho assalariado.

c. Dependentes

Esta dedução consiste num valor fixo por dependente, e tem sido atualizada anualmente. Por exemplo, em 2016, na apuração do imposto anual relativo a 2015, da base de cálculo estava autorizada a dedução da quantia de R$ 2.275,08, por dependente (Lei nº 9.250, de 1995, art. 8º, inc. II, alínea "c", item 9).

Para fins de cálculo do imposto de renda, podem ser validamente considerados dependentes (Lei nº 9.250, de 1995, art. 35):

- cônjuge;
- companheiro(a) com quem o contribuinte tenha filho ou viva há mais de cinco anos, inclusive homoafetivo[13];
- filho(a) ou enteado(a), até 21 anos de idade, ou, em qualquer idade, quando incapacitado física ou mentalmente para o trabalho;
- filho(a) ou enteado(a), se ainda estiverem cursando estabelecimento de ensino superior ou escola técnica de segundo grau, até 24 anos de idade;
- irmão(ã), neto(a) ou bisneto(a), sem arrimo dos pais, de quem o contribuinte detenha a guarda judicial, até 21 anos, ou em qualquer idade, quando incapacitado física ou mentalmente para o trabalho;
- irmão(ã), neto(a) ou bisneto(a), sem arrimo dos pais, com idade de 21 anos até 24 anos, se ainda estiver cursando estabelecimento de ensino superior ou escola técnica de segundo grau, desde que o contribuinte tenha detido sua guarda judicial até os 21 anos;
- pais, avós e bisavós, desde que não aufiram rendimentos, tributáveis ou não, superiores ao limite de isenção mensal;
- menor pobre até 21 anos que o contribuinte crie e eduque e de quem detenha a guarda judicial;
- pessoa absolutamente incapaz, da qual o contribuinte seja tutor ou curador.

No caso da sociedade conjugal, os dependentes comuns podem ser considerados por qualquer um dos cônjuges. No entanto, é preciso observar que é vedada a dedução concomitante do montante referente a um mesmo dependente, na determinação da base de cálculo do imposto, por mais de um contribuinte.

---

[13] Conforme, Parecer PGFN/CAT nº 1.503/2010, de 19 de julho de 2010, aprovado pelo Ministro da Fazenda em 26 de julho de 2010.

No caso de filhos de pais separados, poderão ser considerados dependentes os que ficarem sob a guarda do contribuinte, em cumprimento de decisão judicial ou acordo homologado judicialmente.

d. Pensão alimentícia

São dedutíveis da base de cálculo na declaração de ajuste anual apenas as importâncias pagas a título de pensão alimentícia em decorrência de decisão judicial, acordo homologado judicialmente ou por escritura pública (Lei nº 9.250, de 1995, arts. 4º, inciso II e 8º, inciso II, alínea "f").

A esse título é dedutível, inclusive, a prestação de alimentos provisionais, conforme normas do Direito de Família, devidas no curso da ação de alimentos enquanto não for proferida uma sentença pelo juiz.

As importâncias dedutíveis são aquelas pagas **em dinheiro**, e somente a título de prestação de alimentos provisionais ou a título de pensão alimentícia.

Cabe ainda ressaltar que é vedada esta dedução concomitantemente à correspondente a dependente, em relação a um mesmo alimentando.

e. Despesas médicas

Da base de cálculo anual do IRPF são dedutíveis os pagamentos efetuados pelo contribuinte, relativos ao próprio tratamento e ao de seus dependentes, a médicos, dentistas, psicólogos, fisioterapeutas, fonoaudiólogos, terapeutas ocupacionais e hospitais, bem como as despesas com exames laboratoriais, serviços radiológicos, aparelhos ortopédicos e próteses ortopédicas e dentárias (Lei nº 9.250, de 1995, art. 8º, inciso II, alínea *a*).

Também são dedutíveis os pagamentos efetuados a empresas domiciliadas no País, destinados à cobertura de despesas com hospitalização, médicas e odontológicas, bem como a entidades que assegurem direito de atendimento ou ressarcimento de despesas da mesma natureza.

O direito à dedução alcança, inclusive, as despesas médicas pagas pelo contribuinte alimentante em favor do alimentando, em cumprimento de decisão judicial ou de acordo homologado judicialmente ou estabelecido em escritura pública.

Mas cabe ressaltar que o direito à dedução não se aplica às despesas ressarcidas por entidade de qualquer espécie ou cobertas por contrato de seguro. Nesse sentido, suponha que, no ano-base, alguém tenha pago R$ 5 mil para o plano de saúde, e desse valor o empregador tenha reembolsado a quantia de R$ 1.500. Nesse caso, dedutível é só a parcela de R$ 3.500, e não os R$ 5 mil.

Por fim, é oportuno mencionar que não há um limite legal para dedução de despesas médicas. Além disso, vale registrar que despesas médicas somente são dedutíveis da base de cálculo do IRPF na apuração anual.

f. Despesas com instrução

Assim como as despesas médicas, as despesas com educação somente são dedutíveis na apuração anual. No entanto, diferentemente da dedução a título de despesas médicas, a dedução relativa a despesas com educação encontra-se sujeita a um limite individual estabelecido em lei. Como exemplo, para o ano-calendário de 2015, o limite anual individual foi fixado em R$ 3.561,50 (Lei nº 9.250, de 1995, art. 8º, inc. II, alínea *b*, item 10).

A título de despesas com instrução do contribuinte e de seus dependentes, são dedutíveis os pagamentos efetuados a estabelecimentos de ensino, relativamente:

* à educação infantil, compreendendo as creches e as pré-escolas;
* ao ensino fundamental;
* ao ensino médio;
* à educação superior, compreendendo os cursos de graduação e de pós-graduação (mestrado, doutorado e especialização); e
* à educação profissional, compreendendo o ensino técnico e o tecnológico.

O limite de dedutibilidade é individual, sendo vedada a transferência do excesso de uma pessoa para outra. Em outros termos, em 2015, ano em que o limite fixado era de R$ 3.561,50, se um contribuinte com dois filhos em idade escolar gastou R$ 5 mil com um deles, e R$ 2 mil com o outro, seu direito à dedução era de R$ 5.561,50, correspondendo a R$ 3.561,50 referentes ao primeiro filho, e R$ 2 mil ao segundo, respectivamente.

Merece registro o fato de que os pagamentos de aulas de idioma estrangeiro, música, dança, natação, ginástica, dicção, corte e costura, aulas de trânsito, tênis ou pilotagem não são dedutíveis, por falta de previsão legal.

Também é preciso ressaltar que não são dedutíveis as despesas com educação de menor pobre que o contribuinte apenas eduque. Conforme vimos no item relativo aos dependentes, para que o menor pobre se enquadre nessa condição, é preciso haver a guarda judicial por parte do contribuinte.

Por fim, as despesas de educação dos alimentandos, quando realizadas pelo alimentante em virtude de cumprimento de decisão judicial, ou de acordo homologado judicialmente ou por escritura pública, podem ser deduzidas pelo alimentante, observado o limite de dedução.

g. Desconto simplificado

Na Declaração de Ajuste Anual, alternativamente às deduções legais, o contribuinte pode optar pelo desconto simplificado, que substitui todas as deduções admitidas na legislação (Lei nº 9.250, de 1995, art. 10).

No entanto, o valor deduzido a título de desconto simplificado não pode ser utilizado para comprovação de acréscimo patrimonial, sendo considerado rendimento consumido (Lei nº 9.250, de 1995, art. 10, parágrafo único).

O desconto corresponde a 20% do valor de rendimentos tributáveis na declaração, independentemente do montante desses rendimentos, dispensadas a comprovação da despesa e a indicação de sua espécie.

Além disso, é preciso observar que o desconto simplificado é limitado a um teto estabelecido em lei. Por exemplo, na Declaração de Ajuste Anual referente ao ano-calendário de 2015, entregue em 2016, esse valor foi fixado em R$ 16.754,34 (Lei nº 9.250, de 1995, art. 10, inc. IX).

Ou seja, na declaração anual relativa a 2015, se uma pessoa tinha, por exemplo, rendimentos tributáveis de R$ 50 mil e deduções legais (previdência, despesas médicas, educação etc.) em qualquer valor menor que R$ 10 mil (20% de R$ 50 mil), a opção pelo desconto simplificado seria a alternativa legalmente admitida da qual resultaria o menor valor de imposto devido.

Mesmo no caso dos maiores rendimentos, a opção pelo desconto simplificado pode se mostrar interessante. Para isso, basta que o contribuinte disponha de poucas deduções legais. Nesse sentido, imagine um contribuinte solteiro, sem filhos e sem despesas médicas, que ao longo de 2015 tivesse rendimentos tributáveis de R$ 100 mil, e apenas a dedução com a previdência oficial, de R$ 11 mil. Nesse caso, se tivesse adotado as deduções legais, a base de cálculo de seu imposto corresponderia a R$ 89 mil. Caso tivesse optado pelo desconto simplificado, a base de cálculo seria de R$ 83.245,66 sendo, portanto, a alternativa mais vantajosa. Ainda em relação a esse exemplo, note que a opção pelo desconto simplificado seria mais vantajosa mesmo não sendo possível utilizar todo o valor correspondente a 20% do montante de rendimentos tributáveis (R$ 20 mil), ficando a dedução restrita ao limite máximo de R$ 16.754,34.

Portanto, deve ter ficado claro que, analisando sob a perspectiva de pagar menos imposto dentro da lei, para qualquer pessoa que na declaração relativa ao ano de 2015 tivesse deduções legais em valor superior a R$ 16.754,34, seria melhor utilizá-las, e não optar pelo desconto simplificado.

Perceba que o valor do rendimento não constitui critério que obriga alguém a utilizar o modelo completo da declaração, com utilização das deduções legais. Note que o art. 10 da Lei nº 9.250, de 1995, é expresso no sentido de que a opção pelo desconto simplificado independe do montante do rendimento tributável.

Isso nem sempre foi assim. Na redação original do art. 10 da Lei nº 9.250, de 1995, a utilização do desconto simplificado era vedada a pessoas com rendimentos superiores a R$ 27 mil. Mas, desde 2001, a opção pelo desconto simplificado pode ser feita independentemente do montante dos rendimentos tributáveis na declaração.

Por fim, note bem que o desconto simplificado corresponde a 20% dos rendimentos tributáveis, e não das despesas!

13.3. Determinação do imposto devido no regime anual

Uma vez determinada a base de cálculo no regime anual, a próxima etapa consiste em calcular o valor do imposto devido. Com esse objetivo, primeiramente aplicamos a tabela progressiva anual sobre a base de cálculo.

Além disso, após a etapa de aplicação da tabela progressiva, a legislação tributária autoriza algumas deduções do imposto, que são as chamadas deduções de incentivo e os valores recolhidos a título de contribuição previdenciária do empregador doméstico.

Lembre-se de como ocorre a determinação do imposto devido a partir da base de cálculo:

	Base de cálculo
(x)	Alíquota (tabela progressiva)
(–)	Deduções de incentivo
(–)	Contribuições como empregador doméstico
(=)	Imposto devido

13.3.1. Aplicação da tabela progressiva anual

Para determinar o valor do imposto devido, sobre a base de cálculo deve ser aplicada a alíquota definida com auxílio da tabela progressiva em base anual.

A título de exemplo, foi a seguinte a tabela utilizada na declaração entregue em 2013, em relação aos rendimentos recebidos no ano-calendário de 2012:

Base de cálculo anual em R$	Alíquota %	Parcela a deduzir do imposto em R$
Até 19.645,32	-	-
De 19.645,33 até 29.442,00	7,5	1.473,40
De 29.442,01 até 39.256,56	15,0	3.681,55
De 39.256,57 até 49.051,80	22,5	6.625,79
Acima de 49.051,80	27,5	9.078,38

Primeiramente, note a progressividade do imposto: faixas maiores de renda são tributadas com alíquotas maiores.

E como se utiliza a tabela progressiva? Basta "encaixar" o valor da base de cálculo numa das linhas da tabela. Assim, para uma base de cálculo anual de, por exemplo, R$ 100 mil, o cálculo é o seguinte: (R$ 100.000 x 27,5%) – R$ 9.078,38 = R$ 18.421,62. Como resultado, temos o imposto devido de R$ 18.421,62.

Aproveite para perceber que uma base de cálculo de R$ 100 mil reais produziu um imposto devido de R$ 18.421,62. Ou seja, embora tenhamos inserido a base de cálculo na linha da alíquota de 27,5%, a alíquota efetiva do imposto devido resultou em 18,42% (R$ 18.421,62 / R$ 100.000). E por que isso acontece? Porque a incidência se dá de forma escalonada obedecendo a cada uma das faixas de alíquotas. Em outras palavras, mesmo para as maiores rendas, está preservada a incidência das alíquotas menores.

Confira esse fato para a mesma base de cálculo de R$ 100 mil:
- primeira faixa: zero;
- segunda faixa: (29.442 – 19.645,32) x 7,5% = 734,75
- terceira faixa: (39.256,56 – 29.442) x 15% = 1.472,184
- quarta faixa: (49.051,80 – 39.256,56) x 22,5% = 2.203,929
- quinta faixa: (100.000 – 49.051,80) x 27,5% = 14.010,755
- **imposto total devido: R$ 18.421,62**

Note que o resultado é o mesmo (R$ 18.421,62). Mas, se da primeira vez o cálculo não foi realizado de forma escalonada, como foi possível chegar ao mesmo resultado? Esse é o efeito da aplicação daquele "valor a deduzir", que se encontra na terceira coluna da tabela. Ele simplifica tudo!

Essa terceira coluna, denominada "parcela a deduzir do imposto", tem a função de garantir a continuidade da incidência do imposto, evitando "saltos" na mudança das faixas de alíquotas. Nesse sentido, note que uma base de cálculo de R$ 19.645,33, ainda que inserida na linha dos 7,5%, produz um imposto devido de valor zero.

No mesmo sentido, note que uma base de cálculo de R$ 29.442,01, ainda que inserida na linha dos 15%, produz um imposto de R$ 734,75, exatamente igual ao imposto resultante da base de cálculo de R$ 29.442,00, que fica na linha dos 7,5%.

Acompanhe o caso de uma base de cálculo de R$ 19.645,33:

- (19.645,33 x 7,5%) − 1.473,40 = 1.473,40 − 1.473,40 = zero

Agora, o cálculo para uma base de cálculo de R$ 29.442,01:

- (29.442,01 x 15%) − 3.681,55 = 4.416,30 − 3.681,55 = R$ 734,75

Perceba o efeito da terceira coluna da tabela progressiva. Ela confere continuidade à tributação nas mudanças de faixa de renda.

Mais um detalhe. O nome da terceira coluna é um tanto infeliz. Ainda que denominada "parcela a deduzir do imposto", nessa coluna há valores que não se confundem com as deduções da base de cálculo (já vistas no item 13.2.2), e nem com as deduções do imposto devido (que serão vistas adiante, no item 13.3.2).

Portanto, há que se concluir que todas essas etapas envolvendo a tabela progressiva (multiplicação da base de cálculo pela alíquota da segunda coluna, e subtração do valor da terceira coluna) se inserem no processo de aplicação da alíquota sobre a base de cálculo. Na verdade, por meio da subtração do valor da terceira coluna, ainda não estamos deduzindo nada. É apenas o reflexo da progressividade!

13.3.2. Deduções do imposto devido

Vimos no item anterior que, para fins de determinação do imposto devido na declaração de ajuste, sobre a base de cálculo deve ser aplicada a tabela progressiva anual.

No entanto, ainda na etapa de determinação do imposto devido, a legislação tributária também permite que sejam realizadas algumas deduções de incentivo, além do aproveitamento das quantias pagas pelo contribuinte à Previdência Social a título de contribuição patronal como empregador doméstico.

Esta matéria se encontra disciplinada pela IN RFB nº 1.131, de 2011.

Antes de prosseguir, cabe dizer que as deduções do imposto, a seguir analisadas, somente se aplicam ao contribuinte que utilizar o modelo completo de Declaração de Ajuste Anual, aquele que permite a utilização das deduções legais (IN RFB nº 1.131, de 2011, art. 54).

a. Deduções a título de incentivo

A título de incentivo, do imposto devido podem ser deduzidos os seguintes valores (Lei nº 9.250, de 1995, art. 12, e Lei nº 11.438, de 2006, art. 1º):

- as contribuições feitas aos Fundos controlados pelos Conselhos Municipais, Estaduais e Nacional dos Direitos da Criança e do Adolescente e pelos Conselhos Municipais, Estaduais e Nacional do Idoso;

> **Observação:** As deduções autorizadas são aquelas destinadas a Fundos controlados pelos Conselhos dos Direitos da Criança e do Adolescente Nacional, Distrital, estaduais ou municipais, e pelos Conselhos Nacional, Distrital, estaduais ou municipais do Idoso. A legislação tributária não admite a dedução de doações quando efetuadas diretamente a entidades assistenciais.

- as contribuições efetivamente realizadas em favor de projetos culturais, aprovados na forma da regulamentação do Programa Nacional de Apoio à Cultura – Pronac;
- os investimentos feitos a título de incentivo às atividades audiovisuais, na forma e condições previstas na Lei nº 8.685, de 20 de julho de 1993;
- doações ou patrocínios, no apoio direto a projetos desportivos e paradesportivos previamente aprovados pelo Ministério do Esporte.

Aqui cabe ressaltar que a soma dessas deduções está limitada a 6% do imposto sobre a renda apurado na Declaração de Ajuste Anual resultante da aplicação da tabela progressiva (IN RFB nº 1.131, de 2011, art. 55).

Além das hipóteses acima mencionadas, a legislação tributária também autoriza que do imposto devido sejam deduzidas doações e patrocínios diretamente efetuados no âmbito do Programa Nacional de Apoio à Atenção Oncológica (Pronon) e do Programa Nacional de Apoio à Atenção da Saúde da Pessoa com Deficiência (Pronas/PCD), previamente aprovados pelo Ministério da Saúde. E em cada um desses casos, a dedução fica limitada a 1% do valor do imposto resultante da aplicação da tabela progressiva anual (Lei nº 12.715, de 2012, art. 4º).

b. Dedução da contribuição patronal do empregador doméstico

Além das deduções de incentivo, o contribuinte pessoa física, caso seja um empregador doméstico, pode deduzir do valor do imposto devido o montante pago à Previdência Social a título de contribuição patronal incidente sobre o valor da remuneração do empregado doméstico.

A dedução corresponde à soma das contribuições efetuadas à Previdência Social pelo empregador doméstico no ano-base da declaração, podendo se referir às contribuições incidentes sobre o salário mensal e também sobre o 13º e férias.

A legislação estabelece que a dedução somente pode se referir a um empregado doméstico por declaração, inclusive no caso da declaração em conjunto. Além disso, o valor da dedução fica limitado ao montante do imposto apurado após as deduções de incentivo analisadas no item anterior.

Por fim, cabe ressaltar que a dedução também não pode exceder ao valor da contribuição patronal calculada sobre um salário-mínimo mensal, acrescido ao valor da contribuição sobre o 13º salário e sobre a remuneração adicional de férias, referidos também a um salário-mínimo.

Para compreender esses limites, acompanhe o seguinte exemplo, referente ao ano-calendário de 2016. Suponha que o contribuinte tenha apurado em sua declaração, elaborada em abril de 2017, imposto devido de R$ 3.250,00, após as deduções de incentivo referidas no item "a", acima. Suponha, ainda, que tenha efetivamente recolhido ao longo de 2016, a título de contribuição patronal em relação a um empregado doméstico, o montante de R$ 1.066,64. Nesse caso, ainda assim esse contribuinte somente poderia deduzir do imposto devido, a título de contribuição patronal como empregador doméstico, o limite de R$ 931,31, assim calculado:

- salário-mínimo vigente no ano de 2015: R$ 788,00;
- contribuição patronal referente ao salário-mínimo de dez/2015, pago em jan/2016: 8% de R$ 788,00 = R$ 63,04;
- salário-mínimo vigente no ano de 2016: R$ 880,00;
- contribuição patronal mensal relativa ao salário-mínimo de 2016: 8% de R$ 880,00 = R$ 70,40;
- contribuição patronal referente aos meses de jan a nov/2016, pagos entre fev e dez/2016: R$ 774,40 (= 11 x R$ 70,40);
- contribuição patronal referente ao 13º salário (pago em dez/2016): R$ 70,40;
- contribuição patronal referente ao abono de férias: (1/3 de R$ 880,00) x 8% = R$ 23,47;
- Dedução máxima: R$ 63,04 + R$ 774,40 + R$ 70,40 + R$ 23,47 = R$ 931,31.

Suponha agora que, antes da dedução das contribuições patronais de empregador doméstico, o Imposto Devido na declaração tivesse sido de R$ 500,00 (e não os R$ 3.250,00 acima referidos). Nesse caso, a dedução do imposto estaria limitada aos R$ 500,00 (IN RFB nº 1.131, de 2011, art. 56), de modo que seria zero o valor do imposto devido apurado ao final da declaração.

13.4. Determinação do saldo de imposto a pagar no regime anual

Uma vez apurado o valor do imposto devido no regime anual, o saldo a pagar é determinado na declaração de ajuste mediante o desconto das antecipações efetuadas ao longo do ano-base (Lei nº 9.250, de 1995, art. 12, incisos V e VI):

> Saldo de imposto a pagar = Imposto devido − Antecipações

Quanto às antecipações, há certas diferenças no tratamento fiscal dependendo da natureza do rendimento. Basicamente, quando o rendimento é pago por uma fonte devidamente estruturada para suportar a responsabilidade tributária, a legislação a ela atribui a obrigação de efetuar a retenção do imposto e recolher o valor retido, a título de antecipação do imposto que será devido em base anual pelo beneficiário do pagamento. É o caso típico dos salários. No item 13.4.1, veremos mais detalhes sobre o cálculo do imposto retido na fonte e recolhido a título de antecipação do imposto devido em base anual.

Por outro lado, há casos em que os rendimentos recebidos por pessoas físicas têm como origem fonte situada no exterior, ou mesmo outras pessoas físicas. Nesses casos, como não há obrigação de a fonte pagadora efetuar a retenção, o dever de antecipar o imposto recai sobre o próprio contribuinte. Trata-se do recolhimento mensal obrigatório, tradicionalmente conhecido como carnê-leão, tema do item 13.4.2.

A título de antecipação do imposto devido há, ainda, o recolhimento complementar e o imposto pago no exterior.

Portanto, no regime anual, as antecipações do imposto devido compreendem:
- as retenções na fonte que incidem sobre rendimentos tributados na declaração de ajuste;
- os recolhimentos mensais obrigatórios (carnê-leão);
- os recolhimentos complementares facultativos (há tempos denominado "mensalão"); e
- o imposto pago no exterior.

Se o valor do imposto devido for maior que o valor das antecipações realizadas ao longo do ano-base, haverá saldo de imposto a pagar na declaração de ajuste anual. Por outro lado, se o valor do imposto devido for menor que o valor das antecipações, o contribuinte terá direito à restituição (Lei nº 9.250, de 1995, art. 13).

Caso o contribuinte apure saldo de imposto a pagar na declaração de ajuste, ele pode efetuar o pagamento de uma só vez, ou pode fazê-lo em até oito quotas mensais, mediante solicitação contida na própria declaração. Também há a possibilidade, na própria declaração, de autorizar o débito automático em conta bancária (IN RFB nº 1.613, de 2016, art. 12).

A data de vencimento para pagamento do saldo de imposto apurado na declaração de ajuste é o último dia útil do mês de abril (Lei nº 9.250, de 1995, art. 13, parágrafo único).

Se o contribuinte optar pelo parcelamento do saldo a pagar, a primeira quota vence no último dia útil do mês de abril e, sobre as demais quotas incidem juros à taxa Selic, calculados desde a data de vencimento da primeira quota.

13.4.1. Retenções na fonte sobre rendimentos submetidos à tributação anual

Em geral, os rendimentos sujeitos à apuração anual do IRPF sofrem retenção do imposto na fonte. Nesse caso, por óbvio, a responsabilidade de recolher o imposto retido recai sobre a fonte pagadora.

É o que se observa, por exemplo, com os salários, sejam eles pagos por pessoa física ou jurídica. Ao longo do ano, a fonte pagadora faz retenções e recolhe o valor retido, determinado mediante aplicação da tabela progressiva em base **mensal**.

Note que a tabela progressiva mensal corresponde a um doze avos da tabela anual. No ano-calendário de 2015, era a seguinte a tabela progressiva mensal a partir do mês de abril:

Base de cálculo mensal em R$	Alíquota %	Parcela a deduzir do imposto em R$
Até 1.903,98	-	-
De 1.903,99 até 2.826,65	7,5	142,80
De 2.826,66 até 3.751,05	15,0	354,80
De 3.751,06 até 4.664,68	22,5	636,13
Acima de 4.664,68	27,5	869,36

Conforme vimos no item 12.5, depois de efetuar a retenção e o recolhimento do valor retido, a fonte pagadora deve apresentar uma declaração à Receita Federal (a DIRF) em que informa o valor retido e o beneficiário do pagamento que sofreu a retenção.

No ano seguinte àquele em que foi recebido o rendimento, na elaboração da declaração de ajuste, do valor calculado de imposto anual devido o contribuinte pode descontar o montante do imposto retido e informado pela fonte pagadora. Essa sistemática é a essência do regime de retenção por antecipação, analisado no item 12.1.

Estão sujeitos à incidência do imposto na fonte, calculado de acordo com a tabela progressiva mensal, a título de antecipação do imposto devido na Declaração de Ajuste Anual, os rendimentos do trabalho assalariado pagos por **pessoa física** ou **jurídica**, e os demais rendimentos pagos por pessoa jurídica a pessoa física, desde que não se enquadrem entre aqueles sujeitos à tributação definitiva ou exclusiva na fonte (IN RFB nº 1.500, de 2014, art. 22).

Da base de cálculo do imposto retido na fonte mensalmente, podem ser deduzidas as seguintes parcelas:

- as contribuições para a Previdência Social da União, dos Estados, do Distrito Federal e dos Municípios (RIR, art. 74, inciso I);
- as contribuições para as entidades de previdência privada domiciliadas no País e aos Fundos de Aposentadoria Programada Individual (FAPI), cujo ônus tenha sido do contribuinte, destinadas a custear benefícios complementares assemelhados aos da Previdência Social (RIR, art. 74, inc. II);

> **Observação:** No art. 74 do RIR, a dedução mensal abrange contribuições à previdência oficial e complementar, mas não há referência aos FAPI. Na verdade, na dedução mensal, a referência aos FAPI está nos arts. 52 e 86 da IN RFB nº 1.500, de 2014, e tem como base legal o art. 11 da Lei nº 9.532, de 1997.
>
> Outro ponto importante é que a Lei nº 13.202, de 2015, estabeleceu que essa dedução mensal somente se aplica quanto às contribuições relacionadas aos seguintes rendimentos:
> - do trabalho com vínculo empregatício ou de administradores; e
> - proventos de aposentados e pensionistas, quando a fonte pagadora for responsável pelo desconto e respectivo pagamento das contribuições previdenciárias.

- as contribuições para as entidades de previdência complementar de que trata a Lei nº 12.618, de 30 de abril de 2012;

> **Observação:** Trata-se das contribuições para o regime de previdência complementar dos servidores públicos federais titulares de cargo efetivo.

- um valor mensal fixado por dependente;

> **Observação:** A dedução a título de dependentes tem sido atualizada anualmente. Por exemplo, a partir de abril do ano-calendário de 2015, da base de cálculo mensal pôde ser deduzida a quantia, por dependente, de R$ 189,59 (Lei nº 9.250, de 1995, art. 4º, inc. III, alínea f).

- as importâncias pagas em dinheiro a título de pensão alimentícia em face das normas do Direito de Família, quando em cumprimento de decisão judicial, acordo homologado judicialmente ou por escritura pública, abrangendo inclusive a prestação de alimentos provisionais (Lei nº 9.250, de 1995, art. 4º, inciso II);

> **Observação:** A partir do mês em que se iniciar esse pagamento é vedada a dedução, relativa ao mesmo beneficiário, do valor correspondente a dependente.

- a **parcela isenta** de aposentadoria, pensão, transferência para a reserva remunerada ou reforma, paga pela previdência oficial, ou privada, a partir do mês em que o contribuinte completar 65 anos de idade (Lei nº 9.250, de 1995, art. 4º, inciso VI).

> **Observação:** Na determinação da base de cálculo mensal pode ser deduzida a quantia correspondente à parcela isenta dos rendimentos provenientes de aposentadoria e pensão, transferência para a reserva remunerada ou reforma, pagos pela Previdência Social da União, dos Estados, do Distrito Federal e dos Municípios, por qualquer pessoa jurídica de direito público interno ou por entidade de previdência privada, a partir do mês em que o contribuinte completar 65 anos de idade (Lei nº 9.250, de 1995, art. 4º, inciso VI). Por exemplo, para o ano-calendário de 2012, essa quantia foi fixada em R$ 1.637,11, por mês.

Note bem que, diferentemente do imposto anual, no cálculo do imposto mensal incidente na fonte não são dedutíveis despesas médicas e nem as despesas com instrução.

Perceba, ainda, que as despesas escrituradas no Livro Caixa não podem ser utilizadas na dedução da base de cálculo do imposto mensal incidente na fonte. Na verdade, essa dedução se aplica na determinação da base de cálculo mensal do recolhimento obrigatório (carnê-leão), que se refere aos rendimentos decorrentes do trabalho não assalariado, conforme veremos no item 13.4.2.

Além disso, merece destaque o fato de que, no cálculo do imposto mensal retido na fonte, são dedutíveis apenas as contribuições à previdência privada quando relativas a rendimentos do trabalho com vínculo empregatício ou de administradores (previdência privada fechada). Note, ainda, que na base mensal não há que se falar em limite de dedutibilidade de contribuições para previdência complementar. Em relação à dedução de contribuições para a previdência privada, o limite de 12% somente se aplica no momento da apuração da base de cálculo do imposto anual.

Por fim, quanto à parcela isenta de aposentadoria, pensão, transferência para a reserva remunerada ou reforma, vale destacar que se trata de uma dedução da base mensal, e não da anual. Isso porque, na base de cálculo anual, essa parcela nem mesmo integra o rendimento bruto (Lei nº 9.250, de 1995, art. 8º, § 1º). Para bem compreender essa circunstância, considere o seguinte caso:

- parcela isenta para 2016: R$ 1.903,98 por mês;
- contribuinte aposentado com 68 anos;
- aposentadoria de R$ 4.200 mensais;
- base de cálculo mensal (desconsiderando outras deduções):
  - ✓ rendimento bruto: R$ 4.200;
  - ✓ dedução: R$ 1.903,98;
  - ✓ base de cálculo mensal: R$ 2.296,02;
- base de cálculo anual (desconsiderando outras deduções):
  - ✓ rendimento bruto: R$ 2.296,02 x 12 = R$ 27.552,24 (e não 12 x R$ 4.200);
  - ✓ dedução: zero;
  - ✓ base de cálculo anual: R$ 27.552,24 = 12 x a base mensal de R$ 2.296,02.

Perceba que, na prática, de uma forma ou de outra, a parcela isenta reduz a base de cálculo do imposto, na medida em que constitui uma dedução mensal e, na base anual, nem mesmo integra o rendimento bruto, ponto de partida na apuração da base de cálculo.

13.4.2. Recolhimento mensal obrigatório (carnê-leão)

Para as pessoas físicas, embora a situação mais comum seja a retenção do imposto na fonte, existem casos em que isso não se verifica, sendo atribuída ao próprio contribuinte a obrigação de efetuar o recolhimento mensal de uma antecipação, conhecida como carnê-leão (Lei nº 7.713, de 1988, art. 8º).

Nesse sentido, está sujeita ao recolhimento mensal da antecipação do imposto a pessoa física que receber de outra pessoa física rendimentos que não tenham sido tributados na fonte, tais como aluguéis e rendimentos decorrentes do trabalho não assalariado. Também está sujeita ao pagamento mensal do imposto a pessoa física que receber rendimentos de fontes situadas no exterior (RIR, arts. 106 e 107).

De acordo com a legislação de regência, está sujeita ao pagamento mensal do imposto a pessoa física que, entre outros casos, receber os seguintes rendimentos:
- os emolumentos e custas dos serventuários da Justiça, como tabeliães, notários, oficiais públicos e outros, quando não forem remunerados exclusivamente pelos cofres públicos;
- os rendimentos recebidos em dinheiro, a título de alimentos ou pensões, em cumprimento de decisão judicial, ou acordo homologado judicialmente, inclusive alimentos provisionais;

- os rendimentos recebidos por residentes ou domiciliados no Brasil que prestem serviços a embaixadas, repartições consulares, missões diplomáticas ou técnicas ou a organismos internacionais de que o Brasil faça parte;
- os rendimentos de aluguéis recebidos de pessoas físicas;
- os rendimentos de prestação, a pessoas físicas, de serviços de transporte de carga ou de passageiros;
- os rendimentos de prestação, a pessoas físicas, de serviços com trator, máquina de terraplenagem, colheitadeira e assemelhados.

No recolhimento mensal obrigatório, o valor do imposto a ser antecipado é calculado mediante a aplicação da tabela progressiva mensal, devendo ser recolhido até o último dia útil do mês subsequente ao do recebimento do rendimento (RIR, art. 852).

Da base de cálculo do carnê-leão, podem ser deduzidas as seguintes parcelas (RIR, art. 110):

- as contribuições para a Previdência Social da União, dos Estados, do Distrito Federal e dos Municípios (RIR, art. 74, inciso I);
- as despesas escrituradas em **Livro Caixa**, dedução permitida ao contribuinte que receber rendimentos do trabalho não assalariado, ao leiloeiro, e ao titular de serviços notariais e de registro (RIR, art. 75);

Observação: Note que as deduções referentes ao Livro Caixa se aplicam somente a rendimentos do trabalho não assalariado (RIR, art. 110, § 1º). Ou seja, é vedada a dedução de despesas escrituradas no Livro Caixa em montante superior ao valor dos rendimentos do trabalho não assalariado, incluídos na base de cálculo do carnê-leão.

Quando as despesas escrituradas em Livro Caixa superam o montante da receita mensal da respectiva atividade, é permitido o cômputo do excesso de deduções nos meses seguintes, até o mês de dezembro do mesmo ano (Instrução Normativa RFB nº 1.500 de 2014, art. 104, § 3º).

- um valor mensal fixado por dependente;
- as importâncias pagas em dinheiro a título de pensão alimentícia em face das normas do Direito de Família, quando em cumprimento de decisão judicial ou acordo homologado judicialmente, inclusive a prestação de alimentos provisionais.

Observação: A partir do mês em que se iniciar esse pagamento é vedada a dedução, relativa ao mesmo beneficiário, do valor correspondente a dependente.

É importante observar que as deduções a título de previdência, dependentes e pensão alimentícia somente podem ser efetuadas quando não tiverem sido deduzidas de outros rendimentos sujeitos à tributação na fonte (RIR, art. 110, § 1º).

Cabe ainda destacar que, caso esteja obrigado ao recolhimento mensal e não o faça, o contribuinte fica sujeito a uma multa fixada em 50% do valor do pagamento que deixou de ser efetuado, ainda que não tenha apurado imposto a pagar na declaração de ajuste (Lei nº 9.430, de 1996, art. 44, inciso II, alínea *a*). Trata-se de uma forma de dar efetividade à norma que obriga o contribuinte a antecipar o imposto por meio do carnê-leão.

Por fim, embora possa parecer óbvio, vale ressaltar que, na verdade, o recolhimento do carnê-leão somente é obrigatório quando a base de cálculo for superior ao limite de isenção da tabela progressiva mensal vigente.

13.4.3. Recolhimento complementar (mensalão)

O recolhimento complementar, conhecido há muito tempo como "mensalão", é facultativo e se destina ao contribuinte que queira antecipar o pagamento do imposto que será apurado na declaração de ajuste apresentada no ano seguinte (Lei nº 8.383, de 1991, art. 7º).

O recolhimento complementar é especialmente aplicável aos casos em que o contribuinte recebe rendimentos de mais de uma fonte pagadora, cada qual efetuando retenções calculadas segundo as menores alíquotas da tabela progressiva. Nesse caso, sabendo que na declaração de ajuste, quando os rendimentos serão todos somados, poderá haver incidência do imposto segundo as maiores alíquotas da tabela, eventualmente a máxima (27,5%), o contribuinte pode antecipar o imposto ao longo do ano-base, de modo a evitar a concentração do pagamento do imposto no mês de abril do ano seguinte.

Vale dizer, a pedido do próprio contribuinte, o imposto complementar pode ser retido mensalmente por uma das fontes pagadoras. Nesse caso, a pessoa jurídica que assumir esse encargo fica solidariamente responsável com o contribuinte pelo pagamento do imposto correspondente (IN RFB nº 1.500, de 2014, art. 67, § 2º).

Quanto ao cálculo do imposto complementar, de modo coerente com sua finalidade, na apuração de sua base de cálculo podem ser utilizadas as mesmas deduções permitidas no ajuste anual (RIR, art. 114, inciso II, e IN RFB nº 1.500, de 2014, art. 68, inciso II).

Além disso, uma vez apurada a base de cálculo, o imposto é determinado mediante a utilização da tabela progressiva anual, e não a mensal, como muitos se apressam a dizer (RIR, art. 115, e IN RFB nº 1.500, de 2014, art. 69).

Portanto, como o objetivo é complementar o valor do imposto que será devido na apuração anual, o contribuinte que assim desejar deve, a cada mês, efetuar uma apuração análoga à que será feita na declaração a ser apresentada no ano seguinte, e recolher apenas a diferença que ainda não tenha sido antecipada. É basicamente isso o que diz o RIR, em seu art. 115, parágrafo único.

Por fim, cabe mencionar que o recolhimento complementar deve ser efetuado no curso do ano-base, até o último dia útil do mês de dezembro (IN RFB nº 1.500, de 2014, art. 67, § 1º). Além disso, quando o contribuinte estiver obrigado ao recolhimento mensal (carnê-leão), caso pretenda também efetuar o recolhimento complementar ("mensalão"), deve necessariamente utilizar DARFs separados (IN RFB nº 1.500, de 2014, art. 107, § 2º).

13.4.4. Imposto pago no exterior

As pessoas físicas que declaram rendimentos provenientes de fontes situadas no exterior podem descontar, do valor do imposto devido, o montante cobrado pela nação de origem daqueles rendimentos, desde que (RIR, art. 103):

- em conformidade com o previsto em acordo ou convenção internacional, quando o valor pago no exterior não houver sido restituído ou compensado no país de origem dos rendimentos; ou
- haja reciprocidade de tratamento em relação aos rendimentos produzidos no Brasil.

Portanto, em outras palavras, não pode ser deduzido o imposto pago no exterior referente a rendimentos recebidos de fontes situadas em países que não tenham acordo firmado com o Brasil e que não permitam o mesmo tratamento em relação aos rendimentos produzidos no Brasil.

Por outro lado, havendo acordo internacional ou reciprocidade de tratamento, o imposto pago no exterior pode ser utilizado como dedução do imposto devido no Brasil. Obviamente, desde que o valor pago no exterior não tenha sido restituído ou compensado no país de origem.

Além disso, é importante observar que a dedução não pode exceder a diferença entre o imposto calculado com a inclusão dos rendimentos auferidos no exterior e o imposto devido sem a inclusão dos mesmos rendimentos (RIR, art. 103, § 1º). Ou seja, o valor do imposto pago no exterior pode ser utilizado, no máximo, para descontar o montante do imposto brasileiro calculado a partir dos mesmos rendimentos auferidos no exterior a que se refere o imposto pago.

Outra conclusão possível é a seguinte: nenhuma parcela do imposto pago no exterior pode ser utilizada para reduzir o valor do imposto devido apenas em função de rendimentos recebidos no País.

Talvez um exemplo numérico facilite a compreensão dessa limitação legal. Considere que um contribuinte tenha auferido rendimentos de fonte situada no exterior, no ano-calendário de 200X, que, convertidos para reais, perfaziam o montante de R$ 12 mil. Sobre os rendimentos foi pago, no exterior, imposto equivalente a R$ 4 mil.

Considere ainda que naquele mesmo ano, no Brasil, o contribuinte percebeu rendimentos tributáveis na Declaração de Ajuste Anual no valor de R$ 60 mil, sobre os quais incidiu o IRRF em valor de R$ 8.200,00. Além disso, considere que o contribuinte tinha direito a deduções do rendimento bruto no valor de R$ 15 mil.

Considere, ainda, que seja a seguinte a Tabela Progressiva para o cálculo anual do Imposto de Renda de Pessoa Física para o ano-calendário de 200X:

Base de cálculo anual em R$	Alíquota %	Parcela a deduzir do imposto em R$
Até 13.968,00	-	-
De 13.968,01 até 27.912,00	15,0	2.095,20
Acima de 27.912,00	27,5	5.584,20

Nesse exemplo, considerando apenas os rendimentos recebidos no Brasil, o Imposto devido deve ser calculado da seguinte forma:
- Base de cálculo: R$ 60 mil − R$ 15 mil = R$ 45 mil
- Imposto devido: (R$ 45 mil x 27,5%) − R$ 5.584,20 = R$ 6.790,80

Considerando, agora, todos os rendimentos, inclusive os auferidos no exterior, o valor do imposto devido é o seguinte:
- Base de cálculo: R$ 72 mil − R$ 15 mil = R$ 57 mil
- Imposto devido: (R$ 57 mil x 27,5%) − R$ 5.584,20 = R$ 10.090,80

Note que, muito embora o contribuinte tenha recolhido no exterior o equivalente a R$ 4 mil a título de imposto incidente sobre o rendimento de R$ 12 mil, quando computamos esse mesmo rendimento na apuração do imposto no Brasil ele gera um imposto adicional de R$ 3.300.

Portanto, nesse caso, o valor máximo da dedução a título de imposto pago no exterior corresponde à diferença entre o valor do imposto devido (R$ 10.090,80) com base nos rendimentos totais, e o valor do imposto devido (R$ 6.790,80) apenas em relação aos rendimentos auferidos no Brasil. Neste caso, a diferença corresponde a R$ 3.300,00.

Por fim, note que o valor de R$ 3.300,00 equivale ao resultado da aplicação da alíquota de 27,5% sobre o valor do rendimento auferido no exterior. Vale dizer, isso somente se verificou no exemplo acima porque tanto os rendimentos totais (R$ 72 mil) quanto os rendimentos auferidos apenas no Brasil (R$ 60 mil) se situam acima do limite inferior da faixa dos 27,5%, no caso, R$ 27.912,00.

Capítulo 14
Regime de Tributação Exclusiva na Fonte

Quanto aos rendimentos submetidos à tributação exclusiva na fonte, o contribuinte não tem obrigação de apurar o IRPF. Em verdade, no âmbito desse regime de tributação, é da fonte pagadora a obrigação de apurar o imposto, efetuar a retenção e recolher o valor retido aos cofres públicos. Nesse caso, conforme vimos no item 12.2, a tributação se resolve na fonte pagadora.

Portanto, no regime de tributação exclusiva na fonte, embora tenha que suportar o ônus representado pelo Imposto de Renda, nota-se que o contribuinte não está obrigado nem à apuração e nem ao recolhimento do imposto.

Por outro lado, como a tributação é exclusiva na fonte, o contribuinte não deve incluir na base de cálculo do imposto anual os rendimentos submetidos a esse regime, e nem utilizar o imposto retido na dedução do imposto devido na declaração anual.

No entanto, ainda que não deva incluir na base de cálculo do imposto anual os rendimentos sujeitos à tributação exclusiva na fonte, o contribuinte não pode deixar de informá-los na declaração de ajuste, porque eles explicam parte da variação patrimonial do contribuinte, percebida de um ano para outro.

Entre outros rendimentos, estão sujeitos ao regime de tributação exclusiva na fonte os (IN RFB nº 1.500, de 2014, art. 19):

- rendimentos pagos a título de décimo terceiro salário ou gratificação natalina;
- prêmios em dinheiro, bens ou serviços obtidos em loterias, sorteios, concursos, corridas de cavalos;
- juros pagos ou creditados individualmente a titular, sócio ou acionista de pessoa jurídica, a título de remuneração do capital próprio;
- rendimentos do trabalho e os provenientes de aposentadoria, pensão, transferência para a reserva remunerada ou reforma, pagos pela Previdência Social da União, dos Estados, do Distrito Federal e dos Municípios, quando correspondentes a anos-calendários anteriores ao do recebimento;

Observação: Neste caso, muito embora em relação aos rendimentos recebidos acumuladamente a regra seja a tributação exclusiva na fonte, à opção do contribuinte, esses rendimentos podem integrar a base de cálculo do imposto devido na Declaração de Ajuste Anual relativa ao ano-calendário do recebimento, hipótese em que o imposto retido na fonte é considerado antecipação do imposto devido, conforme vimos no item 9.2.6.

- rendimentos recebidos no Brasil por não residentes, exceto os ganhos submetidos à tributação definitiva (Capítulo 15);
- rendimentos de aplicações financeiras, tais como:
  - ✓ fundos de investimento compostos por títulos públicos ou privados, prefixados ou indexados a taxa de juros, a índices de preço ou a variação cambial;
  - ✓ fundos de investimento em ações;
  - ✓ Fundos de Investimento em Participações (FIP), Fundos de Investimento em Cotas de Fundo de Investimento em Participações (FIF FIP) e Fundos de Investimento em Empresas Emergentes (FIEE);
  - ✓ títulos de renda fixa;
  - ✓ títulos de capitalização;
  - ✓ operações de *swap*;
  - ✓ remuneração auferida pelo doador nas operações de empréstimo de ações depositadas em custódia nas entidades prestadoras de serviços de liquidação, registro e custódia.

Na lista acima, merece destaque a gratificação natalina, ou 13º salário. Quanto ao imposto que incide sobre esse rendimento, a legislação tributária estabelece as seguintes disposições (IN RFB nº 1.500, de 2014, art. 13):

- a gratificação natalina é integralmente tributada na fonte quando de sua quitação, com base na tabela progressiva do mês de dezembro ou do mês da rescisão do contrato de trabalho;
- a tributação ocorre exclusivamente na fonte e separadamente dos demais rendimentos recebidos no mês pelo beneficiário;
- não há retenção na fonte pelo pagamento de antecipação do 13º salário;
- na apuração da base de cálculo do 13º salário deve ser considerado o valor total desta gratificação, inclusive antecipações, sendo permitidas as deduções previstas para a incidência do imposto na fonte, desde que correspondentes ao 13º salário;
- na determinação da base de cálculo do 13º salário devem ser observados os seguintes procedimentos:
  - ✓ os valores relativos à pensão alimentícia e à contribuição previdenciária podem ser deduzidos, quando correspondentes ao 13º salário;
  - ✓ pode ser excluída a parcela isenta dos rendimentos provenientes de aposentadoria e pensão, transferência para a reserva remunerada ou reforma, correspondente ao 13º salário pago pela Previdência Social da União, dos Estados, do Distrito Federal e dos Municípios,

por qualquer pessoa jurídica de direito público interno ou por entidades de previdência privada, no caso de contribuinte com idade igual ou superior a 65 anos.

Por fim, merece destaque uma alteração legislativa ocorrida em 2013, referente à tributação incidente sobre a participação dos trabalhadores nos lucros ou resultados da empresa, disciplinada pela Lei nº 10.101, de 2000.

Até a edição da Medida Provisória nº 597, de 26 de dezembro de 2012, os valores recebidos a título da referida participação nos lucros se submetiam ao regime de tributação anual. Com a publicação da MP nº 597, de 2012, convertida na Lei nº 12.832, de 2013, a partir de 1º de janeiro de 2013, essas participações passaram a ser tributadas exclusivamente na fonte, com base na seguinte tabela progressiva:

VALOR DO PLR ANUAL (EM R$)	ALÍQUOTA	PARCELA A DEDUZIR DO IR (EM R$)
de 0,00 a 6.000,00	0%	-
de 6.000,01 a 9.000,00	7,5%	450,00
de 9.000,01 a 12.000,00	15%	1.125,00
de 12.000,01 a 15.000,00	22,5%	2.025,00
acima de 15.000,00	27,5%	2.775,00

Conforme restou definido pela própria Lei nº 12.832, de 2013, a partir do ano-calendário de 2014, inclusive, os valores da tabela acima serão reajustados no mesmo percentual de reajuste da Tabela Progressiva Mensal do imposto de renda incidente sobre os rendimentos das pessoas físicas.

Essa tabela atualizada encontra-se no Anexo III da Instrução Normativa RFB nº 1.500, de 2014.

Capítulo 15
Regime de Tributação Definitiva

No regime de tributação definitiva, assim como no regime anual, o contribuinte encontra-se obrigado à apuração do imposto. No entanto, diferentemente do regime anual, no regime de tributação definitiva o imposto devido é apurado segundo períodos mensais.

O regime leva esse nome porque, quanto aos rendimentos a ele submetidos, é definitiva a incidência do imposto. Em outras palavras, a tributação é definitiva porque se resolve na apuração efetuada pelo próprio contribuinte ao longo do ano-base, em períodos mensais. Por isso mesmo, os ganhos submetidos à tributação definitiva não compõem a base de cálculo do imposto anual.

Mas, mesmo não sendo tributados na declaração anual, o contribuinte deve declarar os ganhos sujeitos à tributação definitiva, entre outros motivos, porque eles explicam parte da variação patrimonial percebida de um ano para outro.

No item 15.1, vamos abordar as regras permanentes relativas ao regime de tributação definitiva e, para o caso de a ESAF manter seu interesse sobre atualidades na seara tributária, o item 15.2 será dedicado aos aspectos gerais atinentes ao Regime Especial de Regularização Cambial e Tributária (RERCT), a famosa "repatriação".

15.1. Regras permanentes do regime de tributação definitiva

Estão sujeitos à tributação definitiva do IRPF (IN RFB nº 1.500, de 2014, art. 21):

- os ganhos de capital auferidos na alienação de bens e direitos[14];
- os ganhos de capital decorrentes da alienação de bens ou direitos e da liquidação ou resgate de aplicações financeiras, adquiridos em moeda estrangeira;
- os ganhos de capital decorrentes da alienação de moeda estrangeira mantida em espécie;
- os ganhos de capital referentes à diferença a maior entre o valor da integralização e o constante da declaração de bens, na transferência de bens e direitos da pessoa física a pessoa jurídica, a título de integralização de capital;
- os ganhos de capital apurados na transferência de propriedade de bens ou direitos por valor superior àquele pelo qual constavam na declaração de rendimentos do *de cujus*, do doador ou do ex-cônjuge, a herdeiros,

---

14 Uma forma de alienação de bem imóvel é a desapropriação. Sobre esse ponto mais uma vez é importante observar que, ao julgar o REsp nº 1.116.460, abrangido pela sistemática de recursos repetitivos, o STJ entendeu que a indenização decorrente de desapropriação não encerra ganho de capital, tendo-se em vista que a propriedade é transferida ao Poder Público por valor justo e determinado pela Justiça a título de indenização, não ensejando lucro, mas mera reposição do valor do bem expropriado. Dessa forma, foi afastada a incidência do Imposto de Renda sobre as verbas auferidas a título de indenização advinda de desapropriação, seja por utilidade pública ou por interesse social. Em razão do disposto no art. 19 da Lei nº 10.522, de 2002, na Portaria Conjunta PGFN/RFB nº 1, de 2014, e na Nota PGFN/CRJ nº 1.114, de 2012, a Secretaria da Receita Federal do Brasil (RFB) encontra-se vinculada ao referido entendimento.

legatários ou donatários em adiantamento da legítima, nos casos de sucessão; ou a cada ex-cônjuge ou ex-convivente, na hipótese de dissolução da sociedade conjugal ou da união estável;
- os ganhos líquidos auferidos nas operações realizadas em bolsas de valores, de mercadorias, de futuros e assemelhadas;
- os ganhos líquidos auferidos na alienação de ouro, ativo financeiro;
- os ganhos líquidos auferidos em operações realizadas nos mercados de liquidação futura, fora de bolsa.

Nota-se que tributação definitiva se refere, basicamente, ao ganho de capital, determinado pela diferença positiva entre o valor de alienação e o custo de aquisição (RIR, art. 138).

Outra hipótese de incidência do Imposto de Renda segundo as regras do regime de tributação definitiva se refere à devolução de patrimônio de entidade isenta, em dinheiro ou em bens, no caso de ocorrer em valor superior ao que foi entregue para a formação do patrimônio da entidade (RIR, art. 143).

Segundo esse regime de tributação, o ganho de capital – ou o ganho líquido, conforme o caso – deve ser apurado no mês em que for auferido, e não integra a base de cálculo do imposto na Declaração de Ajuste Anual (RIR, art. 117, § 2º). O imposto apurado deve ser pago até o último dia útil do mês subsequente àquele em que o ganho for percebido, e não pode ser deduzido do imposto devido na Declaração de Ajuste Anual (RIR, art. 117, § 2º, e art. 142, parágrafo único).

Nas alienações a prazo, o ganho de capital deve ser apurado como venda à vista e tributado na proporção das parcelas recebidas em cada mês (Lei nº 7.713, de 1988, art. 21; RIR, art. 140).

Desse modo, note que, nas vendas a prazo, o resultado (ganho ou perda) é apurado na data da alienação, mas a tributação fica diferida, de acordo com o recebimento das parcelas do preço. Para compreender essa sistemática, suponha que um imóvel com custo de aquisição de R$ 200 mil tenha sido vendido por R$ 600 mil, em quatro parcelas (uma de R$ 150 mil no ato e mais três semestrais de R$ 150 mil). Nesse caso, sobre o ganho de R$ 400 mil (R$ 600 mil – R$ 200 mil) incide o imposto de 15% (imposto total: R$ 60 mil). No entanto, em referência à data da alienação, o imposto a ser pago é de R$ 15 mil (25% de R$ 60 mil), o que equivale à proporção do preço recebido no ato da venda. Quando o alienante receber o primeiro pagamento semestral, deverá recolher o imposto correspondente de maneira proporcional ao valor recebido, e assim por diante.

Vale ainda mencionar que, no âmbito do regime de tributação definitiva, o imposto não é calculado mediante a aplicação da tabela progressiva utilizada, por exemplo, na incidência sobre os rendimentos do trabalho. Em verdade, no regime de tributação definitiva, o Imposto incide de acordo com as alíquotas progressivas abaixo indicadas, introduzidas na legislação pela Lei nº 13.259, de 2016, que alterou o art. 21 da Lei nº 8.981, de 1995:

- 15% sobre a parcela dos ganhos que não ultrapassar R$ 5 milhões;
- 17,5% sobre a parcela dos ganhos que exceder R$ 5 milhões e não ultrapassar R$ 10 milhões;
- 20% sobre a parcela dos ganhos que exceder R$ 10 milhões e não ultrapassar R$ 30 milhões; e
- 22,5% sobre a parcela dos ganhos que ultrapassar R$ 30 milhões.

Na hipótese de alienação em partes do mesmo bem ou direito, a partir da segunda operação, desde que realizada até o final do ano-calendário seguinte ao da primeira operação, o ganho de capital deve ser somado aos ganhos auferidos nas operações anteriores, deduzindo-se o montante do imposto pago nas operações anteriores.

Essas novas alíquotas progressivas foram criadas sem prejuízo de outras incidências específicas, também submetidas ao regime de tributação definitiva, como no caso dos ganhos líquidos decorrentes de operações realizadas em bolsas de valores, de mercadorias, de futuros e assemelhadas, conforme veremos no Capítulo 44.

Por fim, é importante ressaltar que, no caso de ganho de capital auferido por residente ou domiciliado no exterior, o imposto deve ser apurado de acordo com as regras aplicáveis aos residentes no País (RIR, art. 117, § 3º).

15.2. Regime Especial de Regularização Cambial e Tributária (RERCT)

O Regime Especial de Regularização Cambial e Tributária (RERCT) foi instituído pela Lei nº 13.254, de 2016, e encontra-se regulamentado pela Instrução Normativa RFB nº 1.627, de 11 de março de 2016.

Trata-se de um Regime que teve por objetivo a declaração voluntária de recursos, bens ou direitos de origem lícita, não declarados ou declarados incorretamente, remetidos ou mantidos no exterior ou repatriados por residentes ou domiciliados no País. Os beneficiários do Regime eram os proprietários ou titulares de recursos, bens ou direitos em períodos anteriores a 31 de dezembro de 2014, ainda que, nessa data, não possuíssem saldo de recursos ou título de propriedade de bens e direitos.

Os recursos, bens e direitos de origem lícita de residentes no País objeto de regularização eram os seguintes:

- depósitos bancários, certificados de depósitos, cotas de fundos de investimento, instrumentos financeiros, apólices de seguro, certificados de investimento ou operações de capitalização, depósitos em cartões de crédito, fundos de aposentadoria ou pensão;
- operação de empréstimo com pessoa física ou jurídica;
- recursos, bens ou direitos de qualquer natureza, decorrentes de operações de câmbio ilegítimas ou não autorizadas;
- recursos, bens ou direitos de qualquer natureza, integralizados em empresas estrangeiras sob a forma de ações, integralização de capital, contribuição de capital ou qualquer outra forma de participação societária ou direito de participação no capital de pessoas jurídicas com ou sem personalidade jurídica;
- ativos intangíveis disponíveis no exterior de qualquer natureza, como marcas, *copyright*, *software*, *know-how*, patentes e todo e qualquer direito submetido ao regime de *royalties*;
- bens imóveis em geral ou ativos que representem direitos sobre bens imóveis; e
- veículos, aeronaves, embarcações e demais bens móveis sujeitos a registro em geral, ainda que em alienação fiduciária.

Podiam ser objeto de regularização somente os recursos, bens ou direitos existentes em data anterior a 31 de dezembro de 2014, remetidos ou mantidos no exterior, bem como os que tivessem sido transferidos para o País, mas não declarados ou declarados com omissão ou incorreção em relação a dados essenciais à RFB.

Por força de determinação legal, o montante dos ativos objeto de regularização foi considerado como sendo acréscimo patrimonial adquirido em 31 de dezembro de 2014, ainda que nessa data não existisse saldo ou título de propriedade, e sobre esse montante foi exigido o pagamento do Imposto sobre a Renda a título de ganho de capital à alíquota vigente em 31 de dezembro de 2014, de 15%.

A adesão ao RERCT se encerrou em 31 de outubro de 2016, e se deu pelo atendimento das seguintes condições:

- apresentação de Declaração de Regularização Cambial e Tributária (Dercat), em formato eletrônico;
- pagamento integral do Imposto sobre a Renda à alíquota de 15% incidente sobre o valor total em Reais dos recursos objeto de regularização, no âmbito do regime de tributação definitiva; e

- pagamento integral da multa de regularização em percentual de 100% do valor do Imposto sobre a Renda apurado.

E, para fins de determinação da base de cálculo do Imposto, foi considerada a cotação do dólar americano fixada pelo Banco Central do Brasil, para venda, em 31 de dezembro de 2014, não sendo admitidas deduções de qualquer espécie ou descontos de custo de aquisição.

Capítulo 16
Lançamento do Imposto de Renda da Pessoa Física

Chegamos ao último capítulo referente ao IRPF. No último livro do Regulamento (art. 787 e seguintes), denominado "Livro IV – Administração do Imposto", o título de abertura é o "Título I – Lançamento". Esse título se divide em quatro capítulos, sendo que os três primeiros tratam da declaração anual. Apesar disso, o IRPF não está sujeito ao lançamento por declaração, conforme definido no art. 147 do CTN.

Em verdade, o IRPF é tributo submetido ao lançamento por homologação (CTN, art. 150), haja vista que o contribuinte (ou a fonte pagadora, conforme o caso) encontra-se obrigado a apurar o imposto devido e a efetuar o recolhimento, à medida que os rendimentos e ganhos de capital forem percebidos, sem o prévio exame da autoridade fiscal.

No entanto, ainda que não seja um tributo lançado por declaração, a Declaração de Ajuste Anual cumpre um papel fundamental na medida em que constitui o instrumento pelo qual o contribuinte:

- informa o montante e a natureza dos rendimentos e ganhos de capital percebidos no ano anterior;
- demonstra a apuração do saldo de imposto a pagar ou a restituir, indicando, principalmente, as deduções da base de cálculo e as deduções do imposto devido que foram utilizadas; e
- relaciona bens, direitos e obrigações pelos seus valores no início e no final do ano-base, evidenciando, assim, a evolução patrimonial do período.

Eventuais diferenças no valor do tributo devido, apuradas pela autoridade fiscal em decorrência da omissão de rendimentos, da utilização indevida das deduções da base de cálculo ou das deduções do imposto devido, ou da falta de comprovação de pagamentos e despesas utilizadas para esse fim, constituem objeto de lançamento de ofício (CTN, art. 149).

No RIR, as disposições relativas ao lançamento de ofício se encontram no Capítulo IV – Do Lançamento (arts. 836 a 851) do Livro IV. Dentre esses artigos, merecem destaque os seguintes:

- as pessoas físicas são lançadas individualmente pelos rendimentos que perceberem de seu capital, de seu trabalho, da combinação de ambos ou de proventos de qualquer natureza, bem como pelos acréscimos patrimoniais (RIR, art. 839).
- o lançamento é efetuado de ofício quando o sujeito passivo (RIR, art. 841):
    - ✓ não apresentar declaração de rendimentos;
    - ✓ deixar de atender ao pedido de esclarecimentos que lhe for dirigido, recusar-se a prestá-los ou não os prestar satisfatoriamente;
    - ✓ fizer declaração inexata, considerando-se como tal a que contiver ou omitir, inclusive em relação a incentivos fiscais, qualquer elemento que implique redução do imposto a pagar ou restituição indevida;
    - ✓ não efetuar ou efetuar com inexatidão o pagamento ou recolhimento do imposto devido, inclusive na fonte;
    - ✓ estiver sujeito, por ação ou omissão, à aplicação de penalidade pecuniária;
    - ✓ omitir receitas ou rendimentos;
    - ✓ beneficiado com isenções ou reduções do imposto, deixar de cumprir os requisitos a que se subordinar o favor fiscal.

Neste ponto, cabe ressaltar que caracterizam omissão de receita ou de rendimento, sujeitos a lançamento de ofício, os valores creditados em conta de depósito ou de investimento mantida junto a instituição financeira, em relação aos quais a pessoa física, regularmente intimada, não comprove, mediante documentação hábil ou idônea, a origem dos recursos utilizados nessas operações (RIR, art. 849).

Por fim, é oportuno mencionar o disposto no art. 845 do RIR, segundo o qual o lançamento é efetuado de ofício, inclusive:

- arbitrando-se os rendimentos mediante os elementos de que se dispuser, nos casos de falta de declaração;
- abandonando-se as parcelas que não tiverem sido esclarecidas e fixando os rendimentos tributáveis de acordo com as informações de que se dispuser, quando os esclarecimentos deixarem de ser prestados, forem recusados ou não forem satisfatórios;

- computando-se as importâncias não declaradas, ou arbitrando o rendimento tributável de acordo com os elementos de que se dispuser, nos casos de declaração inexata.

Por exemplo, o lançamento de ofício é efetuado mediante arbitramento dos rendimentos no caso de sinais exteriores de riqueza incompatíveis com a renda disponível declarada pelo contribuinte (RIR, art. 846).

Constitui renda disponível, para esse efeito, a receita auferida, diminuída das deduções admitidas pela legislação, e do imposto de renda pago pelo contribuinte.

Para compreender esses conceitos, suponha que um contribuinte declare rendimentos anuais de R$ 100 mil, utilize deduções da base de cálculo no valor de R$ 18 mil e pague o imposto correspondente à base de cálculo de R$ 82 mil. Para facilitar, suponha que o imposto corresponda ao valor de R$ 12 mil. Nos termos da legislação, sua renda disponível no ano corresponde a R$ 70 mil (= R$ 100 mil − R$ 18 mil − R$ 12 mil).

Agora, imagine que esse mesmo contribuinte tenha realizado gastos no cartão de crédito que, nesse ano, tenham alcançado R$ 250 mil. Além disso, após um excelente trabalho de investigação (com listas de passageiros de navios que fazem cruzeiros na costa brasileira no verão etc.), a fiscalização tenha descoberto que esse contribuinte, com uma operadora de turismo, contratou pacotes de viagem para toda a família, no valor de R$ 50 mil pagos em dinheiro vivo.

Depois de depurar os dados das faturas do cartão de crédito, suponha que a fiscalização chegue a gastos, somente com essas duas fontes de informação, no valor de R$ 270 mil. Ato seguinte, a fiscalização intimaria o contribuinte a explicar essa divergência. Sem resposta satisfatória, lastreada em documentos hábeis e idôneos, a autoridade fiscal lançaria o imposto correspondente a R$ 200 mil de renda presumida com base em gastos incompatíveis com a renda declarada (R$ 270 mil de gastos apurados em fiscalização, menos os R$ 70 mil de renda disponível).

Capítulo 17
ANEXOS

17.1. Deduções da base de cálculo do IRPF – Quadro-resumo

Dedução	Dedução Mensal	Dedução Anual
Previdência oficial	X	X
Previdência complementar do servidor público federal	X	X (limite de 12% quanto à parcela que exceder a contribuição do patrocinador)
Previdência privada (com vínculo empregatício)	X	X (limite de 12%)
Previdência privada (sem vínculo empregatício)		X (limite de 12%)
Livro caixa	X (carnê-leão)	X
Dependentes	X	X
Pensão alimentícia	X	X
Parcela isenta de proventos e pensões	X	
Despesas médicas		X
Despesas com educação		X
Desconto simplificado		X

17.2. Apuração anual do IRPF – Quadro-Resumo

Soma dos rendimentos tributáveis:
  Recebidos de pessoas jurídicas
  Recebidos de pessoas físicas
  Recebidos do exterior
  Resultado positivo da atividade rural

(-) Deduções:
  Contribuição à Previdência Social
  Contribuição à previdência complementar do servidor público federal
  Contribuição à previdência privada (até 12% do rendimento tributável)
  Dependentes
  Pensão alimentícia judicial
  Livro Caixa
  Despesas com instrução * (observado o limite individual)
  Despesas médicas *

Total das Deduções
OU
Desconto simplificado *
(20% rendimentos tributáveis, observado o limite máximo)

(=) Base de Cálculo
(x) Alíquota (aplicação da tabela progressiva anual sobre a base de cálculo)
(=) Imposto (Calculado)

(-) Dedução do imposto:
  Deduções de incentivo (até 6% do imposto)
  Dedução do Pronas/PCD (até 1% do imposto)
  Dedução do Pronon (até 1% do imposto)

(=) Imposto Devido I

(-) Dedução da Contribuição patronal Prev. Social empregado doméstico
(limitada ao montante das contribuições calculadas sobre o valor do salário-
-mínimo ou ao montante do Imposto Devido I, dos dois o menor)

(=) Imposto Devido II

(-) Antecipações do imposto devido
  Imposto Retido na Fonte
  Carnê-leão
  Imposto complementar
  Imposto pago no exterior

(=) Saldo de imposto a Pagar ou a Restituir

* Somente podem ser utilizadas na declaração anual.

17.3. Apuração do imposto mensal incidente na fonte sobre rendimentos do trabalho assalariado – Quadro-Resumo

Rendimentos pagos no mês
(-) Previdência oficial
(-) Previdência privada
(-) Dependentes
(-) Pensão alimentícia judicial
(-) Parcela isenta de aposentadoria ou pensão de maiores de 65 anos
(=) Base de cálculo
(x) Alíquota (aplicação da tabela progressiva mensal sobre a base de cálculo)
(=) Imposto a ser retido e recolhido

Capítulo 18
Exercícios da Parte II

1. (Questão inédita – MLV) Considerando as disposições da legislação do Imposto de Renda das Pessoas Físicas, assinale a alternativa correta.

   a) Os rendimentos e ganhos de capital de que sejam titulares menores e outros incapazes serão tributados em nome de qualquer um dos pais, do tutor, do curador ou do responsável por sua guarda.

   b) São tributados pelo imposto de renda brasileiro os rendimentos de aplicações financeiras na Inglaterra, recebidos por pessoa física de nacionalidade norte--americana, residente no Brasil.

   c) No caso de dissolução da sociedade conjugal por morte de um dos cônjuges, em nome do sobrevivente serão tributadas as importâncias que este perceber de seu trabalho próprio, além dos rendimentos próprios do falecido e de quaisquer bens que não se incluam no monte a partilhar.

   d) No caso de menores ou de filhos incapazes, ainda que estejam sob a responsabilidade de um dos pais, em virtude de sentença judicial, a opção de declaração em conjunto poderá ser exercida por qualquer um dos pais.

   e) São tributados pelo imposto de renda brasileiro os rendimentos de aluguel produzidos por imóvel situado na Suíça de propriedade de brasileiro residente na Itália.

2. (Esaf/ Auditor-Fiscal da Receita Federal do Brasil – 2014) Considere a situação hipotética narrada:

   "Pablo é brasileiro e vive no exterior há alguns anos, em país que tributa a renda da pessoa física em percentual muito superior à tributação brasileira. Pablo mantém fortes laços com o Brasil, para onde envia, mensalmente, os produtos artesanais por ele desenvolvidos, recebendo justa contraprestação da Jeremias Artesanato Mundial Ltda., revendedora exclusiva de sua produção, com sede no município de Salvador. Além disso, Pablo possui imóvel na cidade de Manaus, em razão do qual recebe aluguéis mensais, e presta serviços de consultoria para Matias Turismo Pantanal Ltda., empresa sediada no município de Campo Grande. Ano passado, os pais de Pablo faleceram, deixando joias e imóveis no Rio de Janeiro, tudo vendido pela sua irmã, Paola, que, em acordo com o irmão, enviou-lhe a metade da herança que lhe cabia."

   De acordo com a legislação tributária em vigor, assinale a opção correta.

   a) Desde que Pablo tenha quitado os tributos devidos até a data de sua saída definitiva do Brasil, deve receber todos os rendimentos acima descritos livres de Imposto de Renda, já que não é domiciliado nem residente no Brasil.

   b) Independentemente de ser ou não domiciliado ou residente no Brasil, Pablo está obrigado ao Imposto de Renda no Brasil tanto quanto e tal como aqueles cidadãos que aqui residem, por ser brasileiro e porque está auferindo riqueza produzida no Brasil.

c) Os valores enviados por Jeremias Artesanato Mundial Ltda., em razão da venda do artesanato, assim como os valores dos aluguéis e aqueles decorrentes da prestação de serviços à Matias Turismo Pantanal S.A., que forem remetidos a Pablo no exterior, devem sofrer incidência do Imposto de Renda na fonte, ficando a remessa do quinhão da herança pertencente a Pablo dispensada do recolhimento desse tributo.

d) Os rendimentos acima descritos que tiverem sido recebidos por Pablo após requerimento e saída definitiva e regular do País ficam todos sujeitos à tributação exclusiva na fonte a título de Imposto de Renda Pessoa Física.

e) Deve ser retido pelas fontes o valor correspondente ao Imposto de Renda incidente sobre a herança e sobre os aluguéis, ficando os valores enviados por Jeremias Artesanato Mundial Ltda., em razão da venda do artesanato, e os enviados em razão dos serviços prestados à Matias Turismo Pantanal S.A., livres de Imposto de Renda no Brasil por não consubstanciarem rendimento de trabalho realizado neste País.

3. (Esaf/ Auditor-Fiscal da Receita Federal – 2002.2) Relativamente ao imposto de renda, assinale a afirmação correta.

   a) A Constituição determina que o imposto de renda seja informado pelo critério de que aquele que ganhe mais deverá pagar de imposto uma proporção maior do que aquele que ganhe menos.

   b) A renda e os proventos de qualquer natureza percebidos no País por residentes ou domiciliados no exterior ou a eles equiparados não estão sujeitos ao imposto em razão do princípio da extraterritorialidade.

   c) No caso de rendimentos percebidos em dinheiro a título de alimentos ou pensões em cumprimento de acordo homologado judicialmente ou decisão judicial, inclusive alimentos provisionais ou provisórios, verificando-se a incapacidade civil do alimentado, não há incidência do imposto.

   d) Em razão do princípio da universalidade da tributação, a ajuda de custo destinada a atender às despesas com transporte, frete e locomoção do beneficiado e seus familiares, em caso de remoção de um município para outro, está sujeita ao imposto.

   e) A tributação dos rendimentos recebidos por residentes ou domiciliados no Brasil que prestem serviços a embaixadas, repartições consulares, missões diplomáticas ou técnicas não está sujeita à legislação brasileira, por força da Convenção de Viena sobre Relações Diplomáticas.

4. (Questão inédita – MLV) Considerando as disposições da legislação do Imposto de Renda das Pessoas Físicas, assinale a alternativa correta.

   a) As pessoas físicas ausentes no exterior a serviço do País, que recebam rendimentos do trabalho assalariado, em moeda estrangeira, de autarquias ou repartições do

Parte II | Imposto de Renda da Pessoa Física   **151**

Governo brasileiro situadas no exterior, estão sujeitas à tributação como residentes no exterior.

b) A pessoa física proveniente do exterior que ingressar no Brasil, com visto temporário para trabalhar e vínculo empregatício, somente é tributada pelo imposto de renda brasileiro se permanecer no País por período superior a cento e oitenta e três dias.

c) Não estão isentos do imposto de renda brasileiro os rendimentos do trabalho percebidos por servidor não brasileiro de embaixada, consulado e repartições oficiais de outros países no Brasil, mesmo quando no país de sua nacionalidade for dado igual tratamento a brasileiros que ali exerçam idênticas funções.

d) São tributáveis os rendimentos recebidos por residentes ou domiciliados no Brasil que prestem serviços a embaixadas, repartições consulares, missões diplomáticas ou técnicas ou a organismos internacionais de que o Brasil faça parte.

e) Estão isentos do imposto de renda brasileiro os rendimentos do trabalho e os ganhos de capital produzidos no País percebidos por servidores diplomáticos de governos estrangeiros, independentemente de haver no país de sua nacionalidade igual tratamento a brasileiros que ali exerçam idênticas funções.

5. (Esaf/ Técnico da Receita Federal – 2000) Os salários recebidos pelo trabalhador são, em regra, _____. Os lucros ou dividendos calculados com base nos resultados contábeis apurados a partir do mês de janeiro de 1996, recebidos de pessoas jurídicas tributadas com base no lucro real, presumido ou arbitrado _____.

a) tributados apenas acima de certo valor / só entram no cômputo do rendimento bruto quando acima de certo valor

b) integrantes no cômputo do rendimento bruto / também integram o rendimento bruto

c) isentos em sua totalidade, pois salário não é renda / são parte do rendimento bruto, pois os rendimentos do capital também se sujeitam à tributação

d) tributados em sua totalidade / tributáveis, pois os rendimentos do capital também se sujeitam à tributação

e) tributáveis / não entram no cômputo do rendimento bruto

6. (Esaf/ Técnico da Receita Federal – 2002.1) A ajuda de custo destinada a atender as despesas com transporte, frete e locomoção do beneficiado e seus familiares, em caso de remoção de um município para outro:

a) não integrará o cômputo do rendimento líquido, caracterizando-se como uma isenção condicionada à comprovação posterior;

b) integrará o cômputo do rendimento bruto, caracterizando-se como uma dedução condicionada à comprovação posterior;

c) não integrará o cômputo do rendimento líquido, caracterizando-se como um abatimento condicionado à comprovação posterior;

d) integrará o cômputo do rendimento bruto, caracterizando-se como uma não incidência condicionada à comprovação posterior;

e) não integrará o cômputo do rendimento bruto, caracterizando-se como uma isenção condicionada à comprovação posterior.

7. (Questão inédita – MLV) Considerando as disposições da legislação do Imposto de Renda das Pessoas Físicas, assinale V ou F e, em seguida, assinale a alternativa que contenha a sequência correta.

I. A declaração de rendimentos, a partir do exercício correspondente ao ano-calendário do falecimento e até a data em que for homologada a partilha ou feita a adjudicação dos bens, será apresentada em nome do inventariante.

II. Considera-se como domicílio fiscal da pessoa física a sua residência habitual, assim entendido o lugar em que ela tiver uma habitação em condições que permitam presumir intenção de mantê-la.

III. Constituem rendimento bruto todo o produto do capital, do trabalho ou da combinação de ambos, os alimentos e pensões percebidos em dinheiro, os proventos de qualquer natureza, assim também entendidos os acréscimos patrimoniais não correspondentes aos rendimentos declarados.

IV. No caso de rendimentos percebidos em dinheiro a título de alimentos ou pensões em cumprimento de acordo homologado judicialmente ou decisão judicial, inclusive alimentos provisionais ou provisórios, verificando-se a incapacidade civil do alimentado, a tributação far-se-á em seu nome pelo tutor, curador ou responsável por sua guarda.

a) V, V, V, F
b) V, V, F, F
c) F, F, F, V
d) F, F, V, V
e) F, V, V, V

8. (Esaf/ Técnico da Receita Federal – 2002.1) Assinale a opção correta.

a) Estão isentos do imposto sobre a renda os rendimentos de trabalho assalariado percebidos, no Brasil, por servidores diplomáticos de governo estrangeiro, desde que assegurada reciprocidade de tratamento aos brasileiros que, naqueles países, exerçam idênticas funções.

b) Não estão isentos do imposto sobre a renda os rendimentos de trabalho assalariado percebidos, no Brasil, por servidores diplomáticos de governo estrangeiro, desde que assegurada reciprocidade de tratamento aos brasileiros que, naqueles países, exerçam idênticas funções.

c) Estão isentos do imposto sobre a renda os rendimentos de ganhos de capital percebidos, no Brasil, por servidores diplomáticos de governo estrangeiro, desde que assegurada reciprocidade de tratamento aos brasileiros que, naqueles países, exerçam idênticas funções.

Parte II | Imposto de Renda da Pessoa Física   **153**

d) Estão isentos do imposto sobre a renda os rendimentos de trabalho assalariado percebidos, no Brasil, por servidores diplomáticos de governo estrangeiro, independentemente de reciprocidade de tratamento aos brasileiros que, naqueles países, exerçam idênticas funções.

e) Estão isentos do imposto sobre a renda os ganhos de capital percebidos, no Brasil, por servidores diplomáticos de governo estrangeiro, independentemente de reciprocidade de tratamento aos brasileiros que, naqueles países, exerçam idênticas funções.

9. (Questão inédita – MLV) Assinale V ou F e, em seguida, assinale a alternativa que contenha a sequência correta.

   I. Os valores recebidos a título de férias gozadas pelo trabalhador a cada ano, e do respectivo abono, por representarem a expressão de direitos constitucionalmente assegurados, não são incluídas no cômputo do rendimento bruto sujeito à incidência do imposto de renda.

   II. Não são tributáveis os rendimentos percebidos por garimpeiros na venda de metais preciosos, pedras preciosas e semipreciosas por eles extraídos, desde que a empresa adquirente seja legalmente habilitada para a atividade.

   III. Os valores recebidos a título de lucros cessantes, devido a seu caráter claramente indenizatório, e os rendimentos recebidos na forma de bens, por não representarem efetivo ingresso de dinheiro no patrimônio da pessoa física, não são tributáveis pelo imposto de renda.

   IV. Do imposto de renda apurado pela pessoa física na declaração anual de rendimentos poderá ser deduzida a contribuição patronal efetivamente paga à Previdência Social pelo empregador doméstico, independentemente do número de empregados a serviço do contribuinte.

   a) V, V, V, V
   b) V, V, F, V
   c) F, F, F, F
   d) F, F, V, F
   e) F, V, V, F

10. (Esaf/ Técnico da Receita Federal – 2002.2) De acordo com a legislação do Imposto de Renda – Pessoa Física, não constitui rendimento tributável:
    a) a remuneração dos estagiários;
    b) a licença-prêmio convertida em pecúnia;
    c) o auxílio-transporte pago em pecúnia ao servidor público federal ativo;
    d) a verba para custeio de despesas necessárias para o exercício do cargo ou função;
    e) a indenização por lucros cessantes.

11. (Esaf/ Técnico da Receita Federal – 2003) Assinale as proposições abaixo com F para falsa ou V para verdadeira e, a seguir, indique a opção que contém a sequência correta.

( ) Os rendimentos relativos a aluguel de imóvel situado em Paris, pagos por pessoa física de nacionalidade francesa, residente e domiciliada na França, a brasileiro residente e domiciliado no Brasil, não estão sujeitos à tributação pelo imposto de renda no Brasil (suponha a inexistência de tratado internacional regulando o assunto).

( ) São tributáveis os valores recebidos a título de alimentos, em cumprimento de decisão judicial.

( ) Os rendimentos relativos a aluguel de imóvel situado em Brasília, pagos a pessoa física de nacionalidade francesa, residente e domiciliada no Brasil em caráter permanente, por pessoa física de nacionalidade brasileira, residente e domiciliada em Paris, não estão sujeitos à tributação pelo imposto de renda no Brasil (suponha a inexistência de tratado internacional regulando o assunto).

( ) São isentos do imposto de renda os valores recebidos por deficiente mental a título de pensão.

( ) São isentos do imposto de renda os rendimentos provenientes de aposentadoria, pagos a maiores de sessenta e cinco anos de idade.

a) F, V, F, V, V
b) V, V, F, F, V
c) V, V, F, F, F
d) V, F, V, V, F
e) F, V, F, F, F

12. (Esaf/ Curso de Formação Auditor-Fiscal da Receita Federal – 2006) Assinale a alternativa incorreta quanto à forma de tributação dos rendimentos, tendo em vista o disposto na legislação do Imposto de Renda das Pessoas Físicas.

a) Tributação conjunta dos rendimentos auferidos pelos cônjuges casados com separação de bens.

b) Tributação em separado dos rendimentos auferidos por companheiros que estabeleceram união estável reconhecida como unidade familiar.

c) Tributação dos rendimentos auferidos por menor na declaração do responsável por sua guarda.

d) Tributação, em nome do cônjuge sobrevivente, dos rendimentos próprios do de cujus no curso do inventário.

e) Tributação por um dos cônjuges, na constância da sociedade conjugal, da totalidade dos rendimentos produzidos pelos bens comuns.

13. (Esaf/ Curso de Formação Auditor-Fiscal da Receita Federal – 2006) Assinalar a alternativa correta.

   a) O contribuinte não casado somente poderá tributar os seus rendimentos em conjunto com os da companheira com quem viva em união estável, reconhecida como unidade familiar, se não possuir bens gravados com cláusulas de incomunicabilidade ou inalienabilidade.

   b) O cônjuge sobrevivente deve declarar a totalidade dos rendimentos produzidos pelos bens comuns no curso do inventário.

   c) Os filhos menores, sócios de empresa, podem tributar os seus rendimentos em conjunto com os de seus pais.

   d) Os herdeiros, no curso do inventário, são responsáveis pela entrega da declaração não apresentada em vida pelo de cujus.

   e) No caso de divórcio, é possível a tributação conjunta dos rendimentos.

14. (Esaf/ Curso de Formação Auditor-Fiscal da Receita Federal – 2006) Assinale a alternativa que contém rendimento isento ou não tributável.

   a) A ajuda de custo mensal paga ao empregado, por mudança de cidade, para cobrir despesas com aluguel durante o primeiro ano de permanência.

   b) O ganho de capital auferido na venda de uma motocicleta por R$ 45.000,00, sendo esta a única alienação efetuada pelo contribuinte no mês.

   c) O ganho de capital correspondente à alienação, por R$ 80.000,00, do único imóvel possuído pelo contribuinte que, 3 anos antes, alienou um lote de terreno.

   d) O valor correspondente ao aluguel do imóvel, pago pelo empregador em benefício do empregado.

   e) O valor das despesas médicas pagas pelo empregador em benefício dos seus empregados.

15. (Esaf/ Curso de Formação Auditor-Fiscal da Receita Federal – 2006) Assinale a alternativa que contém procedimento correto adotado pelo contribuinte.

   a) O engenheiro autônomo considerou como isento o valor de um terreno recebido em contraprestação a serviços por ele prestados.

   b) O contribuinte considerou como isentos os valores dos bens recebidos a título de herança.

   c) O contribuinte considerou isenta a bolsa de estudo que lhe foi fornecida por seu empregador visando o seu aprimoramento para o exercício de sua profissão.

   d) O contribuinte considerou isentos, na rescisão de seu contrato de trabalho, o aviso prévio não trabalhado recebido, calculado em conformidade com a legislação, o valor do FGTS liberado, e as férias proporcionais recebidas.

   e) O contribuinte considerou isenta a indenização recebida por desapropriação de terra nua para a construção de uma hidrelétrica.

16. (Esaf/ Curso de Formação Auditor-Fiscal da Receita Federal – 2006) – Adaptada. Assinale a opção que contém valor recebido a título de pensão sujeito à tributação.
    a) Pensão recebida da previdência social oficial por portador de moléstia grave.
    b) Pensão recebida de entidade de previdência privada por portador de moléstia grave.
    c) Pensão, até o limite de R$ 1.637,11 por mês, paga em 2012 por entidade de previdência social do Município, a contribuinte com 70 anos.
    d) Pensão recebida por viúva, com 57 anos, em decorrência do falecimento de seu cônjuge, este portador de moléstia grave.
    e) Pensão recebida, em decorrência do falecimento de seu cônjuge, por viúva, com 57 anos, portadora de moléstia grave.

17. (Esaf/ Analista-Tributário da Receita Federal do Brasil – 2012) Constitui rendimento para fins do Imposto sobre a Renda, exceto:
    a) todo o produto do capital;
    b) o provento de qualquer natureza;
    c) o acréscimo patrimonial não correspondente aos rendimentos declarados;
    d) a pensão e os alimentos percebidos em mercadoria;
    e) todo produto do trabalho.

18. (Esaf/ Analista-Tributário da Receita Federal do Brasil – 2012) É pessoalmente responsável pelo pagamento do Imposto de Renda da Pessoa Física:
    a) o sucessor a qualquer título quando se apurar, na abertura da sucessão, que o *de cujus* não apresentou declaração de rendimentos de exercícios anteriores, caso em que responde por toda a dívida;
    b) o espólio, pelo tributo devido pelo *de cujus*, quando se apurar que houve falta de pagamento de imposto devido até a data da abertura da sucessão, sendo que, nesse caso, não serão cobrados juros moratórios e multa de mora;
    c) o cônjuge meeiro, quando se apurar, na abertura da sucessão, que o *de cujus* apresentou declaração de exercícios anteriores com omissão de rendimentos, mesmo que a declaração tenha sido em separado;
    d) o sucessor a qualquer título, pelo tributo devido pelo *de cujus* até a data da partilha ou da adjudicação, limitada esta responsabilidade ao montante do quinhão, do legado ou da herança;
    e) o sucessor a qualquer título e o cônjuge meeiro quando se apurar, na abertura da sucessão, que o *de cujus* não apresentou declaração de rendimentos de exercícios anteriores ou o fez com omissão de rendimentos, caso em que respondem por toda a dívida.

Parte II | Imposto de Renda da Pessoa Física   **157**

19. (Esaf/ Analista-Tributário da Receita Federal do Brasil – 2012) São contribuintes do Imposto de Renda da Pessoa Física:

    a) as pessoas físicas domiciliadas ou residentes no Brasil, titulares de disponibilidade econômica ou jurídica de renda ou proventos de qualquer natureza;

    b) as pessoas físicas domiciliadas ou residentes no Brasil, e aquelas que mesmo sem serem residentes no País, sejam titulares de disponibilidade econômica ou jurídica de renda ou proventos de qualquer natureza percebidos no exterior;

    c) as pessoas físicas brasileiras domiciliadas ou residentes no Brasil, titulares de disponibilidade econômica ou jurídica de renda ou proventos de qualquer natureza;

    d) as pessoas físicas domiciliadas ou residentes no Brasil, titulares de disponibilidade econômica ou jurídica de renda ou proventos de qualquer natureza que percebam os rendimentos somente de fontes situadas no País;

    e) as pessoas físicas brasileiras domiciliadas ou residentes no Brasil, titulares de disponibilidade econômica ou jurídica de renda ou proventos de qualquer natureza, que percebam rendimentos, independentemente da localização da fonte.

20. (Esaf/ Auditor-Fiscal da Receita Federal do Brasil – 2012) Os seguintes valores são onerados pelo Imposto sobre a Renda devido pelas pessoas físicas, exceto:

    a) os lucros do comércio e da indústria, auferidos por todo aquele que não exercer, habitualmente, a profissão de comerciante ou industrial;

    b) as importâncias recebidas a título de juros e indenizações por lucros cessantes;

    c) os valores correspondentes a bolsas de estudo e de pesquisa caracterizadas como doação, quando recebidas exclusivamente para proceder a estudos ou pesquisas e desde que os resultados dessas atividades não representem vantagem para o doador, nem importem contraprestação de serviços;

    d) o valor do laudêmio recebido;

    e) os rendimentos derivados de atividades ou transações ilícitas ou percebidos com infração à lei.

21. (Esaf/ Técnico do Tesouro Nacional – 1998) Assinale a opção correta.

    a) Os ganhos de capital auferidos na alienação de bens ou direitos integram a base de cálculo da declaração de rendimentos, admitida, contudo, a exclusão de seu custo.

    b) Os ganhos de capital auferidos na alienação de bens ou direitos não integram a base de cálculo da declaração de rendimentos.

    c) Os gastos com alimentação fornecida pelo empregador integram os rendimentos do empregado assalariado.

    d) Os rendimentos relativos à gratificação natalina (13º salário), em qualquer montante, não são tributáveis.

    e) Os rendimentos relativos à gratificação natalina (13º salário) são tributados na declaração de rendimentos do exercício subsequente, destacados dos demais rendimentos.

22. (Esaf/ Técnico do Tesouro Nacional – 1998) Na declaração das pessoas físicas:

   a) o menor de 21 anos, pobre, que o contribuinte crie e eduque, pode ser considerado como dependente, desde que o contribuinte detenha a guarda judicial do menor;

   b) a dedução de despesas médicas não compreende os gastos com hospitais, mas inclui os gastos com dentistas;

   c) a dedução relativa a dependentes está limitada a cinco pessoas, considerados o cônjuge, os filhos e menores que o contribuinte crie;

   d) a dedução com despesas de instrução não poderá exceder a 10% dos rendimentos brutos;

   e) a dedução de despesas médicas compreende os gastos com o menor de 21 anos, pobre, que o contribuinte crie e eduque, mesmo que não detenha a guarda judicial desse menor.

23. (Esaf/ Técnico do Tesouro Nacional – 1998) Assinale a opção correta, considerando a declaração anual de ajuste do exercício de 1997, da pessoa física.

   a) As deduções admitidas no cálculo do Imposto de Renda são, unicamente, as relativas aos dependentes que tenham sido declarados.

   b) Segundo o Regulamento do Imposto sobre a Renda, as contribuições e doações feitas às instituições filantrópicas que atendam às condições legais são dedutíveis, desde que comprovadas através de recibos ou cheques nominativos.

   c) Os pagamentos em dinheiro a título de alimentos ou pensões, em cumprimento de acordo ou decisão judicial são dedutíveis.

   d) Os gastos feitos em benefício do contribuinte ou de dependentes, ainda que não sejam de exclusiva responsabilidade de instituições de ensino, como cursos de natação, esportes, línguas etc. são dedutíveis, desde que respeitados os limites.

   e) As despesas com instrução de menor pobre que o contribuinte apenas eduque são dedutíveis.

24. (Esaf/ Técnico da Receita Federal – 2000) Assinale em relação a cada uma das assertivas abaixo se ela é verdadeira (V) ou falsa (F). Em seguida, escolha entre as opções a que corresponda, na ordem, à resposta certa.

   I. Segundo disposição legal reproduzida no Regulamento do Imposto de Renda (RIR), se forem pleiteadas deduções exageradas em relação aos rendimentos declarados, ou se tais deduções não forem cabíveis, poderão ser glosadas sem a audiência do contribuinte.

   II. Na declaração de rendimentos não poderão ser deduzidas as contribuições para o Fundo de Aposentadoria Programada Individual – Fapi, cujo ônus seja da pessoa física.

   III. Independentemente do montante dos rendimentos tributáveis na declaração, recebidos no ano-calendário, o contribuinte poderá optar por desconto simplificado

na Declaração de Ajuste Anual, dispensada a comprovação da despesa e a indicação de sua espécie.
a) V, V, V
b) V, F, V
c) V, V, F
d) F, V, F
e) F, F, F

25. (Questão inédita – MLV) Assinale V ou F e, em seguida, assinale a alternativa que contenha a sequência correta.

I. A dedução anual da base de cálculo do Imposto de Renda das Pessoas Físicas relativa às contribuições para a Previdência Social da União, dos Estados, do Distrito Federal e dos Municípios é limitada a 12% do total dos rendimentos computados na determinação da base de cálculo do imposto devido na declaração de rendimentos.

II. O contribuinte que perceber rendimentos do trabalho não assalariado pode deduzir, da receita decorrente do exercício da respectiva atividade, as despesas de custeio pagas, necessárias à percepção da receita e à manutenção da fonte produtora.

III. Na determinação da base de cálculo sujeita à incidência mensal do imposto, pode ser deduzida do rendimento tributável a quantia fixada em lei, por dependente. Nessa condição se enquadram os pais, os avós ou os bisavós, desde que não aufiram rendimentos, tributáveis ou não, superiores ao limite de isenção mensal.

IV. As pessoas físicas que declararem rendimentos provenientes de fontes situadas no exterior poderão deduzir, do imposto apurado na declaração anual, o valor cobrado pela nação de origem daqueles rendimentos, bastando para isso que comprovem a reciprocidade de tratamento em relação aos rendimentos produzidos no Brasil.

a) V, V, V, V
b) V, V, F, F
c) F, F, F, F
d) F, F, V, V
e) F, V, V, V

26. (Esaf/ Técnico da Receita Federal – 2002.1) É permitida a dedução, até determinado limite estabelecido pela legislação, de despesas incorridas individualmente com a educação do contribuinte e de seus dependentes.

Em face do enunciado, assinale a opção correta.

a) O valor da dedução será obtido multiplicando-se o limite legal estabelecido pelo número de pessoas (contribuinte mais dependentes); admitida a transferência do excesso individual para outra pessoa.

b) O valor da dedução será obtido multiplicando-se o limite legal estabelecido pelo número de pessoas (contribuinte mais dependentes); vedada a transferência do excesso individual para outra pessoa.

c) O valor da dedução é o limite legal estabelecido independentemente do número de pessoas (contribuinte mais dependentes); admitida a transferência do excesso individual para outra pessoa.

d) O valor da dedução é o limite legal estabelecido independentemente do número de pessoas (contribuinte mais dependentes); vedada a transferência do excesso individual para outra pessoa.

e) O valor da dedução é o limite legal estabelecido dividido pelo número de pessoas (contribuinte mais dependentes); admitida a transferência do excesso individual para outra pessoa.

27. (Esaf/ Técnico da Receita Federal – 2002.2) Considerando as disposições da legislação referentes às deduções na apuração da base de cálculo do Imposto de Renda da Pessoa Física, assinale, entre as opções abaixo, a que não corresponde a uma proposição verdadeira.

a) O contribuinte que receber rendimentos de trabalho não assalariado pode deduzir as despesas de custeio pagas, necessárias à percepção da receita e à manutenção da fonte produtora.

b) A dedução a título de dependente está sujeita a limite fixado por dependente.

c) O contribuinte pode considerar como dependente o irmão, neto ou bisneto, sem arrimo dos pais, bastando, para tanto, que seja ele menor de 21 anos.

d) Na declaração de rendimentos podem ser deduzidos os pagamentos feitos no ano-calendário de próteses ortopédicas e dentárias, relativas a tratamento do próprio contribuinte e dos seus dependentes.

e) Observado o limite por dependente, podem ser deduzidos os pagamentos efetuados a creches.

28. (Questão inédita – MLV) Considerando as disposições da legislação do Imposto de Renda das Pessoas Físicas, assinale V ou F e, em seguida, assinale a alternativa que contenha a sequência correta.

I. O valor do prêmio de seguro individual de vida pago pelo empregador em benefício do empregado não se sujeita à incidência do imposto de renda.

II. No caso de rendimentos do trabalho assalariado recebidos, em moeda estrangeira, por ausentes no exterior a serviço do País, de autarquias ou repartições do Governo brasileiro, situadas no exterior, considera-se tributável a totalidade do valor recebido, convertido em Reais mediante utilização do valor do dólar dos Estados Unidos da América fixado para compra pelo Banco Central do Brasil para o último dia útil da primeira quinzena do mês anterior ao do pagamento do rendimento.

III. Encontra-se sujeita à incidência do imposto a remuneração dos agentes, representantes e outras pessoas sem vínculo empregatício que, tomando parte em atos de comércio, não os pratiquem por conta própria.

IV. Os rendimentos do trabalho e os provenientes de aposentadoria, pensão, transferência para a reserva remunerada ou reforma, pagos pela Previdência Social da União, dos Estados, do Distrito Federal e dos Municípios, quando correspondentes a anos-calendários anteriores ao do recebimento, serão tributados exclusivamente na fonte, no mês do recebimento ou crédito, em separado dos demais rendimentos recebidos no mês.

a) V, V, V, F
b) V, V, F, F
c) F, F, F, V
d) F, F, V, V
e) F, V, V, V

29. (Esaf/ Técnico da Receita Federal – 2002.2) Assinale as proposições abaixo com F para falsa ou V para verdadeira e, a seguir, indique a opção que contém a sequência correta.

( ) Os rendimentos e ganhos auferidos por pessoas físicas são tributados no curso do ano-calendário, à medida em que são percebidos, devendo ser feito o ajuste anual quando concluído o ano-calendário.

( ) No curso do ano-calendário, os rendimentos percebidos pelas pessoas físicas devem ser tributados, conforme a hipótese, mediante retenção e recolhimento do imposto feito diretamente pela fonte pagadora ou mediante recolhimento feito pelo próprio contribuinte.

( ) A pessoa física que receber, de outras pessoas físicas, rendimentos que não tenham sido tributados na fonte no País, pode optar entre pagar mensalmente o imposto sobre os rendimentos percebidos no mês e fazer o ajuste anual, ou oferecê-los à tributação apenas na declaração anual.

a) V, V, F
b) F, F, V
c) V, F, F
d) V, F, V
e) F, V, F

30. (Esaf/ Técnico da Receita Federal – 2003) Assinale as proposições abaixo com F para falsa ou V para verdadeira e, a seguir, indique a opção que contém a sequência correta.

( ) Na determinação da base de cálculo sujeita à incidência mensal do imposto de renda das pessoas físicas, poderão ser deduzidas as contribuições para a Previdência Social da União.

( ) Na determinação da base de cálculo sujeita à incidência mensal do imposto de renda das pessoas físicas, poderão ser deduzidas as importâncias pagas em cumprimento de decisão judicial, a título de pensão alimentícia, em face das normas do Direito de Família.

( ) Na determinação da base de cálculo sujeita à incidência mensal do imposto de renda das pessoas físicas, poderão ser deduzidos os pagamentos a título de despesas médicas com o contribuinte e seus dependentes.

( ) Na determinação da base de cálculo sujeita à incidência mensal do imposto de renda das pessoas físicas poderão ser deduzidos os pagamentos efetuados a estabelecimentos de ensino relativamente à educação pré-escolar, de 1º, 2º e 3º graus feitos com o contribuinte e seus dependentes.

a) V, F, V, F
b) V, V, V, F
c) F, F, V, V
d) V, V, F, F
e) F, V, V, V

31. (Questão inédita – MLV) Assinale V ou F e, em seguida, assinale a alternativa que contenha a sequência correta.

I. Não são dedutíveis da base de cálculo mensal as importâncias pagas a título de despesas médicas e de educação dos alimentandos, ainda que realizadas pelo alimentante em virtude de cumprimento de decisão judicial ou acordo homologado judicialmente. No entanto, tais despesas podem ser deduzidas pelo alimentante na determinação da base de cálculo do imposto de renda na declaração anual, a título de despesa médica ou despesa com educação, conforme o caso.

II. A título de despesas com educação, na declaração anual de rendimentos não podem ser deduzidos os pagamentos efetuados a creches, mas podem ser deduzidos os pagamentos efetuados a cursos de especialização ou profissionalizantes, do contribuinte e de seus dependentes, limitados a um valor individual fixado em lei.

III. Em substituição a todas as deduções legais admitidas, independentemente do montante de rendimentos tributáveis na declaração, o contribuinte pode optar pelo desconto simplificado, que consiste em dedução de vinte por cento dos referidos rendimentos, limitada a um valor máximo definido em lei, dispensada a comprovação da despesa e a indicação de sua espécie.

IV. Os rendimentos pagos a título de décimo terceiro salário estão sujeitos à tributação exclusiva na fonte, separadamente dos demais rendimentos do beneficiário, integralmente no mês de sua quitação, haja vista que não deve haver retenção na fonte, pelo pagamento de antecipações.

a) V, F, V, V
b) V, V, V, F
c) V, F, F, F

d) F, F, F, V

e) F, F, V, V

32. (Esaf/ Curso de Formação AFRFB – 2006) Constitui dedução do rendimento bruto somente admitida na Declaração de Ajuste Anual ou no cálculo do imposto complementar:

    a) contribuições previdenciárias;

    b) pensão alimentícia judicial;

    c) dependentes;

    d) despesas com instrução;

    e) despesas escrituradas em livro caixa.

33. (Esaf/ Curso de Formação AFRFB – 2006) O contribuinte Nilson Baptista, funcionário público estadual, auferiu rendimentos tributáveis anuais de R$ 60.000,00. Além de sofrer desconto previdenciário de entidade de previdência social do Estado, no valor de R$ 4.800,00, efetuou pagamentos, no valor de R$ 8.500,00, a empresa de previdência privada, domiciliada no País, a título de complementação de aposentadoria em seu nome.

    Com base nesses dados, assinale a alternativa que contém a dedução que esse contribuinte poderá efetuar em sua declaração anual a título de contribuições previdenciárias.

    a) R$ 13.300,00.

    b) R$ 11.700,00.

    c) R$ 8.500,00.

    d) R$ 12.000,00.

    e) R$ 7.200,00.

34. (Esaf/ Curso de Formação AFRFB – 2006) – Adaptada. Assinalar a alternativa que contém valores dedutíveis pelo contribuinte em sua Declaração de Ajuste Anual do ano-calendário de 2005. Considere que na tabela progressiva o limite de isenção é de R$ 13.968,00, e que o limite individual da dedução com instrução é R$ 2.198,00:

    a) despesas com instrução de sua esposa que declara em separado;

    b) pagamento de plano de saúde a empresa situada no exterior;

    c) despesas com instrução de menor pobre em relação ao qual o contribuinte não detém a guarda judicial;

    d) pagamento do plano de saúde a empresa domiciliada no Brasil, correspondente a plano efetuado em nome de seu pai que aufere rendimentos não tributáveis mensais próprios de R$ 1.200,00;

    e) despesas com as mensalidades do colégio profissionalizante de seu filho de 18 anos, considerado seu dependente, no valor total anual de R$ 1.200,00.

35. (Esaf/ Curso de Formação AFRFB – 2006) – Adaptada. O contribuinte Sr. Silva efetuou, no ano-calendário de 2005, os seguintes dispêndios anuais com instrução:
    - R$ 3.000,00 com o pagamento das mensalidades da faculdade que frequenta;
    - R$ 2.500,00 com o pagamento das mensalidades da creche de sua filha Lúcia, de 2 anos de idade;
    - R$ 1.800,00 com o pagamento das mensalidades da escola de nível médio frequentada por seu filho Lauro, de 14 anos de idade;
    - R$ 600,00 com o curso de espanhol de sua esposa Raquel;
    - R$ 2.500,00 com a faculdade de seu primo Rodolfo, de 23 anos, que, estando desempregado, reside em sua casa e vive às suas custas;
    - dedução permitida por dependente: R$ 1.404,00;
    - limite individual da dedução com instrução: R$ 2.198,00;

    Nenhuma das pessoas citadas, exceto o contribuinte, possui rendimentos próprios.

    Em sua declaração, o Sr. Silva considerou todos eles como seus dependentes, utilizando-se da dedução correspondente, e deduziu, ainda, a título de despesas com instrução, a quantia de R$ 10.990,00.

    Considerando tão somente os dados acima, assinale a alternativa que contém o valor das deduções que deverá ser glosado pelo AFRFB encarregado de examinar a declaração:
    a) R$ 3.602,00;
    b) R$ 7.204,00;
    c) R$ 5.800,00;
    d) R$ 6.198,00;
    e) R$ 3.100,00.

36. (Questão inédita – MLV) Considerando as disposições da legislação do Imposto de Renda das Pessoas Físicas, assinale V ou F e, em seguida, assinale a alternativa que contenha a sequência correta.
    I. Na determinação da base de cálculo sujeita à incidência mensal do imposto, poderão ser deduzidas as contribuições para as entidades de previdência privada domiciliadas no País, cujo ônus tenha sido do contribuinte, destinadas a custear benefícios complementares assemelhados aos da Previdência Social.
    II. Para fins da dedução da base de cálculo do imposto mensal é indiferente o fato de as contribuições para entidades de previdência privada serem relativas a rendimentos do trabalho com vínculo empregatício ou não.
    III. As deduções relativas a despesas escrituradas no Livro Caixa não poderão exceder à receita mensal da respectiva atividade não assalariada, sendo permitido o cômputo do excesso de deduções nos meses seguintes até dezembro.
    IV. O absolutamente incapaz pode ser relacionado como dependente do contribuinte que seja seu tutor ou curador.

a) V, F, V, V
b) V, V, V, F
c) F, F, F, F
d) F, F, F, V
e) F, F, V, V

37. (Esaf/ Curso de Formação AFRFB – 2006) – Adaptada. O contribuinte Sr. Silva declara em conjunto com sua esposa e considera seu filho de 4 anos como dependente para fins de imposto de renda. No ano-calendário de 2005 auferiu os seguintes rendimentos:

- salários e férias: R$ 18.000,00;
- gratificação natalina: R$ 1.000,00;
- aluguel de imóvel: R$ 10.500,00;
- rendimentos de renda fixa: R$ 100,00;
- juros de poupança: R$ 150,00;
- gorjetas por trabalho extra como garçom: R$ 1.500,00.

De seu salário e de suas férias foram retidas contribuições próprias ao INSS, no valor de R$ 1.500,00, e sobre o 13º terceiro salário, de R$ 100,00.

Efetuou, no ano-calendário, os seguintes dispêndios:

- pagamento de plano de saúde à empresa domiciliada no Brasil para si e seus dependentes: R$ 400,00;
- pagamento de plano complementar de previdência, a empresa domiciliada no Brasil, no valor de R$ 100,00;
- pagamento de despesas médicas para tratamento de sua esposa, no valor de R$ 700,00.

Tendo em vista os dados acima, que o desconto simplificado está limitado a R$ 10.340,00, e que a dedução permitida por dependente é de R$ 1.404,00 assinale a alternativa correta.

a) não optando pelo modelo simplificado de declaração, o contribuinte poderá deduzir, em sua Declaração de Ajuste Anual, o total de R$ 6.912,00.

b) não optando pelo modelo simplificado de declaração, o contribuinte poderá deduzir, em sua Declaração de Ajuste Anual, o total de R$ 4.104,00.

c) se optar pelo modelo simplificado de declaração poderá deduzir, no máximo, R$ 6.250,00.

d) a opção pelo modelo simplificado de declaração de rendimentos é a que mais favorece ao contribuinte.

e) se o contribuinte optar pela declaração simplificada poderá deduzir do rendimento bruto R$ 6.200,00.

38. (Esaf/ Técnico da Receita Federal – 2002.1) As pessoas físicas poderão deduzir, do imposto apurado no Brasil, o imposto cobrado pela nação de origem dos rendimentos no exterior, desde que a dedução se dê em conformidade com o previsto em acordo, (ou convenção internacional), firmado com o país de origem dos rendimentos:

   a) quando não houver sido restituído ou compensado naquele país, ou quando haja reciprocidade de tratamento em relação aos rendimentos produzidos no Brasil;
   b) quando houver sido restituído ou compensado naquele país, ou quando haja reciprocidade de tratamento em relação aos rendimentos produzidos no Brasil;
   c) quando houver sido restituído ou compensado naquele país, ou quando não haja reciprocidade de tratamento em relação aos rendimentos produzidos no Brasil;
   d) quando não houver sido restituído ou compensado naquele país, ou quando não haja reciprocidade de tratamento em relação aos rendimentos produzidos no Brasil;
   e) quando não houver sido restituído ou compensado naquele país, ou quando haja reciprocidade de tratamento em relação aos rendimentos produzidos em qualquer País.

39. (Esaf/ Técnico da Receita Federal – 2003) Assinale as proposições abaixo com F para falsa ou V para verdadeira e, a seguir, indique a opção que contém a sequência correta.

   ( ) A pessoa física que receber, de outras pessoas físicas, rendimentos que não tenham sido tributados na fonte no País, deve pagar mensalmente o imposto sobre os rendimentos percebidos no mês, calculado segundo a tabela progressiva.

   ( ) Para fins de apuração do imposto a pagar ou a restituir, na declaração anual de ajuste, as pessoas físicas podem deduzir, do imposto calculado com base na tabela progressiva, o imposto retido na fonte e o pago no curso do ano-calendário, correspondentes aos rendimentos incluídos na base de cálculo.

   ( ) Para efeito de apuração do saldo do imposto a pagar ou a ser restituído, relativamente aos rendimentos percebidos no ano-calendário pelas pessoas físicas, são admitidas algumas deduções a título de incentivo fiscal, entre elas as contribuições e doações feitas a entidades filantrópicas de assistência social.

   a) F, V, V
   b) V, V, F
   c) V, F, V
   d) F, F, V
   e) V, V, V

40. (Esaf/ Curso de Formação AFRFB – 2006) Assinale a alternativa incorreta.

   a) O recolhimento mensal que deve ser efetuado pelas pessoas físicas que recebem rendimentos pagos por outras pessoas físicas denomina-se recolhimento mensal obrigatório (carnê-leão).

   b) O recolhimento mensal (carnê-leão) é obrigatório quando a base de cálculo (rendimento tributável, menos as deduções permitidas em lei) for superior ao limite de isenção da tabela progressiva mensal vigente.

   c) O imposto referente ao carnê-leão será calculado mediante a aplicação da Tabela Progressiva Mensal sobre a base de cálculo.

   d) O imposto recolhido a título de carnê-leão é antecipação do devido, apurado na Declaração de Ajuste Anual.

   e) O contribuinte pode deduzir dos rendimentos recebidos de pessoas físicas, de pessoas jurídicas sem vínculo empregatício e de aluguéis auferidos, as despesas escrituradas em livro caixa, necessárias à obtenção dos rendimentos e manutenção da fonte produtora.

41. (Esaf/ Curso de Formação AFRFB – 2006) O contribuinte Sr. Silva apurou, em sua declaração de rendimentos (modelo completo), do exercício de 2006, imposto devido de R$ 3.000,00.

   Efetuou, ainda, os seguintes pagamentos:

   - contribuições, no valor de R$ 70,00, a fundo controlado pelo Conselho Estadual dos Direitos da Criança e Adolescente;

   - doação de R$ 200,00 a projeto de produção de peça teatral na forma disciplinada pelo Pronac.

   Considerando os dados acima, assinale a alternativa que contém a dedução do imposto admitida pela legislação para o contribuinte:

   a) R$ 180,00;
   b) R$ 370,00;
   c) R$ 270,00;
   d) R$ 300,00;
   e) R$ 170,00.

42. (Esaf/ Curso de Formação AFRFB – 2006) – Adaptada. O contribuinte recebeu, em 2005, os rendimentos a seguir discriminados, dos quais foram descontadas contribuições previdenciárias e pago o IRRF ou carnê-leão:

Discriminação dos rendimentos auferidos em 2005	Rendimento	Contribuição Previdenciária	IRRF/ carnê-leão
Salário anual	R$ 80.000,00	R$ 8.000,00	R$ 14.400,00
Gratificação natalina	R$ 3.000,00	R$ 300,00	R$ 450,00
Aluguéis recebidos de PJ	R$ 6.000,00	--	--
Rendimentos recebidos de PF	R$ 60.000,00	--	R$ 10.200,00
Juros de caderneta de Poupança	R$ 300,00	--	--
Dividendos recebidos relativos a lucro apurados em 2004	R$ 600,00	--	--
Rendimentos de aplicação de renda fixa	R$ 1.000,00	--	R$ 150,00

Efetuou, também em 2005, os seguintes pagamentos:

- gastos com instrução: própria no valor de R$ 3.000,00 e de um de seus dependentes, no valor de R$ 1.900,00;
- gastos com médicos, dentistas e hospitais, relativos a tratamento de seus dependentes, no valor de R$ 2.000,00.

Sabendo-se que ele possui quatro dependentes para fins de IR, assinale a alternativa que contém o saldo do imposto a pagar por ele apurado na Declaração de Ajuste Anual.

Tabela Progressiva para o cálculo anual do Imposto de Renda de Pessoa Física para o exercício de 2006, ano-calendário de 2005.

Base de cálculo anual em R$	Alíquota %	Parcela a deduzir do imposto em R$
Até 13.968,00	-	-
De 13.968,01 até 27.912,00	15,0	2.095,20
Acima de 27.912,00	27,5	5.584,20

Considere ainda o seguinte:

- dedução permitida por dependente: R$ 1.404,00
- limite individual da dedução com instrução: R$ 2.198,00

a) R$ 29.969,45
b) R$ 3.944,45
c) R$ 29.144,45
d) R$ 4.544,45
e) R$ 29.062,50

43. (Esaf/ Auditor-Fiscal da Receita Federal do Brasil – 2012) As seguintes hipóteses de rendimentos estão sujeitas ao recolhimento mensal do Imposto sobre a Renda devido pelas pessoas físicas, exceto:

   a) os emolumentos e custas dos serventuários da Justiça, como tabeliães, notários, oficiais públicos e outros, quando não forem remunerados exclusivamente pelos cofres públicos;

   b) os rendimentos recebidos em dinheiro, a título de alimentos ou pensões, em cumprimento de decisão judicial, ou acordo homologado judicialmente, inclusive alimentos provisionais;

   c) os rendimentos recebidos por residentes ou domiciliados no Brasil que prestem serviços a embaixadas, repartições consulares, missões diplomáticas ou técnicas ou a organismos internacionais de que o Brasil faça parte;

   d) os ganhos de capital auferidos pela pessoa física na alienação de bens ou direitos de qualquer natureza;

   e) os rendimentos de aluguéis recebidos de pessoas físicas.

44. (Esaf/ Auditor-Fiscal da Receita Federal do Brasil – 2014) Considere a situação hipotética narrada:

   "João dos Santos trabalhou, de 1990 a 2012, na Centro-Oeste Caboclo S.A., para a qual, tanto João quanto os demais empregados contribuíram, durante todo o período do contrato de trabalho de João, para plano privado de previdência complementar, especialmente instituído em prol desses trabalhadores. Em 2013, João se aposentou pelo Regime Geral de Previdência Social, ao tempo em que se desligou do plano privado de previdência complementar, momento em que dele recebeu verba relativa a resgate."

   De acordo com a legislação tributária em vigor, assinale a opção correta.

   a) João não está obrigado a recolher Imposto de Renda sobre a parcela do resgate correspondente ao montante de contribuições por ele vertidas à previdência privada durante seu contrato de trabalho, porque tal parcela não representa riqueza nova no patrimônio de João, mas apenas devolução de renda já tributada.

b) João tem direito a excluir da incidência do Imposto de Renda a parcela do valor de resgate que corresponder às contribuições por ele vertidas à previdência privada entre 1990 e 1995.

c) João deve oferecer todo o valor recebido a título de resgate à tributação por ocasião da Declaração de Ajuste Anual em 2014, porque tal riqueza representa acréscimo ao patrimônio dele, pouco importando que já tenha sido tributada quando do recebimento dos salários.

d) João está dispensado de recolher Imposto de Renda sobre os valores correspondentes ao resgate, e a Centro-Oeste Caboclo S.A. goza de imunidade tributária do Imposto de Renda Pessoa Jurídica, conforme decidido em precedentes do Supremo Tribunal Federal.

e) João deve pagar Imposto de Renda sobre o resgate, mas tem direito a repetir indébito tributário relativo ao Imposto de Renda por ele pago nos cinco anos anteriores ao desligamento, no que corresponder ao valor por ele destinado à previdência privada nesse período, em virtude da declaração de inconstitucionalidade de norma que vedava a dedutibilidade da contribuição vertida à previdência privada da base de cálculo do Imposto de Renda devido por pessoas físicas.

45. (Esaf/ Auditor-Fiscal da Receita Federal do Brasil – 2014) Considere a situação hipotética narrada:

"Em decorrência de condenação transitada em julgado em seu favor, em 2012, pela Justiça Federal, Maria Lúcia recebeu, em 2013, quantia relativa ao pagamento de pensões que deveria ter recebido durante os meses de junho de 2008 a julho de 2011."

De acordo com a legislação tributária, assinale a opção correta.

a) Maria Lúcia deve ter sofrido retenção relativa ao Imposto de Renda incidente sobre essa quantia, mediante aplicação da alíquota vigente no mês de pagamento e correspondente à faixa equivalente ao total recebido, dividido pelo número de meses em atraso, acrescendo-se atualização monetária contada de cada competência vencida até o dia do pagamento, respeitadas as faixas de isenção.

b) Maria Lúcia deve declarar esse rendimento na sua Declaração de Ajuste Anual em 2014, momento a partir do qual o tributo se torna exigível, mantido seu direito adquirido a pagar o Imposto de Renda incidente sobre essa quantia proporcionalizado entre os anos de 2014 a 2017, de modo a compensá-la pelo atraso no recebimento da verba devida desde 2008.

c) Maria Lúcia não está obrigada a pagar Imposto de Renda sobre essa quantia, por se tratar de verba com natureza indenizatória e, portanto, não tributável.

d) Maria Lúcia deve ter sofrido retenção do Imposto de Renda no momento do recebimento dessa quantia, calculado mediante utilização de tabela progressiva, resultante da multiplicação da quantidade de meses relativos à pensão em atraso pelos valores constantes da tabela progressiva mensal correspondente ao mês de recebimento.

e) Maria Lúcia não está obrigada a pagar Imposto de Renda sobre a parte dessa quantia que corresponder à pensão que deveria ter recebido no ano de 2008, porque sobre ela ocorreu a decadência do direito da União.

18.1. Gabarito dos exercícios da Parte II

1. B	2. C	3. A	4. D
5. E	6. E	7. E	8. D
9. C	10. C	11. E	12. D
13. C	14. E	15. B	16. D
17. D	18. D	19. A	20. C
21. B	22. A	23. C	24. B
25. E	26. B	27. C	28. D
29. A	30. D	31. A	32. D
33. D	34. E	35. D	36. A
37. D	38. A	39. B	40. E
41. A	42. D	43. D	44. B
45. D			

PARTE III
Imposto de Renda da Pessoa Jurídica

Capítulo 19
A Legislação do Imposto de Renda da Pessoa Jurídica

A disciplina legal do Imposto de Renda da Pessoa Jurídica (IRPJ) está longe de ser simples. E um complicador adicional ao estudo do imposto é, justamente, a enorme quantidade de disposições em legislação esparsa, não consolidada no Regulamento vigente.

Com o objetivo de auxiliar o leitor nessa tarefa, da mesma forma como fizemos em relação ao IRPF, nos próximos itens vamos relacionar os diplomas legais mais importantes que disciplinam o IRPJ.

Sabemos que em breve o Governo Federal deve providenciar uma atualização do RIR. Mas, enquanto a atualização não chega, permanece sendo muito difícil estabelecer uma abordagem ampla, precisa e atualizada da disciplina legal do imposto. Por isso mesmo, escrever uma obra como esta que o leitor tem em mãos representa um enorme desafio.

19.1. O Imposto de Renda da Pessoa Jurídica no RIR/99

O Livro II do RIR/99 é dedicado à tributação das pessoas jurídicas, estendendo-se do art. 146 ao art. 619. Ao todo, são apenas 6 títulos, sendo que:

- mais uma vez, os três primeiros títulos (arts. 146 a 217) são dedicados às disposições relativas a quem é obrigado a pagar o imposto;
- o Título IV é o mais extenso, estendendo-se do art. 218 ao art. 540. Ele é denominado "Determinação da Base de Cálculo", e encontra-se dividido em 5 subtítulos, quais sejam:
    - ✓ Subtítulo I – Disposições Gerais;
    - ✓ Subtítulo II – Preços de Transferência;
    - ✓ Subtítulo III – Lucro Real;

✓ Subtítulo IV – Lucro Presumido;
✓ Subtítulo V – Lucro Arbitrado.
- o título V contém apenas três artigos, relativos à alíquota de 15% e ao adicional do imposto de 10%; e
- por fim, o Título VI (arts. 544 a 619) dispõe sobre isenções, reduções e deduções do imposto, com forte características de incentivo fiscal.

Neste momento cabe esclarecer que, em conformidade com o que foi exigido pela Esaf nos concursos de 2012 e de 2014, não vamos analisar a matéria tratada no Título III (Inscrição no Cadastro Nacional da Pessoa Jurídica), que não foi incluída no conteúdo programático do edital.

Além disso, é importante destacar que esta Parte III encontra-se organizada de acordo com uma sequência de assuntos diferente daquela prevista no Regulamento, e também daquela estabelecida pela Esaf nos editais dos últimos concursos. Aqui se pretendeu ordenar os diversos assuntos relativos ao IRPJ segundo outra proposta, verdadeiramente voltada para o estudo do imposto, buscando-se estabelecer uma abordagem ao mesmo tempo ampla e compreensível, por meio de um sequenciamento lógico e encadeado.

19.2. Leis e atos administrativos que dispõem sobre o IRPJ

Entre as inúmeras leis que de alguma forma dispõem sobre o IRPJ, podemos identificar como mais importantes as seguintes:
- o Decreto-Lei nº 5.844, de 1943, revela as origens da estrutura atual de incidência do IRPJ, e possui várias disposições ainda vigentes;
- a Lei nº 4.506, de 1964, contém diversas disposições, até hoje vigentes, relativas aos critérios de dedutibilidade de custos, despesas e encargos;
- o Decreto-Lei nº 1.598, de 1977, foi editado "tendo em vista a necessidade de adaptar a legislação do imposto sobre a renda às inovações da Lei de Sociedades por Ações (Lei nº 6.404, de 15 de dezembro de 1976)". É o diploma legal que define o Lucro Real e estabelece a essência de sua determinação;
- a Lei nº 8.981, de 1995, estabelece as hipóteses de apuração do imposto com base no Lucro Arbitrado;
- a Lei nº 9.249, de 1995, entre outras providências:
    ✓ estabelece a alíquota do imposto e do adicional;
    ✓ disciplina a dedutibilidade dos juros pagos a sócios ou acionistas a título de remuneração do capital próprio;

- ✓ prevê a isenção de lucros ou dividendos recebidos de pessoas jurídicas domiciliadas no Brasil;
- ✓ veda a dedução de diversas despesas no cálculo do lucro real, entre elas as provisões;
- ✓ estabelece os percentuais aplicáveis no cálculo das estimativas mensais e na determinação do lucro real e do lucro arbitrado;
- ✓ disciplina a apuração do imposto nos casos de incorporação, fusão ou cisão;
- ✓ estabelece o tratamento tributário a ser adotado nos casos de omissão de receitas; e
- ✓ inova ao introduzir no País a tributação em bases universais, de modo que o imposto passou a incidir sobre lucros, rendimentos e ganhos de capital auferidos no exterior.
- a Lei nº 9.430, de 1996, é bastante importante no dia a dia daqueles que lidam com o IRPJ, especialmente porque:
  - ✓ contém as regras, atualmente vigentes, relativas aos regimes de apuração do IRPJ, inclusive quanto ao pagamento das estimativas mensais do IRPJ que integram a sistemática de apuração do regime anual do lucro real;
  - ✓ estabelece as hipóteses de dedutibilidade de perdas no recebimento de créditos;
  - ✓ aprofundou a disciplina relativa à tributação dos lucros, rendimentos e ganhos de capital auferidos no exterior;
  - ✓ dispõe sobre o mecanismo dos preços de transferência;
  - ✓ estabelece o procedimento relativo à suspensão de imunidade ou isenção.
- a Lei nº 9.532, de 1997, entre outras providências, ampliou a disciplina sobre a incidência do IRPJ sobre lucros, rendimentos e ganhos de capital auferidos no exterior; e disciplinou a isenção de instituições de caráter filantrópico, recreativo, cultural e científico e as associações civis;
- a Lei nº 12.973, de 2014, resultante da conversão da Medida Provisória nº 627, de 2013, que revogou o Regime Tributário de Transição (RTT) a partir de 1º de janeiro de 2015, e estabeleceu os ajustes ao lucro líquido, para fins de cálculo do lucro real, em decorrência dos novos critérios de contabilização introduzidos por meio da Lei nº 11.638, de 2007. Além disso, a Lei nº 12.973, de 2014, trouxe alterações na tributação da pessoa jurídica domiciliada no Brasil, com relação ao acréscimo patrimonial decorrente de participação em lucros auferidos no exterior por suas controladas e coligadas.

Entre as diversas instruções normativas que regulam a tributação das pessoas jurídicas, destacam-se as seguintes:
- IN nº SRF nº 213, de 2002, que dispõe sobre a tributação de lucros, rendimentos e ganhos de capital auferidos no exterior pelas pessoas jurídicas domiciliadas no País, nas situações que menciona;
- IN SRF nº 257, de 2002, que dispõe sobre a tributação dos resultados da atividade rural na apuração do imposto de renda das pessoas jurídicas;
- IN RFB nº 1.312, de 2012, que dispõe sobre o mecanismo de preços de transferência;
- IN RFB nº 1.420, de 19 de dezembro de 2013, que dispõe sobre a Escrituração Contábil Digital (ECD);
- IN RFB nº 1.422, de 19 de dezembro de 2013, que dispõe sobre a Escrituração Contábil Fiscal (ECF);
- IN RFB nº 1.515, de 2014, que é uma consolidação abrangente e atualizada das normas de incidência do IRPJ;
- IN nº RFB nº 1.520, de 2014, que dispõe sobre a tributação de lucros auferidos pelas pessoas jurídicas domiciliadas no País, por intermédio de controladas e coligadas no exterior.

Capítulo 20
Contribuintes do Imposto de Renda da Pessoa Jurídica

O Livro II do RIR inicia com as disposições relativas aos contribuintes do IRPJ. Basicamente, os assuntos que estudaremos neste Capítulo se encontram entre os arts. 146 e 166 do RIR.

Desde logo, o Regulamento deixa claro que a expressão "pessoa jurídica", salvo disposição em contrário, compreende todos os contribuintes do Imposto de Renda das Pessoas Jurídicas. E vale dizer, de acordo com a legislação tributária, são contribuintes do IRPJ, além das pessoas jurídicas, também as empresas individuais (RIR, art. 146).

Ainda no mesmo art. 146, o Regulamento esclarece que as normas de incidência do IRPJ alcançam:
- todas as firmas e sociedades, registradas ou não;
- as sociedades civis (sociedades simples, segundo a nova denominação dada pela lei civil) de prestação de serviços profissionais relativos ao exercício de profissão legalmente regulamentada;

- as sociedades cooperativas de consumo, que tenham por objeto a compra e fornecimento de bens aos consumidores (*vide* item 25.1.1);
- as entidades submetidas aos regimes de liquidação extrajudicial e de falência, em relação às operações praticadas durante o período em que perdurarem os procedimentos para a realização de seu ativo e o pagamento do passivo;
- o Fundo de Investimento Imobiliário;
- as empresas públicas e as sociedades de economia mista, bem como suas subsidiárias, nas mesmas condições das demais pessoas jurídicas.

Aqui é oportuno ressaltar que, quanto a empresas públicas e sociedades de economia mista, numa prova de Legislação Tributária, se não houver qualquer referência à jurisprudência, o candidato deve adotar o que dispõe a legislação. Em outras palavras, e considerando o atual entendimento do STF acerca da imunidade recíproca, quando não houver nenhuma especificação acerca da natureza da empresa pública (se prestadora de serviço público, ou exploradora de atividade econômica), o candidato deve se ancorar na seguinte regra: empresa pública é contribuinte do IRPJ nas mesmas condições das demais pessoas jurídicas. Para evitar problemas, pode ser útil pensar da seguinte forma:
- se o examinador não especificar nenhuma característica da empresa pública, vale a regra geral: não são abrangidas pela imunidade recíproca;
- se houver alguma especificação que permita distinguir a natureza das empresas públicas:
    - ✓ se forem exploradoras de atividades econômicas, vale a regra geral;
    - ✓ se forem prestadoras de serviços públicos de prestação obrigatória e exclusiva do Estado, estarão abrangidas pela imunidade recíproca;
- há também que se atentar ao comando da questão. Se o examinador quiser a resposta "segundo jurisprudência do STF", trata-se de um claro indício de que ele irá explorar a distinção acima comentada.

Voltando ao que dispõe o art. 146 do RIR, contribuintes do imposto são as pessoas jurídicas e as empresas individuais. No item 20.1, vamos constatar que, segundo a legislação tributária, a expressão "pessoas jurídicas" é mais ampla do que o incauto apressadamente pode supor, e no item seguinte, o 20.2, vamos perceber que as empresas individuais não constituem a única figura equiparada à pessoa jurídica.

20.1. Pessoas jurídicas

Vimos que as pessoas jurídicas são contribuintes do IRPJ. Embora o conceito de pessoa jurídica seja objeto de estudo do Direito Privado, **para os efeitos da incidência do IRPJ**, consideram-se pessoas jurídicas (RIR, art. 147):

- as pessoas jurídicas de direito privado, domiciliadas no País, sejam quais forem seus fins, nacionalidade ou participantes no capital;
- as filiais, sucursais, agências ou representações no País das pessoas jurídicas com sede no exterior;
- os comitentes domiciliados no exterior, quanto aos resultados das operações realizadas por seus mandatários ou comissários no País.

Primeiramente, note que, ao contrário das duas primeiras previsões, na última, contribuinte do imposto é alguém domiciliado **no exterior**. Trata-se do comitente domiciliado no exterior, que mantém negócios no País por meio de mandatário ou comissário que aqui atuam em seu nome, que agem sob sua determinação.

Mandatário é um representante ou procurador, que recebe mandato. Mandato é a autorização que alguém confere a outrem para praticar certos atos em seu nome.

Quando opera mediante comissão, o mandatário é comissário. Nesse contexto, comissão é um encargo, e comitente é a pessoa que, através de terceiros (comissários), realiza operações com fins lucrativos.

Ainda quanto ao art. 147 do RIR, é preciso ressaltar que o concursando precisa ter um enorme cuidado. Desde o início do estudo sobre o imposto de renda estamos repetindo que a pessoa, física ou jurídica, residente ou domiciliada no exterior, é contribuinte do imposto brasileiro em relação à renda e aos proventos de qualquer natureza provenientes de fontes situadas no País (RIR, art. 682 e seguintes). Como, então, devemos entender o disposto no inciso I do art. 147 do RIR? Contribuintes do IRPJ são somente as pessoas jurídicas domiciliadas no País? Como assim?

Embora não esteja expresso, deve-se entender que, exceto quanto aos comitentes domiciliados no exterior, somente as pessoas jurídicas domiciliadas no País são contribuintes do IRPJ **segundo as regras previstas no Livro II do Regulamento**. O que isso significa? Significa que somente as pessoas domiciliadas no País são tributadas segundo as regras do lucro real, presumido ou arbitrado, com todo seu rigor e formalidades.

A princípio, é razoável exigir o cumprimento das normas relativas aos regimes de tributação do IRPJ apenas das pessoas jurídicas aqui estabelecidas. No caso dos comitentes domiciliados no exterior, há o mandatário ou comissário no País para executar essa tarefa.

Por outro lado, das pessoas jurídicas domiciliadas no exterior não se pode esperar que cumpram as regras de apuração do lucro conforme a legislação brasileira. Nesse caso, o imposto incide exclusivamente na fonte sobre os pagamentos remetidos ao exterior (RIR, art. 682), pouco importando se ao final de um período a pessoa jurídica domiciliada no exterior apurou lucro ou prejuízo.

De qualquer forma, em relação ao imposto de renda brasileiro, a situação das pessoas jurídicas domiciliadas no exterior não é diferente da situação das pessoas físicas residentes no exterior. Dissemos em capítulos anteriores que a pessoa física residente no exterior não se submete ao regime de tributação anual porque não seria razoável delas exigir antecipações mensais e ajuste anual. Aqui a situação é análoga: não vamos exigir de uma pessoa jurídica domiciliada no exterior a apuração de lucro com o mesmo rigor que exigimos das empresas domiciliadas no Brasil. Simplesmente tributamos na fonte os pagamentos efetuados à pessoa, física ou jurídica, residente ou domiciliada no exterior.

E por que é importante fazer esse destaque? Porque na prova de Legislação Tributária, o examinador poderá cobrar a literalidade do art. 147 do RIR, e o candidato deve considerar correta a alternativa (ou a assertiva) que afirmar que contribuinte do IRPJ é a pessoa jurídica domiciliada no País. E exceto quanto ao comitente no exterior (que deve ser assim especificado), a assertiva que afirmar que pessoa jurídica domiciliada no exterior é contribuinte do IRPJ deve ser assinalada como incorreta, à luz do que dispõe o inciso I do art. 147 do RIR.

20.2. Equiparação à pessoa jurídica

Além das pessoas jurídicas, são contribuintes do IRPJ as equiparadas à pessoa jurídica. Para os efeitos da incidência do imposto de renda, são equiparadas a pessoas jurídicas:
- as sociedades em conta de participação (RIR, art. 148);
- as empresas individuais (RIR, art. 150).

20.2.1. Sociedades em conta de participação

As sociedades em conta de participação (SCP), previstas entre os arts. 991 e 996 do Código Civil, não têm personalidade jurídica. São constituídas por sócios ostensivos e por sócios ocultos.

A atividade constitutiva do objeto social é exercida unicamente pelo sócio ostensivo, em seu nome individual e sob sua própria e exclusiva responsabilidade, participando os demais (sócios ocultos) dos resultados correspondentes.

Na apuração dos resultados dessas sociedades, assim como na tributação dos lucros apurados e dos distribuídos, devem ser observadas as normas aplicáveis às pessoas jurídicas em geral (RIR, art. 149).

Os resultados e o lucro real correspondentes à sociedade em conta de participação devem ser apurados e demonstrados destacadamente dos resultados e do lucro real do sócio ostensivo, ainda que a escrituração seja feita nos mesmos livros. Em outras palavras, como são contribuintes diferentes (a pessoa jurídica, e a SCP da qual ela participa como sócia ostensiva), as receitas e despesas têm que ser segregadas para permitir a apuração dos resultados de cada um dos contribuintes, ainda que a escrituração possa ser feita apenas nos livros da sócia ostensiva. Nesse sentido, confira o que o Regulamento dispõe a respeito, em sua literalidade:

> **Art. 148.** As sociedades em conta de participação são equiparadas às pessoas jurídicas.
>
> **Art. 149.** Na apuração dos resultados dessas sociedades, assim como na tributação dos lucros apurados e dos distribuídos, serão observadas as normas aplicáveis às pessoas jurídicas em geral e o disposto no art. 254, II.
>
> [...]
>
> **Art. 254.** A escrituração das operações de sociedade em conta de participação poderá, à opção do sócio ostensivo, ser efetuada nos livros deste ou em livros próprios, observando-se o seguinte:
>
> I – quando forem utilizados os livros do sócio ostensivo, os registros contábeis deverão ser feitos de forma a evidenciar os lançamentos referentes à sociedade em conta de participação;
>
> II – os resultados e o lucro real correspondentes à sociedade em conta de participação deverão ser apurados e demonstrados **destacadamente dos resultados e do lucro real do sócio ostensivo,** ainda que a escrituração seja feita nos mesmos livros;
>
> III – nos documentos relacionados com a atividade da sociedade em conta de participação, o sócio ostensivo deverá fazer constar indicação de modo a permitir identificar sua vinculação com a referida sociedade.

20.2.2. Empresas individuais

Como vimos antes, para os efeitos da incidência do imposto de renda, as empresas individuais são equiparadas às pessoas jurídicas (RIR, art. 147).

Nesse sentido, segundo dispõe a legislação tributária, são empresas individuais:

- as firmas individuais (empresário individual);
- as pessoas físicas que promovam a incorporação de prédios em condomínio ou loteamento de terrenos. Trata-se das empresas individuais imobiliárias, objeto da disciplina do RIR, arts. 151 a 166;

> **Observação:** Loteamento é a subdivisão de área em lotes destinados à edificação de qualquer natureza, com simultânea implantação de sistema viário composto de novas vias públicas.
>
> Incorporação é a atividade de construção, sob um único imóvel, de edificação composta de unidades autônomas, para alienação total ou parcial, promovendo a instituição de um prédio em condomínio.
>
> Note que a equiparação alcança a pessoa física incorporadora. Por outro lado, ainda que sejam inscritos no CNPJ, os condomínios na propriedade de imóveis (resultantes da incorporação) não são contribuintes do IRPJ, nem mesmo como sociedades de fato, ainda que deles façam parte pessoas jurídicas (RIR, art. 155).

- as pessoas físicas que, em nome individual, explorem, habitual e profissionalmente, qualquer atividade econômica de natureza civil ou comercial, com o fim especulativo de lucro, mediante venda a terceiros de bens ou serviços.

No caso da pessoa física que explore, habitual e profissionalmente, atividade econômica com o fim especulativo de lucro, a equiparação à pessoa jurídica não se aplica quando, **individualmente**, exerça profissão ou explore atividades a seguir listadas (RIR, art. 150, § 2º):

- médico, engenheiro, advogado, dentista, veterinário, professor, economista, contador, jornalista, pintor, escritor, escultor e de outras que lhes possam ser assemelhadas;
- profissões, ocupações e prestação de serviços não comerciais (sem organização empresarial);
- agentes, representantes e outras pessoas sem vínculo empregatício que, tomando parte em atos de comércio, não os pratiquem por conta própria;
- serventuários da justiça, como tabeliães, notários, oficiais públicos e outros;
- corretores, leiloeiros e despachantes, seus prepostos e adjuntos;
- exploração individual de contratos de empreitada unicamente de lavor, qualquer que seja a natureza, quer se trate de trabalhos arquitetônicos, topográficos, terraplenagem, construções de alvenaria e outras congêneres, quer de serviços de utilidade pública, tanto de estudos como de construções;
- exploração de obras artísticas, didáticas, científicas, urbanísticas, projetos técnicos de construção, instalações ou equipamentos, salvo quando não explorados diretamente pelo autor ou criador do bem ou da obra.

Perceba que os casos acima se enquadram na hipótese estudada no item 9.2.2, relativa à tributação dos rendimentos de pessoas físicas, decorrentes do trabalho não assalariado.

Portanto, enquanto atuar individualmente, a pessoa física não fica equiparada à pessoa jurídica, mesmo que inscrita no CNPJ. Inclusive, como decorrência desse fato, note o que consta das instruções de preenchimento da Declaração de Informações da Pessoa Jurídica (DIPJ):

> *Não apresentam a DIPJ,* **ainda que se encontrem inscritas no Cadastro Nacional da Pessoa Jurídica (CNPJ)** *ou que tenham seus atos constitutivos registrados em Cartório ou Juntas Comerciais:*
>
> [...]
>
> *b)* **a pessoa física que, individualmente, preste serviços profissionais,** *mesmo quando possua estabelecimento em que desenvolva suas atividades e empregue auxiliares;*
>
> *c) a pessoa física que explore,* **individualmente***, contratos de empreitada unicamente de mão de obra, sem o concurso de profissionais qualificados ou especializados;*
>
> *d) a pessoa física que,* **individualmente***, seja receptora de apostas da Loteria Esportiva e da Loteria de Números (Loto, Sena, Megasena, etc.), credenciada pela Caixa Econômica Federal, ainda que, para atender exigência do órgão credenciador, esteja registrada como pessoa jurídica, desde que não explore, em nome individual, qualquer outra atividade econômica que implique sua equiparação a pessoa jurídica;*
>
> [...]

Por fim, é necessário ressaltar que, quando afirmamos que a equiparação à pessoa jurídica não se aplica às pessoas físicas que, **individualmente**, exerçam as profissões ou explorem as atividades acima listadas, não significa que essas pessoas não possam contar com a ajuda de auxiliares (secretárias, atendentes etc.). Em outras palavras, para os efeitos da tributação, a contratação de auxiliares não tem influência na caracterização da atividade como própria de pessoa jurídica ou de pessoa física.

Por outro lado, a contratação de profissional de mesma qualificação do titular faz com que a atividade deixe de ser individual, passando a existir exploração de mão de obra, o que irá caracterizar o empreendimento como pessoa jurídica. Por exemplo, considere a clínica médica exercida como atividade autônoma de um médico. Haverá equiparação à pessoa jurídica no momento em que houver contratação de outro médico para, na qualidade de empregado, exercer a medicina nessa organização.

20.3. Quadro síntese dos contribuintes do IRPJ

Pessoas jurídicas	Pessoas jurídicas de direito privado, domiciliadas no País, sejam quais forem seus fins, nacionalidade ou participantes no capital	
	Filiais, sucursais, agências ou representações no País das pessoas jurídicas com sede no exterior	
	Comitentes domiciliados no exterior, quanto aos resultados das operações realizadas por seus mandatários ou comissários no País	
Equiparadas a pessoas jurídicas	Sociedades em conta de participação	
	Empresas individuais	Firmas individuais (empresário individual)
		Pessoas físicas que promovem a incorporação de prédios em condomínio ou loteamento de terrenos (empresas individuais imobiliárias)
		Pessoas físicas que, em nome individual, explorem, habitual e profissionalmente, qualquer atividade econômica de natureza civil ou comercial, com o fim especulativo de lucro, mediante venda a terceiros de bens ou serviços

Capítulo 21
Responsáveis pelo Imposto de Renda da Pessoa Jurídica

Conforme vimos no Capítulo 7, a responsabilidade tributária é um instituto do Direito Tributário por meio do qual se pretende alcançar maior eficácia na cobrança do crédito tributário, atribuindo o dever de pagar o tributo à pessoa diversa (o responsável) daquela que pratica o fato gerador (o contribuinte).

Entre os arts. 207 e 211 do RIR encontram-se as disposições relativas à responsabilidade de sucessores e de terceiros pelo IRPJ devido pela pessoa jurídica contribuinte. Em grande parte, trata-se de reprodução de disposições do CTN.

21.1. Responsabilidade dos sucessores

Em relação ao IRPJ, o RIR trata da responsabilidade dos sucessores nos arts. 207 a 209. Em qualquer caso, a responsabilidade dos sucessores se aplica aos créditos tributários, constituídos ou não, desde que relativos a obrigações surgidas até a data do evento que implica a sucessão patrimonial. Essa abrangência é estabelecida pelo art. 209 do RIR, que na verdade reproduz o art. 129 do CTN, cuja redação bem que poderia ser mais direta e concisa. Confira:

> **Art. 209.** O disposto neste Capítulo [RESPONSABILIDADE DOS SUCESSORES] aplica-se por igual aos créditos tributários definitivamente constituídos ou em curso de constituição à data dos atos nele referidos, e aos constituídos posteriormente aos mesmos atos, desde que relativos a obrigações tributárias surgidas até a referida data.

Para facilitar o estudo do tema, vamos dividi-lo em duas partes: responsabilidade dos sucessores em caso de reorganização societária (fusão, cisão, incorporação, transformação ou extinção); e responsabilidade dos sucessores em caso de aquisição de fundo de comércio ou estabelecimento.

21.1.1. Responsabilidade dos sucessores em reorganizações societárias

Para compreender as hipóteses tratadas neste item, é fundamental conhecer a essência das operações de reorganização societária. Como forma de recordar o tema, ou mesmo como forma de estabelecer um primeiro contato, se este for o caso, recomenda-se consultar o item 35.1.

Antes de apresentar as disposições da legislação tributária relativas à responsabilidade dos sucessores nas operações de reorganização societária, vale destacar um "dogma" que ajuda a compreendê-las: nas hipóteses em que uma pessoa jurídica deixar de existir em decorrência de operação de reorganização societária, sempre haverá alguém para responder pelos tributos por ela devidos em relação a fatos geradores ocorridos antes do evento que a extinguiu.

Em outras palavras, a extinção da pessoa jurídica em decorrência de reorganização societária não implica a extinção das respectivas obrigações tributárias. Nesses casos, a lei atribui à pessoa sucessora, seja ela física ou jurídica, a responsabilidade pelos tributos originalmente devidos pela pessoa jurídica sucedida. Nesse sentido, o art. 207 do RIR estabelece o seguinte:

> **Art. 207.** Respondem pelo imposto devido pelas pessoas jurídicas transformadas, extintas ou cindidas:
>
> I – a pessoa jurídica resultante da transformação de outra;

> II – a pessoa jurídica constituída pela fusão de outras, ou em decorrência de cisão de sociedade;
>
> III – a pessoa jurídica que incorporar outra ou parcela do patrimônio de sociedade cindida;
>
> IV – a pessoa física sócia da pessoa jurídica extinta mediante liquidação, ou seu espólio, que continuar a exploração da atividade social, sob a mesma ou outra razão social, ou sob firma individual;
>
> V – os sócios, com poderes de administração, da pessoa jurídica que deixar de funcionar sem proceder à liquidação, ou sem apresentar a declaração de rendimentos no encerramento da liquidação.
>
> **Parágrafo único.** Respondem solidariamente pelo imposto devido pela pessoa jurídica:
>
> I – as sociedades que receberem parcelas do patrimônio da pessoa jurídica extinta por cisão;
>
> II – a sociedade cindida e a sociedade que absorver parcela do seu patrimônio, no caso de cisão parcial;
>
> III – os sócios com poderes de administração da pessoa jurídica extinta, no caso do inciso V.

Observe atentamente o que estabelece o dispositivo acima reproduzido:

- a pessoa jurídica resultante da transformação de outra responde pelo imposto devido pela transformada (inciso I);
- a pessoa jurídica constituída pela fusão de outras responde pelo imposto devido pelas fusionadas (inciso II, primeira parte);
- a pessoa jurídica incorporadora responde pelo imposto devido pela incorporada (inciso III, primeira parte);
- a pessoa física sócia da pessoa jurídica extinta mediante liquidação, ou seu espólio, que continuar a exploração da atividade social, sob a mesma ou outra razão social, ou sob firma individual (inciso IV).

Além disso, no caso de cisão total, a(s) pessoa(s) jurídica(s) que incorporar(em) parcela do patrimônio da sociedade cindida respondem solidariamente pelo imposto por ela devido (RIR, art. 207, inciso III, parte final; e parágrafo único, inciso I).

O mesmo se aplica à nova pessoa jurídica constituída a partir de parcela do patrimônio cindido (RIR, art. 207, inciso II, parte final). Ou seja, quando houver mais de uma sucessora de pessoa jurídica extinta por cisão, entre elas (as sucessoras) a responsabilidade é solidária.

A consequência observada na hipótese de cisão parcial não é diferente. Nesse caso, também é solidária a responsabilidade entre a sociedade cindida e a(s) sociedade(s) que absorver(em) parcela do seu patrimônio (RIR, art. 207, parágrafo único, inciso II).

Por fim, há o caso previsto no inciso V do mesmo art. 207 do RIR, em que o sócio com poderes de administração, pessoa física ou jurídica, do contribuinte que deixar de funcionar sem proceder à liquidação, ou sem apresentar a declaração de rendimentos no encerramento da liquidação, responde pelo imposto devido pela que deixou de funcionar. Nesse caso, se houver mais de um sócio com poderes de administração da pessoa jurídica extinta, entre eles a responsabilidade é solidária (RIR, art. 207, parágrafo único, inciso III). Aqui vale ressaltar que esta última situação tem sido considerada pela jurisprudência como hipótese de responsabilidade em razão de atuação infracional de terceiros, conforme veremos no item 21.2.2.

21.1.2. Responsabilidade dos sucessores em aquisições de fundo de comércio ou estabelecimento

O art. 208 do RIR reproduz a previsão do art. 133 do CTN, para atribuir responsabilidade à pessoa física ou jurídica adquirente de fundo de comércio ou estabelecimento comercial, industrial ou profissional, pelo imposto devido até a data da aquisição.

De qualquer forma, essa responsabilidade somente é atribuída ao adquirente que continuar com a respectiva exploração, independentemente de o fazer sob a mesma razão social, ou não, ou sob firma ou nome individual.

E qual a intensidade da responsabilidade atribuída ao adquirente? Vai depender da conduta do alienante:

- se o alienante **cessar** a exploração do comércio, indústria ou atividade, a responsabilidade do adquirente é integral (nesse caso, só sobrou o adquirente);
- se o alienante **prosseguir** na exploração ou iniciar dentro de seis meses, a contar da data da alienação, nova atividade no mesmo ou em outro ramo de comércio, indústria ou profissão, a responsabilidade do adquirente é subsidiária em relação à do alienante (nesse caso, o imposto deve ser cobrado primeiro do alienante).

Muito embora o RIR não tenha sido atualizado para refletir as alterações promovidas no CTN pela Lei Complementar nº 118, de 2005, é importante registrar que a hipótese de responsabilidade acima mencionada não se aplica nos casos de **alienação judicial** (CTN, art. 133, §§ 1º e 2º):

- em processo de falência;
- de filial ou unidade produtiva isolada, em processo de recuperação judicial.

Trata-se de uma medida que pretende facilitar a continuidade das atividades do fundo de comércio ou do estabelecimento, reduzindo o custo e o risco para os interessados em adquiri-los.

Por outro lado, é uma medida que fragiliza a cobrança do crédito tributário, que não foi prevista para beneficiar sócio da própria sociedade falida ou em recuperação judicial, ou pessoas a ele ligadas. Por isso mesmo, a responsabilidade prevista no CTN se mantém (o que equivale a dizer que a exceção à hipótese de responsabilidade não se aplica) quando o adquirente na alienação judicial for:

- sócio da sociedade falida ou em recuperação judicial, ou sociedade controlada pelo devedor falido ou em recuperação judicial;
- parente, em linha reta ou colateral até o quarto grau, consanguíneo ou afim, do devedor falido ou em recuperação judicial ou de qualquer de seus sócios; ou
- identificado como agente do falido ou do devedor em recuperação judicial com o objetivo de fraudar a sucessão tributária.

21.2. Responsabilidade de terceiros

A responsabilidade de terceiros pelo IRPJ devido pelo contribuinte é o objeto dos arts. 210 e 211 do RIR.

Mais uma vez, para facilitar o estudo, vamos dividir este item em três partes: responsabilidade pela inobservância do dever de boa administração; responsabilidade em razão de atuação infracional; e responsabilidade pelas obrigações de comitentes domiciliados no exterior.

21.2.1. Responsabilidade pela inobservância do dever de boa administração

Reproduzindo o comando do art. 134 do CTN, naquilo que é pertinente ao IRPJ, o art. 211 do Regulamento estabelece que, nos casos de impossibilidade de exigência do cumprimento da obrigação principal pelo contribuinte, respondem solidariamente com este nos atos em que intervierem ou pelas omissões de que forem responsáveis:

- os administradores de bens de terceiros, pelo imposto devido por estes;
- o síndico e o comissário (administrador judicial, segundo a nova denominação dada pela Lei de Falências), pelo imposto devido pela massa falida ou pelo concordatário;

> **Observação:** De acordo com a Lei nº 11.101, de 2005 – Lei de Falências – o síndico da massa falida passou a ser denominado administrador judicial. Além disso, o instituto da concordata deu lugar à recuperação judicial, que também contará com um administrador judicial.

- os tabeliães, escrivães e demais serventuários de ofício, pelo imposto devido sobre os atos praticados por eles, ou perante eles, em razão do seu ofício;
- os sócios, no caso de liquidação de sociedade de pessoas.

Aqui praticamente se aplicam todas as observações feitas no item 7.2.1, no momento em que estávamos analisando a responsabilidade de terceiros pelo IRPF em razão da inobservância do dever de boa administração.

Primeiramente, note que os incisos do art. 211 do RIR se referem a terceiros que possuem alguma espécie de vínculo jurídico em relação ao contribuinte, suficiente para que lhes seja atribuída a responsabilidade pelo IRPJ que não puder ser exigida do devedor principal, sempre que houver a participação do terceiro, por ação ou omissão, no ato de descumprimento do dever de pagar o tributo.

Sobre a responsabilidade dos sócios no caso da liquidação de sociedade de pessoas, no § 2º do art. 211 o RIR reproduz um comando de 1943 que estabelece o seguinte: a extinção de uma firma ou sociedade de pessoas não exime o titular ou os sócios da responsabilidade solidária do débito fiscal.

Neste ponto, talvez seja válido esclarecer o conceito de sociedades de pessoas. Segundo Fábio Ulhoa Coelho, em contraponto às sociedades de capital, "as sociedades de pessoas são aquelas em que a realização do objeto social depende mais dos atributos individuais dos sócios do que da contribuição material que eles dão". Como exemplo, o referido autor menciona a sociedade formada por dois amigos para desenvolvimento de programas de computador. Nesse caso, parece inegável que o sucesso da sociedade depende, preponderantemente, da capacitação dos sócios para o negócio.

Eis que, para esse tipo específico de sociedade, provavelmente devido à intensa relação pessoal do sócio com o desempenho da sociedade, o art. 53 do Decreto-Lei nº 5.844, de 1943, reproduzido no § 2º do art. 211 do RIR, estabeleceu que a extinção de uma firma ou sociedade de pessoas não exime o titular ou os sócios da responsabilidade solidária do débito fiscal.

Note que o decreto-lei de 1943 fez referência aos débitos da sociedade extinta e, por óbvio, não pagos no processo de liquidação, anterior à extinção. Desse modo, no curso de extinção da sociedade, quando faz referência à sociedade extinta, o Decreto-Lei nº 5.844, de 1943, está um momento à frente do CTN, que faz referência à responsabilidade dos sócios durante o processo de liquidação da sociedade.

Por fim, considerando-se que as hipóteses do art. 211 do RIR representam circunstâncias em que não se imputa uma conduta infracional ao terceiro responsável, deste somente podem ser exigidas as penalidades de caráter moratório.

21.2.2. Responsabilidade em razão de atuação infracional de terceiros

Em clara reprodução ao comando do art. 135 do CTN, mais uma vez naquilo que é pertinente ao IRPJ, o art. 210 do RIR estabelece que são pessoalmente responsáveis pelos créditos correspondentes a obrigações tributárias resultantes de atos praticados com excesso de poderes, ou infração de lei, contrato social ou estatutos:

- os administradores de bens de terceiros, pelo imposto devido por estes;
- o síndico e o comissário, pelo imposto devido pela massa falida ou pelo concordatário (vide observação no item anterior);
- os tabeliães, escrivães e demais serventuários de ofício, pelo imposto devido sobre os atos praticados por eles, ou perante eles, em razão do seu ofício;
- os sócios, no caso de liquidação de sociedade de pessoas;
- os mandatários, prepostos e empregados;
- os diretores, gerentes ou representantes de pessoas jurídicas de direito privado.

Dentre as hipóteses acima reproduzidas, a que certamente gera os maiores debates, teóricos ou mesmo concretos, é a responsabilidade de diretores, gerentes ou representantes de pessoas jurídicas de direito privado.

Sobre o tema o STJ já foi instado a se manifestar por diversas vezes, consolidando algumas importantes orientações. A primeira observação a ser feita se refere ao vínculo dos sócios com a sociedade. Segundo o entendimento praticamente pacificado, a responsabilidade prevista no art. 135 do CTN não pode ser atribuída ao sócio que não possui poderes de administração sobre a sociedade. Em outras palavras, o sócio quotista que não participa da administração da sociedade não pode ser enquadrado no inciso III do art. 135 do CTN. Em verdade, entre os sócios, a responsabilidade prevista no inciso III do art. 135 do CTN somente pode ser atribuída ao sócio-gerente.

Esse entendimento foi objeto de avaliação na prova de Direito Tributário do concurso para AFRFB em 2005. No caso, era negativa a resposta à seguinte pergunta: o sócio cotista pode ser responsabilizado com base na regra de solidariedade do CTN, sem que tenha participado da gerência?

Outra orientação do STJ que merece destaque encontra-se gravada na seguinte súmula:

> **Súmula nº 430/STJ** – *O inadimplemento da obrigação tributária pela sociedade não gera, por si só, a responsabilidade solidária do sócio-gerente.*

Note que, segundo entendimento do STJ, a simples falta de pagamento do tributo não é motivo suficiente para atribuir responsabilidade tributária ao administrador da sociedade.

Esse entendimento também foi objeto de avaliação na prova de Direito Tributário do concurso para AFRFB em 2005. No caso, mais uma vez era negativa a resposta à pergunta envolvendo o tema: o inadimplemento de obrigações tributárias caracteriza infração legal que justifique redirecionamento da responsabilidade para o sócio-gerente da empresa?

Por fim, cabe destacar a Súmula nº 435 do STJ, que trata da dissolução irregular de pessoa jurídica:

> **Súmula nº 435/STJ** – *Presume-se dissolvida irregularmente a empresa que deixar de funcionar no seu domicílio fiscal, sem comunicação aos órgãos competentes, legitimando o redirecionamento da execução fiscal para o sócio-gerente.*

Como se nota, o STJ pacificou o entendimento de que a dissolução irregular de pessoa jurídica configura infração à lei, suficiente para atribuição de responsabilidade a sócio-gerente. Esse entendimento decorre da apreciação de diversos casos em que os sócios abandonaram a atividade empresária sem encerrar devidamente a sociedade.

Perceba dois aspectos relevantes na Súmula nº 435. Primeiro, a dissolução irregular é motivo suficiente para atribuir responsabilidade tributária ao administrador da sociedade. Segundo, nesses casos, há uma atenuação da carga probatória que recai sobre a Fazenda Pública, afinal, em razão da presunção ali expressa, basta a prova de que a sociedade deixou de funcionar em seu domicílio fiscal, sem comunicação aos órgãos competentes, para que fique caracterizada a dissolução irregular capaz de ensejar a responsabilização tributária do sócio-gerente.

21.2.3. Responsabilidade pelas obrigações de comitentes domiciliados no exterior

Nos termos do § 1º do art. 210 do RIR, os comissários, mandatários, agentes ou representantes de pessoas jurídicas domiciliadas no exterior respondem, pessoalmente, pelos créditos correspondentes às obrigações tributárias resultantes das operações, no País, dos comitentes domiciliados no exterior.

Quanto a essas operações, o art. 398 do RIR estabelece o seguinte:

- o lucro operacional do mandatário, comissário, agente ou representante no Brasil corresponde à diferença entre a remuneração recebida pelos seus serviços e os gastos e despesas da operação que correrem por sua conta; e
- o lucro operacional do comitente (no exterior) é a diferença entre o preço de venda no Brasil e o valor pelo qual a mercadoria tiver sido importada, acrescido das despesas da operação que correrem por sua conta, inclusive a remuneração dos serviços prestados pelo mandatário ou comissário no Brasil.

Ou seja, a responsabilidade atribuída pelo § 1º do art. 210 do RIR aos comissários, mandatários, agentes ou representantes de pessoas jurídicas domiciliadas no exterior diz respeito ao imposto incidente sobre o lucro operacional que tem como titular o comitente no exterior (o segundo lucro operacional acima definido).

Isso porque, quanto ao imposto incidente sobre o lucro operacional de que são titulares os comissários, mandatários, agentes ou representantes, eles próprios são contribuintes, e não simplesmente responsáveis.

Capítulo 22
Domicílio Fiscal da Pessoa Jurídica

No Capítulo 8, vimos que domicílio fiscal é o local onde o sujeito passivo deverá ser encontrado para responder às suas obrigações de natureza tributária.

A importância desse instituto na rotina da atividade de fiscalização é muito grande. Inclusive, no capítulo anterior vimos que basta a prova de que a sociedade deixou de funcionar em seu domicílio fiscal, sem comunicação aos órgãos competentes, para que fique caracterizada a dissolução irregular da sociedade, motivo suficiente para atribuir responsabilidade tributária ao sócio-gerente.

Quanto ao domicílio fiscal da pessoa jurídica, o RIR disciplina a matéria nos arts. 212 e 213. No art. 212 encontram-se as regras de determinação do domicílio fiscal da pessoa jurídica, enquanto no artigo seguinte são previstas disposições sobre a transferência de domicílio.

22.1. Regras de determinação do domicílio fiscal da pessoa jurídica

Nos termos do art. 212 do RIR, o domicílio fiscal da pessoa jurídica é:

- em relação ao IRPJ:
  ✓ quando existir um único estabelecimento, o lugar da situação deste;
  ✓ quando se verificar pluralidade de estabelecimentos, à opção da pessoa jurídica, o lugar onde se achar o estabelecimento centralizador das suas operações ou a sede da empresa dentro do País;
- em relação às obrigações em que incorra como **fonte pagadora**, o lugar do estabelecimento que pagar, creditar, entregar, remeter ou empregar rendimento sujeito ao imposto no regime de tributação na fonte.

No entanto, quando não couber a aplicação das regras previstas acima, considera-se como domicílio fiscal do contribuinte o lugar da situação dos bens ou da ocorrência dos atos ou fatos que deram origem à obrigação tributária (RIR, art. 212, § 2º).

Além disso, reverberando a previsão do CTN, o Regulamento estabelece que a autoridade administrativa pode recusar o domicílio eleito, quando a escolha do contribuinte impossibilita ou dificulta a arrecadação ou a fiscalização do tributo, hipótese em que o domicílio fiscal da pessoa jurídica será o lugar da situação dos bens ou da ocorrência dos atos ou fatos que deram origem à obrigação tributária (RIR, art. 212, § 3º).

Aqui vale reiterar o que já vimos na parte relativa à pessoa física. Note que a autoridade fiscal não exerce uma escolha. Pode, no máximo, recusar a escolha feita pelo sujeito passivo, hipótese em que a legislação estabelece os locais que podem servir a esse fim. E, obviamente, a recusa deve ser motivada, sob pena de caracterizar arbítrio.

Portanto, o que vimos até aqui pode ser sintetizado da seguinte forma:

<table>
<tr><td rowspan="5">DOMICÍLIO FISCAL DA PESSOA JURÍDICA</td><td rowspan="2">Em relação ao IRPJ:</td><td>Quando existir um único estabelecimento, o lugar da situação deste.</td></tr>
<tr><td>Quando se verificar pluralidade de estabelecimentos, <u>à opção da pessoa jurídica</u>:
• o lugar onde se achar o estabelecimento centralizador das suas operações; OU
• a sede da empresa dentro do País.</td></tr>
<tr><td colspan="2">Em relação às obrigações em que incorra como fonte pagadora, o lugar do estabelecimento que pagar, creditar, entregar, remeter ou empregar rendimento sujeito ao imposto no regime de tributação na fonte.</td></tr>
<tr><td>Regra subsidiária
(quando não couber a aplicação das regras acima)</td><td rowspan="2">O lugar da situação dos bens ou da ocorrência dos atos ou fatos que deram origem à obrigação.</td></tr>
<tr><td>Recusa da autoridade fiscal
(quando o domicílio eleito impossibilite ou dificulte a arrecadação ou a fiscalização)</td></tr>
</table>

22.2. Procurador de residente ou domiciliado no exterior

No § 1º do art. 212, o RIR estabelece que o domicílio fiscal da pessoa jurídica procuradora ou representante de residentes ou domiciliados no exterior é o lugar onde se achar seu estabelecimento ou a sede de sua representação no País.

Embora pareça uma previsão bastante óbvia, sua importância está no fato de que a pessoa de interesse (o procurador ou o representante) toma parte em negócios realizados pelo verdadeiro contribuinte, residente ou domiciliado no exterior.

22.3. Transferência de domicílio

Por fim, no art. 213 o RIR estabelece que, quando o contribuinte transferir a sede de seu estabelecimento, de um Município para outro ou de um para outro ponto do mesmo Município, fica obrigado a comunicar essa mudança às repartições competentes dentro do prazo de 30 dias.

A comunicação deve ser feita nas unidades da Secretaria da Receita Federal do Brasil, ou por meio de informação em campo próprio da declaração de rendimentos.

Capítulo 23
Imunidades Relativas ao Imposto de Renda da Pessoa Jurídica

No Regulamento, as disposições relativas à imunidade do IRPJ se encontram entre os arts. 167 e 173. Em verdade, o art. 167 contém disposições gerais, também aplicáveis a isenções e não incidências. Nos demais artigos, há referência à imunidade de templos de qualquer culto, partidos políticos e suas fundações, entidades sindicais de trabalhadores e instituições de educação e de assistência social sem fins lucrativos. Tudo em conformidade com as alíneas *b* e *c* do inciso VI do art. 150 da CF.

Além da própria previsão das imunidades, o Regulamento consolida disposições relativas às condições a que se subordinam as entidades imunes para fins de fruição do benefício e, ainda, regras procedimentais relativas ao processo de suspensão da imunidade.

Segundo reconhece o Regulamento, são imunes ao IRPJ as seguintes entidades:

- as autarquias e fundações instituídas e mantidas pelo Poder Público (art. 171, § 2º);
- os templos de qualquer culto (art. 168);
- os partidos políticos e suas fundações, e as entidades sindicais de trabalhadores (art. 169);
- as instituições de educação ou assistência social, sem fins lucrativos (art. 170).

Curioso é o Regulamento fazer referência à imunidade de autarquias, uma vez que em seu art. 147 estabelece que contribuintes do imposto são as pessoas jurídicas de direito privado. Em outras palavras, muito embora não esteja errado afirmar que autarquias sejam imunes, nem seria necessária tal referência, afinal, sendo as autarquias pessoas jurídicas de direito público, elas nem mesmo se enquadram na previsão dos contribuintes do imposto.

O mesmo não se pode dizer em relação às fundações instituídas e mantidas pelo Poder Público que, a depender da forma como são instituídas, podem ter personalidade jurídica de direito público ou de direito privado, conforme nos esclarece a mais atual doutrina de Direito Administrativo. Desse modo, sendo possível a existência de fundações públicas com personalidade jurídica de direito privado, a referência à imunidade dessas entidades, no § 2º do art. 171 do RIR, faz todo sentido.

Antes de tratar das imunidades e das condições estabelecidas para sua fruição, vamos analisar as disposições gerais, que também são aplicáveis a isenções e não incidências.

23.1. Disposições gerais

Nos termos do art. 167 do RIR, a imunidade em relação ao IRPJ não dispensa as entidades imunes do cumprimento das demais obrigações previstas no RIR, especialmente as relativas à retenção e recolhimento de impostos sobre rendimentos pagos ou creditados a terceiros, e à prestação de informações.

Além disso, a imunidade dessas entidades não aproveita aos que delas percebam rendimentos, sob qualquer título e forma. Por exemplo, se uma empresa presta serviço ou fornece bens à entidade imune, o fato de o contratante ser imune ao IRPJ não implica imunidade em relação aos rendimentos pagos à contratada. O mesmo se aplica aos empregados contratados por entidades imunes, que ficam sujeitos ao IRPF como qualquer outro trabalhador, inclusive sofrendo retenções do imposto na fonte.

Por fim, nos termos do § 1º do art. 9º do CTN, as entidades imunes não estão dispensadas da prática de atos previstos em lei, assecuratórios do cumprimento de obrigações tributárias por terceiros. É o mesmo que dizer que a imunidade não dispensa o cumprimento de obrigações acessórias criadas para auxiliar a atividade de fiscalização e cobrança de tributos devidos por outros contribuintes. Isso significa que as entidades imunes, embora não devam impostos sobre sua renda, têm o dever de colaborar com a Administração Tributária na sua atividade de fiscalização de outros contribuintes. Por exemplo, as entidades imunes devem exigir a emissão de notas fiscais relativas ao fornecimento de bens que adquirirem ou de serviços que contratarem.

23.2. Templos de qualquer culto

Sobre os templos de qualquer culto, o art. 168 do RIR se limita a reconhecer que eles não estão sujeitos ao IRPJ. Em outras palavras, não encontramos no RIR qualquer referência a condições para fruição da imunidade dos templos.

E isso faz todo sentido, afinal, o art. 14 do CTN, principal base legal das condições para fruição das imunidades subjetivas previstas no inciso VI do art. 150 da CF, não faz referência aos templos. Confira os dispositivos pertinentes do CTN, abaixo reproduzidos com destaques acrescidos:

> **Art. 9º** É vedado à União, aos Estados, ao Distrito Federal e aos Municípios:
>
> [...]
>
> IV – cobrar ***imposto*** sobre:
>
> [...]

> *b) templos de qualquer culto*;
>
> c) o patrimônio, a renda ou serviços dos partidos políticos, inclusive suas fundações, das entidades sindicais dos trabalhadores, das instituições de educação e de assistência social, sem fins lucrativos, observados os requisitos fixados na Seção II deste Capítulo;
>
> [...]
>
> **Art. 14.** O disposto na *alínea c do inciso IV do art. 9º* é subordinado à observância dos seguintes requisitos pelas entidades nele referidas:
>
> I – não distribuírem qualquer parcela de seu patrimônio ou de suas rendas, a qualquer título;
>
> II – aplicarem integralmente, no País, os seus recursos na manutenção dos seus objetivos institucionais;
>
> III – manterem escrituração de suas receitas e despesas em livros revestidos de formalidades capazes de assegurar sua exatidão.

Portanto, conforme expressamente estabelece o art. 14 do CTN, as condições ali referidas se aplicam à alínea *c* do inciso IV do art. 9º, que não abrange os templos.

De qualquer forma, ainda que incondicionada, vale lembrar que, nos termos do § 4º do art. 150 da CF, em relação ao IRPJ, a imunidade dos templos se limita à renda e aos proventos de qualquer natureza relacionados com suas finalidades essenciais.

23.3. Imunidade de partidos políticos e entidades sindicais dos trabalhadores

No seu art. 169, o RIR reconhece que os partidos políticos e suas fundações, bem assim as entidades sindicais dos trabalhadores, não estão sujeitos ao IRPJ.

No entanto, essa imunidade é condicionada. Nesse sentido, no mesmo artigo se encontram relacionadas as condições que devem ser observadas por partidos políticos e entidades sindicais dos trabalhadores para fins de gozo da imunidade. Como se nota, trata-se das condições previstas no art. 14 do CTN:

- não distribuir qualquer parcela de seu patrimônio ou de suas rendas, a qualquer título;
- aplicar seus recursos integralmente no País, na manutenção de seus objetivos institucionais;
- manter escrituração de suas receitas e despesas em livros revestidos de formalidades capazes de assegurar sua exatidão.

Cabe ressaltar que o descumprimento dessas condições pode implicar a suspensão da imunidade, conforme veremos no item 23.5 (RIR, art. 169, § 2º).

Por fim, é importante observar que, muito embora as condições acima também se apliquem às instituições de educação e assistência social, o Regulamento tratou dessas entidades em dispositivo distinto porque elas se submetem a condições específicas, conforme veremos a seguir.

23.4. Imunidade das instituições de educação e assistência social

Nos termos do art. 170 do RIR, são imunes ao IRPJ as instituições sem fins lucrativos de educação e de assistência social, assim consideradas aquelas que prestem os serviços para os quais houverem sido instituídas e os coloquem à disposição da população em geral, em caráter complementar às atividades do Estado.

Ainda no âmbito das definições, o mesmo artigo estabelece que sem fins lucrativos é a entidade que não apresente superávit em suas contas ou, caso o apresente em determinado exercício, destine o resultado, integralmente, à manutenção e ao desenvolvimento dos seus objetivos sociais.

Quanto à abrangência e às condições para fruição da imunidade, o RIR faz referência ao regramento específico estabelecido pela Lei nº 9.532, de 1997, em seus arts. 12 a 14. Neste ponto, é importante mencionar que essa matéria é o objeto da Ação Direta de Inconstitucionalidade nº 1.802, ainda pendente de decisão final. No entanto, em 27 de agosto de 1998, o pleno do STF, por unanimidade, deferiu em parte o pedido de medida cautelar na mesma ação. Com isso, alguns dispositivos da Lei nº 9.532, de 1997, encontram-se suspensos até a decisão final. Portanto, é preciso certo cuidado ao estudar a matéria no RIR.

No que se refere às condições para a fruição da imunidade das instituições sem fins lucrativos de educação e de assistência social, entre os vários requisitos previstos pela referida lei, quase todos foram referendados pelo STF, exceto pelo que condiciona a imunidade à obrigação de "recolher os tributos retidos sobre os rendimentos por elas pagos ou creditados e a contribuição para a seguridade social relativa aos empregados, bem assim cumprir as obrigações acessórias daí decorrentes" (Lei nº 9.532, de 1997, art. 12, § 2º, alínea "f"; RIR, art. 170, § 3º).

Vale dizer que, com essa decisão liminar, o STF não pretendeu dispensar essas entidades do dever de efetuar o recolhimento dos tributos retidos sobre os rendimentos por elas pagos. Na verdade, em apreciação cautelar, o Tribunal apenas entendeu que lei ordinária não poderia condicionar a imunidade dessas entidades à observância da obrigação de recolher os tributos retidos. Segundo o entendimento do STF, quanto aos limites da imunidade suscetíveis de disciplina infraconstitucional, a matéria ficou reservada à lei complementar.

Por outro lado, encontram-se em plena vigência todos os demais requisitos previstos no § 2º do art. 12 da Lei nº 9.532, de 1997, reproduzidos no § 3º do art. 170 do RIR. São eles:

- não remunerar, por qualquer forma, seus dirigentes pelos serviços prestados;

> **Observação:** Esta exigência não impede a remuneração aos diretores não estatutários que tenham vínculo empregatício; e nem a remuneração aos dirigentes estatutários, desde que recebam remuneração inferior, em seu valor bruto, a 70% do limite estabelecido para a remuneração de servidores do Poder Executivo federal (Lei nº 9.532, de 1997, art. 12, § 4º, incluído pela Lei nº 12.868, de 15 de outubro de 2013).

- aplicar integralmente seus recursos na manutenção e desenvolvimento dos seus objetivos sociais;
- manter escrituração completa de suas receitas e despesas em livros revestidos das formalidades que assegurem a respectiva exatidão;
- conservar em boa ordem, pelo prazo de cinco anos, contado da data da emissão, os documentos que comprovem a origem de suas receitas e a efetivação de suas despesas, bem assim a realização de quaisquer outros atos ou operações que venham a modificar sua situação patrimonial;
- apresentar, anualmente, Declaração de Rendimentos, em conformidade com o disposto em ato da Secretaria da Receita Federal;
- assegurar a destinação de seu patrimônio a outra instituição que atenda às condições para gozo da imunidade, no caso de incorporação, fusão, cisão ou de encerramento de suas atividades, ou a órgão público;
- outros requisitos, estabelecidos em lei específica, relacionados com o funcionamento dessas entidades.

Na fundamentação utilizada para referendar esses requisitos, o STF esclareceu que eles se referem à "fixação de normas sobre a constituição e o funcionamento da entidade educacional ou assistencial imune", matéria que poderia ser veiculada por lei ordinária.

No entanto, ainda que tenha referendado todos esses requisitos, o STF suspendeu a eficácia do dispositivo que autoriza a Receita Federal a suspender a imunidade da entidade que "houver praticado ou, por qualquer forma, houver contribuído para a prática de ato que constitua infração a dispositivo da legislação tributária, especialmente no caso de informar ou declarar falsamente, omitir ou simular o recebimento de doações em bens ou em dinheiro, ou de qualquer forma cooperar para que terceiro sonegue tributos ou pratique ilícitos fiscais" (Lei nº 9.532, de 1997, art. 13; RIR, art. 173, *caput*).

De qualquer forma, considerando que o § 1º do art. 14 do CTN também se aplica à imunidade das instituições sem fins lucrativos de educação e de assistência social, o descumprimento das condições previstas pelo Código podem levar à suspensão do benefício. Por isso mesmo, quanto à possibilidade de suspensão da imunidade, a disciplina legal a que se submetem as instituições sem fins lucrativos de educação e de assistência social torna-se equivalente àquela dirigida aos partidos políticos e às entidades sindicais dos trabalhadores, analisada no item 23.3.

Por fim, quanto à abrangência da imunidade das instituições de educação e assistência social, em referência à CF, o art. 171 do RIR dispõe que o benefício é restrito aos resultados relacionados com suas finalidades essenciais.

Numa clara tentativa de especificar essa limitação, a Lei nº 9.532, de 1997, estabeleceu que "não estão abrangidos pela imunidade os rendimentos e ganhos de capital, auferidos em aplicações financeiras de renda fixa ou de renda variável" (Lei nº 9.532, de 1997, art. 12, § 1º; RIR, 171, § 1º). No entanto, esse dispositivo está incluído na lista dos que tiveram sua eficácia suspensa pelo Acórdão do STF que decidiu pelo acolhimento, em parte, do pedido cautelar na ADI nº 1.802.

23.5. Suspensão da imunidade

Nos arts. 172 e 173, o RIR cuida da suspensão da imunidade. A base legal da matéria é o art. 32 da Lei nº 9.430, de 1996. Antes de avançar, é preciso ressaltar que, em relação à imunidade das instituições de educação e assistência social, o STF suspendeu a eficácia do art. 14 da Lei nº 9.532, de 1997, a seguir reproduzido:

> Art. 14. À suspensão do gozo da imunidade aplica-se o disposto no art. 32 da Lei nº 9.430, de 1996.

Por essa razão, o Decreto nº 7.574, de 2011, que regulamenta o processo administrativo fiscal, em seu art. 123, estabelece que não se aplica a suspensão de imunidade no caso de descumprimento de requisito estabelecido especificamente pelo art. 12 da Lei nº 9.532, de 1997, para as instituições sem fins lucrativos de educação ou de assistência social. Portanto, o processo de suspensão de imunidade pode ser deflagrado unicamente pelo descumprimento das condições previstas pelo art. 14 do CTN.

Nesse sentido, caso seja constatado que a entidade imune não esteja observando requisito previsto na legislação tributária, a autoridade administrativa deve expedir notificação fiscal, na qual deve relatar os fatos que determinam a suspensão do benefício, indicando, inclusive, a data da ocorrência da infração. Vale ressaltar que nesse dispositivo da legislação tributária (Lei nº 9.430, de 1996, art. 32) não há referência aos templos!

Além do descumprimento das condições para o gozo da imunidade, também se considera infração a dispositivo da legislação tributária, suficiente para a suspensão do benefício, o pagamento, pela instituição imune, em favor de seus associados ou dirigentes, ou, ainda, em favor de sócios, acionistas ou dirigentes de pessoa jurídica a ela associada por qualquer forma, de despesas consideradas indedutíveis na determinação da base de cálculo do imposto.

A suspensão da imunidade tem como termo inicial a data da prática da infração. Em sua defesa, no prazo de trinta dias da ciência da notificação, a entidade pode apresentar as alegações e provas que entender.

O Delegado da Receita Federal tem competência para apreciar as alegações da entidade e, caso decida pela sua improcedência, deve expedir ato declaratório suspensivo do benefício, dando ciência de sua decisão à entidade.

Caso a entidade não se manifeste contra a notificação expedida pela autoridade fiscal, deve ser igualmente expedido o ato declaratório suspensivo da imunidade.

Uma vez efetivada a suspensão da imunidade, a entidade pode apresentar impugnação ao ato declaratório. Além disso, se for o caso, a fiscalização deve lavrar o respectivo auto de infração.

Caso seja lavrado o auto de infração, as impugnações contra o ato declaratório e contra a exigência de crédito tributário devem ser reunidas em um único processo, para serem decididas simultaneamente pela Delegacia de Julgamento competente.

Por fim, cabe mencionar a alteração promovida pela Lei nº 11.941, de 2009, relativa à suspensão da imunidade tributária de partido político. Nesse específico caso, os procedimentos que visem à suspensão da imunidade somente podem se iniciar após trânsito em julgado de decisão do Tribunal Superior Eleitoral que julgar irregulares ou não prestadas as devidas contas à Justiça Eleitoral.

Capítulo 24
Isenções Subjetivas do Imposto de Renda da Pessoa Jurídica

Entre os arts. 174 e 181, o Regulamento dispõe sobre isenções do IRPJ dirigidas a:
- sociedades beneficentes, fundações, associações e sindicatos;
- entidades de previdência privada;
- empresas estrangeiras de transportes;

- associações de poupança e empréstimo;
- sociedades de investimento com participação de capital estrangeiro;
- entidade binacional ITAIPU;
- Fundo Garantidor de Crédito.

Exceto quanto à isenção dirigida a empresas estrangeiras de transporte, as isenções acima mencionadas independem de prévio reconhecimento pela autoridade fiscal (RIR, art. 181). No caso das empresas estrangeiras de transporte, a isenção deve ser reconhecida pela Receita Federal, conforme veremos no item 24.2.

Além das isenções analisadas neste Capítulo, o RIR trata de outras isenções entre os arts. 546 a 580 (item 29.7), com declarada natureza de incentivo ao desenvolvimento regional, e a montadoras instaladas nas regiões norte, nordeste e centro-oeste.

Antes de iniciar a análise das isenções subjetivas, cabe lembrar que as disposições gerais analisadas no capítulo das imunidades (item 23.1) também se aplicam às isenções.

24.1. Instituições de caráter filantrópico, recreativo, cultural e científico

Nos termos do art. 174 do RIR, são isentas do imposto as instituições de caráter filantrópico, recreativo, cultural e científico e as associações civis que prestem os serviços para os quais houverem sido instituídas e os coloquem à disposição do grupo de pessoas a que se destinam, sem fins lucrativos.

De acordo com o § 3º do art. 174 do RIR (c/c o § 2º do art. 170), sem fins lucrativos é a entidade que não apresenta superávit em suas contas ou, caso o apresente em determinado exercício, que destina o resultado integralmente ao incremento de suas atividades.

Essa isenção, restrita ao IRPJ, é condicionada à observância dos seguintes requisitos, por parte da entidade (RIR, art. 174, § 3º, c/c o § 3º do art. 170, I a V):
- não remunerar, por qualquer forma, seus dirigentes pelos serviços prestados;
- aplicar integralmente seus recursos na manutenção e desenvolvimento dos seus objetivos sociais;
- manter escrituração completa de suas receitas e despesas em livros revestidos das formalidades que assegurem a respectiva exatidão;
- conservar em boa ordem, pelo prazo de cinco anos, contado da data da emissão, os documentos que comprovem a origem de suas receitas e a

efetivação de suas despesas, bem assim a realização de quaisquer outros atos ou operações que venham a modificar sua situação patrimonial;
- apresentar, anualmente, Declaração de Rendimentos, em conformidade com o disposto em ato da Secretaria da Receita Federal.

As instituições que deixarem de satisfazer essas condições perdem o direito à isenção, sujeitando-se ao processo de suspensão do benefício segundo o rito analisado no item 23.5.

Por fim, cabe ressaltar que a isenção não abrange os rendimentos e ganhos de capital, auferidos em aplicações financeiras de renda fixa ou de renda variável.

24.2. Empresas estrangeiras de transporte

São isentas do imposto as empresas estrangeiras de transporte terrestre, marítimo e aéreo se, no país de sua nacionalidade, as companhias brasileiras de igual objetivo gozarem da mesma prerrogativa (RIR, art. 176).

A isenção, conforme já adiantamos, precisa ser reconhecida pela Receita Federal, alcançando os rendimentos obtidos a partir da existência da reciprocidade de tratamento, não podendo originar direito à restituição (RIR, art. 181, parágrafo único).

24.3. Associações de Poupança e Empréstimo

São isentas do imposto as Associações de Poupança e Empréstimo, devidamente autorizadas pelo órgão competente, constituídas sob a forma de sociedade civil, tendo por objetivo propiciar ou facilitar a aquisição de casa própria aos associados, captar, incentivar e disseminar a poupança, que atendam às normas estabelecidas pelo Conselho Monetário (RIR, art. 177).

Por outro lado, o IRPJ incide à alíquota de quinze por cento sobre rendimentos e ganhos líquidos auferidos por essas Associações em aplicações financeiras. Nesse caso, a base de cálculo do imposto corresponde a 28% do valor dos referidos rendimentos e ganhos líquidos (RIR, art. 177, § 1º).

24.4. Outras entidades isentas

Vale apenas mencionar que também são isentos do IRPJ:
- as entidades fechadas de previdência privada, acessíveis exclusivamente aos empregados de uma só empresa ou de um grupo de empresas, denominadas patrocinadoras;

- entidades abertas de previdência privada sem fins lucrativos;
- as sociedades de investimento de cujo capital social participem pessoas físicas ou jurídicas, residentes ou domiciliadas no exterior;
- a entidade binacional Itaipu;
- o Fundo Garantidor de Crédito (FGC);
- a instituição privada de ensino superior que aderir ao Programa Universidade para Todos (Prouni), de acordo com o art. 8º da Lei nº 11.096, de 2005;
- a entidade privada de abrangência nacional e sem fins lucrativos, constituída pelo conjunto das cooperativas de crédito e dos bancos cooperativos, nos termos do art. 56-A da Lei nº 9.430, de 1996, introduzido pela Lei nº 12.873, de 24 de outubro de 2013;
- a Fifa, sua subsidiária no Brasil e os prestadores de serviços da Fifa, em relação aos fatos geradores decorrentes das atividades próprias e diretamente vinculadas à organização ou realização da Copa das Confederações Fifa 2013 e da Copa do Mundo Fifa 2014, de acordo com os arts. 7º, 8º e 9º da Lei nº 12.350, de 2010;
- o Comitê Olímpico Internacional, as empresas a ele vinculadas e o Comitê Organizador dos Jogos Olímpicos Rio 2016 (RIO 2016), em relação aos fatos geradores decorrentes das atividades próprias e diretamente vinculadas à organização ou realização dos Jogos Olímpicos de 2016 e dos Jogos Paraolímpicos de 2016, de acordo com os arts. 8º, 9º e 10 da Lei nº 12.780, de 2013;
- o Sistema de Cooperativas de Crédito do Brasil (Sicoob), conforme veremos no item 25.1.3.

Capítulo 25
Não Incidências Relativas ao Imposto de Renda da Pessoa Jurídica

Neste capítulo iremos analisar as hipóteses em que a legislação tributária não impõe a incidência do IRPJ. Trata-se dos resultados positivos auferidos pelas sociedades cooperativas (item 25.1), e das subvenções para investimentos (item 25.2).

25.1. Sociedades cooperativas

As sociedades cooperativas que obedecerem ao disposto na legislação específica não estão sujeitas à incidência do imposto sobre suas atividades econômicas, de proveito comum, sem objetivo de lucro (RIR, art. 182).

Essa é a regra geral. No entanto, é preciso tratar de algumas especificidades em relação ao assunto.

Antes, cabe lembrar que as disposições gerais analisadas no capítulo das imunidades (item 23.1) também se aplicam à não incidência sobre as cooperativas.

25.1.1. Cooperativas de consumo

O benefício da não incidência do IRPJ não se aplica às cooperativas de consumo, que têm por objeto a compra e fornecimento de bens aos consumidores.

Essa espécie de cooperativa se sujeita às mesmas normas de incidência dos impostos e contribuições de competência da União, aplicáveis às demais pessoas jurídicas, mesmo que suas vendas sejam efetuadas integralmente a associados (Lei nº 9.532, de 1997, art. 69).

25.1.2. Operações estranhas à finalidade da cooperativa

Vimos acima que as cooperativas não estão sujeitas à incidência do IRPJ sobre suas atividades econômicas, de proveito comum, sem objetivo de lucro (RIR, art. 182).

Entretanto, as cooperativas estão sujeitas ao Imposto de Renda calculado sobre os resultados positivos das operações e atividades estranhas à sua finalidade, quando a exercerem (RIR, art. 183). Nesse sentido, vale destacar o entendimento do STJ expresso na seguinte súmula:

> **Súmula nº 262/STJ** – Incide o imposto de renda sobre o resultado das aplicações financeiras realizadas pelas cooperativas.

Esse entendimento é bastante claro ao considerar que os resultados advindos de aplicações financeiras são estranhos à finalidade das cooperativas.

25.1.3. Cooperativas de crédito

No item anterior, vimos que, em regra, incide o Imposto de Renda sobre o resultado das aplicações financeiras realizadas pelas cooperativas. No entanto, por razões óbvias, há que se relativizar esse entendimento no caso das cooperativas de crédito.

De fato, os resultados obtidos pelas cooperativas de crédito em aplicações financeiras junto a terceiros estão submetidos à incidência do Imposto sobre a Renda por não se caracterizarem como ato cooperado.

Porém, quando essas aplicações financeiras forem efetuadas junto a outra sociedade cooperativa de crédito da qual a aplicadora seja filiada, configuram-se como verdadeiros atos cooperados, considerando-se abrangidos na respectiva finalidade e objetivos sociais, não se submetendo à tributação para o IRPJ (Lei nº 5.764, de 1971, art. 79; IN SRF nº 333, de 2003, art. 1º).

Por fim, em razão da conexão com o tema "cooperativas de crédito", mesmo não se tratando de uma hipótese de não incidência (mas, sim, de uma isenção), vale destacar que, em 2013, foi concedido um benefício em relação ao IRPJ para o Sistema de Cooperativas de Crédito do Brasil (Sicoob). Tal benefício foi concedido por meio da inclusão do art. 56-A na Lei nº 9.430, de 1996, promovida pela Lei nº 12.873, de 2013, nos seguintes termos:

> **Art. 56-A.** A entidade privada de abrangência nacional e sem fins lucrativos, constituída pelo conjunto das cooperativas de crédito e dos bancos cooperativos, na forma da legislação e regulamentação próprias, destinada a administrar mecanismo de proteção a titulares de créditos contra essas instituições e a contribuir para a manutenção da estabilidade e a prevenção de insolvência e de outros riscos dessas instituições, é isenta do imposto de renda, inclusive do incidente sobre ganhos líquidos mensais e do retido na fonte sobre os rendimentos de aplicação financeira de renda fixa e de renda variável, bem como da contribuição social sobre o lucro líquido.
>
> § 1º Para efeito de gozo da isenção, a referida entidade deverá ter seu estatuto e seu regulamento aprovados pelo Conselho Monetário Nacional.
>
> [...]
>
> § 4º Em caso de dissolução, por qualquer motivo, da entidade de que trata o *caput*, os recursos eventualmente devolvidos às associadas estarão sujeitos à tributação na instituição recebedora, na forma da legislação vigente.
>
> [...]

25.2. Subvenções para investimentos

Originalmente, a Lei das S.A., no seu art. 182, determinava que as doações e subvenções para investimento fossem classificadas em conta de reserva de capital, diretamente no patrimônio líquido.

Com base nessa realidade, o art. 443 do RIR, reproduzindo a legislação da década de 1970, estabelece que as subvenções para investimento não devem ser computadas na determinação do lucro real, desde que sejam registradas como reserva de capital. Além disso, estabelece que, para não serem alcançadas pelo IRPJ, as subvenções somente podem ser utilizadas na absorção de prejuízos ou na incorporação ao capital social.

Ainda segundo o mesmo art. 443 do RIR, as subvenções para investimento compreendem, inclusive, isenção ou redução de impostos concedidas como estímulo à implantação ou expansão de empreendimentos econômicos, bem como as doações feitas pelo Poder Público.

No entanto, a Lei das S.A. foi alterada neste ponto, e a determinação de que as que as doações e subvenções para investimento fossem classificadas em conta de reserva de capital foi revogada. O novo tratamento, previsto no art. 195-A da Lei das S.A., deixa claro que as doações ou subvenções devem ser contabilizadas em conta de resultado, como receita. E somente após a apuração do lucro líquido, a parcela decorrente dessas doações ou subvenções pode ser destinada à reserva de lucros denominada "reserva de incentivos fiscais".

Para o fim de adaptar a legislação tributária ao novo tratamento contábil, o art. 30 da Lei nº 12.973, de 2014, assim dispõe:

> **Art. 30.** As subvenções para investimento, inclusive mediante isenção ou redução de impostos, concedidas como estímulo à implantação ou expansão de empreendimentos econômicos e as doações feitas pelo poder público não serão computadas na determinação do lucro real, desde que seja registrada em reserva de lucros a que se refere o art. 195-A da Lei nº 6.404, de 15 de dezembro de 1976, que somente poderá ser utilizada para:
>
> I – absorção de prejuízos, desde que anteriormente já tenham sido totalmente absorvidas as demais Reservas de Lucros, com exceção da Reserva Legal; ou
>
> II – aumento do capital social.
>
> [...]

Como se nota, o art. 30 da Lei nº 12.973, de 2014, mantém o tratamento tributário previsto anteriormente, permanecendo não alcançadas pela incidência do IRPJ as importâncias relativas a subvenções para investimento e doações recebidas do Poder Público, ainda que tenham transitado pelo resultado da empresa, desde que tais valores sejam mantidos em conta de reserva de incentivos fiscais.

No restante do art. 30 da Lei nº 12.973, de 2014, restou estabelecido que, no período em que receber subvenções para investimento, caso a reserva não possa ser constituída em razão de a pessoa jurídica ter apurado prejuízo contábil ou lucro líquido inferior à parcela decorrente de doações e de subvenções governamentais, a reserva de incentivos fiscais deverá ser constituída nos períodos subsequentes, na medida em que lucros forem apurados.

De qualquer forma, uma vez constituída, a referida reserva somente poderá ser utilizada para absorção de prejuízos ou aumento do capital social. Além disso, a reserva de incentivos fiscais só poderá ser utilizada para absorver prejuízos na hipótese de já terem sido totalmente absorvidas as demais reservas de lucros, com exceção da reserva legal. E ainda assim, a pessoa jurídica deve recompor a reserva na medida em que forem apurados lucros nos períodos subsequentes.

Caso não sejam obedecidas essas regras, os valores relativos às subvenções para investimento serão tributados.

25.3. Prêmio na emissão de debêntures

De acordo com a BM&FBovespa[1], "debêntures são valores mobiliários de emissão de companhias abertas, nominativos, negociáveis, de médio/longo prazo; e os debenturistas tornam-se credores da companhia emissora. Rendem juros, fixos ou variáveis, sendo todas as características definidas na escritura de emissão". Em outras palavras, debêntures são instrumentos financeiros utilizados pelas empresas para fins de captação de capital, mediante a promessa de devolução do capital recebido acrescido de juros.

Por sua vez, prêmio na emissão de debêntures é o montante recebido pela empresa emissora que supera o valor nominal do título, pactuado para resgate. Ou seja, trata-se de um ganho da empresa emissora, que o adquirente aceita pagar em razão da sua reputação e da atratividade dos juros por ela prometidos.

Até 31/12/2007, o prêmio recebido na emissão de debêntures era classificado como reserva de capital, diretamente no patrimônio líquido. Do ponto de vista tributário, esse prêmio não sofria incidência do IRPJ (RIR, art. 442, inciso III).

A partir de 2008, de acordo com as novas regras contábeis, o prêmio na emissão de debêntures passou a representar um resultado não realizado, registrado no passivo para ser apropriado no resultado, como receita, segundo o regime de competência (Pronunciamento Técnico nº 08, do Comitê de Pronunciamentos Contábeis – CPC).

Considerando que foi alterado o tratamento contábil do prêmio na emissão de debêntures, a legislação tributária precisou ser adaptada. Com esse objetivo, foi editado o art. 31 da Lei nº 12.973, de 2014, que mantém o tratamento tributário anterior. Ou seja, os valores relativos ao prêmio na emissão de debêntures continuam não alcançados pelo IRPJ.

---

1 Disponível em: <http://www.bmfbovespa.com.br/Pdf/GuiaDebenturesBF.pdf>.

Considerando que o prêmio na emissão de debêntures passou a circular em conta de resultado, para operacionalizar a não incidência do IRPJ, o dispositivo autoriza sua exclusão na apuração do lucro real do período em que forem computados como receita, segundo o regime de competência.

No entanto, esse tratamento se aplica desde que a titularidade da debênture não seja de sócio da pessoa jurídica emitente. Além disso, a parcela do lucro líquido proveniente do prêmio na emissão de debêntures precisa ser transferida para reserva de lucros específica, que somente poderá ser utilizada para:

- absorção de prejuízos desde que anteriormente já tenham sido totalmente absorvidas as demais Reservas de Lucros, com exceção da Reserva Legal; ou
- aumento do capital social.

Caso a reserva de lucros não possa ser constituída em razão de a pessoa jurídica apurar prejuízo contábil ou lucro líquido inferior à parcela decorrente do prêmio que for computada como receita, a reserva deverá ser constituída nos períodos subsequentes, à medida que lucros forem apurados.

Por outro lado, uma vez constituída, caso seja utilizada na absorção de prejuízos, a reserva deve ser recomposta nos períodos subsequentes, na medida em que lucros forem apurados.

Caso não sejam observadas essas disposições, o prêmio na emissão de debêntures será tributado.

Capítulo 26
Fato Gerador do Imposto de Renda da Pessoa Jurídica

Até este ponto, basicamente, estudamos o aspecto subjetivo da obrigação tributária relativa ao IRPJ. A partir de agora, vamos analisar o fato gerador e as regras relativas à quantificação do imposto. Neste Capítulo, cuidaremos do fato gerador. No Capítulo 27, vamos estudar a forma prevista na legislação tributária para fins de determinação do imposto devido, abrangendo aspectos mais gerais relativos à base de cálculo, além da alíquota e do adicional.

No Capítulo 28 vamos tratar do lançamento do imposto, e nos capítulos seguintes, nos aprofundar nas regras de determinação de sua base de cálculo, nos regimes de lucro real, presumido ou arbitrado.

Em linhas gerais, podemos dizer que o fato gerador do IRPJ é a existência de lucro no encerramento de um período de apuração. E o que é lucro? Sabemos que lucro é o acréscimo patrimonial resultante do confronto de receitas, custos e despesas. Conforme já afirmamos antes (item 3.3), considerar despesas e custos é necessário para evitar que o imposto incida simplesmente sobre a receita, base de incidência de outros tributos.

Portanto, se o fato gerador do IRPJ é a existência de lucro ao final de um período, é natural que a legislação tributária se dedique à fixação de regras destinadas à sua determinação. Mas ao empreender essa tarefa, a legislação tributária não fixa regras uniformes para todos os contribuintes do imposto. Em verdade, reconhecendo as diferentes realidades operacionais encontradas entre os contribuintes do IRPJ, principalmente em decorrência do porte e da atividade das empresas, a legislação estabelece diferentes formas de determinação do lucro que sofre a incidência do imposto.

Sabe-se que a apuração do lucro exige organização e controle por parte das pessoas jurídicas. Nesse sentido, grande rigor na apuração do lucro é exigência dirigida às maiores empresas e a empresas de determinados setores da economia. Por outro lado, quanto aos menores empreendimentos, ainda que possam se submeter às mesmas regras de tributação das maiores empresas, a legislação oferece a opção por métodos simplificados de apuração do lucro.

Cada conjunto de regras que conferem um tratamento completo para a incidência do imposto constitui o que podemos denominar "regime de tributação". Há uma infinidade de regras específicas de tributação das pessoas jurídicas. Mas, no final, a apuração do imposto é conduzida para um dos seguintes regimes de tributação:

- **Lucro real:** grande rigor na apuração do lucro tributável, determinado a partir de ajustes ao lucro líquido contábil;
- **Lucro presumido**: lucro apurado com base numa ficção legal que prestigia a simplificação dos procedimentos;
- **Lucro arbitrado**: regime excepcional, considerado como última medida aplicável aos casos em que se mostrar inviável a utilização dos regimes anteriores, por razões de fato ou de direito;
- **Simples Nacional**: regime de apuração e pagamento unificado de diversos tributos, inclusive o IRPJ, dirigido a microempresas e empresas de pequeno porte.

Neste momento, cabe ressaltar que o Simples Nacional não integrou o programa de Legislação Tributária dos concursos de 2012 e de 2014, portanto, não irá compor nosso objeto de análise.

26.1. Momento de incidência do imposto

No item anterior, vimos que o fato gerador do IRPJ é a existência de lucro no encerramento de um período de apuração. Se é mesmo necessário aguardar o encerramento do período de apuração, como então devemos entender o art. 218 do RIR/99, abaixo reproduzido?

> **Art. 218.** O imposto de renda das pessoas jurídicas, inclusive das equiparadas, das sociedades civis em geral e das sociedades cooperativas em relação aos resultados obtidos nas operações ou atividades estranhas à sua finalidade, será devido à medida em que os rendimentos, ganhos e lucros forem sendo auferidos.

Esse dispositivo do Regulamento reproduz o art. 25 da Lei nº 8.981, de 1995, que se encontra vigente. De acordo com o art. 27 da mesma lei (revogado), considerava-se ocorrido o fato gerador do imposto a cada mês. Para os optantes pelas regras do lucro presumido, o imposto mensal era definitivo. Para os contribuintes submetidos ao lucro real, além do pagamento mensal do imposto, havia a obrigação de realizar o ajuste anual (art. 37).

Deve, então, ficar claro que, mesmo sob as regras da Lei nº 8.981, de 1995, considerava-se ocorrido o fato gerador do IRPJ apenas no final do período de apuração, que no caso era mensal. Portanto, ao estabelecer que o imposto seria devido à medida que os rendimentos, ganhos e lucros fossem auferidos, a Lei de 1995 simplesmente pretendeu reafirmar a incidência mensal do imposto, que já havia sido prevista pelo art. 38 da Lei nº 8.383, de 1991. Com isso, a legislação reforçou o abandono da incidência anual.

Atualmente, encontra-se em vigor a sistemática prevista pela Lei nº 9.430, de 1996, editada após a verificação do sucesso do Plano Real no objetivo de estabilizar a economia. Com o êxito do esforço de contenção do intenso processo inflacionário que se verificava antes do Plano Real, o período de apuração do IRPJ foi ampliado para o trimestre, conforme veremos em momento oportuno. Mas, ainda assim, podemos afirmar que o imposto é devido à medida que os rendimentos, ganhos e lucros são auferidos, em regra segundo períodos trimestrais de apuração.

26.2. Receitas e rendimentos

No item 9.1, vimos que rendimentos são frutos periódicos que não esgotam sua própria fonte produtora. Como exemplo, podemos citar os juros produzidos por aplicações financeiras.

Não pode restar qualquer dúvida de que o conceito de rendimento também se aplica a alguns dos ingressos registrados pelas pessoas jurídicas, principalmente quando os valores recebidos são provenientes do capital, que gera nova riqueza praticamente sem a intervenção da entidade. Nesse sentido, os rendimentos da pessoa jurídica integram a parte positiva na apuração do lucro, realizada ao final de um determinado período.

Também não pode restar dúvida de que rendimentos constituem espécie de receita. Isso fica bem claro no art. 373 do RIR, quando relaciona rendimentos de aplicações financeiras de renda fixa entre os valores que compõem as receitas da entidade.

Mais do que o simples ingresso de recursos no patrimônio da entidade, o conceito de receita (tanto o contábil, quanto o jurídico) pressupõe o acréscimo patrimonial decorrente:

- do aumento no valor dos bens e direitos da entidade, sem um correspondente aumento de igual valor nas obrigações; ou
- da diminuição no valor das obrigações, sem uma diminuição concomitante e de igual valor em bens e direitos.

Mas não se engane. Ainda que necessariamente represente acréscimo patrimonial, receita não se confunde com renda. O conceito de receita é mais amplo que o de renda. Como regra, para os efeitos da incidência do IRPJ, a renda é o lucro obtido com a soma dos **acréscimos patrimoniais tributáveis** (constituídos de receitas e ganhos de capital), diminuída pelos **decréscimos patrimoniais dedutíveis** (representados por custos, despesas e perdas de capital).

Em síntese, quando isoladamente consideradas, as receitas não constituem fato gerador do IRPJ. Em verdade, as receitas da pessoa jurídica integram a parte positiva na apuração do lucro, realizada ao final de um determinado período.

26.3. Conceito de receita bruta

Na legislação vigente antes das alterações introduzidas pela Lei nº 12.973, de 2014, a receita bruta compreendia o produto da venda de bens nas operações de conta própria, o preço dos serviços prestados e o resultado auferido nas operações de conta alheia. Vale dizer, o resultado de operações de conta alheia se refere às comissões decorrentes da atuação na intermediação de negócios.

Com a alteração promovida pela Lei nº 12.973, de 2014, além das parcelas anteriormente já compreendidas no conceito de receita bruta, foram incluídas as receitas da atividade ou objeto principal da pessoa jurídica, não compreendidas pela venda de bens ou prestação de serviços em geral (conforme nova redação dada ao art. 12 do Decreto-Lei nº 1.598, de 1977).

Essa alteração parece estar especialmente endereçada às instituições financeiras, com reflexo direto na base de cálculo da Contribuição para o PIS/Pasep e da Cofins. Isso porque há uma discussão no meio jurídico acerca da natureza do acréscimo patrimonial representado pelo *spread* bancário. De um lado, para fundamentar a incidência das referidas contribuições, a Fazenda Nacional defende que o *spread* já se encontrava incluído na definição anterior de receita bruta, correspondendo à receita decorrente da prestação de serviços. De outro lado, as instituições financeiras, pretendendo evitar a incidência das referidas contribuições, alegam que a receita decorrente da sua prestação de serviços envolve apenas as tarifas de manutenção de conta, compensação de cheques e outros serviços bancários, sem abranger o *spread*.

Com a alteração promovida pela Lei nº 12.973, de 2014, esta discussão restará superada, pelo menos quanto aos fatos geradores futuros.

Além disso, a Lei nº 12.973, de 2014, deixa claro que na receita bruta se incluem os tributos sobre ela incidentes, ressalvados os não cumulativos cobrados destacadamente pelo vendedor dos bens ou pelo prestador dos serviços na condição de mero depositário. Tais impostos compreendem o IPI e o ICMS, este último apenas quando destacado por substituição tributária.

Portanto, deve ficar claro que o ICMS decorrente de obrigação própria integra a receita bruta. Apenas o ICMS cobrado como substituto é que pode ser excluído. Para que fique bem claro, considere o exemplo de uma indústria de sorvetes. Ela é contribuinte de ICMS em relação aos fatos geradores por ela praticados, mas é substituta em relação ao ICMS devido pelo atacadista e pelo varejista do produto. Esse ICMS substituição pode ser excluído da receita bruta, enquanto o ICMS devido pelo fabricante na qualidade de contribuinte, embutido no seu preço, não pode ser excluído.

A Lei nº 12.973, de 2014, também esclarece que na receita bruta se incluem os valores decorrentes do ajuste a valor presente das operações vinculadas à receita bruta (item 26.4).

Por outro lado, a lei estabelece que a receita líquida corresponde à receita bruta diminuída:

- das devoluções e vendas canceladas;
- dos descontos concedidos incondicionalmente;
- dos tributos sobre ela incidentes; e
- dos valores decorrentes do ajuste a valor presente das operações vinculadas à receita bruta.

Para repercutir o novo conceito de receita bruta sobre a apuração da base de cálculo das estimativas mensais devidas no regime anual do Lucro Real (item 29.6), a Lei nº 12.973, de 2014, alterou o art. 2º da Lei nº 9.430, de 1996.

Vale ressaltar que as disposições acima mencionadas se aplicam ao Regime de Lucro Real. No entanto, outros dispositivos da Lei nº 12.973, de 2014, cuidam para que esse novo conceito de receita bruta também seja observado pelos optantes do Lucro Presumido e pelos que se sujeitarem ao Lucro Arbitrado (conforme nova redação dada aos arts. 25 e 27 da Lei nº 9.430, de 1996).

E diante da nova definição de receita bruta para fins de apuração da base de cálculo do IRPJ, foi revogado o art. 31 da Lei nº 8.981, de 1995, reproduzido no art. 224 do RIR.

26.4. Ajuste a valor presente de elementos do ativo

Nos termos do inciso VIII do art. 183 da Lei das S.A., "os elementos do ativo decorrentes de operações de longo prazo serão ajustados a valor presente, sendo os demais ajustados quando houver efeito relevante". De forma análoga, o inciso III do art. 184 estabelece que "as obrigações, os encargos e os riscos classificados no passivo não circulante serão ajustados ao seu valor presente, sendo os demais ajustados quando houver efeito relevante".

Ao especificar a matéria, por meio do Pronunciamento Técnico nº 12, o Comitê de Pronunciamentos Contábeis (CPC) determinou que "a mensuração contábil a valor presente seja aplicada no reconhecimento inicial de ativos e passivos. Apenas em certas situações excepcionais, como a que é adotada numa renegociação de dívida em que novos termos são estabelecidos, o ajuste a valor presente deve ser aplicado como se fosse nova medição de ativos e passivos".

Com esse novo padrão, a contabilidade segrega o valor dos juros embutidos nas operações de longo prazo, melhorando a qualidade da informação na medida em que receitas e despesas financeiras passam a ser reconhecidas.

Ao tratar do tema, os arts. 4º e 5º da Lei nº 12.973, de 2014, estabelecem regras que, para fins tributários, anulam os efeitos decorrentes do novo padrão contábil. Mais do que uma medida reacionária da Administração Tributária, trata-se de uma maneira eficaz de se manter distante de discussões acerca da "taxa de juros adequada para cada caso". Neste momento, vamos ver como isso se opera em relação aos elementos do ativo, deixando para outro momento a análise da repercussão sobre elementos do passivo (item 30.9).

O art. 4º se refere aos ajustes a valor presente sobre elementos do ativo, dispondo que eles devem ser considerados na determinação do lucro real no mesmo período de apuração em que a receita deva ser oferecida à tributação.

Para compreender o que isso significa, imagine uma venda a longo prazo no valor de R$ 50 mil, com valor presente de R$ 40 mil. Nesse caso, a operação seria contabilizada da seguinte forma:

D: Contas a receber	50.000
C: Receita de vendas	40.000
C: Juros a apropriar (retificadora do ativo)	10.000

No ativo não circulante realizável a longo prazo, o direito estaria registrado inicialmente pelo valor presente de R$ 40 mil, representando R$ 50 mil a receber menos o ajuste de R$ 10 mil. À medida que transcorre o tempo, o ajuste a valor presente de R$ 10 mil vai sendo transferido para conta de resultado, representando a realização da receita financeira.

No entanto, para fins tributários, nos termos do art. 4º da Lei nº 12.973, de 2014, no período de apuração inicial, além da receita de R$ 40 mil que já estaria contida no lucro líquido contábil, também o montante de R$ 10 mil deveria ser oferecido à tributação.

Nesse exemplo, para operacionalizar a determinação da lei tributária, o contribuinte deveria adicionar o valor de R$ 10 mil no período de apuração inicial, juntamente com a receita de vendas de R$ 40 mil, obedecendo o comando do art. 4º da Lei nº 12.973, de 2014. Posteriormente, na medida em que a receita financeira de R$ 10 mil fosse reconhecida no resultado contábil, o contribuinte poderia excluir tais parcelas na apuração do lucro real, haja vista que esse valor já teria sido tributado no momento inicial. Esse procedimento de adições e exclusões ficará mais claro depois que o leitor compreender o mecanismo de apuração do lucro real, estudado no Capítulo 29.

Capítulo 27
Determinação do IRPJ Devido

De forma bem direta, podemos afirmar que o Imposto de Renda devido pelas pessoas jurídicas é determinado mediante aplicação da alíquota de 15% sobre a base de cálculo, sendo indiferente o fato de ela (a base de cálculo) ter sido determinada segundo as regras do Lucro Real, Presumido ou Arbitrado.

Além do imposto calculado mediante aplicação da alíquota de 15%, ainda há o adicional do imposto, determinado em valor de 10% da parcela da base de cálculo que exceder o montante de R$ 20 mil multiplicado pelo número de meses que compõem o período de apuração.

Por enquanto, não vamos nos preocupar com o cálculo do imposto devido. No item 27.4, quando estivermos analisando as alíquotas, veremos como realizar esse cálculo. No momento, é importante enfatizar que, **independentemente do regime de apuração da base de cálculo do IRPJ, o imposto devido é determinado da mesma forma**:

$$\text{IRPJ devido} = (BC \times 15\%) + [BC - (n \times R\$ \ 20 \ \text{mil})] \times 10\%$$

Na expressão acima, "BC" é a base de cálculo do IRPJ, determinada segundo as regras do Lucro Real, Presumido ou Arbitrado, e "n" é número de meses do período de apuração.

Se a determinação do IRPJ devido, como se nota, não apresenta grandes dificuldades, o mesmo não se pode dizer sobre a apuração da base de cálculo, ponto de partida para determinação do imposto devido.

A essa altura, já deve ter ficado claro que, se o fato gerador do IRPJ é a existência de lucro ao final de um período de apuração, a base de cálculo só pode ser o valor desse mesmo lucro, calculado de diferentes formas a depender do regime de tributação a que estiver submetida a pessoa jurídica.

Conforme veremos mais adiante, a regra geral é o regime de Lucro Real. Inclusive, sendo obrigatório para determinados contribuintes (item 29.1). No entanto, quando não estiver presente nenhuma hipótese que implica a obrigatoriedade de se submeter ao Lucro Real, o contribuinte pode optar pelo regime de Lucro Presumido. E ainda, excepcionalmente, o lucro do período pode ser arbitrado, pelo fisco ou mesmo pelo próprio contribuinte.

Mais adiante vamos nos aprofundar no importante estudo desses regimes de tributação, começando pelo Lucro Real, no item 29, passando pelo Lucro Presumido no item 31, e pelo regime de Lucro Arbitrado, no item 32. Mas antes, vamos tratar do período de apuração do imposto, tema comum aos diferentes regimes.

27.1. Base de cálculo do IRPJ

Nos termos do art. 219 do Regulamento, a base de cálculo do IRPJ é o lucro real, presumido ou arbitrado, correspondente ao período de apuração. Como se nota, é a própria reprodução do art. 44 do CTN.

No momento oportuno, vamos analisar como se compõe a base de cálculo em cada um desses regimes. Por enquanto, vamos analisar mais alguns detalhes do art. 219 do RIR, abaixo reproduzido:

> **Art. 219.** A base de cálculo do imposto, determinada segundo a lei vigente na data de ocorrência do fato gerador, é o lucro real (Subtítulo

III), presumido (Subtítulo IV) ou arbitrado (Subtítulo V), correspondente ao período de apuração.

Parágrafo único. Integram a base de cálculo todos os ganhos e rendimentos de capital, qualquer que seja a denominação que lhes seja dada, independentemente da natureza, da espécie ou da existência de título ou contrato escrito, bastando que decorram de ato ou negócio que, pela sua finalidade, tenha os mesmos efeitos do previsto na norma específica de incidência do imposto.

Percebe-se que o dispositivo estabelece, ainda, que a base de cálculo do imposto deve ser determinada segundo a lei vigente na data de ocorrência do fato gerador. Trata-se de uma previsão um tanto óbvia, haja vista que a base de cálculo é o elemento que quantifica o fato gerador.

No parágrafo único, como forma de dar consequência ao critério da universalidade, previsto na CF e reafirmado pelo CTN, o dispositivo declara a abrangência objetiva da incidência do IRPJ ao estabelecer que "integram a base de cálculo todos os ganhos e rendimentos de capital, qualquer que seja a denominação que lhes seja dada, independentemente da natureza, da espécie ou da existência de título ou contrato escrito".

Ainda no parágrafo único do art. 219 consta que, para fins da incidência do imposto, basta que os ganhos e rendimentos de capital "decorram de ato ou negócio que, pela sua finalidade, tenha os mesmos efeitos do previsto na norma específica de incidência do imposto". Com essa previsão, nota-se claramente a relevância que se deve dar à essência dos negócios, e não apenas a seus aspectos formais.

Como exemplo de aplicação para o parágrafo único do art. 219 do RIR, podemos imaginar o caso de uma pessoa jurídica comercial que, além das operações normais de compra e venda de mercadorias, passe a aceitar que outras empresas que confiem dinheiro em espécie, com habitualidade, em troca de rendimentos superiores aos obtidos pela via regular do mercado financeiro, sem que para essa atividade seja credenciada pelos órgãos de controle do mercado de capitais. Ainda assim, considerando a finalidade das operações, os rendimentos percebidos por "clientes" que se aproveitam dessa atuação atípica da empresa comercial ficam sujeitos à incidência do imposto, normalmente, da mesma forma que se sujeitam os rendimentos provenientes de aplicações financeiras efetuadas junto a instituições devidamente credenciadas.

27.2. Regime de caixa e regime de competência

Neste item não pretendemos definir os regimes de imputação temporal das mutações patrimoniais da pessoa jurídica. Regime de caixa e regime de competência são temas exaustivamente estudados pela Contabilidade e, portanto, não cabe aqui o esforço para defini-los.

Em verdade, aqui importa conhecer como a legislação do IRPJ interage com esses conceitos.

Já dissemos que o lucro real é determinado a partir de ajustes ao lucro líquido contábil. Mais adiante veremos como isso se opera. Por enquanto, interessa conhecer a seguinte disposição do RIR:

> Art. 247(...)
>
> § 1º A determinação do lucro real será precedida da apuração do lucro líquido de cada período de apuração com observância das disposições das leis comerciais.

Como se nota, nesse dispositivo a legislação tributária fixa o referencial utilizado como ponto de partida para estabelecer as regras de apuração do IRPJ. No caso, o lucro líquido, ponto de partida para apuração do lucro real, deve ser determinado de acordo com a legislação comercial.

Na legislação comercial, mais especificamente no art. 177 da Lei nº 6.404, de 1976, encontra-se o fundamento para utilização do regime de competência:

> Art. 177. A escrituração da companhia será mantida em registros permanentes, com obediência aos preceitos da legislação comercial e desta Lei e aos princípios de contabilidade geralmente aceitos, devendo observar métodos ou critérios contábeis uniformes no tempo e registrar as mutações patrimoniais segundo o regime de competência.

Antes que alguém se apresse em afirmar que a Lei nº 6.404, de 1976, somente se aplica às sociedades por ações, é importante ressaltar que a legislação tributária, mais especificamente o inciso XI do art. 67 do Decreto-Lei nº 1.598, de 1977, estendeu às demais pessoas jurídicas o dever de apurar o lucro líquido do exercício com observância das disposições da Lei das S/A.

27.2.1. Inobservância do regime de competência

Se o regime de competência é a regra a ser adotada pelo contribuinte do IRPJ, quais as consequências de sua inobservância? Nesse caso, o art. 273 do

RIR autoriza o lançamento de ofício do imposto e dos acréscimos legais, quando for o caso, se da inobservância do regime de competência resultar:

- a postergação do pagamento do imposto para período de apuração posterior ao em que seria devido; ou
- a redução indevida do lucro real em qualquer período de apuração.

Considerando que a postergação do pagamento do imposto sempre irá decorrer da redução indevida do lucro real em um período de apuração, como devemos entender esse dispositivo?

Na hipótese de mera postergação, embora seja verificada a redução indevida do lucro real num período, em períodos posteriores o contribuinte paga a diferença de imposto que foi originada pela referida redução do lucro real. Nesse caso, cabe apenas a exigência de multa e juros de mora pelo prazo em que tiver ocorrido postergação (RIR, art. 273, § 2º). Confira essa situação no exemplo abaixo, primeiro considerando a determinação do lucro e do imposto, de acordo com a apuração levada a efeito pelo contribuinte:

Valores em R$ 1.000

APURAÇÃO ORIGINAL DO CONTRIBUINTE	PERÍODO 1	PERÍODO 2	TOTAL
Receitas	1.000	800	1.800
Despesas	(800)	(700)	(1.500)
Lucro	200	100	300
Imposto (15%)	30	15	45

Agora, considere que a autoridade fiscal tenha verificado que o contribuinte antecipou indevidamente o registro de uma despesa, mediante apropriação, no período 1, do valor de R$ 80 mil que, na verdade, pertencia ao período 2. Nesse caso, seria a seguinte a apuração realizada pela fiscalização:

Valores em R$ 1.000

APURAÇÃO REALIZADA PELA FISCALIZAÇÃO	PERÍODO 1	PERÍODO 2	TOTAL
Receitas	1.000	800	1.800
Despesas	(720)	(780)	(1.500)
Lucro	280	20	300
Imposto (15%)	42	3	45

Note que, nesse caso, a inobservância do regime de competência no reconhecimento da despesa simplesmente resultou na postergação do imposto: no período 1, a título de imposto, ao invés de ter recolhido R$ 42 mil, o contribuinte teria recolhido apenas R$ 30 mil; no entanto, o imposto que deixou de ser pago no período 1 teria sido pago no período 2, pois, ao invés de pagar R$ 3 mil (conforme a apuração levada a efeito pela fiscalização), o contribuinte teria pago R$ 15 mil, evidenciando a ocorrência de postergação no pagamento. Nesse caso, conforme assinalamos acima, caberia apenas a exigência de multa e juros de mora pelo prazo em que tenha ocorrido a postergação (RIR, art. 273, § 2º).

No entanto, da mesma situação de antecipação no registro de uma despesa pode resultar a falta de pagamento do imposto, e não sua mera postergação. Trata-se da situação em que, além de ocorrer a redução indevida do lucro real num período (como no caso anterior), o contribuinte não chega a pagar a diferença de imposto, ou pelo menos parte dela, em períodos subsequentes. Na prática, tal hipótese se verifica quando o contribuinte apura prejuízos fiscais de forma reiterada em períodos seguintes àquele em que ocorre a redução indevida do imposto.

Para compreender essa hipótese, acompanhe o exemplo a seguir, primeiro considerando a apuração realizada pelo contribuinte:

Valores em R$ 1.000

APURAÇÃO ORIGINAL DO CONTRIBUINTE	PERÍODO 1	PERÍODO 2	PERÍODO 3	PERÍODO 4	TOTAL
Receitas	1.000	1.200	1.800	2.100	6.100
Despesas	(800)	(1.300)	(1.850)	(2.300)	(6.250)
Lucro / Prejuízo	200	(100)	(50)	(200)	(150)
Imposto (15%)	30	-	-	-	30

Agora, novamente considere que a autoridade fiscal tenha verificado que, no período 1, o contribuinte se apropriou de uma despesa de R$ 80 mil que, na verdade, pertencia ao período 2. Nesse caso, seria a seguinte a apuração realizada pela fiscalização:

Valores em R$ 1.000

APURAÇÃO REALIZADA PELA FISCALIZAÇÃO	PERÍODO 1	PERÍODO 2	PERÍODO 3	PERÍODO 4	TOTAL
Receitas	1.000	1.200	1.800	2.100	6.100
Despesas	(720)	(1.380)	(1.850)	(2.300)	(6.250)
Lucro / Prejuízo	280	(180)	(50)	(200)	(150)
Imposto (15%)	42	-	-	-	42

Nesse segundo exemplo, perceba que a mesma conduta do contribuinte resultou na falta de pagamento do imposto: ao invés de ter recolhido R$ 42 mil no período 1, o contribuinte teria recolhido apenas R$ 30 mil, e a diferença não teria sido paga em nenhum dos períodos subsequentes.

Portanto, com esses dois exemplos deve ter ficado claro que, muito embora a antecipação no registro de uma despesa, com inobservância do regime de competência, provoque a redução do imposto no período de apuração em que ela tenha sido indevidamente registrada, quando consideramos os períodos subsequentes a consequência nem sempre é a falta de pagamento do tributo, afinal, vimos que em situações como essa também é possível a ocorrência de mera postergação no pagamento do imposto, exatamente como prevê o art. 273 do RIR.

Curioso é constatar que, ao contrário do que se poderia imaginar, a antecipação no registro de uma receita também pode produzir o mesmo efeito de redução no pagamento do imposto. Acompanhe o seguinte exemplo, primeiramente verificando a apuração original do contribuinte:

Valores em R$ 1.000

APURAÇÃO ORIGINAL DO CONTRIBUINTE	PERÍODO 1	PERÍODO 2	TOTAL
Receitas	28.000	32.000	60.000
Despesas	(30.000)	(20.000)	(50.000)
Lucro / Prejuízo	(2.000)	12.000	10.000
Compensação Prej. Fiscal (lim. 30%)	-	(2.000)	(2.000)
Base de cálculo	(2.000)	10.000	8.000
Imposto (15%)	-	1.500	1.500
Prejuízo acumulado	(2.000)	-	

Note na apuração original do contribuinte que todo o prejuízo fiscal do período 1, no montante de R$ 2 milhões, teria sido utilizado para compensar parte do lucro do período seguinte, reduzindo a base de cálculo do imposto.

E mais uma vez, vamos considerar que a fiscalização tenha constatado que o contribuinte inobservou o regime de competência. Mas agora, a impropriedade estaria no registro de uma receita de R$ 4 milhões, indevidamente antecipada. Portanto, refazendo a apuração a autoridade fiscal teria encontrado o seguinte resultado:

Parte III | Imposto de Renda da Pessoa Jurídica

Valores em R$ 1.000

APURAÇÃO REALIZADA PELA FISCALIZAÇÃO	PERÍODO 1	PERÍODO 2	TOTAL
Receitas	24.000	36.000	60.000
Despesas	(30.000)	(20.000)	(50.000)
Lucro / Prejuízo	(6.000)	16.000	10.000
Compensação Prej. Fiscal (lim. 30%)	-	(4.800)	(4.800)
Base de cálculo	(6.000)	11.200	5.200
Imposto (15%)	-	1.680	1.680
Prejuízo acumulado	(6.000)	(1.200)	

Na apuração da autoridade fiscal, perceba que nem todo o prejuízo do período 1 (R$ 6 milhões) teria sido utilizado na compensação de parte do lucro do período seguinte, restando saldo de prejuízos a compensar no final do período 2, no montante de R$ 1,2 milhão. Isso ocorreu porque, no período 2, a compensação de prejuízos fiscais de períodos anteriores ficou limitada a R$ 4,8 milhões, ou 30% de R$ 16 milhões (veja mais detalhes sobre a compensação de prejuízos fiscais de períodos anteriores no item 29.4.4).

Portanto, muito embora o contribuinte tenha antecipado o registro de uma receita de R$ 4 milhões, o efeito final teria sido a redução no pagamento do imposto, no montante de R$ 180 mil (= R$ 1.680.000 – R$ 1.500.000).

Esse é o efeito da antecipação do registro de receita de um período lucrativo para um período deficitário quando se consegue evitar, no segundo período, a incidência da trava dos 30% na compensação de prejuízos fiscais acumulados.

Ainda quanto ao exemplo da antecipação de receita, perceba que não é por acaso que o valor do imposto que teria sido indevidamente reduzido (R$ 180 mil) corresponde ao resultado da multiplicação da alíquota de 15% pelo valor do saldo de prejuízo indevidamente utilizado (R$ 1,2 milhão).

Talvez esse último exemplo tenha sido difícil de assimilar, principalmente para quem não conhece as regras estabelecidas para compensação de prejuízos fiscais de períodos anteriores. Mas isso agora não chega a ser um problema, uma vez que, se for o caso, depois de estudar a compensação de prejuízos fiscais de períodos anteriores no item 29.4.4, o leitor pode retornar a este ponto e rever o exemplo.

De qualquer forma, o único objetivo ao apresentar o exemplo neste momento foi mostrar que nem sempre a antecipação no registro de uma receita resulta na antecipação do pagamento do imposto, conforme o senso comum poderia sugerir.

27.2.2. Exceções ao regime de competência

No item 27.2 vimos que, como regra, para fins de apuração do IRPJ, receitas e despesas devem ser reconhecidas segundo o regime de competência. Mas a própria legislação tributária contém algumas exceções. Vamos, a seguir, fazer apenas uma breve referência a elas.

a. Contratos de longo prazo com entidades governamentais

No caso contratos de longo prazo de empreitada ou fornecimento a preço predeterminado, de bens ou serviços, com entidades governamentais, o contribuinte pode diferir a tributação do lucro até sua realização (RIR, art. 409).

Para esse efeito, considera-se entidade governamental a pessoa jurídica de direito público, ou empresa sob seu controle, empresa pública, sociedade de economia mista ou sua subsidiária.

De modo a operacionalizar esse tratamento, na apuração da base de cálculo do IRPJ relativo ao período em que a receita do contrato for contabilizada, a legislação autoriza a exclusão da parcela do lucro proporcional à receita ainda não recebida. Por outro lado, a parcela excluída deve ser computada na determinação da base de cálculo do IRPJ relativo ao período de apuração em que a receita for recebida.

b. Vendas a prazo na atividade imobiliária

Na venda a prazo, ou em prestações, com pagamento após o término do período base da venda, para efeito de determinação da base de cálculo do IRPJ, o lucro bruto pode ser reconhecido nas contas de resultado de cada período de apuração proporcionalmente à receita da venda recebida (RIR, art. 413).

Esse tratamento diferenciado foi mantido pela Lei nº 12.973, de 2014, e se aplica ao contribuinte dedicado a compra de imóveis para revenda ou à promoção de desmembramento ou loteamento de terrenos, incorporação imobiliária ou construção de prédio destinado à venda.

c. Ganho de capital nas vendas a longo prazo

Na venda de bens do ativo não circulante para recebimento do preço, no todo ou em parte, após o término do exercício social seguinte ao da contratação, para efeito de determinação da base de cálculo do IRPJ, o contribuinte pode reconhecer o lucro na proporção da parcela do preço recebida em cada período de apuração (RIR, art. 421).

Caso o contribuinte tenha reconhecido o ganho de capital na escrituração comercial no período de apuração em que ocorreu a venda, ele está autorizado a promover os ajustes de forma semelhante à que vimos acima, no caso dos contratos de longo prazo com entidades governamentais.

d. Variações cambiais

Para efeito de determinação da base de cálculo do IRPJ, as variações monetárias dos direitos de crédito e das obrigações do contribuinte, em função da taxa de câmbio, devem ser consideradas quando da liquidação da correspondente operação (Medida Provisória nº 2.158, de 2001, art. 30).

Dessa forma, ao invés de produzirem efeitos, várias vezes, segundo o regime de competência e conforme a oscilação da taxa de câmbio, a legislação permite que o efeito sobre o lucro real seja verificado uma única vez, na liquidação da operação. Mas é curioso que, por opção da pessoa jurídica, na determinação da base de cálculo do IRPJ, as variações monetárias podem ser consideradas segundo o regime de competência.

Na apuração do lucro real, a operacionalização desse tratamento se dá na forma de adições ou exclusões do lucro líquido, conforme veremos no item 29.4. No entanto, como a lógica é simples, podemos adiantar esclarecendo que variações monetária ativas, registradas na contabilidade segundo o regime de competência, podem ser excluídas do lucro líquido para fins de apuração do lucro real. Analogamente, variações monetária passivas, registradas na contabilidade segundo o regime de competência, devem ser adicionadas ao lucro líquido para fins de apuração do lucro real. Na liquidação da operação, considerando todo o período de vigência do contrato e depois de muitas oscilações, um resultado se observa: uma variação ativa ou uma variação passiva. Caso o resultado seja variação ativa, ela deve ser adicionada ao lucro líquido, porque terá chegado a hora de oferecê-la à tributação; e se a variação for passiva, ela poderá ser excluída do lucro líquido para fins de apuração do lucro real.

e. Lucro presumido

A pessoa jurídica optante pelo regime de tributação de Lucro Presumido pode adotar o critério de reconhecimento de suas receitas pelo regime de caixa ou de competência (RIR, art. 516, § 2º; e IN RFB nº 1.515, de 2014, art. 129).

f. Concessão de serviços públicos

Segundo a prática contábil anterior, em relação aos contratos de concessão de serviços públicos, os custos de construção da infraestrutura eram ativados no imobilizado e amortizados ao longo da fase de operação do contrato (RIR, art. 325, inciso I, alínea "b"), simultaneamente ao registro das receitas decorrentes dos serviços prestados.

Para ilustrar esse procedimento, considere a concessão de uma rodovia. Havendo obras de duplicação, o custo dessas obras era ativado na fase de construção, e levado a resultado na fase de operação, juntamente com a receita proveniente do pedágio cobrado pela concessionária. Desse modo, na fase de construção, não havia resultado proveniente de contratos dessa natureza.

No entanto, o tratamento contábil desses contratos foi modificado. De acordo com os critérios contábeis atuais, contidos na Interpretação Técnica nº 01 do CPC, os custos de construção da infraestrutura devem ser registrados diretamente em conta de resultado, deixando de ser ativados. E simultaneamente ao registro do custo de construção, o concessionário deve reconhecer a receita decorrente dos serviços de construção, em contrapartida de um ativo intangível.

Portanto, segundo os critérios contábeis atuais, tratando-se de contrato em que na fase de construção a concessionária reconhece, como receita, o direito de exploração recebido do poder concedente, já nessa fase a concessionária percebe um resultado econômico, decorrente do confronto de receitas e despesas relativas à implantação da infraestrutura. E durante a fase de operação do contrato, o resultado será produzido pelas receitas decorrentes dos serviços prestados, deduzidos dos custos de operação e da amortização do ativo intangível registrado na fase de construção.

Referindo-se a essa situação, o art. 35 da Lei nº 12.973, de 2014, autoriza o diferimento da tributação do resultado auferido na fase de construção, mantendo o tratamento tributário anterior. Desse modo, esse resultado pode ser excluído na apuração da base de cálculo do IRPJ, para ser adicionado durante a fase de operação, na medida em que ocorrer a realização do respectivo ativo intangível, inclusive mediante amortização, alienação ou baixa.

Sobre esse dispositivo, é oportuno transcrever o trecho correspondente da Exposição de Motivos que acompanhou a MP nº 627, de 2013, onde esse dispositivo foi originalmente previsto:

> *45. No caso de contrato de concessão de serviços públicos em que a concessionária reconhece como receita o direito de exploração recebido do poder concedente, essa receita reconhecida na fase de construção ou melhoramento da infraestrutura com contrapartida em ativo intangível (direito de exploração) ocasionará antecipação de parte dos resultados do contrato. O caput do art. 34 da MP visa afastar a tributação de IRPJ antes dos recebimentos financeiros. O seu parágrafo único afasta a incidência do IRPJ sobre esses recebimentos financeiros, nos pagamentos mensais por estimativa.*

27.3. Período de apuração

Conforme dissemos antes, o fato gerador do IRPJ é a existência de lucro após o encerramento de um período de apuração. Por isso mesmo, é óbvia a importância acerca da definição desse lapso temporal denominado "período de apuração", matéria tratada entre os arts. 220 e 239 do Regulamento.

No entanto, cabe ressaltar que, em grande parte desses artigos (nos arts. 221 a 231), mais do que simplesmente se referir a período de apuração, o Regulamento contém as disposições relativas à própria apuração anual do lucro real, matéria que será analisada em momento mais oportuno (item 29.6).

Aqui merece destaque a regra geral sobre o período de apuração do IRPJ, estampada no art. 220 do RIR:

> **Art. 220.** O imposto será determinado com base no lucro real, presumido ou arbitrado, por períodos de apuração trimestrais, encerrados nos dias 31 de março, 30 de junho, 30 de setembro e 31 de dezembro de cada ano-calendário.

Portanto, independentemente do regime de tributação (Lucro Real, Presumido ou Arbitrado), o **período de apuração é trimestral**.

A exceção se refere, apenas, ao Lucro Real que, por opção do contribuinte, pode ser apurado em período anual, encerrado em 31 de dezembro (RIR, art. 221).

Além disso, é necessário fazer referência à repercussão de algumas situações especiais sobre a definição do período de apuração do imposto, como o início do negócio, a transformação da pessoa jurídica, e os eventos especiais de incorporação, fusão, cisão ou extinção.

27.3.1. Início do negócio

Nos termos do art. 233, o período de apuração da primeira incidência do imposto, após a constituição da pessoa jurídica, compreende o prazo desde o início do funcionamento até o último dia do respectivo trimestre.

Note, com isso, que foi reafirmada a regra geral de apuração trimestral do imposto: períodos encerrados em 31 de março, 30 de junho, 30 de setembro e 31 de dezembro de cada ano-calendário. O início de atividade só se reflete no termo inicial do primeiro período de apuração.

Portanto, se em 13 de maio de 2014 ocorre o início de funcionamento de uma sociedade que tenha optado pelo Lucro Presumido, o primeiro período de apuração se estende desde essa data até o dia 30 de junho de 2014. Nesse caso, o primeiro período de apuração do lucro presumido terá dois meses, e não três como de praxe!

Caso essa mesma pessoa jurídica, em início de atividade, opte pela apuração anual do lucro real, no primeiro ano deverá apurar o resultado tributável relativo ao período compreendido entre a data de início do funcionamento (13 de maio de 2014) e o dia 31 de dezembro. Serão, portanto, oito meses compreendidos pelo primeiro período de apuração anual.

Com isso, note que, embora a regra seja de períodos trimestrais e, excepcionalmente, período anual no caso do regime de Lucro Real, é possível que o período de apuração do IRPJ tenha variadas quantidades de meses, e não só três ou doze. Esse fato terá toda a importância no momento de calcular o valor do adicional do imposto (item 27.4.2).

27.3.2. Transformação e continuação

Segundo dispõe o art. 234 do RIR, nos casos de transformação[2], de Ltda. para S.A., por exemplo, o imposto deve continuar a ser pago como se não tivesse havido alteração da pessoa jurídica.

O mesmo se aplica nas hipóteses de continuação da atividade explorada pela sociedade ou firma extinta, por qualquer sócio remanescente ou pelo espólio, sob a mesma ou nova razão social, ou firma individual.

27.3.3. Eventos especiais de incorporação, fusão, cisão ou extinção

Os eventos especiais envolvem incorporação, fusão, cisão ou extinção pelo encerramento da liquidação. Aqui cuidaremos apenas dos aspectos relativos à influência desses eventos societários sobre a definição do prazo de apuração do IRPJ. No Capítulo 35, estudaremos outros aspectos relativos a essas operações.

a. Incorporação, fusão ou cisão

Nos termos do art. 235 do RIR, nos casos de incorporação, fusão ou cisão, a pessoa jurídica que tiver parte ou todo o seu patrimônio absorvido deve apurar a base de cálculo do imposto na data do evento, assim entendida a data da deliberação que aprovar a incorporação, fusão ou cisão.

Note bem que essa disposição se aplica à pessoa jurídica sucedida, ou seja, aquela que teve seu patrimônio, no todo ou em parte, absorvido em virtude

---

[2] Lei nº 6.404/76. Art. 220. A transformação é a operação pela qual a sociedade passa, independentemente de dissolução e liquidação, de um tipo para outro.

de incorporação, fusão ou cisão. Trata-se, portanto, de um "acerto de contas" da pessoa jurídica sucedida, que deixou de existir (incorporada, fusionada ou totalmente cindida), ou que experimentou uma alteração em sua estrutura patrimonial (parcialmente cindida).

Para esse fim, a pessoa jurídica sucedida deve levantar balanço específico referente à data do evento ou, no máximo, até 30 dias antes do evento (RIR, arts. 220, § 1º c/c 235, § 3º), devendo observar a legislação comercial (Lei nº 9.249, de 1995, art. 21).

Em outras palavras, no momento de "acerto de contas" da pessoa jurídica sucedida com o Fisco federal, a realidade econômico-financeira da empresa tem que estar retratada da forma mais atualizada possível.

Suponha que em 7 de agosto de 2014 tenha ocorrido a assembleia que aprovou a incorporação da Empresa Alfa pela Empresa Beta. Nesse caso, não se admitirá a apuração do imposto devido por Alfa com base em balanço levantado em data anterior a 7 de julho de 2014.

Adotando o exemplo acima, considerando que a Empresa Alfa era optante pelo Lucro Presumido e que o balanço aprovado pela assembleia tivesse sido levantado em 21 de julho de 2014, o último período de apuração do IRPJ em nome da Empresa Alfa compreenderia o período entre 1º de julho e 7 de agosto (data do evento).

b. Extinção pelo encerramento da liquidação

Na extinção da pessoa jurídica pelo encerramento da liquidação, a apuração da base de cálculo e do imposto deve ser efetuada na data desse evento (RIR, art. 220, § 2º).

Como exemplo, suponha que a Empresa Gama, optante pelo Lucro Presumido, tenha sido liquidada em 18 de abril de 2014. Nesse caso, o último período de apuração do IRPJ compreenderia o período entre os dias 1º e 18 de abril de 2014.

27.4. Alíquota do IRPJ e adicional do imposto

Até este ponto, analisamos aspectos mais gerais relacionados à base de cálculo do imposto. Voltaremos a tratar da base de cálculo do IRPJ a partir do Capítulo 29. Mas neste momento, vamos fazer uma breve referência à alíquota e ao adicional do imposto.

Muito embora o nome do Título V do Livro II do RIR seja "Alíquotas (no plural) e adicional", na prática, além do adicional, só há uma alíquota, a "alíquota geral" de 15%.

27.4.1. Alíquota geral

Nos termos do art. 541 do RIR, a pessoa jurídica, seja comercial ou civil o seu objeto, deve pagar o imposto à alíquota de 15% sobre o lucro real, presumido ou arbitrado.

Apenas como curiosidade, o Título V do Livro II recebeu essa denominação (no plural) porque, além da alíquota geral de 15%, há uma previsão no § 2º do art. 541 do RIR que mantém a incidência de uma alíquota reduzida de 6% sobre eventual saldo de lucro inflacionário mantido por concessionárias de serviços públicos em 31 de dezembro de 1987.

Com a extinção da correção monetária das demonstrações financeiras a partir de 1º de janeiro de 1996, operada pelo art. 4º da Lei nº 9.249, de 1995, e com a determinação de que o saldo de lucro inflacionário existente em 31 de dezembro de 1995 devesse ser realizado pela pessoa jurídica à taxa mínima de 10% ao ano, podemos concluir que esse dispositivo ficou para história.

27.4.2. Adicional de 10%

O art. 542 do RIR estabelece que a parcela da base de cálculo do imposto, seja ela apurada segundo as regras do Lucro Real, Presumido ou Arbitrado, fica sujeita à incidência de adicional de imposto à alíquota de 10% sobre a parcela que exceder o valor resultante da multiplicação de R$ 20 mil pelo número de meses do respectivo período de apuração.

Considerando que, de acordo com o que vimos no item 27.3, o período de apuração do IRPJ pode ser composto de qualquer quantidade de meses entre um e doze, a cada situação deve ser determinada a parcela da base de cálculo que, uma vez superada, atrai a incidência do adicional do imposto.

Em outras palavras, se o período de apuração for composto de um mês, o adicional irá incidir sobre a parcela da base de cálculo que superar R$ 20 mil. Se o período de apuração for composto de dois meses, o adicional irá incidir sobre a parcela da base de cálculo que superar R$ 40 mil. Se o período de apuração for composto de três meses, o adicional irá incidir sobre a parcela da base de cálculo que superar R$ 60 mil, e assim sucessivamente até doze meses e R$ 240 mil.

Vale dizer, o adicional do imposto aplica-se, inclusive:
- no cálculo da estimativa mensal devida pela pessoa jurídica optante pela apuração anual do IRPJ;
- nos casos de incorporação, fusão ou cisão e de extinção da pessoa jurídica pelo encerramento da liquidação;
- à pessoa jurídica que explore atividade rural.

27.4.3. Exemplos de cálculo do imposto devido

Para que fique bem claro o funcionamento da aplicação da alíquota e do adicional do imposto, suponha que uma pessoa jurídica, tributada pelo Lucro Real trimestral, tenha apurado base de cálculo de R$ 385 mil. Nesse caso, qual será o valor do imposto devido?

- Alíquota geral: R$ 385 mil x 15% = R$ 57.750,00
- Adicional: (R$ 385 mil − R$ 60 mil) x 10% = R$ 32.500,00
- **Imposto total: R$ 57.750,00 + R$ 32.500,00 = R$ 90.250,00**

Note que o adicional de 10% incidiu sobre R$ 325 mil, que corresponde à parcela da base de cálculo trimestral (R$ 385 mil) que superou R$ 60 mil. Por que R$ 60 mil? Porque é o resultado da multiplicação de três meses (base de cálculo trimestral) por R$ 20 mil.

Portanto, para uma base de cálculo trimestral de R$ 385 mil, o imposto devido alcança R$ 90.250,00.

Para ter certeza de que esses cálculos ficaram bem compreendidos, vamos repeti-los para o caso de uma pessoa jurídica, tributada pelo Lucro Real anual, que tenha apurado base de cálculo de R$ 15.750.000,00. Nesse caso, qual o valor do imposto devido?

- Alíquota geral: R$ 15.750.000,00 x 15% = R$ 2.362.500,00
- Adicional: (R$ 15.750.000 − R$ 240 mil) x 10% = R$ 1.551.000,00
- **Imposto total: R$ 2.362.500,00 + R$ 1.551.000,00 = R$ 3.913.500,00**

Nesse caso, note que o adicional de 10% incidiu sobre R$ 15.510.000,00, que corresponde à parcela da base de cálculo anual (R$ 15.750.000,00) que superou R$ 240 mil (12 meses x R$ 20 mil).

Capítulo 28
Lançamento do Imposto de Renda da Pessoa Jurídica

No Capítulo 16, já analisamos alguns aspectos relativos ao lançamento do IRPF. Muito do que vimos ali também se aplica ao IRPJ.

Podemos afirmar que o IRPJ é tributo submetido ao lançamento por homologação (CTN, art. 150), haja vista que o contribuinte encontra-se obrigado a apurar o imposto devido e a efetuar o recolhimento, à medida que os rendimentos e ganhos de capital forem percebidos, sem o prévio exame da autoridade fiscal.

Eventuais diferenças do tributo devido, apuradas pela autoridade fiscal em decorrência da omissão de receitas, da dedução indevida de custos e despesas ou da má utilização de benefícios fiscais, constituem objeto de lançamento de ofício (CTN, art. 149).

No RIR, as disposições relativas ao lançamento de ofício sobre as pessoas jurídicas se encontram no art. 840:

- as pessoas jurídicas serão lançadas em nome da matriz, tanto por seu movimento próprio como pelo de suas filiais, sucursais, agências ou representações;
- se a matriz funcionar no exterior (inclusive no caso das comitentes contribuintes do imposto), o lançamento será feito em nome de cada uma das filiais, sucursais, agências ou representações no País, ou no da que centralizar a escrituração de todas;
- no caso das coligadas, controladoras ou controladas, o lançamento será feito em nome de cada uma delas.

Capítulo 29
Lucro Real

No Capítulo 27, analisamos os aspectos mais gerais relativos à apuração da base de cálculo do IRPJ. Chegou o momento de aprofundarmos nesse estudo, analisando as regras relativas aos regimes de tributação do imposto, começando pela regra geral, que é o regime de Lucro Real.

Antes de qualquer outra informação, cabe lembrar que os diferentes regimes de tributação foram concebidos para fins de determinação da base de cálculo. Uma vez determinada a base de cálculo, independentemente de ter sido empregado o regime de Lucro Real, Presumido ou Arbitrado, a alíquota de 15% e o adicional de 10% incidem da mesma forma. Desse modo, sabemos que a diferença entre os regimes está na apuração da base de cálculo, e não no cálculo do imposto devido.

Vale desde já esclarecer que qualquer contribuinte do imposto pode se submeter às regras de tributação do Lucro Real. No entanto, algumas pessoas jurídicas não têm opção, pois são legalmente obrigadas a adotar esse regime de tributação.

Conforme já adiantamos, além de se manter no Lucro Real trimestral, o contribuinte pode optar pela apuração do IRPJ em período anual. Essencialmente, trata-se da mesma sistemática. Porém, uma importante decorrência dessa opção se refere à obrigação, dirigida aos optantes pela periodicidade anual, de antecipar mensalmente o imposto mediante pagamentos efetuados a título de estimativa (item 29.6).

Cabe ainda destacar que, a cada ano-calendário, as pessoas sujeitas ao Lucro Real podem optar pela periodicidade anual ou trimestral. No entanto, nos termos do art. 232 do RIR, dentro de um mesmo ano, a opção é irretratável.

Antes de entrar efetivamente no tema, vamos fazer algumas considerações sobre a matéria contida no RIR e a necessidade de estudo frente à exigência dos editais dos últimos concursos.

No Regulamento, o Subtítulo III – Lucro Real se estende do art. 246 ao art. 515. Sem qualquer dúvida, trata-se do tema mais extenso do RIR. Nesse bloco de artigos há um enorme detalhamento, praticamente, de cada uma das linhas da Demonstração de Resultados do Exercício.

Mas, ainda que nos editais dos últimos concursos tenha constado o item "Lucro Real", podemos concluir que não é necessário estudar todos esses artigos. Isso porque, se assim fosse, não haveria razão para o examinador indicar, em itens autônomos do edital, matérias específicas do subtítulo do Lucro Real. Em relação a tais matérias (como remuneração de administradores, lucros auferidos no exterior etc.), o legislador se dedicou a detalhar os ajustes ao lucro líquido que delas são decorrentes, sendo que a Esaf elegeu alguns desses pontos para cobrança como itens autônomos do edital.

Portanto, adotando esse entendimento, estudaremos neste Capítulo os temas que compõem a essência do Lucro Real, que estão nos arts. 246 a 250 do RIR: as pessoas jurídicas obrigadas, o conceito de lucro real e a lógica dos ajustes. Além disso, no item 29.6 veremos como funciona a apuração anual do lucro real, que é o objeto dos arts. 221 a 231 do RIR.

29.1. Pessoas jurídicas obrigadas ao Lucro Real

Muito embora, de acordo com o parágrafo único do art. 246 do RIR, qualquer pessoa jurídica possa apurar o IRPJ segundo as regras de tributação do regime de Lucro Real, sabemos que algumas não têm opção, pois são obrigadas ao referido regime de tributação. São elas, as pessoas jurídicas (Lei nº 9.718, de 1998, art. 14):

- cuja receita total, no ano-calendário anterior, tenha excedido o limite de R$ 78 milhões ou de R$ 6,5 milhões multiplicado pelo número de meses do período, quando inferior a doze meses;
- cujas atividades sejam de bancos comerciais, bancos de investimentos, bancos de desenvolvimento, caixas econômicas, sociedades de crédito, financiamento e investimento, sociedades de crédito imobiliário, sociedades corretoras de títulos, valores mobiliários e câmbio, distribuidora de títulos e valores mobiliários, empresas de arrendamento mercantil, cooperativas de crédito, empresas de seguros privados e de capitalização e entidades de previdência privada aberta;
- que tiverem lucros, rendimentos ou ganhos de capital oriundos do exterior;
- que, autorizadas pela legislação tributária, usufruam de benefícios fiscais relativos à isenção ou redução do imposto;
- que, no decorrer do ano-calendário, tenham efetuado pagamento mensal pelo regime de estimativa, exercendo a opção pela apuração anual do lucro real;
- que explorem as atividades de prestação cumulativa e contínua de serviços de assessoria creditícia, mercadológica, gestão de crédito, seleção e riscos, administração de contas a pagar e a receber, compras de direitos creditórios resultantes de vendas mercantis a prazo ou de prestação de serviços (*factoring*);
- que explorem as atividades de securitização de créditos imobiliários, financeiros e do agronegócio.

Portanto, podemos entender que há duas espécies de critérios capazes de determinar a obrigatoriedade pelo lucro real, quais seja, "atividade" ou "circunstância", conforme demonstra a tabela a seguir:

OBRIGAÇÃO DE SE SUBMETER AO REGIME DE LUCRO REAL	
Atividade	<ul><li>instituições financeiras e assemelhadas;</li><li>*factoring*;</li><li>securitização de créditos imobiliários, financeiros e do agronegócio.</li></ul>
Circunstância	<ul><li>receita total, no ano-calendário anterior, maior que R$ 78 milhões, ou proporcional ao número de meses do período, quando inferior a doze meses;</li><li>lucros, rendimentos ou ganhos de capital oriundos do exterior;</li><li>benefícios fiscais de isenção ou redução do imposto;</li><li>opção pela apuração anual do lucro real, manifestada com o pagamento de estimativa mensal.</li></ul>

Neste ponto, há que se esclarecer que, na hipótese em que uma pessoa jurídica optante pelo Lucro Presumido começa a auferir lucros, rendimentos ou ganhos de capital oriundos do exterior, a Receita Federal entende que esse contribuinte deve apurar o IRPJ sob o regime do Lucro Real trimestral a partir do trimestre da ocorrência do fato, conforme esclarece o Ato Declaratório Interpretativo SRF nº 5, de 2001[3].

Por fim, de se destacar o entendimento, contido no mesmo ADI SRF nº 5, de 2001, no sentido de que a mera condição de exportador não é suficiente, por si só, para determinar a obrigatoriedade pelo lucro real:

> **Art. 1º** A hipótese de obrigatoriedade de tributação com base no lucro real prevista no inciso III do art. 14 da Lei nº 9.718, de 1998, *não se aplica à pessoa jurídica que auferir receita da exportação* de mercadorias e da prestação direta de serviços no exterior.

29.2. Conceito de lucro real

Lucro real é a base de cálculo do IRPJ. Segundo dispõe o art. 247 do RIR, lucro real é o lucro líquido do período de apuração, ajustado pelas adições, exclusões ou compensações prescritas ou autorizadas pela legislação tributária.

Mais adiante, estudaremos as adições e exclusões do lucro líquido, e também a forma como prejuízos fiscais de períodos anteriores podem ser compensados. Por ora, vamos nos concentrar no lucro líquido.

29.3. "Conceito tributário" de lucro líquido

No item 27.2, quando analisamos os regimes de imputação temporal de mutações patrimoniais (caixa ou competência), vimos que a determinação do lucro real é precedida da apuração do lucro líquido de cada período de apuração com observância das disposições das leis comerciais (RIR, art. 247, § 1º). Portanto, o resultado do exercício apurado segundo os preceitos contábeis é o ponto de partida para determinação do lucro real.

Mas há que se considerar a existência de diferenças importantes entre o lucro líquido definido no art. 191 da Lei nº 6.404, de 1976, e o lucro líquido definido pelo art. 248 do RIR como ponto de partida para a determinação do lucro real. Vamos entender essa diferença.

Na legislação comercial, o lucro líquido é o resultado do exercício que remanescer depois de deduzidas as participações estatutárias sobre o lucro. Por sua vez, as participações estatutárias sobre o lucro são calculadas após as

---
[3] Disponível em: <http://www.receita.fazenda.gov.br/legislacao/atosinterpretativos/2001/SRF/ADISrf005.htm>.

provisões para CSLL e IRPJ. Acompanhe na estrutura da demonstração do resultado do exercício (DRE), conforme definida pela legislação comercial:

    RECEITA BRUTA
(−)   Deduções da receita bruta
(=)   **RECEITA LÍQUIDA**
(−)   Custo de mercadorias e serviços vendidos
(=)   **LUCRO BRUTO**
(+)   Receitas operacionais
(−)   Despesas operacionais
(=)   **RESULTADO OPERACIONAL**
(+)   Outras receitas (não operacionais)
(−)   Outras despesas (não operacionais)
(=)   **RESULTADO ANTES DA CSLL**
(−)   Provisão para CSLL
(=)   **RESULTADO ANTES DO IRPJ**
(−)   Provisão para o IRPJ
(=)   **RESULTADO APÓS O IRPJ**
(−)   Participações estatutárias
(=)   **LUCRO/PREJUÍZO LÍQUIDO DO EXERCÍCIO**

    Portanto, segundo a legislação comercial, a provisão para o IRPJ é calculada antes das participações estatutárias. No entanto, segundo o art. 248 do RIR, o lucro líquido do período de apuração é a soma algébrica do lucro operacional, dos resultados não operacionais, e das participações.

    Ou seja, segundo a legislação tributária, as participações estatutárias têm que ser previamente calculadas para só então ser determinado o lucro líquido que serve como ponto de partida para o cálculo do lucro real. Porém, conforme se nota na demonstração do resultado do exercício, com estrutura definida pela lei comercial, as participações estatutárias são calculadas após a provisão para o IRPJ.

    E agora, como resolver esse impasse? A contabilidade encontrou uma forma. Os valores devidos a título de CSLL e o IRPJ são calculados "provisoriamente", apenas para fins de determinação das participações estatutárias. E uma vez determinadas as participações estatutárias, deve-se recalcular o valor da CSLL e do IRPJ, considerando o lucro líquido definido pela legislação tributária, ajustado por adições, exclusões e compensações.

Nós aqui não vamos realizar todos esses cálculos, que no edital do concurso compõem o objeto da Contabilidade. Com este tópico, o objetivo foi destacar a existência, na legislação do IRPJ, de um "conceito tributário" de lucro líquido do exercício, mais especificamente no art. 248 do RIR.

29.4. Ajustes do lucro líquido

Qual a razão para realizar ajustes no lucro líquido determinado segundo as regras da legislação comercial? Essa pergunta é fundamental para a compreensão do que virá a seguir.

Os formuladores da legislação tributária não ignoram a existência da Contabilidade, ciência que se desenvolveu ao longo de séculos com o objetivo de evidenciar a situação econômica, financeira e patrimonial das entidades.

No entanto, a finalidade da tributação é diversa. Embora haja muito mais pontos de concordância do que de divergência, é fato que, em certos momentos, os objetivos da tributação não coincidem com as legítimas práticas da Contabilidade.

Apenas para citar um exemplo e não deixar esse discurso muito vago, vamos considerar o caso da provisão para créditos de liquidação duvidosa, constituída em observância ao princípio contábil da prudência. A contrapartida dessa provisão é uma despesa que reduz o lucro líquido contábil. No entanto, provavelmente pelo fato de essa despesa ainda não estar associada a uma realidade consumada, o legislador do IRPJ não a considera dedutível. Em outras palavras, ainda que reduza o lucro líquido contábil, o legislador do IRPJ não admite que tal despesa produza o mesmo efeito em relação ao lucro tributável.

Portanto, embora haja muito mais pontos de concordância, é fato que existem vários pontos de divergência entre a tributação e a Contabilidade. As razões para essas divergências podem ser de natureza finalística (como a descrita no parágrafo anterior), mas também podem derivar da adoção de diferentes critérios de imputação temporal das mutações patrimoniais. Nesse último caso, vimos no item 27.2.2 algumas exceções estabelecidas pela legislação tributária em relação à regra geral de adoção do regime de competência.

Ainda que existam inúmeros pontos de divergência, não seria nem um pouco racional desprezar todo o trabalho realizado pela Contabilidade, e produzir um sistema próprio e completo de demonstração do resultado tributável. Ao invés disso, o legislador do IRPJ se debruça sobre a Contabilidade e, seletivamente, relaciona os pontos de divergência e cria um método para adaptá-los conforme seus preceitos. Em outras palavras, o legislador do IRPJ identifica na Contabilidade fatos cujos efeitos ele pretende anular. Além disso, introduz fatos novos, não contemplados pela Contabilidade, para produzir efeitos desejados pela tributação. Essa é a essência dos ajustes do lucro líquido, conforme veremos a seguir.

Outro detalhe importante é o seguinte: por meio dos ajustes, a tributação alcança seu objetivo sem invadir no campo de domínio da legislação comercial e da contabilidade. Essa afirmação se comprova na medida em que a legislação tributária toma emprestado o resultado da contabilidade, e determina um tratamento extracontábil para fins de cálculo do lucro real.

Por fim, há que se destacar que uma espécie de ajuste do lucro líquido, admitida pela legislação tributária, não decorre de nenhuma divergência entre tributação e Contabilidade. Trata-se da compensação de prejuízos fiscais de exercícios anteriores, que, conforme entendimento do STF, tem natureza de benefício fiscal (RE 617.389 AgR, julgado em 08/05/2012).

29.4.1. Ajustes por adição

Nos termos do art. 249 do RIR, na determinação do lucro real, devem ser adicionados ao lucro líquido do período de apuração:

- os custos, despesas, encargos, perdas, provisões, participações e quaisquer outros valores deduzidos na apuração do lucro líquido que não sejam dedutíveis na determinação do lucro real;
- os resultados, rendimentos, receitas e quaisquer outros valores não incluídos na apuração do lucro líquido que devam ser computados na determinação do lucro real.

Note bem o funcionamento das adições ao lucro líquido. A primeira hipótese se refere a despesas devidamente contabilizadas e que, portanto, reduziram o lucro contábil. No entanto, não são aceitas pela legislação tributária. Exemplos são vários. Além daqueles que constam no próprio parágrafo único do art. 249, podemos citar o resultado negativo na equivalência patrimonial, os ajustes decorrentes de preços de transferência, as participações estatutárias não dedutíveis, as provisões não dedutíveis, as despesas desnecessárias etc.

Assim, considerando uma empresa que tenha apurado um lucro contábil de R$ 110 mil, mas que tenha contabilizado despesas não aceitas pela legislação tributária, no montante de R$ 40 mil, deve promover um ajuste ao lucro contábil, pela via da adição, no valor das despesas indedutíveis (R$ 40 mil), o que, na prática, produz um efeito de anulação da despesa contabilizada. Este ajuste mantém o lucro contábil em R$ 110 mil, porém, para fins tributários, aumentará o lucro para R$ 150 mil, valor equivalente ao lucro contábil na hipótese de não serem contabilizadas as despesas não dedutíveis.

Neste momento, é de se ressaltar que a provisão para a CSLL não é dedutível para fins de apuração do lucro real (Lei nº 9.316, de 1996), devendo ser adicionada ao lucro líquido, restrição que, em 9 de abril de 2013, foi confirmada pelo STF no julgamento do RE 582.525.

A segunda hipótese se refere a valores que eventualmente não se encontrem computados pela Contabilidade, a exemplo dos lucros auferidos no exterior, mas que tenham sido disponibilizados ao contribuinte no período.

A segunda hipótese também se refere a valores que devem ser tributados no período, após terem sido excluídos no período de competência a que pertenciam. O motivo para isso é, basicamente, a existência de exceção ao regime de competência.

Por exemplo, se num período de apuração anterior uma receita que se encontra contabilizada pelo regime de competência foi excluída do lucro líquido na apuração do lucro real (porque foi autorizado o diferimento de sua tributação, segundo o regime de caixa), chegado o momento de sua tributação, esse efeito é obtido com a adição ao lucro líquido. Essa circunstância é o reflexo de parte do comando contido no § 2º do art. 247 do RIR:

> Art. 247.(...)
>
> § 2º Os valores que, por competirem a outro período de apuração, forem, para efeito de determinação do lucro real, adicionados ao lucro líquido do período de apuração, OU **DELE EXCLUÍDOS**, serão, na determinação do lucro real do período de apuração competente, excluídos do lucro líquido ou **A ELE ADICIONADOS**, observado o disposto no parágrafo seguinte. (destaque acrescido)

Para compreender essa sistemática, considere que uma incorporadora tenha vendido um apartamento por R$ 300 mil. Suponha que o comprador tenha pago um sinal de R$ 60 mil, e que pagará os R$ 240 mil restantes em dez parcelas semestrais de R$ 24 mil corrigidos por um índice qualquer, sem falar nos juros. Suponha ainda que nessa venda o lucro da incorporadora tenha sido de R$ 90 mil.

Segundo o regime de competência, na data de celebração do negócio devem ser registradas receitas e despesas que formam o lucro de R$ 90 mil. Portanto, esse resultado positivo estará computado no lucro líquido contábil. No entanto, a legislação tributária autoriza o diferimento da tributação desse lucro, na medida do recebimento da receita (RIR, art. 413).

Ou seja, na data zero, apenas 20% da receita teria sido recebida (R$ 60 mil em R$ 300 mil). Portanto, na data zero, a incorporadora poderia diferir a tributação de 80% do lucro (R$ 72 mil de R$ 90 mil). E como isso se opera? Com uma exclusão de R$ 72 mil na apuração do lucro real do período, e com o registro desse lucro diferido na Escrituração Contábil Fiscal (ECF), para tributação futura.

Chegado o momento de receber a primeira semestral de R$ 24 mil, que equivale a 8% do preço (R$ 24 mil em R$ 300 mil), na apuração do lucro real do período o contribuinte deverá adicionar R$ 7.200 (que corresponde a 8% do lucro de R$ 90 mil), e baixar R$ 7.200 no controle mantido na ECF. E assim por diante.

29.4.2. Ajustes por exclusão

Em sentido contrário ao pretendido com as adições, o art. 250 do RIR estabelece que, na determinação do lucro real, podem ser excluídos do lucro líquido do período de apuração:
- os valores cuja dedução seja autorizada e que não tenham sido computados na apuração do lucro líquido do período de apuração;
- os resultados, rendimentos, receitas e quaisquer outros valores incluídos na apuração do lucro líquido, que não sejam computados no lucro real.

Entre os valores que podem ser deduzidos do resultado tributável, mas que não são computados na apuração do lucro líquido contábil, encontram-se os benefícios fiscais, como as diversas hipóteses de depreciação acelerada incentivada, e os dispêndios com inovação tecnológica, previstos no art. 19 da Lei nº 11.196, de 2005.

Além dos benefícios fiscais, aqui também se enquadram os valores que podem ser excluídos no período, após terem sido adicionados no período de competência a que pertenciam. Mais uma vez, o motivo para isso é a existência de exceção ao regime de competência.

Por exemplo, se num período de apuração anterior uma variação cambial passiva foi adicionada ao lucro líquido para anular o efeito da contabilização segundo o regime de competência, em se confirmando a perda no encerramento da operação, é chegado o momento em que a legislação autoriza sua exclusão do lucro líquido. Esse é o complemento do já analisado § 2º do art. 247 do RIR:

> Art. 247.(...)
>
> § 2º Os valores que, por competirem a outro período de apuração, forem, para efeito de determinação do lucro real, **ADICIONADOS AO LUCRO LÍQUIDO DO PERÍODO DE APURAÇÃO**, ou dele excluídos, serão, na determinação do lucro real do período de apuração competente, **EXCLUÍDOS DO LUCRO LÍQUIDO** ou a ele adicionados, observado o disposto no parágrafo seguinte. (destaque acrescido)

Além disso, podem ser excluídas as receitas e os resultados positivos não tributáveis, que tenham sido incluídos na apuração do lucro contábil, tais como:
- os dividendos recebidos;
- o resultado positivo na equivalência patrimonial;
- o resultado não tributável de sociedades cooperativas;
- as reversões de provisões que, na sua constituição, foram consideradas indedutíveis.

29.4.3. Síntese sobre adições e exclusões ao lucro líquido

Em síntese, podemos enxergar as adições e exclusões ao lucro líquido da seguinte forma:

Ajuste	Efeito desejado	Hipóteses
Adição	Aumentar o lucro real	Despesas indedutíveis contabilizadas no período de apuração
		Resultados tributáveis que não se encontram contabilizados no período de apuração
Exclusão	Diminuir o lucro real	Valores dedutíveis que não se encontram contabilizados no período de apuração
		Resultados não tributáveis que se encontram contabilizados no período de apuração

Para quem quiser se aprofundar no tema, as diversas hipóteses de adições e exclusões encontram-se consolidadas no programa gerador da DIPJ, disponível para *download* no site da Receita Federal. De qualquer forma, segue abaixo uma lista com **algumas** hipóteses de adições e exclusões utilizadas no cálculo do lucro real:

ADIÇÕES
- despesas indedutíveis em geral;
- provisões indedutíveis;
- Contribuição Social sobre o Lucro Líquido;
- lucros disponibilizados no exterior;
- rendimentos e ganhos de capital auferidos no exterior;
- ajustes decorrentes de métodos – preços de transferências;
- variações cambiais passivas (registradas na contabilidade pelo regime de competência);

- variações cambiais ativas (operações liquidadas);
- ajustes por diminuição no valor de investimentos avaliados pelo patrimônio líquido;
- amortização de ágio na aquisição de investimentos avaliados pelo patrimônio líquido;
- perdas em operações realizadas no exterior;
- excesso de juros sobre o capital próprio;
- participações não dedutíveis;
- depreciação acelerada incentivada (reversão);
- perdas em operações *day trade* no período de apuração;
- realização de reserva de reavaliação;
- tributos e contribuições com exigibilidade suspensa;
- resultados negativos com atos cooperativos;
- perdas de capital por variação percentual em participação societária avaliada pelo patrimônio líquido.

EXCLUSÕES
- receitas e ganhos não tributáveis em geral;
- reversão dos saldos das provisões não dedutíveis;
- resultados não tributáveis de sociedades cooperativas;
- lucros e dividendos derivados de investimentos avaliados pelo custo de aquisição;
- ajustes por aumento no valor de investimentos avaliados pelo patrimônio líquido;
- amortização de deságio na aquisição de investimentos avaliados pelo patrimônio líquido;
- variações cambiais ativas – registradas na contabilidade pelo regime de competência;
- variações cambiais passivas – operações liquidadas;
- depreciação acelerada incentivada;
- exaustão incentivada;
- ganhos de capital por variação percentual em participação societária avaliada pelo patrimônio líquido.

29.4.4. Compensação de prejuízos fiscais de períodos anteriores

Além das adições e exclusões, para fins de determinação do lucro real há ainda a etapa de compensação de prejuízos fiscais de períodos anteriores. Essa hipótese está prevista no inciso II do art. 250 do RIR, mas encontra-se um pouco mais detalhada entre os arts. 509 e 515 do Regulamento.

Antes de qualquer coisa é preciso ficar bem claro que prejuízos fiscais e prejuízos contábeis são coisas bem diferentes. E as diferenças decorrem, justamente, da existência de adições e exclusões ao lucro líquido. Nesse sentido, imagine uma empresa que receba muitos dividendos e ajustes positivos da equivalência patrimonial. Considerando que esses são casos de exclusões no cálculo do lucro real, essa empresa pode, no mesmo período de apuração, apresentar um grande lucro contábil e, ainda assim, apurar prejuízo fiscal.

Mas é preciso ressaltar que, embora seja autorizada a compensação de prejuízos fiscais de períodos anteriores, a legislação estabeleceu um limite para o exercício dessa faculdade. A cada período de apuração, a utilização de prejuízos fiscais de períodos anteriores encontra-se limitada a uma "trava", fixada em 30% do lucro líquido ajustado pelas adições e exclusões (RIR, art. 510). Por outro lado, a compensação de prejuízos fiscais de períodos anteriores não encontra limitação de prazo.

Para bem compreender o funcionamento da compensação, suponha que uma empresa mantenha um saldo de prejuízos fiscais de períodos anteriores no valor de R$ 350 mil. Considere, agora, que no trimestre ela tenha apurado um lucro líquido de R$ 650 mil, adições de R$ 40 mil e exclusões de R$ 100 mil. Portanto, ela terá calculado um lucro líquido após as adições e exclusões no valor de R$ 590 mil. Nesse caso, o valor máximo da compensação que o contribuinte poderá aproveitar será de R$ 177 mil (30% de R$ 590 mil). Como resultado, o lucro real do período (base de cálculo do IRPJ) será de R$ 413 mil. Sobre esse valor devem incidir a alíquota de 15% e o adicional de 10%. Acompanhe:

Lucro líquido	R$ 650 mil
(+) Adições	R$ 40 mil
(−) Exclusões:	(R$ 100 mil)
(=) Lucro líquido após as adições e exclusões:	R$ 590 mil
(−) Compensação de prejuízos fiscais	(R$ 177 mil)
(=) Base de cálculo:	R$ 413 mil
• IRPJ (15% de R$ 413 mil):	R$ 61.950
• Adicional [10% x (413.000 − 60.000)]:	R$ 35.300
• IRPJ devido no trimestre:	R$ 97.250

Controle do prejuízo fiscal

Saldo inicial de prejuízo fiscal de períodos anteriores: R$ 350 mil

(–) Compensação no período: R$ 177 mil
Saldo acumulado de prejuízo fiscal: R$ 173 mil

Com a figura abaixo, pretendemos enfatizar que a trava de 30% tem como referência o lucro líquido do período ajustado pelas adições e exclusões, e não o próprio saldo acumulado de prejuízos fiscais de períodos anteriores:

Compensação de prejuízos fiscais

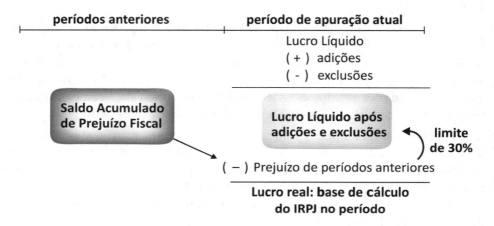

Vale ressaltar mais um detalhe importante: a compensação de prejuízos fiscais de períodos anteriores não tem nada a ver com a modalidade de extinção de crédito tributário prevista no art. 170 do CTN.

Ainda sobre a compensação de prejuízos fiscais, é preciso destacar as regras específicas a seguir relacionadas:

a. Incorporação, fusão e cisão

A pessoa jurídica sucessora por incorporação, fusão ou cisão **não pode** compensar prejuízos fiscais da sucedida (RIR, art. 514). Em outras palavras, o prejuízo fiscal não se transfere com a ocorrência de um desses eventos societários.

Já no caso de cisão parcial, a pessoa jurídica cindida pode (continuar a) compensar os seus próprios prejuízos, proporcionalmente à parcela remanescente do patrimônio líquido.

b. Mudança de controle societário e de ramo de atividade

A pessoa jurídica não pode compensar seus próprios prejuízos fiscais se, entre a data da apuração e da compensação, houver ocorrido, cumulativamente, modificação de seu controle societário e do ramo de atividade (RIR, art. 513).

c. Sociedade em Conta de Participação (SCP)

O prejuízo fiscal apurado por Sociedade em Conta de Participação (SCP) somente pode ser compensado com o lucro real decorrente da mesma SCP (RIR, art. 515).

É vedada a compensação de prejuízos fiscais e lucros entre duas ou mais SCP, ou entre a SCP e o sócio ostensivo.

d. Prejuízos não operacionais

Os prejuízos não operacionais apurados pelas pessoas jurídicas somente podem ser compensados com lucros da mesma natureza, observada a trava de 30% (RIR, art. 511). Para esse fim, consideram-se não operacionais os resultados decorrentes da alienação de bens ou direitos do ativo não circulante.

Aqui vale mencionar que a base legal do art. 511 do RIR (o art. 31 da Lei nº 9.429, de 1995), foi revogado a partir de 1º de janeiro de 2015 pela Lei nº 12.973, de 2014.

No entanto, o art. 43 da referida lei manteve o tratamento tributário anterior. Portanto, esses prejuízos fiscais continuam sendo passíveis de compensação apenas com lucros de mesma natureza, ou seja, decorrentes da alienação de bens e direitos do ativo imobilizado, investimento e intangível, nos seguintes termos:

> **Art. 43.** Os prejuízos decorrentes da alienação de bens e direitos do ativo imobilizado, investimento e intangível, ainda que reclassificados para o ativo circulante com intenção de venda, poderão ser compensados, nos períodos de apuração subsequentes ao de sua apuração, somente com lucros de mesma natureza, observado o limite previsto no art. 15 da Lei nº 9.065, de 20 de junho de 1995.
>
> **Parágrafo único.** O disposto no *caput* não se aplica em relação às perdas decorrentes de baixa de bens ou direitos em virtude de terem se tornado imprestáveis ou obsoletos ou terem caído em desuso, ainda que posteriormente venham a ser alienados como sucata.

Também é importante mencionar que, nos termos do art. 109 da Lei nº 12.973, de 2014, a trava de 30% foi afastada na hipótese de apuração do IRPJ relativo ao ganho de capital resultante da alienação de bens ou direitos, ou qualquer ato que enseje a realização de ganho de capital, pelas pessoas jurídicas que se encontrem inativas desde o ano-calendário de 2009 ou que estejam em regime de liquidação ordinária, judicial ou extrajudicial, ou em regime de falência. Mas essa dispensa somente se aplica nos casos em que o produto da venda seja utilizado para pagar débitos de qualquer natureza com a União.

29.5. Exemplo de apuração do imposto no regime de Lucro Real

Considere uma empresa que apresente os seguintes valores ao final de determinado período-base (trimestral):
- lucro líquido após a CSLL e antes do IRPJ: R$ 100.000,00;
- despesas operacionais contabilizadas e não aceitas pela legislação do imposto de renda e da contribuição social sobre o lucro líquido como redutoras das correspondentes bases de cálculo: R$ 20.000,00;
- resultados computados no lucro líquido, porém, passíveis de diferimento em razão da legislação fiscal: R$ 5.000,00;
- parcela do lucro contábil de período-base anterior, diferido para fins fiscais, naquela época, agora tributável em função do desaparecimento das razões que justificaram, sob a ótica fiscal, o diferimento: R$ 8.000,00;
- receitas operacionais contabilizadas, porém, segundo a legislação fiscal, não tributáveis: R$ 10.000,00;
- prejuízo fiscal de período-base anterior, passível de compensação nos termos e limites vigentes: R$ 200.000,00;
- provisão da contribuição social sobre o lucro líquido: R$ 6.000,00.

Cálculos:

	LUCRO LÍQUIDO ANTES DO IRPJ E APÓS A CSLL		100.000
(+)	**Adições**		34.000
	despesas não dedutíveis	20.000	
	lucro diferido de período anterior	8.000	
	CSLL	6.000	
(−)	**Exclusões**		(15.000)
	resultados diferidos	(5.000)	
	receitas não tributáveis	(10.000)	
(=)	**LUCRO LÍQUIDO APÓS ADIÇÕES E EXCLUSÕES**		119.000
(−)	**Compensação de prejuízos fiscais (30% x 119.000)**		(35.700)
(=)	**LUCRO REAL DO TRIMESTRE (BC DO IRPJ)**		83.300
	IRPJ (15% x 83.300)	12.495	
	Adicional [10% x (83.300 − 60.000)]	2.330	
(=)	**IRPJ DEVIDO NO TRIMESTRE**		14.825

Controle do prejuízo fiscal:

	Saldo inicial de prejuízo fiscal de períodos anteriores	200.000
(−)	Compensação no período	(35.700)
(=)	Saldo de prejuízo fiscal para compensação futura	164.300

29.6. Apuração anual do lucro real

A apuração anual do lucro real é o objeto dos arts. 221 a 231 do RIR. Em essência, a apuração anual não difere da apuração trimestral. Nesse sentido, de acordo com o art. 221 do RIR, a pessoa jurídica que optar pela apuração anual do IRPJ deve calcular o lucro real em 31 de dezembro adotando, basicamente, as mesmas regras previstas para a apuração trimestral, relativas a adições, exclusões e compensação de prejuízos.

Com toda certeza, a grande questão envolvida na apuração anual é a obrigação de efetuar o pagamento mensal, determinado a partir de base de cálculo estimada, a título de antecipação do imposto anual devido. Inclusive, a opção pela apuração anual ocorre com o pagamento do imposto estimado relativo ao mês de janeiro, ou ao mês de início de atividade, se for o caso (RIR, art. 222, parágrafo único).

Por oportuno, vale ressaltar que o regime de Lucro Real trimestral não enseja antecipações por estimativa.

Em regra, no regime de Lucro Real anual, a base de cálculo da estimativa mensal é determinada a partir da receita bruta auferida no mês. E uma vez encerrado o ano, o contribuinte deve apurar o IRPJ com base no lucro real verificado em 31 de dezembro, e em seguida comparar com a soma dos valores antecipados ao longo do ano-base a título de estimativa. Se houver antecipado mensalmente valores em montante menor do que o devido segundo a apuração anual, o contribuinte terá saldo de imposto a pagar. Do contrário, se tiver antecipado valores em montante maior do que o devido segundo a apuração anual, a título de estimativa ou mesmo de outras formas de antecipação (como o IRRF), o contribuinte terá saldo de imposto a restituir, o denominado saldo negativo do IRPJ. Essa é a essência do ajuste anual.

Cabe dizer que o recolhimento de estimativas mensais, apuradas com base na receita bruta auferida no mês, pode ser suspenso ou reduzido desde que o contribuinte comprove, com base em balanço ou balancete, que o valor acumulado já pago excede o valor do imposto, inclusive adicional, calculado com base no lucro real do período em curso (RIR, art. 230). Mais adiante, no item 29.6.3, veremos como isso funciona.

Por fim, antes de apresentar o cálculo das estimativas mensais, é importante ressaltar que as diferenças entre a apuração da estimativa mensal com base na receita bruta e acréscimos, ou mediante balanços ou balancetes de suspensão ou redução, mais uma vez, dizem respeito à determinação da base de cálculo. Isso porque, independentemente do método utilizado, o imposto a ser pago mensalmente será determinado mediante a aplicação da alíquota de 15% sobre a base de cálculo, e do adicional de 10% sobre a parcela da base de cálculo, apurada mensalmente, que exceder a R$ 20 mil.

29.6.1 Estimativa calculada com base na receita bruta mensal e acréscimos

A base de cálculo da estimativa mensal, em cada mês, é determinada mediante a aplicação de um percentual sobre a receita bruta auferida mensalmente, acrescida de ganhos de capital e de outras receitas (RIR, arts. 223 e 225):

> BC estimativa = (Receita Bruta Mensal x Percentual de Estimativa) + Acréscimos

Portanto, a partir de agora, vamos estudar os elementos da expressão acima.

a. Receita bruta para fins de cálculo da estimativa mensal

A Lei nº 12.973, de 2014, revogou a base legal do art. 224 do RIR (Lei nº 8.981, de 1995, art. 31). Com essa revogação, o conceito de receita bruta aplicável ao cálculo das estimativas mensais encontra-se na nova redação dada ao art. 2º da Lei nº 9.430, de 1996.

Basicamente, é o mesmo conceito que vimos no item 26.3. Desse modo, a receita bruta compreende:
- o produto da venda de bens nas operações de conta própria;
- o preço dos serviços prestados;
- o resultado auferido nas operações de conta alheia; e
- as receitas da atividade ou objeto principal da pessoa jurídica não compreendidas pela venda de bens ou prestação de serviços em geral.

Além disso, para fins de cálculo das estimativas, podem ser deduzidos as devoluções, vendas canceladas e os descontos incondicionais concedidos.

Por fim, há que se ressaltar que, para o efeito de determinação da base de cálculo da estimativa mensal, a receita bruta deve ser reconhecida segundo o regime de competência.

b. Percentuais de estimativa

Na apuração das estimativas mensais, a base de cálculo decorrente da receita bruta deve ser determinada mediante a aplicação dos seguintes percentuais (Lei nº 9.249, de 1995, art. 15, § 1º):

- Regra geral: 8%
    - ✓ comércio e indústria em geral;
    - ✓ atividade rural;
    - ✓ serviços hospitalares e de auxílio diagnóstico (entre outros), desde que a prestadora destes serviços seja organizada sob a forma de sociedade empresária e atenda às normas da Agência Nacional de Vigilância Sanitária;
    - ✓ transporte de cargas;
    - ✓ atividades imobiliárias relativas a loteamento de terrenos, incorporação imobiliária, construção de prédios destinados à venda, bem como a venda de imóveis construídos ou adquiridos para a revenda;
    - ✓ atividade de construção por empreitada com emprego de todos os materiais indispensáveis à sua execução, sendo tais materiais incorporados à obra;
    - ✓ outras atividades não caracterizadas como prestação de serviços.
- Percentual de 1,6%
    - ✓ revenda de combustíveis para consumo, sejam eles álcool etílico carburante, gás natural ou derivados de petróleo.
- Percentual de 16%
    - ✓ transporte de passageiros;
    - ✓ serviços financeiros: bancos comerciais, bancos de investimentos, bancos de desenvolvimento, caixas econômicas, sociedades de crédito, financiamento e investimento, sociedades de crédito imobiliário, sociedades corretoras de títulos, valores mobiliários e câmbio, distribuidoras de títulos e valores mobiliários, empresas de arrendamento mercantil, cooperativas de crédito, empresas de seguros privados e de capitalização e entidades de previdência privada aberta.
- Percentual de 32%
    - ✓ prestação de serviços em geral, exceto serviços hospitalares e de auxílio diagnóstico (entre outros) sujeitos ao percentual de 8%;
    - ✓ intermediação de negócios;

- administração, locação ou cessão de bens, imóveis, móveis e direitos de qualquer natureza;
- construção por administração ou por empreitada unicamente de mão de obra ou com emprego parcial de materiais;
- construção, recuperação, reforma, ampliação ou melhoramento de infraestrutura, no caso de contratos de concessão de serviços públicos, independentemente do emprego parcial ou total de materiais;
- prestação cumulativa e contínua de serviços de assessoria creditícia, mercadológica, gestão de crédito, seleção de riscos, administração de contas a pagar e a receber, compra de direitos creditórios resultantes de vendas mercantis a prazo ou de prestação de serviços (*factoring*).

No caso de atividades diversificadas, deve ser aplicado o percentual correspondente a cada atividade (Lei nº 9.249, de 1995, art. 15, § 1º). E uma vez apurada omissão de receita praticada por pessoa jurídica com atividades diversificadas, não sendo possível a identificação da atividade a que se refere a receita omitida, ela deve ser adicionada àquela que corresponder ao percentual mais elevado dentre aqueles a que o contribuinte se encontra submetido (Lei nº 9.249, de 1995, art. 24, § 1º).

c. Tratamento diferenciado para pequenos prestadores de serviços

Há que se fazer referência a um tratamento diferenciado para pessoas jurídicas prestadoras de serviços em geral, com receita bruta anual inferior a R$ 120 mil.

Nesse caso, para determinar sua base de cálculo, ao invés do percentual de 32%, a legislação autoriza a aplicação de 16% sobre a receita bruta auferida no mês (RIR, art. 223, § 4º).

Por fim, a legislação estabelece que esse benefício não se aplica às pessoas jurídicas que prestem serviços hospitalares e de transporte (RIR, art. 223, § 5º), o que nem faria sentido, afinal, para essas atividades o percentual já é menor ou igual aos 16%.

29.6.2. Ganhos de capital e outras receitas

Devem ser acrescidos à base de cálculo da estimativa mensal os ganhos de capital (Capítulo 37), além das demais receitas e resultados positivos decorrentes de receitas não abrangidas pelo conceito de receita bruta (RIR, art. 225).

Entre as outras receitas e resultados positivos que devem ser acrescidos à base de cálculo da estimativa mensal destacam-se os seguintes:

- os juros incidentes sobre impostos e contribuições restituídos ou compensados;
- as variações monetárias ativas;
- os juros sobre o capital próprio auferidos;
- os valores decorrentes de ajustes relativos a preços de transferência.

Neste ponto é importante mencionar que o novo § 3º do art. 32 da Lei nº 8.981, de 1995, introduzido pela Lei nº 12.973, de 2014, confere aos valores decorrentes do ajuste a valor presente de elementos do ativo (item 26.3), relativos aos acréscimos à base de cálculo da estimativa mensal (ganhos de capital e demais receitas e resultados positivos não abrangidos pela receita bruta) o mesmo tratamento dado à receita bruta. Em outras palavras, os valores decorrentes do ajuste a valor presente integra o valor dos ganhos de capital e demais receitas.

De forma coerente, o novo § 4º do art. 32 da Lei nº 8.981, de 1995, autoriza que sejam considerados os ajustes a valor presente de elementos do passivo (item 30.9) na formação do valor contábil utilizado no cálculo do ganho de capital e de outros resultados positivos que devam integrar a base de cálculo da estimativa mensal.

29.6.3. Redução ou suspensão do pagamento mensal por estimativa

A forma mais direta de determinar o valor da estimativa devida é a que tem por base a receita bruta mensal (item 29.6.1). No entanto, a pessoa jurídica pode suspender ou reduzir o pagamento do imposto devido em cada mês por estimativa, desde que demonstre, através de balanços ou balancetes mensais, que o valor acumulado já pago excede o valor do imposto, inclusive adicional, calculado com base no lucro real do período em curso (RIR, art. 230).

Em outras palavras, considerando que o balanço de suspensão ou redução é uma prévia da apuração do lucro real anual, em um determinado mês, caso fique evidenciado que as antecipações efetuadas com base na receita bruta mensal já superam o valor devido, o contribuinte pode suspender o pagamento da estimativa mensal. Ainda, se nessa prévia ficar evidenciado que o contribuinte não precisa recolher todo o valor apurado com base na receita bruta mensal, bastando recolher uma parte, é caso de redução.

É importante ressaltar que o balanço de suspensão ou redução deve abranger, em qualquer mês, o período de 1º de janeiro até o último dia do mês em que é levantado. Apenas para ilustrar essa ideia, confira a figura a seguir:

Balancetes de suspensão ou redução

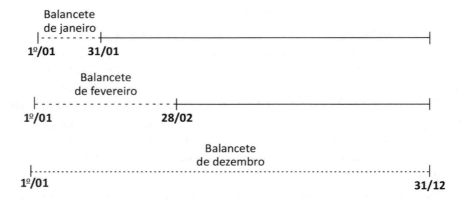

Exemplificando, considere que uma empresa inicia o ano de 2014 optando pela apuração anual do lucro real. Obriga-se, portanto, a antecipar mensalmente o imposto. Suponha que tenha recolhido, relativamente a janeiro, fevereiro e março, estimativas nos valores de R$ 5 mil, R$ 8 mil e R$ 10 mil, respectivamente, calculadas sobre a receita bruta e acréscimos. Caso tivesse continuado a recolher estimativas com base na receita bruta e acréscimos, em relação a abril teria recolhido, suponha, R$ 15 mil. Mas, como resolveu levantar o balancete de suspensão ou redução relativo ao período de 1º de janeiro a 30 de abril, percebeu que o lucro real no período em curso estava em R$ 100 mil, resultando num imposto de R$ 17 mil [= (15% x 100 mil) + 10% x (100 mil − 80 mil)]. Desta forma, como até março já havia recolhido R$ 23 mil (= 5 mil + 8 mil + 10 mil), pôde suspender o pagamento relativo ao mês de abril.

Aproveitando o mesmo exemplo para ilustrar como se opera a redução, suponha que o balancete relativo ao período de 1º de janeiro a 30 de abril tenha indicado um imposto devido no valor de R$ 32 mil. Qual o valor devido da estimativa em relação ao mês de abril? Com base na receita bruta, a estimativa de abril corresponde a R$ 15 mil (dado do problema). No entanto, considerando que até março o contribuinte já havia recolhido R$ 23 mil, a título de estimativa do mês de abril bastaria recolher R$ 9 mil (e não os R$ 15 mil calculados com base na receita bruta). Com esse pagamento, no acumulado, o valor do imposto antecipado (= 5 mil + 8 mil + 10 mil + 9 mil) seria equivalente ao valor do imposto devido com base no lucro real do período que se estende de 1º de janeiro a 30 de abril.

Como decorrência lógica dessa sistemática, caso o contribuinte demonstre através de balanços ou balancetes mensais, a existência de prejuízos fiscais apurados a partir do mês de janeiro do ano-calendário, ele fica dispensado do pagamento da estimativa mensal (RIR, art. 230, § 2º).

E a legislação é bem clara no sentido de que a redução ou suspensão do pagamento mensal se aplica, inclusive, em relação ao mês de janeiro, desde que fique demonstrado que o imposto devido no período é inferior ao calculado com base na receita bruta (RIR, art. 230, § 3º).

Portanto, ao final de cada mês, o contribuinte pode apurar a estimativa pelas duas formas (receita bruta ou balancete de suspensão ou redução), e optar por aquela que se mostrar mais vantajosa. Nesse sentido, é possível que alterne, mês a mês, entre os balanços de suspensão e a apuração com base na receita bruta e acréscimos.

Acompanhe na tabela abaixo a forma pela qual, mês a mês, o contribuinte pode optar pelo pagamento da estimativa calculada a partir da receita bruta mensal (RBM), ou com base no balanço de suspensão ou redução (BSR):

Valores em Reais

Mês	Forma de apuração	Valor Apurado	Saldo anterior pago	Valor a pagar relativo ao mês	Saldo pago até o mês
Jan.	RBM	10.000	0	10.000	10.000
	BSR	12.000			
Fev.	RBM	14.000	10.000		12.000
	BSR	12.000		2.000	
Mar.	RBM	5.000	12.000	5.000	17.000
	BSR	não fez			
Abr.	RBM	18.000	17.000		17.000
	BSR	16.000		0	
Mai.	RBM	21.000	17.000		17.000
	BSR	prejuízo fiscal		0	
Jun.	RBM	3.500	17.000		17.000
	BSR	8.000		0	
Jul.	RBM	2.000	17.000	2.000	19.000
	BSR	20.000			

Ago.	RBM	20.000	19.000		22.000
	BSR	22.000		3.000	
Set.	RBM	5.000	22.000	5.000	27.000
	BSR	não fez			
Out.	RBM	28.000	27.000		27.000
	BSR	25.000		0	
Nov.	RBM	10.000	27.000	10.000	37.000
	BSR	38.000			
Dez.	RBM	8.000	37.000	8.000	45.000
	BSR	50.000			

Para compreender a tabela acima, a cada mês, compare o valor da estimativa calculada a partir da receita bruta mensal com a diferença entre o valor apurado no balancete de suspensão ou redução e o saldo pago até o mês anterior. Dos dois, basta ao contribuinte recolher o menor para que esteja atendido o que prevê a legislação.

Por exemplo, no mês de novembro, a decisão estaria entre pagar R$ 10 mil (RBM) ou R$ 11 mil (BSR: R$ 38 mil − R$ 27 mil). Prevalece o pagamento de R$ 10 mil.

29.7. Isenções e reduções

Conforme vimos no item 29.1, as pessoas jurídicas que usufruem de benefícios fiscais relativos à isenção ou redução do imposto são obrigadas a se submeter às regras do Lucro Real.

Os benefícios fiscais de isenção ou redução do IRPJ constituem o objeto dos arts. 546 a 580 do RIR. São os seguintes os benefícios contidos nesses artigos:

- isenção e redução do imposto para pessoas jurídicas que providenciaram, durante o prazo definido em lei, a instalação de empreendimentos industriais ou agrícolas:
    - ✓ na área de atuação da Sudene (RIR, arts. 546 a 553);
    - ✓ na área de atuação da Sudam (RIR, arts. 554 a 561);

- isenção do imposto para empreendimentos integrantes do Programa Grande Carajás (RIR, arts. 562 e 563);
- redução do imposto como incentivo ao desenvolvimento de empreendimentos turísticos (RIR, arts. 564 a 573); e
- isenção e redução do imposto como incentivo a empresas montadoras e fabricantes de veículos automotores nas regiões norte, nordeste e centro-oeste (RIR, arts. 574 a 580).

29.7.1. Mecanismo dos benefícios

Os benefícios de isenção ou redução do imposto, aqui referidos, não constituem exclusões do lucro líquido da empresa.

Na verdade, deve-se apurar normalmente o imposto sobre o lucro real e, em separado, deve ser calculado o valor do benefício (isenção ou redução). Por fim, do valor do imposto apurado sobre o lucro real deve-se deduzir o valor do benefício.

Para fins de cálculo do valor do benefício, a legislação criou o chamado "lucro da exploração", que iremos analisar no item 29.7.2.

Também é importante ressaltar que o valor do imposto que deixar de ser pago em virtude das isenções e reduções calculadas com base no lucro da exploração não pode ser distribuído aos sócios, devendo constituir reserva de incentivos fiscais de que trata o art. 195-A da Lei das S.A. (conforme a nova redação do § 3º do art. 19 do Decreto-Lei nº 1.598, de 1977), a qual somente poderá ser utilizada para absorção de prejuízos ou aumento do capital social (RIR, art. 545).

Nos casos em que a pessoa jurídica apresenta prejuízo contábil ou lucro líquido inferior ao valor do imposto que deixou de ser pago e, por isso mesmo, não constitui a reserva de incentivos fiscais no período em que deixa de pagar o imposto em virtude das isenções e reduções calculadas com base no lucro da exploração, a constituição da reserva deve ocorrer nos períodos subsequentes, à medida que forem apurados lucros.

29.7.2. Lucro da Exploração

Podemos afirmar que o Lucro da Exploração é o valor que serve de base de cálculo para os benefícios fiscais de isenção ou redução do IRPJ que estamos estudando.

O Lucro da Exploração não coincide com o lucro líquido contábil, e nem com o lucro real. Trata-se do resultado da atividade da empresa que se deseja incentivar.

Nesse sentido, já considerando as inovações trazidas pela Lei nº 12.973, de 2014, o art. 544 do RIR estabelece que o lucro da exploração corresponde ao lucro líquido do período de apuração, antes de deduzida a provisão para o imposto de renda (após a dedução da CSLL), ajustado pela exclusão dos seguintes valores:

- a parte das receitas financeiras que exceder às despesas financeiras, abrangendo inclusive as variações monetárias, sem considerar as receitas e despesas financeiras decorrentes do ajuste a valor presente;
- os rendimentos e prejuízos das participações societárias;
- os resultados não operacionais (outras receitas e despesas);
- as subvenção para investimento e doações do Poder Público; e
- os ganhos e perdas decorrentes de ajuste com base no valor justo.

29.7.3. Exemplo de cálculo dos benefícios de isenção ou redução

Para a perfeita compreensão do funcionamento desses benefícios, acompanhe o seguinte exemplo, de uma empresa com atividade isenta na área da Sudam:

- lucro líquido antes da provisão para o IRPJ: R$ 15.000
- despesas indedutíveis: R$ 4.000
- receitas não tributáveis: R$ 1.000
- receitas financeiras: R$ 2.000
- despesas financeiras: R$ 1.500
- ganho de capital: R$ 3.000

Cálculo do lucro Real

Lucro líquido antes da provisão para o IRPJ	R$	15.000
(+) despesas indedutíveis	R$	4.000
(−) receita não tributáveis	(R$	1.000)
(=) Lucro Real	**R$**	**18.000**
IRPJ devido (R$ 18.000 x 15%)	**R$**	**2.700**

Cálculo do lucro da exploração

Lucro líquido antes da provisão para o IRPJ	R$	15.000
(−) excesso de receitas em relação a despesas financeiras	(R$	500)
(−) ganho de capital	(R$	3.000)
(=) Lucro da exploração	R$	11.500

Cálculo do benefício
Valor da isenção (R$ 11.500 x 15%)   R$ 1.725

Provisão para o IRPJ
IRPJ devido – isenção (R$ 2.700 – R$ 1.725)   R$ 975

Se, ao invés de isenção, o benefício fosse de redução de 75% do valor do imposto calculado sobre o lucro da exploração, o resultado seria o seguinte:

Cálculo do benefício
Valor da redução [(R$ 11.500 x 15%) x 75%]   R$ 1.293,75

Provisão para o IRPJ
IRPJ devido – redução (R$ 2.700 – R$ 1.293,75)   R$ 1.406,25

É razoável acreditar que a Esaf não exija esses cálculos na prova de um concurso público. Em todo caso, o exemplo acima serve para mostrar o funcionamento dos benefícios.

29.8. Livros Fiscais exigidos no regime de Lucro Real

No art. 260 e seguintes, o RIR dispõe sobre a escrita fiscal que deve ser mantida pelo contribuinte do IRPJ. Trata-se de um regramento antigo, que não reflete a utilização, amplamente disseminada, da tecnologia da informação.

Apesar das inovações no campo da escrituração exigida pela legislação tributária, vamos percorrer o essencial contido na regulamentação do assunto pelo RIR, fazendo as observações pertinentes.

No art. 260, o RIR estabelece que a pessoa jurídica, além dos livros de contabilidade previstos em leis e regulamentos, deve manter e escriturar os seguintes livros:

- registro de inventário;
- registro de entradas (compras);
- de Apuração do Lucro Real (Lalur);
- registro permanente de estoque, para as pessoas jurídicas que exercerem atividades de compra, venda, incorporação e construção de imóveis, loteamento ou desmembramento de terrenos para venda (controle da atividade imobiliária);
- Movimentação de Combustíveis, a ser escriturado diariamente pelo posto revendedor.

Segundo dispõe o § 1º do art. 260, as pessoas jurídicas podem criar modelos próprios para os livros de registro de inventário, de entradas e de controle da atividade imobiliária que satisfaçam às necessidades de seu negócio. Podem também utilizar os livros porventura exigidos por outras leis fiscais, ou, ainda, substituí-los por séries de fichas numeradas.

E no caso de pessoa física equiparada à pessoa jurídica pela prática de operações imobiliárias, a autenticação do livro para registro permanente de estoque deve ser efetuada pela Secretaria da Receita Federal do Brasil (RIR, arts. 160, inciso II; e 260, § 4º).

29.8.1. Livros para registro de inventário e registro de entradas

O Livro Registro de Inventário e o Livro Registro de Entradas, ou as fichas que os substituírem, devem ser registrados e autenticados pelo Departamento Nacional de Registro do Comércio, ou pelas Juntas Comerciais ou repartições encarregadas do registro de comércio e, quando se tratar de sociedade civil, pelo Registro Civil de Pessoas Jurídicas ou pelo Cartório de Registro de Títulos e Documentos (RIR, art. 260, § 2º).

No entanto, vale dizer que a adoção da Escrituração Fiscal Digital (EFD-ICMS/IPI) supre a elaboração, registro e autenticação de livros para registro de inventário e registro de entradas (Ajuste Sinief nº 2, de 3 de abril de 2009).

De qualquer forma, no Livro Registro de Inventário devem ser arrolados, com especificações que facilitem sua identificação, as mercadorias, os produtos manufaturados, as matérias-primas, os produtos em fabricação e os bens em almoxarifado existentes na data do balanço patrimonial levantado ao fim de cada período de apuração (RIR, art. 261).

Além disso, a especificação da mercadoria nas notas fiscais de compra e nas notas fiscais de venda deve ser uniforme de modo a permitir a auditoria do estoque.

29.8.2. Livro de Apuração do Lucro Real

O Livro de Apuração do Lucro Real (Lalur) é um livro fiscal obrigatório para as empresas tributadas pelo Lucro Real, que deve ser entregue à Secretaria da Receita Federal em meio digital.

O livro é composto de duas partes: "A" e "B". Na Parte "A" o contribuinte deve demonstrar os lançamentos das adições, exclusões e compensações do período de apuração. Como se nota, trata-se da apuração do lucro real propriamente dita.

Na Parte "B" são controlados os valores fiscais que irão interferir na apuração do lucro real de períodos subsequentes e que não constam da escrituração comercial.

No Lalur, a pessoa jurídica deve (RIR, art. 262):
- lançar os ajustes do lucro líquido do período de apuração (Parte A);
- transcrever a demonstração do lucro real (Parte A);
- manter os registros de controle de prejuízos fiscais a compensar em períodos de apuração subsequentes, da depreciação acelerada incentivada, bem como dos demais valores que devam influenciar a determinação do lucro real de períodos de apuração futuros e que não constem da escrituração comercial (Parte B);
- manter os registros de controle dos valores excedentes a serem utilizados no cálculo das deduções nos períodos de apuração subsequentes, tais como os dispêndios com programa de alimentação ao trabalhador e outros previstos no Regulamento (Parte B).

Portanto, a Parte A se refere à apuração do lucro real de um determinado exercício, enquanto a Parte B serve para manter as informações relativas aos ajustes que irão impactar exercícios futuros.

Por exemplo, se na apuração contábil do lucro líquido do exercício corrente, no valor de R$ 100 mil, foi considerada uma receita não tributável de R$ 25 mil, e uma despesa não dedutível de R$ 5 mil, o contribuinte terá que fazer os ajustes na apuração do lucro real.

Suponha, ainda, que ele tenha prejuízo fiscal de exercícios anteriores no montante de R$ 120 mil.

Além disso, se no passado esse mesmo contribuinte excluiu um resultado tributável de R$ 50 mil para adicionar 20% ao ano pelos 5 anos seguintes, ele terá que fazer o ajuste no exercício atual. Suponha que, relativamente a essa exclusão, o saldo remanescente a realizar seja de R$ 30 mil.

Pois bem. Na Parte A do Lalur o contribuinte deverá demonstrar a apuração do lucro real do exercício corrente, da seguinte forma:

Lucro Líquido	100.000
Adições	
+ despesa indedutível do exercício corrente	5.000
+ resultado tributável, excluído em exercício anterior (controlado na Parte B)	10.000
Exclusões	
− receita não tributável do exercício corrente	(25.000)
= Lucro Líquido ajustado	90.000
− Compensação (limitada a 30% de 90.000)	(27.000)
= Lucro Real	63.000

Como visto, na Parte B do Lalur, o contribuinte mantinha a informação do saldo de prejuízos de exercícios anteriores, no valor de R$ 120 mil. Por conta da apuração acima demonstrada, ele agora deve registrar a utilização de R$ 27 mil a título de compensação. Dessa forma, ele continua mantendo saldo de prejuízos de exercícios anteriores no valor de R$ 93 mil, disponíveis para futura utilização.

E, finalmente, o saldo de R$ 30 mil (referente à receita tributável excluída em exercício anterior) deve ser atualizado após o contribuinte ter oferecido à tributação a parcela de R$ 10 mil na apuração do lucro real do exercício atual, de modo que restará demonstrado o saldo de R$ 20 mil a ser realizado nos próximos dois exercícios.

Essa é a sistemática envolvida na escrituração do Lalur. Mas não podemos deixar de fazer referência à adaptação que foi promovida em razão da utilização das novas tecnologias digitais.

Primeiramente, foi criado o Livro Eletrônico de Escrituração e Apuração do Imposto sobre a Renda (e-Lalur) pela Instrução Normativa RFB nº 989, de 2009. A partir de então, a escrituração e entrega do livro eletrônico tornou-se obrigatória para todas as pessoas jurídicas sujeitas à apuração segundo as regras do Regime do Lucro Real. No entanto, com a publicação da Instrução Normativa RFB nº 1.353, de 2013, o e-Lalur foi substituído pela Escrituração Fiscal Digital do Imposto sobre a Renda (EFD-IRPJ).

Porém, a IN RFB nº 1.353, de 30 de abril de 2013, teve vida curta, restando revogada pela Instrução Normativa RFB nº 1.422, de 19 de dezembro de 2013, que dispensou as pessoas jurídicas da escrituração do LALUR em meio físico e da entrega da Declaração de Informações Econômico-Fiscais da Pessoa Jurídica (DIPJ), em relação aos fatos ocorridos a partir de 1º de janeiro de 2014, quando então todas as pessoas jurídicas, inclusive as equiparadas, passam a ser obrigadas à apresentação da Escrituração Contábil Fiscal (ECF).

Segundo a IN RFB nº 1.422, de 2013, na ECF o contribuinte deve informar todas as operações que influenciem a composição da base de cálculo e o valor devido do IRPJ, especialmente o detalhamento dos ajustes do lucro líquido na apuração do lucro real, mediante tabela de adições e exclusões, bem assim os registros de controle de todos os valores a excluir, adicionar ou compensar em exercícios subsequentes, inclusive prejuízo fiscal.

Dessa forma, para os contribuintes que apuram o IRPJ segundo as regras do Lucro Real, **a ECF é o próprio Lalur** (IN RFB nº 1.422, de 2013, art. 1º, § 3º).

Por fim, neste momento também devemos fazer referência à Instrução Normativa RFB nº 1.420, de 19 de dezembro de 2013, que instituiu a Escrituração Contábil Digital (ECD), determinando a obrigatoriedade de sua apresentação, entre outras, às pessoas jurídicas tributadas com base no Lucro Real, compreendendo a versão digital dos seguintes livros:

- livro Diário e seus auxiliares, se houver;
- livro Razão e seus auxiliares, se houver;
- livro Balancetes Diários, Balanços e fichas de lançamento comprobatórias dos assentamentos neles transcritos.

29.8.3. Conservação de livros e comprovantes

Enquanto não prescritas eventuais ações que lhes sejam pertinentes, a pessoa jurídica é obrigada a conservar em ordem os livros, documentos e papéis relativos à sua atividade, ou que se refiram a atos ou operações que modifiquem ou possam vir a modificar sua situação (RIR, art. 264).

Os comprovantes da escrituração da pessoa jurídica, relativos a fatos que repercutam em lançamentos contábeis de exercícios futuros, devem ser conservados até que se opere a decadência do direito de a Fazenda Pública constituir os créditos tributários relativos a esses exercícios (RIR, art. 264, § 3º). Esse é o caso, por exemplo, dos documentos relativos à aquisição de investimentos em outras sociedades, que serão essenciais para comprovar o respectivo custo e, consequentemente, para determinar o eventual ganho de capital em uma alienação que venha a ocorrer muitos anos mais tarde.

Ocorrendo extravio, deterioração ou destruição de livros, fichas, documentos ou papéis de interesse da escrituração, a pessoa jurídica deve providenciar a publicação de aviso sobre o fato, em jornal de grande circulação. Além disso, em 48 horas, deve informar o órgão competente do Registro do Comércio, remetendo cópia da comunicação ao órgão da Secretaria da Receita Federal de sua jurisdição (RIR, art. 264, § 1º).

Capítulo 30
Dedutibilidade de Custos, Despesas e Encargos

Na apuração do lucro real, muitas despesas contabilizadas pelos contribuintes são dedutíveis em razão de serem absolutamente necessárias à atividade da empresa. Nesse caso, por estarem contabilizadas e por serem consideradas dedutíveis pela legislação tributária, não implicam a necessidade de qualquer ajuste ao lucro líquido na apuração do lucro real.

Entretanto, nem todas as despesas contabilizadas são dedutíveis para fins de cálculo do Imposto de Renda. E já sabemos que, quando indedutíveis, as despesas contabilizadas devem ser adicionadas ao lucro líquido na apuração do lucro real (item 29.4.1).

E o que define a dedutibilidade de uma despesa? Neste Capítulo vamos analisar a regra geral de dedutibilidade e alguns casos que mereceram a atenção da legislação tributária.

30.1. Regra geral de dedutibilidade

Como regra, as despesas operacionais são dedutíveis na apuração do lucro real. E, nos termos do art. 299 do RIR, são operacionais as despesas não computadas nos custos, necessárias à atividade da empresa e à manutenção da respectiva fonte produtora.

Segundo dispõe a legislação tributária, são necessárias as despesas pagas ou incorridas para a realização das transações ou operações exigidas pela atividade da empresa. São as despesas usuais ou normais no tipo de transações, operações ou atividades da empresa.

A título de exemplo, consideram-se intrinsecamente relacionados com a produção ou a comercialização:

- os bens imóveis utilizados como estabelecimentos da administração;
- os bens móveis e imóveis utilizados em pesquisa e desenvolvimento de produtos ou processos;
- os bens móveis utilizados nas atividades operacionais, instalados em estabelecimento da empresa;
- os veículos utilizados:
    - ✓ no transporte de mercadorias e produtos adquiridos para revenda, de matéria-prima, produtos intermediários e de embalagem aplicados na produção;
    - ✓ pelos cobradores, compradores e vendedores nas atividades de cobrança, compra e venda;
    - ✓ na entrega de mercadorias e produtos;
    - ✓ no transporte coletivo de empregados.

Vale também destacar que, segundo dispõe o § 3º do art. 299 do RIR, as gratificações pagas aos empregados são consideradas despesas necessárias à atividade da empresa e à manutenção da respectiva fonte produtora e, consequentemente, são dedutíveis na apuração do lucro real.

Conhecida a regra geral de dedutibilidade, a partir deste ponto vamos analisar alguns casos que receberam atenção especial do legislador.

30.2. Aplicações de capital

Como regra, o custo de aquisição de bens do ativo não circulante não pode ser deduzido como despesa operacional. No entanto, se o bem for de pequeno valor (não superior a R$ 1.200,00), ou, independentemente de seu valor, caso tenha vida útil que não ultrapasse um ano, seu custo de aquisição pode ser registrado como despesa (RIR, art. 301).

Portanto, o custo dos bens do ativo não circulante cuja vida útil ultrapasse o período de um ano, deve ser ativado para ser depreciado ou amortizado. Se assim não fizer, o contribuinte estará antecipando despesas e, consequentemente, reduzindo ou postergando o pagamento do imposto (item 27.2.1).

30.3. Depreciação

Nos termos do art. 305 do RIR, a importância correspondente à diminuição do valor dos bens do ativo, quando resultante do desgaste pelo uso, ação da natureza e obsolescência normal pode ser computada como custo ou encargo, em cada período de apuração.

A depreciação pode ser deduzida pelo contribuinte que suportar o encargo econômico do desgaste ou obsolescência, de acordo com as condições de propriedade, posse ou uso do bem. Além disso, somente é permitida depreciação de bens móveis e imóveis intrinsecamente relacionados com a produção ou comercialização dos bens e serviços, a partir da época em que o bem é instalado, posto em serviço ou em condições de produzir.

São passíveis de depreciação todos os bens sujeitos a desgaste pelo uso ou por causas naturais ou obsolescência normal. Entre eles, podemos citar (RIR, art. 307):

- edifícios e construções, sendo que:
    - ✓ a quota de depreciação é dedutível a partir da época da conclusão e início da utilização;
    - ✓ o valor das edificações deve estar destacado do valor do custo de aquisição do terreno;
- bens usados, sendo que sua taxa anual de depreciação deve ser fixada tendo em vista o maior dos seguintes prazos (RIR, art. 311):
    - ✓ metade da vida útil admissível para o bem adquirido novo;

✓ restante da vida útil, considerada esta em relação à primeira instalação para utilização do bem.

Por outro lado, não se admite depreciação referente a (RIR, art. 307, parágrafo único):

- terrenos, salvo em relação aos melhoramentos ou construções;
- prédios ou construções não alugados nem utilizados pelo proprietário na produção dos seus rendimentos ou destinados à revenda;
- bens que normalmente aumentam de valor com o tempo, como obras de arte ou antiguidades;
- bens para os quais seja registrada quota de exaustão.

Admite-se a depreciação acelerada de bens móveis utilizados em mais de um turno de trabalho. Trata-se da depreciação acelerada contábil, hipótese em que o encargo de depreciação é registrado na própria escrituração comercial, não sendo necessário qualquer ajuste do lucro líquido (RIR, art. 312).

Não se deve confundir a depreciação acelerada contábil, justificada pela utilização do bem móvel em período diário superior a um turno de 8 horas, com a depreciação acelerada incentivada, concedida pela legislação tributária com o objetivo de estimular a aquisição e utilização de determinados bens no ativo imobilizado por razões econômicas e fiscais.

O mecanismo da depreciação acelerada incentivada será abordado em momento próprio (item 37.1), quando estivermos analisando o ganho de capital.

O cálculo da quota de depreciação é bem conhecido, sendo determinada mediante a aplicação da taxa anual de depreciação sobre o custo de aquisição dos bens depreciáveis (RIR, art. 309). Por seu turno, a taxa anual de depreciação deve ser fixada em função do prazo durante o qual se possa esperar utilização econômica do bem pelo contribuinte, na produção de seus rendimentos (RIR, art. 310).

A fixação do prazo mínimo de vida útil admissível para cada espécie de bem, em condições normais ou médias, foi atribuída à Secretaria da Receita Federal. No entanto, fica assegurado ao contribuinte o direito de computar a quota efetivamente adequada às condições de depreciação de seus bens, desde que faça a prova dessa adequação, quando adotar taxa diferente daquela fixada pela Receita Federal (RIR, art. 310, § 1º). Em outras palavras, o contribuinte que conseguir demonstrar que determinado bem tem vida útil inferior àquela que vier a ser definida como mínima pela Receita Federal pode apropriar o encargo de depreciação que efetivamente tenha apurado e que, no caso, será maior que o máximo admitido como regra pela Receita Federal.

Por outro lado, quando a quota de depreciação registrada na contabilidade do contribuinte é menor do que aquela calculada com base no prazo de vida útil fixado pela Receita Federal, a diferença pode ser excluída do lucro líquido na apuração do lucro real (conforme dispõe o § 15 do art. 57 da Lei nº 4.506, de 1964, incluído pela Lei nº 12.973, de 2014).

Esse é o caso em que o contribuinte apropria na contabilidade um encargo de depreciação menor do que a máximo aceito pela Receita Federal e que seria obtido caso fosse observada a vida útil mínima definida pelo órgão.

Portanto, trata-se de hipótese em que a legislação tributária admite a apropriação de uma despesa em montante superior ao que estiver registrado na contabilidade, assemelhando-se ao caso da depreciação acelerada incentivada, que veremos no item 37.1.

Desse modo, com esse novo mecanismo autorizado pela legislação, o contribuinte conseguirá reduzir a base de cálculo do IRPJ em valor equivalente ao custo de aquisição do bem antes mesmo de ele ser integralmente depreciado na contabilidade.

Por isso mesmo, a partir do período de apuração em que todo o custo de aquisição já tiver sido apropriado na apuração do luro real, o valor da depreciação contábil (que continuará sendo registrado na escrituração comercial) deve ser adicionado ao lucro líquido, com o objetivo de anular o efeito de dedução produzido pelo registro na contabilidade.

Para compreender esse mecanismos, considere que, para um determinado tipo de maquinário, a Receita Federal tenha estabelecido vida útil mínima de 10 anos. Portanto, caso o custo de aquisição tenha sido de R$ 150 mil, o contribuinte terá direito a computar encargo de depreciação de R$ 15 mil ao ano.

No entanto, se o maquinário em questão tivesse vida útil de 15 anos, e esse dado fosse utilizado na escrituração contábil da empresa, seria computada depreciação no valor de R$ 10 mil ao ano, e não os R$ 15 mil que seriam admitidos pela Receita Federal. Portanto, se agisse assim, o contribuinte "deixaria de aproveitar" a possibilidade de deduzir despesa anual de R$ 5 mil.

Considerando essa realidade, na prática, a ciência contábil era ignorada, e os contribuintes simplesmente seguiam o que era estabelecido pela Receita Federal.

Pois bem, para evitar que essa situação refletisse sobre a qualidade da informação contábil, a Lei nº 12.973, de 2014, autorizou a exclusão desses R$ 5 mil ao ano do nosso exemplo, introduzindo, como vimos, o § 15 no art. 57 da Lei nº 4.506, de 1964. Com isso, o contribuinte pode registrar a informação correta em sua contabilidade (despesa de R$ 10 mil ao ano), e promover a exclusão de R$ 5 mil na apuração do lucro real (extracontábil).

No entanto, a partir do período de apuração em que todo o custo de aquisição já tiver sido apropriado na apuração do lucro real, o valor da depreciação contábil (que continuará sendo registrado na escrituração comercial) deve ser adicionado ao lucro líquido, com o objetivo de anular o efeito de dedução produzido pelo registro na contabilidade. Acompanhe na tabela abaixo:

PA	CONTABILIDADE		APURAÇÃO DO LUCRO REAL			
	Depreciação	Total	Depreciação contábil *	Exclusão	Adição	Total
Ano 1	(10.000)	(10.000)	(10.000)	(5.000)		**(15.000)**
Ano 2	(10.000)	(10.000)	(10.000)	(5.000)		**(15.000)**
Ano 3	(10.000)	(10.000)	(10.000)	(5.000)		**(15.000)**
Ano 4	(10.000)	(10.000)	(10.000)	(5.000)		**(15.000)**
Ano 5	(10.000)	(10.000)	(10.000)	(5.000)		**(15.000)**
Ano 6	(10.000)	(10.000)	(10.000)	(5.000)		**(15.000)**
Ano 7	(10.000)	(10.000)	(10.000)	(5.000)		**(15.000)**
Ano 8	(10.000)	(10.000)	(10.000)	(5.000)		**(15.000)**
Ano 9	(10.000)	(10.000)	(10.000)	(5.000)		**(15.000)**
Ano 10	(10.000)	(10.000)	(10.000)	(5.000)		**(15.000)**
Ano 11	(10.000)	(10.000)	(10.000)		10.000	0
Ano 12	(10.000)	(10.000)	(10.000)		10.000	0
Ano 13	(10.000)	(10.000)	(10.000)		10.000	0
Ano 14	(10.000)	(10.000)	(10.000)		10.000	0
Ano 15	(10.000)	(10.000)	(10.000)		10.000	0
Total	**(150.000)**	**(150.000)**	**(150.000)**	**(50.000)**	**50.000**	**(150.000)**

* Valor da depreciação computada no lucro líquido.

Primeiramente, note como o valor da depreciação contábil total, realizada em 15 anos (R$ 150 mil), coincide com o valor da depreciação que em 10 anos reduziu o lucro real (última coluna).

Por isso mesmo, para evitar que na apuração do lucro real a depreciação acumulada supere o custo de aquisição do bem, os valores registrados na contabilidade começaram a ser adicionados a partir do 11º ano. Em outras palavras, como até o 10º ano o valor de R$ 150 mil já teria sido utilizado para reduzir a base de cálculo do imposto, a partir do 11º ano a adição anula o efeito da depreciação contábil, que continua à taxa normal de 10% ao ano até o 15º ano.

30.4. Amortização

Em cada período de apuração, a título de amortização, o contribuinte pode computar como custo ou encargo a importância correspondente à recuperação do capital aplicado na aquisição de direitos cuja existência ou exercício tenha duração limitada, ou de bens cuja utilização pelo contribuinte tenha o prazo legal ou contratualmente limitado.

A taxa anual de amortização deve ser fixada com base no custo de aquisição do direito, e tendo em vista o número de anos restantes de existência do direito.

Basicamente, ativos intangíveis são passíveis de amortização por apropriação às despesas operacionais, que serão amortizados, no período de tempo em que estiverem contribuindo para a formação do resultado da empresa. Por outro lado, não se admite amortização de bens, custos ou despesas, para os quais seja registrada quota de exaustão.

Se a existência ou o exercício do direito, ou a utilização do bem, terminarem antes da amortização integral de seu custo, o saldo não amortizado pode constituir encargo no período de apuração em que se extinguir o direito ou terminar a utilização do bem.

Para fins de apuração do IRPJ, somente é dedutível a amortização de ativo intangível na hipótese em que o direito seja intrinsecamente relacionado com a produção ou comercialização dos bens e serviços da empresa, observadas as demais disposições da legislação tributária sobre a matéria.

São exemplos típicos de ativos dessa natureza (RIR, art. 325, inciso I):
- patentes de invenção, fórmulas e processos de fabricação, direitos autorais, licenças, autorizações ou concessões;
- custo de aquisição, prorrogação ou modificação de contratos e direitos de qualquer natureza, inclusive de exploração de fundos de comércio;
- custo das construções ou benfeitorias em bens locados ou arrendados, ou em bens de terceiros, quando não houver direito ao recebimento de seu valor;
- o valor dos direitos contratuais de exploração de florestas.

Por fim, cabe registrar que o art. 42 da Lei nº 12.973, de 2014, permite a exclusão dos gastos com desenvolvimento de inovação tecnológica registrados no ativo intangível, na apuração do lucro real do período em que incorridos. Assim se mantém o benefício fiscal previsto no art. 17 da Lei nº 11.196, de 2005, sem que o contribuinte tenha que registrar esses gastos diretamente como despesa operacional. No entanto, para evitar dupla utilização, os valores referentes à sua amortização, contabilizados em conta de resultado, devem ser adicionados ao lucro líquido na apuração do lucro real dos períodos seguintes.

30.5. Despesas pré-operacionais ou pré-industriais

O art. 11 da Lei nº 12.973, de 2014, estabelece o tratamento tributário das despesas de organização pré-operacionais ou pré-industriais, bem como das despesas de expansão das atividades industriais.

Segundo os critérios contábeis anteriores à introdução do processo de harmonização aos padrões internacionais, essas despesas eram registradas no ativo diferido e passíveis de amortização após o início das operações. No entanto, conforme as novas regras contábeis, essas despesas passaram a ser registradas diretamente como despesas do próprio exercício em que incorridas.

Com o objetivo de manter o tratamento tributário anterior, a Lei nº 12.973, de 2014, estabelece que, para fins de determinação do lucro real, essas despesas não devem ser computadas no período de apuração em que incorridas.

Por outro lado, as referidas despesas podem ser excluídas para fins de determinação do lucro real, em quotas fixas mensais e no prazo mínimo de cinco anos, a partir do início das operações das respectivas instalações.

Em outros termos, a legislação estabelece a adição da respectiva despesa na apuração do lucro real, e autoriza sua exclusão, em quotas fixas, no período mínimo de cinco anos a partir do início das operações ou da plena utilização das instalações, ou do início das atividades das novas instalações no caso de expansão das atividades industriais.

Ainda sobre este tema, merece destaque a revogação, a partir de 1º de janeiro de 2015, do § 1º do art. 15 do Decreto-Lei nº 1.598, de 1977, e do § 3º do art. 58 da Lei nº 4.506, de 1964, reproduzidos no inciso II do art. 325 do RIR.

30.6. Exaustão

Em cada período de apuração, a importância correspondente à diminuição do valor de recursos minerais, resultante da sua exploração, pode ser computada como custo ou encargo (RIR, art. 330).

O montante da quota de exaustão deve ser determinado tendo em vista o volume da produção no período e sua relação com a possança conhecida da mina, ou em função do prazo de concessão.

Também pode ser computada, como custo ou encargo, a importância correspondente à diminuição do valor de recursos florestais próprios, resultante de sua exploração.

Por outro lado, não se admite o registro de quotas de exaustão relativas a jazidas minerais inesgotáveis ou de exaurimento indeterminável, como as de água mineral.

30.7. Despesas com juros na aquisição de bens do ativo não circulante

A Lei nº 12.973, de 2014, alterou o art. 17 do Decreto-Lei nº 1.598, de 1977, mas manteve a possibilidade do aproveitamento, como custo ou despesa operacional, dos encargos de empréstimos necessários à aquisição, construção ou produção de bens classificados como estoques de longa maturação, investimentos, no ativo imobilizado ou intangível.

Caso sejam registrados no ativo juntamente com os bens a que se referirem, os juros e outros encargos podem ser excluídos na apuração do lucro real quando incorridos, devendo ser adicionados quando o respectivo ativo for realizado, inclusive mediante depreciação, amortização, exaustão, alienação ou baixa.

Também vale dizer que não houve alteração relativamente à outra hipótese prevista no parágrafo único do art. 17 do Decreto-Lei nº 1.598, de 1977 (que restou renumerado para § 1º), de modo que continuam dedutíveis os juros pagos antecipadamente, os descontos de títulos de crédito, a correção monetária pré-fixada e o deságio concedido na colocação de debêntures ou títulos de crédito. No entanto, esses valores devem ser apropriados nos exercícios sociais a que competirem.

30.8. Despesas com reparos e conservação de bens e instalações

As despesas com reparos e conservação de bens e instalações, destinadas a mantê-los em condições eficientes de operação, são admitidas como custo ou despesa operacional (RIR, art. 346).

No entanto, se dos reparos, conservação ou substituição de partes e peças resultar aumento superior a um ano na vida útil prevista no ato de aquisição, as despesas correspondentes devem ser capitalizadas, a fim de servirem de base a depreciações futuras.

Somente são permitidas despesas com reparos e conservação de bens móveis e imóveis intrinsecamente relacionados com a produção ou comercialização dos bens e serviços.

30.9. Ajuste a valor presente sobre elementos do passivo

Conforme vimos no item 26.4, o inciso III do art. 184 da Lei das S.A. estabelece que "as obrigações, os encargos e os riscos classificados no passivo não circulante serão ajustados ao seu valor presente, sendo os demais ajustados quando houver efeito relevante".

No Pronunciamento Técnico nº 12, o CPC esclarece que os ajustes a valor presente devem ser apropriados nas contas a que se vinculam, e sua reversão implica a apropriação de uma despesa financeira.

Portanto, de acordo com esse novo padrão, a contabilidade segrega o valor dos juros embutidos nas operações de longo prazo, melhorando a qualidade da informação na medida em que receitas e despesas financeiras passam a ser reconhecidas.

Para fins de tributação, ao tratar dos ajustes a valor presente sobre elementos do passivo, o art. 5º da Lei nº 12.973, de 2014, estabelece que eles sejam considerados na determinação do lucro real no período de apuração em que:

- o bem for revendido, no caso de aquisição a prazo para revenda;
- o bem for utilizado na produção de outros bens ou serviços, no caso de aquisição a prazo de bem a ser utilizado como insumo na produção de bens ou serviços;
- o bem for depreciado, amortizado, exaurido, alienado ou baixado;
- a despesa for incorrida, no caso de aquisição a prazo de bem ou serviço contabilizado diretamente como despesa; ou
- o custo for incorrido, no caso de aquisição a prazo de bem ou serviço contabilizado diretamente como custo de produção de bens ou serviços.

Vamos compreender o mecanismo estabelecido na legislação tributária, a partir da compra a longo prazo de um bem para revenda. Suponha que o valor total da compra tenha sido de R$ 30 mil, com valor presente de R$ 25 mil. Nesse caso, a operação seria contabilizada da seguinte forma:

D: Estoque	25.000
D: Juros a apropriar (retificadora do passivo)	5.000
C: Fornecedores de longo prazo	30.000

No passivo não circulante, a obrigação estaria registrada inicialmente pelo valor presente de R$ 25 mil, representando R$ 30 mil a pagar menos o ajuste de R$ 5 mil. À medida que o tempo passa a despesa financeira deve ser reconhecida, de modo que o ajuste a valor presente de R$ 5 mil vai sendo transferido para conta de resultado.

Vale dizer, em algum momento o bem será revendido, independentemente do prazo de liquidação da obrigação originada na sua compra. Quando isso ocorrer, o valor do estoque (R$ 25 mil) será baixado (creditado) e a contrapartida será debitada na conta de resultado "CMV – custo de mercadorias vendidas".

Para fins tributários a situação se desenrola de maneira diferente. Nos termos do art. 5º da Lei nº 12.973, de 2014, os R$ 5 mil que correspondem ao ajuste a valor presente da obrigação somente poderão ser computados na apuração do lucro real no período em que ocorrer a venda do bem. Isso significa que as parcelas da despesa financeira que ao longo do tempo forem contabilizadas devem ser adicionadas ao lucro líquido. Por outro lado, no período em que ocorrer a venda do bem, além do CMV de R$ 25 mil (já computado no lucro líquido contábil), o contribuinte poderá se aproveitar do valor do ajuste de R$ 5 mil, mediante exclusão na apuração do lucro real.

30.10. Variações cambiais referentes aos saldos a apropriar decorrentes de ajuste a valor presente

No item 27.2.2, vimos que, para efeito de determinação da base de cálculo do IRPJ, as variações monetárias dos direitos de crédito e das obrigações do contribuinte, em função da taxa de câmbio, devem ser consideradas, em regra, quando da liquidação da correspondente operação.

A questão que se coloca neste momento é a seguinte: qual o tratamento a ser dado às variações cambiais referentes aos saldos a apropriar decorrentes de ajuste a valor presente?

Dispondo sobre essa matéria, o art. 12 da Lei nº 12.973, de 2014, assim estabelece:

> **Art. 12.** As variações monetárias em razão da taxa de câmbio referentes aos saldos de valores a apropriar decorrentes de ajuste a valor presente não serão computadas na determinação do lucro real.

Em outras palavras, se houver repercussão, no lucro contábil, de variações cambiais referentes a saldos de ajustes a valor presente, na apuração do lucro real elas deverão ser expurgadas mediante adição da despesa, ou exclusão da receita, conforme o caso.

Mais uma vez, fica evidente o desejo da Administração Tributária de evitar a repercussão dos novos padrões contábeis sobre a formação da base de cálculo do IRPJ.

É bom que se diga que esse dispositivo se aplica, indistintamente, às variações cambiais ativas e às passivas, relativas aos ajustes a valor presente de elementos do ativo e também do passivo.

Vamos entender essa nova determinação da legislação tributária, utilizando aquele mesmo exemplo da compra a longo prazo de um bem para revenda no valor de R$ 30 mil, com valor presente de R$ 25 mil (item 30.9). Vimos que o registro inicial da obrigação, no passivo não circulante, revelaria seu valor presente de R$ 25 mil, representando R$ 30 mil na conta fornecedores, menos o ajuste de R$ 5 mil. Também vimos que, para fins de tributação, o contribuinte poderá se aproveitar do valor do ajuste para reduzir seu lucro real somente no período em que ocorrer a venda do bem. Quando isso ocorrer, o contribuinte terá se aproveitado do custo de R$ 25 mil (já considerado no lucro contábil), e também do valor do ajuste de R$ 5 mil, mediante exclusão na apuração do lucro real.

Agora suponha que essa mesma obrigação tenha sido contraída em moeda estrangeira, e que ao longo do tempo ela tenha se apreciado. Nesse caso, ainda que o saldo contabilizado referente ao ajuste a apropriar sofra atualizações que reflitam a apreciação da moeda estrangeira, no período em que ocorrer a venda do bem o contribuinte somente poderá se aproveitar do valor de R$ 5 mil, inicialmente registrado.

Antes que alguém pense que se trata de uma medida da Administração Tributária que impede o reconhecimento legítimo da variação cambial, é preciso ressaltar que esse dispositivo somente se aplica às variações referentes a saldos de ajustes a valor presente. Em outras palavras, não foi alterado o tratamento encontrado no art. 30 da MP nº 2.158, de 2001, e que estudamos no item 27.2.2, relativamente às variações cambiais sobre direitos e obrigações (a obrigação "cheia" de R$ 30 mil, registrada na conta fornecedores de longo prazo do nosso exemplo). E a explicação para isso é bastante lógica.

30.11. Provisões

Como regra, as provisões são indedutíveis, devendo ser adicionadas ao lucro líquido no período de apuração em que forem contabilizadas. Em outras palavras, na determinação do lucro real, somente são dedutíveis as provisões expressamente autorizadas por lei (RIR, art. 335).

Segundo a legislação tributária, na determinação do lucro real são dedutíveis as provisões para férias e 13º salário (RIR, arts. 337 e 338). Além dessas, também são dedutíveis:

- as provisões técnicas das companhias de seguro e de capitalização, bem como das entidades de previdência privada, cuja constituição é exigida pela legislação especial a elas aplicável (RIR, art. 336);
- as provisões técnicas das operadoras de planos de assistência à saúde, cuja constituição é exigida pela legislação especial a elas aplicável (Medida Provisória nº 2.158-35, de 2001, art. 83);
- a provisão para perda de estoques para as empresas que exerçam as atividades de editor, distribuidor e de livreiro, calculada no último dia de cada período de apuração do imposto, correspondente a um terço do valor do estoque existente naquela data (Lei nº 10.753, de 2003, art. 8º).

Todas as demais despesas com provisões são indedutíveis, devendo ser adicionadas ao lucro líquido para fins de apuração do lucro real. Uma vez adicionadas, elas devem ser registradas no controle mantido na Escrituração Contábil Fiscal (ECF) para futura exclusão no período-base em que a provisão é baixada, seja em vista da ocorrência efetiva do fato provisionado, ou, se este não se confirmar, quando da reversão da provisão.

A reversão da provisão indedutível se dá em contrapartida de uma receita não tributável, quando a provisão deixa de ser necessária, inclusive em caso de confirmação do fato provisionado. Para que isso fique claro, suponha o caso da provisão para créditos de liquidação duvidosa. Ela é constituída contra uma despesa indedutível e, portanto, adicionada ao lucro líquido para fins de determinação do lucro real. Acompanhe:

Constituição da provisão

D: Despesa com PCLD (indedutível)

C: PCLD   20.000

Agora, suponha que os créditos realmente sejam incobráveis, segundo os critérios admitidos pela legislação tributária (item 30.14). Assim, a provisão será revertida, e baixados os respectivos créditos:

Reversão da provisão

D: PCLD

C: Reversão de provisões (não tributável)   20.000

Reconhecimento da perda

D: Perdas no recebimento de créditos

C: Duplicatas a receber   20.000

Por fim, merece registro o fato de que, nos termos do art. 59 da Lei nº 12.973, de 2014, para os efeitos da tributação, as referências a provisões alcançam as perdas estimadas no valor de ativos, inclusive as decorrentes de redução ao valor recuperável.

30.12. Despesa decorrente do teste de recuperabilidade

Nos termos da legislação societária vigente, a companhia deve efetuar, periodicamente, análise sobre a recuperação dos valores registrados no imobilizado e no intangível. Trata-se do chamado teste de recuperabilidade (*impairment test*).

Com esse teste, tem-se como objetivo:
- registrar as perdas de valor do capital aplicado quando houver decisão de interromper os empreendimentos ou atividades a que se destinavam ou quando comprovado que não poderão produzir resultados suficientes para recuperação desse valor; ou
- revisar e ajustar os critérios utilizados para determinação da vida útil econômica estimada e para cálculo da depreciação, exaustão e amortização.

Considerando que a realização do teste de recuperabilidade pode ocasionar o reconhecimento de uma despesa, enquanto não ocorrer a alienação ou baixa do bem, a referida despesa é indedutível. E mesmo quando ocorrer a alienação ou baixa do bem correspondente, somente são dedutíveis os valores contabilizados como redução ao valor recuperável de ativos que não tenham sido objeto de reversão (Lei nº 12.973, de 2014, art. 32).

Sobre esse novo dispositivo da legislação tributária encontramos o seguinte esclarecimento na Exposição de Motivos da MP nº 627, de 2013, em que ele foi originalmente previsto: "embora os reflexos provocados pelo teste de recuperabilidade se assemelhem aos de uma provisão, foi necessária a introdução de dispositivo legal que equipare as duas situações e discipline seus efeitos".

30.13. Gastos de desmontagem de ativo imobilizado

Nos termos do art. 45 da Lei nº 12.973, de 2014, os gastos de desmontagem e retirada de item de ativo imobilizado, bem como os gastos com a restauração do local em que estiver situado, somente são dedutíveis quando efetivamente incorridos.

Em outras palavras, a lei veda a dedução de provisões relativas a custos estimados de desmontagem e remoção do imobilizado, bem como os de restauração do local no qual o mesmo estiver localizado.

Como a dedução só pode ser aproveitada quando efetivamente incorridos os referidos gastos, caso a pessoa jurídica constitua provisão para esse fim, ela deverá proceder aos ajustes no lucro líquido para fins de apuração do lucro real.

30.14. Perdas no recebimento de créditos

Segundo a redação original da Lei nº 9430, de 1996, para fins de determinação do lucro real, poderiam ser deduzidas como despesas as perdas no recebimento de créditos, quando decorrentes das atividades da pessoa jurídica, e desde que se refiram a créditos (Lei nº 9430, de 1996, art. 9º):

- em relação aos quais tenha havido a declaração de insolvência do devedor, em sentença emanada do Poder Judiciário;
- sem garantia, de valor:
    - ✓ até R$ 5 mil, por operação, vencidos há mais de seis meses, independentemente de iniciados os procedimentos judiciais para o seu recebimento;
    - ✓ acima de R$ 5 mil e até R$ 30 mil, por operação, vencidos há mais de um ano, independentemente de iniciados os procedimentos judiciais para o seu recebimento, porém, mantida a cobrança administrativa;
    - ✓ superior a R$ 30 mil, por operação, vencidos há mais de um ano, desde que iniciados e mantidos os procedimentos judiciais para o seu recebimento;
- com garantia, vencidos há mais de dois anos, desde que iniciados e mantidos os procedimentos judiciais para o seu recebimento ou o arresto das garantias;
- contra devedor declarado falido ou pessoa jurídica em concordata ou recuperação judicial, relativamente à parcela que exceder o valor que esta tenha se comprometido a pagar.

Vale dizer, esses valores foram atualizados pela Lei nº 13.097, de 2015. Nesse sentido, para os contratos inadimplidos a partir de 08/10/2014, poderão ser registrados como perda os créditos (Lei nº 9430, de 1996, art. 9º, § 7º):

- em relação aos quais tenha havido a declaração de insolvência do devedor, em sentença emanada do Poder Judiciário;
- sem garantia, de valor:
    - ✓ até R$ 15 mil, por operação, vencidos há mais de seis meses, independentemente de iniciados os procedimentos judiciais para o seu recebimento;

- ✓ acima de R$ 15 mil e até R$ 100 mil, por operação, vencidos há mais de um ano, independentemente de iniciados os procedimentos judiciais para o seu recebimento, mantida a cobrança administrativa;
- ✓ superior a R$ 100 mil, por operação, vencidos há mais de um ano, desde que iniciados e mantidos os procedimentos judiciais para o seu recebimento;
- com garantia, vencidos há mais de dois anos, de valor:
  - ✓ até R$ 50 mil, independentemente de iniciados os procedimentos judiciais para o seu recebimento ou o arresto das garantias;
  - ✓ superior a R$ 50 mil, desde que iniciados e mantidos os procedimentos judiciais para o seu recebimento ou o arresto das garantias; e
- contra devedor declarado falido ou pessoa jurídica em concordata ou recuperação judicial, relativamente à parcela que exceder o valor que esta tenha se comprometido a pagar.

Quanto a esse último caso, a parcela do crédito cujo compromisso de pagar não tenha sido honrado pela pessoa jurídica em concordata ou recuperação judicial também pode ser deduzida como perda, observadas as demais condições previstas.

Obviamente, se vier a ser recuperado o valor de um crédito anteriormente deduzido como perda, o respectivo valor deve ser computado na determinação do lucro real (Lei nº 9.430, de 1996, art. 12; RIR, art. 343).

Por fim, cabe ressaltar que não se admite a dedução de perda no recebimento de créditos com pessoa jurídica controladora, controlada, coligada ou interligada, e nem com pessoa física que seja acionista controlador, sócio, titular ou administrador da pessoa jurídica credora, ou parente até o terceiro grau dessas pessoas (Lei nº 9430, de 1996, art. 9º, § 6º; RIR, art. 340, § 6º).

30.15. Tributos e multas por infrações fiscais

De forma geral, os tributos são dedutíveis na determinação do lucro real, segundo o regime de competência (RIR, art. 344).

No entanto, é vedada a dedução de despesas com tributos cuja exigibilidade esteja suspensa, nos termos dos incisos II a IV do art. 151 do CTN, havendo ou não depósito judicial. Vale lembrar que os incisos II a IV do art. 151 do CTN contemplam as seguintes situações:

- o depósito (ainda que judicial) do seu montante integral;
- as reclamações (impugnações) e os recursos, nos termos das leis reguladoras do processo tributário administrativo;
- a concessão de medida liminar em mandado de segurança.

Os impostos pagos pela pessoa jurídica na aquisição de bens do ativo imobilizado, a seu critério, podem ser registrados como custo de aquisição ou deduzidos como despesas operacionais, salvo os pagos na importação de bens que devem ser acrescidos ao custo de aquisição.

Merece destaque o fato de que o valor da provisão para CSLL não pode ser deduzido para efeito de determinação do lucro real (RIR, art. 344, § 6º). Além disso, na determinação do lucro real, a pessoa jurídica não pode deduzir como custo ou despesa o Imposto de Renda de que for sujeito passivo como contribuinte ou como responsável em substituição ao contribuinte (RIR, art. 344, § 2º).

Quanto às multas por infrações fiscais, elas são indedutíveis. Porém, serão dedutíveis quando tiverem natureza compensatória, ou quando forem exigidas em razão de infrações que não resultem em falta ou insuficiência de pagamento de tributo, como as decorrentes do descumprimento de obrigação acessória (RIR, art. 344, § 5º).

30.16. Aluguéis

A dedução de despesas com aluguéis é admitida desde que (RIR, art. 351):
- sejam necessárias para que o contribuinte mantenha a posse, uso ou fruição do bem ou direito que produz o rendimento; e
- não constituam aplicação de capital na aquisição do bem ou direito, e nem representem distribuição disfarçada de lucros.

Por isso mesmo, não são dedutíveis:
- os aluguéis pagos a sócios ou dirigentes de empresas, e a seus parentes ou dependentes, em relação à parcela que exceder ao preço ou valor de mercado;
- as importâncias pagas a terceiros para adquirir os direitos de uso de um bem ou direito e os pagamentos para extensão ou modificação de contrato, quando constituírem aplicação de capital amortizável durante o prazo do contrato.

30.17. Distribuição disfarçada de lucros

Neste item, vamos analisar as hipóteses em que lucros são considerados distribuídos de maneira disfarçada. Embora o nome do instituto possa sugerir que a finalidade da norma seja alcançar o lucro que a pessoa jurídica distribui a pessoas ligadas, na verdade, seu escopo é evitar que a pessoa jurídica provoque uma redução artificial da base de cálculo do seu próprio imposto.

Nesse sentido, em operações realizadas com pessoas ligadas, uma vez presentes algumas circunstâncias, a legislação tributária estabelece a presunção de que o contribuinte realizou o negócio com o objetivo de favorecer a outra parte e de provocar a deliberada corrosão da base de cálculo do imposto devido.

Para esse efeito, considera-se pessoa ligada à pessoa jurídica:
- o sócio ou acionista desta, mesmo quando seja outra pessoa jurídica;
- o administrador ou o titular da pessoa jurídica;
- o cônjuge e os parentes até o terceiro grau, inclusive os afins, do sócio pessoa física e das demais pessoas mencionadas acima.

Tratando-se de hipóteses de presunção relativa, com a prova de que o negócio foi realizado no interesse da pessoa jurídica e em condições estritamente comutativas, ou em que a pessoa jurídica contrataria com terceiros, fica excluída a presunção de distribuição disfarçada de lucros.

A matéria encontra-se consolidada entre os arts. 464 e 469 do RIR, sem prejuízo das demais normas de indedutibilidade estabelecidas pela legislação tributária.

Segundo o art. 464 do RIR, presume-se que há distribuição disfarçada de lucros no negócio pelo qual a pessoa jurídica:
- aliena, por valor notoriamente inferior ao de mercado, bem do seu ativo a pessoa ligada;
- transfere a pessoa ligada, sem pagamento ou por valor inferior ao de mercado, direito de preferência à subscrição de valores mobiliários de emissão de companhia;

Observação: Note que nestas duas hipóteses, presume-se que a pessoa jurídica deliberadamente "abre mão" de parte ou de toda a receita, de maneira artificial, em prejuízo da incidência do IRPJ. Nesse caso, para efeito de determinação do lucro real, a diferença entre o valor de mercado e o de alienação deve ser adicionada ao lucro líquido do período de apuração.

- adquire, por valor notoriamente superior ao de mercado, bem de pessoa ligada;

Observação: Caso esta hipótese se verifique, para efeito de determinar o lucro real da pessoa jurídica, a diferença entre o custo de aquisição do bem pela pessoa jurídica e o valor de mercado não constitui custo ou prejuízo dedutível na posterior alienação ou baixa, inclusive por depreciação, amortização ou exaustão.

- perde, em decorrência do não exercício de direito à aquisição de bem e em benefício de pessoa ligada, sinal, depósito em garantia ou importância paga para obter opção de aquisição;

> **Observação:** Nesse caso, a importância perdida não será dedutível na apuração do lucro real.

- paga a pessoa ligada aluguéis, *royalties* ou assistência técnica em montante que excede notoriamente ao valor de mercado;

> **Observação**: Nesse caso, o montante dos rendimentos que exceder ao valor de mercado não será dedutível na apuração do lucro real.

- realiza com pessoa ligada qualquer outro negócio em condições de favorecimento, assim entendidas condições mais vantajosas para a pessoa ligada do que as que prevaleçam no mercado ou em que a pessoa jurídica contrataria com terceiros.

> **Observação**: Para efeito de determinar o lucro real da pessoa jurídica as importâncias pagas ou creditadas à pessoa ligada, que caracterizarem as condições de favorecimento, não serão dedutíveis.

30.18. Arrendamento mercantil financeiro

Nos termos da Lei nº 6.099, de 1974, considera-se arrendamento mercantil, para os efeitos ali pretendidos, o negócio jurídico realizado entre pessoa jurídica, na qualidade de arrendadora, e pessoa física ou jurídica, na qualidade de arrendatária, e que tenha por objeto o arrendamento de bens adquiridos pela arrendadora, segundo especificações da arrendatária e para uso próprio desta.

Neste ponto, é importante ressaltar que os contratos de arrendamento mercantil disciplinados pela Lei nº 6.099, de 1974, são submetidos ao controle do Banco Central. Além disso, cabe destacar que há outras modalidades de arrendamento mercantil que não são tratadas na referida lei, a exemplo do arrendamento contratado com o próprio fabricante.

Do ponto de vista tributário, na Lei nº 12.973, de 2014, podemos identificar disposições relativas aos contratos de arrendamento mercantil disciplinados pela Lei nº 6.099, de 1974, e regras relativas a contratos de arrendamento mercantil que não estejam sob a supervisão do Banco Central.

Também há que se considerar o seguinte. De acordo com o Pronunciamento Técnico CPC nº 06 (R1), o arrendamento mercantil é classificado como financeiro quando há transferência substancial dos riscos e benefícios inerentes à propriedade de um ativo. Aqui é importante perceber que o enquadramento do arrendamento como financeiro independe de o respectivo contrato estar submetido ao controle do Banco Central.

30.18.1. Ajustes relativos ao arrendamento mercantil financeiro submetido ao controle do Banco Central

Nos termos do inciso IV do art. 179 da Lei das S.A., devem ser registrados no ativo imobilizado os direitos que tenham por objeto bens corpóreos destinados à manutenção das atividades da empresa, inclusive os decorrentes de operações que transfiram à companhia os benefícios, riscos e controle desses bens.

Considerando que em decorrência dos contratos de arrendamento mercantil financeiro ocorre a transferência dos benefícios, riscos e controle dos bens que constituem seu objeto, pode-se concluir que a legislação societária vigente admite o registro desses bens no ativo imobilizado da pessoa jurídica arrendatária, autorizando, inclusive, a contabilização de encargos referentes à sua depreciação.

Para evitar o reflexo tributário referente à contabilização da depreciação de um bem objeto de arrendamento mercantil, a Lei nº 12.973, de 2014, alterou o art. 13 do Decreto-Lei nº 1.598, de 1977, para deixar claro que os encargos de depreciação, amortização e exaustão gerados por bem objeto de arrendamento mercantil, na pessoa jurídica arrendatária, não podem ser considerados na composição do custo de produção de bens ou serviços vendidos.

Caso a pessoa jurídica tenha apropriado o encargo de depreciação, amortização ou exaustão de bem objeto de arrendamento mercantil como custo de produção, ela deverá proceder ao ajuste no lucro líquido, mediante adição, para fins de apuração do lucro real do período de apuração em que esse procedimento for adotado.

Além disso, a Lei nº 12.973, de 2014, acrescentou o inciso VIII no art. 13 da Lei nº 9.249, de 1995, de modo a vedar a dedução, pela arrendatária, da despesa de depreciação ou amortização de bem objeto de arrendamento mercantil.

No entanto, permanece a possibilidade de reconhecimento da contraprestação de arrendamento mercantil como custo ou despesa operacional da pessoa jurídica arrendatária (Lei nº 6.099, de 1974, art. 11; RIR, art. 356).

30.18.2. Ajustes relativos ao arrendamento mercantil financeiro não submetido ao controle do Banco Central

O art. 46 da Lei nº 12.973, de 2014, faz referência às operações de arrendamento mercantil não alcançadas pela Lei nº 6.099, de 1974, e que, portanto, podem ser efetuadas por qualquer pessoa física ou jurídica, e não apenas pelas sociedades de arrendamento ou instituições financeiras autorizadas a funcionar pelo Banco Central.

Antes de prosseguir, é preciso esclarecer que, embora não submetidos ao controle do Banco Central, os contratos de arrendamento mercantil aqui referidos também são financeiros, uma vez que por eles também há transferência substancial dos riscos e benefícios inerentes à propriedade do ativo.

Nessa hipótese, o resultado da pessoa jurídica arrendadora deve ser tributado proporcionalmente ao valor de cada contraprestação recebida durante o período de vigência do contrato.

Em outras palavras, o dispositivo da Lei nº 12.973, de 2014, autoriza o diferimento da tributação do resultado, caso ele tenha sido integralmente reconhecido pela pessoa jurídica arrendadora na data de celebração do contrato de arrendamento mercantil.

Nesse caso, a pessoa jurídica arrendadora deverá proceder aos ajustes para fins de apuração do lucro real, excluindo do lucro líquido o resultado ainda não realizado, e adicionando-o nos períodos seguintes, proporcionalmente ao valor das contraprestações recebidas durante o período de vigência do contrato.

Para esse fim, entende-se por resultado da arrendadora a diferença entre o valor do contrato de arrendamento e o somatório dos custos diretos iniciais e o custo de aquisição ou construção dos bens arrendados.

Sob o ponto de vista da arrendatária, o art. 47 da Lei nº 12.973, de 2014, autoriza a dedução do valor da contraprestação paga. No entanto, o art. 48 veda a dedução das despesas financeiras incorridas pela arrendatária, bem assim dos valores decorrentes do ajuste a valor presente.

30.19. *Royalties*

A dedução de despesas com *royalties* é admitida quando forem necessários para que o contribuinte mantenha a posse, uso ou fruição do bem ou direito que produz o rendimento (RIR, art. 352).

Por outro lado, não são dedutíveis (RIR, art. 353):
- os *royalties* pagos a sócios, pessoas físicas ou jurídicas, ou dirigentes de empresas, e a seus parentes ou dependentes;

- as importâncias pagas a terceiros para adquirir os direitos de uso de um bem ou direito e os pagamentos para extensão ou modificação do contrato, que constituirão aplicação de capital amortizável durante o prazo do contrato;
- os *royalties* pelo uso de patentes de invenção, processos e fórmulas de fabricação, ou pelo uso de marcas de indústria ou de comércio, quando:
    - ✓ pagos pela filial no Brasil de empresa com sede no exterior, em benefício de sua matriz;
    - ✓ pagos pela sociedade com sede no Brasil a pessoa com domicílio no exterior que mantenha, direta ou indiretamente, controle do seu capital com direito a voto, exceto no caso em que o respectivo contrato seja averbado no Instituto Nacional da Propriedade Industrial (INPI) e registrado no Banco Central do Brasil;
- os *royalties* pelo uso de marcas de indústria e comércio, de patentes de invenção, processos e fórmulas de fabricação, pagos ou creditados a beneficiário domiciliado no exterior:
    - ✓ que não sejam objeto de contrato registrado no Banco Central do Brasil; ou
    - ✓ cujos montantes excedam aos limites periodicamente fixados pelo Ministro de Estado da Fazenda para cada grupo de atividades ou produtos, segundo o grau de sua essencialidade, e em conformidade com a legislação específica sobre remessas de valores para o exterior.

30.20. Juros sobre o capital próprio

O art. 9º da Lei nº 9.249, de 1995 (reproduzido no art. 347 do RIR), estabelece que, na apuração do lucro real, são dedutíveis os juros pagos ou creditados a titular, sócios ou acionistas, a título de remuneração do capital próprio.

O valor dedutível da remuneração do capital próprio é calculado sobre as contas do patrimônio líquido, sendo limitado à variação, *pro rata die*, da Taxa de Juros de Longo Prazo (TJLP).

Tendo em vista que as novas regras contábeis trouxeram algumas modificações na composição do patrimônio líquido, a alteração promovida pela MP Lei nº 12.973, de 2014, no art. 9º da Lei nº 9.249, de 1995, apenas visa a manter a mesma base de cálculo utilizada na apuração dos juros sobre o capital próprio existente até 2007, definindo que no seu cálculo devem ser consideradas as seguintes contas:
- capital social;
- reservas de capital;

- reservas de lucros;
- ações em tesouraria; e
- prejuízos acumulados.

30.21. Pagamento a pessoa física vinculada

Nos termos do art. 302 do RIR, os pagamentos, de qualquer natureza, a titular, sócio ou dirigente da pessoa jurídica, ou a parente dos mesmos, podem ser impugnados pela autoridade fiscal, se o contribuinte não provar:

- no caso de compensação por trabalho assalariado, autônomo ou profissional, a prestação efetiva dos serviços;
- no caso de outros rendimentos ou pagamentos, a origem e a efetividade da operação ou transação.

Portanto, os pagamentos a pessoas vinculadas são dedutíveis desde que fique demonstrado que correspondem à remuneração por serviços efetivamente prestados, ou que representem contraprestação devida por operação efetuada no interesse regular da empresa.

Vale também destacar que, segundo o art. 303 do RIR, as gratificações ou participações no resultado, atribuídas aos dirigentes ou administradores da pessoa jurídica, não são dedutíveis na apuração do lucro real.

30.22. Pagamentos sem causa ou a beneficiário não identificado

De acordo com o art. 304 do RIR, não são dedutíveis as importâncias declaradas como pagas ou creditadas a título de comissões, bonificações, gratificações ou semelhantes, quando não for indicada a operação ou a causa que deu origem ao rendimento. O mesmo tratamento se aplica na hipótese em que, no comprovante do pagamento, o beneficiário do rendimento não estiver individualizado.

Nesses casos, além de o valor pago não ser dedutível da base de cálculo do IRPJ (art. 304), ele ainda será objeto de tributação exclusiva na fonte à alíquota de 35%, em conformidade com o disposto no art. 674 do Regulamento (item 43.4.1).

30.23. Remuneração de administradores

Para tratar da dedutibilidade dos valores pagos a título de "remuneração de administradores", que era um item dos editais dos últimos concursos, vamos dividir o tema em duas partes: "remuneração de sócios e dirigentes" e "remuneração indireta a administradores e terceiros".

30.23.1. Remuneração de sócios e dirigentes

A remuneração de sócios, diretores, administradores, titular de empresa individual, e de conselheiros fiscais e consultivos, é dedutível na determinação do lucro real (RIR, art. 357).

No entanto, não são dedutíveis as:
- retiradas não debitadas em despesas operacionais ou contas subsidiárias;
- retiradas debitadas em despesas operacionais, quando não corresponderem à remuneração mensal fixa por prestação de serviços; ou
- percentagens e ordenados pagos a membros da diretoria que não residam no País.

30.23.2. Remuneração indireta a administradores e terceiros

Os dispêndios que representam remuneração indireta paga a administradores e terceiros são dedutíveis na apuração do lucro real, mas somente quando identificados e individualizados os beneficiários (RIR, art. 358, § 3º, inciso I).

Portanto, quando pagos a beneficiários não identificados ou, ainda que identificados os beneficiários, quando não sejam individualizados, os respectivos valores são indedutíveis na apuração do lucro real (RIR, art. 358, § 3º, inciso II).

Para esse efeito, considera-se remuneração indireta de administradores, diretores, gerentes e seus assessores, ou de terceiros em relação à pessoa jurídica:
- a contraprestação de arrendamento mercantil, o aluguel, os respectivos encargos de depreciação, e as despesas de conservação, custeio e manutenção de veículo utilizado no seu transporte, e de imóvel cedido para o seu uso;
- as despesas com benefícios e vantagens concedidos pela empresa, tais como:
    - ✓ a aquisição de alimentos ou quaisquer outros bens para utilização pelo beneficiário fora do estabelecimento da empresa;
    - ✓ os pagamentos relativos a clubes e assemelhados;
    - ✓ o salário e respectivos encargos sociais de empregados postos à disposição ou cedidos, pela empresa.

Além de serem considerados indedutíveis, os valores pagos a título de remuneração indireta a beneficiários não identificados ou não individualizados ficam sujeitos à incidência do imposto exclusivamente na fonte, à alíquota de 35%, em conformidade com o disposto no § 2º do art. 358 combinado com o art. 675 do RIR (item 43.4.2).

30.24. Gratificações e participações nos lucros

Gratificações e participações nos lucros era outro item dos editais dos últimos concursos. Vamos analisá-lo em três blocos: gratificações e participações de diretores, participação dos trabalhadores nos lucros da empresa, e participações estatutárias.

30.24.1. Gratificações e participações de diretores

Conforme vimos no item 30.23, nos termos do art. 303 do RIR, não são dedutíveis as gratificações ou participações no resultado atribuídas aos dirigentes ou administradores da pessoa jurídica.

30.24.2. Participação dos trabalhadores nos lucros da empresa

Para efeito de apuração do lucro real, a pessoa jurídica pode deduzir como despesa operacional as participações atribuídas aos empregados nos lucros ou resultados, dentro do próprio exercício de sua constituição (RIR, art. 359). Trata-se da participação nos lucros atualmente disciplinada pela Lei nº 10.101, de 19 de dezembro de 2000.

Vale também destacar que, segundo dispõe o § 3º do art. 299 do RIR, as gratificações pagas aos empregados são consideradas despesas necessárias à atividade da empresa e à manutenção da respectiva fonte produtora e, consequentemente, são dedutíveis na apuração do lucro real (no item 30.1).

30.24.3. Participações estatutárias

Sabemos que, para fins de apuração do lucro real, diferentemente do Demonstrativo de Resultados levantado pela contabilidade, as participações nos lucros são computadas antes da provisão para o Imposto de Renda e, portanto, já estão computadas no lucro líquido utilizado como ponto de partida para a apuração do lucro real.

Por consequência, para efeito de determinar o lucro real, devem ser adicionadas ao lucro líquido do período de apuração as participações nos lucros indedutíveis, atribuídas a partes beneficiárias e administradores (RIR, art. 463).

Também não são dedutíveis as participações no lucro atribuídas a técnicos estrangeiros, domiciliados ou residentes no exterior, para execução de serviços especializados, em caráter provisório.

Por outro lado, podem ser deduzidas do lucro líquido do período de apuração as participações nos lucros da pessoa jurídica (RIR, art. 462):

- asseguradas a debêntures de sua emissão;
- atribuídas a seus empregados segundo normas gerais aplicáveis, sem discriminações, a todos que se encontrem na mesma situação, por dispositivo do estatuto ou contrato social, ou por deliberação da assembleia de acionistas ou sócios quotistas (sem prejuízo da participação a que se refere o item 30.24.2, disciplinada pela Lei nº 10.101, de 19 de dezembro de 2000).

No caso das participações dedutíveis, como já estão computadas no lucro líquido "tributário", não é necessário realizar qualquer ajuste.

30.25. Pagamento baseado em ações

O pagamento baseado em ações é o objeto do Pronunciamento Técnico CPC nº 10. Nos termos do referido Pronunciamento, transação com pagamento baseado em ações é o negócio segundo o qual a entidade:

- recebe produtos ou serviços do fornecedor desses produtos ou serviços (incluindo empregado) por meio de acordo com pagamento baseado em ações; ou
- incorre em passivo para liquidar a transação com o fornecedor, por meio de acordo com pagamento baseado em ações, quando outra entidade do grupo recebe referidos produtos ou serviços.

O mesmo Pronunciamento define acordo com pagamento baseado em ações como sendo o acordo entre a entidade e a contraparte (incluindo empregado), que confere à contraparte o direito de receber:

- caixa ou outros ativos da entidade em montantes baseados no preço (ou no valor) dos instrumentos patrimoniais (incluindo ações e opções de ações) da entidade ou de outra entidade do grupo; ou
- instrumentos patrimoniais (incluindo ações ou opções de ações) da entidade ou de outra entidade do grupo.

Portanto, note que na transação com pagamento baseado em ações a pessoa jurídica recebe produtos ou serviços (ou assume a obrigação de pagar por produtos ou serviços recebidos por outra entidade do grupo), mas não efetua um pagamento em contrapartida. Na verdade, no âmbito dessas transações, como contrapartida ao fornecedor (que pode ser um empregado) é atribuído o direito de receber dinheiro, outros ativos ou instrumentos patrimoniais.

Nesse contexto, o art. 33 da Lei nº 12.973, de 2014, estabelece que o valor da remuneração dos serviços prestados por empregados ou fornecedores, efetuada por meio de acordo com pagamento baseado em ações, somente é dedutível depois do efetivo pagamento, quando os valores forem liquidados em caixa ou em outro ativo, ou depois da transferência da propriedade definitiva das ações ou opções de ações, quando liquidados com instrumentos patrimoniais.

Desse modo, na apuração do lucro real do período em que for contabilizada transação com pagamento baseado em ações com registro do respectivo custo ou despesa em conta de resultado, o contribuinte deve adicionar o valor correspondente ao lucro líquido.

Posteriormente, quando permitida sua dedução, o valor poderá ser excluído do lucro líquido. Essa exclusão será permitida no período em que ocorrer:

- o efetivo pagamento, quando a liquidação baseada em ação for efetuada em caixa ou outro ativo financeiro; ou

- o reconhecimento no patrimônio líquido, nos termos da legislação comercial, na hipótese em que a liquidação for efetuada em instrumentos patrimoniais.

Note, nos dois casos acima, que a dedutibilidade somente se verifica no período em que houver a liquidação do acordo baseado em ações, seja qual for a modalidade empregada.

Segundo a Exposição de Motivos da MP nº 627, de 2013, em que esse tratamento foi originalmente previsto, "fazem-se necessárias essas previsões para minimizar divergências quanto ao tratamento tributário aplicado às operações que envolvem pagamento baseado em ações, assim como evitar que despesas não liquidadas em função do não cumprimento das condições para fruição do pagamento baseado em ações sejam consideradas dedutíveis".

30.26. Despesas com emissão de ações

A Lei nº 12.973, de 2014, incluiu o art. 38-A no Decreto-Lei nº 1.598, de 1977, para autorizar a exclusão das despesas com a distribuição primária de ações.

Essa alteração se faz necessária uma vez que, conforme as novas regras contábeis, os custos incorridos na emissão de ações e bônus de subscrição deixaram de ser reconhecidos diretamente no resultado e passaram a ser registrados em conta retificadora do patrimônio líquido.

Nesse sentido, a fim de manter o mesmo tratamento tributário encontrado na legislação vigente, o novo art. 38-A do Decreto-Lei nº 1.598, de 1977, autoriza a exclusão desses valores da base de cálculo do IRPJ.

30.27. Juros pagos a beneficiário no exterior

De acordo com o art. 24 da Lei nº 12.249, de 2010, sem prejuízo das regras relativas aos preços de transferência (item 39.2.1), os juros pagos ou creditados por fonte situada no Brasil a pessoa física ou jurídica vinculada (item 39.3.1), residente ou domiciliada no exterior, não constituída em país ou dependência com tributação favorecida ou sob regime fiscal privilegiado, somente serão dedutíveis, para fins de determinação do lucro real, quando constituírem despesa necessária à atividade e quando atenderem aos seguintes requisitos:

- no caso de endividamento com pessoa jurídica vinculada no exterior que tenha participação societária na pessoa jurídica residente no Brasil, o valor do endividamento com a pessoa vinculada no exterior, verificado por ocasião da apropriação dos juros, não seja superior a duas vezes o valor da participação da vinculada no patrimônio líquido da pessoa jurídica residente no Brasil;
- no caso de endividamento com pessoa jurídica vinculada no exterior que não tenha participação societária na pessoa jurídica residente no Brasil, o valor do endividamento com a pessoa vinculada no exterior, verificado por ocasião da apropriação dos juros, não seja superior a duas vezes o valor do patrimônio líquido da pessoa jurídica residente no Brasil;
- em qualquer dos casos previstos acima, o valor do somatório dos endividamentos com pessoas vinculadas no exterior, verificado por ocasião da apropriação dos juros, não seja superior a duas vezes o valor do somatório das participações de todas as vinculadas no patrimônio líquido da pessoa jurídica residente no Brasil.

Verificando-se excesso em relação aos limites acima mencionados, o valor dos juros relativos ao excedente será considerado despesa não necessária à atividade da empresa, indedutível para fins de apuração do Imposto de Renda.

Para explicar os objetivos da Administração Tributária, pretendidos com a publicação deste dispositivo, em razão da clareza, basta reproduzir excerto da Exposição de Motivos que acompanhou a Medida Provisória nº 472, de 2009:

> O art. 24 visa evitar a erosão da base de cálculo do IRPJ e da CSLL mediante o endividamento abusivo realizado da seguinte forma: a pessoa jurídica domiciliada no exterior, ao constituir subsidiária no País, efetua uma capitalização de valor irrisório, substituindo o capital social necessário à sua constituição e atuação por um empréstimo, que gera, artificialmente, juros que reduzem os resultados da subsidiária brasileira.
>
> 29.1. A dedução desses juros da base de cálculo do IRPJ (alíquota de 15% mais adicional de 10%) e da CSLL (alíquota de 9%) gera uma economia tributária

de 34% do seu valor. Mesmo considerando que as remessas para pagamento de juros são tributadas pelo Imposto sobre a Renda Retido na Fonte (IRRF) à alíquota de 15%, resta uma economia tributária de 19%.

29.2. A medida torna os juros considerados excessivos indedutíveis, segundo critérios e parâmetros legais. O objetivo é controlar o endividamento abusivo junto a pessoa vinculada no exterior, efetuado exclusivamente para fins fiscais.

Para o caso em que a beneficiária seja pessoa física ou jurídica residente, domiciliada ou constituída no exterior, em país ou dependência com tributação favorecida ou sob regime fiscal privilegiado (itens 39.3.2 e 39.3.3), os juros pagos ou creditados por fonte situada no Brasil somente serão dedutíveis quando constituírem despesa necessária à atividade e a soma do endividamento com todas as entidades situadas em país ou dependência com tributação favorecida ou sob regime fiscal privilegiado não seja superior a 30% do valor do patrimônio líquido da pessoa jurídica residente no Brasil.

Verificando-se excesso em relação ao mencionado limite, o valor dos juros relativos ao excedente será considerado despesa não necessária à atividade da empresa, indedutível para fins de apuração do Imposto de Renda.

De acordo com a Exposição de Motivos da Medida Provisória nº 472, de 2009, esse dispositivo segue o mesmo princípio do anterior. Entretanto, é aplicado na hipótese de a pessoa jurídica domiciliada no Brasil contrair empréstimos com pessoa jurídica domiciliada em país ou dependência com tributação favorecida, ou que goze de regime fiscal privilegiado. Nesses casos, com o endividamento excessivo, os empréstimos geram juros que reduzem, artificialmente, o resultado tributável no Brasil e, ao mesmo tempo, geram lucros que não serão tributados de maneira representativa no exterior.

Por fim, o art. 26 da Lei nº 12.249, de 2010, estabelece que não são dedutíveis as importâncias pagas, creditadas, entregues, empregadas ou remetidas a qualquer título, direta ou indiretamente, a pessoas físicas ou jurídicas residentes ou constituídas no exterior e submetidas a um tratamento de país ou dependência com tributação favorecida ou sob regime fiscal privilegiado, salvo se houver, cumulativamente:

- a identificação do efetivo beneficiário da entidade no exterior, destinatário dessas importâncias;
- a comprovação da capacidade operacional da pessoa física ou entidade no exterior de realizar a operação; e
- a comprovação documental do pagamento do preço respectivo e do recebimento dos bens e direitos ou da utilização de serviço.

Segundo esclarece a Exposição de Motivos da Medida Provisória nº 472, de 2009, o dispositivo objetiva restringir a dedutibilidade dos pagamentos efetuados a entidades *off shore* sem a necessária identificação do efetivo beneficiário e comprovação da sua capacidade operacional.

30.28. Outras despesas dedutíveis

Por fim, é oportuno registrar que, para fins de apuração do lucro real, são dedutíveis as seguintes despesas:

- os depósitos em conta vinculada do FGTS, inclusive os relativos a diretores não empregados (RIR, art. 345);
- as despesas com pesquisas científicas ou tecnológicas, inclusive com experimentação para criação ou aperfeiçoamento de produtos, processos, fórmulas e técnicas de produção, administração ou venda (RIR, art. 349);
- as despesas com prospecção e cubagem de jazidas ou depósitos realizadas por concessionários de pesquisa ou lavra de minérios, sob a orientação técnica de engenheiro de minas (RIR, art. 349, § 1º);
- as contraprestações pagas ou creditadas por força de contrato de arrendamento mercantil, quando o bem arrendado estiver relacionado intrinsecamente com a produção e comercialização dos bens e serviços (RIR, art. 356);
- os gastos realizados pelas empresas com serviços de assistência médica, odontológica, farmacêutica e social, destinados indistintamente a todos os seus empregados e dirigentes (RIR, art. 360);
- as contribuições não compulsórias destinadas a custear planos de benefícios complementares assemelhados aos da previdência social, instituídos em favor dos empregados e dirigentes da pessoa jurídica (RIR, art. 361);
- os prejuízos por desfalque, apropriação indébita e furto, por empregados ou terceiros, somente quando houver inquérito instaurado nos termos da legislação trabalhista ou quando apresentada queixa perante a autoridade policial (RIR, art. 364);
- as despesas de propaganda, desde que diretamente relacionadas com a atividade explorada pela empresa (RIR, art. 366);
- os gastos realizados com a formação profissional de empregados (RIR, art. 368);
- as despesas de alimentação fornecida pela pessoa jurídica, indistintamente, a todos os seus empregados (RIR, art. 369);
- os gastos comprovadamente realizados, no período de apuração, na concessão do vale-transporte (RIR, art. 370);

- os valores registrados como despesas ou perdas pelas instituições financeiras por determinação ou em observância às normas editadas pelo Banco Central do Brasil, durante o período em que estejam sob intervenção ou liquidação extrajudicial, regime de administração especial temporária, ou processo de saneamento, desde que sua dedutibilidade seja autorizada pela legislação do Imposto (Lei nº 13.097, de 2015, art. 146).

Capítulo 31
Lucro Presumido

O Lucro Presumido é uma forma de tributação simplificada para determinação da base de cálculo do IRPJ disponível aos contribuintes que não estiverem obrigados, no ano-calendário, à apuração do imposto segundo as regras do Lucro Real (RIR, art. 516, § 3º).

As disposições relativas ao Lucro Presumido se encontram entre os arts. 516 e 528 do RIR. A análise desses dispositivos deixa claro que a apuração da base de cálculo segundo as regras do Lucro Presumido é muito parecida com a apuração da estimativa mensal do regime anual do Lucro Real que analisamos no item 29.6.1, calculada com base na receita bruta e acréscimos.

Mas desde logo é importante enfatizar que, enquanto as estimativas são apuradas segundo períodos mensais, o período de apuração do IRPJ no regime de Lucro Presumido é trimestral, encerrando-se em 31 de março, 30 de junho, 30 de setembro e 31 de dezembro de cada ano (RIR, art. 516, § 5º).

Outra diferença importante se refere ao regime de reconhecimento das receitas: no caso das estimativas mensais a receita bruta deve ser reconhecida segundo o regime de competência; no Lucro Presumido, há a opção pelo regime de caixa (item 27.2.2).

31.1. A opção pelo regime do Lucro Presumido

A opção pela tributação com base no Lucro Presumido é manifestada com o pagamento da primeira ou única quota do imposto devido correspondente ao primeiro período de trimestre de cada ano (RIR, art. 516, § 4º).

No caso de início de atividade a partir do segundo trimestre do ano, a opção pelo Lucro Presumido ocorre com o pagamento da primeira ou única quota do imposto relativo ao período de apuração correspondente ao início de atividade (RIR, art. 517).

A tributação com base no Lucro Presumido deve ser mantida em relação a todo o ano-calendário em que tiver sido realizada a opção. Ou seja, uma vez feita a opção, ela é irretratável para o ano-calendário (RIR, art. 516, § 1º).

31.2. Pessoas jurídicas autorizadas a optar

A opção pelo Lucro Presumido encontra-se à disposição da grande maioria dos contribuintes do imposto, justamente aqueles que não estiverem obrigados ao regime de tributação pelo Lucro Real.

Vimos, no item 29.1, que há duas espécies de critérios adotados pelo legislador para fins de determinar a obrigatoriedade pelo Lucro Real: atividade ou circunstância.

As atividades que, uma vez desenvolvidas, obrigam um contribuinte à apuração de sua base de cálculo segundo as regras do Lucro Real são as seguintes (Lei nº 9.718, de 1998, art. 14, incisos II, VI e VII):

- instituições financeiras e assemelhadas;
- *factoring*;
- securitização de créditos imobiliários, financeiros e do agronegócio.

E as circunstâncias que, uma vez presentes, obrigam o contribuinte à apuração da base de cálculo do IRPJ segundo as regras do Lucro Real são as seguintes (Lei nº 9.718, de 1998, art. 14, incisos I, III, IV, V):

- receita total, no ano-calendário anterior, maior que R$ 78 milhões[4], ou proporcional ao número de meses do período, quando inferior a 12 meses;
- lucros, rendimentos ou ganhos de capital oriundos do exterior;
- benefícios fiscais de isenção ou redução do imposto;
- opção pela apuração anual do lucro real, manifestada com o pagamento de estimativa mensal.

Cabe ainda esclarecer que, na hipótese de início de atividade no ano anterior (quando o número de meses do período pode ser inferior a 12), a aferição do limite da receita a partir do qual a pessoa jurídica fica obrigada ao lucro real se dá mediante a multiplicação de R$ 6,5 milhões pelo número de meses de atividade do ano-calendário anterior (Lei nº 9.718, de 1998, art. 13).

---

4 Limite válido a partir de 1º de janeiro de 2014, conforme dispõe a Lei nº 12.814, de 2013.

Desse modo, desde que não esteja presente nenhuma das demais hipóteses de obrigatoriedade do Lucro Real, se uma empresa inicia atividades no dia 10 de março de 2013 e aufere receita total de R$ 59 milhões no período, poderá optar pelo Lucro Presumido em 2014, afinal R$ 59 milhões é inferior a R$ 6,5 milhões multiplicados por 10. Note, ainda, que essa conclusão é válida mesmo que em algum mês de 2013 ela tenha auferido receita superior a R$ 6,5 milhões.

Por fim, há que se mencionar que, em relação a esses limites, a receita bruta deve ser considerada segundo o regime de competência ou caixa, observado o critério adotado pela pessoa jurídica, caso tenha optado pela tributação com base no lucro presumido no ano anterior (RIR, art. 516, § 2º).

31.3. Apuração da base de cálculo do Lucro Presumido

Segundo as regras do Lucro Presumido, a base de cálculo do IRPJ corresponde à soma do lucro decorrente da receita bruta, acrescido dos valores diferidos na apuração do lucro real de períodos anteriores e que constarem no controle mantido na Escrituração Contábil Fiscal (ECF), dos ganhos de capital e das demais receitas e rendimentos tributáveis:

Lucro decorrente da receita bruta

(+) Valores diferidos controlados na Escrituração Contábil Fiscal (ECF)

(+) Ganhos de capital

(+) Outras receitas e rendimentos tributáveis

(=) Lucro Presumido (base de cálculo do IRPJ)

31.3.1. Lucro presumido decorrente da receita bruta

A parcela do lucro presumido que decorre da receita bruta corresponde ao resultado da sua multiplicação por um percentual de presunção. Antes de apresentar os percentuais de presunção, vamos conhecer o conceito de receita bruta.

a. Conceito de receita bruta

Para efeito da sistemática de tributação pelo Lucro Presumido, a receita bruta das vendas e serviços compreende o produto da venda de bens nas operações de conta própria, o preço dos serviços prestados e o resultado auferido nas operações de conta alheia, decorrente de comissões na intermediação de negócios (RIR, art. 519 c/c art. 224).

Com a alteração promovida pela Lei nº 12.973, de 2014, restou expressamente consignado que na receita bruta estão incluídas as receitas da atividade ou objeto principal da pessoa jurídica, ainda que não compreendidas pela venda de bens ou prestação de serviços em geral. Também restou esclarecido que na receita bruta se incluem os valores decorrentes do ajuste a valor presente das operações vinculadas à receita bruta.

Na receita bruta não se incluem as vendas canceladas, os descontos incondicionais concedidos e os impostos não cumulativos cobrados destacadamente do comprador ou contratante e do qual o vendedor dos bens ou prestador dos serviços seja mero depositário (RIR, art. 224, parágrafo único). Tais impostos compreendem o IPI e o ICMS, este último apenas quando destacado por substituição tributária.

Trata-se, portanto, essencialmente do mesmo conceito que estudamos no item 29.6.1. A diferença se refere ao fato de que, no regime de Lucro Presumido, a receita bruta pode ser reconhecida tanto pelo regime de caixa, quanto pelo regime de competência.

b. Percentuais de presunção do lucro

No Lucro Presumido, a base de cálculo decorrente da receita bruta deve ser determinada trimestralmente, mediante a aplicação dos seguintes percentuais (Lei nº 9.249, de 1995, art. 15; RIR, arts. 518 e 519):

- Regra geral: 8%
    - ✓ comércio e indústria em geral;
    - ✓ atividade rural;
    - ✓ serviços hospitalares e de auxílio diagnóstico (entre outros), desde que a prestadora destes serviços seja organizada sob a forma de sociedade empresária e atenda às normas da Agência Nacional de Vigilância Sanitária;
    - ✓ transporte de cargas;
    - ✓ atividades imobiliárias relativas a loteamento de terrenos, incorporação imobiliária, construção de prédios destinados à venda, bem como a venda de imóveis construídos ou adquiridos para a revenda;
    - ✓ atividade de construção por empreitada com emprego de todos os materiais indispensáveis à sua execução, sendo tais materiais incorporados à obra;

- ✓ outras atividades não caracterizadas como prestação de serviços.
- Percentual de 1,6%
  - ✓ revenda de combustíveis para consumo, sejam eles álcool etílico carburante, gás natural ou derivados de petróleo.
- Percentual de 16%
  - ✓ transporte de passageiros;
- Percentual de 32%
  - ✓ prestação de serviços em geral, exceto serviços hospitalares e de auxílio diagnóstico (entre outros) sujeitos ao percentual de 8%;
  - ✓ intermediação de negócios;
  - ✓ administração, locação ou cessão de bens, imóveis, móveis e direitos de qualquer natureza;
  - ✓ construção por administração ou por empreitada unicamente de mão de obra ou com emprego parcial de materiais;
  - ✓ construção, recuperação, reforma, ampliação ou melhoramento de infraestrutura, no caso de contratos de concessão de serviços públicos, independentemente do emprego parcial ou total de materiais.

Na lista acima, note que serviços financeiros e *factoring* não se encontram associados aos percentuais de presunção do lucro, justamente porque são atividades que, uma vez desempenhadas, obrigam a pessoa jurídica a se submeter ao Lucro Real.

Por fim, assim como ocorre com as estimativas mensais, no caso de atividades diversificadas, deve ser aplicado o percentual de presunção correspondente a cada atividade (RIR, art. 519, § 3º). E uma vez apurada omissão de receita praticada por pessoa jurídica com atividades diversificadas, não sendo possível a identificação da atividade a que se refere a receita omitida, ela deve ser adicionada àquela que corresponder ao percentual mais elevado dentre aqueles a que o contribuinte se encontra submetido (RIR, art. 528, § 1º).

c. Tratamento diferenciado para pequenos prestadores de serviços

Há ainda que se fazer referência ao tratamento diferenciado para pessoas jurídicas prestadoras de serviços em geral, com receita bruta anual inferior a R$ 120 mil.

Nesse caso, para determinar sua base de cálculo, ao invés do percentual de 32%, a legislação autoriza a aplicação de 16% sobre a receita bruta auferida no trimestre (RIR, art. 519, § 4º).

No entanto, se a receita bruta acumulada até determinado mês exceder o limite de R$ 120 mil, passa a ser obrigatório o pagamento da diferença do imposto postergado, apurado em relação a cada trimestre transcorrido (RIR, art. 519, § 6º). Incorrendo nessa obrigação, o contribuinte deve pagar a diferença até o último dia útil do mês subsequente ao do trimestre em que ocorreu o excesso, sem acréscimos legais (RIR, art. 519, § 7º).

Para entender como isso opera, imagine que no 1º trimestre do ano o prestador de serviços optante pelo Lucro Presumido tenha auferido receita bruta de R$ 30 mil. Aplicando o percentual de 16%, teria encontrado uma base de cálculo de R$ 4.800, e teria recolhido R$ 720 a título de imposto (15%).

No 2º trimestre, admita que esse mesmo contribuinte tenha auferido receita bruta de R$ 65 mil. Como, no ano, sua receita bruta acumulada (R$ 95 mil) é inferior a R$ 120 mil, ele poderia continuar determinando sua base de cálculo mediante aplicação do percentual de 16%. Nesse caso, a base de cálculo seria de R$ 10.400, e o imposto devido alcançaria o montante de R$ 1.560.

Agora imagine que no 3º trimestre ele tenha auferido receita bruta de 40 mil. Considerando que nesse trimestre teria sido extrapolado o limite anual de R$ 120 mil, ele deveria passar a utilizar o percentual de 32%, de modo que sua base de cálculo seria de R$ 12.800, resultando num imposto devido de R$ 1.920. Nesse ponto, faltaria ainda apurar e recolher a diferença de imposto relativo ao 1º e 2º trimestres, em que foi utilizado o percentual reduzido de 16%. Considerando que a receita bruta somada daqueles dois trimestres alcançou R$ 95 mil, a diferença de imposto, que deveria ser recolhida até o último dia útil do mês de outubro, seria determinada da seguinte forma: BC x 15% = (R$ 95 mil x 16%) x 15% = R$ 2.280.

Por fim, vale ressaltar que esse benefício não se aplica a sociedades prestadoras de serviços de profissões legalmente regulamentadas (RIR, art. 519, § 5º). Além disso, a legislação também estabelece que esse benefício não se aplica às pessoas jurídicas que prestem serviços hospitalares e de transporte, o que nem faria sentido, afinal, para essas atividades o percentual já é menor ou igual aos 16%.

31.3.2. Valores diferidos na apuração do lucro real

Além da parcela que decorre da receita bruta, a base de cálculo no Lucro Presumido também é composta dos valores diferidos pelo contribuinte que em períodos anteriores foi tributado pelas regras do Lucro Real.

Quando uma pessoa submetida às regras do Lucro Real muda de regime, fazendo a opção pelo Lucro Presumido no início de um novo ano, alguns valores que tiveram a tributação diferida segundo regras específicas do Lucro

Real podem ainda se encontrar registrados no controle mantido na Escrituração Contábil Fiscal (ECF) "aguardando" o momento de serem tributados.

Nesse caso, a legislação tributária determina que tais valores devem ser adicionados à base de cálculo do imposto, correspondente ao primeiro período de apuração segundo as regras do Lucro Presumido (RIR, art. 520).

Aqui vale destacar que os valores diferidos na apuração do lucro real de períodos anteriores integram a base de cálculo do imposto segundo as regras do Lucro Presumido, e o mesmo não se observa na determinação das estimativas mensais.

31.3.3. Ganhos de capital

Também devem ser acrescidos à base de cálculo do Lucro Presumido os ganhos de capital decorrentes da alienação de bens e direitos (RIR, art. 521), que correspondem à diferença positiva verificada entre o valor da alienação e o respectivo valor contábil (RIR, art. 521, § 1º).

No caso de alienação de bem reavaliado, os valores acrescidos em virtude de reavaliação somente podem ser computados como parte integrante do custo de aquisição se a empresa comprovar que os valores acrescidos foram computados na determinação da base de cálculo do imposto (RIR, art. 521, § 4º). Essa vedação tem sua lógica: o custo reavaliado (aumentado) somente pode reduzir o ganho de capital numa alienação se a contrapartida da reavaliação tiver sido tributada em períodos anteriores.

Por fim, merece destaque o fato de que, na apuração do ganho de capital, tratando-se de bens e direitos adquiridos após 31 de dezembro de 1995, ao custo de aquisição não pode ser realizada qualquer atualização monetária (RIR, art. 522).

Além disso, é preciso mencionar que, para fins de determinação do ganho de capital acrescido à base de cálculo do Lucro Presumido, é vedado o cômputo de qualquer parcela a título de encargos associados a empréstimos contraídos, especificamente ou não, para financiar a aquisição, construção ou produção de bens classificados como estoques de longa maturação, propriedade para investimentos, ativo imobilizado ou ativo intangível (Lei nº 12.973, de 2014, art. 7º).

31.3.4. Outras receitas e rendimentos tributáveis

Por fim, também integram a base de cálculo do Lucro Presumido as demais receitas ou os resultados positivos delas decorrentes, que não estejam abrangidos pelo conceito de receita bruta (RIR, art. 521). Para esse fim, consideram-se resultados positivos as receitas auferidas, diminuídas das despesas necessárias à sua obtenção, quando efetivamente realizadas.

São exemplos dessas outras receitas e rendimentos:

- os juros incidentes sobre impostos e contribuições a serem restituídos ou compensados;
- as variações monetárias ativas;
- os juros sobre o capital próprio auferidos;
- os valores decorrentes de ajustes relativos a preços de transferência (Capítulo 39);
- os rendimentos e ganhos líquidos auferidos em aplicações financeiras de renda fixa e de renda variável.

Neste ponto, note que, diferentemente do que ocorre na determinação das estimativas mensais, os rendimentos de aplicações financeiras integram a base de cálculo do imposto segundo as regras do Lucro Presumido.

Isso se deve ao regime de retenção na fonte sobre os rendimentos de aplicações financeiras: sendo o beneficiário dos rendimentos uma pessoa jurídica tributada com base no lucro real, presumido ou arbitrado, o valor do imposto retido na fonte representa antecipação do imposto devido (IN RFB nº 1.585, de 2015, art. 70, inc. I). Por isso mesmo, como já há a incidência na fonte, não faria sentido exigir outra antecipação, sob a forma de estimativa mensal.

De qualquer forma, os rendimentos de aplicações financeiras integram a base de cálculo do Lucro Real, Presumido ou Arbitrado, e o IRRF é uma dedução utilizada para encontrar o saldo de imposto a pagar, depois de determinado o imposto devido.

No caso do Lucro Presumido, os rendimentos de aplicações financeiras estão abrangidos pela parcela dos "acréscimos" da base de cálculo. Acompanhe:

BC = (Receita Bruta x percentual de presunção) + acréscimos

IRPJ devido = BC x 15% + [(BC − n x R$ 20 mil) x 10%]

Saldo a pagar = IRPJ devido − deduções do IRPJ devido (entre elas o IRRF)

31.4. Exemplo de apuração do imposto segundo as regras do Lucro Presumido

Para consolidar o que estudamos neste Capítulo, vamos resolver um exemplo completo de determinação do imposto segundo as regras do Lucro Presumido.

Nesse sentido, considere que uma pessoa jurídica comercial tributada pelo Lucro Presumido tenha apurado, em determinado trimestre, os seguintes valores:

- Receita bruta de venda de mercadorias: R$ 150 mil
- Custo das mercadorias vendidas: R$ 90 mil
- ICMS sobre vendas (incluído na receita bruta): R$ 30 mil
- Vendas canceladas (valor incluído na receita bruta): R$ 20 mil
- Receita bruta da prestação de serviços: R$ 40 mil
- Custo dos serviços prestados: R$ 20 mil
- Despesas administrativas: R$ 35 mil
- Receita de aluguel eventual de uma sala comercial: R$ 20 mil
- Receitas de aplicações financeiras: R$ 3 mil
- Imposto retido na fonte sobre a aplicação financeira: R$ 450
- Receita na venda de terreno: R$ 150 mil
- Custo de aquisição do terreno: R$ 70 mil

Considerando que, segundo as regras do Lucro Presumido, na receita bruta não se incluem as vendas canceladas, no nosso exemplo a receita bruta da venda de mercadorias é de R$ 130 mil (R$ 150 mil menos as vendas canceladas de R$ 20 mil; nesse caso o ICMS integra a receita bruta). Já em relação à receita bruta da prestação de serviços (R$ 40 mil) não há qualquer dedução. Portanto, para determinar o valor tributável decorrente da receita bruta, devemos realizar o seguinte cálculo:

- BC receita bruta = (R$ 130 mil x 8%) + (R$ 40 mil x 32%)
- BC receita bruta = R$ 10.400,00 + R$ 12.800,00 = R$ 23.200,00

A esse valor devem ser acrescidos os R$ 20 mil referentes ao aluguel da sala comercial, os R$ 3 mil relativos às aplicações financeiras, e o ganho de capital de R$ 80 mil percebido na venda do terreno. Com isso, a base de cálculo do imposto alcança o valor de R$ 126.200,00.

Aplicando a alíquota de 15%, mais o adicional de 10%, o valor do imposto devido no trimestre é calculado da seguinte forma:

- IRPJ devido = R$ 126.200,00 x 15% + (R$ 126.200,00 − R$ 60.000,00) x 10%
- IRPJ devido = R$ 18.930,00 + R$ 6.620,00 = R$ 25.550,00

Por fim, para encontrar o saldo do imposto a pagar, do valor do imposto devido (R$ 25.550,00), o contribuinte poderia descontar o valor do imposto retido na fonte (R$ 450,00) referente aos rendimentos de aplicações financeiras incluídos na base de cálculo do imposto. Portanto, nesse trimestre, a pagar restaria o saldo de R$ 25.100,00.

31.5. Escrituração fiscal exigida no regime de Lucro Presumido

Quanto às obrigações acessórias exigidas do optante do lucro presumido, assim estabelece o art. 527 do RIR:

> **Art. 527.** A pessoa jurídica habilitada à opção pelo regime de tributação com base no lucro presumido deverá manter:
>
> I – escrituração contábil nos termos da legislação comercial;
>
> II – Livro Registro de Inventário, no qual deverão constar registrados os estoques existentes no término do ano-calendário;
>
> III – em boa guarda e ordem, enquanto não decorrido o prazo decadencial e não prescritas eventuais ações que lhes sejam pertinentes, todos os livros de escrituração obrigatórios por legislação fiscal específica, bem como os documentos e demais papéis que serviram de base para escrituração comercial e fiscal.
>
> **Parágrafo único.** O disposto no inciso I deste artigo não se aplica à pessoa jurídica que, no decorrer do ano-calendário, mantiver Livro Caixa, no qual deverá estar escriturado toda a movimentação financeira, inclusive bancária.

Note que, para atender à legislação tributária, basta ao optante do lucro presumido manter o Livro Caixa e o Livro Registro de Inventário, além dos documentos que lhes dão suporte.

Neste momento, deve-se fazer referência à Instrução Normativa RFB nº 1.420, de 19 de dezembro de 2013, que instituiu a Escrituração Contábil Digital (ECD), determinando a obrigatoriedade de sua apresentação, entre outras, às pessoas jurídicas tributadas com base no Lucro Presumido que distribuírem, a título de lucros, sem incidência do Imposto sobre a Renda Retido na Fonte (IRRF), parcela dos lucros ou dividendos superior ao valor da base de cálculo do imposto, diminuída de todos os impostos e contribuições a que estiver sujeita.

Vale ainda dizer que a ECD compreende a versão digital dos seguintes livros:
- livro Diário e seus auxiliares, se houver;
- livro Razão e seus auxiliares, se houver;
- livro Balancetes Diários, Balanços e fichas de lançamento comprobatórias dos assentamentos neles transcritos.

Capítulo 32
Lucro Arbitrado

O Lucro Arbitrado é considerado um regime excepcional, a última medida a ser utilizada para efeito de apuração da base de cálculo do IRPJ. Encontra-se disciplinado entre os arts. 529 e 540 do RIR.

Embora seja admissível o arbitramento efetuado pelo próprio contribuinte, é muito mais frequente sua utilização por iniciativa da fiscalização, principalmente em face da desclassificação da escrituração do contribuinte.

Antes de entrarmos nas hipóteses de arbitramento, tema de uma das questões do concurso de 2012 para AFRFB, vale enfatizar que o período de apuração no regime de Lucro Arbitrado também é trimestral (RIR, art. 220).

32.1. Hipóteses de arbitramento do lucro

A base de cálculo do IRPJ deve ser determinada de acordo com as regras do lucro arbitrado quando (RIR, art. 530):

- o contribuinte, obrigado à tributação com base no Lucro Real, não mantiver escrituração na forma das leis comerciais e fiscais, ou deixar de elaborar as demonstrações financeiras exigidas pela legislação fiscal;
- a escrituração a que estiver obrigado o contribuinte revelar evidentes indícios de fraudes ou contiver vícios, erros ou deficiências que a tornem imprestável para:
    - ✓ identificar a efetiva movimentação financeira, inclusive bancária; ou
    - ✓ determinar o lucro real;
- o contribuinte deixar de apresentar à autoridade tributária os livros e documentos da escrituração comercial e fiscal ou o Livro Caixa, se tributado pelo lucro presumido;
- o contribuinte optar indevidamente pela tributação com base no Lucro Presumido;
- o comissário ou representante da pessoa jurídica estrangeira deixar de escriturar e apurar o lucro da sua atividade separadamente do lucro do comitente residente ou domiciliado no exterior;
- o contribuinte não mantiver, em boa ordem e segundo as normas contábeis recomendadas, Livro Razão ou fichas utilizados para resumir e totalizar, por conta ou subconta, os lançamentos efetuados no Diário, quando tributado pelo Lucro Real.

Note bem a característica das hipóteses que ensejam o arbitramento do lucro. Exceto quanto à opção indevida pelo Lucro Presumido, todas as demais hipóteses revelam problemas com obrigações acessórias estabelecidas com o fim de auxiliar (ou mesmo viabilizar) a apuração do lucro real ou presumido.

32.2. Arbitramento do lucro pelo contribuinte

Se o arbitramento levado a efeito pela autoridade fiscal é medida extrema, mais excepcional ainda é o arbitramento do lucro efetuado pelo próprio contribuinte.

Para que isso ocorra validamente, são duas as condições (RIR, art. 531):

- a receita bruta deve ser conhecida; e
- alguma das hipóteses de arbitramento (item 32.1) deve ser concretamente verificada.

Portanto, quando a receita bruta não é conhecida, o arbitramento do lucro somente poderá ser determinado pelo AFRFB, de ofício.

32.3. Base de cálculo quando conhecida a receita bruta

Quando conhecida a receita bruta, a base de cálculo do IRPJ no regime de Lucro Arbitrado é determinada de modo muito semelhante ao que se aplica no caso de Lucro Presumido. A diferença está na determinação do lucro arbitrado decorrente da receita bruta, em que devem ser utilizados os percentuais de presunção do lucro acrescidos de 20% (multiplicados por 1,2), conforme estabelece o art. 532 do RIR.

Esquematizando, temos o seguinte:

Receita Bruta x (% de presunção x 1,2)

(+) Valores diferidos controlados na Escrituração Contábil Fiscal (ECF)

(+) Ganhos de capital

(+) Outras receitas e rendimentos tributáveis

(=) Lucro Arbitrado (base de cálculo do IRPJ)

Além disso, no caso das instituições financeiras, o percentual para determinação do lucro arbitrado é de 45% (RIR, art. 533). E, no caso de *factoring*, o lucro arbitrado é determinado mediante aplicação do percentual de 38,4% (= 32% x 1,2).

Outra diferença importante a considerar em relação ao Lucro Presumido é o regime de reconhecimento das receitas que, no Lucro Arbitrado, aplica-se apenas o regime de competência.

E de maneira análoga ao que vimos no caso do Lucro Presumido, também no regime de Lucro Arbitrado sendo constatada a omissão de receita praticada por pessoa jurídica com atividades diversificadas, e não sendo possível a identificação da atividade a que se refere a receita omitida, ela deve ser adicionada àquela que corresponder ao percentual mais elevado dentre aqueles a que o contribuinte se encontra submetido (RIR, art. 537, parágrafo único).

Além disso, é preciso mencionar que, para fins de determinação do ganho de capital acrescido à base de cálculo do Lucro Arbitrado, é vedado o cômputo de qualquer parcela a título de encargos associados a empréstimos associados, especificamente ou não, para financiar a aquisição, construção ou produção de bens classificados como estoques de longa maturação, propriedade para investimentos, ativo imobilizado ou ativo intangível (Lei nº 12.973, de 2014, art. 7º).

32.4. Base de cálculo quando não conhecida a receita bruta

Quando a receita bruta não é conhecida, o lucro arbitrado deve ser determinado através de procedimento de ofício, mediante a utilização de uma das seguintes alternativas de cálculo, sem prejuízo dos acréscimos à base de cálculo (RIR, art. 535):

- 1,5 (um inteiro e cinco décimos) do lucro real referente ao último período em que a pessoa jurídica manteve escrituração de acordo com as leis comerciais e fiscais;
- 0,04 (quatro centésimos) da soma dos valores do ativo circulante, realizável a longo prazo e permanente (não circulante), existentes no último balanço patrimonial conhecido;
- 0,07 (sete centésimos) do valor do capital, inclusive a sua correção monetária contabilizada como reserva de capital, constante do último balanço patrimonial conhecido ou registrado nos atos de constituição ou alteração da sociedade;
- 0,05 (cinco centésimos) do valor do patrimônio líquido constante do último balanço patrimonial conhecido;
- 0,4 (quatro décimos) do valor das compras de mercadorias efetuadas no mês;

- 0,4 (quatro décimos) da soma, em cada mês, dos valores da folha de pagamento dos empregados e das compras de matérias-primas, produtos intermediários e materiais de embalagem;
- 0,8 (oito décimos) da soma dos valores devidos no mês a empregados;
- 0,9 (nove décimos) do valor mensal do aluguel devido.

É de se supor que não há necessidade de decorar cada um desses critérios. De qualquer forma, é importante pelo menos atentar para os elementos que foram adotados como parâmetro para determinação do lucro arbitrado quando não conhecida a receita bruta: lucro real de período anterior, ativo total, capital, patrimônio líquido, compras de mercadorias, folha de pagamento mais compra de insumos, despesa com empregados ou aluguel.

Se for adotado o primeiro critério (lucro real de período anterior), deve ser considerado de maneira proporcional ao número de meses do período de apuração (RIR, art. 535, § 2º).

Nas hipóteses em que o critério envolve algum valor mensal (os quatro últimos critérios), o lucro arbitrado (do trimestre) corresponde à soma dos valores apurados para cada mês do período de apuração (RIR, art. 535, § 5º).

Nos demais casos, os coeficientes devem ser multiplicados pelo número de meses do período de apuração (RIR, art. 535, § 4º).

Considerando que da aplicação desses critérios pode resultar valores bem distintos, cabe à autoridade fiscal motivar a escolha quando mais de uma alternativa se mostrar viável, sendo certo que não há qualquer hierarquia entre esses critérios.

Portanto, no caso em que a receita bruta não é conhecida, a base de cálculo do IRPJ no regime de Lucro Arbitrado é determinada da seguinte forma:

Lucro arbitrado segundo algum dos critérios previstos

(+) Valores diferidos controlados na Escrituração Contábil Fiscal (ECF)

(+) Ganhos de capital

(+) Outras receitas e rendimentos tributáveis

(=) Lucro Arbitrado (base de cálculo do IRPJ)

Capítulo 33
Omissão de Receita

Entre os arts. 281 e 288, o Regulamento dispõe sobre a omissão de receita, e o respectivo tratamento tributário.

Ressalvada ao contribuinte a prova em contrário, caracteriza-se como omissão no registro de receita, a ocorrência das seguintes hipóteses:

- a indicação de saldo credor de caixa (RIR, art. 281, I);
- falta de escrituração de pagamentos efetuados (RIR, art. 281, II);
- manutenção, no passivo, de obrigações já pagas ou cuja exigibilidade não seja comprovada (RIR, art. 281, III);
- o suprimento de caixa, não comprovado, por administradores, sócios e acionistas (RIR, art. 282);
- falta de emissão de Nota Fiscal de Venda (RIR, art. 283);
- diferenças no estoque, verificadas em levantamento quantitativo por espécie (RIR, art. 286);
- depósitos bancários sem origem comprovada (RIR, art. 287).

Em análise às hipóteses acima listadas, nota-se que quase todas representam presunções legais de omissão de receita. Presunção exprime a dedução, a conclusão ou a consequência que se tira de um fato conhecido, para admitir como certa, verdadeira e provada a existência de um fato desconhecido.

As presunções podem ser comuns ou jurídicas. As comuns são elaboradas pela mente humana, num exercício de suposição a partir de indícios. Já as presunções jurídicas decorrem de previsão de lei, e por isso mesmo são denominadas presunções legais.

Na prática, as presunções legais atenuam a carga probatória que cabe a quem faz uma alegação. Isso porque, uma vez que a presunção é estabelecida em lei, para comprovar a ocorrência de um fato desconhecido e que se deseja imputar a alguém, basta comprovar a verificação concreta de um fato conhecido que constitui a hipótese legal de presunção. Nesse sentido, a presunção legal é meio de prova indireta.

Vale ainda ressaltar que as presunções legais podem ser absolutas ou relativas. As presunções legais absolutas não admitem prova em contrário. Por outro lado, as presunções legais relativas admitem prova em contrário, de modo que cabe ao acusado provar que o fato presumido não ocorreu. Em outras palavras, no caso de presunção relativa, até que se prove o contrário, vale o que a lei autoriza presumir.

Dito isso, podemos dizer que entre os arts. 281 e 287 do RIR temos, na verdade, meios de prova de que em algum momento anterior o contribuinte omitiu o registro de receitas. Vamos analisar os casos listados no Regulamento.

33.1. Saldo credor de caixa

Ao deixar de registrar todas as operações de venda, surge naturalmente uma dificuldade na formalização das demais operações da empresa. Isso porque, a falta de registro de entrada de recursos financeiros provenientes das vendas provoca, em algum momento, a insuficiência na Conta Caixa para pagar, de maneira formal, as obrigações normais da empresa.

Como consequência, a empresa se vê obrigada a reduzir o volume de pagamentos formais, para evitar o registro da saída de numerário em montante incompatível com as entradas contabilizadas.

Trata-se de uma situação difícil de administrar. Eventualmente, o montante de pagamentos pode superar a disponibilidade de recursos financeiros regularmente registrados. Quando isso acontece, a Conta Caixa fica com saldo negativo, evidenciando o chamado "estouro de caixa".

No entanto, como a Conta Caixa da contabilidade tem natureza devedora (é uma conta do ativo circulante), seu saldo pode atingir, no mínimo, o valor zero. Saldo credor na Conta Caixa significa uma de duas coisas:

- há erro na escrituração de uma ou mais operações; ou
- há omissão no registro de receitas.

No segundo caso, para evitar que a Conta Caixa fique credora e reste evidenciada a omissão de receitas, torna-se imprescindível aumentar seu saldo. Uma forma de obter esse efeito se dá através do deslocamento do registro de pagamentos para data posterior àquela em que efetivamente tenham sido realizados. O mesmo efeito é obtido com a antecipação no registro de recebimentos.

Acompanhe o exemplo abaixo, considerando os seguintes registros na conta caixa:

Data	Histórico	Débito	Crédito	Saldo
03/mai.	Saldo inicial			R$ 100.000,00
	Vendas à vista	R$ 220.000,00		
	Pagamento de despesas		R$ 55.000,00	

Data	Histórico	Débito	Crédito	Saldo
	Saldo final			R$ 265.000,00
04/mai.	Vendas à vista	R$ 80.000,00		
	Compras à vista		R$ 180.000,00	
	Pagamento de despesas		R$ 120.000,00	
	Saldo final			R$ 45.000,00
05/mai.	Vendas à vista	R$ 150.000,00		
	Recebimento de duplicatas	R$ 75.000,00		
	Compras à vista		R$ 230.000,00	
	Pagamento de despesas		R$ 160.000,00	
	Saldo final			(R$ 120.000,00)
06/mai.	Vendas à vista	R$ 250.000,00		
	Pagamento de despesas		R$ 180.000,00	
	Saldo final			(R$ 50.000,00)
07/mai.	Vendas à vista	R$ 110.000,00		
	Pagamento de despesas		R$ 30.000,00	
	Saldo final			R$ 30.000,00
Totais do período		R$ 885.000,00	R$ 955.000,00	

Considerando os registros acima, nota-se que o maior saldo credor no período alcançou o montante de R$ 120 mil. Ao se deparar com uma situação como essa, a autoridade fiscal iria intimar o contribuinte a prestar esclarecimentos. Na hipótese de o contribuinte não conseguir explicar a ocorrência do saldo credor de R$ 120 mil na Conta Caixa mediante indicação de eventual equívoco na contabilização de alguma operação, a fiscalização estaria autorizada a presumir que o maior saldo credor do período (no caso, R$ 120 mil) corresponde à omissão no registro de receitas.

Mas o contribuinte dificilmente deixaria os rastros assim tão evidentes. No mesmo exemplo acima, considere que parte das vendas do dia 06 fossem registradas como se do dia 05 fossem. Considere também a postergação no registro de parte dos pagamentos do dia 05 para o dia 07, da seguinte forma:

Data	Histórico	Débito	Crédito	Saldo
03/mai.	Saldo inicial			R$ 100.000,00
	Vendas à vista	R$ 220.000,00		
	Pagamento de despesas		R$ 55.000,00	
	Saldo final			R$ 265.000,00
04/mai.	Vendas à vista	R$ 80.000,00		
	Compras à vista		R$ 180.000,00	
	Pagamento de despesas		R$ 120.000,00	
	Saldo final			R$ 45.000,00
05/mai.	Vendas à vista	**R$ 230.000,00**		
	Recebimento de duplicatas	R$ 75.000,00		
	Compras à vista		R$ 230.000,00	
	Pagamento de despesas		**R$ 70.000,00**	
	Saldo final			R$ 50.000,00
06/mai.	Vendas à vista	**R$ 170.000,00**		
	Pagamento de despesas		R$ 180.000,00	
	Saldo final			R$ 40.000,00

Data	Histórico	Débito	Crédito	Saldo
07/mai.	Vendas à vista	R$ 110.000,00		
	Pagamento de despesas		R$ 120.000,00	
	Saldo final			R$ 30.000,00
Totais do período		R$ 885.000,00	R$ 955.000,00	

Neste caso, a Conta Caixa não revelaria saldo credor. No entanto, o trabalho de auditoria poderia revelar a prática de antecipação do registro de entradas e/ou postergação do registro de saída de numerário. Nesse caso, a autoridade fiscal faria a recomposição da Conta Caixa, e fatalmente encontraria o saldo credor, que o autorizaria a presumir a omissão no registro de receitas.

Outra forma de dissimular a ocorrência de saldos credores na Conta Caixa se dá através do registro, artificial, de valores a débito. Nesse sentido, se a autoridade fiscal conseguir comprovar que registros lançados a débito da Conta Caixa não condizem com a realidade, eles devem ser glosados.

Uma situação bastante frequente envolvendo a circunstância que estamos analisando se traduz no expediente detalhado a seguir.

Algumas empresas fazem com que toda a movimentação bancária circule pela Conta Caixa. Até aí, nenhum problema. No entanto, considere que os cheques emitidos pela empresa para pagamento a terceiros sejam creditados na Conta Bancos e debitados na Conta Caixa. Enquanto não houver o respectivo lançamento a crédito de Caixa (evidenciando a saída de um dinheiro que nunca entrou), a Conta Caixa fica "estufada" artificialmente. Ocorre que é muito frequente encontrar casos em que esse lançamento a crédito nunca é registrado. Uma vez comprovada essa situação, compete à autoridade fiscal efetuar a glosa desses registros a débito da Conta Caixa, que só serviram para artificialmente aumentar seu saldo.

Mas é importante destacar que a glosa de lançamentos contábeis a débito da Conta Caixa, por si só, não revela a presumida omissão de receitas. A omissão de receita ficará evidenciada, ainda que de forma presumida, com o surgimento do saldo credor (negativo) da Conta Caixa.

33.2. Falta de escrituração de pagamentos

Pagamentos não contabilizados, de qualquer natureza, permitem presumir que os recursos foram retirados de fundos também não contabilizados, portanto, supridos por receitas anteriormente omitidas.

A título de exemplo, podemos mencionar a falta de escrituração do pagamento de horas extras a funcionários, a omissão no registro de compras de mercadorias, e a falta de escrituração, no todo ou em parte, de valor pago na compra de bens.

De qualquer forma, tanto o pagamento quanto a falta de sua escrituração devem ser comprovados pela autoridade fiscal. E, mais uma vez, fica ressalvada a possibilidade de o contribuinte comprovar a inexistência da omissão presumidamente ocorrida.

33.3. Passivo fictício

Nos termos do inc. III do art. 281 do RIR, presume-se a ocorrência de omissão de receitas na hipótese em que se verifica, no passivo, a manutenção de obrigações já pagas ou cuja exigibilidade não seja comprovada. Quanto a essa previsão, devemos considerar o seguinte.

Quando uma obrigação efetivamente contraída é registrada no passivo de uma entidade, não importa se em contrapartida de uma despesa ou de um ativo, a autoridade fiscal estará autorizada a presumir a ocorrência de omissão de receita na hipótese em que essa obrigação for mantida no passivo mesmo após ter sido paga. Nesse caso, presume-se que, em seu pagamento, foram utilizados recursos mantidos à margem da contabilidade, provenientes de receitas omitidas em momento passado.

Da mesma forma, quando uma obrigação inexistente é registrada no passivo de uma entidade, a autoridade fiscal estará autorizada a presumir a ocorrência de omissão de receita na hipótese em que a contrapartida for registrada em alguma conta do ativo. Nesse caso, presume-se que o objetivo do registro seja prover saldo nas contas de disponibilidades para fins de escamotear eventual saldo credor de caixa.

Note bem que a manutenção de passivo fictício constitui uma hipótese autônoma de presunção de omissão de receitas. E, mais uma vez, cabe à autoridade fiscal a prova da existência de passivos fictícios no balanço da entidade, e cabe ao contribuinte a prova em contrário.

33.4. Suprimentos de caixa

Nos termos do art. 282 do RIR, provada a omissão de receita, por indícios na escrituração do contribuinte ou qualquer outro elemento de prova, a autoridade tributária poderá arbitrá-la com base no valor dos recursos de caixa fornecidos à empresa por administradores, sócios da sociedade não anônima, titular da empresa individual, ou pelo acionista controlador da companhia, se a efetividade da entrega e a origem dos recursos não forem comprovadamente demonstradas.

Tem-se aqui uma forma bem específica de abastecimento do caixa como medida destinada a evitar a evidenciação de saldo credor. Nesse caso, na contabilidade são registrados ingressos fictícios de recursos financeiros, normalmente a título de integralização de capital em dinheiro ou de empréstimos contraídos com pessoas ligadas à empresa.

É uma forma de trazer para a contabilidade dinheiro do "caixa 2", em vista da necessidade de recursos para pagamento de compromissos registrados. Assim, com este expediente pretende-se evitar o surgimento do saldo credor de caixa, que caracteriza a presunção legal de omissão de receitas.

Uma vez constatadas tais circunstâncias, como forma de afastar a presunção legal de omissão de receitas, o contribuinte deve ser intimado a comprovar a efetividade das operações.

33.5. Falta de emissão de nota fiscal

Segundo dispõe o art. 283 do RIR, caracteriza omissão de receita ou de rendimentos, inclusive ganhos de capital, a falta de emissão de nota fiscal, recibo ou documento equivalente, no momento da efetivação das operações de venda de mercadorias, prestação de serviços, operações de alienação de bens móveis, locação de bens móveis e imóveis ou quaisquer outras transações realizadas com bens ou serviços, bem como a sua emissão com valor inferior ao da operação.

O referido dispositivo legal é bastante óbvio. Serve como enquadramento legal da apurada omissão de receita.

Além disso, cumpre destacar que, na prova do concurso de 2014 para AFRFB, a falta de emissão de nota fiscal foi tratada pela Esaf como hipótese de omissão de receita materialmente comprovada, e não de mera presunção.

33.6. Levantamento quantitativo por espécie

A omissão de receita também pode ser determinada a partir de levantamento, por espécie, da quantidade de matéria-prima e produtos intermediários utilizados no processo produtivo da pessoa jurídica (RIR, art. 286). É procedimento típico da auditoria do IPI, que repercute no IRPJ quando revela a omissão de receitas.

O procedimento consiste na comparação do estoque de produtos acabados e das matérias-primas e produtos intermediários utilizados em sua produção. Basicamente, é uma verificação que se vale da seguinte realidade:

> Estoque final = Estoque inicial + Produção − Vendas

A diferença nas quantidades leva à presunção, conforme o caso, de omissão de registro de compras ou de vendas, de qualquer forma implicando presunção de omissão de receitas.

Se o estoque final fisicamente encontrado pela fiscalização for menor do que o estoque final escriturado prevalece a presunção de omissão no registro de vendas. Em outras palavras, se há menos produto final em estoque do que indicam os registros da produção, é de se supor que houve saídas não registradas.

De outro lado, se o estoque físico final for maior do que o estoque final escriturado, prevalece a presunção de omissão no registro de compras. Ou seja, se há mais produto final em estoque do que o indicado no resultado do procedimento de auditoria, pode-se concluir que a produção está registrada em quantidades menores do que a efetivamente realizada, evidenciando omissão no registro de compra de matéria-prima ou produtos intermediários.

Uma vez apurada tal circunstância, considera-se receita omitida o valor resultante da multiplicação das diferenças de quantidade de produtos, ou de matérias-primas e produtos intermediários, pelos respectivos preços médios de venda ou de compra, conforme o caso, em cada período de apuração abrangido pelo levantamento.

Esse critério de apuração de receita omitida também de aplica às empresas comerciais, relativamente às mercadorias adquiridas para revenda:

> Estoque final = Estoque inicial + Compras − Vendas

33.7. Depósitos bancários sem comprovação de origem

Caracterizam-se também como omissão de receita os valores creditados em conta mantida junto a instituição financeira, em relação aos quais a pessoa jurídica titular, regularmente intimada, não comprove a origem dos recursos utilizados nessas operações, mediante documentação hábil e idônea.

Os créditos bancários são analisados de maneira individualizada, sendo desconsiderados os decorrentes de transferência de outras contas de titularidade da própria pessoa jurídica.

Para dar efeito a essa previsão legal, a autoridade fiscal deve intimar o contribuinte a esclarecer a origem de valores creditados em conta de sua titularidade mantida em instituição financeira. Caso o contribuinte, regularmente intimado, não consiga comprovar a origem dos recursos utilizados em tais depósitos, os valores correspondentes serão considerados receita omitida, e levados à tributação.

Resta claro que, com base nessa hipótese legal, a omissão de rendimentos é presumida, afinal, não é a própria omissão de rendimentos que precisa ser comprovada. À fiscalização, para validamente concluir (presumir) que houve omissão de rendimentos, basta que demonstre a existência de depósitos bancários sem comprovação de origem.

Sendo uma presunção relativa, cabe ao contribuinte a prova de que os recursos que dão lastro aos depósitos identificados pela fiscalização:
- não constituem receitas; ou
- se correspondem a receitas, que:
    - ✓ são isentas ou não tributáveis; ou
    - ✓ foram oportunamente oferecidas à tributação.

33.8. Tratamento tributário da receita omitida

Verificada a omissão de receita, a autoridade deve determinar o valor do imposto e do adicional a ser lançado de acordo com o regime de tributação a que estiver submetida a pessoa jurídica no período de apuração a que corresponder a omissão (RIR, art. 288). Trata-se, portanto, de hipótese de lançamento de ofício.

Uma vez quantificada a omissão de receita, independentemente do método usado para identificá-la, mesmo que por presunção legalmente admitida, esta é adicionada ao lucro líquido contabilizado e/ou declarado, modificando-se o lucro real ou, se for o caso, o prejuízo fiscal.

E no caso de contribuinte optante pelo Lucro Presumido ou submetido ao Lucro Arbitrado, com atividades diversificadas, não sendo possível a identificação da atividade a que se refere a receita omitida, ela deve ser adicionada àquela que corresponder o percentual mais elevado.

Capítulo 34
Atividade Rural

Segundo dispõe o art. 406 do RIR, a pessoa jurídica dedicada à exploração da atividade rural deve pagar o Imposto de Renda e adicional conforme as normas aplicáveis às demais pessoas jurídicas.

No entanto, a legislação tributária contém algumas normas específicas que conferem tratamento diferenciado a tais pessoas jurídicas. Esse será o objeto deste Capítulo.

Antes, porém, vamos conhecer a definição legal de atividade rural.

34.1. Definição legal de atividade rural

Nos termos do art. 2º da Lei nº 8.023, de 12 de abril de 1990, considera-se atividade rural:

- a agricultura;
- a pecuária;
- a extração e a exploração vegetal e animal;
- a exploração da apicultura, avicultura, cunicultura, suinocultura, sericicultura, piscicultura e outras culturas animais;
- a transformação de produtos decorrentes da atividade rural, sem que sejam alteradas a composição e as características do produto *in natura*, feita pelo próprio agricultor ou criador, com equipamentos e utensílios usualmente empregados nas atividades rurais, utilizando exclusivamente matéria-prima produzida na área rural explorada, tais como a pasteurização e o acondicionamento do leite, assim como o mel e o suco de laranja, acondicionados em embalagem de apresentação.

Além das atividades acima citadas, considera-se também atividade rural:

- o cultivo de florestas que se destinem ao corte para comercialização, consumo ou industrialização (Lei nº 9.430, de 1996, art. 59);
- a venda de rebanho de renda, reprodutores ou matrizes (IN SRF nº 257, de 2002, art. 2º, inciso VII);
- a atividade de captura de pescado *in natura*, desde que a exploração se faça com apetrechos semelhantes aos da pesca artesanal (arrastões de praia, rede de cerca etc.), inclusive a exploração em regime de parceria (IN SRF nº 257, de 2002, art. 2º, § 1º).

34.2. Receita bruta da atividade rural

Considera-se receita bruta da atividade rural aquela decorrente da exploração das atividades relacionadas no item 34.1.

A pessoa jurídica que explorar outras atividades, além da atividade rural, deve segregar contabilmente as receitas, os custos e as despesas referentes à atividade rural e demonstrar, na Escrituração Contábil Fiscal (ECF), separadamente, o lucro ou prejuízo contábil e o lucro ou prejuízo fiscal dessas atividades.

34.3. Depreciação integral de bem utilizado na atividade rural

Os bens do ativo imobilizado, exceto a terra nua, adquiridos por pessoa jurídica que explore a atividade rural, para uso nessa atividade, podem ser depreciados integralmente no próprio ano de aquisição (RIR, art. 314).

O encargo de depreciação, calculado à taxa normal, deve ser registrado na escrituração comercial, e o complemento para atingir o custo de aquisição do bem constitui exclusão para fins de determinação da base de cálculo do imposto correspondente à atividade rural, no período de apuração em que estiver registrada a aquisição. Acompanhe:

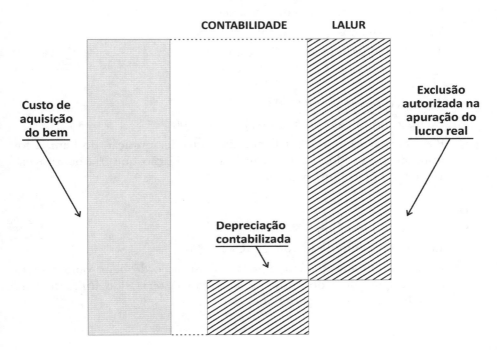

Na figura acima, note que no próprio ano de aquisição do bem o valor total de seu custo foi utilizado para reduzir a base de cálculo do IRPJ. A parcela da depreciação normal, registrada na contabilidade, naturalmente reduz o lucro líquido contábil e, consequentemente, também a base de cálculo do IRPJ. O valor do complemento, que corresponde à diferença entre o custo de aquisição e a parcela de depreciação já apropriada pela contabilidade, pode ser excluído na apuração do lucro real.

No entanto, como o total da depreciação acumulada não pode ultrapassar o custo de aquisição do bem, a partir do período de apuração seguinte ao da aquisição, o encargo de depreciação normal que vier a ser registrado na escrituração comercial deve ser adicionado ao resultado líquido correspondente à atividade rural.

O motivo para essa adição é bem simples. Se 100% do valor do bem já foi utilizado para reduzir o lucro real logo no primeiro ano, em continuando a depreciação contábil nos períodos seguintes, se não houver ajuste de adição, mais do que 100% do valor do bem irá reduzir o lucro real ao longo de sua vida útil.

Em síntese, por meio desse benefício, ao invés de a depreciação ser distribuída ao longo de toda a vida útil do bem (2 anos, 5 anos, 10 anos etc.), ela pode ser totalmente apropriada em apenas um ano.

Acompanhe o seguinte exemplo:
- Custo de aquisição do bem: R$ 100.000
- Vida útil: 10 anos
- Taxa de depreciação anual: R$ 10.000

Ano 1
- depreciação contábil: R$ 10.000
- exclusão no cálculo do lucro real: R$ 90.000
- Resultado no ano 1: a totalidade do custo de aquisição do bem já foi utilizado para reduzir o lucro real (a depreciação que iria ocorrer em 10 anos, ocorreu em apenas um)

Ano 2
- depreciação contábil: R$ 10.000
- adição no cálculo do lucro real: R$ 10.000
- Resultado no ano 2: efeito zero de depreciação do bem sobre o lucro real, porque 100% do custo de aquisição já teria sido utilizado para reduzir o lucro real logo no ano 1

Ano 3
- depreciação contábil: R$ 10.000
- adição no cálculo do lucro real: R$ 10.000
- Resultado no ano 3: efeito zero de depreciação do bem sobre o lucro real, porque 100% do custo de aquisição já teria sido utilizado para reduzir o lucro real logo no ano 1

(...)

Ano 10
- depreciação contábil: R$ 10.000
- adição no cálculo do lucro real: R$ 10.000
- Resultado no ano 10: efeito zero de depreciação do bem sobre o lucro real, porque 100% do custo de aquisição já teria sido utilizado para reduzir o lucro real logo no ano 1

34.4. Compensação de prejuízos fiscais da atividade rural

Considerando a necessidade de segregação na apuração do resultado da atividade rural e o decorrente das demais atividades, a pessoa jurídica pode apurar lucro na atividade rural e prejuízo nas demais, e vice-versa.

Nesse caso, é possível que o prejuízo fiscal da atividade rural seja utilizado na compensação de lucro real apurado na outra, desde que observado o seguinte:

- quando apurados num mesmo período, o prejuízo fiscal da atividade rural pode ser compensado com o lucro real das demais atividades, sem limite (IN SRF nº 257, de 2002, art. 17, § 2º);
- quando apurados em períodos diferentes, a compensação de prejuízos fiscais decorrentes da atividade rural com o lucro real de períodos subsequentes auferido com as demais atividades é limitada a 30% do lucro dessas atividades, ajustado por adições e exclusões limite (IN SRF nº 257, de 2002, art. 17, § 3º).

Porém, o prejuízo fiscal apurado na atividade rural pode ser compensado com o resultado positivo obtido com a mesma atividade em períodos de apuração subsequentes, sem que seja necessário respeitar a "trava" de 30%.

É o que estabelece o art. 512 do RIR:

> Art. 512. O prejuízo apurado pela pessoa jurídica que explorar atividade rural poderá ser compensado com o resultado positivo obtido em períodos de apuração posteriores, não se lhe aplicando o limite previsto no *caput* do art. 510.

Note que a liberdade de compensar prejuízos fiscais de períodos anteriores sem observar a trava de 30% é restrita à atividade rural. Embora isso não esteja expresso de forma assim tão clara no art. 512 do RIR, esse é o entendimento da Receita Federal, contido no art. 17 da Instrução Normativa SRF nº 257, de 11 de dezembro de 2002:

> **Art. 17.** Não se aplica o limite de trinta por cento de que trata o art. 15 da Lei nº 9.065, de 20 de junho de 1995, à compensação dos prejuízos fiscais decorrentes da atividade rural, com lucro real da mesma atividade, observado o disposto no art. 24.
>
> [...]
>
> **Art. 24.** É vedada a compensação do prejuízo fiscal da atividade rural apurado no exterior com o lucro real obtido no Brasil, seja este oriundo da atividade rural ou não.

Ou seja, se num mesmo período, após adições e exclusões, a pessoa jurídica apurou prejuízo fiscal de R$ 100 mil na atividade rural, e lucro de R$ 120 mil com as demais atividades, considerando que não exista saldo acumulado de prejuízos de períodos anteriores, seu lucro real será de R$ 20 mil.

Suponha, agora, que a pessoa jurídica tenha prejuízos de períodos anteriores na atividade rural no valor de R$ 100 mil e, no presente período, tenha apurado lucro após adições e exclusões, em decorrência das demais atividades, no valor de R$ 120 mil. Seu lucro real será de R$ 84 mil (= R$ 120 mil − R$ 36 mil) porque, nesse caso, a compensação estará limitada pela trava dos 30%.

Por fim, vamos admitir a mesma situação, exceto quanto ao fato de que, no presente período, o lucro após adições e exclusões, no valor de R$ 120 mil, também seja decorrente da atividade rural. Nesse caso, seu lucro real será de R$ 20 mil porque, quando considerados apenas os resultados da atividade rural, o prejuízo fiscal de um período pode ser compensado com o resultado positivo obtido com a mesma atividade em períodos de apuração posteriores, sem que seja necessário respeitar a "trava" de 30%.

Capítulo 35
Reorganizações Societárias

Por reorganizações societárias vamos entender as operações de incorporação, fusão, cisão, transformação e extinção de sociedades, efetuadas isoladamente, ou não. É um tema bastante amplo, do qual se ocupa a legislação societária.

Obviamente que aqui não iremos nos aprofundar no detalhamento dessas operações. Nosso objetivo é estudar as disposições da legislação do IRPJ que, de alguma forma, têm relação com a matéria.

Antes, porém, com a finalidade de tornar claro nosso objeto de estudo, vamos apenas trazer o conceito legal dessas operações.

35.1. Conceito legal das operações de reorganização societária

A incorporação é a operação pela qual uma ou mais sociedades são absorvidas por outra, que lhes sucede em todos os direitos e obrigações (Lei nº 6.404, de 1976, art. 227).

Exemplo de incorporação da Cia. Beta pela Cia. Alfa:

A fusão é a operação pela qual se unem duas ou mais sociedades para formar sociedade nova, que lhes sucederá em todos os direitos e obrigações (Lei nº 6.404, de 1976, art. 228).

Exemplo de fusão da Cia. Alfa com a Cia. Beta, formando a Cia. Gama:

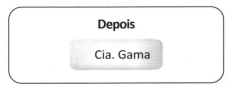

A cisão total é a operação pela qual a companhia transfere parcelas do seu patrimônio para uma ou mais sociedades, constituídas para esse fim ou já existentes, extinguindo-se a companhia cindida (Lei nº 6.404, de 1976, art. 229, primeira parte).

Exemplo de cisão total da Cia. Alfa, formando a Cia. Beta e a Cia. Gama:

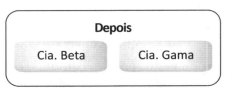

A cisão parcial é a operação pela qual a companhia transfere parcelas do seu patrimônio para uma ou mais sociedades, constituídas para esse fim ou já existentes, (...) dividindo-se o seu capital (Lei nº 6.404, de 1976, art. 229, parte final).

Exemplo de cisão parcial da Cia. Alfa, formando a Cia. Beta:

 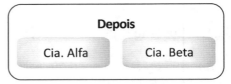

A transformação é a operação pela qual a sociedade passa, independentemente de dissolução e liquidação, de um tipo para outro (Lei nº 6.404, de 1976, art. 220).

Por fim, extingue-se a companhia (Lei nº 6.404, de 1976, art. 219):

- pelo encerramento da liquidação;
- pela incorporação ou fusão, e pela cisão com versão de todo o patrimônio em outras sociedades.

Note que a incorporação, a fusão, ou a cisão se mostram como alternativas para a extinção das sociedades. Em razão da maior dificuldade enfrentada no processo de extinção por encerramento da liquidação, são muito frequentes incorporações, a fusões, ou a cisões motivadas pelo desejo de extinção de uma sociedade.

35.2. Responsabilidade tributária de sucessores nas reorganizações societárias

O assunto deste item foi objeto de análise do item 21.1.1. Neste momento, vamos reproduzi-lo, de modo a contribuir com a formação de um amplo conhecimento do assunto "reorganizações societárias".

Nas hipóteses em que uma pessoa jurídica deixar de existir em decorrência de operação de reorganização societária, sempre haverá alguém para responder pelos tributos por ela devidos em relação a fatos geradores ocorridos antes do evento que a extinguiu.

Nesses casos, a lei atribui ao sucessor, pessoa física ou jurídica, a responsabilidade pelos tributos originalmente devidos pela pessoa jurídica sucedida. Nesse sentido, o art. 207 do RIR estabelece que:

- a pessoa jurídica resultante da transformação de outra responde pelo imposto devido pela transformada (inciso I);
- a pessoa jurídica constituída pela fusão de outras responde pelo imposto devido pelas fusionadas (inciso II, primeira parte);

- a pessoa jurídica incorporadora responde pelo imposto devido pela incorporada (inciso III, primeira parte);
- a pessoa física sócia da pessoa jurídica extinta mediante liquidação, ou seu espólio, que continuar a exploração da atividade social, sob a mesma ou outra razão social, ou sob firma individual (inciso IV).

No caso de cisão total, a(s) pessoa(s) jurídica(s) que incorporar(em) parcela do patrimônio da sociedade cindida respondem solidariamente pelo imposto por ela devido (RIR, art. 207, inciso III, parte final; e parágrafo único, inciso I).

O mesmo se aplica à nova pessoa jurídica constituída a partir de parcela do patrimônio cindido (RIR, art. 207, inciso II, parte final). Ou seja, quando houver mais de uma sucessora de pessoa jurídica extinta por cisão, entre elas (as sucessoras) a responsabilidade é solidária.

35.3. Momento de tributação nas reorganizações societárias

O assunto deste item também já foi analisado (item 27.3). Vamos aqui, mais uma vez, apenas reproduzi-lo.

35.3.1. Transformação e continuação

Segundo dispõe o art. 234 do RIR, nos casos de transformação, de Ltda. para S.A., por exemplo, o imposto deve continuar a ser pago como se não tivesse havido alteração da pessoa jurídica.

O mesmo se aplica nas hipóteses de continuação da atividade explorada pela sociedade ou firma extinta, por qualquer sócio remanescente ou pelo espólio, sob a mesma ou nova razão social, ou firma individual.

35.3.2. Incorporação, fusão ou cisão

Nos termos do art. 235 do RIR, nos casos de incorporação, fusão ou cisão, a pessoa jurídica que tiver parte ou todo o seu patrimônio absorvido deve apurar a base de cálculo do imposto na data do evento, assim entendida a data da deliberação que aprovar a incorporação, fusão ou cisão.

Note que essa disposição se aplica à pessoa jurídica sucedida, ou seja, aquela que teve seu patrimônio, no todo ou em parte, absorvido em virtude de incorporação, fusão ou cisão. Trata-se, portanto, de um "acerto de contas" da pessoa jurídica sucedida, que deixou de existir (incorporada, fusionada ou totalmente cindida), ou que experimentou uma alteração em sua estrutura patrimonial (parcialmente cindida).

Para esse fim, a pessoa jurídica sucedida deve levantar balanço específico referente à data do evento ou, no máximo, até 30 dias antes do evento (RIR, arts. 220, § 1º, c/c 235, § 3º), devendo observar a legislação comercial (Lei nº 9.249, de 1995, art. 21).

35.4. Compensação de prejuízos nas reorganizações societárias

Vimos no item 29.4.4 que a pessoa jurídica sucessora por incorporação, fusão ou cisão não pode compensar prejuízos fiscais da sucedida (RIR, art. 514).

Por outro lado, no caso de cisão parcial, a pessoa jurídica cindida pode (continuar a) compensar os seus próprios prejuízos, proporcionalmente à parcela remanescente do patrimônio líquido.

35.5. Transferência de incentivos fiscais nas reorganizações societárias

O art. 8º da Lei nº 11.434, de 2006, dispõe sobre a transferência de incentivos fiscais da pessoa jurídica incorporada, para a pessoa jurídica incorporadora, nos seguintes termos:

> **Art. 8º** Os incentivos e benefícios fiscais **concedidos por prazo certo e em função de determinadas condições a pessoa jurídica que vier a ser incorporada poderão ser transferidos, por sucessão, à pessoa jurídica incorporadora**, mediante requerimento desta, desde que observados os limites e as condições fixados na legislação que institui o incentivo ou o benefício, em especial quanto aos aspectos vinculados:
>
> I – ao tipo de atividade e de produto;
>
> II – à localização geográfica do empreendimento;
>
> III – ao período de fruição;
>
> IV – às condições de concessão ou habilitação.
>
> § 1º A transferência dos incentivos ou benefícios referidos no *caput* deste artigo poderá ser concedida após o prazo original para habilitação, desde que dentro do período fixado para a sua fruição.
>
> § 2º Na hipótese de alteração posterior dos limites e condições fixados na legislação referida no *caput* deste artigo, prevalecerão aqueles vigentes à época da incorporação.
>
> § 3º **A pessoa jurídica incorporadora fica obrigada, ainda, a manter, no mínimo, os estabelecimentos da empresa incorporada**

> nas mesmas Unidades da Federação previstas nos atos de concessão dos referidos incentivos ou benefícios e os níveis de produção e emprego existentes no ano imediatamente anterior ao da incorporação ou na data desta, o que for maior.
>
> [...] (destaques acrescidos)

Como se nota, benefícios fiscais concedidos onerosamente e por prazo certo a uma pessoa jurídica podem ser transferidos para outra que vier a incorporá-la, desde que a incorporadora também observe os limites e as condições fixados na legislação instituidora do benefício.

Vale dizer, esse tema foi objeto da seguinte assertiva (correta) no concurso de 2012 para AFRFB:

> *Os incentivos e benefícios fiscais concedidos por prazo certo e em função de determinadas condições a pessoa jurídica que vier a ser incorporada poderão ser transferidos, por sucessão, à pessoa jurídica incorporadora, mediante requerimento desta, desde que observados os limites e as condições fixados na legislação que institui o incentivo ou o benefício.*

35.6. Tratamento da mais ou menos-valia, do *goodwill* e do ganho decorrente de compra vantajosa nos casos de incorporação, fusão ou cisão

Trata-se da hipótese prevista no art. 386 do RIR e, mais recentemente, nos arts. 20 a 25 da Lei nº 12.973, de 2014, em que pessoa jurídica investidora absorve, no todo ou em parte, o patrimônio da investida, na qual tinha participação societária avaliada pelo método do patrimônio líquido, adquirida com mais ou menos-valia, *goodwill* ou com ganho decorrente de compra vantajosa.

Este tema será analisado nos itens 36.5 e 36.6.1.

Capítulo 36
Investimentos Avaliados pelo Método do Patrimônio Líquido

Neste Capítulo interessa conhecer o tratamento fiscal a ser conferido às mutações patrimoniais decorrentes da avaliação de participações societárias pelo método da equivalência patrimonial (ou método do patrimônio líquido, na linguagem da legislação tributária).

Com esse objetivo, iremos analisar, principalmente, o tratamento fiscal:
- do ajuste no valor do patrimônio líquido do investimento;
- dos valores recebidos a título de dividendos;
- da mais ou menos-valia;
- do ágio por rentabilidade futura (*goodwill*); e
- do ganho decorrente de compra vantajosa.

Antes de iniciar esse tema relativamente complexo, guarde as seguintes máximas:
- a contrapartida do ajuste pelo método do patrimônio líquido não pode repercutir sobre o lucro real (item 36.2);
- a contrapartida da redução da mais ou menos-valia e do *goodwill* não pode repercutir sobre o lucro real (item 36.4.2), exceto:
    - ✓ nos casos de incorporação, fusão ou cisão de patrimônio da investida, referidos no item 36.5;
    - ✓ no momento da apuração do resultado da alienação ou liquidação do investimento (item 37.7.2).

36.1. Dever de avaliar o investimento pelo método do valor de patrimônio líquido

Com a nova redação do art. 21 do Decreto-Lei nº 1.598, de 1977, dada pela Lei nº 12.973, de 2014, a legislação tributária se alinha com a legislação societária no que diz respeito ao dever de observar o método de equivalência patrimonial.

Nesse sentido, devem ser avaliados pelo método da equivalência patrimonial os investimentos em coligadas ou em controladas e em outras sociedades que façam parte de um mesmo grupo ou estejam sob controle comum.

Para esse efeito, controlada é a sociedade na qual a controladora, diretamente ou através de outras controladas, é titular de direitos de sócio que lhe assegurem, de modo permanente, preponderância nas deliberações sociais e o poder de eleger a maioria dos administradores.

E coligada é a sociedade na qual a investidora tenha influência significativa, assim considerada a hipótese em que a investidora detém ou exerce o poder de participar nas decisões das políticas financeira ou operacional da investida, sem controlá-la. Além disso, a influência significativa é presumida quando a investidora for titular de 20% ou mais do capital votante da investida, sem controlá-la.

Cabe ainda registrar que, segundo o Pronunciamento Técnico CPC nº 18, controle conjunto é o compartilhamento do controle de negócio, contratualmente convencionado, que existe somente quando decisões sobre as atividades relevantes exigem o consentimento unânime das partes que compartilham o controle.

36.2. Tratamento fiscal da contrapartida do ajuste do valor do patrimônio líquido

Na aquisição de participação societária avaliada pelo método do patrimônio líquido, em seu ativo, a investidora deve registrar o valor do investimento avaliado na exata medida que lhe couber do patrimônio líquido da investida, calculado segundo a proporção do capital social adquirido.

Em períodos subsequentes, havendo alteração no patrimônio líquido da investida, o valor da participação societária da investidora deve ser ajustado ao valor de patrimônio líquido da sociedade investida, mediante lançamento da diferença a débito ou a crédito da conta de investimento (RIR, art. 388).

Portanto, em caso de aumento do valor da participação societária, na investidora a conta do ativo "investimentos" recebe um lançamento a débito, e a contrapartida, a crédito, é efetuada em conta de resultado, aumentando o lucro contábil:

D: Participações societárias

C: Resultado positivo da equivalência patrimonial

Analogamente, em caso de redução do valor da participação societária, na investidora a conta do ativo "investimentos" recebe um lançamento a crédito, e a contrapartida, a débito, é efetuada em conta de resultado, reduzindo o lucro contábil:

D: Resultado negativo da equivalência patrimonial

C: Participações societárias

Até aqui, vimos nada além do que a aplicação do método de equivalência patrimonial, estudado pela Ciência Contábil. Quanto à repercussão tributária decorrente do ajuste no valor do investimento, não há qualquer dificuldade.

Segundo dispõe a legislação tributária, a contrapartida do ajuste da equivalência patrimonial, contabilizada em conta de resultado em razão do aumento ou redução no valor do investimento, não deve ser computada na determinação do lucro real (RIR, art. 389). Em outras palavras, a contrapartida do ajuste da equivalência patrimonial não deve influenciar a apuração do lucro real, de modo que:

- resultados positivos da equivalência patrimonial não são tributáveis; e
- resultados negativos da equivalência patrimonial não são dedutíveis.

Consequentemente, para efeito de determinação do lucro real, os resultados positivos da equivalência patrimonial, que aumentam o lucro contábil, podem ser excluídos do lucro líquido na apuração do lucro real do período. Por outro lado, os resultados negativos da equivalência patrimonial, que reduzem o lucro contábil, devem ser adicionados ao lucro líquido para efeito de determinação do lucro real.

Em síntese, a contrapartida do ajuste de equivalência patrimonial pode ser um ganho ou uma perda. Esses ganhos ou perdas são registrados na contabilidade em contas de resultado. No entanto, para fins da tributação, os ganhos não são tributáveis, e as perdas não são dedutíveis. Consequentemente, na determinação do lucro real, os ganhos decorrentes do ajuste de equivalência patrimonial, que aumentam o lucro contábil, podem ser excluídos do lucro líquido; e as perdas, que reduzem o lucro contábil, devem ser adicionadas ao lucro líquido.

36.3. Repercussão tributária do recebimento de lucros ou dividendos pela investidora

Nos termos do art. 10 da Lei nº 9.249, de 1995, os dividendos pagos ou creditados pelas pessoas jurídicas tributadas com base no Lucro Real, Presumido ou Arbitrado, não integram a base de cálculo do imposto de renda do beneficiário, pessoa física ou jurídica, domiciliado no País ou no exterior. Portanto, os dividendos distribuídos pelas pessoas jurídicas sujeitas às regras do Lucro Real, Presumido ou Arbitrado constituem rendimento não tributável.

Conforme vimos no item 29.4.2, rendimentos não tributáveis podem ser excluídos do lucro líquido para fins de determinação do lucro real. No entanto, esse ajuste não deve ser efetuado no caso de dividendos recebidos em razão de investimento em participação societária avaliada pelo método do patrimônio líquido. Isso porque esse específico rendimento não é registrado como receita e, por consequência, não integra o lucro líquido.

De acordo com a própria sistemática do método de equivalência patrimonial, os lucros ou dividendos recebidos pela investidora devem ser registrados diretamente a crédito da conta do ativo "investimentos" da investidora, refletindo a diminuição do valor de patrimônio líquido do investimento (RIR, art. 388, § 1º).

Portanto, como decorrência do próprio método de equivalência patrimonial, lucros ou dividendos recebidos pela investidora não influenciam suas contas de resultado. Por isso mesmo, para fins de apuração do lucro real, nenhum ajuste no lucro líquido se faz necessário.

Acompanhe o seguinte exemplo. Na data da aquisição do investimento em 80% do capital, o Patrimônio Líquido (PL) da investida era de R$ 100 milhões.

Um ano depois, a investida registra lucro de R$ 8 milhões e seu PL passa a perfazer o montante de R$ 108 milhões. Simultaneamente, a investida aprova proposta de distribuição de R$ 2 milhões a título de dividendos, seu PL passa para R$ 106 milhões, e seu passivo aumenta em R$ 2 milhões, efetuando o seguinte lançamento em sua contabilidade:

D: Lucros

C: Dividendos a pagar   2.000.000

Na investidora (com 80% de participação), na data de aquisição o investimento havia sido registrado no ativo não circulante pelo valor de R$ 80 milhões (80% de R$ 100 milhões). O registro inicial do investimento seria o seguinte:

D: Participações societárias

C: Bancos   80.000.000

Um ano depois, para fins de reconhecer a parte que lhe cabe no aumento no PL da investida (80% do lucro de R$ 8 milhões), efetua o seguinte lançamento em sua contabilidade:

D: Participações societárias

C: Resultado positivo da equivalência patrimonial   6.400.000

Com isso, seu investimento passa a ser registrado pelo valor de R$ 86,4 milhões. Mas, em razão da aprovação da distribuição de dividendos, nova equivalência patrimonial revelará que o investimento passou para R$ 84,8 milhões (80% de R$ 106 milhões). Em contrapartida, no ativo, a investidora irá registrar R$ 1,6 milhões na conta dividendos a receber (80% de R$ 2 milhões).

D: Dividendos a receber

C: Participações societárias   1.600.000

Note que no reconhecimento dos dividendos a receber não houve trânsito em resultado, razão pela qual não há que se fazer qualquer ajuste ao lucro líquido. Quando os dividendos forem efetivamente recebidos, os recursos entrarão na conta Bancos em contrapartida da baixa na conta Dividendos a receber, novamente, sem circular por conta de resultado.

36.4. Participação societária adquirida com mais-valia, menos-valia ou ágio por rentabilidade futura

A partir deste ponto, vamos estudar o que, certamente, é o tema mais importante envolvendo os investimentos em participações societárias avaliadas pelo método do patrimônio líquido.

Trata-se do tratamento tributário relativo à mais valia, à menos-valia e ao ágio por rentabilidade futura (*goodwill*), apurados no contexto de aquisição de participações societárias avaliadas pelo método do patrimônio líquido.

A partir deste ponto, vamos analisar os diversos aspectos do tema, conforme as disposições encontradas na Lei nº 12.973, de 2014.

36.4.1. Registro da aquisição do investimento com mais-valia, menos-valia ou ágio por rentabilidade futura

Na aquisição do investimento, a sociedade investidora pode, eventualmente, concordar em pagar um preço maior do que o valor patrimonial da participação societária adquirida. Se essa participação societária for avaliada pelo método de equivalência patrimonial, um dos fatores que explicam esse sobrepreço é o ágio por rentabilidade futura, também denominado *goodwill*.

Além disso, os ativos e passivos envolvidos na transação precisam ser mensurados ao valor justo, para fins de verificar se a transação compreende mais ou menos-valia.

Dessa forma, por ocasião da aquisição da participação avaliada pelo método de equivalência patrimonial, a sociedade investidora deve desdobrar o custo de aquisição. A matéria é objeto do art. 20 do Decreto-Lei nº 1.598, de 1977, que, em razão da alteração promovida pela Lei nº 12.973, de 2014, passou a ser redigido da seguinte forma:

> **Art. 20.** O contribuinte que avaliar investimento pelo valor de patrimônio líquido deverá, por ocasião da aquisição da participação, desdobrar o custo de aquisição em:
>
> I – valor de patrimônio líquido na época da aquisição, determinado de acordo com o disposto no art. 21;
>
> II – mais ou menos-valia, que corresponde à diferença entre o valor justo dos ativos líquidos da investida, na proporção da porcentagem da participação adquirida, e o valor de que trata o inciso I do *caput*; e
>
> III – ágio por rentabilidade futura (goodwill), que corresponde à diferença entre o custo de aquisição do investimento e o somatório dos valores de que tratam os incisos I e II do *caput*.
>
> [...]

Vale ressaltar que a Lei nº 12.973, de 2014, revogou (a partir de 1º de janeiro de 2015) o § 2º do art. 20 do Decreto-Lei nº 1.598, de 1977, que estabelecia os possíveis fundamentos econômicos do ágio ou deságio.

Além disso, perceba que na nova redação do art. 20 do Decreto-Lei nº 1.598, de 1977, não há referência a "deságio". No caso de a aquisição da participação societária ocorrer por valor inferior ao valor justo do acervo líquido, a legislação tributária passou a adotar o termo "ganho proveniente de compra vantajosa", utilizado pela Comissão de Valores Mobiliários (CVM) e pelo CPC, dando-lhe o tratamento que iremos analisar adiante (item 36.6).

Nesse sentido, em conformidade com a nova forma de evidenciação das parcelas do custo de aquisição, o § 5º incluído no art. 20 do Decreto-Lei nº 1.598, de 1977, pela Lei nº 12.973, de 2014, estabelece que a aquisição de participação societária sujeita à avaliação pelo valor do patrimônio líquido exige o reconhecimento e a mensuração, primeiramente, dos ativos identificáveis adquiridos e dos passivos assumidos a valor justo e, posteriormente, do ágio por rentabilidade futura (*goodwill*) ou do ganho proveniente de compra vantajosa.

Essa disposição da legislação tributária apenas tornou expressa a maneira pela qual devem ser determinadas as parcelas do custo de aquisição, de acordo com os novos padrões contábeis. O reconhecimento e a mensuração dos ativos identificáveis adquiridos e dos passivos assumidos a valor justo permite a determinação do chamado "acervo líquido a valor justo", fundamental para determinar se houve mais ou menos-valia na aquisição:

- se o valor do "acervo líquido a valor justo" for maior que o valor do "acervo líquido a valor contábil", há mais-valia na aquisição;
- se o valor do "acervo líquido a valor justo" for menor que o valor do "acervo líquido a valor contábil", há menos-valia na aquisição.

Por sua vez, o ágio por rentabilidade futura (*goodwill*) corresponde à diferença positiva entre o custo de aquisição do investimento e o "acervo líquido a valor justo". Trata-se da parcela do valor total ajustado na transação que supera o montante do acervo líquido mensurado a valor justo.

A título de ilustração, considere que ALFA tenha adquirido 90% do capital de BETA por R$ 130 milhões. Na data da aquisição, se o acervo líquido contábil de Beta encontrava-se registrado ao valor de R$ 100 milhões – representado por ativos de R$ 250 milhões e passivo de R$ 150 milhões –, e o acervo líquido a valor justo era de R$ 120 milhões, a mais-valia e o goodwill são determinados da seguinte forma:

- mais-valia: 90% de (R$ 120 milhões – R$ 100 milhões) = R$ 18 milhões
- goodwill: R$ 130 milhões – (90% de R$ 120 milhões) = R$ 22 milhões

Com base nesses dados, em sua contabilidade, a investidora ALFA deveria registrar sua aquisição da seguinte forma:

D: Investimento em Beta – valor patrimonial	90.000.000
D: Investimento em Beta – mais valia	18.000.000
D: Investimento em Beta – *goodwill*	22.000.000
C: Bancos	130.000.000

36.4.2. Redução da mais ou menos-valia e do *goodwill*

Nos termos da legislação revogada pela Lei nº 12.973, de 2014 (reproduzida no art. 391 do RIR), a contrapartida da amortização do ágio ou deságio, registrada em conta de resultado, não poderia ser computada na determinação do lucro real.

Embora não possamos mais falar em amortização, em essência, o tratamento anterior não foi alterado pela Lei nº 12.973, de 2014, afinal, segundo a nova redação do art. 25 do Decreto-Lei nº 1.598, de 1977, a contrapartida da redução da mais ou menos-valia e do *goodwill*, em razão de sua realização, não pode ser computada na determinação do lucro real.

Disposição semelhante encontra-se no art. 28 da Lei nº 12.973, de 2014, que trata genericamente do *goodwill*, estabelecendo que a contrapartida de sua redução, inclusive mediante redução ao valor recuperável, não pode ser computada na determinação do lucro real.

Em outras palavras, como regra, a contrapartida da redução de mais-valia ou *goodwill* é indedutível, e a contrapartida da redução de menos-valia não é tributável. Consequentemente, para fins de determinação do lucro real, a contrapartida da redução da mais-valia e do *goodwill* deve ser adicionada ao lucro líquido na apuração do lucro real do período, e a contrapartida da redução da menos-valia pode ser excluída.

No entanto, para efeito de determinação do ganho ou perda de capital na alienação ou liquidação do investimento (tema do item 37.7.2), deve ser mantido na Escrituração Contábil Fiscal (ECF) o controle dos valores referentes à realização da mais ou menos-valia e do *goodwill*.

36.4.3. Ajuste decorrente de avaliação a valor justo na investida

A Lei nº 12.973, de 2014, incluiu dois novos artigos no Decreto-Lei nº 1.598, de 1977, dispondo sobre os efeitos, na investidora, decorrentes de ajuste a valor justo na investida. Trata-se dos arts. 24-A e art. 24-B, que dispõem, respectivamente, sobre o ajuste positivo e o ajuste negativo decorrentes de avaliação a valor justo efetuada na investida.

a. Ajuste positivo no valor da participação societária em razão de avaliação a valor justo na investida

No caso de ajuste positivo na participação societária avaliada pelo método do patrimônio líquido, decorrente de mensuração pelo valor justo de ativo ou passivo da investida, o novo art. 24-A do Decreto-Lei nº 1.598, de 1977, estabelece que a contrapartida ocorre mediante baixa do saldo da respectiva mais-valia registrada na investidora.

Em outras palavras, quando o patrimônio líquido da investida aumentar em razão de avaliação a valor justo de seu acervo líquido, o dispositivo determina que o aumento no valor da participação societária, registrado no ativo da investidora, tenha como contrapartida a redução no saldo da conta de mais--valia associada a esse mesmo investimento. Aproveitando o exemplo do item 36.4.1, se o PL de BETA aumentasse R$ 3 milhões em razão de avaliação a valor justo de seu acervo líquido, ALFA deveria reconhecer o aumento de seu investimento na parte que lhe cabe, ou seja, no montante de R$ 2,7 milhões (90%), mediante o seguinte lançamento contábil:

D: Investimento em Beta – valor patrimonial

C: Investimento em Beta – mais valia 2.700.000

Perceba que, nesse caso, não há conta de resultado envolvida, de modo que não há repercussão sobre o lucro líquido e, portanto, não há que se falar em ajuste para fins de determinação do lucro real.

Seguindo adiante no regramento da matéria, o § 1º do mesmo artigo dispõe sobre a hipótese de a avaliação a valor justo na investida corresponder a bens diferentes daqueles que originaram o valor registrado como mais-valia na investidora, ou de a avaliação resultar em valor superior àquele registrado como mais-valia na investidora.

No caso de o aumento na participação da investidora decorrer de avaliação a valor justo dos mesmos bens que originaram o valor registrado como mais-valia na investidora, só que em valor superior àquele que havia sido inicialmente registrado, o § 1º determina que o excesso seja tributado. Mais uma vez aproveitando o exemplo do item 36.4.1, suponha que a mensuração a valor justo sobre os mesmos bens que justificaram a mais-valia registrada por ALFA tenha aumentado o PL de BETA em R$ 25 milhões. Nesse caso, ALFA precisa promover um ajuste de R$ 22,5 milhões no registro de seu investimento em BETA. Como já havia registrado R$ 18 milhões a título de mais-valia, esse valor será transferido para a conta que registra o valor patrimonial do investimento, e o excesso de R$ 4,5 milhões será tributado:

D: Investimento em Beta – valor patrimonial 22.500.000

C: Investimento em Beta – mais valia 18.000.000

C: Ajuste positivo por AVJ em BETA 4.500.000

Note que os R$ 4,5 milhões que serão tributados correspondem a 90% de R$ 5 milhões, que é o excesso da avaliação a valor justo do acervo líquido de BETA, em relação ao que havia sido apurado na data da aquisição (os R$ 20 milhões referidos no item 36.4.1).

Por fim, no caso de o aumento decorrer de avaliação a valor justo de bens diferentes daqueles que originaram o valor registrado como mais-valia na investidora, o § 1º determina que o aumento na investidora seja tributado, salvo se ela evidenciar esse aumento, contabilmente, em subconta vinculada à participação societária, com discriminação do bem, do direito ou da obrigação da investida objeto de avaliação com base no valor justo, em condições de permitir a determinação da parcela realizada, liquidada ou baixada em cada período.

Essa nova regra pode parecer complicada, mas, na verdade, ela não guarda qualquer dificuldade. A questão se concentra na conta que será creditada em contrapartida ao aumento (a débito) no valor patrimonial do investimento. Se essa contrapartida for registrada em conta de resultado, será tributada. Para não ser tributada, a investidora deve registrar essa contrapartida em subconta do ativo, vinculada à participação societária, com discriminação do bem, do direito ou da obrigação da investida, que foi objeto de avaliação com base no valor justo.

b. Ajuste negativo no valor da participação societária em razão de avaliação a valor justo na investida

Analogamente, o novo art. 24-B do Decreto-Lei nº 1.598, de 1977, estabelece o tratamento para a contrapartida da redução na participação societária mensurada pelo método do patrimônio líquido, quando decorrente de avaliação a valor justo efetuada na investida. Nesse caso, o dispositivo determina a baixa do valor registrado a título de menos-valia à época da aquisição do investimento, mediante o seguinte lançamento contábil:

D: Investimento em participações societárias – menos valia

C: Investimento em participações societárias – valor patrimonial

No entanto, na hipótese de a avaliação a valor justo corresponder a bens diferentes daqueles que originaram o valor registrado como menos-valia, ou de a avaliação resultar em valor inferior àquele registrado, o § 1º determina que a perda não seja computada no lucro real, devendo ser registrada contabilmente em subconta vinculada à participação societária. O dispositivo ainda estabelece que a perda registrada na forma acima descrita pode ser computada na determinação do lucro real do período de apuração em que o contribuinte alienar ou liquidar o investimento, reduzindo o ganho de capital, ou ampliando eventual perda, conforme o caso.

36.5. Tratamento da mais ou menos-valia e do *goodwill* no caso de incorporação, fusão ou cisão

Até este ponto, vimos como a legislação tributária disciplinou o registro da aquisição com apuração de mais ou menos-valia e *goodwill*, bem como o ajuste em razão de avaliação a valor justo na investida.

Neste item, vamos analisar as consequências tributárias da ocorrência de eventos de incorporação, fusão ou cisão envolvendo a sociedade investidora e sua investida, na qual detinha participação adquirida com mais-valia, menos-valia ou *goodwill*.

Desse modo, a pergunta que se coloca é a seguinte: o que acontece se a investidora absorver, no todo ou em parte, o patrimônio da investida, na qual tinha participação societária adquirida com mais ou menos-valia e *goodwill*? Em outras palavras, o que deve ser feito com a mais ou menos-valia e o *goodwill* no caso em que deixar de existir a participação societária à qual se referem?

36.5.1. Tratamento da mais-valia no caso de incorporação, fusão ou cisão

O art. 20 da Lei nº 12.973, de 2014, dispõe sobre o tratamento tributário a ser dado à mais-valia registrada pela investidora, na hipótese de incorporação, fusão ou cisão envolvendo sua investida. É a seguinte a redação do novo dispositivo:

> **Art. 20.** Nos casos de incorporação, fusão ou cisão, o saldo existente na contabilidade, na data da aquisição da participação societária, referente à mais-valia de que trata o inciso II do *caput* do art. 20 do Decreto-Lei nº 1.598, de 1977, decorrente da aquisição de participação societária entre partes não dependentes, poderá ser considerado como integrante do custo do bem ou direito que lhe deu causa para efeito de determinação de ganho ou perda de capital e do cômputo da depreciação, amortização ou exaustão.
>
> [...]

Conforme se infere do dispositivo acima, considerando que o bem ou direito que deu causa ao registro da mais-valia seja absorvido pela sucessora, o valor da mais-valia pode ser integrado ao custo do respectivo bem ou direito, desde que a aquisição da participação societária tenha ocorrido entre partes não dependentes.

De acordo com o art. 25, considera-se que as partes são dependentes quando:

- o adquirente e o alienante são controlados, direta ou indiretamente, pela mesma parte ou partes;

- existir relação de controle entre o adquirente e o alienante;
- o alienante for sócio, titular, conselheiro ou administrador da pessoa jurídica adquirente;
- o alienante for parente ou afim até o terceiro grau, cônjuge ou companheiro de sócio, titular, conselheiro ou administrador da pessoa jurídica adquirente; ou
- em decorrência de outras relações não descritas acima, que permitam inferir dependência entre as pessoas jurídicas envolvidas, ainda que de forma indireta (hipótese residual, bem abrangente).

Voltando ao tratamento estabelecido pela Lei nº 12.973, de 2014, perceba que, com a incorporação da mais-valia, o custo do bem ou direito sofre um aumento:

D: Bem ou direito (ativo não circulante)

C: Mais-valia na aquisição de participação societária

Como consequência do aumento do custo do bem ou direito, eventual ganho de capital em futura alienação será reduzido ou, se for o caso, a eventual perda restará ampliada.

Da mesma forma, a incorporação da mais-valia ao custo do bem ou direito provoca um aumento no montante dos encargos de depreciação, amortização ou exaustão. No entanto, é importante observar que a dedutibilidade da despesa de depreciação, amortização ou exaustão somente pode se referir a bens intrinsecamente relacionados com a produção ou comercialização dos bens e serviços.

Por outro lado, de acordo com o § 1º do art. 20 da Lei nº 12.973, de 2014, se o bem ou direito que deu causa à mais-valia não for transferido para o patrimônio da sucessora, para efeitos de apuração do lucro real, a sucessora poderá deduzir o saldo da mais-valia em quotas fixas mensais, no prazo mínimo de cinco anos contados da data do evento. Neste ponto, note que há a definição do valor máximo de uma despesa dedutível na apuração do lucro real.

Também é importante destacar que, nos termos do art. 24 da Lei nº 12.973, de 2014, esse tratamento se aplica, inclusive, quando a empresa incorporada, fusionada ou cindida for aquela que detinha a propriedade da participação societária, por exemplo, quando a investidora é incorporada pela investida, na chamada "incorporação às avessas".

Por fim, a Lei nº 12.973, de 2014, estabeleceu que a sucessora não pode utilizar esse tratamento quando:
- não for elaborado, e tempestivamente protocolado ou registrado, laudo de avaliação utilizado na aquisição da participação societária; ou

- os valores que compõem o saldo da mais-valia não puderem ser identificados, por conta da inobservância do dever de escriturá-la em subconta distinta.

36.5.2. Tratamento da menos-valia no caso de incorporação, fusão ou cisão

O art. 21 da Lei nº 12.973, de 2014, dispõe sobre o tratamento tributário a ser dado à menos-valia registrada pela investidora, na hipótese de incorporação, fusão ou cisão envolvendo sua investida. É a seguinte a redação do novo dispositivo:

> **Art. 21.** Nos casos de incorporação, fusão ou cisão, o saldo existente na contabilidade, na data da aquisição da participação societária, referente à menos-valia de que trata o inciso II do *caput* do art. 20 do Decreto-Lei nº 1.598, de 1977, deverá ser considerado como integrante do custo do bem ou direito que lhe deu causa para efeito de determinação de ganho ou perda de capital e do cômputo da depreciação, amortização ou exaustão.
>
> [...]

A partir do dispositivo acima reproduzido, pode-se concluir que, caso o bem ou direito que tenha dado causa ao registro da menos-valia seja absorvido pela sucessora, o valor da menos-valia deve ser integrado ao custo do respectivo bem ou direito. Com a incorporação da menos-valia, o custo do bem ou direito sofre uma redução:

D: Menos-valia na aquisição de participação societária

C: Bem ou direito (ativo não circulante)

Como consequência da redução do custo do bem ou direito, eventual ganho de capital em futura alienação será aumentado ou, se for o caso, a perda restará diminuída.

Da mesma forma, a incorporação da menos-valia ao custo do bem ou direito provoca uma redução no montante dos encargos de depreciação, amortização ou exaustão.

Por outro lado, se o bem ou direito que deu causa à menos-valia não for transferido para o patrimônio da sucessora, para efeitos de apuração do lucro real ela pode diferir o reconhecimento da referida importância, oferecendo à tributação quotas fixas mensais no prazo máximo de cinco anos contados da data do evento. Neste ponto, note que há a definição do valor mínimo de uma receita tributável na apuração do lucro real.

Caso a sucessora realize os bens (por exemplo, pela alienação) antes de decorridos os cinco anos, o saldo remanescente da menos-valia deve ser considerado no custo do respectivo bem, na hipótese em que:

- não for elaborado, e tempestivamente protocolado ou registrado, laudo de avaliação utilizado na aquisição da participação societária; ou
- os valores que compõem o saldo da menos-valia não puderem ser identificados, por conta da inobservância do dever de escriturá-la em subconta distinta.

E mais uma vez, nos termos do art. 24 da Lei nº 12.973, de 2014, esse tratamento se aplica, inclusive, quando a empresa incorporada, fusionada ou cindida for a sociedade que detinha a propriedade da participação societária.

36.5.3. Tratamento do *goodwill* no caso de incorporação, fusão ou cisão

O art. 22 da Lei nº 12.973, de 2014, dispõe sobre o tratamento tributário a ser dado ágio por rentabilidade futura (*goodwill*) registrado pela investidora, quando decorrente da aquisição de participação societária entre partes não dependentes, na hipótese de incorporação, fusão ou cisão envolvendo sua investida. É a seguinte a redação do novo dispositivo:

> **Art. 22.** A pessoa jurídica que absorver patrimônio de outra, em virtude de incorporação, fusão ou cisão, na qual detinha participação societária adquirida com ágio por rentabilidade futura (*goodwill*) decorrente da aquisição de participação societária entre partes não dependentes, apurado segundo o disposto no inciso III do *caput* do art. 20 do Decreto-Lei nº 1.598, de 1977, poderá excluir para fins de apuração do lucro real dos períodos de apuração subsequentes o saldo do referido ágio existente na contabilidade na data da aquisição da participação societária, à razão de um sessenta avos, no máximo, para cada mês do período de apuração.
>
> [...]

Como se nota, havendo incorporação, fusão ou cisão de participação societária adquirida com *goodwill* envolvendo partes não dependentes, o valor do referido ágio, registrado na data de aquisição, pode ser excluído na apuração do lucro real à razão de um sessenta avos, no máximo, para cada mês do período de apuração. Ou seja, a sucessora pode se aproveitar dessa exclusão em prazo mínimo de cinco anos.

Mas vale ressaltar que a sucessora não pode utilizar esse tratamento quando:

- o laudo de avaliação utilizado na aquisição da participação societária não for elaborado e tempestivamente protocolado ou registrado; ou

- os valores que compõem o saldo da mais-valia não puderem ser identificados, por conta da inobservância do dever de escriturá-la em subconta distinta.

Novamente, nos termos do art. 24 da Lei nº 12.973, de 2014, esse tratamento se aplica, inclusive, quando a empresa incorporada, fusionada ou cindida for a sociedade que detinha a propriedade da participação societária.

E aqui também se aplica o conceito de partes dependentes, previsto no art. 25 da Lei, quando:

- o adquirente e o alienante são controlados, direta ou indiretamente, pela mesma parte ou partes;
- existir relação de controle entre o adquirente e o alienante;
- o alienante seja sócio, titular, conselheiro ou administrador da pessoa jurídica adquirente;
- o alienante seja parente ou afim até o terceiro grau, cônjuge ou companheiro de sócio, titular, conselheiro ou administrador da pessoa jurídica adquirente; ou
- em decorrência de outras relações não descritas acima, que permitam inferir dependência entre as pessoas jurídicas envolvidas, ainda que de forma indireta.

A vedação ao aproveitamento fiscal da mais-valia (item 36.5.1) e do *goodwill* quando gerados em operações envolvendo partes dependentes impede a colocação em prática de estratégias envolvendo reorganizações societárias que geram ágio intragrupo, sem substância econômica e apenas com o fim de redução dos tributos devidos. A convicção acerca da contrariedade que essas operações representam ao interesse público foi a motivação para o veto presidencial ao art. 12 da Lei nº 13.097, de 19 de janeiro de 2015, em que se pretendia eliminar essa vedação.

36.6. Ganho proveniente de compra vantajosa

O ganho proveniente de compra vantajosa se verifica na combinação de negócios em que o valor do acervo líquido adquirido, avaliado a valor justo, é superior ao valor da contraprestação transferida. Em essência, trata-se de um deságio, um ganho para o adquirente, que deve ser contabilizado como receita na data de aquisição.

A Lei nº 12.973, de 2014, estabelece o tratamento tributário a ser dado ao ganho proveniente de compra vantajosa originado em duas diferentes situações:

- na aquisição de participação societária avaliada pelo MEP (art. 27, parágrafo único); e
- nas demais hipóteses de combinação de negócios (art. 27, *caput*).

36.6.1. Tratamento do ganho proveniente de compra vantajosa originado na aquisição de participação societária avaliada pelo MEP

O novo § 6º do art. 20 do Decreto-Lei nº 1.598, de 1977, inserido pela Lei nº 12.973, de 2014, refere-se à aquisição de participação societária avaliada pelo valor de patrimônio líquido. Nesse contexto, o dispositivo estabelece que eventual ganho proveniente de compra vantajosa, correspondente ao excesso do valor justo dos ativos líquidos da investida, em relação ao custo de aquisição do investimento, na proporção da participação adquirida, deve ser computado na determinação do lucro real apenas no período de apuração da alienação ou baixa do investimento.

Trata-se, portanto, de uma hipótese de diferimento da tributação para o momento em que ocorrer a liquidação ou baixa do investimento. Em decorrência dessa previsão, o ganho decorrente de compra vantajosa que for contabilizado na data de aquisição poderá ser excluído na apuração do lucro real do respectivo período, para ser posteriormente adicionado ao lucro líquido do período em que ocorrer a alienação ou baixa do investimento.

No entanto, se antes da alienação ou baixa do investimento ocorrer um evento de incorporação, fusão ou cisão do patrimônio de sociedade avaliada pelo MEP adquirida com ganho decorrente de compra vantajosa, o art. 23 da lei estabelece o seguinte tratamento:

> **Art. 23.** A pessoa jurídica que absorver patrimônio de outra, em virtude de incorporação, fusão ou cisão, na qual detinha participação societária adquirida com ganho proveniente de compra vantajosa, conforme definido no § 6º do art. 20 do Decreto-Lei nº 1.598, de 26 de dezembro de 1977, deverá computar o referido ganho na determinação do lucro real dos períodos de apuração subsequentes à data do evento, à razão de 1/60 (um sessenta avos), no mínimo, para cada mês do período de apuração.

Mais uma vez, temos um tratamento semelhante ao que previa a legislação revogada pela Lei nº 12.973, de 2014.

Perceba que, diferentemente do que ocorre na hipótese de alienação do investimento (em que o ganho da compra vantajosa é tributado de uma vez), havendo incorporação, fusão ou cisão, a sucessora deve oferecer o referido ganho paulatinamente, no máximo em cinco anos.

Novamente, nos termos do art. 24 da Lei nº 12.973, de 2014, esse tratamento se aplica, inclusive, quando a empresa incorporada, fusionada ou cindida for aquela que detinha a propriedade da participação societária.

36.6.2. Tratamento do ganho proveniente de compra vantajosa originado nos demais casos de combinação de negócios

O Pronunciamento Técnico CPC nº 15 define a combinação de negócios como sendo uma operação ou outro evento em que o adquirente obtém o controle de um ou mais negócios. Envolve outros casos além da aquisição de participação societária, que foi tratada de maneira especial pela legislação tributária.

Conforme vimos no item anterior, na hipótese em que o ganho proveniente de compra vantajosa se origina em aquisição de participação societária sujeita à avaliação pelo valor de patrimônio líquido, encontra-se autorizado o diferimento da tributação do ganho para o momento em que ocorrer a alienação da participação societária. Vimos também que, na hipótese de incorporação, fusão ou cisão do patrimônio, o art. 23 da Lei nº 12.973, de 2014, estabelece que a sucessora deve oferecer o ganho à tributação, no mínimo, à razão de um sessenta avos ao mês.

Em referência a outras hipóteses de combinação de negócios, o *caput* do art. 27 da Lei nº 12.973, de 2014, estabelece o mesmo tratamento tributário previsto pelo art. 23 da lei, qual seja, a tributação do ganho em quotas mensais, no prazo máximo de cinco anos contados da data do evento.

Por fim, note que no art. 27 da lei, em vez de "custo de aquisição do investimento" (utilizado no novo § 6º do art. 20 do Decreto-Lei nº 1.598, de 1977), teve-se o cuidado de utilizar o termo "contraprestação transferida", marcando bem as diferentes hipóteses em que pode se verificar o ganho por compra vantajosa.

36.7. Aquisição de participações societárias em estágios

Os arts. 37, 38 e 39 da Lei nº 12.973, de 2014, estabelecem o tratamento tributário a ser observado nos casos de aquisição de participações societárias em estágios, da seguinte forma:
- o art. 37 dispõe sobre a aquisição de controle de outra empresa na qual se detinha participação societária anterior;

- o art. 38 complementa o artigo anterior para o caso de posteriormente ocorrer incorporação, fusão ou cisão; e
- o art. 37 trata de incorporações, fusões ou cisões de empresa não controlada na qual se detinha participação societária anterior.

36.7.1. Efeitos tributários da aquisição de controle de empresa na qual se detinha participação societária anterior

O art. 37 da Lei nº 12.973, de 2014, refere-se ao caso em que uma sociedade investidora adquire o controle de uma sociedade investida na qual já possuía participação societária anteriormente, sem controlá-la.

Nessa hipótese, de acordo com o Pronunciamento Técnico CPC nº 15, a participação anterior deve ser avaliada a valor justo na data da aquisição do controle, e reconhecer o ganho ou perda no resultado do período. Em relação a esse resultado, o art. 37 da Lei nº 12.973, de 2014, dispõe o seguinte:

- pode ser diferida a tributação do ganho decorrente de avaliação da participação societária anterior com base no valor justo, apurado na data da aquisição do controle, devendo ser reconhecido para fins de apuração do lucro real quando da alienação ou baixa do investimento;
- da mesma forma, a perda relacionada à avaliação da participação societária anterior com base no valor justo, apurada na data da aquisição do controle, somente pode ser considerada na apuração do lucro real no momento da alienação ou baixa do investimento; e
- também pode ser diferida a tributação do ganho decorrente do excesso do valor justo dos ativos líquidos da investida, na proporção da participação anterior, em relação ao valor dessa participação avaliada a valor justo, devendo reconhecido para fins de apuração do lucro real no momento da alienação ou baixa do investimento.

Em qualquer uma das hipóteses acima, a pessoa jurídica deve manter controle dos valores no e-Lalur, que somente serão baixados quando do cômputo do ganho ou perda na apuração do lucro real.

Além disso, devem ser contabilizadas em subcontas distintas:

- a mais ou menos-valia e o *goodwill* existentes antes da aquisição do controle; e
- as variações (computadas em decorrência da aquisição do controle) nos valores da mais ou menos-valia e do *goodwill* existentes antes da nova aquisição.

Vale ainda ressaltar que, na hipótese em que a nova aquisição também der origem a mais ou menos-valia ou *goodwill*, esses valores se sujeitam ao mesmo tratamento dado a essas parcelas, analisado no item 36.5.

36.7.2. Efeitos tributários decorrentes de incorporação, fusão ou cisão de empresa controlada adquirida em estágios

O art. 38 da Lei nº 12.973, de 2014, complementa o disposto no artigo anterior, disciplinando os reflexos tributários provocados pela posterior incorporação, fusão ou cisão. Nessa hipótese:

- deve ocorrer a baixa dos ganhos ou perdas controlados no e-Lalur (art. 37), decorrentes da avaliação da participação societária anterior com base no valor justo na data da nova aquisição, sem qualquer efeito na apuração do lucro real;
- na apuração do lucro real, não pode ser considerada a variação da mais ou menos-valia existente antes da aquisição do controle (art. 37) e que, em decorrência da incorporação, fusão ou cisão, venha a ser:
  - ✓ considerada contabilmente no custo do ativo ou no valor do passivo que lhe deu causa; ou
  - ✓ baixada, na hipótese de o ativo ou o passivo que lhe deu causa não integrar o patrimônio da sucessora; e
- na apuração do lucro real, não pode ser excluída a variação do *goodwill* existente antes da aquisição do controle (art. 37).

Portanto, em poucas palavras, o art. 38 da Lei nº 12.973, de 2014, permite a baixa dos ganhos ou perdas controlados no livro fiscal, decorrentes da avaliação da participação societária anterior com base no valor justo na data da aquisição do controle, sem qualquer efeito na apuração do lucro real. Por outro lado, veda que o contribuinte possa se beneficiar das variações no valor da mais ou menos-valia ocasionados pela avaliação a valor justo da participação societária anterior numa operação de aquisição realizada em estágios.

Por fim, cabe mencionar que ao saldo existente na contabilidade, na data do evento de incorporação, fusão ou cisão, referente à mais ou menos-valia e ao *goodwill* (e não às suas variações), aplica-se o mesmo tratamento previsto nos arts. 20 a 22 da Lei nº 12.973, de 2014.

36.7.3. Efeitos tributários decorrentes de incorporação, fusão ou cisão de empresa não controlada na qual se detinha participação societária anterior

Nos termos do art. 39 da Lei nº 12.973, de 2014, as incorporações, fusões ou cisões de empresa não controlada na qual se detinha participação societária anterior, que não se enquadrem nas situações previstas nos arts. 37 e 38, não produzem efeito na apuração do lucro real:

- o ganho ou perda decorrente de avaliação da participação societária anterior com base no valor justo, apurado na data do evento de incorporação, fusão ou cisão; e
- o ganho decorrente do excesso do valor justo dos ativos líquidos da investida, na proporção da participação anterior, em relação ao valor dessa participação avaliada a valor justo.

Na sucessora, devem ser contabilizadas em subcontas distintas:

- a mais ou menos-valia e o *goodwill* existentes antes da incorporação, fusão ou cisão; e
- as variações produzidas pela incorporação, fusão ou cisão, nos valores da mais ou menos-valia e do *goodwill* existentes antes do referido evento.

Em relação à mais ou menos-valia e ao *goodwill* existentes antes do evento de incorporação, fusão ou cisão, aplica-se o disposto nos arts. 20 a 22 da Lei nº 12.973, de 2014.

Por outro lado, em relação às variações produzidas pela incorporação, fusão ou cisão, nos valores da mais ou menos-valia e do *goodwill* existentes antes do evento, o art. 39 da Lei nº 12.973, de 2014, estabelece tratamento semelhante ao previsto no artigo anterior. Nesse sentido, na apuração do lucro real:

- não deve ser computada a variação da mais ou menos-valia existente antes da incorporação, fusão ou cisão, e que venha a ser:
    - ✓ considerada contabilmente no custo do ativo ou no valor do passivo que lhe deu causa; ou
    - ✓ baixada, na hipótese de o ativo ou o passivo que lhe deu causa não integrar o patrimônio da sucessora; e
- não pode ser excluída a variação do *goodwill* existente antes da incorporação, fusão ou cisão.

Capítulo 37
Ganhos de Capital

Os ganhos de capital constituem o objeto dos arts. 418 a 433 do RIR. Mas aqui também há que se considerar as alterações promovidas pela Lei nº 12.973, de 2014.

Quanto ao tema, a legislação estabelece que os resultados na alienação de bens do ativo não circulante devem ser classificados como ganhos ou perdas de capital, e computados na determinação do lucro real.

O ganho ou a perda de capital corresponde à diferença verificada entre o valor da alienação e o respectivo valor contábil. Por sua vez, o valor contábil corresponde ao valor que estiver registrado na escrituração do contribuinte, diminuído, quando for o caso, da depreciação, amortização ou exaustão acumulada e das perdas estimadas no valor de ativos.

Para esse efeito, é irrelevante se a alienação ocorreu por conta de liquidação, ou como consequência de desapropriação[5].

Além disso, é importante registrar que esse tratamento se aplica não só nos casos de alienação, mas também de baixa por perecimento, extinção, desgaste, obsolescência ou exaustão.

Como regra, os ganhos de capital, apurados por empresas tributadas pelo Lucro Real são tributáveis, e as perdas são dedutíveis.

Por outro lado, no caso de empresas tributadas segundo as regras do Lucro Presumido ou Arbitrado, os ganhos de capital são tributáveis, mas não há previsão de dedutibilidade em relação às perdas.

No entanto, cabe alertar que nada disso se aplica ao ganho de capital definido no contexto do RERCT, analisado no item 15.1, aplicável também às pessoas jurídicas que tenham aderido ao referido Regime Especial.

37.1. Influência da depreciação acelerada incentivada no cálculo do ganho de capital

O § 2º do art. 418 do RIR estabelece que "o saldo das quotas de depreciação acelerada incentivada, registradas no Lalur, será adicionado ao lucro líquido do período de apuração em que ocorrer a baixa". Em outras palavras, a legislação tributária determina que o valor do saldo das quotas de depreciação acelerada incentivada seja oferecido à tributação.

---

[5] É importante observar que, ao julgar o REsp nº 1.116.460, abrangido pela sistemática de recursos repetitivos, o STJ entendeu que a indenização decorrente de desapropriação não encerra ganho de capital, tendo-se em vista que a propriedade é transferida ao Poder Público por valor justo e determinado pela Justiça a título de indenização, não ensejando lucro, mas mera reposição do valor do bem expropriado. Dessa forma, foi afastada a incidência do Imposto de Renda sobre as verbas auferidas a título de indenização advinda de desapropriação, seja por utilidade pública ou por interesse social.
Em razão do disposto no art. 19 da Lei nº 10.522, de 2002, na Portaria Conjunta PGFN/RFB nº 1, de 2014, e na Nota PGFN/CRJ nº 1.114, de 2012, a Secretaria da Receita Federal do Brasil (RFB) encontra-se vinculada ao referido entendimento.

Para entender a razão desse dispositivo, é preciso conhecer o funcionamento da depreciação acelerada incentivada.

Em primeiro lugar, é preciso ressaltar que a depreciação acelerada incentivada não se confunde com a depreciação acelerada contábil decorrente da utilização do bem em mais de um turno de trabalho (item 30.3). Como o próprio nome deixa claro, depreciação acelerada incentivada constitui um benefício fiscal, objeto dos arts. 313 e seguintes do RIR.

E em que consiste esse incentivo? Consiste na antecipação do prazo de depreciação de bens do imobilizado beneficiados pelo incentivo. Apenas isso. O limite para depreciação dos bens (cuja contrapartida constitui uma despesa operacional que reduz o lucro real) continua sendo o valor do custo de aquisição. Ou seja, em poucas palavras podemos concluir que o benefício não atribui despesa excedente; na verdade, apenas antecipa despesa.

E como se materializa esse incentivo? É simples. A depreciação normal, efetuada dentro dos limites legais, é computada pela contabilidade na apuração do lucro líquido do exercício, razão pela qual não demanda qualquer ajuste para fins de cálculo do lucro real. Mas, em certos casos, a legislação tributária, com o fim de incentivar a implantação, renovação ou modernização de instalações produtivas e equipamentos, permite que a cada período de apuração uma quota de depreciação acelerada seja excluída do lucro líquido na apuração do lucro real do período, devendo ser mantido o controle dos valores excluídos na Escrituração Contábil Fiscal (ECF), para futura adição.

Portanto, para os efeitos da tributação, com a depreciação acelerada incentivada, o bem é integralmente depreciado antes do prazo em que a contabilidade alcança o mesmo resultado.

No entanto, considerando que a depreciação acumulada (incluindo a contábil e a acelerada) não pode ultrapassar o valor do custo de aquisição do bem, a partir do período de apuração em que esse limite for atingido, o valor da depreciação contábil (que continua sendo registrado na escrituração comercial) deve ser adicionado ao lucro líquido, com o objetivo de anular o efeito de dedução produzido pelo registro da depreciação contábil.

Acompanhe o seguinte exemplo de um bem com custo de aquisição de R$ 120 mil, depreciação contábil de 10 anos e benefício fiscal de depreciação acelerada na metade do tempo:

PA	CONTABILIDADE		APURAÇÃO DO LUCRO REAL			
	Depreciação	Total	Depreciação contábil *	Exclusão	Adição	Total
Ano 1	(12.000)	(12.000)	(12.000)	(12.000)		**(24.000)**
Ano 2	(12.000)	(12.000)	(12.000)	(12.000)		**(24.000)**
Ano 3	(12.000)	(12.000)	(12.000)	(12.000)		**(24.000)**
Ano 4	(12.000)	(12.000)	(12.000)	(12.000)		**(24.000)**

Ano 5	(12.000)	(12.000)	(12.000)	(12.000)		(24.000)
Ano 6	(12.000)	(12.000)	(12.000)		12.000	0
Ano 7	(12.000)	(12.000)	(12.000)		12.000	0
Ano 8	(12.000)	(12.000)	(12.000)		12.000	0
Ano 9	(12.000)	(12.000)	(12.000)		12.000	0
Ano 10	(12.000)	(12.000)	(12.000)		12.000	0
Total	(120.000)	(120.000)	(120.000)	(60.000)	60.000	(120.000)

* Valor da depreciação computada no lucro líquido.

Primeiramente, note como se operacionaliza o benefício, mediante exclusão de uma parcela extra de depreciação na apuração do lucro real do período, em igual valor para efeito de acelerar a depreciação para metade do tempo. Nesse sentido, perceba como o valor da depreciação contábil total (R$ 120 mil), realizada em 10 anos, coincide com o valor da depreciação acelerada que em 5 anos reduziu o lucro real (= 5 x R$ 24 mil).

Por isso mesmo, na apuração do lucro real para evitar que, a qualquer tempo, a depreciação acumulada supere o custo de aquisição do bem, os valores excluídos entre os anos 1 a 5, começaram a ser adicionados a partir do 6º ano. Em outras palavras, como até o 5º ano o custo de aquisição do bem, no valor de R$ 120 mil, já teria sido totalmente utilizado para reduzir a base de cálculo do imposto, a partir do 6º ano as adições anulam o efeito da depreciação contábil, que continua à taxa normal de 10% ao ano até o 10º ano.

Chegamos, enfim, ao ponto que interessa no presente momento, de estudo do ganho de capital. A pergunta é: o que aconteceria se ao final do 8º ano o bem fosse alienado por R$ 44 mil?

Nesse momento, considerando que seu valor contábil seria de R$ 24 mil (custo de aquisição de R$ 120 mil, menos a depreciação – contábil – acumulada de R$ 96 mil), a contabilidade registraria um ganho de capital de R$ 20 mil (= R$ 44 mil – R$ 24 mil). Esse ganho de capital integraria o lucro líquido contábil e seria tributado normalmente.

No entanto, nesse caso, sob a ótica da tributação, o imposto deve incidir sobre todo o valor da alienação (os R$ 44 mil), haja vista que, por conta da depreciação acelerada incentivada, o custo de aquisição do bem (R$ 120 mil) já havia sido integralmente utilizado para reduzir o lucro real de anos anteriores. Por isso mesmo, para recompor o valor tributável na apuração do lucro real, as duas quotas de depreciação acelerada registradas no controle mantido na Escrituração Contábil Fiscal (ECF), que seriam adicionadas nos anos 9 e 10 (no valor total de R$ 24 mil), devem ser adicionadas ao lucro líquido do ano 8, período em que ocorreu a alienação do bem. Essa é a razão de ser do § 2º do art. 418 do RIR.

Antes de encerrar este item, é oportuno destacar que, de acordo com o § 6º do art. 31 do Decreto-Lei nº 1.598, de 1977, inserido pela Lei nº 12.973, de 2014, o saldo controlado no e-Lalur de depreciação excluída na apuração do lucro real de período anterior deve ser adicionado ao lucro líquido no período em que o respectivo bem for alienado ou baixado. Trata-se de dispositivo que complementa o tratamento previsto no § 15 do art. 57 da Lei nº 4.506, de 1964, também incluído pela Lei nº 12.973, de 2014, referente à hipótese em que o contribuinte apropria na contabilidade taxa de depreciação menor do que a máxima aceita pela Receita Federal, conforme vimos no item 30.3.

37.2. Devolução de capital em bens ou direitos

No art. 419, o RIR estabelece que os bens e direitos do ativo da pessoa jurídica, transferidos a titular, sócio ou acionista, a título de devolução de sua participação no capital social, podem ser avaliados pelo valor contábil ou de mercado.

No caso de a devolução ser realizada pelo valor de mercado, a diferença em relação ao valor contábil dos bens ou direitos transferidos, quando positiva, é considerada ganho de capital da pessoa jurídica.

Nos termos do § 1º do art. 22 da Lei nº 9.249 de 1995, o referido ganho de capital deve ser tributado na pessoa jurídica, independentemente do regime de apuração da base de cálculo do imposto (Lucro Real, Presumido ou Arbitrado).

Basicamente, esse dispositivo estabelece que, na devolução de capital em bens e direitos, eventual ganho de capital deve ser tributado na pessoa jurídica, e não na pessoa, física ou jurídica, do titular, sócio ou acionista. Nesse sentido, encontra-se em harmonia com o inciso XLVI do art. 39, que estabelece que o ganho não integra a base de cálculo do IRPF (item 10.12).

Por fim, muito embora a legislação não utilize a denominação "ganho de capital", há que se fazer referência à devolução de patrimônio de entidade isenta a pessoa jurídica. Para esses casos, é a seguinte a disciplina do Regulamento:

> **Art. 239.** A diferença entre o valor em dinheiro ou o valor dos bens e direitos recebidos de instituição isenta, a título de devolução de patrimônio, e o valor em dinheiro ou o valor dos bens e direitos que houver entregue para a formação do referido patrimônio, será computada na determinação do lucro real ou adicionada ao lucro presumido ou arbitrado, conforme seja a forma de tributação a que a pessoa jurídica estiver sujeita.

37.3. Vendas a longo prazo

Para fins de determinação do lucro real, ocorrendo a venda de bem do ativo não circulante para recebimento do preço, no todo ou em parte, após o término do ano-calendário seguinte ao da contratação, o contribuinte pode reconhecer o lucro na proporção da parcela do preço recebida em cada período de apuração (RIR, art. 421).

Caso o contribuinte tenha reconhecido o lucro na escrituração comercial no período de apuração em que ocorreu a venda, o ajuste de exclusão (no período em que o ganho for contabilizado) e o controle dos ajustes de adição (nos períodos em que forem recebidas parcelas do preço) devem ser efetuados na apuração do lucro real do período.

Acompanhe o seguinte exemplo, de venda de um terreno mantido no ativo não circulante de uma indústria, com valor de alienação de R$ 2,5 milhões e ganho de capital de R$ 800 mil, para recebimento em cinco parcelas de R$ 500 mil, sendo uma no ato e quatro semestrais:

Contabilização da venda
D: Bancos   500.000
D: Créditos a receber   2.000.000
C: Outras receitas   2.500.000

Baixa do terreno
D: Outras despesas
C: Terreno   1.700.000

Valores em R$ 1.000

PA		PREÇO RECEBIDO		APURAÇÃO DO LUCRO REAL			
		Valor	Proporção	Contabilidade	Exclusão	Adição	Total
Ano 1	Trim. 1	500	20%	800	- 640		**160**
	Trim. 2						
	Trim. 3	500	20%			160	**160**
	Trim. 4						
Ano 2	Trim. 1	500	20%			160	**160**
	Trim. 2						
	Trim. 3	500	20%			160	**160**
	Trim. 4						
Ano 3	Trim. 1	500	20%			160	**160**
	Trim. 2						
Total		2.500	100%	800	- 640	640	**800**

Por fim, note que essa autorização de diferimento alcança apenas as pessoas jurídicas tributadas com base nas regras do Lucro Real. Trata-se de uma das hipóteses de exceção ao regime da competência, que vimos no item 27.2.2.

37.4. Ganhos em desapropriação

Nos arts. 422 e 423, o Regulamento faz referência a ganhos de capital em duas hipóteses distintas de desapropriação: de bem imóvel para fins de reforma agrária; e nos demais casos.

37.4.1. Imunidade do ganho de capital na desapropriação para fins de reforma agrária

Primeiramente cabe ressaltar que, nos termos do § 5º do art. 184 da CF, é imune ao IRPJ o ganho de capital obtido nas operações de transferência de imóveis desapropriados para fins de reforma agrária.

Aqui só é necessário o cuidado de não considerar incorreta alguma alternativa que afirme que esse ganho é **isento**. Isso porque, ainda que seja caso de imunidade, tanto a Constituição quanto o art. 423 do RIR utilizam a expressão "é isento".

37.4.2. Diferimento do ganho de capital nos demais casos de desapropriação

Quanto aos demais casos de desapropriação, sem a finalidade de reforma agrária, muito embora a legislação tributária expressamente estabeleça a incidência do Imposto, o STJ proferiu entendimento diverso no julgamento do REsp nº 1.116.460, abrangido pela sistemática de recursos repetitivos. Nessa oportunidade, o Tribunal entendeu que a indenização decorrente de desapropriação não encerra ganho de capital, tendo-se em vista que a propriedade é transferida ao Poder Público por valor justo e determinado pela Justiça a título de indenização, não ensejando lucro, mas mera reposição do valor do bem expropriado. Dessa forma, foi afastada a incidência do Imposto de Renda sobre as verbas auferidas a título de indenização advinda de desapropriação, seja por utilidade pública ou por interesse social.

Em razão do disposto no art. 19 da Lei nº 10.522, de 2002, na Portaria Conjunta PGFN/RFB nº 1, de 2014, e na Nota PGFN/CRJ nº 1.114, de 2012, a Secretaria da Receita Federal do Brasil (RFB) encontra-se vinculada ao referido entendimento.

De qualquer forma, vamos manter a exposição referente à previsão do art. 422 do RIR, para o caso de alguma questão de prova exigir esse conhecimento.

Pois bem. Nos termos do art. 422 do RIR, nos demais casos de desapropriação, sem finalidade de reforma agrária, o contribuinte está autorizado a diferir a tributação do ganho de capital na alienação de bens desapropriados, desde que:

- transfira o ganho de capital para reserva especial de lucros;
- aplique, no prazo máximo de dois anos do recebimento da indenização, na aquisição de outros bens do ativo não circulante, importância igual ao ganho de capital;
- discrimine, na reserva de lucros, os bens adquiridos, em condições que permitam a determinação do valor realizado em cada período de apuração.

A reserva deve ser adicionada ao lucro líquido na determinação do lucro real na proporção da realização do bem adquirido (por alienação, baixa, depreciação etc.), ou da utilização para distribuição de dividendos.

Para compreender esse diferimento, acompanhe o exemplo da desapropriação de um terreno urbano, registrado na contabilidade pelo custo de aquisição de R$ 50 mil, com ganho de capital de R$ 90 mil:

Contabilização da desapropriação do terreno

D: Bancos

C: Outras receitas 140.000

Baixa do terreno

D: Outras despesas

C: Terreno 50.000

Constituição da reserva de lucros

D: Lucro do exercício (após o IR)

C: Reserva especial de lucros 90.000

Como o contribuinte constituiu reserva de lucro no valor do ganho de capital decorrente da desapropriação (R$ 90 mil), poderá diferir a tributação mediante exclusão de mesmo valor, na apuração do lucro real, mantendo o histórico na Escrituração Contábil Fiscal (ECF) para controle das futuras adições no momento da realização do ganho de capital que foi diferido.

Para atender aos demais requisitos legais, suponha que o contribuinte tenha adquirido um equipamento no valor de R$ 120 mil, e a ele vincule toda a reserva de lucros constituída com o ganho de capital diferido. Nesse caso, a reserva especial de lucros fica vinculada a 75% do valor do equipamento (R$ 90 mil em R$ 120 mil).

Desse momento em diante, parte do valor da reserva especial de lucros deve ser adicionada ao lucro líquido na mesma medida da realização do equipamento, por exemplo, pela depreciação.

Nesse sentido, suponha que a depreciação se dê à taxa de 20% ao ano. Portanto, a cada ano a depreciação do equipamento é de R$ 24 mil. Nesse caso, a cada ano, a reserva de lucros deve ser realizada (levada a resultado) em R$ 18 mil (75% x R$ 24 mil). Além disso, no controle mantido na Escrituração Contábil Fiscal (ECF) deve ser baixado o mesmo valor de R$ 18 mil, como reconhecimento da tributação do ganho de capital que em período anterior havia sido diferida.

37.5. Perdas em operações de *lease back*

A perda apurada na alienação de bem que seja tomado em arrendamento mercantil pela própria alienante, ou por pessoa jurídica a ela vinculada, não é dedutível na determinação do lucro real (RIR, art. 424).

Esta regra se refere às perdas de capital nas chamadas operações de *lease back*. Trata-se da alienação de bens para empresa que providencia o arrendamento dos mesmos bens para a própria pessoa jurídica alienante, ou para empresa a ela vinculada.

Com isso, na apuração do lucro real da alienante, não se admite a dedução da perda de capital decorrente da alienação de bem que tenha sido objeto de arrendamento mercantil contratado pelo adquirente com a própria alienante, ou com pessoa jurídica a ele vinculada.

37.6. Perdas na alienação ou baixa de investimento oriundo de incentivo fiscal

Em certos casos (que não foram relacionados nos editais dos últimos concursos), a pessoa jurídica tributada com base no lucro real pode optar pela aplicação de parcelas do Imposto de Renda devido, a título de incentivo fiscal, em projetos considerados de interesse para o desenvolvimento econômico regional (RIR, arts. 592 e seguintes).

Nesses casos, eventuais perdas apuradas na alienação ou baixa de investimentos que tenham sido adquiridos mediante dedução do IRPJ não são dedutíveis na determinação do lucro real (RIR, art. 429). Com isso, a referida perda de capital deve ser adicionada ao lucro líquido para fins de apuração do lucro real.

Esse tratamento tem sua lógica. Considerando que o contribuinte utilizou recursos do Estado brasileiro (imposto devido) para adquirir o investimento, se houver perda na alienação ou baixa do investimento, na verdade o próprio contribuinte nada perdeu, pois, a rigor, não era dele o recurso que foi utilizado para adquirir o investimento!

Por outro lado, caso sejam verificados ganhos de capital, serão normalmente tributados.

37.7. Resultado na alienação de participações societárias

O ganho ou perda de capital na alienação ou liquidação de investimento em participações societárias deve ser determinado com base no valor contábil. Até aí, nenhuma novidade.

> Ganho de capital (ou perda) = valor de alienação − valor contábil

No entanto, as participações societárias podem ser avaliadas pelo custo de aquisição ou pelo método de equivalência patrimonial, sendo essa diferença considerada pelo Regulamento para fins de determinação do valor contábil.

37.7.1. Alienação de investimento avaliado pelo custo de aquisição

No caso de investimento avaliado pelo custo de aquisição, não há maiores dificuldades: o valor contábil a ser considerado é o próprio valor pelo qual se encontra registrado o investimento (RIR, art. 425).

Quando for o caso, o valor contábil deve ser reduzido (aumentando o ganho) pelo valor de provisão para perdas prováveis na realização do investimento, constituída antes de 31 de dezembro de 1995, e que tenha reduzido o lucro real à época.

37.7.2. Alienação de investimento avaliado pelo método de equivalência patrimonial

Segundo dispõe o art. 33 do Decreto-Lei nº 1.598, de 1977, na redação dada pela Lei nº 12.973, de 2014, para efeito de determinação do ganho ou perda de capital na alienação ou liquidação de participação societária, o valor contábil do investimento avaliado pelo valor de patrimônio líquido corresponde à soma algébrica dos seguintes valores:

- valor de patrimônio líquido pelo qual o investimento estiver registrado na contabilidade do contribuinte;

- mais ou menos-valia e *goodwill*, apurados por ocasião da aquisição da participação, ainda que tenham sido realizados na escrituração comercial do contribuinte.

Aqui cabe um esclarecimento. Vimos no Capítulo 36 que, como regra, a contrapartida da redução da mais-valia e do *goodwill* não influenciam na determinação do lucro real. Exceção a essa regra se verifica, como visto acima, por ocasião da apuração do ganho ou perda de capital, calculado quando da alienação ou liquidação do investimento.

A mais-valia e o *goodwill* registrados na aquisição do investimento, ainda que integralmente realizados na escrituração comercial do contribuinte, podem ser somados ao valor de patrimônio para fins de determinação do valor contábil, contribuindo para a diminuição do ganho de capital, ou para a ampliação do valor da perda, conforme o caso.

No sentido inverso, a menos-valia registrada na aquisição do investimento, ainda que integralmente realizada, deve ser subtraída do valor de patrimônio para fins de determinação do valor contábil, contribuindo para o aumento do ganho de capital, ou diminuição da perda, conforme o caso.

Portanto, o ganho de capital na alienação ou liquidação de investimento avaliado pelo valor de patrimônio líquido deve ser calculado da seguinte forma:

> Ganho de capital (ou perda) = valor de alienação − valor contábil

Sendo que:

> Valor contábil = valor ajustado do investimento + mais-valia + *goodwill*

Ou, se o investimento tiver sido adquirido com menos-valia:

> Valor contábil = valor ajustado do investimento − menos-valia + *goodwill*

37.8. Variação no percentual de participação societária

Nos termos do § 2º do art. 33 do Decreto-Lei nº 1.598, de 1977, na redação dada pela Lei nº 12.973, de 2014, o ganho ou a perda de capital decorrente de variação no percentual de participação societária do contribuinte não pode afetar o lucro real. Nos exatos termos da legislação, tem-se que:

> Art. 33. [...]
>
> § 2º Não será computado na determinação do lucro real o acréscimo ou a diminuição do valor de patrimônio líquido de investimento, decorrente

de ganho ou perda por variação na porcentagem de participação do contribuinte no capital social da investida.

Em outras palavras, sob a ótica da pessoa jurídica investidora, quando há variação no percentual de participação societária, eventual ganho de capital não é tributável, da mesma forma que eventual perda de capital não é dedutível.

Consequentemente, para efeito de determinação do lucro real, esse específico ganho de capital, que aumenta o lucro contábil, pode ser excluído do lucro líquido na apuração do lucro real do período. De outro lado, perda de capital, que reduz o lucro contábil, deve ser adicionada ao lucro líquido para efeito de determinação do lucro real.

Para entender essa situação, suponha que as Companhias Alfa e Beta sejam detentoras da totalidade das ações da Companhia Gama, na proporção de 70% e 30%, respectivamente. Vamos admitir que ambas as participações sejam avaliadas pelo método de equivalência patrimonial.

Considere que R$ 120 milhões seja o valor do capital social de Gama, integralizado pelas duas sócias da seguinte forma: R$ 84 milhões por Alfa (70%), e R$ 36 milhões por Beta (30%).

Suponha, agora, que o patrimônio líquido de Gama esteja avaliado em R$ 200 milhões. Nesse caso, podemos dizer que o valor do investimento de Alfa em Gama, avaliado pelo método de equivalência patrimonial, está registrado por R$ 140 milhões (ou 70% de R$ 200 milhões); e o investimento de Beta em Gama, encontra-se registrado como avaliado por R$ 60 milhões (30% de R$ 200 milhões).

Caso a Companhia Beta subscreva sozinha um aumento de capital em Gama, no valor de R$ 20 milhões, seria a seguinte a nova composição das participações em Gama:

- novo capital social de Gama: R$ 140 milhões (R$ 120 milhões anteriores, mais os R$ 20 milhões ora integralizados);
- participação de Alfa no capital de Gama: os mesmos R$ 84 milhões, que agora representam 60% do capital de Gama, e não mais 70%;
- participação de Beta no capital de Gama: R$ 56 milhões, constituído dos R$ 36 milhões anteriores, mais os R$ 20 milhões ora integralizados, o que corresponde a 40% do capital de Gama;
- novo patrimônio líquido de Gama: R$ 220 milhões
- valor do investimento em Gama registrado por Alfa: R$ 132 milhões (60% de R$ 220 milhões)
- valor do investimento em Gama registrado por Beta: R$ 88 milhões (40% de R$ 220 milhões)

Portanto, numa situação como a descrita acima, Alfa iria incorrer em uma perda de R$ 8 milhões, indedutível na apuração do lucro real, representada pela redução no valor de seu investimento em Gama, de R$ 140 milhões para R$ 132 milhões.

Por outro lado, Beta perceberia um ganho de R$ 8 milhões, não tributável pelo IRPJ, que corresponde ao valor do aumento de seu investimento em Gama (de R$ 60 milhões para R$ 88 milhões), deduzido do valor que teve que integralizar (R$ 20 milhões) para que fosse possível esse acréscimo no valor de seu investimento.

37.9. Subscrição de capital social mediante conferência de bens

Os arts. 17 e 18 da Lei nº 12.973, de 2014, disciplinam, respectivamente, os efeitos tributários relativos aos ganhos ou perdas percebidos na subscrição de capital de outra pessoa jurídica mediante conferência de bens avaliados com base no valor justo.

37.9.1. Ganho na subscrição de capital

O art. 17 da Lei nº 12.973, de 2014, dispõe sobre os ganhos percebidos na subscrição de capital de outra pessoa jurídica mediante conferência de bens avaliados com base no valor justo, nos seguintes termos:

> Art. 17. O ganho decorrente de avaliação com base no valor justo de bem do ativo incorporado ao patrimônio de outra pessoa jurídica, na subscrição em bens de capital social, ou de valores mobiliários emitidos por companhia, não será computado na determinação do lucro real, desde que o aumento no valor do bem do ativo seja evidenciado contabilmente em subconta vinculada à participação societária ou aos valores mobiliários, com discriminação do bem objeto de avaliação com base no valor justo, em condições de permitir a determinação da parcela realizada em cada período.
>
> § 1º O ganho evidenciado por meio da subconta de que trata o *caput* será computado na determinação do lucro real:
>
> I – na alienação ou na liquidação da participação societária ou dos valores mobiliários, pelo montante realizado;
>
> II – proporcionalmente ao valor realizado, no período-base em que a pessoa jurídica que houver recebido o bem realizar seu valor, inclusive mediante depreciação, amortização, exaustão, alienação ou baixa, ou com ele integralizar capital de outra pessoa jurídica; ou

III – na hipótese de bem não sujeito a realização por depreciação, amortização ou exaustão que não tenha sido alienado, baixado ou utilizado na integralização do capital de outra pessoa jurídica, nos 5 (cinco) anos-calendário subsequentes à subscrição em bens de capital social, ou de valores mobiliários emitidos por companhia, à razão de 1/60 (um sessenta avos), no mínimo, para cada mês do período de apuração.

§ 2º Na hipótese de não ser evidenciado por meio de subconta na forma prevista no *caput*, o ganho será tributado.

§ 3º Na hipótese de que trata o § 2º, o ganho não poderá acarretar redução de prejuízo fiscal do período, e deverá, nesse caso, ser considerado em período de apuração seguinte em que exista lucro real antes do cômputo do referido ganho.

§ 4º Na hipótese de a subscrição de capital social de que trata o *caput* ser feita por meio da entrega de participação societária, será considerada realização, nos termos do inciso III do § 1º, a absorção do patrimônio da investida, em virtude de incorporação, fusão ou cisão, pela pessoa jurídica que teve o capital social subscrito por meio do recebimento da participação societária.

§ 5º O disposto no § 4º aplica-se inclusive quando a investida absorver, em virtude de incorporação, fusão ou cisão, o patrimônio da pessoa jurídica que teve o capital social subscrito por meio do recebimento da participação societária.

Como se nota, o dispositivo acima reproduzido possibilita à subscritora o diferimento da tributação do ganho decorrente de avaliação com base no valor justo de bem do ativo incorporado ao patrimônio de outra pessoa jurídica em subscrição de capital social. No § 1º desse artigo, a lei estabelece os momentos em que o referido ganho deve ser levado à tributação.

Além disso, o § 4º esclarece que, na hipótese de a subscrição de capital social ser feita por meio da entrega de participação societária, a baixa desse investimento em razão de incorporação, fusão ou cisão será considerada realização, devendo ser oferecido à tributação o ganho de capital diferido.

Vale dizer, essa previsão deve ser observada na hipótese em que a investidora (a pessoa jurídica que teve o capital social subscrito por meio do recebimento da participação societária) absorver o patrimônio da investida, e também na situação contrária, em que a investida absorver o patrimônio da investidora (§ 5º).

Para compreender o alcance deste dispositivo, considere que ALFA controle BETA. Suponha que, em ALFA, o investimento em BETA seja avaliado pelo valor de patrimônio e se encontre registrado por R$ 10 milhões. Considere, ainda, que ALFA decida investir também em GAMA, sociedade com a qual não mantém nenhuma espécie de vínculo. Para isso, subscreve um aumento de R$ 12 milhões no capital de GAMA, mediante entrega de sua participação em BETA avaliada em R$ 10 milhões. Em consequência, ALFA teria percebido um ganho de R$ 2 milhões decorrente da avaliação com base no valor justo de sua participação em BETA, e GAMA passaria a controlar BETA. Nesse caso, de acordo com o art. 17 da Lei nº 12.973, de 2014, o ganho da ALFA ainda não seria tributado.

Na verdade, desde que mantivesse registrado em subconta vinculada à participação societária em GAMA (§ 2º), esse ganho somente seria tributado na medida da realização do investimento (§ 1º), inclusive na hipótese de BETA incorporar GAMA (§ 5º), fazendo com que ALFA voltasse a controlar diretamente BETA, exatamente como no início do nosso exemplo.

Esse dispositivo é importante porque já houve um tempo, durante a vigência do art. 36 da Lei nº 10.637, de 2002, em que a tributação desse ganho continuava diferida, mesmo na hipótese de incorporação, fusão ou cisão do patrimônio da sociedade controlada, o que viabilizava toda sorte de planejamentos tributários abusivos.

37.9.2. Perda na subscrição de capital

O art. 18 da Lei nº 12.973, de 2014, dispõe sobre as perdas na subscrição de capital mediante conferência de bens avaliados com base no valor justo. É o seguinte o tratamento previsto na lei:

> **Art. 18.** A perda decorrente de avaliação com base no valor justo de bem do ativo incorporado ao patrimônio de outra pessoa jurídica, na subscrição em bens de capital social, ou de valores mobiliários emitidos por companhia, somente poderá ser computada na determinação do lucro real caso a respectiva redução no valor do bem do ativo seja evidenciada contabilmente em subconta vinculada à participação societária ou aos valores mobiliários, com discriminação do bem objeto de avaliação com base no valor justo, em condições de permitir a determinação da parcela realizada em cada período, e:
>
> I – na alienação ou na liquidação da participação societária ou dos valores mobiliários, pelo montante realizado;
>
> II – proporcionalmente ao valor realizado, no período-base em que a pessoa jurídica que houver recebido o bem realizar seu valor, inclusive mediante depreciação, amortização, exaustão, alienação ou baixa, ou com ele integralizar capital de outra pessoa jurídica; ou

> III – na hipótese de bem não sujeito a realização por depreciação, amortização ou exaustão que não tenha sido alienado, baixado ou utilizado na integralização do capital de outra pessoa jurídica, a perda poderá ser amortizada nos balanços correspondentes à apuração de lucro real, levantados durante os 5 (cinco) anos-calendário subsequentes à subscrição em bens de capital social, ou de valores mobiliários emitidos por companhia, à razão de 1/60 (um sessenta avos), no máximo, para cada mês do período de apuração.
>
> § 1º Na hipótese de não ser evidenciada por meio de subconta na forma prevista no *caput*, a perda será considerada indedutível na apuração do lucro real.
>
> § 2º Na hipótese da subscrição de capital social de que trata o *caput* ser feita por meio da entrega de participação societária, será considerada realização, nos termos do inciso II do *caput*, a absorção do patrimônio da investida, em virtude de incorporação, fusão ou cisão pela pessoa jurídica que teve o capital social subscrito por meio do recebimento da participação societária.
>
> § 3º O disposto no § 2º aplica-se inclusive quando a investida absorver, em virtude de incorporação, fusão ou cisão, o patrimônio da pessoa jurídica que teve o capital social subscrito por meio do recebimento da participação societária.

No dispositivo acima, percebe-se que a lei estabelece os momentos em que a perda decorrente de avaliação com base no valor justo de bem do ativo incorporado ao patrimônio de outra pessoa jurídica pode ser computada no lucro real da subscritora, e impõe condição para sua dedutibilidade.

Além disso, de forma análoga ao que foi previsto no artigo anterior, nos §§ 2º e 3º do art. 18 a Lei nº 12.973, de 2014, esclarece que, na hipótese de a subscrição de capital social ser feita por meio da entrega de participação societária, para os efeitos da dedutibilidade da perda aqui analisada será considerada realização do investimento a absorção do patrimônio da investida pela investidora (a pessoa jurídica que teve o capital social subscrito por meio do recebimento da participação societária), em virtude de incorporação, fusão ou cisão. E o mesmo tratamento se verifica na hipótese contrária, em que a investida absorver o patrimônio da investidora em virtude de incorporação, fusão ou cisão.

Capítulo 38
Avaliação a valor justo

Os novos critérios contábeis incluem a chamada "avaliação a valor justo". De acordo com o Pronunciamento CPC nº 46, valor justo é "o preço que seria recebido pela venda de um ativo ou que seria pago pela transferência de um passivo em uma transação ordenada entre participantes do mercado na data de mensuração".

Na Lei nº 12.973, de 2014, os arts. 13 e 14 estabelecem, genericamente, o tratamento tributário dos ganhos e das perdas decorrentes de ajuste a valor justo, sem prejuízo das demais disposições sobre o tema encontradas ao longo de seu texto.

38.1. Ganhos decorrentes da avaliação a valor justo

O tratamento dos ganhos decorrentes da avaliação a valor justo se encontra no art. 13 da Lei nº 12.973, de 2014, nos seguintes termos:

> **Art. 13.** O ganho decorrente de avaliação de ativo ou passivo com base no valor justo não será computado na determinação do lucro real desde que o respectivo aumento no valor do ativo ou a redução no valor do passivo seja evidenciado contabilmente em subconta vinculada ao ativo ou passivo.
>
> § 1º O ganho evidenciado por meio da subconta de que trata o *caput* será computado na determinação do lucro real à medida que o ativo for realizado, inclusive mediante depreciação, amortização, exaustão, alienação ou baixa, ou quando o passivo for liquidado ou baixado.
>
> § 2º O ganho a que se refere o § 1º não será computado na determinação do lucro real caso o valor realizado, inclusive mediante depreciação, amortização, exaustão, alienação ou baixa, seja indedutível.
>
> § 3º Na hipótese de não ser evidenciado por meio de subconta na forma prevista no *caput*, o ganho será tributado.
>
> § 4º Na hipótese de que trata o § 3º, o ganho não poderá acarretar redução de prejuízo fiscal do período, devendo, neste caso, ser considerado em período de apuração seguinte em que exista lucro real antes do cômputo do referido ganho.
>
> [...]

Como se nota, o dispositivo acima reproduzido afasta a tributação do ganho decorrente de avaliação a valor justo de ativo ou passivo no período em que ele é registrado pela contabilidade.

No entanto, no § 1º do mesmo artigo a lei determina que referido ganho seja computado na determinação do lucro real à medida que o ativo for realizado, inclusive mediante depreciação, amortização, exaustão, alienação ou baixa, ou quando o passivo for liquidado ou baixado.

Portanto, a Lei nº 12.973, de 2014, autoriza o diferimento da tributação dos ganhos dessa natureza para o momento em que o ativo for realizado ou o passivo liquidado ou baixado, desde que os valores sejam evidenciados contabilmente em subconta vinculada ao ativo ou passivo.

Para operacionalizar esse diferimento, o contribuinte poderá excluir o valor correspondente ao ganho no período em que ele for contabilizado e integrar o lucro. Posteriormente, quando o ativo ou passivo correspondente for baixado, o ganho deve ser adicionado ao lucro líquido, para fins de determinação do lucro real.

No entanto, nem todo ganho decorrente da avaliação a valor justo é tributável. De acordo com o § 2º do art. 13 da Lei nº 12.973, de 2014, o ganho não será computado na determinação do lucro real caso o valor realizado, inclusive mediante depreciação, amortização, exaustão, alienação ou baixa, seja indedutível.

A lógica para esse dispositivo é a seguinte: considerando um ativo imobilizado qualquer, passível de depreciação dedutível, a tributação do ganho de avaliação a valor justo na mesma medida da realização (por depreciação) do bem anula o efeito de redução da base de cálculo do IRPJ provocado pela "depreciação adicional", computada com base no valor acrescido em razão da avaliação a valor justo. Por outro, se a depreciação é indedutível (hipótese do § 2º do art. 13 da Lei nº 12.973, de 2014), todo o seu valor deve ser expurgado na apuração do lucro real (por adição). Desse modo, não se verifica o efeito de redução da base de cálculo do IRPJ causado pela "depreciação adicional", razão pela qual não há razão para tributar o ganho decorrente da avaliação a valor justo do bem em questão.

Ainda sobre os ganhos de avaliação a valor justo, vale mencionar que o art. 26 da Lei nº 12.973, de 2014, estabelece que, "nos casos de incorporação, fusão ou cisão, os ganhos decorrentes de avaliação com base no valor justo na sucedida não poderão ser considerados na sucessora como integrantes do custo do bem ou direito que lhe deu causa para efeito de determinação de ganho ou perda de capital e do cômputo da depreciação, amortização ou exaustão". Em outras palavras, para fins de tributação, na hipótese de incorporação, fusão ou cisão, os bens da sucedida transferidos para a sucessora devem ser considerados pelo seu valor antes da avaliação a valor justo.

38.2. Perdas decorrentes da avaliação a valor justo

O art. 14 da Lei nº 12.973, de 2014, dispõe sobre as perdas decorrentes da avaliação a valor justo da seguinte forma:

> Art. 14. A perda decorrente de avaliação de ativo ou passivo com base no valor justo somente poderá ser computada na determinação do lucro real à medida que o ativo for realizado, inclusive mediante depreciação, amortização, exaustão, alienação ou baixa, ou quando o passivo for liquidado ou baixado, e desde que a respectiva redução no valor do ativo ou aumento no valor do passivo seja evidenciada contabilmente em subconta vinculada ao ativo ou passivo.
>
> § 1º A perda a que se refere este artigo não será computada na determinação do lucro real caso o valor realizado, inclusive mediante depreciação, amortização, exaustão, alienação ou baixa, seja indedutível.
>
> § 2º Na hipótese de não ser evidenciada por meio de subconta na forma prevista no *caput*, a perda será considerada indedutível na apuração do lucro real.

Se de um lado a Lei nº 12.973, de 2014, determina a tributação dos ganhos decorrentes da avaliação a valor justo na medida de realização do ativo ou liquidação do passivo, em seu art. 14 ela autoriza a dedução das perdas de mesma natureza de maneira análoga, ou seja, na medida de realização do ativo ou liquidação do passivo correspondente.

Uma forma simples de enxergar esse efeito é a seguinte: um ativo imobilizado em relação ao qual tenha sido registrada uma perda decorrente de avaliação a valor justo irá gerar um encargo de depreciação menor do que o calculado antes da avaliação. Para neutralizar esse efeito, a legislação tributária autoriza a dedução da perda decorrente de avaliação a valor justo na exata medida da realização desse bem, por depreciação.

E também de maneira análoga ao tratamento conferido aos ganhos de mesma natureza, no § 1º do art. 14 a Lei nº 12.973, de 2014, estabelece a indedutibilidade das perdas decorrentes da avaliação a valor justo na hipótese em que seja indedutível o valor realizado.

38.3. Reflexos da avaliação a valor justo na determinação das estimativas mensais e da base de cálculo do Lucro Presumido e Arbitrado

A Lei nº 12.973, de 2014, estabeleceu o mesmo tratamento em relação aos ganhos ou perdas decorrentes da avaliação a valor justo para fins de determinação das estimativas mensais (Lucro Real anual) e da base de cálculo do Lucro Presumido e do Lucro Arbitrado.

Primeiramente, os ganhos decorrentes de avaliação com base no valor justo não integram a base de cálculo do imposto no momento em que forem apurados, de maneira análoga ao que vimos no item 38.1. No entanto, caso os ativos avaliados a valor justo sejam posteriormente alienados, o ganho deve ser oferecido à tributação.

Além disso, para fins de cálculo do ganho de capital que deve ser acrescido à base de cálculo da estimativa, do Lucro Presumido e do Lucro Arbitrado, os ganhos decorrentes de avaliação com base em valor justo somente podem integrar o valor contábil dos bens a que corresponderem se antes tiverem sido oferecidos à tributação.

Quanto às perdas decorrentes de avaliação com base em valor justo, em nenhum momento elas podem consideradas como parte integrante do valor contábil para fins de apuração do ganho de capital que deve ser acrescido à base de cálculo da estimativa, do Lucro Presumido e do Lucro Arbitrado.

Esse tratamento foi determinado:

- pelos novos §§ 5º, 6º e 7º do art. 32 da Lei nº 8.981, de 1995, em relação às estimativas mensais;
- pelos novos §§ 3º, 4º e 5º do art. 25 da Lei nº 9.430, de 1996, que trata da base de cálculo do Lucro Presumido; e
- pelos novos §§ 5º, 6º e 7º do art. 27 da Lei nº 9.430, de 1996, quanto à base de cálculo do Lucro Arbitrado.

Capítulo 39
Preços de Transferência

Preços de transferência constituem um instrumento colocado à disposição da Administração Tributária brasileira para fins de combater a remessa de recursos ao exterior, sem a incidência de Imposto de Renda, por meio de operações comerciais ou financeiras com pessoa domiciliada no exterior, de alguma forma vinculada com a pessoa jurídica domiciliada no País.

Antes de iniciar a análise do tema, é preciso fazer algumas observações quanto à legislação de regência. No RIR, o tema se encontra entre os arts. 240 e 245. Basicamente, reflete o conteúdo original dos arts. 18 a 24 da Lei nº 9.430, de 1996. No entanto, é preciso considerar as alterações introduzidas pelas Leis nº 10.451/2002, nº 11.727/2008, nº 11.941/2009, nº 12.715/2012 e nº 12.766/2012.

Vale mencionar que a matéria encontra-se disciplinada pela Instrução Normativa RFB nº 1.312, de 28 de dezembro de 2012.

Com o objetivo de tornar o assunto o menos árido, vamos dividir nossa análise em três partes. Nas duas primeiras, vamos abordar os aspectos objetivos do mecanismo de preços de transferência, com enfoque nas operações comerciais (item 39.1) e financeiras (item 39.2) que constituem o objeto do controle fazendário.

Na terceira parte vamos tratar dos aspectos subjetivos do mecanismo (item 39.3), momento em que iremos analisar as características dos contratantes no exterior, que foram considerados pelo legislador na definição das regras de preço de transferência.

Em razão da complexidade do assunto, caso seja novamente exigido na prova de um concurso da Receita Federal, é de se esperar que, assim como ocorreu nos últimos concursos, sejam cobrados apenas aspectos conceituais, sem envolver cálculos.

39.1. Preços de transferência nas operações comerciais

Neste item, vamos estudar os vários métodos de determinação dos preços de transferência nas operações comerciais.

Por enquanto, não vamos nos preocupar em definir as características pessoais dos contratantes no exterior que demandaram a atenção do legislador no momento de estabelecer as regras de preços de transferência. Os aspectos subjetivos que determinam a observância das regras de preços de transferência serão abordados no item 39.3.

Antes de apresentar os vários métodos, é importante fazer algumas considerações. Como vimos acima, preços de transferência constituem um instrumento que se destina a controlar a remessa de recursos ao exterior sem a incidência de Imposto de Renda.

Basicamente, em relação às operações comerciais, com o mecanismo de preços de transferência pretende-se evitar o superfaturamento de importações, bem assim o subfaturamento de exportações.

Com importações superfaturadas, recursos financeiros são remetidos ao exterior de maneira disfarçada, e ainda aumentam artificialmente o custo de bens, serviços e direitos adquiridos no exterior, com a consequente redução de lucros da pessoa jurídica domiciliada no País.

Com exportações subfaturadas, a empresa domiciliada no País deixa de auferir lucros que seriam esperados em operações similares, transferindo-os ao contratante no exterior na forma de bens, serviços ou direitos abaixo do preço médio praticado em condições normais.

Em síntese, o mecanismo consiste em estabelecer:

- limites máximos de dedutibilidade para custos e despesas incorridas em operações de importação, quando o contratante no exterior for pessoa vinculada;
- limites mínimos de tributação para receitas realizadas em operações de exportação, quando o contratante no exterior for pessoa vinculada.

Com isso, para fins de determinação do lucro real, devem ser adicionados ao lucro líquido:

- na importação, o valor da operação que exceder o limite máximo de dedutibilidade; e
- na exportação, a diferença entre o valor mínimo tributável e o valor efetivamente praticado na operação.

Na legislação, o grande detalhamento do tema diz respeito à determinação do preço parâmetro: o limite máximo de dedutibilidade na importação, e o limite mínimo de tributação na exportação.

De uma forma geral, nos termos do art. 21 da Lei nº 9.430, de 1996, os custos e preços médios que compõem os métodos a seguir apresentados devem ser apurados com base em:

- publicações ou relatórios oficiais do governo do país do comprador ou vendedor ou declaração da autoridade fiscal desse mesmo país, quando com ele o Brasil mantiver acordo para evitar a bitributação ou para intercâmbio de informações;
- pesquisas efetuadas por empresa ou instituição de notório conhecimento técnico ou publicações técnicas, em que se especifiquem o setor, o período, as empresas pesquisadas e a margem encontrada, bem como identifiquem, por empresa, os dados coletados e trabalhados.

Vale dizer, as publicações, pesquisas e relatórios oficiais somente são admitidos como prova se tiverem sido realizados com observância de métodos de avaliação internacionalmente adotados. Além disso, devem se referir a período contemporâneo ao de apuração da base de cálculo do imposto da empresa brasileira.

No entanto, quando considerados inidôneos ou inconsistentes, ato do Secretário da Receita Federal do Brasil pode desqualificar as referidas publicações técnicas, pesquisas e relatórios.

Feitas essas considerações, vamos iniciar o estudo dos vários métodos de determinação dos preços de transferência nas operações comerciais, de importação (item 39.1.1) e de exportação (item 39.1.2).

39.1.1. Preços de transferência nas operações de importação

Nas operações efetuadas com pessoa vinculada, as despesas e encargos relativos a bens, direitos e serviços, que constarem dos documentos de importação ou de aquisição, somente são dedutíveis na determinação do lucro real até o valor que não exceda ao preço determinado por um dos métodos apresentados nos item a seguir (Lei nº 9.430, de 1996, art. 18).

a. Método dos Preços Independentes Comparados (PIC)

O método PIC envolve a determinação da média aritmética ponderada dos preços de bens, serviços ou direitos, idênticos ou similares, apurados no mercado brasileiro ou de outros países, em operações de compra e venda, empreendidas pela própria interessada ou por terceiros, em condições de pagamento semelhantes.

Este é o método mais direto, consistindo na comparação com preços de bens, serviços ou direitos, idênticos ou similares aos importados, em condições de pagamento semelhantes.

Na aplicação do método PIC, somente podem ser consideradas as operações de compra e venda entre compradores e vendedores não vinculados (Lei nº 9.430, de 1996, art. 18, § 2º).

b. Método do Preço de Revenda menos Lucro (PRL)

O método PRL consiste na determinação da média aritmética ponderada dos preços de venda, no País, dos bens, direitos ou serviços importados, em condições de pagamento semelhantes e calculados conforme a metodologia a seguir:

- **preço líquido de venda (A)**: média aritmética ponderada dos preços de venda do bem, direito ou serviço produzido, diminuídos dos descontos incondicionais concedidos, dos impostos e contribuições sobre as vendas e das comissões e corretagens pagas;
- **percentual de participação dos bens, direitos ou serviços importados no custo total do bem, direito ou serviço vendido (B)**: relação percentual entre o custo médio ponderado do bem, direito ou serviço importado e o custo total médio ponderado do bem, direito ou serviço vendido, calculado em conformidade com a planilha de custos da empresa;
- **participação dos bens, direitos ou serviços importados no preço de venda do bem, direito ou serviço vendido (C)**: aplicação do

percentual de participação do bem, direito ou serviço importado no custo total (B), sobre o preço líquido de venda (A);

- **margem de lucro (D)**: a aplicação de percentuais previstos na lei, conforme setor econômico da pessoa jurídica sujeita ao controle de preços de transferência, sobre a participação do bem, direito ou serviço importado no preço de venda do bem, direito ou serviço vendido.

Independentemente de submissão a processo produtivo no Brasil, as margens de lucro devem ser aplicadas de acordo com o setor da atividade econômica da pessoa jurídica brasileira sujeita aos controles de preços de transferência, incidindo nos seguintes percentuais (Lei nº 9.430, de 1996, art. 18, § 12):

> **Art. 18.** Os custos, despesas e encargos relativos a bens, serviços e direitos, constantes dos documentos de importação ou de aquisição, nas operações efetuadas com pessoa vinculada, somente serão dedutíveis na determinação do lucro real até o valor que não exceda ao preço determinado por um dos seguintes métodos:
>
> [...]
>
> II – Método do Preço de Revenda menos Lucro – PRL: definido como a média aritmética ponderada dos preços de venda, no País, dos bens, direitos ou serviços importados, em condições de pagamento semelhantes e calculados conforme a metodologia a seguir:
>
> [...]
>
> d) margem de lucro: a aplicação dos percentuais previstos no § 12, conforme setor econômico da pessoa jurídica sujeita ao controle de preços de transferência, sobre a participação do bem, direito ou serviço importado no preço de venda do bem, direito ou serviço vendido, calculado de acordo com a alínea *c*; e
>
> [...]
>
> § 12. As margens a que se refere a alínea *d* do inciso II do *caput* serão aplicadas de acordo com o setor da atividade econômica da pessoa jurídica brasileira sujeita aos controles de preços de transferência e incidirão, independentemente de submissão a processo produtivo ou não no Brasil, nos seguintes percentuais:
>
> I – 40% (quarenta por cento), para os setores de:
>
> a) produtos farmoquímicos e farmacêuticos;
>
> b) produtos do fumo;
>
> c) equipamentos e instrumentos ópticos, fotográficos e cinematográficos;
>
> d) máquinas, aparelhos e equipamentos para uso odontomédico-hospitalar;
>
> e) extração de petróleo e gás natural; e
>
> f) produtos derivados do petróleo;

II – 30% (trinta por cento) para os setores de:

a) produtos químicos;

b) vidros e de produtos do vidro;

c) celulose, papel e produtos de papel; e

d) metalurgia; e

III – 20% (vinte por cento) para os demais setores.

- **preço parâmetro**: a diferença entre o valor da participação do bem, direito ou serviço importado no preço de venda do bem, direito ou serviço vendido (C), e a "margem de lucro" (D).

Apesar de parecer complicado, basicamente, o método PRL parte do valor da participação do bem, direito ou serviço importado no preço médio de venda praticado pela própria pessoa jurídica importadora, descontando-se a margem de lucro, para chegar ao preço parâmetro de importação do item sujeito ao controle.

Na aplicação desse método, somente são considerados os preços de venda praticados pela própria empresa importadora com compradores não vinculados (Lei nº 9.430, de 1996, art. 18, § 3º).

c. Método do Custo de Produção mais Lucro (CPL)

CPL é o método definido como o custo médio ponderado de produção de bens, serviços ou direitos, idênticos ou similares, acrescido dos impostos e taxas cobrados na exportação no país onde tiverem sido originariamente produzidos, e de margem de lucro de 20%, calculada sobre o custo apurado.

Portanto, no método CPL, parte-se do custo médio de produção no país exportador, agregando-se tributos lá cobrados mais margem de lucro de 20%.

d. Conclusões sobre os métodos aplicáveis na importação

Esquematicamente, podemos representar a relação entre os diferentes métodos de preços de transferência na importação da seguinte forma:

```
                                    PIC
                                    PRL  ← menos lucro ─      ┌ preço de
custo de        }                                         PR ─┤ revenda no
produção no     } CP ── mais lucro ──→                        └ Brasil
exterior        }                   CPL

                          ──────────────────→
                              valores crescentes
```

Se o valor apurado segundo um dos métodos PIC, PRL e CPL for superior ao que constar nos documentos de aquisição, a dedutibilidade fica limitada ao montante que estiver registrado nos documentos (Lei nº 9.430, de 1996, art. 18, § 5º).

Portanto, em decorrência da aplicação do mecanismo na importação, uma vez definido o preço parâmetro, o limite de dedutibilidade é determinado da seguinte forma:

Se : { Preço efetivamente praticado na importação } < { Preço parâmetro de importação } => Limite de dedutibilidade: preço efetivamente praticado na importação

Se : { Preço efetivamente praticado na importação } > { Preço parâmetro de importação } => Limite de dedutibilidade: preço parâmetro de importação

Convém lembrar que, na importação de bens ou serviços, a parcela dos custos que exceder ao valor do preço parâmetro determinado segundo o mecanismo de preços de transferência deve ser adicionada ao lucro líquido, para determinação do lucro real (Lei nº 9.430, de 1996, art. 18, § 7º).

Cabe ainda registrar que, na hipótese de utilização de mais de um método, é considerado dedutível o maior valor apurado (Lei nº 9.430, de 1996, art. 18, § 4º). Trata-se, portanto, de critério mais benéfico ao contribuinte.

De qualquer forma, a partir do ano-calendário de 2012, a opção por um dos métodos deve ser efetuada para todo o ano-calendário e não poderá ser alterada pelo contribuinte uma vez iniciado o procedimento fiscal, salvo quando, em seu curso, o método ou algum de seus critérios de cálculo venha a ser desqualificado por ato motivado da fiscalização (Lei nº 9.430, de 1996, art. 20-A). Nessa situação, o contribuinte deve ser intimado para, no prazo de 30 dias, apresentar novo cálculo de acordo com qualquer outro método previsto na legislação.

Antes de encerrar a análise dos preços de transferência na importação, é necessário fazer referência a outro método, aplicável na hipótese de importação de *commodities* sujeitas à cotação em bolsas de mercadorias e futuros. Nesse caso, deve ser utilizado o Método do Preço sob Cotação na Importação (Lei nº 9.430, de 1996, art. 18, § 16), a seguir detalhado.

e. Método do Preço sob Cotação na Importação (PCI)

O PCI é o método que tem como referência os valores médios diários da cotação de bens ou direitos sujeitos a preços públicos em bolsas de mercadorias e futuros internacionalmente reconhecidas (Lei nº 9.430, de 1996, art. 18-A).

O método consiste em comparar os preços de bens importados e declarados por pessoas físicas ou jurídicas residentes ou domiciliadas no País com os preços de cotação desses bens em bolsas de mercadorias e futuros internacionalmente reconhecidas, no dia da transação.

Não havendo cotação disponível para o dia da transação, deve ser utilizada a última cotação conhecida. E na hipótese de não ser identificada a data da transação, deve ser considerada a data do registro da declaração de importação da mercadoria.

39.1.2. Preços de transferência nas operações de exportação

No caso das exportações, somente haverá necessidade de calcular o preço parâmetro quando o preço médio de venda de bens, serviços ou direitos, nas operações efetuadas com pessoa vinculada, for inferior a 90% do preço médio praticado na venda dos mesmos bens, serviços ou direitos, no mercado brasileiro, durante o mesmo período, em condições de pagamento semelhantes (Lei nº 9.430, de 1996, art. 19).

Caso a pessoa jurídica não efetue operações de venda no mercado interno, a determinação dos preços médios deve ser efetuada com dados de outras empresas que pratiquem a venda de bens, serviços ou direitos, idênticos ou similares, no mercado brasileiro (Lei nº 9.430, de 1996, art. 19, § 1º).

Constatando-se que o preço de venda nessas exportações é inferior ao limite de 90% do preço médio praticado no Brasil, a referência das receitas decorrentes dessas operações deve ser determinada tomando-se por base o valor apurado segundo um dos seguintes métodos (Lei nº 9.430, de 1996, art. 19, § 3º):

a. Método do Preço de Venda nas Exportações (PVEx)

O PVEx envolve a determinação da média aritmética dos preços de venda nas exportações efetuadas pela própria empresa, para outros clientes, ou por outra exportadora nacional de bens, serviços ou direitos, idênticos ou similares, durante o mesmo período de apuração da base de cálculo do imposto e em condições de pagamento semelhantes.

Este é o método mais direto: comparação com preços de venda nas exportações efetuadas pela própria empresa para compradores não vinculados.

b. Método do Preço de Venda por Atacado no País de Destino, Diminuído do Lucro (PVA)

O PVA consiste no cálculo da média aritmética dos preços de venda de bens, idênticos ou similares, praticados no mercado atacadista do país de destino, em condições de pagamento semelhantes, diminuídos dos tributos incluídos no preço, cobrados no referido país, e de margem de lucro de 15% sobre o preço de venda no atacado.

Como se nota, segundo o método PVA, parte-se do preço médio de revenda praticado mercado atacadista do país de destino, deduzindo-se tributos e margens de lucro, para chegar ao preço parâmetro de exportação (de aquisição pelo importador domiciliado no exterior).

c. Método do Preço de Venda a Varejo no País de Destino, Diminuído do lucro (PVV)

Este método é semelhante ao anterior, com a diferença de que toma como referência o mercado varejista no país de destino.

Envolve a determinação da média aritmética dos preços de venda de bens, idênticos ou similares, praticados no mercado varejista do país de destino, em condições de pagamento semelhantes, diminuídos dos tributos incluídos no preço, cobrados no referido país, e de margem de lucro de 30% sobre o preço de venda no varejo.

d. Método do Custo de Aquisição ou de Produção mais Tributos e Lucro (CAP)

O CAP consiste no cálculo da média aritmética dos custos de aquisição ou de produção dos bens, serviços ou direitos, exportados, acrescidos dos impostos e contribuições cobrados no Brasil e de margem de lucro de 15% sobre a soma dos custos mais impostos e contribuições.

Pelo método CAP, parte-se do custo médio do exportador brasileiro, agregando-se tributos aqui cobrados e margem de lucro de 15%.

e. Conclusões sobre os métodos aplicáveis na exportação

Esquematicamente, podemos representar a relação entre os diferentes métodos de preços de transferência na exportação da seguinte forma:

```
                        PVEx
                                              preço de venda no
                        PVA  ←── menos lucro ── exterior no atacado
                                  menos lucro   preço de venda no
                        PVV  ←──────────────── exterior a varejo
custo de produção ou   mais tributos
aquisição no Brasil    ─────────────→ CAP
                         e lucro

                                    ──────────────────→
                                       valores crescentes
```

Se o valor apurado segundo um dos métodos PVEx, PVA, PVV e CAP for inferior ao preço de venda que constar nos documentos de exportação, deve prevalecer o montante da receita reconhecida conforme os referidos documentos (Lei nº 9.430, de 1996, art. 19, § 6º).

Portanto, em decorrência da aplicação do mecanismo na exportação, uma vez definido o preço parâmetro, o valor mínimo tributável é determinado da seguinte forma:

Se: (Preço efetivamente praticado na exportação) < (Preço parâmetro de exportação) => **Mínimo tributável:** preço parâmetro de exportação

Se: (Preço efetivamente praticado na exportação) > (Preço parâmetro de exportação) => **Mínimo tributável:** preço efetivamente praticado na exportação

Na exportação, a parcela das receitas, apurada a partir da utilização do mecanismo de preços de transferência, que exceder ao valor já apropriado na escrituração da empresa, deve ser adicionada ao lucro líquido, para determinação do lucro real, bem como ser computada na determinação do lucro presumido e do lucro arbitrado (Lei nº 9.430, de 1996, art. 19, § 7º).

E na hipótese de utilização de mais de um método, deve ser considerado o menor valor apurado (Lei nº 9.430, de 1996, art. 19, § 5º). Mais uma vez, trata--se de critério mais benéfico ao contribuinte.

Vale ainda ressaltar que, da mesma forma que ocorre com a importação, a partir do ano-calendário de 2012, a opção por um dos métodos deve ser efetuada para o ano-calendário e não poderá ser alterada pelo contribuinte uma vez iniciado o procedimento fiscal, salvo quando, em seu curso, o método ou algum de seus critérios de cálculo venha a ser desqualificado por ato motivado da fiscalização (Lei nº 9.430, de 1996, art. 20-A).

Por fim, antes de encerrar a análise dos preços de transferência na exportação, é necessário fazer referência a outro método, aplicável na hipótese de exportação de *commodities* sujeitas à cotação em bolsas de mercadorias e futuros. Nesse caso, deve ser utilizado o Método do Preço sob Cotação na Exportação (Lei nº 9.430, de 1996, art. 19, § 9º), a seguir detalhado.

f. Método do Preço sob Cotação na Exportação (Pecex)

O Pecex é o método que tem como referência os valores médios diários da cotação de bens ou direitos sujeitos a preços públicos em bolsas de mercadorias e futuros internacionalmente reconhecidas (Lei nº 9.430, de 1996, art. 19-A).

O método consiste em comparar os preços de bens exportados e declarados por pessoas físicas ou jurídicas residentes ou domiciliadas no País com os preços de cotação desses bens em bolsas de mercadorias e futuros internacionalmente reconhecidas, no dia da transação.

Não havendo cotação disponível para o dia da transação, deve ser utilizada a última cotação conhecida. E na hipótese de não ser identificada a data da transação, deve ser considerada a data de embarque dos bens exportados.

39.2. Preços de transferência nas operações financeiras

O legislador também considerou que recursos podem ser destinados ao exterior à pessoa vinculada, em prejuízo da tributação na Brasil, quando:
- o mutuário no Brasil paga juros acima das taxas de mercado para mutuante domiciliado no exterior;
- o mutuante no Brasil recebe de mutuário domiciliado no exterior juros abaixo das taxas de mercado.

39.2.1. Empréstimo contraído junto à pessoa vinculada no exterior

Os juros pagos ou creditados à pessoa vinculada somente são dedutíveis para fins de determinação do lucro real até o montante que não exceda ao valor calculado com base em taxa predefinida, acrescida de margem percentual a título de *spread*, definida por ato do Ministro de Estado da Fazenda com base na média de mercado, proporcionalizados em função do período a que se referirem os juros (Lei nº 9.430, de 1996, art. 22).

No cálculo deve ser utilizada a seguinte taxa (Lei nº 9.430, de 1996, art. 22, § 6º):
- de mercado dos títulos soberanos da República Federativa do Brasil emitidos no mercado externo em dólares dos Estados Unidos da América, na hipótese de operações em dólares com taxa prefixada;
- de mercado dos títulos soberanos da República Federativa do Brasil emitidos no mercado externo em reais, na hipótese de operações em reais no exterior com taxa prefixada; e
- London Interbank Offered Rate (LIBOR) pelo prazo de 6 (seis) meses, nos demais casos.

Como se nota, o método consiste em determinar um limite máximo de dedutibilidade de despesas com juros pagos a pessoa vinculada no exterior.

O valor dos encargos que exceder o limite acima referido deve ser adicionado à base de cálculo do imposto devido pela empresa no Brasil (Lei nº 9.430, de 1996, art. 22, § 3º).

39.2.2. Empréstimo concedido à pessoa vinculada no exterior

No caso de mútuo com pessoa vinculada, a pessoa jurídica mutuante, domiciliada no Brasil, deve reconhecer como receita financeira correspondente à operação, no mínimo, o valor calculado segundo a forma definida no item anterior (Lei nº 9.430, de 1996, art. 22, § 1º).

Nesse caso, o método consiste em determinar um valor mínimo tributável de receitas com juros recebidos de pessoa vinculada no exterior.

A diferença de receita em relação ao limite mínimo acima referido deve ser adicionada à base de cálculo do imposto devido pela empresa no Brasil, inclusive no caso de apuração pelo regime de Lucro Presumido ou Arbitrado (Lei nº 9.430, de 1996, art. 22, § 3º).

39.3. Aspectos subjetivos dos preços de transferência

Depois de estudar os aspectos objetivos, cabe agora analisar o conceito legal de pessoa vinculada, utilizado pelo legislador na definição das regras de preço de transferência.

Além das operações com pessoa vinculada, o mecanismo de preço de transferência também alcança operações com pessoa, física ou jurídica, ainda que não vinculada, residente ou domiciliada em país com tributação favorecida.

E ainda, por meio da Lei nº 11.727, de 2008, o mecanismo de preço de transferência foi estendido às operações realizadas sob regime fiscal privilegiado.

39.3.1. Pessoa Vinculada

Para efeito de aplicação do mecanismo de preços de transferência, considera-se vinculada à pessoa jurídica domiciliada no Brasil (Lei nº 9.430, de 1996, art. 23):

- a matriz desta, quando domiciliada no exterior;
- a sua filial ou sucursal, domiciliada no exterior;
- a pessoa física ou jurídica, residente ou domiciliada no exterior, cuja participação societária no seu capital social a caracterize como sua controladora ou coligada;
- a pessoa jurídica domiciliada no exterior que seja caracterizada como sua controlada ou coligada;
- a pessoa jurídica domiciliada no exterior, quando esta e a empresa domiciliada no Brasil estiverem sob controle societário ou administrativo

comum ou quando pelo menos 10% do capital social de cada uma pertencer a uma mesma pessoa física ou jurídica;
- a pessoa física ou jurídica, residente ou domiciliada no exterior, que, em conjunto com a pessoa jurídica domiciliada no Brasil, tiver participação societária no capital social de uma terceira pessoa jurídica, cuja soma as caracterizem como controladoras ou coligadas desta;
- a pessoa física ou jurídica, residente ou domiciliada no exterior, que seja sua associada, na forma de consórcio ou condomínio, conforme definido na legislação brasileira, em qualquer empreendimento;
- a pessoa física residente no exterior que for parente ou afim até o terceiro grau, cônjuge ou companheiro de qualquer de seus diretores ou de seu sócio ou acionista controlador em participação direta ou indireta;
- a pessoa física ou jurídica, residente ou domiciliada no exterior, que goze de exclusividade, como seu agente, distribuidor ou concessionário, para a compra e venda de bens, serviços ou direitos;
- a pessoa física ou jurídica, residente ou domiciliada no exterior, em relação à qual a pessoa jurídica domiciliada no Brasil goze de exclusividade, como agente, distribuidora ou concessionária, para a compra e venda de bens, serviços ou direitos.

39.3.2. Pessoa residente em país com tributação favorecida

As disposições relativas a preços de transferência também se aplicam às operações efetuadas por pessoa física ou jurídica residente ou domiciliada no Brasil, com qualquer pessoa física ou jurídica, ainda que não vinculada, residente ou domiciliada em país que não tribute a renda ou que a tribute à alíquota máxima inferior a 20% (Lei nº 9.430, de 1996, art. 24).

Para esse fim, também se considera país ou dependência com tributação favorecida aquele cuja legislação não permita o acesso a informações relativas à composição societária de pessoas jurídicas, à sua titularidade ou à identificação do beneficiário efetivo de rendimentos atribuídos a não residentes (Lei nº 9.430, de 1996, art. 24, § 4º).

Atualmente, os países ou dependências que não tributam a renda ou que a tributam à alíquota inferior a 20% ou, ainda, cuja legislação interna não permita acesso a informações relativas à composição societária de pessoas jurídicas ou à sua titularidade, encontram-se listados no art. 1º da Instrução Normativa RFB nº 1.037, de 2010.

39.3.3. Pessoa residente no exterior, beneficiária de regime fiscal privilegiado

As disposições relativas a preços de transferência também se aplicam às operações realizadas em regime fiscal privilegiado, nas transações entre pessoas físicas ou jurídicas residentes e domiciliadas no País com qualquer pessoa física ou jurídica, ainda que não vinculada, residente ou domiciliada no exterior (Lei nº 9.430, de 1996, art. 24-A).

Note que, aqui, o elemento de conexão, que atrai a aplicação das normas relativas a preços de transferência, não diz respeito a um país como um todo. Em outras palavras, não se trata de simplesmente aferir a circunstância de a contraparte ser residente ou domiciliada em um determinado país, como se faz no item anterior (39.3.2).

Aqui, trata-se da circunstância de a contraparte no exterior se enquadrar em algum regime específico, previsto pela legislação estrangeira, com natureza de "regime fiscal privilegiado".

Para esse fim, considera-se regime fiscal privilegiado aquele que apresentar uma ou mais das seguintes características:

- não tribute a renda ou a tribute à alíquota máxima inferior a 20%;
- conceda vantagem de natureza fiscal a pessoa física ou jurídica não residente:
    - ✓ sem exigência de realização de atividade econômica substantiva no país ou dependência;
    - ✓ condicionada ao não exercício de atividade econômica substantiva no país ou dependência;
- não tribute, ou o faça em alíquota máxima inferior a 20%, os rendimentos auferidos fora de seu território;
- não permita o acesso a informações relativas à composição societária, titularidade de bens ou direitos ou às operações econômicas realizadas.

Por exemplo, a Espanha não consta da lista dos países com tributação favorecida, referidos no item 39.3.3. No entanto, o regime aplicável às pessoas jurídicas constituídas na Espanha sob a forma de *Entidad de Tenencia de Valores Extranjeros* é considerado pela legislação tributária do Brasil um regime fiscal privilegiado.

Atualmente, os regimes fiscais privilegiados encontram-se listados no art. 2º da Instrução Normativa RFB nº 1.037, de 2010.

Capítulo 40
Lucros, Rendimentos e Ganhos de Capital obtidos no Exterior

Este Capítulo se refere à chamada Tributação em Bases Universais (TBU).

A partir de 1º de janeiro de 1996, os lucros, rendimentos e ganhos de capital auferidos no exterior passaram a ser tributados no Brasil.

Para o efeito da incidência do IRPJ, consideram-se tanto os rendimentos e ganhos de capital auferidos no exterior diretamente pela pessoa jurídica domiciliada no Brasil, quanto os resultados positivos apurados por intermédio de filiais, sucursais, controladas e coligadas da pessoa jurídica domiciliada no Brasil.

Também é preciso esclarecer desde logo que os prejuízos e perdas decorrentes de operações no exterior não podem ser compensados com lucros auferidos no Brasil (RIR, art. 394, § 8º).

Cabe ainda destacar que as regras de incidência do IRPJ sobre esses resultados constituem o objeto das Leis nº 12.973 e nº 13.043, ambas de 2014, da Instrução Normativa SRF nº 213, de 2002, e da Instrução Normativa RFB nº 1.520, de 2014.

No RIR, o tema é tratado pelos arts. 394 a 396, mas é preciso cuidado ao ler esses dispositivos em razão das recentes alterações legislativas.

40.1. Regime de apuração da base de cálculo do imposto de pessoa jurídica que aufere lucros, rendimentos ou ganhos de capital oriundos do exterior

Conforme vimos no item 29.1, a pessoa jurídica que aufere lucros, rendimentos ou ganhos de capital oriundos do exterior é obrigada à apuração da base de cálculo do IRPJ segundo as regras do Lucro Real.

Os resultados auferidos no exterior devem ser computados na determinação do lucro real das pessoas jurídicas, correspondente ao balanço levantado em 31 de dezembro do ano de sua disponibilização.

E na hipótese de arbitramento do lucro da pessoa jurídica domiciliada no Brasil, os lucros, rendimentos e ganhos de capital oriundos do exterior devem ser adicionados ao lucro arbitrado para determinação da base do imposto (RIR, art. 394, § 12).

Antes de avançar para os próximos itens, é oportuno registrar que, segundo a sistematização encontrada nos atos da Receita Federal, "rendimentos e ganhos de capital" decorrem da atividade da empresa brasileira exercida diretamente no exterior, enquanto "lucros" são os resultados positivos auferidos por intermédio de filiais ou sucursais, ou decorrentes de uma participação em controladas ou coligadas no exterior.

40.2. Rendimentos e ganhos de capital auferidos no exterior diretamente pela pessoa jurídica domiciliada no Brasil

Os rendimentos e ganhos de capital auferidos no exterior, diretamente pela pessoa jurídica domiciliada no Brasil, devem ser computados na apuração do lucro líquido apurado em balanço levantado no dia 31 de dezembro do ano--calendário em que auferidos (IN SRF nº 213, de 2002, art. 9º). Por outro lado, as perdas reconhecidas nos resultados da pessoa jurídica devem ser adicionadas para fins de determinação do lucro real, pois não são dedutíveis.

Sobre os resultados decorrentes de aplicações financeiras de renda variável no exterior, a legislação tributária estabelece que, quando decorrentes de aplicações realizadas em um mesmo país, eles podem ser consolidados para efeito de cômputo do ganho, na determinação do lucro real (RIR, art. 394, § 13; IN SRF nº 213, de 2002, art. 9º, § 1º).

Além disso, de acordo com o art. 396 do RIR, os resultados líquidos, positivos ou negativos, obtidos em operações de cobertura (*hedge*) realizadas diretamente pela empresa brasileira em mercados de liquidação futura de bolsas no exterior, devem ser computados na determinação do lucro real. No entanto, no caso de operações dessa natureza que não se caracterizem como de cobertura, para efeito de apuração do lucro real, os lucros obtidos devem ser computados, mas os prejuízos não são dedutíveis.

40.3. Lucros auferidos no exterior por intermédio de filiais, sucursais, controladas ou coligadas de pessoas jurídicas domiciliadas no Brasil

Os lucros auferidos no exterior por intermédio de filiais, sucursais, controladas ou coligadas devem ser computados na determinação do lucro real das pessoas jurídicas domiciliadas no Brasil, correspondente ao balanço levantado em 31 de dezembro do ano da disponibilização.

Para fins de determinação do lucro real, os lucros auferidos no exterior devem ser integralmente adicionados ao lucro líquido quando se tratar de filial ou sucursal, ou proporcionalmente à participação no capital social, quando se tratar de controlada ou coligada (IN SRF nº 213, de 2002, art. 1º, § 4º).

Como regra, os lucros auferidos no exterior devem ser considerados de forma individualizada, por filial, sucursal, controlada ou coligada, sendo vedada a consolidação dos valores, ainda que todas as entidades estejam localizadas em um mesmo país (RIR, art. 394, § 10, inciso I). No entanto, tratando-se de filiais e sucursais domiciliadas num mesmo país, quando a matriz no Brasil indicar uma delas como entidade líder, os resultados podem ser consolidados por país e os prejuízos de uma podem ser compensados com os lucros de outra (IN SRF nº 213, de 2002, art. 4º, § 5º).

Além disso, as filiais, sucursais e controladas devem demonstrar a apuração dos lucros que auferirem em cada um de seus exercícios fiscais, segundo as normas da legislação brasileira (RIR, art. 394, § 5º, inciso I). Note que essa regra não se aplica às coligadas!

E quando não for possível a determinação dos resultados auferidos no exterior por intermédio de filiais, sucursais e controladas, eles devem ser arbitrados com observância das mesmas normas aplicáveis às pessoas jurídicas domiciliadas no Brasil, e computados na determinação do lucro real (RIR, art. 394, § 10, inciso II).

Sobre o momento de incidência do imposto brasileiro, a Lei nº 9.532, de 1997, estabeleceu que os lucros auferidos no exterior, por intermédio de filiais, sucursais, controladas ou coligadas devem ser adicionados ao lucro líquido, para determinação do lucro real correspondente ao balanço levantado no dia 31 de dezembro do ano-calendário em que tiverem sido disponibilizados para a pessoa jurídica domiciliada no Brasil (RIR, art. 394, § 2º).

Portanto, em 1997, foi fixado um momento em que se considera ocorrido o fato gerador do Imposto de Renda na hipótese de lucro auferido por intermédio de filiais, sucursais, controladas ou coligadas: o dia 31 de dezembro do ano em que sejam disponibilizados os lucros para a pessoa jurídica domiciliada no Brasil.

E a própria Lei nº 9.532, de 1997, tratou de definir o sentido de "disponibilizados" (RIR, art. 394, § 3º):

- no caso de filial ou sucursal, na data do balanço no qual tiverem sido apurados; e
- no caso de controlada ou coligada, os lucros deveriam ser considerados disponibilizados para a empresa no Brasil na data do pagamento ou do crédito em conta representativa de obrigação da empresa no exterior.

Note que essa regulamentação é anterior à introdução do § 2º do art. 43 do CTN, pela Lei Complementar nº 104, de 2001.

Em 10 de janeiro de 2001, a Lei Complementar nº 104 alterou o art. 43 do CTN, para estabelecer que, na hipótese de receita ou de rendimento oriundos do exterior, cabe à lei a tarefa de estabelecer as condições e o momento em que se dará sua disponibilidade, para fins de incidência do imposto.

Com a publicação da Medida Provisória nº 2.158, de 2001, o regime de tributação das controladas e coligadas no exterior, foi alterado, e de forma substancial, por meio do seu art. 74:

> **Art. 74**. Para fim de determinação da base de cálculo do imposto de renda e da CSLL, nos termos do art. 25 da Lei nº 9.249, de 26 de dezembro de 1995, e do art. 21 desta Medida Provisória, **os lucros auferidos por controlada ou coligada no exterior serão considerados disponibilizados para a controladora ou coligada no Brasil na data do balanço** no qual tiverem sido apurados, na forma do regulamento.
>
> **Parágrafo único.** Os lucros apurados por controlada ou coligada no exterior até 31 de dezembro de 2001 serão considerados disponibilizados em 31 de dezembro de 2002, salvo se ocorrida, antes desta data, qualquer das hipóteses de disponibilização previstas na legislação em vigor. (destaques acrescidos)

Portanto, pelo dispositivo acima reproduzido, a partir de 2002 os lucros auferidos no exterior passaram a ser considerados disponibilizados na data do balanço levantado pela controlada ou coligada. Ou seja, a incidência do imposto, nesse caso, deixou de depender da efetiva distribuição do lucro auferido no exterior à empresa sediada no Brasil. Em outras palavras, foi abandonado o critério de "pagamento ou crédito", e passou a ser adotado o critério "apuração em balanço pela controlada ou coligada no exterior".

Em relação à matéria, grande parte do que se discute na doutrina, e do que se discutiu na ADI nº 2.588 impetrada perante o STF, refere-se ao momento em que se considera ocorrido o fato gerador do Imposto de Renda. Os juristas que defendem a inconstitucionalidade do art. 74 da MP nº 2.158, de 2001, entendem que a tributação deveria ocorrer apenas quando os lucros fossem efetivamente distribuídos (situação anterior ao art. 74 da MP nº 2.158, de 2001). De outro lado, os que defendem a constitucionalidade do art. 74 da MP nº 2.158, de 2001, consideram admissível que o imposto incida desde o momento em que se verifique a produção de riqueza (acréscimo patrimonial) na controlada ou coligada no exterior, e não somente quando ela for distribuída à pessoa jurídica domiciliada no Brasil.

De toda sorte, no dia 10 de abril de 2013, o Plenário do STF concluiu o julgamento da ADI nº 2.588. Por maioria, julgou parcialmente procedente o pedido formulado na Ação Direta ajuizada pela Confederação Nacional da Indústria (CNI), estabelecendo que, ao *caput* do art. 74 da Medida Provisória

2.158, de 2001, deve ser dada interpretação conforme a Constituição, com eficácia *erga omnes* e efeito vinculante, no sentido de que o referido dispositivo:

- não se aplica às empresas coligadas localizadas em países sem tributação favorecida (fora de "paraísos fiscais"), e
- se aplica às empresas controladas localizadas em países de tributação favorecida ou desprovidos de controles societários e fiscais adequados ("paraísos fiscais", assim definidos em lei).

Fato curioso é que o julgamento não alcançou maioria em relação à aplicação da norma às controladas fora de paraísos fiscais, e às coligadas localizadas em paraísos fiscais.

Quanto ao parágrafo único do art. 74 da MP nº 2.158, de 2001, o STF declarou a inconstitucionalidade da retroatividade ali prevista. Nesse ponto, os ministros destacaram que a retroatividade fica afastada tanto para controladas e coligadas situadas em paraísos fiscais quanto para aquelas instaladas em países de tributação não favorecida.

Em vista desse importante julgamento do STF, a legislação tributária foi alterada mais uma vez. Referindo-se à tributação dos resultados positivos auferidos no exterior por intermédio de coligadas e controladas, a Lei nº 12.973, de 2014, revogou o art. 74 da Medida Provisória nº 2.158, de 2001, a partir de 1º de janeiro de 2015, e estabeleceu as regras a seguir apresentadas.

40.3.1. Regras aplicáveis à pessoa jurídica controladora domiciliada no Brasil

Entre os arts. 77 a 88, a Lei nº 12.973, de 2014, dispõe sobre a tributação do acréscimo patrimonial percebido pelas controladoras domiciliadas no Brasil. No art. 77, a lei estabelece que a parcela do ajuste do valor do investimento equivalente aos lucros auferidos por controlada, direta ou indireta, domiciliada no exterior, deve ser computada na determinação do lucro real da controladora no Brasil. Até aí, nenhuma novidade. Nota-se nessa previsão que a tributação dos resultados reconhecidos pela controladora no Brasil continua a ser independente do efetivo pagamento de dividendos.

No § 1º do art. 77, restou esclarecido que a parcela do ajuste que deve ser computada no lucro real da controladora brasileira compreende apenas os lucros auferidos no período, não alcançando as demais parcelas que influenciaram o patrimônio líquido da controlada, direta ou indireta, domiciliada no exterior.

No § 2º do art. 77, fica autorizada a compensação de prejuízo acumulado no exterior, referente a período anterior ao início de vigência da lei, com os lucros futuros da própria pessoa jurídica controlada.

E com o objetivo de estimular investimentos do setor de petróleo e gás, o § 3º do art. 77 estabelece que os lucros decorrentes da prestação de alguns serviços diretamente relacionados à atividade de prospecção e exploração desses produtos, em território brasileiro, não serão computados na determinação do lucro real da pessoa jurídica controladora domiciliada no Brasil.

Por sua vez, por um período experimental (até o ano-calendário de 2022), o art. 78 prevê a possibilidade da consolidação de resultados das controladas domiciliadas no exterior para fins de apuração do valor a ser tributado pela controladora brasileira. Dessa forma, a lei estabelece essa possibilidade de consolidação, independentemente da estrutura empresarial adotada no exterior pelo controlador brasileiro. Observe que se trata de uma flexibilização em relação à regra geral de que "os lucros auferidos no exterior devem ser considerados de forma individualizada por controlada" (RIR, art. 394, § 10, inciso I – item 40.3).

O resultado positivo dessa consolidação deve ser adicionado ao lucro líquido relativo ao balanço de 31 de dezembro do ano-calendário em que os lucros tenham sido apurados pelas empresas domiciliadas no exterior, para fins de determinação do lucro real da pessoa jurídica controladora domiciliada no Brasil.

Note que, para a hipótese de lucro produzido por controlada no exterior, fica mantido o mesmo critério temporal de reconhecimento do acréscimo patrimonial na controladora no Brasil (apuração em balanço pela empresa no exterior), anteriormente previsto no art. 74 da MP nº 2.158, de 2001, validado pelo STF no julgamento da ADI nº 2.588, nesse específico caso de controlada no exterior.

No caso de resultado negativo da consolidação, a controladora domiciliada no Brasil deve informar à Receita Federal as parcelas negativas utilizadas na consolidação, no momento da apuração (art. 78, § 3º). Essa informação é importante para atualizar os controles relativos ao saldo de prejuízos acumulados de cada pessoa jurídica investida, domiciliada no exterior, que poderá ser utilizado na compensação com lucros futuros das mesmas pessoas jurídicas que lhes deram origem (art. 78, § 4º).

De qualquer forma, por não serem computados na base de cálculo do IRPJ os lucros decorrentes da prestação de alguns serviços diretamente relacionados à indústria de petróleo e gás, os prejuízos dessas atividades também não poderão ser utilizados na consolidação, conforme prevê o § 5º do art. 78.

Além disso, também não podem ser levadas à consolidação as parcelas do ajuste do valor do investimento em controladas:
- situadas em país com o qual o Brasil não mantenha acordo em vigor para troca de informações para fins tributários;

- localizadas em país ou dependência com tributação favorecida, ou sejam beneficiárias de regime fiscal privilegiado, ou estejam submetidas a regime de subtributação (aquele que tributa os lucros da pessoa jurídica domiciliada no exterior à alíquota nominal inferior a 20%); ou
- que sejam controladas, direta ou indiretamente, por pessoa jurídica localizada em país ou dependência com tributação favorecida, beneficiária de regime fiscal privilegiado, ou que esteja submetida a regime de subtributação;
- que tenham renda ativa própria inferior a 80% da renda total (para esse fim, considera-se renda ativa própria aquela obtida diretamente pela pessoa jurídica mediante a exploração de atividade econômica própria).

Em poucas palavras, o principal objetivo com essa vedação é o seguinte: em um mesmo período de apuração, prejuízos computados em "paraísos fiscais" não podem ser consolidados com lucros originados fora desses locais.

Adiante, no art. 79, a lei estabelece que, quando não integrar a consolidação, a parcela do ajuste do valor do investimento em controlada domiciliada no exterior, equivalente aos lucros ou prejuízos por ela auferidos, deve ser considerada de forma individualizada na determinação do lucro real da pessoa jurídica controladora domiciliada no Brasil, na seguinte forma:

- se positiva, deverá ser adicionada ao lucro líquido relativo ao balanço de 31 de dezembro do ano-calendário em que os lucros tenham sido apurados pela empresa domiciliada no exterior; e
- se negativa, poderá ser compensada com lucros futuros da mesma pessoa jurídica no exterior que lhes deu origem.

Neste momento, cabe destacar que essas regras até aqui apresentadas também se aplicam às pessoas jurídicas equiparadas a controladoras, conforme estabelece o art. 80 c/c o art. 83 da Lei nº 12.973, de 2014.

Nesse sentido, considera-se equiparada à controladora a pessoa jurídica domiciliada no Brasil que detenha participação em coligada no exterior e que, em conjunto com pessoas físicas ou jurídicas residentes ou domiciliadas no Brasil ou no exterior, consideradas a ela vinculadas, possua mais de 50% do capital votante da coligada no exterior.

Note, na definição acima, que o elemento essencial da equiparação de uma pessoa jurídica domiciliada no Brasil (coligada a outra no exterior) à condição de controladora é a existência de pessoas a ela vinculadas, com as quais possua mais de 50% do capital votante da sociedade investida no exterior.

Para esse fim, considera-se pessoa vinculada à pessoa jurídica domiciliada no Brasil:
- a pessoa física ou jurídica cuja participação societária no seu capital social a caracterize como sua controladora, direta ou indireta, na forma definida nos §§ 1º e 2º do art. 243 da Lei nº 6.404, de 1976;
- a pessoa jurídica que seja caracterizada como sua controlada, direta ou indireta, ou coligada, na forma definida nos §§ 1º e 2º do art. 243 da Lei nº 6.404, de 1976;
- a pessoa jurídica quando esta e a empresa domiciliada no Brasil estiverem sob controle societário ou administrativo comum ou quando pelo menos 10% do capital social de cada uma pertencer a uma mesma pessoa física ou jurídica;
- a pessoa física ou jurídica que seja sua associada, na forma de consórcio ou condomínio, conforme definido na legislação brasileira, em qualquer empreendimento;
- a pessoa física que for parente ou afim até o terceiro grau, cônjuge ou companheiro de qualquer de seus conselheiros, administradores, sócios ou acionista controlador em participação direta ou indireta; e
- a pessoa física ou jurídica residente ou domiciliada em país com tributação favorecida ou beneficiária de regime fiscal privilegiado.

Vale dizer que, com essa equiparação, entre outras coisas, pretende-se possibilitar que sejam considerados individualmente os resultados de empresas no exterior que, por exemplo, sejam controladas por uma coligada com domicílio no Brasil, conferindo o mesmo tratamento tributário que se dispensa a pessoa jurídica controladora domiciliada no Brasil.

Isso porque, no art. 76, a Lei nº 12.973, de 2014, estabelece para a pessoa jurídica controladora domiciliada no Brasil a obrigação de registrar em subcontas da conta de investimentos, de forma individualizada, o resultado contábil na variação do valor do investimento equivalente aos lucros ou prejuízos auferidos pela própria controlada direta e suas controladas, no Brasil ou no exterior, relativo ao ano-calendário em que foram apurados em balanço, observada a proporção de sua participação em cada controlada.

Em outras palavras, a pessoa jurídica controladora brasileira deve explicitar, de forma individualizada, os resultados das parcelas de investimentos que afetaram o resultado de suas controladas no exterior, observando-se o percentual de participação em cada investimento.

A individualização tem como objetivo evidenciar, nos registros do contribuinte, as parcelas que influenciaram o resultado contábil na variação de seus investimentos no exterior, independentemente do pagamento ou não de tributos no Brasil ou da consolidação prevista no art. 78. Trata-se, assim, de detalhar os valores que compuseram o resultado reconhecido pelo investidor brasileiro.

Por fim, para evitar que o mesmo resultado seja considerado duas vezes, o que implicaria dupla tributação do acréscimo patrimonial decorrente de participação em lucros auferidos no exterior por uma mesma controlada indireta, o § 1º do art. 76 estabelece que devem ser expurgados dos resultados das controladas diretas ou indiretas, os resultados auferidos por outra pessoa jurídica sobre a qual a pessoa jurídica controladora domiciliada no Brasil mantenha controle.

40.3.2. Regras aplicáveis à pessoa jurídica coligada domiciliada no Brasil

Nos arts. 81 e 82, a Lei nº 12.973, de 2014, dispõe sobre a tributação dos lucros auferidos por intermédio de coligada domiciliada no exterior. Em consonância com o entendimento exarado pelo STF no julgamento da ADI nº 2.588, como regra, a Lei estabelece a tributação apenas no ano-calendário em que ocorrer o pagamento dos dividendos à coligada no Brasil, ou de outras situações em que se presume o pagamento (art. 81, § 1º). Mas esse regime somente se aplica se a investida:

- não estiver sujeita a regime de subtributação;
- não estiver localizada em país ou dependência com tributação favorecida, ou não for beneficiária de regime fiscal privilegiado,
- não for controlada, direta ou indiretamente, por pessoa jurídica localizada em país ou dependência com tributação favorecida, ou beneficiária de regime fiscal privilegiado.

Não satisfeitas as condições para a aplicação da regra geral de tributação de coligadas, o art. 82 estabelece um tratamento específico. Nesse caso, a parcela do ajuste do valor do investimento na coligada domiciliada no exterior, equivalente aos lucros ou prejuízos por ela apurados, deve ser computada na determinação do lucro real da pessoa jurídica investidora domiciliada no Brasil, na seguinte forma:

- se positiva, deverá ser adicionada ao lucro líquido relativo ao balanço de 31 de dezembro do ano-calendário em que os lucros tenham sido apurados pela empresa domiciliada no exterior; e
- se negativa, poderá ser compensada com lucros futuros da mesma pessoa jurídica no exterior que lhes deu origem.

Portanto, note que nos casos em que a coligada domiciliada no exterior, por exemplo, for beneficiária de regime fiscal privilegiado, para que se verifique a incidência do IRPJ na coligada domiciliada no Brasil basta que os lucros sejam apurados no exterior, independentemente do pagamento dos dividendos.

Ou seja, se a coligada estiver situada fora de "paraíso fiscal", considera-se disponibilizado o lucro à coligada domiciliada no Brasil na data do pagamento ou crédito desse lucro. Por outro lado, se a coligada estiver localizada em "paraíso fiscal", considera-se disponibilizado o lucro à coligada domiciliada no Brasil na data do balanço levantado no exterior, exatamente conforme entendeu o STF.

Cabe ressaltar que, para fins da tributação do resultado positivo auferido no exterior, equiparam-se à condição de coligada os empreendimentos controlados em conjunto com partes não vinculadas.

Para encerrar este item, é preciso informar que a Lei nº 13.259, de 2016, introduziu o art. 82-A na Lei nº 12.973, de 2014, facultando à pessoa jurídica domiciliada no Brasil a possibilidade de oferecer à tributação os lucros auferidos por intermédio de suas coligadas no exterior na forma prevista no art. 82, independentemente do descumprimento das condições previstas no *caput* do art. 81.

Em outras palavras, o novo dispositivo apenas autoriza a pessoa jurídica a antecipar a incidência tributária, por sua própria vontade, adicionando a parcela do ajuste do valor do investimento na coligada ao lucro líquido relativo ao balanço de 31 de dezembro do ano-calendário em que os lucros tenham sido apurados pela empresa domiciliada no exterior, e não apenas na data em que lhe forem pagos os dividendos.

40.4. Deduções admitidas

Entre os arts. 85 a 89, a Lei nº 12.973, de 2014, trata de deduções. Aqui é preciso certo cuidado, pois encontram-se previstas tanto deduções da base de cálculo (arts. 85 e 86), quanto deduções do imposto (arts. 87 a 89).

40.4.1. Deduções da base de cálculo

Nos arts. 85 e 86, a lei autoriza o aproveitamento de deduções do valor a ser oferecido à tributação, referente à parcela do lucro da pessoa jurídica controlada ou coligada domiciliada no exterior.

No art. 85, encontra-se a dedução relativa à parcela do lucro da controlada ou coligada no exterior que seja oriunda de participações destas em pessoas jurídicas controladas ou coligadas domiciliadas no Brasil. Em outras palavras, se a empresa BR01 (domiciliada no Brasil) controla ou é coligada à empresa EXT (domiciliada no exterior), e essa mesma empresa EXT controla a empresa

BR02 (domiciliada no Brasil), no momento em que for computar sua parcela nos lucros da EXT, a BR01 poderá deduzir a parcela do lucro da EXT que teve origem na controlada BR02.

O art. 86 prevê a dedução dos valores referentes às adições, espontaneamente efetuadas, decorrentes da aplicação das regras de preços de transferência (Capítulo 39), e das regras de subcapitalização (previstas nos arts. 24 a 26 da Lei nº 12.249, de 2010), desde que os lucros auferidos no exterior tenham sido considerados na respectiva base de cálculo do IRPJ da pessoa jurídica controladora domiciliada no Brasil, ou a ela equiparada, e cujo imposto sobre a renda, em qualquer das hipóteses, tenha sido recolhido. De qualquer forma, essas deduções devem se referir a operações efetuadas com a respectiva controlada, direta ou indireta, da qual o lucro seja proveniente.

40.4.2. Deduções do imposto

Muito embora o Imposto de Renda brasileiro incida sobre lucros, rendimentos e ganhos de capital auferidos no exterior, a pessoa jurídica pode compensar o imposto incidente no exterior, até o limite do Imposto de Renda incidente, no Brasil, sobre os referidos resultados, independentemente da existência de tratados para evitar a dupla tributação (RIR, art. 395).

A título de exemplo, considere que um rendimento auferido no exterior, em valor equivalente a R$ 1 milhão, tenha sofrido a incidência do imposto no país de origem segundo alíquota de 30%. Suponha, ainda, que ao incluir esse rendimento na base de cálculo do imposto devido no Brasil, esse mesmo rendimento produza um IRPJ, mais adicional, de R$ 250 mil. Nesse caso, ainda que o imposto pago no exterior tenha alcançado o montante equivalente a R$ 300 mil, a esse título o contribuinte somente poderá compensar R$ 250 mil.

Por outro lado, nesse mesmo exemplo se o imposto no exterior incidisse à alíquota de 20%, o imposto pago no exterior, no valor equivalente a R$ 200 mil, não seria suficiente para compensar todo o IRPJ resultante da inclusão desse rendimento na base de cálculo do imposto brasileiro.

Desse modo, deve ficar claro que só haverá imposto a pagar em relação aos resultados positivos auferidos no exterior incluídos na base de cálculo do Imposto de Renda brasileiro, na hipótese de a alíquota adotada no país de origem ser inferior à adotada no Brasil.

De qualquer forma, como decorrência lógica desse mecanismo de compensação, para efeito de inclusão na base de cálculo do IRPJ, os lucros, rendimentos e ganhos de capital auferidos no exterior devem ser considerados pelo seu valor antes de descontado o tributo incidente no país de origem (IN SRF nº 213, de 2002, art. 1º, § 7º).

No caso de controlada no exterior, o art. 87 da Lei nº 12.973, de 2014, reafirma que a controladora no Brasil pode deduzir, na proporção de sua participação, o imposto sobre a renda pago no exterior pela controlada direta ou indireta, incidente sobre as parcelas positivas computadas no lucro real, até o limite do imposto incidente no Brasil sobre as referidas parcelas.

Além disso, a pessoa jurídica controladora domiciliada no Brasil pode considerar como imposto pago, para fins de dedução, o imposto sobre a renda retido na fonte no Brasil e no exterior, na proporção de sua participação, decorrente de rendimentos recebidos pela controlada domiciliada no exterior (art. 89).

De qualquer forma, o valor do tributo pago no exterior admitido como dedução não pode exceder o montante do imposto sobre a renda e adicional, devidos no Brasil, sobre o valor das parcelas positivas dos resultados incluído na apuração do lucro real (art. 87, § 4º).

No caso da coligada domiciliada no Brasil, o art. 88 autoriza a dedução do imposto sobre a renda retido na fonte no exterior, incidente sobre os dividendos pagos pela coligada no exterior, que tenham sido computados na determinação do lucro real.

Por fim, é importante observar que, na conversão da MP nº 627, de 2013, o Congresso Nacional introduziu um benefício, até o ano-calendário de 2022, segundo o qual a controladora no Brasil poderá deduzir até 9%, a título de crédito presumido incidente sobre a parcela positiva computada no lucro real, relativa a investimento em pessoas jurídicas no exterior que realizem as atividades de fabricação de bebidas, de fabricação de produtos alimentícios e de construção de edifícios e de obras de infraestrutura, além das demais indústrias em geral.

40.5. Pagamento parcelado do imposto

Conforme vimos acima, para fins de incidência do IRPJ sobre o acréscimo patrimonial percebido pela pessoa jurídica domiciliada no Brasil, sendo ela controladora (arts. 77 e 78), equiparada à controladora (art. 83) ou coligada à qual não se aplique a regra geral (art. 82), o imposto incide no ano-calendário em que os lucros tenham sido apurados pela empresa domiciliada no exterior, independentemente do pagamento de dividendos.

Para esses casos, o art. 90 da Lei nº 12.973, de 2014, oferece a opção de pagamento escalonado do imposto, na proporção dos resultados distribuídos

nos anos subsequentes ao encerramento do período de apuração a que corresponder, observado o seguinte:
- no primeiro ano subsequente ao período de apuração, serão considerados distribuídos, no mínimo, 12,5% do resultado apurado; e
- no oitavo ano subsequente ao período de apuração, será considerado distribuído o saldo remanescente dos resultados, ainda não oferecidos à tributação.

Portanto, ainda que tenha sido mantido o regime de competência para fins de reconhecimento do acréscimo patrimonial da contribuinte domiciliada no Brasil, originado em controlada no exterior ou coligada situada em "paraíso fiscal", o art. 90 da lei proporciona o "alívio no caixa" da empresa brasileira, materializando "a contribuição do legislador para a estratégia de internacionalização perseguida por empresas de capital nacional", anunciada na Exposição de Motivos da MP nº 627, de 2013.

40.6. Breve resumo das alterações da legislação referente à tributação em bases universais

Neste momento, vamos sintetizar numa tabela o modelo implementado pela Lei nº 12.973, de 2014, em relação aos acréscimos patrimoniais originados em participações societárias no exterior:

Relação do contribuinte domiciliado no Brasil com a investida no Exterior	Localização da Investida	Momento de incidência do Imposto
Controladora ou equiparada à controladora	Fora de "paraíso fiscal"	No ano-calendário em que os lucros tenham sido apurados pela empresa domiciliada no exterior, **COM** possibilidade de consolidação com resultados de outras investidas
	Em "paraíso fiscal"	No ano-calendário em que os lucros tenham sido apurados pela empresa domiciliada no exterior, **SEM** possibilidade de consolidação com resultados de outras investidas

Coligada	Fora de "paraíso fiscal"	No ano-calendário em que ocorrer o **pagamento** dos dividendos à coligada no Brasil, ou de outras situações em que se presume o pagamento
	Em "paraíso fiscal"	No ano-calendário em que os lucros tenham sido apurados pela empresa domiciliada no exterior, **SEM** possibilidade de consolidação com resultados de outras investidas

40.7. Tratados internacionais para evitar dupla tributação

Antes de encerrar este Capítulo, cumpre tecer algumas breves considerações sobre a compatibilidade das normas internas brasileiras com as disposições de acordos para evitar a dupla tributação, no que se refere à incidência do IRPJ sobre os lucros auferidos por intermédio de coligadas e controladas no exterior.

Há quem entenda que existe incompatibilidade entre a aplicação da norma brasileira e dos acordos para evitar a dupla tributação celebrados pelo Brasil.

Ao enfrentar a questão, a Coordenação-Geral de Tributação da Receita Federal (Cosit) expediu seu entendimento por meio da Solução de Consulta Interna nº 18, de 2013, disponível na página da Receita Federal na internet.

Em síntese, a Cosit concluiu que as normas que instituíram a tributação em bases universais no ordenamento brasileiro não violam os tratados internacionais para evitar a dupla tributação pelas seguintes razões:

- a norma interna incide sobre o contribuinte brasileiro, inexistindo qualquer conflito com os dispositivos de tratado internacionais que versam sobre a tributação de lucros;
- o Brasil não está tributando os lucros da sociedade domiciliada no exterior, mas sim os lucros auferidos pelos próprios sócios brasileiros; e
- a legislação brasileira permite à empresa investidora no Brasil o direito de compensar o imposto pago no exterior, ficando, assim, eliminada a dupla tributação, independentemente da existência de tratado.

Ao longo da fundamentação utilizada na Solução de Consulta, fazendo referência ao entendimento da própria OCDE[6], a Cosit esclarece que os tratados que seguem o Modelo da referida entidade, na parte que aqui nos

---
6 Organização para a Cooperação e o Desenvolvimento Econômico (OCDE), entidade que disponibiliza Modelos de tratados para evitar a dupla tributação, amplamente utilizados pelos países contratantes.

interessa, estabelecem limites ao direito de um Estado tributar os lucros de empresas situadas em outro Estado. Por outro lado, os tratados não limitam o direito de um Estado tributar os lucros auferidos por seus residentes por intermédio de participações societárias no exterior, com base em disposições de sua legislação interna.

Em outras palavras, os tratados não pretendem impedir o Estado de domicílio dos sócios de tributar a renda obtida por intermédio de sua participação em sociedades domiciliadas no exterior. Nesse sentido, a norma brasileira de incidência tributária encontra-se em total harmonia com os tratados internacionais para evitar a dupla tributação, haja vista que os lucros de coligadas ou controladas no exterior não são alcançados pelo imposto brasileiro.

Em verdade, alcançados pela norma de incidência brasileira são os resultados positivos auferidos pelas pessoas jurídicas domiciliadas no País, ainda que na apuração da base de cálculo tributável seja utilizado, como referência, o valor dos lucros auferidos pela sociedade sediada no exterior. Desse modo, o IRPJ que incide sobre as pessoas jurídicas domiciliadas no Brasil não reduz os lucros de suas controladas ou coligadas no exterior e, por isso mesmo, não se pode dizer que teve por objeto tais lucros.

De qualquer forma, não se pode ignorar o fato de que, na hipótese em que são computados na base de cálculo do imposto brasileiro lucros, rendimentos e ganhos de capital auferidos no exterior, a norma interna do Brasil autoriza a compensação dos tributos pagos no país de origem (item 40.4.2). Portanto, a aplicação da legislação interna brasileira não acarreta, nem mesmo, a bitributação econômica dos lucros decorrentes de investimentos no exterior.

Capítulo 41
Planejamento Tributário

Planejamento tributário é um tema extremamente controverso, e assim permanecerá por muito tempo.

É muito comum a associação de planejamento tributário à figura da elisão fiscal, que consiste na redução do ônus tributário sustentado pela escolha entre alternativas legalmente permitidas.

Reorganizações societárias que tenham fundamento econômico são exemplos de planejamento tributário. A concentração de negócios com o objetivo de aproveitamento de sinergias pode, eventualmente, gerar economia com tributos indiretos cumulativos. Em sentido inverso, a cisão de grandes empresas, justificada pela separação de atividades especializadas, pode gerar a redução da pressão tributária total em decorrência da opção por regimes fiscais mais adequados a cada atividade.

De outro lado, tem-se a evasão fiscal, tradicionalmente considerada sinônimo de sonegação. Para bem esclarecer o sentido dessa associação, é oportuno transcrever o conceito legal de sonegação, contido na Lei nº 4.502, de 1964:

> **Art. 71.** Sonegação é tôda ação ou omissão dolosa tendente a impedir ou retardar, total ou parcialmente, o conhecimento por parte da autoridade fazendária:
>
> I – da ocorrência do fato gerador da obrigação tributária principal, sua natureza ou circunstâncias materiais;
>
> II – das condições pessoais de contribuinte, suscetíveis de afetar a obrigação tributária principal ou o crédito tributário correspondente.

Note que, de acordo com a própria definição legal, a sonegação pressupõe a ocorrência do fato gerador, combinada com a conduta dolosa do agente no sentido de mantê-lo (o fato gerador) à margem da tributação.

Por isso mesmo, pode-se dizer que, em regra, a evasão fiscal se materializa após a ocorrência do fato gerador, enquanto a elisão fiscal, também em regra, se verifica antes da ocorrência do fato gerador. Nas palavras de Narciso Amorós, citado na obra de Sacha Calmon Navarro Coêlho, a elisão fiscal é não entrar na relação fiscal, enquanto a evasão é dela sair.

Mas é preciso dizer "em regra", afinal, é comum verificar que a conduta determinante para qualificação da evasão fiscal seja praticada antes mesmo da ocorrência do fato gerador. Por exemplo, considere a constituição de pessoa jurídica mediante utilização de interpostas pessoas, normalmente humildes (os "laranjas"), com a intenção deliberada de não recolher os tributos devidos. A realização de negócios sob essa circunstância, mediante procuração outorgada pelos "laranjas" ao verdadeiro titular do empreendimento, sem o respectivo recolhimento dos tributos, é prática dolosa que se enquadra no conceito de sonegação, na medida em que pretende esconder da fiscalização a identidade do verdadeiro contribuinte, deixando o Fisco sem ter de quem cobrar os tributos devidos, enquanto essa identidade não for revelada.

De qualquer forma, uma coisa é certa: a diferença entre a elisão e a evasão é o abismo que separa o lícito do ilícito.

O grande problema está na zona que se encontra entre a elisão e a evasão fiscal. Nela se situa o chamado "planejamento tributário abusivo", também denominado elusão fiscal.

Nesse caso, normalmente trata-se de conjunto de atos que, embora se utilizem de formas lícitas para alcançar o objetivo de redução do ônus tributário, mostram-se desprovidos da essência negocial que normalmente neles se espera encontrar. Isso revela um forte indício de que pode se tratar de uma estratégia ardilosa, empreendida unicamente para escapar da incidência tributária.

Para esses casos, foi introduzido no CTN o parágrafo único no art. 116, que assim estabelece:

> A autoridade administrativa poderá desconsiderar atos ou negócios jurídicos praticados com a finalidade de dissimular a ocorrência do fato gerador do tributo ou a natureza dos elementos constitutivos da obrigação tributária, observados os procedimentos a serem estabelecidos em lei ordinária.

Embora haja alguma controvérsia, é dominante o entendimento de que o parágrafo único do art. 116 do CTN contém a norma geral antielisiva do Sistema Tributário brasileiro. Trata-se de um mecanismo colocado à disposição da Administração Tributária para fins de combater o planejamento tributário abusivo.

Com isso a Esaf concorda (resposta, alternativa A):

(Esaf/ Analista Contábil-Financeiro/ CE – 28/01/2007) Quando o Código Tributário Nacional, em seu art. 116, parágrafo único, prevê a possibilidade de que a autoridade administrativa poderá desconsiderar atos ou negócios jurídicos praticados com a finalidade de dissimular a ocorrência do fato gerador do tributo ou a natureza dos elementos constitutivos da obrigação tributária, observados os procedimentos a serem estabelecidos em lei ordinária, podemos afirmar que estamos diante de:

a) norma geral antielisão;

b) norma geral antievasão;

c) desconsideração da pessoa jurídica, nos termos do Código Civil;

d) princípio da tipicidade tributária;

e) aspectos procedimentais do lançamento tributário.

Conforme vimos acima, o objeto dessa norma são atos lícitos quanto à forma, mas desprovidos da essência negocial que normalmente neles se espera encontrar. Normalmente isso ocorre por meio da formalização de um ou mais negócios absolutamente lícitos, mas que, em essência, não existem. Com sua realização, o que se pretende é apenas evitar ou reduzir a tributação.

Evita-se a tributação quando o negócio aparente, não alcançado pela incidência tributária, serve para ocultar o negócio verdadeiro, este, sim, tributado. Exemplo disso é o muito citado caso de alguém que constitui uma empresa (e logo a extingue) unicamente para esconder o negócio real: a compra e venda de um imóvel. Quem integraliza dinheiro sai com o imóvel, e quem integraliza imóvel se retira com o dinheiro. Com isso, pretende-se evitar a incidência do ITBI, ao abrigo da imunidade prevista na CF, art. 156, § 2º, inciso I.

Em outros casos, pretende-se reduzir a incidência tributária mediante a formalização de atos ou negócios que, embora não escondam nenhum outro negócio, têm o condão de reduzir o montante dos tributos devidos, por exemplo, criando despesas artificialmente. Reorganizações societárias que ocorriam unicamente "no papel", apenas para produzir despesas de amortização de ágio, servem de exemplo para esse segundo caso.

De qualquer forma, a aplicação do parágrafo único do art. 116 do CTN demanda a publicação de lei ordinária que veicule procedimentos a serem observados pela autoridade fiscal para fins de desconsideração de atos ou negócios jurídicos dessa natureza.

Em 2002, por meio da Medida Provisória nº 66, o Poder Executivo tentou, sem sucesso, disciplinar o parágrafo único do art. 116 do CTN.

Por enquanto, devido à ausência de um marco legal bem definido, são muito frequentes os litígios, principalmente na esfera administrativa, envolvendo a matéria.

A análise do texto da MP nº 66, de 2002, na parte relativa à regulamentação da norma antielisiva revela a fragilidade da proposta. Nota-se ali uma tentativa de "parametrização da realidade" e uma confusão terminológica que, certamente, iriam causar ainda mais problemas no dia a dia dos operadores do Direito Tributário.

De qualquer forma, embora a proposta do Poder Executivo tenha naufragado, vale transcrever o excerto da Exposição de Motivos que acompanhou a MP nº 66, de 2002:

> *11. Os arts. 13 a 19 dispõem sobre as hipóteses em que a autoridade administrativa, apenas para efeitos tributários, pode desconsiderar atos ou negócios jurídicos, ressalvadas as situações relacionadas com a prática de dolo, fraude ou simulação, para as quais a legislação tributária brasileira já oferece tratamento específico.*
>
> *12. O projeto identifica as hipóteses de atos ou negócios jurídicos que são passíveis de desconsideração, pois, embora lícitos, buscam tratamento tributário favorecido e configuram abuso de forma ou falta de propósito negocial.*

13. Os conceitos adotados no projeto guardam consistência com os estabelecidos na legislação tributária de países que, desde algum tempo, disciplinaram a elisão fiscal.

14. Os arts. 15 a 19 dispõem sobre os procedimentos a serem adotados pela administração tributária no tocante à matéria, suprindo exigência contida no parágrafo único do art. 116 do Código Tributário Nacional.

Note, na justificativa da Medida Provisória, que a **falta de propósito negocial e o abuso de forma** constituíam pressupostos para a desconsideração de ato ou negócio jurídico.

Como vimos antes, a falta de propósito negocial poderia ser verificada, por exemplo, numa sequência de operações de reorganização societária que tinham como único fim a produção artificial de despesas de amortização de ágio.

E para não ficar somente com esse exemplo, imagine a seguinte situação que também revela a falta de propósito negocial: os sócios de uma rede de supermercados submetida às regras do Lucro Real constituem uma nova pessoa jurídica, tendo como objeto social a administração de imóveis. Na sequência, para ela transferem todos os edifícios onde se encontram instalados os estabelecimentos comerciais da empresa. Com isso, a nova empresa, que não possui nenhum outro cliente, passa a cobrar aluguel das lojas, gerando despesa que reduz uma parcela do lucro que seria tributado na rede de supermercados na proporção de 34% (IRPJ + adicional IR + CSLL).

Por outro lado, a receita com os aluguéis é oferecida à tributação pela administradora de imóveis segundo as regras do Lucro Presumido, com percentual de presunção de 32%. Com isso, aplicando as alíquotas do IRPJ, do adicional e da CSLL (34%), a tributação resultante seria de 10,88%, equivalente a 34% de 32% do valor da receita. Some-se a isso o valor do PIS/Pasep e da Cofins (3,65%), e a tributação chegaria a 14,53%, bem menor do que os 34% da situação original.

Nesse exemplo, como a pessoa jurídica criada não desenvolve, efetivamente, nenhuma atividade econômica, tendo sua existência unicamente no papel, fica evidente a falta de propósito negocial da estratégia. Portanto, embora seja lícito constituir uma empresa, a fiscalização tributária poderia exigir a diferença dos tributos caso demonstrasse cabalmente a falta de propósito negocial.

Quanto ao abuso de forma, é muito comum encontrar a seguinte definição: consiste na utilização de uma forma jurídica para um fim diverso daquele para o qual ela existe. A crítica a esse conceito se fundamenta, basicamente, na liberdade das formas que prevalece nas relações de direito privado. O próprio Código Civil, no art. 104, estabelece que "a validade do negócio jurídico requer forma prescrita ou não defesa em lei". Ou seja, se não há forma prevista em lei, e nem proibição expressa, então o negócio é válido.

Diante dessa dificuldade de admitir a autonomia do abuso de forma como vício do negócio jurídico, há autores que entendem que, para constituir vício do negócio, a anormalidade da forma deve desembocar em outra patologia: o abuso de direito, a fraude à lei ou a simulação[7]. Portanto, com base nesse entendimento, o abuso de forma é instrumento de fraude ou de simulação.

Para exemplificar o abuso de forma, vamos nos valer de um caso real, levado à apreciação do então Primeiro Conselho de Contribuintes. O Acórdão proferido no caso em questão possui a seguinte ementa, na parte que aqui nos interessa:

> IRPJ – ATO NEGOCIAL – ABUSO DE FORMA – A ação do contribuinte de procurar reduzir a carga tributária, por meio de procedimentos lícitos, legítimos e admitidos por lei revela o planejamento tributário. Porém, tendo o Fisco demonstrado à evidência o abuso de forma, bem como a ocorrência do fato gerador da obrigação tributária, cabível a desqualificação do negócio jurídico original, exclusivamente para efeitos fiscais, requalificando-o segundo a descrição normativo-tributária pertinente à situação que foi encoberta pelo desnaturamento da função objetiva do ato. (Processo nº 10882.002039/2003-98, julgamento em 25/05/2006)

O caso envolvia uma sequência de operações que empregavam formas lícitas para, segundo a fiscalização, produzir o efeito que seria obtido com uma única operação, mas que tinha o inconveniente de ser tributada. Segundo a tese da autoridade fiscal, acolhida pelo Conselho de Contribuintes, o verdadeiro negócio pretendido correspondia a uma alienação de participação societária.

Como a formalização do negócio pretendido envolveria a apuração de ganho de capital para a pessoa jurídica alienante, tributado conforme vimos no item 37.7, a fiscalização entendeu que as partes elaboraram a estratégia abaixo descrita em apertada síntese, com nomes fictícios:

- em 27/04/2000, ALFA constitui BETA e integraliza seu capital mediante aporte de equipamentos no valor de R$ 162.498,00;
- em 30/04/2000, um laudo avaliou o ativo da recém-criada BETA em mais de R$ 12 milhões;
- em 09/06/2000, a Assembleia Geral de BETA aprovou:
    - ✓ aumento do capital, no valor de R$ 40.625,00, passando de R$ 162.498,00 para R$ 203.123,00;
    - ✓ a admissão de novo sócio (GAMA) que integralizou o aumento de capital de R$ 40.625,00 mediante o pagamento de R$ 8.934.502,99,

---
7 GRECO, Marco Aurélio. *Planejamento Tributário*. São Paulo: Dialética, 2004. p. 251.

caracterizando um ágio de R$ 8.893.877,99, todo destinado à conta de reserva de capital de BETA (sem passar por resultado);
- nesse caso, ALFA, que avaliava seu investimento em BETA pelo valor de patrimônio líquido, registrou um ganho de equivalência patrimonial (não tributado e, portanto, excluído na apuração do lucro real do período);
- em 20/06/2000 (onze dias depois da admissão de GAMA), nova Assembleia Geral foi realizada em BETA, em que se decidiu o seguinte:
  - ✓ aumento do capital social de R$ 203.123,00 para R$ 9.097.000,99, sem emissão de novas ações, mediante capitalização da Reserva de Ágio;
  - ✓ redução do capital social (no mesmo dia), de R$ 9.097.000,99 para R$ 1.819.400,60, mediante a extinção de todas as ações detidas por ALFA, que se retirou da sociedade com R$ 7.277.600,39.

Portanto, admitindo como correta a tese da fiscalização, deve ter ficado claro que, em menos de 60 dias, foram realizados vários atos e negócios, empregando formas lícitas quando isoladamente consideradas, ao invés de ser praticado, de uma só vez, o verdadeiro negócio pretendido, qual seja, a alienação da participação societária em BETA, de ALFA para GAMA.

Apesar de a alienação pura e simples corresponder ao caminho mais natural, direto e descomplicado, para atingir o mesmo resultado as partes optaram pela adoção de uma longa cadeia de atos e negócios jurídicos, valendo-se de uma estratégia que a doutrina especializada denomina "casa e separa".

E qual seria a razão para empreender essa estratégia? Segundo a fiscalização, as partes se valeram de formas jurídicas válidas para, no conjunto, ocultar o negócio verdadeiro que ficaria sujeito à tributação sobre o ganho de capital de ALFA. Nesse caso, o ganho de capital que deixou de ser contabilizado por ALFA, no montante de R$ 7.115.102,00, corresponderia à diferença entre o valor recebido de GAMA (R$ 7.277.600,39), e o valor de seu ativo integralizado em BETA (R$ 162.498,00).

Para convencer os julgadores, a fiscalização teve que demonstrar que as partes nunca tiveram a intenção de manter uma sociedade, de modo que as diversas operações societárias foram realizadas unicamente para iludir a Administração Tributária e evitar a incidência de impostos e contribuições.

Embora a ementa do Acórdão faça referência ao abuso de forma, segundo a tese da fiscalização as partes teriam praticado simulação: formalizaram vários atos e negócios, e mantiveram oculto o negócio verdadeiro. Além disso, teriam fraudado lei imperativa, no caso, o Decreto-Lei nº 1.598, de 1977, que em seu art. 33 disciplina a incidência do IRPJ sobre o ganho de capital na alienação de participação societária.

Portanto, confirmando a tese antes exposta, no caso examinado o abuso de forma foi empregado como instrumento de fraude e simulação.

De qualquer forma, é necessário ressaltar que, embora essas teorias sejam amplamente debatidas pela doutrina especializada, ainda há muitas divergências relativas à sua aplicação. Certamente, por essa razão o Congresso Nacional não acolheu a proposta de regulamentação do parágrafo único do art. 116 do CTN contida na MP nº 66/2002, de modo que esses pressupostos do planejamento tributário ilícito não foram positivados. E, assim, o debate doutrinário continua.

Capítulo 42
Exercícios da Parte III

1. (Questão inédita – MLV) Considerando as disposições da legislação do Imposto de Renda das Pessoas Jurídicas, assinale a alternativa correta.

    a) Consideram-se pessoas jurídicas, contribuintes do imposto de renda, os mandatários ou comissários no País, quanto aos resultados das operações ordenadas por seus comitentes domiciliados no exterior.

    b) As sociedades civis de prestação de serviços profissionais relativos ao exercício de profissão legalmente regulamentada não são tributadas pelo imposto de renda de conformidade com as normas aplicáveis às demais pessoas jurídicas.

    c) São contribuintes do imposto de renda apenas as pessoas jurídicas de direito privado domiciliadas no País com maioria do capital detido por pessoas físicas ou jurídicas brasileiras.

    d) As sociedades em conta de participação não têm personalidade jurídica, razão pela qual não são contribuintes do imposto de renda.

    e) Para os efeitos da incidência do imposto de renda, as pessoas físicas que promoverem a incorporação de prédios em condomínio ou loteamento de terrenos são equiparadas a pessoas jurídicas.

2. (Esaf/ Curso de Formação Auditor-Fiscal da Receita Federal – 2006) – Adaptada. Assinale a alternativa incorreta.

    a) As filiais, sucursais, agências ou representações no País das Pessoas Jurídicas com sede no exterior são consideradas Pessoas Jurídicas para fins de Imposto de Renda.

    b) De acordo com a legislação do Imposto de Renda, a massa oriunda de liquidação extrajudicial ou de falência se caracteriza como contribuinte desse imposto.

    c) As empresas públicas e as sociedades de economia mista não são contribuintes do Imposto de Renda.

    d) O Regulamento do Imposto de Renda (Decreto nº 3.000/99) utiliza a expressão "Pessoa Jurídica" abrangendo todos os contribuintes, sejam eles Pessoas Jurídicas, propriamente ditas, sejam empresas individuais.

    e) As normas de incidência do IRPJ alcançam as sociedades cooperativas de consumo, que tenham por objeto a compra e fornecimento de bens aos consumidores.

3. (Esaf/ Curso de Formação Auditor-Fiscal da Receita Federal – 2006) – Adaptada. As disposições do Regulamento do Imposto de Renda (RIR/99) relativamente à tributação das Pessoas Jurídicas são aplicáveis:

    a) somente às firmas registradas;

    b) somente às sociedades registradas;

    c) somente às firmas e sociedades registradas;

d) a todas as firmas e sociedades, registradas ou não;

e) às firmas registradas e às sociedades, registradas ou não.

4. (Esaf/ Curso de Formação Auditor-Fiscal da Receita Federal – 2006) – Adaptada. Os comitentes domiciliados no exterior, quanto aos resultados das operações realizadas por seus mandatários ou comissários no país:

   a) são considerados pessoas jurídicas para efeito de tributação do Imposto de Renda;

   b) são considerados responsáveis tributários, de acordo com o RIR/99;

   c) não são considerados pessoas jurídicas, porém são tributados pelo Imposto de Renda;

   d) não são considerados contribuintes do Imposto de Renda Pessoa Jurídica;

   e) são considerados pessoas jurídicas, mas não são tributados pelo Imposto de Renda.

5. (Esaf/ Curso de Formação Auditor-Fiscal da Receita Federal – 2006) – Adaptada. Sobre as Sociedades em Conta de Participação, assinale a opção correta:

   a) são sociedades de fato, portanto não sujeitas ao IRPJ;

   b) são consideradas pessoas jurídicas, por equiparação, pela legislação do Imposto de Renda;

   c) para efeito de tributação pelo IRPJ, devem observar as normas aplicáveis às pessoas jurídicas tributadas com base no Lucro Presumido;

   d) têm seus lucros distribuídos tributados na fonte, à alíquota de 15%, diferentemente das demais empresas, cujo lucro é isento;

   e) constituem confusão patrimonial, razão pela qual sua existência é inoponível ao Fisco.

6. (Esaf/ Curso de Formação Auditor-Fiscal da Receita Federal – 2006) – Adaptada. Uma empresa estrangeira que não tem estabelecimento no Brasil dá poderes a uma pessoa física, via mandato, para contratar, em nome dela, empresa estrangeira, a venda de mercadorias no Brasil. De acordo com o RIR/99, o contribuinte do IRPJ será o:

   a) mandatário;

   b) comissário;

   c) comitente;

   d) vendedor da mercadoria no Brasil;

   e) importador brasileiro da mercadoria.

7. (Esaf/ Curso de Formação Auditor-Fiscal da Receita Federal – 2006) – Adaptada. De acordo com o RIR/99, a prática habitual de atividades comerciais com o objetivo de lucro autoriza:

   a) a presunção de lucro tributável;

   b) o arbitramento de lucro tributável;

c) o arbitramento das receitas das pessoas envolvidas nas atividades de comércio;
d) a equiparação da pessoa física à pessoa jurídica;
e) a desconsideração da personalidade jurídica do contribuinte.

8. (Esaf/ Curso de Formação Auditor-Fiscal da Receita Federal – 2006) – Adaptada. Assinale a alternativa incorreta.

   a) O Representante Comercial que exercer atividades por conta própria adquire a condição de empresário, independentemente de qualquer requisito formal, ocorrendo neste caso, para efeitos tributários, equiparação da empresa individual à pessoa jurídica, por força das disposições do RIR/99.

   b) O Representante Comercial que exerce individual e exclusivamente a mediação para a realização de negócios mercantis terá seus rendimentos tributados na pessoa física, uma vez que não pratica operações comerciais por conta própria, mesmo que possua CNPJ.

   c) A prestação de serviços de contabilidade, praticada exclusivamente pelo contabilista, que possuir CNPJ e estabelecimento próprio, é tributada como pessoa jurídica equiparada.

   d) Classificam-se como rendimentos de pessoa física os honorários da exploração individual de serviços de dentista, ainda que o profissional tenha empresa registrada e em nome dela receba os rendimentos.

   e) As pessoas físicas que promovam a incorporação de prédios em condomínio ou loteamento de terrenos são equiparadas a pessoas jurídicas.

9. (Esaf/ Curso de Formação Auditor-Fiscal da Receita Federal – 2006). Segundo a legislação do Imposto de Renda, não se considera contribuinte do IRPJ:

   a) a pessoa física que exerce, em estabelecimento próprio, a atividade de intermediação de negócios, com o concurso de profissionais qualificados e com emprego de auxiliares;

   b) o estabelecimento clandestino que industrializa e comercializa produtos de limpeza, não registrado na Junta Comercial, não cadastrado no CNPJ e sem inscrição estadual;

   c) a cooperativa de consumo, que tenha por objeto a compra e fornecimento de bens aos consumidores, ainda que suas vendas sejam efetuadas integralmente a associados;

   d) a fundação instituída e mantida pelo Poder Público, no que se refere à renda não vinculada às suas finalidades essenciais;

   e) o escritório de arquitetura, de titularidade de um arquiteto, que comercializa projetos técnicos de construção de casas, exclusivamente elaborados pelo titular do escritório.

10. (Esaf/ Técnico da Receita Federal – 2002.1) São contribuintes pessoa jurídica do Imposto de Renda:

   a) as pessoas jurídicas de direito privado domiciliadas no País, sejam quais forem seus fins, nacionalidade ou participantes no capital; as filiais, sucursais, agências ou representações no País das pessoas jurídicas com sede no exterior; os comissários domiciliados no exterior, quanto aos resultados das operações realizadas por seus mandatários ou comitentes no País;

   b) as pessoas jurídicas de direito privado domiciliadas no País, sejam quais forem seus fins, nacionalidade ou participantes no capital; as pessoas jurídicas com sede no exterior; os comitentes domiciliados no exterior, quanto aos resultados das operações realizadas por seus mandatários ou comissários no País;

   c) as pessoas jurídicas de direito privado domiciliadas no País, sejam quais forem seus fins, nacionalidade ou participantes no capital; as filiais, sucursais, agências ou representações no País das pessoas jurídicas com sede no exterior; os comitentes domiciliados no exterior, quanto aos resultados das operações realizadas por seus mandatários ou comissários no País;

   d) as pessoas jurídicas de direito privado domiciliadas no País, sejam quais forem seus fins, nacionalidade ou participantes no capital; as filiais, sucursais, agências ou representações no País das pessoas jurídicas com sede no exterior; os comissários domiciliados no exterior, quanto aos resultados das operações realizadas por seus mandantes ou comitentes no País;

   e) as pessoas jurídicas de direito privado domiciliadas ou não no País, sejam quais forem seus fins, nacionalidade ou participantes no capital; as filiais, sucursais, agências ou representações no País das pessoas jurídicas com sede no exterior; os comitentes domiciliados no exterior, quanto aos resultados das operações realizadas por seus mandatários ou comissários no País.

11. (Esaf/ Técnico da Receita Federal – 2002.2) Não são contribuintes do Imposto de Renda Pessoa Jurídica:

   a) as filiais das pessoas jurídicas com sede no exterior;

   b) as sociedades em conta de participação;

   c) as firmas individuais;

   d) as pessoas físicas que, em nome individual, pratiquem habitual e profissionalmente a venda de serviços a terceiros, com o fim especulativo de lucro;

   e) as pessoas físicas que em um mesmo ano-calendário alienarem mais de 10 imóveis de sua propriedade.

12. (Esaf/ Auditor-Fiscal da Receita Federal do Brasil – 2012) Tendo por base a legislação do Imposto de Renda sobre Pessoa Jurídica (IRPJ), assinale a opção incorreta.

   a) As filiais, sucursais, agências ou representações no País das pessoas jurídicas com sede no exterior sujeitam-se à incidência do Imposto de Renda sobre Pessoas Jurídicas (IRPJ).

b) A prestação de serviços intelectuais, inclusive os de natureza científica, artística ou cultural, em caráter personalíssimo ou não, com ou sem designação de quaisquer obrigações a sócios ou empregados da sociedade prestadora de serviços, quando por esta realizada, sujeita-se à incidência do Imposto de Renda das Pessoas Jurídicas (IRPJ).

c) As sociedades cooperativas de consumo, que tenham por objeto a compra e fornecimento de bens aos consumidores, não se sujeitam à incidência do Imposto de Renda das Pessoas Jurídicas (IRPJ).

d) O espólio não se sujeita à incidência do Imposto de Renda das Pessoas Jurídicas (IRPJ).

e) As sociedades coligadas e controladas, com sede no exterior, que tenham as respectivas pessoas jurídicas controladoras residentes ou domiciliadas no Brasil, não são sujeitos passivos do Imposto de Renda sobre Pessoas Jurídicas (IRPJ).

13. (Questão inédita – MLV) Considerando as disposições da legislação do Imposto de Renda das Pessoas Jurídicas, assinale a alternativa correta.

a) As entidades submetidas aos regimes de liquidação extrajudicial e de falência não se sujeitam às normas de incidência do imposto aplicáveis às demais pessoas jurídicas, em relação às operações praticadas durante o período em que perdurarem os procedimentos para a realização de seu ativo e o pagamento do passivo.

b) São contribuintes do imposto as pessoas jurídicas com sede no exterior, quanto aos resultados das operações realizadas por suas filiais, sucursais, agências ou representações no País.

c) As imunidades, isenções e não incidências também eximem as pessoas jurídicas das obrigações relativas à retenção e recolhimento de impostos sobre rendimentos pagos ou creditados e à prestação de informações.

d) Considera-se infração a dispositivo da legislação tributária o pagamento, pela instituição imune, em favor de seus associados ou dirigentes, ou, ainda, em favor de sócios, acionistas ou dirigentes de pessoa jurídica a ela associada por qualquer forma, de despesas consideradas indedutíveis na determinação da base de cálculo do imposto.

e) A isenção do imposto concedida a instituições de caráter filantrópico, recreativo, cultural e científico e as associações civis que prestem os serviços para os quais houverem sido instituídas alcança, inclusive, os rendimentos e ganhos de capital auferidos em aplicações financeiras de renda fixa ou de renda variável.

14. (Esaf/ Curso de Formação Auditor-Fiscal da Receita Federal – 2006) – Adaptada. Responde(m) solidariamente pelo imposto devido pelo contribuinte pessoa jurídica:

a) a pessoa jurídica resultante da transformação de outra;

b) a pessoa jurídica que incorporar outra;

c) a pessoa física, sócia da Pessoa Jurídica extinta mediante liquidação, ou seu espólio, que continuar a exploração da atividade social, sob a mesma ou outra razão social, ou sob firma individual;

d) as sociedades que receberem parcelas do patrimônio da pessoa jurídica extinta por cisão;

e) a pessoa jurídica que resultar da fusão de outras.

15. (Esaf/ Curso de Formação Auditor-Fiscal da Receita Federal – 2006) – Adaptada. Assinale a alternativa incorreta.

    a) Ocorre sucessão empresarial quando há aquisição de universalidade constituída por estabelecimento comercial ou fundo de comércio, assumindo o adquirente o ativo e o passivo da pessoa jurídica.

    b) A aquisição de estabelecimento comercial e a continuação da exploração do negócio pela sociedade adquirente acarretam a responsabilidade tributária integral desta, mesmo que o alienante continue no ramo.

    c) A sociedade cindida e a sociedade que absorver parcela do seu patrimônio, no caso de cisão parcial, respondem solidariamente pelo imposto devido.

    d) Caso a pessoa jurídica deixe de funcionar sem proceder à liquidação, ou sem apresentar a declaração de rendimentos no encerramento da liquidação, os sócios, com poderes de administração, respondem solidariamente.

    e) A responsabilidade tributária por sucessão, decorrente da aquisição de estabelecimento comercial, não se aplica na hipótese de alienação judicial em processo de falência.

16. (Esaf/ Auditor-Fiscal da Receita Estadual/CE – 2007) Nos casos de impossibilidade de exigência do cumprimento da obrigação principal pelo contribuinte, respondem solidariamente com este nos atos em que intervierem ou pelas omissões de que forem responsáveis as seguintes pessoas, exceto:

    a) o inventariante, pelos tributos devidos pelo espólio;

    b) o síndico e o comissário, pelos tributos devidos pela massa falida;

    c) os sócios, no caso de liquidação de sociedade de pessoas;

    d) os mandatários e prepostos;

    e) os administradores de bens de terceiros, pelos tributos devidos por estes.

17. (Esaf/ Auditor-Fiscal do Tesouro Estadual/ RN – 30/01/2005) Avalie o acerto das formulações adiante e marque com V as verdadeiras e com F as falsas. Em seguida, marque a resposta correta.

    ( ) O sucessor a qualquer título e o cônjuge meeiro são pessoalmente responsáveis pelos tributos devidos pelo de cujus até a data da partilha ou adjudicação, limitada esta responsabilidade ao montante do quinhão do legado ou da meação.

    ( ) Mesmo no caso de ser possível a exigência do cumprimento da obrigação principal pelo contribuinte, respondem solidariamente com este, nos atos em que intervierem ou pelas omissões de que forem responsáveis, os tutores e curadores, pelos tributos devidos por seus tutelados ou curatelados.

( ) A pessoa jurídica de direito privado que resultar de fusão, transformação ou incorporação de outra ou em outra é responsável pelos tributos devidos até à data do ato pelas pessoas jurídicas de direito privado fusionadas, transformadas ou incorporadas.

a) V, F, F
b) V, F, V
c) V, V, V
d) F, F, V
e) F, V, V

18. (Esaf/ Analista-Tributário da Receita Federal do Brasil – 2012) Respondem pelo Imposto de Renda devido pelas pessoas jurídicas, exceto:

a) a pessoa física sócia da pessoa jurídica extinta mediante liquidação que continuar a exploração da atividade social;

b) as sociedades que receberem parcelas do patrimônio da pessoa jurídica extinta por cisão;

c) a pessoa jurídica que incorporar outra;

d) a pessoa jurídica resultante da transformação de outra;

e) a pessoa jurídica que adquirir unidade produtiva isolada.

19. (Esaf/ Curso de Formação Auditor-Fiscal da Receita Federal – 2006) No que respeita à isenção ou à imunidade do Imposto de Renda das Pessoas Jurídicas, assinale a única opção correta:

a) para que as instituições de caráter filantrópico sejam isentas do Imposto de Renda das Pessoas Jurídicas, basta que se disponham a prestar serviços gratuitos à comunidade em que atuem, bem como fazer constar em seus estatutos não terem finalidade lucrativa;

b) considera-se entidade sem fins lucrativos a que não apresente superávit em suas contas, ou, caso o apresente em determinado exercício, o distribua integralmente a seus colaboradores;

c) as empresas estrangeiras de transportes, estabelecidas no Brasil, são imunes do imposto de renda;

d) as instituições de educação, para serem imunes, devem, entre outros requisitos, assegurar através de seus estatutos, a destinação de seu patrimônio a outra instituição que atenda às condições para gozo da imunidade, no caso de incorporação, fusão, cisão ou de encerramento de suas atividades, ou a órgão público;

e) as entidades de assistência social, imunes por força de medida liminar, estão dispensadas de recolher os tributos, a exemplo do imposto de renda retido na fonte sobre os rendimentos por elas pagos.

20. (Esaf/ Técnico da Receita Federal – 2002.1)

    Constituição Federal, art. 150, VI, *b*:

    Art. 150. Sem prejuízo de outras garantias asseguradas ao contribuinte, é vedado à União, aos Estados, ao Distrito Federal e aos Municípios:

    (...)

    VI – Instituir impostos sobre;

    (...)

    b) templos de qualquer culto.

    Regulamento do Imposto de Renda, Dec. 3.000/99, art. 168:

    Art. 168. Não estão sujeitos ao imposto os templos de qualquer culto.

    Em face dos enunciados acima, assinale a opção correta.

    a) A isenção concedida aos templos de qualquer culto não é de caráter amplo e irrestrito, alcançando apenas as rendas relativas às finalidades essenciais da entidade religiosa, o que não ocorre quando recursos são empregados na concessão de empréstimos para membros da Igreja, sejam eles a título gratuito ou oneroso.

    b) A imunidade concedida aos templos de qualquer culto é de caráter amplo e irrestrito, alcançando apenas as rendas relativas às finalidades essenciais da entidade religiosa, o que não ocorre quando recursos são empregados na concessão de empréstimos para membros da Igreja, sejam eles a título gratuito ou oneroso.

    c) A imunidade concedida aos templos de qualquer culto é de caráter restrito, alcançando as rendas relativas às finalidades da entidade religiosa, o que ocorre quando recursos são empregados na concessão de empréstimos para membros da Igreja, sejam eles a título gratuito ou oneroso.

    d) A imunidade aplicada aos templos de qualquer culto não é de caráter amplo e irrestrito, alcançando apenas as rendas relativas às finalidades essenciais da entidade religiosa, o que ocorre quando recursos são empregados na concessão de empréstimos para membros da Igreja, a título gratuito ou oneroso.

    e) A imunidade concedida aos templos de qualquer culto é de caráter restrito, alcançando apenas as rendas relativas às finalidades essenciais da entidade religiosa, o que ocorre quando recursos são empregados na concessão de empréstimos para membros da Igreja, sejam eles a título gratuito ou oneroso.

21. (Esaf/ Técnico da Receita Federal – 2002.2) Complete a proposição abaixo com as alternativas I, II, III e IV e, a seguir, assinale a resposta que contém somente as opções que resultam numa proposição verdadeira.

    No que se refere ao imposto de renda, não estão ao abrigo de imunidade:

    I. as rendas dos partidos políticos relacionadas com suas atividades essenciais;

    II. as sociedades cooperativas;

    III. atendidos os requisitos da lei, as instituições de educação sem fins lucrativos;

Parte III | Imposto de Renda da Pessoa Jurídica　　　　　　　　　　　　　　　　　　**405**

IV. os rendimentos provenientes de aposentadoria ou pensão pagos pela previdência social da União, dos Estados, do Distrito Federal e dos Municípios, a pessoa com idade superior a 65 anos.

a) I e II
b) I e III
c) I e IV
d) II e IV
e) II e III

22. (Questão inédita – MLV) Assinale V ou F e, em seguida, assinale a alternativa que contenha a sequência correta.

I. Não estão sujeitos ao imposto os partidos políticos, inclusive suas fundações, e as entidades sindicais dos trabalhadores, sem fins lucrativos, desde que não distribuam qualquer parcela de seu patrimônio ou de suas rendas, a título de lucro ou de participação no resultado e, além disso, apliquem seus recursos integralmente no País, na manutenção de seus objetivos institucionais e mantenham escrituração de suas receitas e despesas em livros revestidos de formalidades capazes de assegurar sua exatidão.

II. A base de cálculo do imposto, determinada segundo a lei vigente na data de ocorrência do fato gerador, é o lucro real, presumido ou arbitrado, correspondente ao período de apuração, trimestral como regra. No entanto, a pessoa jurídica submetida às regras do lucro real pode optar pelo pagamento do imposto em período anual.

III. Integram a base de cálculo todos os ganhos e rendimentos de capital, qualquer que seja a denominação que lhes seja dada, independentemente da natureza, da espécie ou da existência de título ou contrato escrito, desde que decorram de ato ou negócio previsto em norma específica de incidência do imposto.

IV. Não são dedutíveis os pagamentos, de qualquer natureza, a titular, sócio ou dirigente da pessoa jurídica, ou a parente dos mesmos, ainda que no caso de compensação por trabalho assalariado, autônomo ou profissional.

a) V, V, V, V
b) V, V, F, F
c) F, F, F, F
d) F, F, V, F
e) F, V, V, V

23. (Esaf/ Curso de Formação Auditor-Fiscal da Receita Federal – 2006) – Adaptada. De acordo com a legislação tributária, o domicílio da Pessoa Jurídica é:

a) no caso de existir um único estabelecimento, o lugar da situação deste;
b) quando se verificar pluralidade de estabelecimentos, o lugar onde se achar o estabelecimento sede da empresa dentro do país;

c) em relação às obrigações em que incorra como fonte pagadora, o lugar do estabelecimento beneficiário do rendimento sujeito ao imposto no regime de tributação na fonte;

d) o de livre eleição, no caso de pessoa jurídica procuradora ou representante de residentes ou domiciliados no exterior;

e) Em qualquer caso, o lugar da situação dos bens ou da ocorrência dos atos ou fatos que deram origem à obrigação.

24. (Esaf/ Analista-Tributário da Receita Federal do Brasil – 2012) Quanto ao domicílio fiscal da pessoa jurídica, relativo ao Imposto sobre a Renda, assinale a opção correta.

a) Quando houver pluralidade de estabelecimentos, a pessoa jurídica pode optar pelo lugar onde se achar a residência do sócio administrador ou a sede da empresa.

b) Quando existir um único estabelecimento, o domicílio será o lugar da situação deste.

c) O domicílio fiscal de residentes ou domiciliados no exterior é o lugar onde se achar a residência do procurador ou representante no país.

d) Quando a empresa é fonte pagadora, o domicílio será no estabelecimento centralizador de suas operações, independentemente do lugar do estabelecimento que pagar, creditar, remeter ou empregar rendimento sujeito ao imposto no regime de tributação na fonte.

e) No caso de eleição de domicílio que dificulte a arrecadação ou a fiscalização do tributo, a autoridade pode considerar como tal o lugar da residência do administrador.

25. (Questão inédita – MLV) Considerando as disposições da legislação do Imposto de Renda das Pessoas Jurídicas, assinale V ou F e, em seguida, assinale a alternativa que contenha a sequência correta.

I. Em relação às obrigações em que incorra como fonte pagadora, o domicílio fiscal da pessoa jurídica é o lugar do estabelecimento que pagar, creditar, entregar, remeter ou empregar rendimento sujeito ao imposto no regime de tributação na fonte.

II. Nos casos de incorporação, fusão ou cisão, a apuração da base de cálculo e do imposto devido será efetuada na data do evento, assim entendida a data da deliberação que aprovar a incorporação, fusão ou cisão.

III. Os comprovantes da escrituração da pessoa jurídica, ainda que relativos a fatos que repercutam em lançamentos contábeis de exercícios futuros, serão conservados pelo prazo de cinco anos contados da data do fato a que se refiram.

IV. A escrituração das operações de sociedade em conta de participação (SCP) poderá, à opção do sócio ostensivo, ser efetuada nos livros deste ou em livros próprios. Nessa hipótese, os registros contábeis deverão ser feitos de forma a evidenciar os lançamentos referentes à SCP, e os resultados e o lucro real a ela correspondentes deverão ser apurados e demonstrados destacadamente dos resultados e do lucro

real do sócio ostensivo. Além disso, nos documentos relacionados com a atividade da SCP, o sócio ostensivo deverá fazer constar indicação de modo a permitir identificar sua vinculação com a referida sociedade.
a) V, V, V, V
b) V, V, F, V
c) V, F, F, V
d) F, F, V, F
e) F, V, V, F

26. (Esaf/ Técnico do Tesouro Nacional – 1998) Assinale a opção correta.
O fato gerador do Imposto de Renda das Pessoas Jurídicas ocorre na data de encerramento do período-base:
a) exceto para aquelas que apuram o imposto pelo lucro real em bases trimestrais;
b) independente da forma de apuração do imposto;
c) exceto para aquelas que, podendo optar pelo lucro presumido, apresentam declaração pelo lucro arbitrado;
d) exceto para aquelas que, podendo optar pelo lucro presumido, apresentam declaração pelo lucro real;
e) exceto para aquelas que apuram o imposto pelo lucro presumido.

27. (Esaf/ Técnico da Receita Federal – 2002.1) O imposto de renda das pessoas jurídicas, inclusive das equiparadas, das sociedades civis em geral e das sociedades cooperativas em relação aos resultados obtidos nas operações ou atividades estranhas à sua finalidade, será devido:
a) por ocasião da entrega da declaração de rendimentos do ano-base correspondente ao período gerador da renda;
b) no período trimestral imediatamente subsequente à obtenção do rendimento;
c) à medida que os rendimentos, ganhos e lucros forem sendo auferidos;
d) até a primeira quinzena do mês subsequente à obtenção do rendimento;
e) à medida que os rendimentos, ganhos e lucros forem sendo declarados.

28. (Esaf/ Técnico da Receita Federal – 2002.2) Assinale as proposições abaixo com F para falsa ou V para verdadeira e, a seguir, indique a opção que contém a sequência correta.
( ) O imposto de renda das pessoas jurídicas será devido no encerramento do balanço anual.
( ) A pessoa jurídica pode optar por apurar o imposto de renda em períodos mensais, trimestrais ou semestrais, devendo, em qualquer caso, fazer o ajuste anual.

( ) Não integram a base de cálculo do Imposto de Renda Pessoa Jurídica os rendimentos, lucros e ganhos auferidos no exterior.

a) V, V, F
b) F, F, F
c) V, F, F
d) V, V, V
e) F, V, F

29. (Esaf/ Técnico da Receita Federal – 2003) Assinale as proposições abaixo com F para falsa ou V para verdadeira e, a seguir, indique a opção que contém a sequência correta.

( ) O fato gerador do imposto sobre a renda é a aquisição, de fonte situada no Brasil, da disponibilidade econômica ou jurídica de renda ou de proventos de qualquer natureza.

( ) A fonte pagadora da renda ou dos proventos tributáveis pode ser contribuinte do imposto sobre as importâncias que a esse título pagar, desde que a lei assim o determine.

( ) São contribuintes do imposto de renda todas as pessoas jurídicas domiciliadas no País, sejam quais forem seus fins, nacionalidade ou participantes no capital.

( ) Os períodos-base de apuração do imposto de renda de pessoa jurídica são trimestrais, sendo que, no caso de lucro real, o contribuinte pode apurar o imposto anualmente, pagando mensalmente o imposto sobre bases estimadas.

( ) De acordo com a legislação em vigor, são formas de tributação pelo imposto de renda das pessoas jurídicas, a tributação pelo lucro real, a tributação pelo lucro presumido e a tributação pelo lucro arbitrado, podendo o contribuinte livremente optar por uma das duas primeiras, sendo a tributação pelo lucro arbitrado privativa do fisco.

a) F, F, F, V, F
b) V, V, F, F, V
c) F, V, F, F, V
d) V, F, V, V, F
e) F, F, F, F, V

30. (Esaf/ Curso de Formação Auditor Fiscal da Receita Federal – 2006) – Adaptada. No que diz respeito ao momento de apuração do Imposto de Renda, é incorreta a seguinte afirmação.

a) No caso de cisão de empresa, o imposto de renda deve ser apurado na data do evento.

b) No caso de opção pela apuração anual, o imposto de renda deve ser estimado no final de cada mês.

c) Se a empresa opta pela apuração trimestral, o imposto de renda deve ser apurado a cada três meses, iniciando-se a contagem a partir do mês seguinte ao da apuração do balanço para fins societários, cuja data consta no contrato social ou estatuto.

d) O balanço da empresa levantado para fins societários, previsto no contrato social ou estatuto, não poderá ser utilizado para fins de apuração do IRPJ se a data em que for levantado não coincidir com encerramento de período de apuração do IR.

e) No caso de transformação, o imposto deve continuar a ser pago como se não tivesse havido alteração da pessoa jurídica.

31. (Esaf/ Curso de Formação Auditor Fiscal da Receita Federal – 2006) – Adaptada. Uma empresa que iniciou atividades em 26 de agosto de 2005, optando pelo Lucro Real trimestral, encerrará seu primeiro período de apuração em:
    a) 31/12/2005;
    b) 30/09/2005;
    c) 31/10/2005;
    d) 25/08/2006;
    e) 31/08/2005.

32. (Esaf/ Analista-Tributário da Receita Federal do Brasil – 2012) Com relação à tributação da pessoa jurídica, pode-se afirmar que:
    a) a regra é o pagamento com base no lucro real, a exceção é a opção feita pelo contribuinte pelo pagamento do imposto sobre a renda e adicional determinados sobre base de cálculo estimada;
    b) a pessoa jurídica pode optar pelo arbitramento, pois se trata de base de cálculo substitutiva em face de dificuldade ocorrida na apuração pelo lucro presumido;
    c) a opção do contribuinte pela apuração com base no lucro presumido permite ao contribuinte deixar de apresentar ao fisco sua escrituração contábil;
    d) o contribuinte é sempre obrigado à tributação com base no lucro real;
    e) o contribuinte é livre para optar entre a tributação pelo lucro real, lucro presumido ou arbitrado.

33. (Esaf/ Curso de Formação Auditor-Fiscal da Receita Federal – 2006) A opção pelo lucro presumido é condicionada, entre outros fatores, ao valor da receita total obtida no ano anterior. Isto posto, assinale a única alternativa correta.
    a) Respeitadas as demais exigências legais, poderá optar pelo lucro presumido em 2006 a empresa que apurou, no ano imediatamente anterior, receita bruta operacional inferior a R$ 48.000.000,00.

b) Respeitadas as demais exigências legais, em 2006 poderá optar pelo lucro presumido a empresa que apurou receita total em 2005 não superior a R$ 48.000.000,00.

c) Considerando que a receita total, para fins de enquadramento, deve ser considerada na proporção mensal, se a empresa opta pela tributação trimestral do lucro presumido, o limite, para opção em 2006, é de R$ 6.000.000,00 ao mês.

d) A empresa que operou apenas 5 meses em 2005 poderá optar pelo lucro presumido em 2006, somente se sua receita total mensal não houver ultrapassado R$ 4.000.000,00.

e) Se a empresa operou no primeiro trimestre de 2005, com um faturamento de R$ 40.000.000,00, e por questões de sazonalidade nada mais faturou até o final do ano, está proibida de optar em 2006 pelo lucro presumido.

34. (Questão inédita – MLV) Considerando as disposições da legislação do Imposto de Renda das Pessoas Jurídicas, assinale V ou F e, em seguida, assinale a alternativa que contenha a sequência correta.

I. De acordo com as regras de apuração do lucro real anual, a base de cálculo da estimativa mensal é determinada, em regra, a partir da receita bruta auferida no mês. No entanto, o recolhimento por estimativa pode ser suspenso ou reduzido, desde que o contribuinte comprove, com base em balanço ou balancete, que o valor acumulado já pago excede o valor do imposto, inclusive adicional, calculado com base no Lucro Real do período em curso.

II. Segundo as regras do lucro presumido, a base de cálculo do IRPJ corresponde à soma do lucro decorrente da receita bruta, acrescido dos ganhos de capital e das demais receitas e rendimentos tributáveis. No caso de pessoa jurídica que em período anterior se encontrava submetida às regras do lucro real, os valores eventualmente diferidos que constarem no Livro de Apuração do Lucro Real não serão tributados segundo as regras do lucro presumido. Nesse sentido, tais valores deverão ser mantidos na escrituração fiscal para futura adição ao lucro líquido, no momento em que a pessoa jurídica se submeter novamente às regras do lucro real.

III. O lucro arbitrado é considerado uma medida extrema, utilizada para efeito de apuração da base de cálculo do IRPJ em circunstâncias bem determinadas pela legislação tributária, razão pela qual é medida privativa da autoridade fiscal.

IV. No caso de investimentos avaliados pelo método do patrimônio líquido, os lucros ou dividendos distribuídos pela coligada ou controlada deverão ser registrados pelo contribuinte como diminuição do valor de patrimônio líquido do investimento, e não influenciarão as contas de resultado.

a) V, F, F, V
b) V, V, V, V
c) F, F, F, V
d) V, F, V, F
e) F, V, V, F

(Esaf/ Curso de Formação Auditor-Fiscal da Receita Federal – 2006) Utilize os dados abaixo para responder às questões 35 a 37:

Uma empresa comercial tributada pelo Lucro Presumido apurou em determinado trimestre os seguintes valores:

– Receita Bruta de venda de mercadorias R$ 100.000,00;
– Custo das Mercadorias Vendidas R$ 30.000,00;
– ICMS sobre vendas (incluso na Receita Bruta) R$ 12.000,00;
– Vendas canceladas (incluso na Receita Bruta) R$ 5.000,00;
– Despesas administrativas R$ 28.000,00;
– Receita de aluguel eventual de um depósito, alugado por uma semana, R$ 10.000,00;
– Receitas de aplicações financeiras R$ 1.000,00;
– Retenção de fonte sobre a aplicação financeira R$ 200,00;
– Receita na venda de bem do Ativo Permanente R$ 58.000,00;
– Valor contábil do bem vendido R$ 18.000,00.

35. O valor tributável relativo à Receita Bruta é de R$:
    a) 4.240,00;
    b) 6.640,00;
    c) 7.600,00;
    d) 8.000,00;
    e) 8.800,00.

36. A base tributável pelo sistema de tributação do Lucro Presumido é de R$:
    a) 50.000,00;
    b) 54.240,00;
    c) 56.640,00;
    d) 57.600,00;
    e) 58.600,00.

37. O Imposto de Renda devido no trimestre pela sistemática do Lucro Presumido é de R$:
    a) 8.690,00;
    b) 8.790,00;
    c) 12.400,00;
    d) 14.400,00;
    e) 15.300,00.

38. (Esaf/ Técnico da Receita Federal – 2000) (I) Quando o contribuinte não mantiver escrituração na forma das leis comerciais e fiscais, a que estiver obrigado, e deixar de elaborar as demonstrações financeiras exigidas pela legislação fiscal, será ele tributado obrigatoriamente pelo lucro _____.

    (II) Quando conhecida a receita bruta e desde que ocorridas as hipóteses previstas para o cálculo do tributo pela modalidade prevista em lei para as hipóteses do enunciado (I), somente _____ poderá calcular o imposto com base naquela modalidade.

    As lacunas acima são corretamente preenchidas, respectivamente, com as seguintes expressões:

    a) real; o fisco;
    b) arbitrado; o fisco ou o próprio contribuinte;
    c) presumido; o próprio contribuinte;
    d) apurado; o fisco;
    e) real; o próprio contribuinte.

39. (Esaf/ Curso de Formação Auditor-Fiscal da Receita Federal – 2006) – Adaptada. Assinale a alternativa correta.

    a) O fisco pode optar, segundo os interesses da Fazenda Nacional, entre o Lucro Real apresentado pelo contribuinte e o Lucro Arbitrado.
    b) Detectada omissão de receitas ou irregularidades na apropriação de custos ou despesas, o fisco deverá desprezar a escrituração regular e proceder ao arbitramento do lucro.
    c) Qualquer pessoa jurídica pode optar pela tributação com base no Lucro Real, Arbitrado ou Presumido.
    d) Em caso de desclassificação de escrita (por motivo relevante), a autoridade fiscal arbitrará o lucro da empresa, mesmo que tenha havido recolhimento do imposto calculado com base no Lucro Real.
    e) A pessoa jurídica que apurar o imposto relativo ao primeiro trimestre do ano-base segundo as regras do Lucro Presumido pode alterar o regime de tributação no trimestre seguinte, para o Lucro Real, já que este último corresponde à regra geral de tributação do IRPJ.

40. (Esaf/ Auditor-Fiscal da Receita Federal do Brasil – 2012) Julgue os itens abaixo, classificando-os como corretos (C) ou errados (E), de acordo com a sua correspondência com as hipóteses legais que determinam a apuração do Imposto sobre a Renda da Pessoa Jurídica (IRPJ) sobre o lucro arbitrado. Em seguida, escolha a opção adequada às suas respostas.

    I. Quando o contribuinte, obrigado à tributação com base no lucro real, não mantiver escrituração na forma das leis comerciais e fiscais, ou deixar de elaborar as demonstrações financeiras exigidas pela legislação fiscal.

Parte III | Imposto de Renda da Pessoa Jurídica   413

II. Quando a escrituração a que estiver obrigado o contribuinte revelar evidentes indícios de fraudes ou contiver vícios, erros ou deficiências que a tornem imprestável para identificar a efetiva movimentação financeira, inclusive bancária.

III. Quando a escrituração a que estiver obrigado o contribuinte revelar evidentes indícios de fraudes ou contiver vícios, erros ou deficiências que a tornem imprestável para determinar a receita bruta.

IV. Quando o contribuinte optar indevidamente pela tributação com base no lucro presumido.

V. Quando o contribuinte não mantiver, em boa ordem e segundo as normas contábeis recomendadas, Livro Razão ou fichas utilizadas para resumir e totalizar, por conta ou subconta, os lançamentos efetuados no Diário.

a) Apenas os itens I, II, III e V estão corretos.

b) Apenas os itens I, II, IV e V estão corretos.

c) Apenas os itens I, IV e V estão errados.

d) Apenas o item II está errado.

e) Todos os itens estão corretos.

41. (Esaf/ Curso de Formação Auditor-Fiscal da Receita Federal – 2006) – Adaptada. Conceitua-se o Lucro Real como sendo:

a) o Lucro Líquido do exercício, antes da provisão para o Imposto de Renda, diminuídas as receitas não dedutíveis e somando-se as despesas não tributáveis e os Prejuízos Fiscais;

b) o Lucro Líquido (ou prejuízo) do período de apuração, antes da provisão para o Imposto de Renda, ajustado pelas adições, exclusões ou compensações prescritas ou autorizadas por lei;

c) o faturamento, aplicando-se sobre este um determinado percentual, dependendo da natureza da receita operacional;

d) o Lucro Líquido do exercício ajustado, antes de considerar as participações dos administradores, partes beneficiárias e empregados;

e) o Lucro Líquido do exercício ajustado pelas adições, exclusões ou compensações prescritas ou autorizadas por ato do Secretário da Receita Federal.

42. (Esaf/ Curso de Formação Auditor-Fiscal da Receita Federal – 2006) Uma empresa tributada pelo Lucro Real apurou um prejuízo contábil antes da provisão para o Imposto de Renda, em 2005, de R$ 100.000,00. Tem contabilizadas, no período, despesas não-dedutíveis de R$ 150.000,00 e receitas não-tributáveis de R$ 40.000,00. Possui, ainda, Prejuízos Fiscais a compensar de R$ 106.000,00. O Lucro Real ou Prejuízo Fiscal desta empresa foi de R$:

a) Prejuízo de 96.000,00;

b) Zero;

c) Lucro de 7.000,00;

d) Lucro de 100.000,00;

e) Lucro de 210.000,00.

43. (Esaf/ Curso de Formação Auditor-Fiscal da Receita Federal – 2006) Uma empresa prestadora de serviços profissionais apurou um Lucro Real em determinado trimestre de 2004 de R$ 300.000,00. A receita total, decorrente exclusivamente da atividade fim, foi de R$ 1.000.000,00. Com base nestes dados, assinale a opção mais favorável à empresa:

    a) A opção pelo Lucro Presumido é a mais vantajosa, pois pouparia, se comparado com o Lucro Real, um imposto de R$ 1.000,00;

    b) A opção pelo Lucro Presumido é a mais vantajosa, pois pouparia, se comparado com o Lucro Real, um imposto de R$ 5.000,00;

    c) A opção pelo Lucro Real é menos vantajosa, pois a empresa terá, nesta opção, um adicional de R$ 24.000,00, o qual não pagaria caso a opção fosse pelo lucro presumido;

    d) A empresa, em função da receita total, deve apresentar declaração pelo Lucro Real;

    e) A opção pelo Lucro Real é melhor, pois o imposto que pagará a menos em relação ao Presumido é de R$ 5.000,00.

44. (Esaf/ Curso de Formação Auditor-Fiscal da Receita Federal – 2006) Uma empresa apurou em determinado período trimestral de 2003 um Lucro Real de R$ 27.000,00. As adições eram de R$ 5.000,00 e as exclusões de R$ 3.000,00. No Patrimônio Líquido havia o registro de prejuízos contábeis anteriores de R$ 10.000,00.

    Considerando estes dados podemos afirmar que lucro contábil antes da provisão do Imposto de Renda era de R$:

    a) 29.000,00;

    b) 27.000,00;

    c) 25.000,00;

    d) 23.000,00;

    e) 21.000,00.

(Esaf/ Curso de Formação Auditor-Fiscal da Receita Federal – 2006) – Adaptada.

Uma empresa tributada pelo lucro real trimestral apresentou os seguintes dados em um trimestre:

- Lucro Líquido antes da provisão para o IR: R$ 300.000,00;
- Receitas não tributáveis contabilizadas: R$ 60.000,00;
- Lucros anteriormente diferidos e agora tributados: R$ 50.000,00;
- Despesas não dedutíveis contabilizadas: R$ 200.000,00;
- Prejuízos fiscais de períodos anteriores: R$ 10.000,00.

Parte III | Imposto de Renda da Pessoa Jurídica   **415**

Com base nesses dados responda as questões 45 a 49:

45. O valor das adições é:
    a) R$ 110.000,00;
    b) R$ 260.000,00;
    c) R$ 310.000,00;
    d) R$ 250.000,00;
    e) R$ 200.000,00.

46. O valor das exclusões é:
    a) R$ 110.000,00;
    b) R$ 60.000,00;
    c) R$ 260.000,00;
    d) R$ 250.000,00;
    e) R$ 310.000,00.

47. O valor do Prejuízo Fiscal a compensar no trimestre é:
    a) R$ 3.000,00;
    b) R$ 7.000,00;
    c) zero;
    d) R$ 10.000,00;
    e) R$ 6.000,00.

48. O Lucro Real do Trimestre é:
    a) R$ 480.000,00;
    b) R$ 410.000,00;
    c) R$ 200.000,00;
    d) R$ 550.000,00;
    e) R$ 50.000,00.

49. O Imposto de Renda devido no trimestre é:
    a) R$ 72.000,00;
    b) R$ 67.500,00;
    c) R$ 106.500,00;
    d) R$ 114.000,00;
    e) R$ 42.000,00.

50. (Esaf/ Curso de Formação Auditor-Fiscal da Receita Federal – 2006) O lucro real é um dos métodos de apuração da base de cálculo do Imposto de Renda das Pessoas Jurídicas. Considerando esse sistema, assinale a única opção correta:

   a) algumas empresas estão obrigadas à apuração do lucro real e as demais podem adotar essa forma de apuração, desde que cumpram as obrigações acessórias;

   b) o dispositivo legal que aponta as empresas que "estão obrigadas à apuração do lucro real" é taxativo; assim, se tais empresas não mantêm escrituração contábil, ou se esta é imprestável para a determinação do lucro real, o Fisco efetuará a demonstração do lucro real, exigindo o imposto correspondente por essa metodologia, estando vedado o arbitramento;

   c) no caso de a empresa adotar, por exigência legal ou por opção, a determinação da base de cálculo pelo lucro real, os resultados contábeis devem ser reconhecidos pelo regime de competência, razão pela qual o resultado contábil (lucro antes do imposto de renda) será sempre igual ao resultado fiscal (lucro real);

   d) os valores que, por competirem a outro período de apuração, forem, para efeito de determinação do lucro real, excluídos do lucro líquido, serão, na determinação do lucro real do período de apuração competente, novamente excluídos do lucro líquido;

   e) o lucro real pode ser conceituado como sendo o valor resultante do ajuste da receita líquida pelas adições e compensações determinadas pelo regulamento.

51. (Esaf/ Curso de Formação Auditor-Fiscal da Receita Federal – 2006) – Adaptada. As compensações, um dos ajustes ao lucro líquido para fins de determinação do lucro real, dizem respeito aos seguintes valores:

   a) prejuízos contábeis apurados pela empresa em anos anteriores e mantidos em conta do patrimônio líquido;

   b) prejuízos acumulados de empresas incorporadas;

   c) o lucro líquido, positivo ou negativo, ajustado pelas adições e exclusões, quando deste ajuste resultar valor negativo;

   d) os prejuízos em operações que integram o objeto da empresa;

   e) prejuízos do período-base, apurados em atividades que não compõem o objeto social da pessoa jurídica.

52. (Esaf/ Curso de Formação Auditor-Fiscal da Receita Federal – 2006) – Adaptada. Uma empresa tributada pelo lucro real anual possuía registrado na Parte B do Lalur um prejuízo fiscal operacional de R$ 130.000,00 em 31/12/2004. O lucro real antes da compensação de prejuízos, em 31/12/2005, era de R$ 100.000,00. O valor máximo compensável em 2005 e o saldo que permanecerá para compensar futuramente serão de, respectivamente, de R$:

   a) 30.000,00 e 100.000,00;

   b) 50.000,00 e 80.000,00;

c) 60.000,00 e 70.000,00;

d) 80.000,00 e 50.000,00;

e) 50.000,00 e 70.000,00.

53. (Esaf/ Curso de Formação Auditor-Fiscal da Receita Federal – 2006) Uma empresa apresentou um resultado líquido negativo de R$ 100.000,00, em 31/12/2005. As despesas não dedutíveis somavam R$ 500.000,00 e as receitas não tributáveis eram de R$ 450.000,00. Os prejuízos fiscais acumulados em anos anteriores, controlados na Parte B da LALUR somavam R$ 60.000,00. Qual o prejuízo fiscal a compensar a partir de 2006?

a) Zero.

b) 10.000,00.

c) 50.000,00.

d) 60.000,00.

e) 110.000,00.

54. (Esaf/ Curso de Formação Auditor-Fiscal da Receita Federal – 2006) – Adaptada. Assinale a alternativa correta.

a) A empresa incorporadora pode compensar o Prejuízo Fiscal da incorporada.

b) A pessoa jurídica não poderá compensar seus próprios Prejuízos Fiscais, se entre a data de apuração e da compensação houver ocorrido, cumulativamente, modificação de seu controle societário e do ramo de atividade.

c) O Prejuízo Fiscal de uma Sociedade em Conta de Participação (SCP) poderá ser compensado com o Lucro Real de outra SCP.

d) O Prejuízo Fiscal apurado em janeiro de 1992 não poderá ser compensado, em hipótese alguma, com o Lucro Real apurado em 31/12/2004.

e) A pessoa jurídica cindida perde o direito de compensar seus próprios prejuízos fiscais.

55. (Esaf/ Curso de Formação Auditor-Fiscal da Receita Federal – 2006) No que respeita à compensação de prejuízos nos casos de incorporação, fusão ou cisão de empresas é correto afirmar:

a) os prejuízos fiscais da sucedida não podem ser levados para a sucessora e nem compensados pela parte remanescente da sucedida, no caso de cisão parcial;

b) os prejuízos fiscais em nenhuma hipótese podem ser repassados para as empresas incorporadoras ou resultantes da fusão ou cisão, exceto no caso de empresa nova resultante de cisão parcial;

c) a empresa que será submetida a um processo de cisão parcial (50% do Patrimônio Líquido será vertido para a cindenda) poderá, na apuração do Lucro Real correspondente ao balanço que serviu para a realização do evento, compensar 100% dos Prejuízos Fiscais a compensar constantes na Parte B do Lalur, observada apenas a limitação dos 30% a partir de 1º/1/95;

d) a empresa que sofre cisão parcial, por exemplo, em 31/7, não precisa apurar o lucro correspondente ao período de 1º/1 a 31/7; apurará o lucro real em 31/12, que compreenderá o período de 1º/1 a 31/12 e neste compensará, até o limite de 30%, os prejuízos fiscais existentes em 31/12 do ano anterior;

e) as empresas novas, resultantes de cisão parcial, apurarão seu primeiro lucro real, no caso de opção anual, em 31/12 do ano do evento, podendo compensar os prejuízos fiscais existentes em 31/12 do ano anterior, na cindida.

56. (Esaf/ Curso de Formação Auditor-Fiscal da Receita Federal – 2006) A compensação de prejuízos fiscais é um importante ajuste na apuração do lucro real.

    Considerando esse tema, desprezando as peculiaridades de prejuízos de atividades rurais e de prejuízos não operacionais, assinale a única opção correta.

    a) os prejuízos fiscais apurados a partir de 1995, se não compensados nos cinco anos seguintes ao da apuração, em vista da decadência não mais poderão ser compensados.

    b) os prejuízos fiscais acumulados são compensáveis até o limite de 30% do lucro líquido, ajustado pelas adições e exclusões.

    c) os prejuízos fiscais acumulados, pendentes de compensação em empresa que é incorporada, podem ser compensados com os lucros da incorporadora no prazo de cinco anos, desde que obedecido o limite de 30%.

    d) quando a empresa sofre alteração no controle societário, ou quando muda o ramo de atividade, não mais poderá compensar os próprios prejuízos apurados antes de um dos citados eventos.

    e) em vista de limitações no prazo de compensação, não há hipótese que possibilite a uma empresa, em 2004, compensar prejuízo fiscal apurado em 1993, mesmo que ainda pendente de compensação em 31/12/1994.

57. (Esaf/ Analista-Tributário da Receita Federal do Brasil – 2012) Assinale a opção incorreta quanto ao Imposto de Renda da Pessoa Jurídica.

    a) O sujeito passivo, demonstrando por meio de balanços ou balancetes mensais, que o valor acumulado já pago excede o valor do imposto devido no período calculado com base no lucro real, pode suspender ou reduzir o pagamento do imposto devido em cada mês.

    b) Ficam dispensadas do pagamento mensal as pessoas jurídicas que demonstrarem, por meio de balanços ou balancetes mensais, a existência de prejuízos fiscais apurados a partir do mês de janeiro do ano-calendário.

    c) O pagamento do imposto de renda no mês de janeiro do ano-calendário fica dispensado se for demonstrado, por meio de balancetes mensais relativos ao ano anterior, que o valor já pago excedeu o valor devido no mês de dezembro.

Parte III | Imposto de Renda da Pessoa Jurídica 419

d) A inobservância do regime de competência quanto a apuração de escrituração de receita, rendimento, custo ou dedução, somente constitui fundamento para lançamento de imposto ou de diferença de imposto se dela resultar a postergação de seu pagamento para período de apuração posterior ao que seria devido.

e) A inobservância do regime de competência quanto a apuração de escrituração de receita, rendimento, custo ou dedução ou do reconhecimento de lucro, somente constitui fundamento para lançamento de imposto ou de diferença de imposto se dela resultar a redução indevida do lucro real em qualquer período de apuração.

58. (Esaf/ Analista-Tributário da Receita Federal do Brasil – 2012) Em relação ao Imposto de Renda da Pessoa Jurídica, assinale a opção incorreta.

   a) A incerteza quanto ao período de apuração de escrituração de rendimento somente constitui fundamento para lançamento de diferença de imposto quando dela resultar a redução indevida do lucro real.

   b) Quando o rendimento foi percebido com retenção na fonte, a empresa beneficiada fará a escrituração como receita pela respectiva importância bruta, ou seja, sem considerar o desconto.

   c) O regime de competência foi adotado pela lei tributária para todas as empresas que estão obrigadas ou optarem em apurar os seus resultados com base no lucro presumido.

   d) A receita líquida de vendas e serviços será a receita bruta diminuída das vendas canceladas, dos descontos concedidos incondicionalmente e dos impostos incidentes sobre vendas.

   e) Caracteriza-se como omissão de receita a indicação na escrituração de saldo credor de caixa.

59. (Esaf/ Curso de Formação Auditor-Fiscal da Receita Federal – 2006) – Adaptada. No que diz respeito à apuração, por estimativa, de empresa obrigatoriamente tributada pelo Lucro Real:

   a) a empresa tributada pelo Lucro Real deve, obrigatoriamente, pagar mensalmente seu imposto com base em estimativa, apurando o Lucro Real em 31/12 de cada ano;

   b) a tributação anual (com os recolhimentos mensais por estimativa) é opcional, pois existe a alternativa de apuração do Lucro Real, de forma definitiva, trimestralmente;

   c) a empresa deve apurar trimestralmente seu imposto por estimativa, apurando o Lucro Real em 31/12;

   d) o imposto apurado mensalmente por estimativa, calculado sobre a Receita Bruta e acréscimos, será igual ao apurado no ajuste anual;

   e) ainda que demonstre que não há imposto devido com base no lucro real do período decorrido desde 1º de janeiro até o último dia do mês de apuração da estimativa, a pessoa jurídica que opta pelo regime anual de apuração do lucro real tem que recolher a estimativa mensal calculada com base na receita bruta e acréscimos.

60. (Esaf/ Curso de Formação Auditor-Fiscal da Receita Federal – 2006) – Adaptada. Uma empresa apurou um imposto no mês de janeiro, por estimativa, sobre a Receita Bruta e acréscimos, no valor de R$ 5.000,00. Sabendo-se que a estimativa sobre a Receita Bruta de fevereiro será de mesmo valor, assinale a opção que contém um procedimento que a empresa não poderá adotar, relativamente ao mês de fevereiro:

   a) recolher um valor de R$ 1.000,00, caso o balanço de suspensão de fevereiro acuse um imposto de R$ 6.000,00;

   b) deixar de pagar imposto relativamente ao mês de fevereiro se os relatórios gerenciais indicarem prejuízos;

   c) deixar de recolher imposto se o balanço de suspensão ou redução indicar um imposto de R$ 5.000,00;

   d) pagar o imposto de R$ 5.000,00, caso o balanço de suspensão ou redução indicar um imposto superior a R$ 15.000,00;

   e) recolher um valor de R$ 3.000,00, caso o balanço de suspensão de fevereiro acuse um imposto de R$ 8.000,00.

61. (Esaf/ Curso de Formação Auditor-Fiscal da Receita Federal – 2006) Indique a alternativa incorreta.

   a) Não são dedutíveis as comissões pagas ou creditadas quando o comprovante do pagamento não individualizar o beneficiário do rendimento.

   b) Pagamentos a dirigente da Pessoa Jurídica não podem ser impugnados pela autoridade lançadora se comprovada a efetiva saída do numerário.

   c) Despesas referentes a pagamentos a sócios somente são dedutíveis quando comprovada a origem e a efetividade da operação ou transação.

   d) Empresa individual, optante pelo lucro real, deve comprovar a relação da despesa com a atividade da empresa.

   e) Não são dedutíveis as despesas lançadas com base em Nota Fiscal que não indique a operação e nem o beneficiário.

62. (Esaf/ Curso de Formação Auditor-Fiscal da Receita Federal – 2006) – Adaptada. Indique a alternativa incorreta.

   a) O saldo não amortizado, no caso de término do exercício do direito antes da amortização integral do seu custo, não constituirá encargo do período-base em que se extinguir o direito.

   b) Somente serão admitidas as amortizações de custos ou despesas que observem as condições estabelecidas no Regulamento do Imposto de Renda.

   c) Podem ser amortizadas as despesas de organização pré-operacionais ou pré--industriais.

   d) A taxa anual de amortização poderá ser fixada tendo em vista o número de anos restantes da existência do direito.

e) Pode ser computada, como custo ou encargo, a importância correspondente à diminuição do valor de recursos florestais próprios, resultante de sua exploração.

63. (Esaf/ Curso de Formação Auditor-Fiscal da Receita Federal – 2006) – Adaptada. Uma empresa contabilizou, em 31/12/2004, uma provisão para créditos de liquidação duvidosa de R$ 100.000,00 e uma provisão para férias, de R$ 200.000,00. Considerando que no ano seguinte foram baixadas as provisões, em razão dos fatos provisionados terem se verificado, assinale a alternativa correta.

a) Na data da contabilização, as despesas com as duas provisões devem ter sido adicionadas para fins de apuração do Lucro Real.

b) No ano da baixa, a reversão da provisão para créditos de liquidação duvidosa deve ter sido excluída, pois quando da contabilização da provisão a despesa foi adicionada.

c) A baixa das duas provisões deve ser excluída, pois baixa é um mero artifício contábil, não sendo, tecnicamente, uma despesa.

d) Não há ajuste nenhum a fazer na apuração do Lucro Real, pois as duas provisões são contas patrimoniais e não influem no resultado.

e) Na data da contabilização, as despesas com as duas provisões devem ter sido excluídas para fins de apuração do Lucro Real.

64. (Esaf/ Curso de Formação Auditor-Fiscal da Receita Federal – 2006) – Adaptada. As obrigações referentes a tributos ou contribuições serão dedutíveis, para fins de apuração do Lucro Real, se:

a) estiverem impugnados;

b) estiverem sendo questionados judicialmente, com medida liminar;

c) estiverem depositados em Juízo, e constituírem objeto de ação judicial;

d) não estiverem pagos, porém provisionados;

e) não estiverem no âmbito da competência tributária da União.

65. (Esaf/ Curso de Formação Auditor-Fiscal da Receita Federal – 2006) – Adaptada. São dedutíveis como despesas as perdas por desfalque, apropriação indébita e furto, consideradas as seguintes situações.

a) Os prejuízos por desfalque, apropriação indébita e furto praticados pelo sócio da empresa.

b) Os prejuízos por desfalque praticado por ex empregado, no período em que trabalhava na empresa, desde que apresentada queixa perante a autoridade policial.

c) Os prejuízos por desfalque, apropriação indébita e furto cometidos por empregados ou terceiros, independente de qualquer outro procedimento.

d) Os prejuízos por roubo praticado por assaltantes, desde que a empresa tenha testemunhas.

e) Os prejuízos por furto praticados por clientes flagrados pelas câmeras de segurança do estabelecimento.

66. (Esaf/ Curso de Formação Auditor-Fiscal da Receita Federal – 2006) Sobre a dedutibilidade na perda do recebimento de créditos é incorreta a seguinte afirmação.

a) É dedutível o crédito de devedor declarado insolvente por sentença judicial, independentemente de valor ou prazo decorrido após o vencimento.

b) Os valores a receber não decorrentes das atividades fins da empresa, como por exemplo aqueles resultantes da venda de bem do permanente, somente são dedutíveis quando sua perda for definitiva, isto é, assim declarada por decisão judicial.

c) Os valores a receber de venda sem garantia, não superiores a R$ 5.000,00 por operação, são dedutíveis desde que vencidos há mais de 6 meses.

d) O valor a receber de venda sem garantia, de R$ 10.000,00, decorrente de uma operação, é dedutível se vencido há mais de um ano, desde que esteja sendo cobrado administrativamente.

e) O valor de R$ 50.000,00, de venda sem garantia, é dedutível se vencido há mais de um ano, desde que esteja sendo cobrado judicialmente.

67. (Esaf/ Auditor-Fiscal da Receita Federal do Brasil – 2012) De acordo com a legislação tributária em vigor, assinale a opção incorreta.

a) As contraprestações de arrendamento mercantil somente serão dedutíveis pela pessoa jurídica arrendatária quando o bem arrendado estiver relacionado intrinsecamente com a produção e comercialização dos bens e serviços.

b) Não são dedutíveis, como custos ou despesas operacionais, as gratificações ou participações no resultado, atribuídas aos dirigentes ou administradores da pessoa jurídica.

c) Regra geral, são dedutíveis, na determinação do lucro real da pessoa jurídica, as remunerações pagas aos sócios ou dirigentes.

d) Para efeito de apuração do lucro real, a pessoa jurídica poderá deduzir, como despesa operacional, as participações atribuídas aos empregados nos lucros ou resultados, dentro do próprio exercício de sua constituição.

e) O valor correspondente a aluguel de imóvel cedido pela pessoa jurídica para uso de seu administrador, diretor, gerente e assessor, assim como outras espécies de remuneração indireta, é despesa indedutível para efeito de apuração do lucro real, ainda que sejam individualizados a operação e o beneficiário da despesa.

68. (Esaf/ Curso de Formação Auditor-Fiscal da Receita Federal – 2006) Indique a alternativa incorreta.

   a) Não são dedutíveis as comissões pagas ou creditadas quando o comprovante do pagamento não individualizar o beneficiário do rendimento.

   b) Pagamentos a dirigente da pessoa jurídica não podem ser impugnados pela autoridade lançadora se comprovada a efetiva saída do numerário.

   c) Despesas referentes a pagamentos a sócios somente são dedutíveis quando comprovada a origem e a efetividade da operação ou transação.

   d) Empresa individual, optante pelo lucro real, deve comprovar a relação da despesa com a atividade da empresa.

   e) Não são dedutíveis as despesas lançadas com base em Nota Fiscal que não indique a operação e nem o beneficiário.

69. (Esaf/ Curso de Formação Auditor-Fiscal da Receita Federal – 2006) Considerando a indedutibilidade de despesas com bens da empresa não relacionados com a produção ou comercialização, assinale o item que contém bens não considerados intrinsecamente relacionados com a produção ou comercialização, segundo a legislação do Imposto de Renda.

   a) Os bens móveis e imóveis utilizados em pesquisa e desenvolvimento de produtos ou processos.

   b) Os bens móveis e imóveis utilizados no desempenho das atividades de contabilidade.

   c) Os veículos utilizados no transporte coletivo de empregados.

   d) Os bens móveis utilizados nas atividades operacionais, instalados na empresa.

   e) Os bens imóveis utilizados como residência dos diretores.

70. (Esaf/ Curso de Formação Auditor-Fiscal da Receita Federal – 2006) Integrarão a remuneração do administrador e assim são despesas dedutíveis pela empresa os seguintes desembolsos.

   a) As despesas com arrendamento mercantil, suportados pela empresa, de veículo colocado à disposição do administrador.

   b) As despesas com depreciação, de imóvel residencial, cedido para uso do administrador.

   c) O salário e encargos sociais da empregada cedida que trabalha na residência do administrador.

   d) O fornecimento de água mineral na residência do administrador.

   e) O pagamento da festa que o administrador ofereceu por ocasião de seu aniversário.

71. (Esaf/ Curso de Formação Auditor-Fiscal da Receita Federal – 2006) Sobre a dedutibilidade na perda do recebimento de créditos é incorreta a seguinte afirmação.

   a) É dedutível o crédito de devedor declarado insolvente por sentença judicial, independentemente de valor ou prazo decorrido após o vencimento.

   b) Os valores a receber não decorrentes das atividades fins da empresa, como por exemplo aqueles resultantes da venda de bem do permanente, somente são dedutíveis quando sua perda for definitiva, isto é, assim declarada por decisão judicial.

   c) Os valores a receber de venda sem garantia, não superiores a R$ 5.000,00 por operação, são dedutíveis desde que vencidos há mais de 6 meses.

   d) O valor a receber de venda sem garantia, de R$ 10.000,00, decorrente de uma operação, é dedutível se vencido há mais de um ano, desde que esteja sendo cobrado administrativamente.

   e) O valor de R$ 50.000,00, de venda sem garantia, é dedutível se vencido há mais de um ano, desde que esteja sendo cobrado judicialmente.

72. (Esaf/ Auditor-Fiscal da Receita Federal do Brasil – 2014) Caracteriza omissão de receita, e não mera presunção de omissão de receita, constituindo prova suficiente para o lançamento do Imposto de Renda em desfavor da pessoa jurídica:

   a) falta de emissão de nota fiscal ou documento equivalente por ocasião da efetivação das vendas de mercadorias;

   b) falta de escrituração de pagamentos efetuados;

   c) manutenção de obrigações já pagas registradas no passivo;

   d) divergência entre a quantidade de matéria-prima registrada na entrada e a soma da quantidade de mercadorias registradas na saída com os produtos em estoque;

   e) diferença de valores no confronto entre a movimentação bancária contabilizada e a receita auferida registrada.

73. (Questão inédita – MLV) Considerando as disposições da legislação do Imposto de Renda das Pessoas Jurídicas, assinale a alternativa incorreta.

   a) Na determinação do lucro real, serão adicionados ao lucro líquido do período de apuração os resultados, rendimentos, receitas e quaisquer outros valores incluídos na apuração do lucro líquido que, de acordo com a legislação do imposto, não sejam computados no lucro real.

   b) A omissão de receita determinada a partir de levantamento por espécie de quantidade de matérias-primas e produtos intermediários utilizados no processo produtivo da pessoa jurídica resulta da multiplicação das diferenças de quantidade de produtos ou de matérias-primas e produtos intermediários pelos respectivos preços médios de venda ou de compra, conforme o caso, em cada período de apuração abrangido pelo levantamento.

c) A pessoa jurídica habilitada à opção pelo regime de tributação com base no lucro presumido deverá manter escrituração contábil nos termos da legislação comercial. No entanto, fica dispensada dessa obrigação no decorrer do ano- -calendário em que mantiver Livro Caixa, no qual deverá estar escriturada toda a movimentação financeira, inclusive bancária.

d) O imposto, devido trimestralmente, no decorrer do ano-calendário, será determinado com base nos critérios do lucro arbitrado, quando o comissário ou representante da pessoa jurídica estrangeira deixar de escriturar e apurar o lucro da sua atividade separadamente do lucro do comitente residente ou domiciliado no exterior.

e) Os valores que, por competirem a outro período de apuração, forem, para efeito de determinação do lucro real, adicionados ao lucro líquido do período de apuração, ou dele excluídos, serão, na determinação do lucro real do período de apuração competente, excluídos do lucro líquido ou a ele adicionados, respectivamente.

74. (Esaf/ Curso de Formação Auditor-Fiscal da Receita Federal – 2006) Os ganhos ou perdas de capital são apurados quando da alienação de bens do Permanente e são contabilizados em resultados não operacionais. Considerando o assunto, é correta a seguinte afirmação.

a) Nas vendas para recebimento do preço, no todo ou em parte, após o término do exercício social seguinte ao da contratação, há possibilidade de diferimento da receita, reconhecendo-a, para fins fiscais, à medida do recebimento.

b) A desapropriação de imóveis não enseja apuração de ganho ou perda de capital.

c) O bem do permanente perecido, quando da baixa, não interferirá na apuração do Lucro Real, pois não ocorre nem lucro e nem prejuízo.

d) Um bem integralmente depreciado, quando vendido, terá um ganho de capital igual ao valor da venda mais a depreciação acumulada.

e) De forma geral os ganhos de capital são tributáveis e as perdas não são dedutíveis.

75. (Esaf/ Curso de Formação Auditor-Fiscal da Receita Federal – 2006) – Adaptada. As participações societárias adquiridas com incentivos fiscais do imposto de renda, a exemplo dos investimentos em empresas na área da SUDENE e SUDAM, quando alienadas, o ganho ou a perda tem o seguinte tratamento:

a) O ganho de capital não é tributável;

b) A perda de capital não é dedutível;

c) O ganho de capital é tributável e a perda de capital é dedutível;

d) O ganho de capital não é tributável e a perda não é dedutível;

e) O ganho de capital não é tributável, mas a perda de capital é dedutível.

76. (Esaf/ Curso de Formação Auditor-Fiscal da Receita Federal – 2006) – Adaptada. Uma empresa vendeu por R$ 100.000,00 um bem de seu ativo permanente, cujo valor contábil era de R$ 50.000,00, para recebimento em quatro parcelas iguais, anuais e fixas, sendo a primeira por ocasião da venda. Sabendo-se que a empresa opta pela apuração anual do lucro real, os ajustes ao lucro líquido para fins de apuração do lucro real nos quatro anos serão, respectivamente ao primeiro, segundo, terceiro e quarto anos, de:

   a) – 37.500,00; + 12.500,00; + 12.500,00; + 12.500,00;
   b) – 50.000,00; + 12.500,00; + 12.500,00; + 25.000,00;
   c) + 12.500,00; + 12.500,00; + 12.500,00; + 12.500,00;
   d) + 12.500,00; + 12.500,00; + 12.500,00; – 50.000,00;
   e) + 50.000,00; – 12.500,00; – 12.500,00; – 25.000,00.

77. (Esaf/ Curso de Formação Auditor-Fiscal da Receita Federal – 2006) – Adaptada. Em relação aos rendimentos, lucros e ganhos de capital auferidos no exterior, assinale a opção incorreta.

   a) O lucro obtido no exterior por filiais ou sucursais deverá ser apurado obedecendo-se as normas da legislação brasileira e será tributado no ano da disponibilização.
   b) No caso de controladas, os lucros tributados na controladora serão considerados na proporção de sua participação no capital da controlada.
   c) Os critérios para disponibilização, sejam lucros ou rendimentos apurados diretamente, ou através de filiais, ou mesmo por coligadas ou controladas, são iguais, assim como são idênticas as formas de contabilização e ajustes de LALUR.
   d) Os prejuízos e perdas de capital ocorridos no exterior são indedutíveis.
   e) Os lucros auferidos no exterior devem ser considerados de forma individualizada, por filial, sucursal, controlada ou coligada, sendo vedada a consolidação dos valores.

78. (Esaf/ Curso de Formação Auditor-Fiscal da Receita Federal – 2006) – Adaptada. A empresa X Ltda., que apura Lucro Real trimestralmente, adquiriu 80% do capital da empresa Y Ltda., pelo valor patrimonial, avaliando o investimento pela equivalência patrimonial. Sabe-se que a empresa Y possuía um Patrimônio Líquido de R$ 10.000.000,00 na data da aquisição (31/3/05) e efetuou uma proposta de distribuição de dividendos no valor global de R$ 1.000.000,00 a ser pago em 30/4/05. De posse destes elementos, determine o valor a excluir pela distribuição de dividendos:

   a) zero;
   b) 800.000,00;
   c) 1.000.000,00;
   d) 8.000.000,00;
   e) 2.000.000,00.

Parte III | Imposto de Renda da Pessoa Jurídica   427

79. (Esaf/ Curso de Formação Auditor-Fiscal da Receita Federal – 2006) – Adaptada. Sobre o ágio e o deságio na aquisição de participações societárias permanentes, em coligadas ou controladas, assinale a opção incorreta.

   a) A diferença entre o valor patrimonial da participação adquirida e o valor de aquisição é considerado ágio ou deságio.

   b) O deságio é verificado quando o valor patrimonial excede ao valor de aquisição.

   c) A contrapartida da amortização do ágio ou deságio não será computada na determinação do lucro real, exceto quando baixado o investimento correspondente.

   d) A amortização do ágio é tributável quando da baixa do investimento; a amortização do deságio é dedutível quando da baixa do investimento.

   e) O ágio é verificado quando o valor patrimonial é inferior ao valor de aquisição.

80. (Questão inédita – MLV) Considerando as disposições da legislação do Imposto de Renda das Pessoas Jurídicas, assinale V ou F e, em seguida, assinale a alternativa que contenha a sequência correta.

   I. O contribuinte que avaliar investimento em sociedade coligada ou controlada pelo valor de patrimônio líquido deverá, por ocasião da alienação da participação, desdobrar o custo de aquisição em valor de patrimônio líquido, e ágio ou deságio na aquisição, que será a diferença entre o valor de mercado do investimento e o valor de patrimônio líquido.

   II. O valor de patrimônio líquido será determinado com base em balanço patrimonial ou balancete de verificação da coligada ou controlada levantado na mesma data do balanço do contribuinte ou até dois meses, no máximo, antes dessa data, com observância da lei comercial, inclusive quanto à dedução das participações nos resultados e da provisão para o imposto de renda.

   III. A contrapartida do ajuste decorrente da aplicação do método de equivalência patrimonial, por aumento ou redução no valor de patrimônio líquido do investimento, não será computada na determinação do lucro real. Além disso, como regra, as contrapartidas da amortização do ágio ou deságio também não serão computadas na determinação do lucro real.

   IV. A pessoa jurídica que absorver patrimônio de outra, em virtude de incorporação, fusão ou cisão, na qual detenha participação societária adquirida com ágio ou deságio, poderá amortizar o valor do ágio cujo fundamento seja a expectativa de rentabilidade futura, nos balanços correspondentes à apuração de lucro real, levantados posteriormente à incorporação, fusão ou cisão, à razão de um sessenta avos, no máximo, para cada mês do período de apuração. No entanto, é expressamente vedada a apropriação da despesa com amortização de ágio nos casos em que a empresa incorporada, fusionada ou cindida for aquela que detinha a propriedade da participação societária.

   a) V, F, F, V
   b) V, V, V, V

c) F, F, F, F
d) V, F, V, F
e) F, V, V, F

81. (Esaf/ Auditor-Fiscal da Receita Federal do Brasil – 2012) Sobre o Imposto sobre a Renda da Pessoa Jurídica (IRPJ) e de acordo com a legislação tributária em vigor, julgue os itens a seguir, classificando-os como corretos (C) ou errados (E). Em seguida, escolha a opção adequada às suas respostas.

   I. Os juros, o desconto, o lucro na operação de reporte e os rendimentos de aplicações financeiras de renda fixa, ganhos pelo contribuinte, serão incluídos no lucro operacional e, quando derivados de operações ou títulos com vencimento posterior ao encerramento do período de apuração, poderão ser rateados pelos períodos a que competirem.

   II. Na fusão, incorporação ou cisão de sociedades com extinção de ações ou quotas de capital de uma possuída por outra, a diferença entre o valor contábil das ações ou quotas extintas e o valor de acervo líquido que as substituir será computada na determinação do lucro real como perda ou ganho de capital, conforme o valor do acervo líquido, avaliado segundo os parâmetros legalmente previstos, seja menor ou maior que o valor contábil das ações ou quotas liquidadas, permitido ao contribuinte o diferimento dos efeitos tributários resultantes dessa diferença, desde que atendidos os requisitos legais.

   III. A pessoa jurídica que tiver parte ou todo o seu patrimônio absorvido em virtude de incorporação, fusão ou cisão deverá levantar balanço específico para esse fim, no qual os bens e direitos serão avaliados pelo valor contábil ou de mercado. No caso de pessoa jurídica tributada com base no lucro presumido ou arbitrado, que optar pela avaliação a valor de mercado, a diferença entre este e o custo de aquisição, diminuído dos encargos de depreciação, amortização ou exaustão, será considerada ganho de capital, que deverá ser adicionado à base de cálculo do imposto de renda devido.

   IV. Os incentivos e benefícios fiscais concedidos por prazo certo e em função de determinadas condições a pessoa jurídica que vier a ser incorporada poderão ser transferidos, por sucessão, à pessoa jurídica incorporadora, mediante requerimento desta, desde que observados os limites e as condições fixados na legislação que institui o incentivo ou o benefício.

   a) Os itens I e II estão corretos.
   b) Os itens II e III estão corretos.
   c) Os itens III e IV estão corretos.
   d) Os itens II, III e IV estão corretos.
   e) Todos os itens estão corretos.

Parte III | Imposto de Renda da Pessoa Jurídica   429

82. (Questão inédita – MLV) Considerando as disposições da legislação tributária acerca do Imposto de Renda das Pessoas Jurídicas, assinale a alternativa incorreta.

   a) Os lucros auferidos no exterior, por intermédio de filiais, sucursais, controladas ou coligadas serão adicionados ao lucro líquido, para determinação do lucro real, quando disponibilizados para a pessoa jurídica domiciliada no Brasil.

   b) No caso de filial ou sucursal domiciliada no exterior, os lucros serão considerados disponibilizados para a matriz no Brasil na data do balanço no qual tiverem sido apurados.

   c) A pessoa jurídica poderá compensar o imposto de renda incidente, no exterior, sobre os lucros, rendimentos, ganhos de capital e receitas decorrentes da prestação de serviços efetuada diretamente, computados no lucro real, até o limite do imposto de renda incidente, no Brasil, sobre os referidos lucros, rendimentos, ganhos de capital e receitas de prestação de serviços.

   d) As coligadas domiciliadas no exterior de empresa domiciliada no Brasil deverão demonstrar a apuração dos lucros que auferirem em cada um de seus exercícios fiscais, segundo as normas da legislação brasileira.

   e) O imposto de renda retido na fonte sobre rendimentos pagos ou creditados a filial, sucursal, controlada ou coligada de pessoa jurídica domiciliada no Brasil, não compensado em virtude de a beneficiária ser domiciliada em país com tributação favorecida, poderá ser compensado com o imposto devido sobre o lucro real da matriz, controladora ou coligada no Brasil quando os resultados da filial, sucursal, controlada ou coligada, que contenham os referidos rendimentos, forem computados na determinação do lucro real da pessoa jurídica no Brasil.

83. (Esaf/ Auditor-Fiscal da Receita Federal do Brasil – 2012) De acordo com a legislação tributária em vigor, assinale a opção incorreta.

   a) Os lucros auferidos no exterior, por intermédio de filiais, sucursais, controladas ou coligadas, serão computados para fins de determinação do lucro real no balanço levantado em 31 de dezembro do ano-calendário em que tiverem sido disponibilizados para a pessoa jurídica domiciliada no Brasil.

   b) Para fins de determinação da base de cálculo do imposto de renda, os lucros auferidos por controlada ou coligada no exterior serão considerados disponibilizados para a controladora ou coligada no Brasil na data do balanço do qual constar a sua distribuição para a pessoa jurídica domiciliada no Brasil, na forma do regulamento.

   c) Os prejuízos e perdas apurados por filiais, sucursais ou controladas, no exterior, de pessoas jurídicas domiciliadas no Brasil, não serão compensados com lucros auferidos no Brasil para fins de apuração do lucro real.

   d) A pessoa jurídica poderá compensar o imposto de renda incidente, no exterior, sobre os lucros, rendimentos e ganhos de capital computados no lucro real, até o limite do imposto de renda incidente, no Brasil, sobre os referidos lucros, rendimentos ou ganhos de capital.

e) Serão computados na determinação do lucro real os resultados líquidos, positivos ou negativos, obtidos em operações de cobertura (hedge) realizadas em mercados de liquidação futura, diretamente pela empresa brasileira, em bolsas no exterior.

84. (Questão inédita – MLV) Assinale V ou F e, em seguida, assinale a alternativa que contenha a sequência correta.

   I. Para efeito de aplicação das disposições relativas a preços de transferência, são consideradas pessoas vinculadas à pessoa jurídica domiciliada no Brasil, sua matriz ou filial, bem assim sua controlada ou coligada, quando domiciliadas no exterior.

   II. As disposições relativas a preços de transferência, não se aplica às operações efetuadas por pessoa física ou jurídica residente ou domiciliada no Brasil, com pessoa física ou jurídica não vinculada, ainda que residente ou domiciliada em país que não tribute a renda ou que a tribute a alíquota máxima inferior a vinte por cento.

   III. Os juros pagos ou creditados a pessoa vinculada somente serão dedutíveis para fins de determinação do lucro real até o montante que não exceda ao valor calculado com base em taxa determinada na legislação, acrescida de margem percentual a título de spread, a ser definida por ato do Ministro de Estado da Fazenda com base na média de mercado, proporcionalizados em função do período a que se referirem os juros.

   IV. Aplicam-se às operações realizadas em regime fiscal privilegiado as disposições relativas a preços de transferência, nas transações entre pessoas físicas ou jurídicas residentes e domiciliadas no País com qualquer pessoa física ou jurídica, ainda que não vinculada, residente ou domiciliada no exterior. Para esse fim, considera-se regime fiscal privilegiado aquele que conceda vantagem de natureza fiscal a pessoa física ou jurídica não residente sem exigência de realização de atividade econômica substantiva no país ou dependência.

   a) F, F, F, F
   b) V, V, F, F
   c) V, F, V, V
   d) F, F, V, V
   e) V, V, V, V

85. (Esaf/ Auditor-Fiscal da Receita Federal do Brasil – 2012) Sobre os Preços de Transferência, julgue os itens a seguir, classificando-os como corretos (C) ou errados (E). Em seguida, escolha a opção adequada às suas respostas.

   I. Os Preços de Transferência, consistentes na manipulação de preços de negócios havidos entre pessoas vinculadas, constituem prática ilícita, passível de ser desconsiderada pela autoridade fiscal, porque sua utilização tem por único objetivo a transferência de lucros para a parte do negócio que esteja domiciliada no exterior, em país com menor carga tributária.

II. O Método dos Preços Independentes Comparados (PIC) e o Método do Custo de Produção mais Lucro (CPL) são parâmetros legalmente previstos para o alcance de limite mínimo permitido para dedução de valores na determinação do lucro real, a título de custos, despesas e encargos, relativos a bens, serviços e direitos, constantes de documento de importação ou de aquisição, nas operações realizadas entre pessoas vinculadas.

III. As disposições legais relativas aos Preços de Transferência se aplicam, também, às operações realizadas entre pessoas jurídicas ou físicas domiciliadas no Brasil e pessoas jurídicas ou físicas residentes ou domiciliadas em país que não tribute a renda ou que a tribute abaixo de percentual legalmente previsto pela lei brasileira ou cuja lei não permita acesso a informações relativas à composição societária, titularidade de bens ou direitos ou às operações econômicas realizadas, casos para os quais a aplicação das regras de preços de transferência prescinde da existência de vínculo entre as partes contratantes.

IV. Nos termos da legislação tributária, as operações de exportação de bens, serviços ou direitos produzidos no território brasileiro para empresa vinculada, sediada em outro país, que venham a ser configuradas como exportações destinadas à conquista de novos mercados, fazem jus a tratamento normativo diferenciado relativo a Preços de Transferência em comparação ao aplicável a operações de exportação comuns entre partes vinculadas.

a) Somente o item I está errado.
b) Somente o item III está correto.
c) Apenas os itens II e IV estão corretos.
d) Todos os itens estão errados.
e) Apenas os itens III e IV estão corretos.

86. (Esaf/ Auditor-Fiscal da Receita Federal do Brasil – 2014) Julgue os itens abaixo e, em seguida, assinale a opção correta.

I. As hipóteses legalmente previstas como distribuição disfarçada de lucros constituem presunção relativa, isto é, a pessoa jurídica pode obter a revisão da presunção se lograr comprovar que o negócio supostamente fraudulento, simulado ou inexistente foi realizado no seu interesse e em condições estritamente comutativas.

II. Se uma empresa domiciliada no Brasil obtém empréstimo de sua matriz domiciliada no exterior, poderá deduzir os juros a ela pagos, para fins de determinação do lucro real, desde que estejam de acordo com o contrato registrado no Banco Central do Brasil, não se admitindo prova de que os juros pagos são inferiores aos contratados.

III. A dedução dos custos e encargos relativos a bens importados de pessoa jurídica domiciliada no exterior para fins de determinação do lucro real está limitada a montante que não exceda o preço determinado pela aplicação de um dos métodos previstos em lei para determinação dos preços de transferência, sob pena de o excedente ser adicionado ao lucro líquido, para determinação do lucro real da pessoa jurídica domiciliada no Brasil.

IV. Se o preço médio dos bens exportados por empresa domiciliada no Brasil a pessoa controlada domiciliada no exterior for superior ao preço médio praticado na venda dos mesmos bens no mercado interno, considerando havida identidade de períodos e similaridade de condições de pagamento, a receita assim auferida fica sujeita a arbitramento, presumindo-se que os preços foram manipulados.

a) Apenas os itens I e II estão corretos.
b) Apenas o item IV está errado.
c) Apenas os itens II, III e IV estão errados.
d) Apenas os itens I, III e IV estão corretos.
e) Apenas o item III está errado.

42.1. Gabarito dos exercícios da Parte III

1. E	2. C	3. D	4. A
5. B	6. C	7. D	8. C
9. E	10. C	11. E	12. C
13. D	14. D	15. B	16. D
17. B	18. E	19. D	20. Anulada
21. D	22. B	23. A	24. B
25. B	26. B	27. C	28. B
29. A	30. C	31. B	32. A
33. B	34. A	35. C	36. E
37. B	38. B	39. D	40. B
41. B	42. C	43. E	44. C
45. D	46. B	47. D	48. A
49. D	50. A	51. C	52. A
53. E	54. B	55. C	56. B
57. C	58. Anulada	59. B	60. B
61. B	62. A	63. B	64. D
65. B	66. B	67. E	68. B
69. E	70. E	71. B	72. A
73. A	74. A	75. B	76. A
77. C	78. A	79. D	80. E
81. E	82. D	83. B	84. C
85. E	86. C		

42.2. Justificativa da Esaf para anulação de questão do concurso de 2012

Segue abaixo a íntegra do parecer da Esaf, publicado após a apreciação dos recursos, relativamente à questão 36 na numeração original da prova do concurso de 2012 para Analista Tributário da Receita Federal do Brasil (Questão 58 na lista de exercícios da Parte III deste livro):

Os candidatos contestam a questão sob as seguintes assertivas:

a) de que há mais de uma alternativa incorreta, acarretando a existência de duas alternativas possíveis, a que foi indicada no gabarito e a alternativa "a", tendo em vista que tal alternativa prevê que a "incerteza" quanto ao período de apuração de escrituração de rendimento somente constitui fundamento para lançamento de diferença de imposto quando dela resultar a redução indevida do lucro real. Alegam que a mera incerteza não constitui fundamento para lançamento tributário, sob pena de grave violação ao princípio da tipicidade;

b) o fato de a questão afirmar que somente há uma hipótese de lançamento desconsidera o teor do inciso I do art. 273 do RIR;

c) a alternativa correta é a "d", tendo em vista que a receita líquida de vendas representa a receita operacional bruta deduzida das vendas canceladas, abatimentos sobre vendas canceladas, descontos incondicionais e impostos sobre vendas.

Assiste razão aos candidatos.

O enunciado da questão solicitou a indicação da alternativa incorreta, sendo considerada como tal a alternativa "c", a esse respeito não pairam dúvidas. Porém, na alternativa "a", utilizou-se o termo "incerteza" quanto ao período de apuração para fins de fundamentar o lançamento de diferença de imposto. Muito embora a intenção tenha sido empregar tal terminologia como sinônimo de "inexato" ou de "inobservância" (expressões adotadas no âmbito do Regulamento do Imposto sobre a Renda no dispositivo correspondente), parece-nos que sua utilização pode gerar dúvidas e, assim sendo, objetivando conferir maior segurança à discussão, entendemos que a questão merece ser anulada.

No que concerne à afirmativa de que a alternativa "a" desconsidera o teor do art. 273 do RIR, os argumentos não merecem prosperar. Com efeito, o artigo mencionado do Regulamento do Imposto sobre a Renda, aprovado por meio do Decreto nº 3.000, de 1999, dispõe:

Art. 273. A inexatidão quanto ao período de apuração de escrituração de receita, rendimento, custo ou dedução, ou do reconhecimento de lucro, somente constitui fundamento para lançamento de imposto, diferença de imposto, atualização monetária, quando for o caso, ou multa, se dela resultar (Decreto-Lei nº 1.598, de 1977, art. 6º, § 5º):

I – a postergação do pagamento do imposto para período de apuração posterior ao em que seria devido; ou

II – a redução indevida do lucro real em qualquer período de apuração.

Observe-se que os termos da questão seguem a mesma forma adotada no dispositivo transcrito, sendo composta simplesmente pela junção do caput com o inciso I, o que é rigorosamente correto. É que as hipóteses tratadas no referido artigo, que envolvem os incisos I e II, não são complementares, ou seja, basta a existência de uma delas, independentemente da outra, para fins de fundamentação para lançamento. Dessa forma, cada uma das hipóteses, isoladamente considerada, é base para o lançamento respectivo.

Quanto à alegação de que a alternativa a ser considerada deveria ser a "d", também não procedem os argumentos, tendo em vista que o conteúdo da referida alternativa repete o comando do art. 280 do RIR, verbis:

Art. 280. A receita líquida de vendas e serviços será a receita bruta diminuída das vendas canceladas, dos descontos concedidos incondicionalmente e dos impostos incidentes sobre vendas (Decreto-Lei nº 1.598, de 1977, art. 12, § 1º).

Em assim sendo, em face das dúvidas advindas da terminologia utilizada na alternativa "a", sugerimos a anulação da questão.

PARTE IV
Tributação na Fonte e sobre Operações Financeiras

Capítulo 43
Tributação na Fonte

A tributação na fonte é o objeto do Título I do Livro III do RIR, estendendo-se do art. 620 ao art. 726.

Em nosso estudo, vamos desenvolver o assunto ao longo de cinco partes, segundo a mesma estrutura adotada pelo Regulamento:
- rendimentos sujeitos à tabela progressiva (item 43.1);
- rendimentos de pessoas jurídicas sujeitos a alíquotas específicas (item 43.2);
- rendimentos de Participações Societárias (item 43.3);
- outros rendimentos de residentes no País (item 43.4);
- rendimentos de residentes ou domiciliados no exterior (item 43.5).

43.1. Rendimentos sujeitos à tabela progressiva

Desde logo, cabe dizer que se trata de rendimentos auferidos por pessoas físicas. Nesse caso, o imposto deve ser retido por ocasião de cada pagamento e se, no mês, houver mais de um pagamento pela mesma fonte pagadora, a qualquer título, aplica-se a alíquota correspondente à soma dos rendimentos pagos à pessoa física (RIR, art. 620, § 2º).

Por outro lado, o adiantamento de rendimentos correspondentes a determinado mês não está sujeito à retenção, desde que os rendimentos sejam integralmente pagos no próprio mês a que se referirem, momento em que são efetuados o cálculo e a retenção do imposto sobre o total dos rendimentos pagos no mês (RIR, art. 621). É o caso do chamado "vale", que corresponde à parte do salário que algumas empresas costumam antecipar dentro do próprio mês.

Como regra, além dos rendimentos que iremos analisar entre os itens 43.1.1 e 43.1.5, estão sujeitos à incidência do imposto na fonte calculado com base na tabela progressiva, quaisquer outros rendimentos pagos por pessoa jurídica a pessoa física, para os quais não haja incidência específica e não estejam incluídos entre aqueles tributados exclusivamente na fonte (RIR, art. 639).

Portanto, em relação aos rendimentos abrangidos por este item 43.1, o regime de retenção é o de antecipação, de modo que o imposto retido na fonte durante o ano-calendário pode ser utilizado como dedução do imposto apurado na declaração de rendimentos (RIR, art. 620, § 3º).

43.1.1. Rendimentos do trabalho assalariado

Estão sujeitos à incidência do imposto na fonte, calculado com base na tabela progressiva, os rendimentos do trabalho assalariado pagos por pessoas físicas ou jurídicas (RIR, art. 624). Note que pessoas físicas também estão obrigadas a efetuar a retenção na fonte, na hipótese em que estiverem na condição de pagadoras de rendimentos do trabalho assalariado.

O cálculo do imposto na fonte relativo a férias de empregados deve ser efetuado separadamente dos demais rendimentos pagos ao beneficiário, no mês, com base na tabela progressiva (RIR, art. 625).

Por fim, cabe relembrar o caso das pessoas físicas que mantêm sua condição de residentes ou domiciliadas no Brasil, na hipótese em que recebem rendimentos de trabalho assalariado, em moeda estrangeira, de autarquias ou repartições do Governo brasileiro, situadas no exterior. Nesse caso, também estão sujeitas ao imposto na fonte mediante aplicação da tabela progressiva (RIR, art. 627), sendo que a base de cálculo corresponde a 25% do total dos rendimentos recebidos.

43.1.2. Rendimentos do trabalho não assalariado

Estão sujeitos à incidência do imposto na fonte, calculado com base na tabela progressiva, os rendimentos do trabalho não assalariado, pagos por pessoas jurídicas, inclusive por cooperativas e pessoas jurídicas de direito público, a pessoas físicas (RIR, art. 628).

De um modo geral, a base de cálculo do imposto corresponde ao valor do rendimento. No entanto, no caso de rendimentos pagos por pessoas jurídicas a pessoas físicas pela prestação de serviços de transporte, em veículo próprio, locado ou adquirido com reserva de domínio ou alienação fiduciária, a base de cálculo do imposto na fonte corresponde a (RIR, art. 629):

- 10% do rendimento bruto, decorrente do transporte de carga (percentual atualizado pela Lei nº 12.794, de 2013);
- 60% do rendimento bruto, decorrente do transporte de passageiros.

Também no caso da prestação de serviços com trator, máquina de terraplenagem, colheitadeira e assemelhados, a base de cálculo do imposto na fonte corresponde a 10% do rendimento bruto.

Por fim, a base de cálculo do imposto na fonte corresponde a 10% do rendimento total percebido por garimpeiros na venda, a empresas legalmente habilitadas, de metais preciosos, pedras preciosas e semipreciosas, por eles extraídos (RIR, art. 630).

43.1.3. Rendimentos de aluguéis e *royalties*

Os rendimentos decorrentes de aluguéis ou *royalties* pagos por pessoas jurídicas a pessoas físicas estão sujeitos à incidência do imposto na fonte, calculado com base na tabela progressiva (RIR, art. 631).

Como se nota, não há incidência do imposto na fonte na hipótese de aluguel pago por pessoa física a outra.

No caso de aluguéis de imóveis, os seguintes valores não integram a base de cálculo do imposto:

- o valor dos impostos, taxas e emolumentos incidentes sobre o bem que produzir o rendimento;
- o aluguel pago pela locação do imóvel sublocado;
- as despesas para cobrança ou recebimento do rendimento;
- as despesas de condomínio.

43.1.4. Remuneração, gratificação e participação de administrador

Estão sujeitos à incidência do imposto na fonte, calculado com base na tabela progressiva, os rendimentos pagos aos titulares, sócios, dirigentes, administradores e conselheiros de pessoas jurídicas, a título de remuneração mensal por prestação de serviços, de gratificação ou participação no resultado (RIR, art. 637).

Cabe ressaltar que integram a remuneração dos beneficiários (RIR, art. 622):

- a contraprestação de arrendamento mercantil ou o aluguel ou, quando for o caso, os respectivos encargos de depreciação:
  ✓ de veículo utilizado no transporte de administradores, diretores, gerentes e seus assessores ou de terceiros em relação à pessoa jurídica;
  ✓ de imóvel cedido para uso de quaisquer dessas pessoas;
- as despesas com benefícios e vantagens concedidos pela empresa a administradores, diretores, gerentes e seus assessores, pagos diretamente ou através da contratação de terceiros, tais como:
  ✓ a aquisição de alimentos ou quaisquer outros bens para utilização pelo beneficiário fora do estabelecimento da empresa;
  ✓ os pagamentos relativos a clubes e assemelhados;
  ✓ o salário e respectivos encargos sociais de empregados postos à disposição ou cedidos, pela empresa, a administradores, diretores, gerentes e seus assessores ou de terceiros;
  ✓ a conservação, o custeio e a manutenção de veículo utilizado no seu transporte, ou de imóvel cedido para seu uso.

Nesse caso, a falta de identificação do beneficiário da despesa implica a tributação exclusiva na fonte (item 43.4.2), recaindo, portanto, sobre a pessoa jurídica.

43.1.5. Décimo terceiro salário

Os rendimentos pagos a título de décimo terceiro salário estão sujeitos à incidência do imposto na fonte com base na tabela progressiva, observando-se o seguinte (RIR, art. 638):
- não deve haver retenção na fonte, pelo pagamento de antecipações;
- é devido o imposto, sobre o valor integral, no mês de sua quitação;
- a tributação ocorre exclusivamente na fonte, separada dos demais rendimentos do beneficiário;
- são admitidas as deduções a título de dependentes, de pensão alimentícia, de contribuições previdenciárias relativas a rendimentos do trabalho assalariado e de parcela isenta de aposentadoria e pensão de maiores de 65 anos.

43.1.6. Rendimentos recebidos acumuladamente

No caso de rendimentos recebidos acumuladamente, o imposto na fonte incide sobre o total dos rendimentos pagos no mês, podendo ser deduzido o valor das despesas com ação judicial, necessárias ao recebimento dos rendimentos, inclusive com advogados, se tiverem sido pagas pelo contribuinte, sem indenização (RIR, art. 640).

Mas é importante lembrar que em 2010 essa regra foi alterada para o caso de rendimentos do trabalho e os provenientes de aposentadoria, pensão, transferência para a reserva remunerada ou reforma, pagos pela Previdência Social da União, dos Estados, do Distrito Federal e dos Municípios, quando correspondentes a anos-calendários anteriores ao do recebimento.

Nesse caso, o imposto incide na fonte mediante a utilização de tabela progressiva resultante da multiplicação da quantidade de meses a que se refiram os rendimentos pelos valores constantes da tabela progressiva mensal correspondente ao mês do recebimento ou crédito, conforme dispõe o art. 12-A da Lei nº 7.713, de 1988, incluído pela Lei nº 12.350, de 2010. Lembre-se de que esse tema foi objeto do item (9.2.6).

43.2. Rendimentos de pessoas jurídicas sujeitos a alíquotas específicas

Até este ponto, vimos os casos de retenção na fonte em que se aplica a tabela progressiva e o beneficiário do pagamento é uma pessoa física. Neste item, vamos estudar os casos de retenção na fonte em que o beneficiário do pagamento é pessoa jurídica.

Antes de apresentar as hipóteses previstas no RIR, cabe destacar a regra estabelecida no art. 272 para escrituração de rendimentos auferidos com desconto de imposto retido na fonte:

> **Art. 272.** Na escrituração dos rendimentos auferidos com desconto do imposto retido pelas fontes pagadoras, serão observadas, nas empresas beneficiadas, as seguintes normas:
>
> I – o rendimento percebido será escriturado como receita pela respectiva importância bruta, verificada antes de sofrer o desconto do imposto na fonte;
>
> II – o imposto descontado na fonte pagadora será escriturado, na empresa beneficiária do rendimento:
>
> a) como despesa ou encargo não dedutível na determinação do lucro real, quando se tratar de incidência exclusiva na fonte;
>
> b) como parcela do ativo circulante, nos demais casos.

43.2.1. Serviços profissionais prestados por pessoas jurídicas

As importâncias pagas ou creditadas por pessoas jurídicas a outras pessoas jurídicas, civis ou mercantis, pela prestação de serviços caracterizadamente de natureza profissional estão sujeitas à incidência do imposto na fonte, à alíquota de 1,5%, considerado antecipação do imposto devido pela beneficiária (RIR, arts. 647 e 650).

Considerando o tamanho da alíquota, nota-se claramente a função de controle dessa hipótese de retenção.

Mas essa alíquota pequena, de 1,5%, não se aplica no caso de a beneficiária ser sociedade civil prestadora de serviços relativos à profissão legalmente regulamentada controlada, direta ou indiretamente (RIR, art. 648):

- por pessoas físicas que sejam diretores, gerentes ou controladores da pessoa jurídica que pagar ou creditar os rendimentos; ou
- pelo cônjuge, ou parente de primeiro grau, das pessoas físicas referidas no inciso anterior.

Nesses casos em que a beneficiária é controlada, direta ou indiretamente, por pessoas ligadas, a alíquota do IRRF não é de 1,5%, mas sim a definida pela tabela progressiva.

43.2.2. Serviços de limpeza, conservação, segurança, vigilância e locação de mão de obra

Os rendimentos pagos ou creditados por pessoas jurídicas a outras pessoas jurídicas civis ou mercantis pela prestação de serviços de limpeza, conservação, segurança, vigilância e por locação de mão de obra estão sujeitos à incidência do imposto na fonte, considerado antecipação do devido pela beneficiária, à alíquota de 1% (RIR, arts. 649 e 650).

Mais uma vez, o imposto retido na fonte é considerado antecipação do imposto devido pela beneficiária e, considerando o tamanho da alíquota, fica evidente a função de controle dessa hipótese de retenção.

43.2.3. Mediação de negócios, propaganda e publicidade

Estão sujeitas à incidência do imposto na fonte, considerado antecipação do devido pela pessoa jurídica, à alíquota de 1,5%, as importâncias pagas ou creditadas por pessoas jurídicas a outras pessoas jurídicas (RIR, art. 651):

- a título de comissões, corretagens ou qualquer outra remuneração pela representação comercial ou pela mediação na realização de negócios civis e comerciais;
- por serviços de propaganda e publicidade.

Trata-se de mais uma hipótese em que a retenção exerce uma clara função de controle, em que o imposto retido na fonte é considerado antecipação do imposto devido pela beneficiária.

Vale ressaltar que, no caso de serviços de propaganda e publicidade, as importâncias pagas diretamente ou repassadas a empresas de rádio e televisão, jornais e revistas podem ser excluídas da base de cálculo do imposto. Além disso, a lei atribui à pessoa jurídica pagadora e à beneficiária a responsabilidade solidária pela comprovação da efetiva realização dos serviços (RIR, art. 651, § 1º).

43.2.4. Pagamentos a cooperativas de trabalho e associações profissionais

Estão sujeitas à incidência do imposto na fonte à alíquota de 1,5% as importâncias pagas ou creditadas por pessoas jurídicas a cooperativas de trabalho, associações de profissionais ou assemelhadas, relativas a serviços pessoais que lhes forem prestados por associados destas ou colocados à disposição (RIR, art. 652).

Nesse caso, o imposto retido pode ser compensado pelas cooperativas de trabalho, associações ou assemelhadas com o imposto retido por ocasião do pagamento dos rendimentos aos associados ou, ainda, pode ser objeto de pedido de restituição, desde que a cooperativa, associação ou assemelhada comprove, relativamente a cada ano-calendário, a impossibilidade de sua compensação (Lei nº 10.833, de 2003, art. 29).

43.2.5. Serviços de assessoria creditícia, mercadológica, gestão de crédito, seleção e riscos e administração de contas a pagar e a receber

As importâncias pagas ou creditadas por pessoas jurídicas a outras pessoas jurídicas a título de prestação de serviços de assessoria creditícia, mercadológica, gestão de crédito, seleção e riscos, administração de contas a pagar e a receber estão sujeitas à incidência do imposto na fonte, à alíquota de 1,5%, como antecipação do imposto devido no encerramento do período de apuração (Lei nº 10.833, de 2003, art. 29).

43.2.6. Pagamentos efetuados por órgãos públicos federais

Os pagamentos efetuados por órgãos, autarquias e fundações da Administração Pública federal a pessoas jurídicas, pelo fornecimento de bens ou prestação de serviços, estão sujeitos à incidência do imposto na fonte (RIR, art. 653).

O imposto de renda retido, considerado como antecipação do que for devido pela pessoa jurídica, é determinado mediante a aplicação da alíquota de 15% sobre o valor a ser pago multiplicado pelo percentual da estimativa mensal, aplicável à espécie de receita correspondente ao tipo de bem fornecido ou de serviço prestado.

Por exemplo, no caso de rendimento pago a beneficiário que exerce atividade comercial, o imposto incide na fonte à alíquota de 15% sobre 8% do valor do pago. Assim, sobre um pagamento de R$ 10 mil a pessoa jurídica comercial que fornece bens a órgão público, o IRRF resulta em R$ 120, ou 1,2% (= 15% x 8%).

Cabe, ainda, ressaltar que o tema encontra-se disciplinado pela Instrução Normativa RFB nº 1.234, de 11 de janeiro de 2012.

43.3. Rendimentos de Participações Societárias

Neste item, veremos o tratamento tributário, no que se refere ao imposto de renda que incide na fonte, no caso de lucros ou dividendos, juros sobre o capital próprio e rendimentos de partes beneficiárias.

43.3.1. Lucros ou Dividendos

Os lucros ou dividendos calculados com base nos resultados apurados a partir do mês de janeiro de 1996, pagos ou creditados pelas pessoas jurídicas tributadas com base no lucro real, presumido ou arbitrado não estão sujeitos à incidência do imposto na fonte, nem integram a base de cálculo do imposto do beneficiário, pessoa física ou jurídica, domiciliado no País ou no exterior (RIR, arts. 654, 662 e 666).

43.3.2. Juros sobre o capital próprio

Estão sujeitos ao imposto na fonte, à alíquota de 15%, na data do pagamento ou crédito, os juros calculados sobre as contas do patrimônio líquido, pagos de maneira individualizada a titular, sócios ou acionistas, a título de remuneração do capital próprio (RIR, art. 668).

Nesse caso, o imposto retido na fonte é considerado:

- antecipação do devido na declaração de rendimentos, no caso de beneficiário pessoa jurídica tributada com base no lucro real, presumido ou arbitrado;
- tributação definitiva, nos demais casos, inclusive se o beneficiário for pessoa jurídica isenta.

No caso de beneficiária pessoa jurídica tributada com base no lucro real, o imposto pode, ainda, ser compensado com o que for retido por ocasião do pagamento da mesma espécie (juros sobre o capital próprio) a seu titular, sócios ou acionistas.

43.3.3. Rendimentos de partes beneficiárias ou de fundador

Os interesses e quaisquer outros rendimentos de partes beneficiárias ou de fundador, pagos a pessoas físicas, estão sujeitos à incidência do imposto na fonte, calculado com base na tabela progressiva (RIR, art. 669).

Por outro lado, se rendimentos de partes beneficiárias ou de fundador são pagos ou creditados a pessoas jurídicas, o imposto incide na fonte à alíquota de 15% (RIR, art. 670).

Quanto a essa espécie de rendimento, o imposto retido é considerado antecipação do devido pelo beneficiário, no caso de pessoa física ou pessoa jurídica tributada com base no lucro real, presumido ou arbitrado (RIR, art. 671).

43.4. Outros rendimentos de residentes no País

Neste item, iremos analisar o Imposto de Renda que incide na fonte, sobre pagamento a beneficiário não identificado, participação nos lucros, loterias, títulos de capitalização, rendimentos de proprietários e criadores de cavalos de corrida, rendimentos pagos a pessoas jurídicas por sentença judicial e multas por rescisão de contratos.

43.4.1. Pagamento a beneficiário não identificado

Todo pagamento efetuado pelas pessoas jurídicas a beneficiário não identificado está sujeito à incidência do imposto, exclusivamente na fonte, à alíquota de 35%, (RIR, art. 674). Ou seja, se a pessoa jurídica efetua pagamento a beneficiário não identificado, ela própria fica sujeita ao imposto, cuja incidência passa a ser exclusiva na fonte, à alíquota de 35%.

Além disso, o valor pago é considerado rendimento líquido do beneficiário não identificado, cabendo o reajustamento da base de cálculo. Por exemplo, se a quantia de R$ 10 mil for paga a beneficiário não identificado, mesmo com a incidência à alíquota de 35% o IRRF não será de R$ 3.500,00. Na verdade, nesse exemplo o IRRF será de R$ 5.384,61, porque a base de cálculo deverá ser reajustada para R$ 15.384,61 (= pagamento / 0,65). Com isso, o pagamento de R$ 10 mil corresponderá ao rendimento líquido do imposto (= R$ 15.384,61 – R$ 5.384,61).

Por fim, cabe dizer que essa incidência também se aplica aos pagamentos efetuados ou aos recursos entregues a terceiros ou sócios, acionistas ou titular, contabilizados ou não, quando não for comprovada a operação ou a sua causa (RIR, art. 674, § 1º).

43.4.2. Remuneração indireta paga a beneficiário não identificado

A falta de identificação do beneficiário das despesas e vantagens que constituem remuneração indireta de administradores, diretores, gerentes e seus assessores (item 43.1.4) e a sua não incorporação ao salário dos beneficiários, implica a tributação exclusiva na fonte dos respectivos valores, à alíquota de 35% (RIR, art. 675).

43.4.3. Participação nos lucros

Conforme vimos no Capítulo 14, até a edição da Medida Provisória nº 597, de 26 de dezembro de 2012, os valores recebidos a título da referida participação nos lucros se submetiam ao regime de tributação anual.

Com a publicação da MP nº 597, de 2012, convertida na Lei nº 12.832, de 2013, a partir de 1º de janeiro de 2013, essas participações passaram a ser tributadas exclusivamente na fonte, com base na seguinte tabela progressiva:

VALOR DO PLR ANUAL (EM R$)	ALÍQUOTA	PARCELA A DEDUZIR DO IR (EM R$)
de 0,00 a 6.000,00	0%	-
de 6.000,01 a 9.000,00	7,5%	450,00
de 9.000,01 a 12.000,00	15%	1.125,00
de 12.000,01 a 15.000,00	22,5%	2.025,00
acima de 15.000,00	27,5%	2.775,00

Dessa forma, pode-se afirmar que se encontra revogada a base legal do art. 626 do RIR.

43.4.4. Loterias e outros prêmios

Estão sujeitos à incidência do imposto exclusivamente na fonte, à alíquota de 30%, os prêmios em dinheiro decorrentes de (RIR, art. 676):
- loterias e concursos desportivos em geral, compreendidos os de turfe e sorteios de qualquer espécie;
- concursos de prognósticos desportivos, seja qual for o valor do rateio atribuído a cada ganhador.

O imposto incide na fonte, inclusive, no caso de loterias instantâneas, mesmo as de finalidade assistencial, ainda que exploradas diretamente pelo Estado.

No caso de prêmios distribuídos sob a forma de bens e serviços através de concursos e sorteios de qualquer espécie, o imposto incide à alíquota de 20%, exclusivamente na fonte, sobre o valor de mercado do prêmio, na data da distribuição (RIR, art. 677).

43.4.5. Títulos de capitalização

Estão sujeitos à incidência do imposto na fonte, à alíquota de 25% (RIR, art. 678):
- os benefícios líquidos resultantes da amortização antecipada, mediante sorteio;
- os benefícios atribuídos aos portadores de títulos de capitalização nos lucros da empresa emitente.

Nesse caso, o imposto retido é considerado:
- antecipação do devido, quando o beneficiário for pessoa jurídica tributada com base no lucro real, presumido ou arbitrado;
- devido exclusivamente na fonte, nos demais casos, inclusive se o beneficiário for pessoa física ou jurídica isenta.

43.4.6. Rendimentos de proprietários e criadores de cavalos de corrida

O imposto incide na fonte, à alíquota de 15%, sobre os prêmios pagos aos proprietários e criadores de cavalos de corrida, e também nesse caso é considerado (RIR, art. 679):
- antecipação do devido, quando o beneficiário for pessoa jurídica tributada com base no lucro real, presumido ou arbitrado;
- devido exclusivamente na fonte, nos demais casos, inclusive se o beneficiário for pessoa física ou jurídica isenta.

43.4.7. Juros e lucros cessantes

No caso de importâncias pagas às pessoas jurídicas a título de juros e de indenizações por lucros cessantes, quando decorrentes de sentença judicial, o imposto incide na fonte, à alíquota de 5%, na forma de antecipação do imposto devido ao final do período de apuração (RIR, art. 680).

43.4.8. Rendimento decorrente de decisão da Justiça Federal

O imposto de renda sobre os rendimentos pagos, em cumprimento de decisão da Justiça Federal, mediante precatório ou requisição de pequeno valor, deve ser retido na fonte pela instituição financeira responsável pelo pagamento, à alíquota de 3% sobre o montante pago, sem quaisquer deduções, no momento do pagamento ao beneficiário ou seu representante legal (Lei nº 10.833, de 2003, art. 27).

Nesse caso, o imposto retido na fonte é considerado antecipação do imposto apurado na Declaração de Ajuste Anual das pessoas físicas, bem assim no encerramento do período de apuração ou na data da extinção, no caso de beneficiário pessoa jurídica.

43.4.9. Multas por rescisão de contratos

Estão sujeitas ao imposto na fonte, à alíquota de 15%, as multas ou quaisquer outras vantagens pagas ou creditadas por pessoa jurídica, ainda que a título de indenização, a beneficiária pessoa física ou jurídica, inclusive isenta, em virtude de rescisão de contrato (RIR, art. 681).

Nessa hipótese, o valor da multa ou vantagem deve ser:
- computado na apuração da base de cálculo do imposto devido na declaração de ajuste anual da pessoa física;
- computado como receita, na determinação do lucro real;
- acrescido ao lucro presumido ou arbitrado, para determinação da base de cálculo do imposto devido pela pessoa jurídica.

No caso de pessoa jurídica isenta, a incidência é exclusiva na fonte e, nos demais casos, o imposto retido na fonte constitui antecipação do imposto devido em cada período de apuração.

Cabe lembrar que o imposto não incide sobre as indenizações pagas ou creditadas em conformidade com a legislação trabalhista (item 10.6), e nem sobre aquelas destinadas a reparar danos patrimoniais (item 10.5).

43.5. Rendimentos de residentes ou domiciliados no exterior

A renda e os proventos de qualquer natureza provenientes de fontes situadas no País estão sujeitos ao Imposto na fonte, quando percebidos (RIR, art. 682):

- pelas pessoas físicas ou jurídicas residentes ou domiciliadas no exterior;
- pelos residentes no País que estiverem ausentes no exterior por mais de 12 meses, salvo os ausentes no exterior a serviço do País, que recebam rendimentos do trabalho assalariado de autarquias ou repartições do Governo brasileiro situadas no exterior;
- pela pessoa física proveniente do exterior, com visto temporário;
- pelos contribuintes que continuarem a perceber rendimentos produzidos no País, a partir da data em que for requerida a prova de quitação do imposto para fins de transferência de domicílio para o exterior.

Vamos estudar esse tema a partir do tratamento tributário que a legislação confere às diversas espécies de receitas e rendimentos. Começaremos com as regras gerais, e depois partiremos para os casos especiais.

A matéria encontra-se consolidada entre os arts. 682 e 716 do RIR, na Instrução Normativa SRF nº 208, de 2002, e na Instrução Normativa RFB nº 1.455, de 2014. Mas, no RIR, o assunto está bem desatualizado, razão pela qual vou "carregar" nas referências à base legal.

43.5.1. Regras gerais de incidência

Quando não estiverem submetidos à tributação específica, os rendimentos, ganhos de capital e demais proventos pagos, creditados, entregues, empregados ou remetidos, por fonte situada no País, à pessoa física ou jurídica domiciliada no exterior, estão sujeitos à incidência do Imposto na fonte à alíquota de 15% (Decreto-Lei nº 5.844, de 1943, art. 97, alínea "a"). Essa é a regra mais geral sobre o tema, e que se aplica, inclusive, no caso de (RIR, art. 685):

- ganhos de capital relativos a investimentos em moeda estrangeira;
- ganhos de capital auferidos na alienação de bens ou direitos localizados no País;
- pensões alimentícias e pecúlios;
- prêmios conquistados em concursos ou competições;
- rendimentos de financiamentos, tais como juros, comissões, descontos, despesas financeiras e assemelhados (RIR, art. 702);
- juros devidos em razão da compra de bens a prazo, mesmo no caso de o beneficiário do rendimento ser o próprio vendedor (RIR, art. 703);

- rendimentos produzidos por imóveis (RIR, art. 705);
- juros sobre o capital próprio (IN RFB nº 1.455, de 2014, art. 14; IN SRF nº 208, de 2002, art. 42).

No entanto, a alíquota será de 25% quando se tratar de rendimentos do trabalho, com ou sem vínculo empregatício, de aposentadorias, de pensões ou os decorrentes da prestação de serviços (Lei nº 9.779, de 1999, art. 7º, com redação dada pela Lei nº 13.315, de 2016).

Além disso, cabe destacar que os rendimentos ou ganhos de capital decorrentes de qualquer operação também serão tributados à alíquota de 25%, na hipótese em que o beneficiário for residente ou domiciliado em país com tributação favorecida, assim entendido aquele que não tribute a renda ou que a tribute à alíquota máxima inferior a 20% (Lei nº 9.779, de 1999, art. 8º; e Lei nº 10.833, de 2003, art. 47). As exceções a essa disposição geral sobre os rendimentos de beneficiários domiciliados em paraísos fiscais estão listadas nos itens 43.5.3 e 43.5.6.

Antes de encerrar este item, vale ressaltar que o ganho de capital auferido por residente ou domiciliado no exterior é apurado e tributado de acordo com as regras aplicáveis aos residentes no País (RIR, art. 685, § 3º). E aqui é importante lembrar que o ganho de capital auferido no País é determinado pela diferença positiva entre o valor de alienação e o custo de aquisição do bem ou direito. Nesse caso, o custo de aquisição do bem ou direito deve ser comprovado com documentação hábil e idônea e, na impossibilidade de comprovação, o custo de aquisição será igual a zero.

43.5.2. Regras específicas de incidência à alíquota de 15%

Os seguintes rendimentos, quando pagos, creditados, entregues, empregados ou remetidos para o exterior por fontes situadas no Brasil ficam sujeitos à incidência do Imposto na fonte à alíquota de 15%:

- as comissões e despesas incorridas nas operações de colocação, no exterior, de ações de companhias abertas, domiciliadas no Brasil, desde que aprovadas pelo Banco Central do Brasil e pela Comissão de Valores Mobiliários (Lei nº 9.481, de 1997, art. 1º,VI, c/c Lei nº 9.559, de 2000, art. 1º);
- os rendimentos decorrentes de solicitação, obtenção e manutenção de direitos de propriedade industrial no exterior (Lei nº 9.481, de 1997, art. 1º,VII, c/c Lei nº 9.559, de 2000, art. 1º);
- as importâncias relativas a:
    - ✓ aquisição ou remuneração, a qualquer título, de qualquer forma de direito (Lei nº 9.430, de 1996, art. 72; RIR, art. 709);

- ✓ transferência de atleta profissional (Lei nº 9.430, de 1996, art. 72; IN RFB nº 1.455, de 2014, art. 18; e IN SRF nº 208, de 2002, art. 42);
- ✓ transmissão, por meio de rádio ou televisão ou por qualquer outro meio, de quaisquer filmes ou eventos, mesmo os de competições desportivas das quais faça parte representação brasileira (Lei nº 9.430, de 1996, art. 72; RIR, art. 709);
- ✓ *royalties* de qualquer natureza (Medida Provisória nº 2.159-70, de 2001, art. 3º);
- ✓ remuneração de serviços técnicos e de assistência técnica, administrativa e semelhantes (Medida Provisória nº 2.159-70, de 2001, art. 3º).

Aqui é preciso ressaltar que, em todos esses casos, aplica-se a regra geral mencionada no item 43.5.1, relativa aos paraísos fiscais, que estabelece a incidência à alíquota de 25% na hipótese em que o beneficiário for residente ou domiciliado em país com tributação favorecida.

43.5.3. Regras específicas de incidência à alíquota de 15%, mesmo na hipótese em que o beneficiário esteja domiciliado em paraíso fiscal

Ainda que o beneficiário esteja domiciliado em país com tributação favorecida, quando pagos, creditados, entregues, empregados ou remetidos para o exterior os seguintes rendimentos ficam sujeitos à incidência do Imposto na fonte à alíquota de 15%:

- decorrentes de contratos de arrendamento mercantil de bens de capital, seja do tipo financeiro ou operacional (Lei nº 9.481, de 1997, art. 1º, V; Lei nº 9.779, de 1999, art. 8º; Lei nº 9.559, de 2000, art. 1º);
- decorrentes de empréstimos contraídos no exterior por empresas nacionais, em países que mantenham acordos tributários com o Brasil (Lei nº 9.481, de 1997, art. 1º, VIII; Lei nº 9.779, de 1999, art. 8º; Lei nº 9.559, de 2000, art. 1º);
- juros, comissões, despesas e descontos decorrentes de colocações no exterior de títulos de crédito internacionais (Lei nº 9.481, de 1997, art. 1º, IX; Lei nº 9.779, de 1999, art. 8º; Lei nº 9.559, de 2000, art. 1º).

43.5.4. Regra específica de incidência à alíquota de 6%

Até 31 de dezembro de 2015, eram isentos do Imposto de Renda na fonte os valores pagos, creditados, entregues, empregados ou remetidos para pessoa física ou jurídica residente ou domiciliada no exterior destinados à cobertura de gastos pessoais, no exterior, de pessoas físicas residentes no País, em viagens de turismo, negócios, serviço, treinamento ou missões oficiais, até o limite global de R$ 20 mil ao mês.

Com o fim da isenção, o Imposto passou a ser exigido à alíquota de 25% (item 43.5.1), causando grande aflição ao setor de turismo.

No entanto, atendendo ao pleito do setor, foi editada a Medida Provisória nº 713, de 2016, convertida na Lei nº 13.315, de 2016.

De acordo com a referida lei, até 31 de dezembro de 2019, fica reduzida a 6% a alíquota do IRRF incidente sobre os valores em questão, até o limite global de R$ 20 mil ao mês, nos termos, limites e condições estabelecidos pelo Poder Executivo.

Caso o beneficiário do pagamento seja residente ou domiciliado em país ou dependência com tributação favorecida, ou seja pessoa física ou jurídica submetida a regime fiscal privilegiado, a redução da alíquota fica sujeita ao limite global de R$ 10 mil ao mês por passageiro, e ainda assim, desde que haja:

- a identificação do efetivo beneficiário da entidade no exterior, destinatário dessas importâncias;
- a comprovação da capacidade operacional da pessoa física ou entidade no exterior de realizar a operação; e
- a comprovação documental do pagamento do preço respectivo e do recebimento dos bens e direitos ou da utilização de serviço.

43.5.5. Rendimentos beneficiados com alíquota zero

Encontra-se reduzida a zero a alíquota do Imposto incidente na fonte sobre as importâncias pagas, creditadas, entregues, empregadas ou remetidas por fontes situadas no Brasil a beneficiários domiciliados no exterior, a título de:

- fretes, afretamentos, aluguéis ou arrendamentos de:
    - ✓ embarcações (marítimas ou fluviais);
    - ✓ aeronaves estrangeiras;
    - ✓ motores de aeronaves estrangeiros.
- aluguel de contêineres, sobrestadia e outros relativos ao uso de serviços de instalações portuárias.

O benefício acima mencionado encontra-se previsto no inc. I do art. 1º da Lei nº 9.481, de 1997. Perceba que embarcações, aeronaves e motores de aeronaves são bens de capital. Desse modo, a alíquota zero aqui apresentada constitui um caso particular, uma exceção à incidência com alíquota de 15% vista no item 43.5.3 para o caso de arrendamento mercantil de bens de capital.

Além dos casos acima mencionados, também está reduzida a zero a alíquota do Imposto incidente na fonte sobre as importâncias pagas, creditadas, entregues, empregadas ou remetidas por fontes situadas no Brasil a beneficiários domiciliados no exterior:

- a título de comissões por exportadores a seus agentes no exterior (Lei nº 9.481, de 1997, art. 1º, II);
- em decorrência de despesas com pesquisas de mercado, bem como aluguéis e arrendamentos de stands e locais para exposições, feiras e conclaves semelhantes, inclusive promoção e propaganda no âmbito desses eventos, para produtos e serviços brasileiros e para promoção de destinos turísticos brasileiros (Lei nº 9.481, de 1997, art. 1º, III, "a");
- por órgãos do Poder Executivo Federal, relativos à contratação de serviços destinados à promoção do Brasil no exterior (Lei nº 9.481, de 1997, art. 1º, III, "b");
- relativas a operações de hedge, destinadas à cobertura de riscos de variações, no mercado internacional, de taxas de juros, de paridade entre moedas e de preços de mercadorias (Lei nº 9.481, de 1997, art. 1º, IV);
- pelo exportador brasileiro, relativos às despesas de armazenagem, movimentação e transporte de carga e emissão de documentos realizadas no exterior (Lei nº 9.481, de 1997, art. 1º, XII);
- a título de remuneração de serviços vinculados aos processos de avaliação da conformidade, metrologia, normalização, inspeção sanitária e fitossanitária, homologação, registros e outros procedimentos exigidos pelo país importador sob o resguardo dos acordos sobre medidas sanitárias e fitossanitárias e sobre barreiras técnicas ao comércio, ambos do âmbito da Organização Mundial do Comércio (Lei nº 12.249, de 2010, art. 18).

Mais uma vez é preciso ressaltar que, em todos esses casos, aplica-se a regra geral mencionada no item 43.5.1, relativa aos paraísos fiscais, que estabelece a incidência à alíquota de 25% na hipótese em que o beneficiário for residente ou domiciliado em país com tributação favorecida.

43.5.6. Rendimentos beneficiados com alíquota zero%, mesmo na hipótese em que o beneficiário esteja domiciliado em paraíso fiscal

Encontra-se reduzida a zero a alíquota do Imposto incidente na fonte sobre as importâncias pagas, creditadas, entregues, empregadas ou remetidas por fontes situadas no Brasil a beneficiário domiciliado no exterior, ainda que em país com tributação favorecida, a título de:

- juros e comissões relativos a créditos obtidos no exterior e destinados ao financiamento de exportações;
- juros de desconto de cambiais de exportação e as comissões de banqueiros inerentes a essas cambiais, pagos, creditados, empregados, entregues ou remetidos para pessoas jurídicas domiciliadas no exterior.

Os benefícios acima mencionados encontram-se previstos nos incs. X e XI do art. 1º da Lei nº 9.481, de 1997, e constituem exceções à regra contida no art. 702 do RIR, mencionada no item 43.5.1.

Além dos casos acima mencionados, em relação aos fatos geradores que ocorrerem até 31 de dezembro de 2022, também está reduzida a zero a alíquota do Imposto incidente na fonte sobre as importâncias pagas, creditadas, entregues, empregadas ou remetidas por fontes situadas no Brasil a beneficiários domiciliados no exterior, ainda que em país com tributação favorecida, a título de contraprestação de contrato de arrendamento mercantil, operacional ou financeiro, de aeronave ou dos motores a ela destinados, celebrado por empresa de transporte aéreo público regular, de passageiros ou cargas, até 31 de dezembro de 2019 (Lei nº 11.371, de 2006, art. 16).

Mais uma vez, perceba que se trata de benefício dirigido a empresas do setor de transporte aéreo. E talvez você deve estar se perguntando a razão de existir mais este benefício, afinal, conforme vimos no item anterior (43.5.5), as remessas a título de arrendamento mercantil de aeronaves ou de motores de aeronaves já são tributadas com alíquota zero.

Para esclarecer a razão de mais essa previsão legal, pense na hipótese de o beneficiário das remessas ser domiciliado em paraíso fiscal. Nesse caso, conforme vimos no item 43.5.5, deixa de ser aplicável o benefício previsto no inc. I do art. 1º da Lei nº 9.481, de 1997. E é justamente esse o caso da maioria dos contratos firmados pelas principais empresas que operam no Brasil[1]. Se não fosse pelo benefício previsto no art. 16 da Lei nº 11.371, de 2006, e reproduzido no § 3º do art. 6º da Instrução Normativa RFB nº 1.455, de 2014, as remessas a esse título seriam tributadas pelo menos a 15%, conforme vimos no item 43.5.3.

---

1 Em matéria publicada na edição do dia 4 de outubro de 2016 do jornal *Valor Econômico*, em que se discutia a inclusão da Irlanda na lista de paraísos fiscais, consta que "segundo a Associação Brasileira das Empresas Aéreas (Abear), que representa Latam, Gol, Azul e Avianca, a tributação poderia representar despesas extras para o setor de cerca de R$ 1 bilhão por ano, porque mais de 60% dos contratos de arrendamento das companhias de aviação comercial brasileiras são feitos com firmas irlandesas".

43.5.7. Isenções e não incidências

Estão isentos do imposto os rendimentos pagos à pessoa física residente ou domiciliada no exterior por autarquias ou repartições do Governo brasileiro situadas fora do território nacional e que correspondam a serviços prestados a esses órgãos (RIR, art. 687).

Também estão isentos do imposto os rendimentos auferidos no País por governos estrangeiros, desde que haja reciprocidade de tratamento em relação aos rendimentos auferidos em seus países pelo Governo brasileiro (RIR, art. 688).

E, nos termos do art. 690 do RIR, não se sujeitam à retenção do Imposto na fonte as seguintes remessas destinadas ao exterior:

- para pagamento de apostilas decorrentes de curso por correspondência ministrado por estabelecimento de ensino com sede no exterior;
- os valores, em moeda estrangeira, registrados no Banco Central do Brasil, como investimentos ou reinvestimentos, retornados ao seu país de origem;
- os valores dos bens havidos, por herança ou doação, por residente ou domiciliado no exterior;
- as importâncias para pagamento de livros técnicos importados, de livre divulgação;
- para dependentes no exterior, em nome dos mesmos, nos limites fixados pelo Banco Central do Brasil, desde que não se trate de rendimentos auferidos pelos favorecidos ou que estes não tenham perdido a condição de residentes ou domiciliados no País, quando se tratar de rendimentos próprios;
- as aplicações do United Nations Joint Staff Pension Fund (UNJSPF), administrado pela Organização das Nações Unidas, nas Bolsas de Valores no País;
- as remessas à Corporação Financeira Internacional (International Finance Corporation – IFC) por investimentos diretos ou empréstimos em moeda a empresas brasileiras, com utilização de fundos de outros países, mesmo que o investimento conte, no exterior, com participantes que não terão nenhuma relação de ordem jurídica com as referidas empresas;
- pagamento de salários de funcionários de empreiteiras de obras e prestadores de serviço no exterior;
- pagamento de salários e remunerações de correspondentes de imprensa, com ou sem vínculo empregatício, bem como ressarcimentos de despesas inerentes ao exercício da profissão, incluindo transporte, hospedagem,

alimentação e despesas relativas a comunicação, e pagamento por matérias enviadas ao Brasil no caso de freelancers, desde que os beneficiários sejam pessoas físicas residentes ou domiciliadas no País;
- remessas para fins educacionais, científicos ou culturais, bem como em pagamento de taxas escolares, taxas de inscrição em congressos, conclaves, seminários ou assemelhados, e taxas de exames de proficiência;
- remessas para cobertura de gastos com treinamento e competições esportivas no exterior, desde que o remetente seja clube, associação, federação ou confederação esportiva ou, no caso de atleta, que sua participação no evento seja confirmada pela respectiva entidade;
- remessas por pessoas físicas, residentes e domiciliadas no País, para cobertura de despesas médico-hospitalares com tratamento de saúde, no exterior, do remetente ou de seus dependentes.

Por fim, vale ainda lembrar que não estão sujeitos à incidência do Imposto na fonte os lucros ou dividendos pagos ou creditados pelas pessoas jurídicas tributadas com base nas regras do Lucro Real, Presumido ou Arbitrado a pessoa física ou jurídica, domiciliada no exterior (Lei nº 9.249, de 1995, art. 10; RIR, art. 692).

Capítulo 44
Tributação das Operações Financeiras

A tributação das operações financeiras é o objeto do Título II do Livro III do RIR. Não bastasse o assunto ser bastante complexo, ainda há o complicador de ter que lidar com um Regulamento bem desatualizado em relação ao tema. Foram muitas as alterações legislativas implementadas, principalmente, na última década.

Para superar essas dificuldades, como fonte para o nosso estudo, vamos adotar a atualizadíssima Instrução Normativa RFB nº 1.585, de 31 de agosto de 2015, que disciplina a cobrança e o recolhimento do Imposto de Renda incidente sobre os rendimentos e ganhos auferidos nos mercados financeiros e de capitais, por investidores residentes ou domiciliados no País e no exterior.

A referida IN é composta de três Capítulos, e aqui adotaremos essa mesma estrutura:
- o Capítulo I dispõe sobre a tributação das aplicações de residentes ou domiciliados no País **em fundos de investimento**;

- o Capítulo II dispõe sobre a tributação das aplicações de residentes ou domiciliados no País **em títulos e valores mobiliários de renda fixa ou de renda variável**;
- o Capítulo III dispõe sobre a tributação das aplicações de **residentes ou domiciliados no exterior** em fundos de investimento e em títulos e valores mobiliários de renda fixa ou de renda variável.

Neste momento, é bom que se diga que a complexidade da tributação decorre, em grande medida, da própria complexidade do objeto da tributação: as operações financeiras. Obviamente que não iremos nos aprofundar no assunto. Nas próximas páginas vamos tentar captar a essência da tributação das operações financeiras, até mesmo porque é de se esperar que a Esaf, numa prova de concurso, não vá muito fundo na exigência em relação a esse tema.

De acordo com o que foi exigido em prova de concurso recente, de 2012, é importante que o candidato conheça bem pelo menos as hipóteses de isenção, alíquota 0% e dispensa de retenção na fonte.

A exposição deste assunto será dividida da seguinte forma: dedicaremos o item 44.1 às regras relativas aos fundos de investimento; no item 44.2, iremos tratar dos títulos e valores mobiliários de renda fixa e de renda variável; e no item 44.3, discorreremos sobre o tratamento dado às aplicações financeiras efetuadas por residentes ou domiciliados no exterior.

Antes de iniciar nossa análise, quanto ao regime de tributação, é importante desde logo esclarecer que, como regra, no caso de beneficiário:

- pessoa jurídica tributada com base no lucro real, presumido ou arbitrado, os rendimentos de aplicações financeiras integram a base de cálculo do IRPJ, e o imposto retido é considerado antecipação do IRPJ devido no final do período de apuração;
- pessoa física, pessoa jurídica isenta ou optante pelo Simples Nacional, a incidência é exclusiva na fonte.

No entanto, em se tratando de rendimentos auferidos por instituição financeira, agências de fomento, sociedade de seguro, de previdência e de capitalização, sociedade corretora de títulos, valores mobiliários e câmbio, sociedade distribuidora de títulos e valores mobiliários ou sociedade de arrendamento mercantil, fica dispensada a retenção na fonte, ou mesmo o pagamento em separado do Imposto, no caso de:

- rendimentos auferidos em aplicações financeiras de renda fixa de titularidade dessas entidades, inclusive por meio de fundos de investimento;
- ganhos obtidos nas operações de renda variável realizadas em bolsa, no mercado de balcão organizado autorizado pela CVM ou por meio de fundos de investimento, para a carteira própria dessas entidades.

Tratamento semelhante é conferido aos rendimentos e ganhos auferidos nas aplicações de recursos das provisões, reservas técnicas e fundos de planos de benefícios de titularidade de entidade de previdência complementar, FAPI e sociedade seguradora, ainda que de seguro de vida com cláusula de cobertura por sobrevivência.

Mas vale ressaltar que a dispensa de retenção acima mencionada não afasta a incidência do IRPJ sobre os rendimentos ou ganhos dessas entidades, segundo as regras do regime de Lucro Real.

Por fim, quanto a outro tipo de entidade, também fica dispensada a retenção do Imposto na fonte sobre rendimentos de aplicações financeiras de sua titularidade. Mas, isso ocorre em razão de outro motivo. Trata-se dos casos de imunidade tributária e, para operacionalizar essa situação, o beneficiário do rendimento deve declarar à fonte pagadora, por escrito, sua condição de entidade imune.

44.1. Tributação das aplicações em fundos de investimento

Nos termos da Instrução Normativa CVM nº 555, de 2014, fundo de investimento é uma comunhão de recursos, constituído sob a forma de condomínio, destinado à aplicação em ativos financeiros. Para esse fim, o fundo pode ser constituído sob a forma de condomínio aberto, em que os cotistas podem solicitar o resgate de suas cotas conforme estabelecido em seu regulamento, ou fechado, em que as cotas somente são resgatadas ao término do prazo de duração do fundo.

Neste item, primeiramente veremos a norma geral de tributação sobre rendimentos decorrentes de aplicações em fundos de investimento (item 44.1.1), para então analisarmos as regras específicas para outras espécies de fundos de investimentos.

44.1.1. Norma geral de tributação dos rendimentos de aplicações em fundos de investimento

Para fins tributários, os fundos de investimento são classificados em fundos de curto prazo e fundos de longo prazo, de acordo com a composição da carteira. Nesse sentido, considera-se:
- fundo de investimento de longo prazo aquele cuja carteira de títulos tenha prazo médio superior a 365 dias;
- fundo de investimento de curto prazo aquele cuja carteira de títulos tenha prazo médio igual ou inferior a 365 dias.

Nas aplicações em fundos de investimento que não estejam sujeitas a regras específicas[2], a incidência do imposto na fonte sobre os rendimentos auferidos por qualquer beneficiário, inclusive pessoa jurídica isenta, ocorre:
- no último dia útil dos meses de maio e novembro de cada ano, ou no resgate, se ocorrido em data anterior;
- na data em que se completar cada período de carência para resgate de cotas com rendimento ou no resgate de cotas, se ocorrido em outra data, no caso de fundos com prazo de carência de até 90 dias.

Nessas datas, a incidência do imposto é apurada de acordo com as seguintes alíquotas:
- 20% no caso de fundos de investimento de curto prazo; e
- 15% no caso de fundos de investimento de longo prazo.

Para operacionalizar a incidência, o administrador do fundo de investimento deve reduzir a quantidade de cotas de cada contribuinte em valor correspondente ao imposto sobre a renda devido (é o famoso "come cotas").

Além disso, a depender do tipo de fundo (longo ou curto prazo) e do período de aplicação, por ocasião do resgate das cotas é aplicada uma alíquota complementar igualando a incidência total às seguintes alíquotas:
- fundos de investimento de longo prazo:
    - ✓ 22,5%, em aplicações com prazo de até 180 dias;
    - ✓ 20%, em aplicações com prazo de 181 dias até 360 dias;
    - ✓ 17,5%, em aplicações com prazo de 361 dias até 720 dias;
    - ✓ 15%, em aplicações com prazo acima de 720 dias.
- fundos de investimento de curto prazo:
    - ✓ 22,5%, em aplicações com prazo de até 180 dias;
    - ✓ 20%, em aplicações com prazo acima de 180 dias.

Por fim, cabe destacar os seguintes casos de isenção do imposto:
- os rendimentos e ganhos líquidos ou de capital, auferidos pelas carteiras dos fundos de investimento;
- os juros sobre o capital próprio recebidos pelos fundos de investimento.

---

2 Nos termos do art. 2º da Instrução Normativa RFB Nº 1585, de 2015, são tributados segundo normas específicas os rendimentos auferidos em aplicações realizadas em: Fundos de Investimento em Ações; Fundos de Investimento em Ações - Mercado de Acesso; Fundos Mútuos de Privatização - FGTS, inclusive carteira livre; Fundos de Investimento em Índice de Mercado - Fundos de Índice de Ações; Fundos de Índice de Renda Fixa; Fundos de Investimento do Fundo de Garantia do Tempo de Serviço (FI-FGTS); Fundos de Investimento em Participações (FIP), Fundos de Investimento em Cotas de Fundos de Investimento em Participações (FIF FIP) e Fundos de Investimento em Empresas Emergentes (FIEE); Fundos de Investimento em Participações em Infraestrutura (FIP-IE) e Fundos de Investimento em Participação na Produção Econômica Intensiva em Pesquisa, Desenvolvimento e Inovação (FIP-PD&I); Fundos de Investimento com Carteira em Debêntures; e Fundos de Investimento Imobiliário.

44.1.2. Fundos de investimento em ações

Os cotistas dos fundos de investimento em ações, sejam eles pessoas físicas ou pessoas jurídicas, inclusive as isentas, são tributados pelo Imposto de Renda, à alíquota de 15%, apenas no resgate de cotas.

Nesse caso, a base de cálculo do Imposto é constituída pela diferença positiva entre o valor de resgate e o custo de aquisição da cota, considerado pelo seu valor patrimonial.

Há, entretanto, um tipo especial de fundo de investimento em ações cujos rendimentos, quando pagos à pessoa física, são isentos do Imposto de Renda até 31 de dezembro de 2023. Trata-se dos fundos de investimento em ações constituídos sob a forma de condomínio aberto e que possuem a designação "FIA–Mercado de Acesso", desde que apliquem, no mínimo, 67% de seu patrimônio em ações emitidas por companhias que tenham valor de mercado inferior a R$ 700 milhões e que atendam às demais condições previstas para gozo da isenção prevista no art. 16 da Lei nº 13.043, de 2014.

44.1.3. Fundos de Investimento em Participações em Infraestrutura (FIP-IE) e Fundos de Investimento em Participação na Produção Econômica Intensiva em Pesquisa, Desenvolvimento e Inovação (FIP-PD&I)

Os rendimentos auferidos no resgate de cotas de FIP-IE e de FIP-PD&I, inclusive quando decorrentes da liquidação do fundo, ficam sujeitos à incidência do Imposto na fonte à alíquota de 15% sobre a diferença positiva entre o valor de resgate e o custo de aquisição das cotas.

No entanto, no caso de investidor pessoa física, os rendimentos distribuídos pelo fundo, mesmo no caso de amortização de cotas[3], ficam isentos do Imposto na fonte e na declaração de ajuste anual das pessoas físicas.

E havendo alienação de cotas desses fundos, seja em operações realizadas dentro ou fora de bolsa, os ganhos são tributados:
- à alíquota 0%, quando auferidos por pessoa física;
- como ganho líquido, à alíquota de 15%, quando auferidos por pessoa jurídica.

---

3 Nos termos da Instrução Normativa CVM nº 555, de 2014, amortização de cotas é o pagamento uniforme realizado pelo fundo, a todos os seus cotistas, de parcela do valor de suas cotas sem redução do número de cotas emitidas, efetuado em conformidade com o disposto no regulamento ou com deliberação da assembleia geral de cotistas.

44.1.4. Fundos de Investimento com Carteira em Debêntures

Instituições autorizadas pela CVM podem constituir fundo de investimento que disponha em seu regulamento que a aplicação dos seus recursos em debêntures de infraestrutura não poderá ser inferior, em qualquer momento de sua vigência, a 85% do valor do patrimônio líquido do fundo.

Nesse caso, os rendimentos pagos a cotistas desse tipo de fundo são tributados exclusivamente na fonte, às seguintes alíquotas:
- 0%, quando auferidos por pessoa física;
- 15%, quando auferidos por pessoa jurídica.

44.1.5. Fundos de investimento imobiliário

Tanto os lucros distribuídos quanto os ganhos de capital e rendimentos auferidos na alienação ou no resgate de cotas dos fundos de investimento imobiliário por qualquer beneficiário, inclusive por pessoa jurídica isenta, sujeitam-se à incidência do Imposto de Renda à alíquota de 20%.

No entanto, são isentos do Imposto na fonte, e também na declaração de ajuste anual, os rendimentos distribuídos a pessoas físicas pelos fundos de investimento imobiliário cujas cotas sejam admitidas à negociação exclusivamente em bolsas de valores ou no mercado de balcão organizado.

44.2. Tributação das aplicações em títulos e valores mobiliários

Vamos dividir este item em duas partes, conforme os títulos ou valores mobiliários sejam, ou não, negociados em bolsa de valores, de mercadorias, de futuros e assemelhadas.

44.2.1. Tributação das aplicações em títulos e valores mobiliários realizadas fora de bolsa

Antes de iniciar, vale enfatizar que as regras apresentadas neste item não se aplicam às operações realizadas em bolsas de valores, de mercadorias, de futuros e assemelhadas, que serão objeto do item 44.2.2.

Enquadram-se nas regras de incidência previstas neste item os rendimentos auferidos em decorrência de aplicações financeiras em títulos de renda fixa e de renda variável sujeitos à retenção de imposto na fonte, incluindo títulos públicos ou privados, operações com ouro (quando equiparadas a operações de renda fixa[4]), títulos de capitalização, operações de swap e Certificados de Operações Estruturadas (COE).

Como regra, quanto aos rendimentos objeto deste item, produzidos por aplicações financeiras de renda fixa e de renda variável e auferidos por qualquer beneficiário, inclusive pessoa jurídica isenta, o Imposto de Renda incide na fonte conforme as seguintes alíquotas:

- 22,5%, em aplicações com prazo de até 180 dias;
- 20%, em aplicações com prazo de 181 dias até 360 dias;
- 17,5%, em aplicações com prazo de 361 dias até 720 dias;
- 15%, em aplicações com prazo acima de 720 dias.

A base de cálculo do Imposto é constituída pela diferença positiva entre o valor da alienação e o valor da aplicação financeira.

Para fins de incidência do Imposto na fonte, a alienação compreende qualquer forma de transmissão da propriedade, bem como a liquidação, o resgate, a cessão ou a repactuação do título ou aplicação.

No caso de rendimentos periódicos produzidos por título ou aplicação, bem como qualquer remuneração adicional aos rendimentos prefixados, a incidência do imposto na fonte ocorre por ocasião de seu pagamento, aplicando-se as alíquotas acima mencionadas, conforme a data de início da aplicação ou de aquisição do título ou valor mobiliário.

Por fim, cabe destacar que, entre outros casos, são tributados como aplicações financeiras de renda fixa os seguintes rendimentos:

- auferidos pela entrega de recursos à pessoa jurídica, sob qualquer forma e a qualquer título, independentemente de ser ou não a fonte pagadora instituição autorizada a funcionar pelo Banco Central do Brasil;
- predeterminados obtidos em operações conjugadas realizadas:
    - ✓ nos mercados de opções de compra e venda em bolsas de valores, de mercadorias e de futuros (box);
    - ✓ no mercado a termo nas bolsas de valores, de mercadorias e de futuros, em operações de venda coberta e sem ajustes diários; e
    - ✓ no mercado de balcão;
- obtidos nas operações de transferência de dívidas realizadas com instituição financeira e outras instituições autorizadas a funcionar pelo Banco Central do Brasil;

---

4 Nos termos do art. 53 da IN RFB nº 1.585, de 2015, as operações de mútuo e de compra vinculada à revenda, tendo por objeto ouro, ativo financeiro, são equiparadas às operações de renda fixa, para fins de incidência do imposto sobre a renda na fonte.

- auferidos nas operações de mútuo de recursos financeiros entre pessoas jurídicas ou entre pessoa jurídica e pessoa física.

No caso de mútuo entre pessoas jurídicas, a incidência do Imposto na fonte ocorre inclusive quando a operação for realizada entre empresas controladoras, controladas, coligadas e interligadas.

a. Debêntures de Infraestrutura

No caso de debêntures emitidas por Sociedade de Propósito Específico (SPE) constituída para implementar projetos de investimento na área de infraestrutura, ou de produção econômica intensiva em pesquisa, desenvolvimento e inovação, os rendimentos auferidos por pessoas físicas ou jurídicas residentes ou domiciliadas no País sujeitam-se à incidência do Imposto, exclusivamente na fonte, às seguintes alíquotas:
- 0%, quando auferidos por pessoa física;
- 15%, quando auferidos por pessoa jurídica.

b. Títulos de Capitalização

Os rendimentos auferidos em operações com títulos de capitalização sujeitam-se à incidência do Imposto na fonte às seguintes alíquotas:
- 30%, sobre o pagamento de prêmios em dinheiro, mediante sorteio, sem amortização antecipada;
- 25% sobre:
  - ✓ os benefícios líquidos resultantes da amortização antecipada, mediante sorteio; e
  - ✓ os benefícios atribuídos aos portadores dos referidos títulos nos lucros da empresa emitente; e
- 20%, nas demais hipóteses, inclusive no caso de resgate sem ocorrência de sorteio.

Nesse caso, o Imposto é devido na data do pagamento, sendo responsável pela retenção a pessoa jurídica que pagar o rendimento.

c. Isenções

Por fim, é importante destacar que são isentos do Imposto na fonte e na declaração de ajuste anual, quando auferidos por pessoa física:
- os rendimentos auferidos em contas de depósitos de poupança;
- a remuneração produzida por letras hipotecárias, certificados de recebíveis imobiliários e letras de crédito imobiliário;

- a remuneração produzida por Certificado de Depósito Agropecuário (CDA), Warrant Agropecuário (WA), Certificado de Direitos Creditórios do Agronegócio (CDCA), Letra de Crédito do Agronegócio (LCA) e Certificado de Recebíveis do Agronegócio (CRA);
- a remuneração produzida pela Cédula de Produto Rural (CPR), com liquidação financeira, desde que negociada no mercado financeiro;
- os rendimentos e ganhos de capital produzidos por debêntures emitidas por sociedade de propósito específico, por certificados de recebíveis imobiliários e por cotas de emissão de fundo de investimento em direitos creditórios, e por cotas de fundo de investimento em direitos creditórios;
- os rendimentos e ganhos de capital produzidos pela Letra Imobiliária Garantida (LIG).

44.2.2. Tributação das aplicações em títulos e valores mobiliários realizadas em bolsas de valores, mercadorias e futuros

No caso de operações em bolsa de valores, de mercadorias e de futuros, a legislação tributária estabelece tratamento diferenciado para o *day trade* em relação àquele definido para as chamadas operações comuns.

a. Operações comuns

São comuns as operações realizadas nos mercados à vista, a termo, futuro e de opções, quando não enquadradas na definição de *day trade*.

Quanto às operações comuns, os ganhos líquidos auferidos por qualquer beneficiário, inclusive pessoa jurídica isenta, sujeitam-se ao Imposto de Renda à alíquota de 15%.

O imposto deve ser apurado por períodos mensais e pago pelo contribuinte até o último dia útil do mês subsequente ao da apuração.

Considera-se ganho líquido o resultado positivo auferido com operações realizadas em cada mês nos mercados à vista, a termo, futuro e de opções, admitida a dedução dos custos e despesas incorridos, necessários à realização das operações.

No entanto, são isentos do imposto os ganhos líquidos auferidos por pessoa física em operações efetuadas:
- com ações, no mercado à vista de bolsas de valores ou mercado de balcão, se o total das alienações desse ativo, realizadas no mês, não exceder a R$ 20 mil;

- com ouro, ativo financeiro, se o total das alienações desse ativo, realizadas no mês, não exceder a R$ 20 mil.

Também são isentos os ganhos auferidos por pessoa física no mercado à vista de bolsas de valores, até 31 de dezembro de 2023, na alienação de ações emitidas por companhias que, entre outras condições previstas no art. 16 da Lei nº 13.043, de 2014, tenham:
- previsão expressa no estatuto social da companhia de que seu capital social seja dividido exclusivamente em ações ordinárias;
- valor de mercado inferior a R$ 700 milhões na data da oferta pública inicial de ações da companhia, ou em 10 de julho de 2014, para as ações das companhias que já tinham efetuado oferta pública inicial de ações antes dessa data;
- receita bruta anual inferior a R$ 500 milhões, apurada no balanço consolidado do exercício social imediatamente anterior ao da data da oferta pública inicial de ações da companhia, ou de 2013, para as ações das companhias que já tinham efetuado oferta pública inicial de ações antes de 10 de julho de 2014.

Ainda quanto às operações comuns, cabe mencionar que incide o Imposto na fonte, à alíquota de 0,005%, podendo ser deduzido do Imposto devido sobre ganhos líquidos apurados no mês.

b. *Day trade*

Enquadram-se como *day trade* as operações iniciadas e encerradas em um mesmo dia, com o mesmo ativo, em uma mesma instituição intermediadora, em que a quantidade negociada tenha sido liquidada, total ou parcialmente.

Quanto a essas operações, a legislação estabelece que cada rendimento auferido, por qualquer beneficiário, inclusive pessoa jurídica isenta, sujeita-se à incidência do Imposto na fonte à alíquota de 1%, e ao final de cada mês, o Imposto devido seja calculado mediante aplicação de alíquota de 20%.

44.3. Tributação das aplicações de residentes ou domiciliados no exterior

A legislação tributária estabelece dois regimes de tributação para o caso de aplicações de residentes ou domiciliados no exterior em fundos de investimento ou em títulos e valores mobiliários de renda fixa ou variável: um regime geral, e um regime especial.

44.3.1. Regime Geral

O investimento estrangeiro nos mercados financeiro e de valores mobiliários somente pode ser realizado no País por intermédio de representante legal, previamente designado dentre as instituições autorizadas pelo Banco Central do Brasil a prestar tal serviço, que fica responsável pelo cumprimento das obrigações tributárias decorrentes das operações que realizar por conta e ordem do representado.

Ressalvado o caso de enquadramento no regime especial de que trata o item 44.3.2, os residentes ou domiciliados no exterior sujeitam-se às mesmas normas de tributação pelo Imposto de Renda, previstas para os residentes ou domiciliados no País, em relação aos:

- rendimentos decorrentes de aplicações financeiras de renda fixa e em fundos de investimento;
- ganhos líquidos auferidos em operações realizadas em bolsas de valores, de mercadorias, de futuros e assemelhadas.

44.3.2. Regime Especial

Os rendimentos auferidos por investidor residente ou domiciliado no exterior, individual ou coletivo, que realizar operações financeiras no País de acordo com as normas e condições estabelecidas pelo Conselho Monetário Nacional, ficam sujeitos à incidência do Imposto de Renda de acordo com as seguintes alíquotas:

- 10% no caso de aplicações nos fundos de investimento em ações, em operações de *swap*, registradas ou não em bolsa, e nas operações realizadas em mercados de liquidação futura, fora de bolsa;
- 15% nos demais casos, inclusive em operações financeiras de renda fixa, realizadas no mercado de balcão ou em bolsa.

No caso de aplicação em fundos de investimento, a incidência do Imposto sobre a Renda ocorrerá exclusivamente por ocasião do resgate de cotas.

No entanto, são isentos do Imposto de Renda os rendimentos, inclusive ganhos de capital, pagos, creditados, entregues ou remetidos a beneficiário residente ou domiciliado no exterior, produzidos por fundos de investimentos, cujos cotistas sejam exclusivamente investidores estrangeiros.

Quanto aos rendimentos produzidos por títulos públicos adquiridos a partir de 16 de fevereiro de 2006, o Imposto incide à alíquota 0%, quando forem pagos, creditados, entregues ou remetidos a beneficiário residente ou domiciliado no exterior.

Também encontra-se reduzida a 0% a alíquota do Imposto incidente sobre os rendimentos pagos, creditados, entregues ou remetidos a beneficiário residente ou domiciliado no exterior, produzidos por:

- títulos ou valores mobiliários adquiridos a partir de 1º de janeiro de 2011, quando emitidos por pessoas jurídicas de direito privado não classificadas como instituições financeiras, e forem objeto de distribuição pública; ou
- fundos de investimento em direitos creditórios constituídos sob a forma de condomínio fechado, regulamentados pela CVM, cujo originador ou cedente da carteira de direitos creditórios não seja instituição financeira.

Por fim, importa registrar que não estão sujeitos à incidência do Imposto os ganhos de capital auferidos pelos investidores estrangeiros que se enquadrarem no regime especial. Para esse fim, consideram-se ganhos de capital, os resultados positivos auferidos:

- nas operações realizadas em bolsas de valores, de mercadorias, de futuros e assemelhadas;
- nas operações com ouro, ativo financeiro, fora de bolsa.

Capítulo 45
Exercícios da Parte IV

1. (Questão inédita – MLV) Considerando as disposições legais relativas ao Imposto sobre a Renda e Proventos de Qualquer Natureza, assinale a alternativa correta.

   a) Para fins de incidência do Imposto de Renda na fonte, o valor do aluguel de veículo utilizado no transporte de administradores, diretores ou gerentes não integra a remuneração das referidas pessoas físicas.

   b) Para fins de incidência do Imposto de Renda na fonte, o valor do salário e respectivos encargos sociais de empregados postos à disposição ou cedidos, pela empresa, a administradores, diretores, gerentes e seus assessores ou de terceiros, integra a remuneração das referidas pessoas físicas.

   c) Ainda que isentos ou não tributáveis, os rendimentos recebidos por pessoas físicas estão sujeitos à incidência do Imposto de Renda na fonte.

   d) A falta de identificação do beneficiário de remuneração indireta implica a incidência do Imposto de Renda exclusivamente na fonte, sem prejuízo do direito à dedução da despesa no cálculo do Imposto devido pela pessoa jurídica.

   e) O adiantamento de rendimentos correspondentes a determinado mês está sujeito à retenção, ainda que os rendimentos sejam integralmente pagos no próprio mês a que se referirem, momento em que serão efetuados o cálculo e a retenção do imposto sobre o total dos rendimentos pagos no mês, e efetuada a dedução do valor retido que incidiu sobre o adiantamento.

2. (Questão inédita – MLV) Analise as assertivas abaixo, à luz das disposições legais relativas ao Imposto sobre a Renda e Proventos de Qualquer Natureza e, em seguida, assinale a alternativa que contenha a sequência correta.

   I. O cálculo do imposto na fonte relativo a férias de empregados deve ser efetuado agregado aos demais rendimentos pagos ao beneficiário, no mês, para incidência do imposto ocorra uma única vez.

   II. As importâncias recebidas pelos trabalhadores a título de participação nos lucros ou resultados das empresas, na forma Lei nº 10.101, de 2000, devem ser tributadas na fonte, em separado dos demais rendimentos recebidos no mês, como antecipação do imposto devido na declaração de rendimentos, mediante aplicação da tabela progressiva.

   III. As pessoas físicas residentes ou domiciliadas no Brasil que recebam rendimentos de trabalho assalariado, em moeda estrangeira, de autarquias ou repartições do Governo brasileiro, situadas no exterior, não estão sujeitas ao imposto na fonte.

   IV. os rendimentos de pessoas físicas decorrentes do trabalho não assalariado não estão sujeitos ao imposto na fonte, ainda que pagos por pessoas jurídicas.

   a) V, V, V, V
   b) F, F, V, F

c) F, V, F, F
d) V, F, V, F
e) F, F, F, F

3. (Questão inédita – MLV) Considerando as disposições legais relativas ao Imposto sobre a Renda e Proventos de Qualquer Natureza, assinale a alternativa incorreta.

   a) No caso de rendimentos pagos por pessoas jurídicas a pessoas físicas pela prestação de serviços de transporte, em veículo próprio, locado ou adquirido com reserva de domínio ou alienação fiduciária, o imposto na fonte incidirá sobre dez por cento do rendimento bruto, decorrente do transporte de carga.

   b) Os rendimentos decorrentes de aluguéis, pagos por pessoas jurídicas a pessoas físicas, estão sujeitos à incidência do imposto na fonte, calculado mediante aplicação da tabela progressiva.

   c) Os rendimentos decorrentes de aluguéis, pagos por pessoas físicas a outras pessoas físicas, estão sujeitos à incidência do imposto na fonte, calculado mediante aplicação da tabela progressiva.

   d) O valor dos impostos, taxas e emolumentos incidentes sobre o bem que produzir o rendimento não integra a base de cálculo para incidência do imposto, no caso de aluguéis de imóveis.

   e) Os rendimentos pagos aos titulares, sócios, dirigentes, administradores e conselheiros de pessoas jurídicas, a título de remuneração mensal por prestação de serviços, de gratificação ou participação no resultado, estão sujeitos à incidência do imposto na fonte, calculado mediante aplicação da tabela progressiva.

4. (Questão inédita – MLV) Analise as assertivas abaixo, à luz das disposições legais relativas ao Imposto sobre a Renda e Proventos de Qualquer Natureza e, em seguida, assinale a alternativa que contenha a sequência correta.

   I. Os rendimentos pagos a título de antecipação de décimo terceiro salário não estão sujeitos à incidência do imposto na fonte.

   II. O imposto incidente na fonte sobre os rendimentos pagos a título de décimo terceiro salário é considerado antecipação do imposto devido na declaração anual de rendimentos.

   III. O imposto incidente na fonte sobre os rendimentos pagos a título de décimo terceiro salário será devido, sobre o valor integral, no mês de sua quitação.

   IV. A incidência do imposto na fonte sobre o décimo terceiro salário deve ser ocorrer juntamente com os demais rendimentos pagos ao beneficiário, no mês, para incidência do imposto ocorra uma única vez.

   a) V, V, V, V
   b) V, F, V, F
   c) V, V, F, F
   d) F, F, V, F
   e) F, F, F, F

5. (Questão inédita – MLV) Considerando as disposições legais relativas ao Imposto sobre a Renda e Proventos de Qualquer Natureza, assinale a alternativa correta.

   a) Os pagamentos efetuados pelas pessoas jurídicas a beneficiários não identificados ficam sujeitos à incidência do imposto exclusivamente na fonte, à alíquota de trinta e cinco por cento.

   b) No cálculo do imposto incidente na fonte sobre os rendimentos pagos a título de décimo terceiro salário não são admitidas quaisquer deduções.

   c) No caso de rendimentos recebidos acumuladamente, o imposto na fonte incide sobre o total dos rendimentos pagos no mês, podendo ser deduzido o valor das despesas com ação judicial necessárias ao recebimento dos rendimentos, inclusive com advogados, ainda que não tenham sido pagas pelo contribuinte.

   d) Na escrituração dos rendimentos auferidos com desconto do imposto retido na fonte, as pessoas jurídicas beneficiárias devem escriturar o rendimento percebido como receita pela respectiva importância líquida do desconto do imposto na fonte.

   e) As importâncias pagas ou creditadas por pessoas jurídicas a outras pessoas jurídicas, civis ou mercantis, pela prestação de serviços caracterizadamente de natureza profissional, não estão sujeitas à incidência do imposto na fonte.

6. (Questão inédita – MLV) Analise as assertivas abaixo, à luz das disposições legais relativas ao Imposto sobre a Renda e Proventos de Qualquer Natureza e, em seguida, assinale a alternativa que contenha a sequência correta.

   I. As importâncias pagas ou creditadas por pessoas jurídicas a outras pessoas jurídicas a título de comissões, corretagens ou qualquer outra remuneração pela representação comercial ou pela mediação na realização de negócios civis e comerciais estão sujeitas à incidência do imposto na fonte.

   II. Os rendimentos do trabalho não assalariado pagos por pessoas físicas a outras pessoas físicas estão sujeitos à incidência do imposto na fonte.

   III. Na apuração do imposto incidente na fonte sobre as importâncias pagas ou creditadas por pessoas jurídicas a outras pessoas jurídicas a título de serviços de propaganda e publicidade podem ser excluídos da base de cálculo os valores pagos diretamente ou repassadas a empresas de rádio e televisão, jornais e revistas.

   IV. Na hipótese em que os valores pagos diretamente ou repassadas a empresas de rádio e televisão, jornais e revistas são excluídos da base de cálculo do imposto incidente na fonte sobre as importâncias pagas ou creditadas a título de serviços de propaganda e publicidade, a responsabilidade pela comprovação da efetiva realização dos serviços é exclusiva da pessoa jurídica beneficiária dos pagamentos.

   a) V, V, V, V
   b) V, F, V, V
   c) V, V, F, F
   d) V, F, V, F
   e) F, F, F, F

Parte IV | Tributação na Fonte e sobre Operações Financeiras   473

7. (Questão inédita – MLV) Considerando as disposições legais relativas ao Imposto sobre a Renda e Proventos de Qualquer Natureza, assinale a alternativa incorreta.

a) Os pagamentos efetuados por órgãos, autarquias e fundações da administração pública federal a pessoas jurídicas, pelo fornecimento de bens ou prestação de serviços, estão sujeitos à incidência do imposto na fonte.

b) Os lucros ou dividendos pagos ou creditados pelas pessoas jurídicas tributadas com base no lucro real, presumido ou arbitrado não estão sujeitos à incidência do imposto na fonte.

c) Os juros calculados sobre as contas do patrimônio líquido, pagos de maneira individualizada a titular, sócios ou acionistas, a título de remuneração do capital próprio estão sujeitos ao imposto na fonte, à alíquota de 15%, na data do pagamento ou crédito.

d) No caso de beneficiário pessoa jurídica tributada com base no lucro real, presumido ou arbitrado, o imposto que incide na fonte sobre os juros pagos a título de remuneração do capital próprio constitui antecipação do devido na declaração de rendimentos.

e) Os prêmios em dinheiro estão sujeitos à incidência na fonte, a título de antecipação do imposto devido, no caso de loterias e concursos desportivos em geral, compreendidos os de turfe e sorteios de qualquer espécie.

8. (Questão inédita – MLV) Analise as assertivas abaixo, à luz das disposições legais relativas ao Imposto sobre a Renda e Proventos de Qualquer Natureza e, em seguida, assinale a alternativa que contenha a sequência correta.

I. Os lucros distribuídos por fundos de investimento imobiliário a qualquer beneficiário não se sujeitam à incidência do imposto sobre a renda na fonte.

II. Os cotistas dos fundos de investimento em ações, sejam eles pessoas físicas ou pessoas jurídicas, são tributados pelo imposto sobre a renda apenas no resgate de cotas, à alíquota de 15%.

III. Os rendimentos produzidos por debêntures emitidas por sociedade de propósito específico constituída para implementar projetos de investimento na área de infraestrutura, ou de produção econômica intensiva em pesquisa, desenvolvimento e inovação, considerados como prioritários na forma regulamentada pelo Poder Executivo Federal, quando auferidos por pessoas físicas residentes ou domiciliadas no País ficam sujeitos à incidência do imposto sobre a renda, exclusivamente na fonte, mediante aplicação da tabela progressiva.

IV. A remuneração produzida por Certificado de Depósito Agropecuário (CDA), Warrant Agropecuário (WA), Certificado de Direitos Creditórios do Agronegócio (CDCA), Letra de Crédito do Agronegócio (LCA) e Certificado de Recebíveis do Agronegócio (CRA) fica sujeita à incidência do Imposto de Renda exclusivamente na fonte, à alíquota de 15%, independentemente de quem seja o beneficiário, ressalvados os casos de imunidade.

a) V, V, V, V
b) V, F, V, F
c) F, V, F, F
d) F, F, V, F
e) F, F, F, F

9. (Esaf/ Auditor-Fiscal da Receita Federal do Brasil – 2012) De acordo com a legislação tributária, assinale a opção correta.

   a) Na determinação da base de cálculo do imposto de renda incidente sobre valores recebidos em decorrência de cobertura por sobrevivência em apólices de seguros de vida, poderão ser deduzidos os valores dos respectivos prêmios pagos, observada a legislação aplicável à matéria.

   b) Os rendimentos recebidos acumuladamente, a partir de 28 de julho de 2010, relativos a anos-calendário anteriores ao do recebimento, salvo quando pagos por pessoa física, serão tributados exclusivamente na fonte, no mês do recebimento ou crédito, em separado dos demais rendimentos recebidos no mês, quando relativos a rendimentos do trabalho ou a aposentadoria, pensão, transferência para a reserva remunerada ou reforma, pagos pela Previdência Social da União, dos Estados, do Distrito Federal e dos Municípios.

   c) A base de cálculo do imposto de renda na fonte devido pelos trabalhadores portuários avulsos, inclusive os pertencentes à categoria de "arrumadores", será o total do valor pago ao trabalhador pelo órgão gestor de mão de obra do trabalho portuário, desde que esse valor corresponda à quantia paga por, no máximo, três empresas para as quais o beneficiário tenha prestado serviço.

   d) Estão sujeitos ao imposto de renda na fonte os rendimentos distribuídos pelos Fundos de Investimento Imobiliários cujas quotas sejam admitidas à negociação exclusivamente em bolsas de valores ou no mercado de balcão organizado.

   e) Está sujeita ao imposto de renda na fonte a remuneração produzida por letras hipotecárias, certificados de recebíveis imobiliários e letras de crédito imobiliário.

10. (Questão inédita – MLV) Considerando as disposições legais relativas ao Imposto sobre a Renda e Proventos de Qualquer Natureza, assinale a alternativa incorreta.

    a) São isentos do imposto os ganhos líquidos auferidos por pessoa física em operações efetuadas com ações, no mercado à vista de bolsas de valores ou mercado de balcão, se o total das alienações desse ativo, realizadas no mês, não exceder a R$ 20 mil.

    b) Os ganhos líquidos auferidos em operações realizadas nos mercados à vista, a termo, futuro e de opções das bolsas de valores, de mercadorias, de futuros e assemelhadas, auferidos por qualquer beneficiário, inclusive pessoa jurídica isenta, sujeitam-se ao Imposto de Renda à alíquota de 15%, exclusivamente na fonte.

c) No regime geral, os residentes ou domiciliados no exterior sujeitam-se às mesmas normas de tributação pelo imposto sobre a renda, previstas para os residentes ou domiciliados no País, em relação aos rendimentos decorrentes de aplicações financeiras de renda fixa e em fundos de investimento, e aos ganhos líquidos auferidos em operações realizadas em bolsas de valores, de mercadorias, de futuros e assemelhadas.

d) Os resultados positivos auferidos nas operações realizadas em bolsas de valores, de mercadorias, de futuros e assemelhadas por investidores estrangeiros que se enquadrarem no regime especial não estão sujeitos à incidência do Imposto de Renda.

e) Os resultados positivos auferidos nas operações com ouro, ativo financeiro, fora de bolsa, por investidores estrangeiros que se enquadrarem no regime especial não estão sujeitos à incidência do Imposto de Renda.

45.1. Gabarito dos exercícios da Parte IV

1. B	2. E	3. C	4. B
5. A	6. D	7. E	8. C
9. A	10. B		

PARTE V
Imposto sobre Produtos Industrializados

Capítulo 46
Considerações Iniciais

É bem conhecido o fato de que o Imposto sobre Produtos Industrializados (IPI) é um tributo de competência da União, muito utilizado na implementação de objetivos que não meramente arrecadatórios. A incidência do IPI pode estimular ou desestimular comportamentos e, por conta disso, pode-se afirmar que esse imposto possui um caráter fortemente extrafiscal. No noticiário e no nosso dia a dia de consumidores observamos com frequência a utilização do IPI como instrumento de política econômica.

A possibilidade de utilização do IPI para implementação de objetivos extrafiscais decorre, principalmente, da estrutura de sua regra matriz de incidência. Como imposto indireto que é, o ônus financeiro que ele representa pode ser transferido para etapas seguintes da cadeia de produção e consumo. Desse modo, embora incida sobre as etapas de produção industrial, o ônus gerado pela incidência do imposto não é de difícil identificação, inclusive nas etapas seguintes, quando ele é incorporado ao custo dos produtos. Por isso, alterações na intensidade da incidência do IPI – mediante alteração de alíquotas, ou outras medidas – são rapidamente percebidas pelos agentes econômicos, que prontamente respondem ao estímulo (ou desestímulo) produzido.

Diante do que foi dito acima, já deu para perceber como é importante considerar os efeitos da incidência do IPI sobre a cadeia de produção. Inclusive, muitos dos institutos próprios do IPI são explicados a partir de uma visão mais ampla da cadeia de produção, e não simplesmente com o foco em uma única etapa. Assim, se o estudo do Imposto de Renda, como vimos, exige uma boa dose de conhecimento de contabilidade, em matéria de IPI, para compreender várias das disposições legais, precisamos com frequência recorrer à lógica da cadeia de produção e consumo.

Capítulo 47
Legislação do IPI

O IPI é o sucedâneo do imposto sobre o consumo. Por isso mesmo, muitas das disposições legais sobre o imposto, ainda vigentes, são encontradas na Lei nº 4.502, de 1964.

No entanto, se a desatualização da legislação representa uma grande dificuldade no estudo do Imposto de Renda, o mesmo não se pode dizer em relação ao IPI. O Regulamento do IPI (RIPI), veiculado por meio do Decreto nº 7.212, de 15 de junho de 2010, é uma consolidação ampla e atualizada da legislação do imposto. Será, portanto, nossa principal fonte de estudo.

Neste livro, nosso objetivo será desvendar o conteúdo das normas contidas no RIPI, evitando, ao máximo, ter que decorá-las. Mais do que decorar, é importante perceber a lógica por trás das diversas regras previstas no RIPI. Quanto mais vezes forem reconhecidas as "razões por trás da norma", melhores serão as condições do candidato diante de uma prova tão difícil quanto a dos concursos da carreira de auditoria da Receita Federal do Brasil.

Além disso, vale ressaltar que o RIPI contém vários dispositivos com longas enumerações, o que torna relativamente árduo o estudo do imposto. No entanto, observando o que costuma ser exigido nos concursos, recomenda-se que o candidato conheça bem as primeiras hipóteses de cada uma dessas enumerações, referidas principalmente nos arts. 5º, 9º, 25, 27, 36, 43, 54 e 182, todos do RIPI. Obviamente que isso não significa que podem ser desprezadas as demais hipóteses!

Por fim, vale fazer uma referência à TIPI. Ao lado do RIPI, a Tabela de Incidência do IPI (TIPI) é um instrumento de grande importância no dia a dia de quem lida com o imposto. No momento certo (no Capítulo 51), dedicaremos algumas linhas para explicar sua origem e sua estrutura.

Capítulo 48
Princípios Constitucionais Aplicáveis ao IPI

A Constituição Federal atribuiu à União a competência para instituir o IPI. Mas sabemos que esse poder não é ilimitado. O próprio constituinte estabeleceu limites à competência tributária, na forma de princípios e imunidades.

As limitações ao poder de tributar são temas que compõem o objeto da disciplina Direito Tributário. Assim como fizemos em nosso estudo sobre o Imposto de Renda, para evitar redundâncias e o consequente desperdício de precioso tempo, nosso objetivo aqui é, sob um enfoque bem específico, apresentar uma análise desses mesmos temas ressaltando o que interessa à boa compreensão da incidência do IPI.

A partir dessa premissa, analisaremos as imunidades relativas ao IPI no Capítulo 49. Em relação aos princípios constitucionais tributários, naquilo que interessa ao estudo do IPI, cabe aqui dar atenção ao princípio da legalidade, à anterioridade do exercício financeiro, à noventena, à uniformidade geográfica da tributação, à seletividade e à não cumulatividade.

48.1. Legalidade tributária

Nos termos do inciso I do art. 150 da CF, é vedado instituir ou aumentar tributo sem lei que o estabeleça. No entanto, em algumas hipóteses, quanto ao aumento dos tributos, sabemos que o próprio constituinte tratou de afastar a vedação representada pelo princípio da legalidade. Entre elas está o IPI. Nesse sentido, de acordo com o § 1º do art. 153, é facultado ao Poder Executivo alterar as alíquotas do imposto, atendidas as condições e os limites estabelecidos em lei.

Portanto, é possível que decreto do Presidente da República torne a incidência do IPI mais onerosa por meio do aumento de suas alíquotas.

A Constituição anterior já permitia a alteração das alíquotas do imposto por ato do Poder Executivo (CF/67, art. 21, inciso V, com redação dada pela EMC nº 1, de 1969). Com base nessa autorização, o assunto foi disciplinado pelo art. 4º do Decreto-Lei nº 1.199, de 1971, ainda vigente. Estudaremos mais detalhadamente esse dispositivo, no Capítulo 53.

Antes de encerrar este item, cabe ressaltar que a Constituição Federal não autoriza alterações de base de cálculo do IPI por meio de ato do Poder Executivo.

48.2. Anterioridade do exercício financeiro

O IPI não está sujeito ao princípio da anterioridade do exercício financeiro, ou anterioridade geral. Com isso, a instituição de nova incidência do imposto, ou mesmo o aumento em incidência já existente, pode produzir efeitos no mesmo exercício financeiro¹ em que haja sido publicada a lei que assim determinou (CF, art. 150, § 1º).

Portanto, alterações no cálculo do imposto, que o tornem mais oneroso, podem produzir efeito no mesmo exercício financeiro em que foram publicadas. Também com possibilidade de produzir efeito no mesmo exercício financeiro, podem ser incluídos no campo de incidência do IPI produtos ou situações até então não tributados, sempre observando os contornos definidos, em nível de norma geral, pelo Código Tributário Nacional (CTN).

Combinando as exceções ao princípio da legalidade e da anterioridade geral, podemos afirmar que a majoração de alíquotas do IPI mediante decreto do Poder Executivo pode produzir efeitos no mesmo exercício financeiro de sua publicação.

Por fim, vale ainda dizer que a restrição contida no § 2º do art. 62 da CF não se aplica ao IPI. Com isso, medida provisória que cria nova incidência do IPI, ou torna mais onerosa incidência já existente, pode produzir efeitos no mesmo exercício financeiro em que for publicada, antes mesmo de ser convertida em lei.

48.3. Noventena

A partir da vigência da Emenda Constitucional nº 42, de 2003, o IPI passou a se subordinar ao princípio da noventena (ou anterioridade nonagesimal), de modo que disposição de lei que tenha instituído nova incidência do IPI, ou majorado incidência já existente, não pode produzir efeitos antes de decorridos 90 dias da data de sua publicação. Todavia, o IPI continua fora do alcance do princípio da anterioridade do exercício financeiro.

Portanto, seja por lei ou por medida provisória, majorações ou novas incidências do IPI somente podem produzir efeitos depois de decorridos 90 dias da data de publicação do respectivo ato.

Por fim, é importante destacar que, desde a inclusão da noventena no rol de princípios tributários gerais, a Fazenda Nacional defendeu, em juízo, que tal restrição não poderia ser aplicada em relação à majoração de alíquotas por meio de decreto. Em linhas gerais, a tese da Fazenda apelava para uma interpretação sistemática da Constituição Federal, e se fundava na necessidade de agilidade na atuação frente a distorções no ambiente econômico, motivo que levou o constituinte a afastar o IPI das restrições representadas pelos princípios da legalidade e da anterioridade do exercício financeiro. Entretanto, essa tese não foi aceita pelo Poder Judiciário, como bem demonstra a seguinte ementa:

---
1 De acordo com o art. 34 da Lei nº 4.320, de 1964, o exercício financeiro coincide com o ano civil.

TRIBUTO – IPI – ALÍQUOTA – MAJORAÇÃO – EXIGIBILIDADE. A majoração da alíquota do IPI, passível de ocorrer mediante ato do Poder Executivo – art. 153, § 1º –, submete-se ao princípio da anterioridade nonagesimal previsto no art. 150, inciso III, alínea "c", da Constituição Federal. (ADI-MC 4.661, Julgamento: 20/10/2011)

Em síntese, podemos concluir que o aumento de alíquotas, quer seja efetuado por lei ou por decreto do Poder Executivo, somente pode produzir efeitos depois de decorridos 90 dias da data da publicação do respectivo ato, ainda que dentro do mesmo exercício financeiro da referida publicação.

Combinando a aplicação dos princípios da legalidade, da anterioridade geral e da noventena com as várias hipóteses que vimos até aqui, em relação ao IPI, podemos sistematizar o assunto da seguinte forma★:

Fato desejado	Ato utilizado	Produção de efeitos
Aumento de alíquotas do IPI	lei	depois de decorridos 90 dias da publicação do ato (seja ele lei, medida provisória ou decreto), ainda que dentro do mesmo exercício financeiro
	medida provisória	
	decreto	
Redução de alíquotas do IPI	lei	imediatamente
	medida provisória	
	decreto	
Ampliação de base de cálculo ou criação de novas incidências do IPI	lei	depois de decorridos 90 dias da publicação do ato (seja ele lei ou medida provisória), ainda que dentro do mesmo exercício financeiro
	medida provisória	
	decreto	inconstitucional (fere o art. 150, I, da CF)
Redução da base de cálculo ou extinção de incidências do IPI	lei	imediatamente
	medida provisória	
	decreto	ilegal (fere o art. 97 do CTN)

★ Como forma de simplificação, considere que a vigência da lei, medida provisória ou decreto se inicia na data de sua publicação.

48.4. Uniformidade geográfica da tributação

Nos termos do inciso I do art. 151 da CF, é vedado à União instituir incidência do IPI que não seja uniforme em todo o território nacional ou que implique distinção ou preferência em relação a Estado, ao Distrito Federal ou a Município, em detrimento de outro.

No entanto, o mesmo dispositivo admite a concessão de incentivos fiscais destinados a promover o equilíbrio do desenvolvimento socioeconômico entre as diferentes regiões do País.

Por meio dos denominados "Regimes Fiscais Regionais", previstos a partir do art. 81 do RIPI e que compõem o objeto do item 68.1, o legislador deu efetividade a esse comando constitucional instituindo incentivos destinados a contribuir com a redução das desigualdades socioeconômicas verificadas no País.

48.5. Seletividade

O CTN, em seu art. 48, estabelece que o IPI é seletivo em função da essencialidade dos produtos. Essa mesma disposição foi prevista pela primeira vez na Emenda Constitucional nº 18, de 1965 (art. 11), foi mantida no texto constitucional em 1967 (art. 22, § 4º), e assim permanece até hoje (CF/88, art. 153, § 3º, inciso I).

Segundo esse princípio, o legislador deve estabelecer incidência do IPI diferenciada entre produtos, de acordo com um critério que leva em conta sua essencialidade. Nesse sentido, a incidência do IPI deve ser mais acentuada sobre os produtos supérfluos, e menos acentuada sobre os produtos de consumo generalizado pela população.

Subjacente a esse princípio está a ideia de que as pessoas com as maiores capacidades contributivas são as que, com mais frequência, adquirem produtos supérfluos. Trata-se, portanto, de uma maneira de graduar a incidência do imposto segundo a capacidade econômica dos consumidores.

Além disso, a seletividade autoriza a incidência mais acentuada do IPI sobre produtos sabidamente nocivos à saúde humana (como o cigarro), e sobre produtos cuja comercialização não se deseja facilitar (como armas e munições, por exemplo).

O legislador atende ao preceito da Constituição pelo uso de alíquotas que variam de 0% sobre alimentos do Capítulo 2 da TIPI, a 50% sobre videogames, 60% sobre a vodka, e até 300% sobre o cigarro.

48.6. Não cumulatividade

A Lei nº 4.502, de 1964, sem utilizar o rótulo de "não cumulatividade", já estabelecia que o valor apurado do imposto poderia ser deduzido do valor do imposto relativo às matérias-primas, produtos intermediários e embalagens, adquiridos ou recebidos para emprego na industrialização e no acondicionamento de produtos tributados.

Dois anos depois, o CTN, em seu art. 49, confirmou a não cumulatividade do IPI, de forma que, em determinado período, o saldo a pagar resulta da diferença a maior entre o imposto que incide na saída de produtos do estabelecimento, e o pago relativamente aos produtos que nele derem entrada.

Essa sistemática foi recepcionada pela Constituição Federal de 1988, ao estabelecer que o IPI deve ser não cumulativo, compensando-se o que for devido em cada operação com o montante cobrado nas anteriores.

O legislador atende a essa diretriz através do sistema de crédito do imposto, que estudaremos com detalhes em momento mais oportuno, no Capítulo 60. Por ora, basta dizer que a não cumulatividade se destina a evitar o chamado "efeito cascata".

Faz sentido analisar o efeito cascata de um tributo quando sua incidência ocorre nas diversas etapas de uma cadeia de produção e comercialização, sobre bases de cálculo crescentes, à medida que o valor vai sendo adicionado.

Nesse contexto, o tributo é cumulativo quando incide sobre a mesma base nas diversas etapas da cadeia. Para esse caso, vamos tomar como exemplo a Cofins no regime de apuração cumulativa da Lei nº 9.718, de 1998, e uma cadeia composta de três etapas (fabricante, atacadista e varejista) até chegar ao consumidor final. Nessa hipótese, são três as incidências da Cofins, e o valor correspondente ao preço praticado pelo fabricante será tributado em cada uma das três incidências. Na primeira etapa, a incidência se dá sobre o faturamento do fabricante. Nas demais etapas, como o preço praticado pelo fabricante se torna custo na formação do preço praticado pelo atacadista e pelo varejista, mais duas incidências esse valor irá sofrer. O mesmo ocorre em relação ao valor adicionado pelo atacadista. Acompanhe o efeito cascata na figura abaixo:

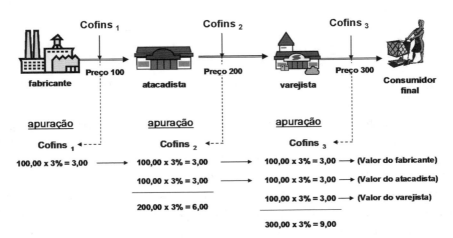

Como se pode inferir, cadeias longas são altamente prejudicadas pelo chamado "efeito cascata" dos tributos cumulativos. Portanto, esse efeito é ainda mais perverso quando se analisa a carga total incidente sobre a matéria-prima da indústria, que praticamente percorre toda a cadeia de produção e comercialização.

Ciente disso, o constituinte de 1988 estabeleceu que o IPI deve ser não cumulativo, como de fato já era na ordem constitucional anterior.

A não cumulatividade do IPI é implementada por meio do direito de crédito do imposto incidente sobre matérias-primas, produtos intermediários e materiais de embalagem que compõem o produto tributado.

Para que fique bem clara a sistemática da não cumulatividade do IPI, acompanhe o seguinte exemplo.

Suponha que a indústria ALFA de carrinhos de controle remoto compre diversas partes tributadas pelo IPI para fabricar o único brinquedo que comercializa. Vamos admitir que são os seguintes os valores das partes necessárias para montar um produto, bem assim do IPI incidente sobre cada uma delas:

Parte	Valor de cada parte (R$)	IPI incidente sobre cada parte (R$)
A	20	4
B	80	16
C	30	3
D	70	14
E	40	5
F	10	2
Total	250	44

Suponha, agora, que cada carrinho seja vendido por R$ 400, mais IPI de 25%, ou R$ 100.

Se o IPI fosse cumulativo (contra o comando constitucional), para cada carrinho vendido, ALFA deveria recolher o próprio valor de R$ 100. Considerando as etapas de produção do carrinho e de suas partes A a F, a arrecadação do IPI, como um todo, seria de R$ 144.

Mas o IPI é não cumulativo, de modo que, dos R$ 100 relativos ao IPI incidente sobre a saída de seu produto, ALFA pode descontar R$ 44 a título de créditos referentes às partes tributadas que reuniu no seu processo industrial.

Com isso, deve recolher apenas R$ 56. Considerando o conjunto das operações, a arrecadação tributária do IPI seria de R$ 100.

Na prática, a cada aquisição de insumos tributados, o contribuinte deve registrar o crédito na contabilidade (IPI a recuperar em conta do ativo) e em livro fiscal próprio (o livro Registro de Entradas). Da mesma forma, a cada saída tributada de produto industrializado, o contribuinte deve registrar o débito do imposto na contabilidade (creditando conta do passivo), e no livro Registro de Saídas. Encerrado o período de apuração, para determinar o valor do imposto a pagar, confronta-se o saldo de débitos e créditos do imposto.

Esquematicamente, a forma de implementação da não cumulatividade do IPI está representada na figura abaixo, de modo bem simplificado, para o caso da produção de refrigeradores:

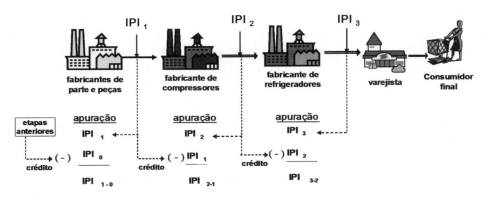

Portanto, perceba que a apuração do IPI refere-se ao fluxo de débitos (saídas) e créditos (entradas), observado a cada período de tempo. Com isso, a utilização dos créditos não fica vinculada à saída do produto ao qual foi incorporada a matéria-prima, o produto intermediário ou o material de embalagem que gerou o crédito.

Em outras palavras, a não cumulatividade do IPI não é vinculada à industrialização de cada produto específico. Por exemplo, ainda que o compressor de número de série 99.571, adquirido em abril, somente tenha sido incorporado ao refrigerador com número de série 00548754X, que saiu do estabelecimento industrial em junho, já em abril haveria o direito de computar e utilizar o crédito relativo ao compressor 99.571.

Diante disso, em determinado mês marcado pelo alto volume de compras e por poucas vendas, pode ocorrer de o valor dos créditos superar o valor dos débitos. Nesse caso, quando o saldo de créditos eventualmente supera o saldo de débitos do imposto, o excedente pode ser utilizado em períodos seguintes (CTN, art. 49, parágrafo único).

Voltaremos a esse tema, com muito mais detalhes, no Capítulo 60.

Capítulo 49
Imunidades Relativas ao IPI

O art. 18 do RIPI reconhece que são imunes à incidência do IPI:
- os livros, jornais, periódicos e o papel destinado à sua impressão;
- os produtos industrializados destinados ao exterior;
- o ouro, quando definido em lei como ativo financeiro ou instrumento cambial; e
- a energia elétrica, os derivados de petróleo, os combustíveis e os minerais do País.

Por óbvio, como se trata de imunidades tributárias, o RIPI simplesmente reproduz as hipóteses previstas na Constituição Federal[2].

Quanto a essas hipóteses, primeiramente note que o petróleo não foi contemplado por imunidade em relação ao IPI. E isso se dá por uma razão muito simples. Considerando que nem mesmo se encontra no campo de incidência do IPI (por não se enquadrar no conceito de produto industrializado), desnecessário seria imunizar o petróleo (óleo bruto).

Ainda, note que são absolutas as imunidades que recaem sobre livros, jornais, periódicos e sobre energia elétrica, derivados de petróleo, combustíveis e minerais do País. Note também que nas demais hipóteses (inclusive no caso do papel), a imunidade está vinculada a uma destinação específica. Nesse caso, se ao produto for dado destino diverso, o responsável pelo fato fica sujeito ao pagamento do imposto e da penalidade cabível, como se a imunidade não existisse (RIPI, art. 18, § 4º e art. 25, incisos VI e VIII).

Além disso, de se ressaltar que, mesmo tratando-se de produto imune, é obrigatória a emissão de nota fiscal nas operações em que estiverem envolvidos.

A imunidade que protege contra a incidência do IPI o ouro, quando definido em lei como ativo financeiro ou instrumento cambial, é uma decorrência do § 5º do art. 153 da CF, segundo o qual, nessa circunstância, incide apenas o IOF na operação de origem. A imunidade da energia elétrica, dos derivados de petróleo, dos combustíveis e dos minerais do País está prevista no § 3º do art. 155 da CF.

Sobre essas hipóteses (ouro, energia elétrica, derivados de petróleo, combustíveis e minerais), o RIPI não apresenta qualquer disposição específica, exceto quanto à previsão de que, para os efeitos da imunidade, os derivados do petróleo compreendem os produtos classificados quimicamente como

---

2 Nesta obra, preferimos não tratar da imunidade da música (CF, art. 150, VI, "e") por acreditar que ela não alcança o IPI, devido à redação da parte final do mencionado dispositivo.

hidrocarbonetos, decorrentes da transformação por meio de conjunto de processos genericamente denominado refino ou refinação (RIPI, art. 18, § 3º). Tal previsão tem o claro objetivo de evitar a utilização muito ampliada da imunidade, em operações subsequentes ao refino do petróleo.

Quanto a essa previsão, é oportuno mencionar que, na prova do concurso de 2012 para AFRFB, a seguinte alternativa foi dada como incorreta: "há isenção de IPI sobre hidrocarbonetos, assim entendidos os derivados do petróleo, resultantes da sua transformação, mediante processos genericamente denominados refino ou refinação". De fato, a alternativa era incorreta, afinal, trata-se de imunidade, e não de isenção.

Quanto aos demais casos de imunidade (das exportações e do papel destinado à impressão de livros, jornais e periódicos) o RIPI contém disposições específicas, que iremos analisar adiante, nos itens 49.3 e 49.4. Antes disso, porém, cabe destacar alguns aspectos relativos ao IPI envolvendo as imunidades recíproca e subjetivas, previstas nas alíneas "a", "b" e "c" do inciso VI do art. 150 da CF.

49.1. Imunidade recíproca

A imunidade recíproca prevista na alínea "a" do inciso VI do art. 150 da CF, de que são titulares a União, os Estados, o Distrito Federal e os Municípios, estendida a autarquias e fundações pelo § 2º do mesmo artigo, refere-se apenas aos impostos incidentes sobre o patrimônio, a renda e os serviços.

Portanto, a rigor, a referida imunidade não constitui proteção contra a incidência do IPI. No entanto, de se destacar o entendimento incorporado à legislação pela Administração Tributária nos casos de importação realizada por ente público. Para essa hipótese, nos termos do Ato Declaratório Interpretativo SRF nº 20, de 5 de novembro de 2002, tem-se que:

> **Artigo único.** A vedação de instituir impostos de que trata a alínea "a" do inciso VI do art. 150 da Constituição Federal aplica-se às importações realizadas pela União, Estados, Distrito Federal e Municípios, não sendo exigível o imposto de importação e o imposto sobre produtos industrializados nessas operações.
>
> **Parágrafo único.** O disposto neste artigo estende-se às importações realizadas por autarquias e fundações instituídas e mantidas pelo poder público, desde que os bens importados estejam vinculados a suas finalidades essenciais ou sejam delas decorrentes, nos termos do § 2º do art. 150 da CF.

Portanto, com esse ato, podemos afirmar que, segundo a legislação tributária, a imunidade recíproca alcança o IPI vinculado à importação realizada por ente público. Tal entendimento se fundamenta no fato de que nessa circunstância:

- há coincidência entre "contribuinte de direito" e "contribuinte de fato";
- a incidência do IPI sobre bens importados pelo ente público representaria um desfalque ao seu próprio patrimônio, ao arrepio da Constituição Federal.

Nessa mesma linha decidiu a Segunda Turma do STF em julgamento realizado no ano de 2010. Muito embora a controvérsia envolvesse o ICMS, em essência a razão de decidir foi a mesma:

> *PROCESSUAL CIVIL. AGRAVO REGIMENTAL. CONSTITUCIONAL. TRIBUTÁRIO. IMPOSTO SOBRE OPERAÇÃO DE CIRCULAÇÃO DE MERCADORIAS E SERVIÇOS. ICMS. IMPORTAÇÃO. IMUNIDADE RECÍPROCA. APLICABILIDADE A MUNICÍPIO NA HIPÓTESE DE O ENTE FEDERADO OCUPAR POSIÇÃO PRÓPRIA DE CONTRIBUINTE (IMPORTADOR). RISCO À LIVRE-INICIATIVA E À CONCORRÊNCIA. NECESSIDADE DE PROVA. A imunidade tributária prevista no art. 150, VI, a da Constituição aplica-se às operações de importação de bens realizadas por municípios, quando o ente público for o importador do bem (identidade entre o "contribuinte de direito" e o "contribuinte de fato"). Compete ao ente tributante provar que as operações de importação desoneradas estão influindo negativamente no mercado, a ponto de violar o art. 170 da Constituição. Impossibilidade de presumir risco à livre-iniciativa e à concorrência. (AI 518.405 AgR, Julgamento: 06/04/2010)*

Referindo-se a esse entendimento, em 2010, no concurso para provimento do cargo de Fiscal de Rendas do Município do Rio de Janeiro, a Esaf considerou correta a seguinte alternativa: "A imunidade tributária recíproca aplica-se às operações de importação de bens realizadas por municípios, quando o ente público for o importador do bem (identidade entre o 'contribuinte de direito' e o 'contribuinte de fato')".

Merece destaque o fato de que essa situação é bem diferente daquela observada nas aquisições realizadas pelo ente público no mercado interno. Nas importações, se fosse admitida a incidência do imposto, o ente público seria o próprio contribuinte do IPI. No caso de aquisições no mercado interno, contribuinte do IPI é o fornecedor do ente público. Por esse motivo, o entendimento predominante é no sentido de que as pessoas que transacionam com os órgãos do Poder Público não podem excluir o IPI a que estejam obrigadas como contribuintes. Nesse sentido é o enunciado da seguinte súmula:

> **Súmula nº 591/STF:** *A imunidade ou a isenção tributária do comprador não se estende ao produtor, contribuinte do Imposto sobre Produtos Industrializados.*

No julgamento do AI 518.325 AgR, tratando de controvérsia que envolvia a aquisição realizada no mercado interno por Município, o STF proferiu as seguintes palavras: "A imunidade tributária recíproca não se aplica ao ente público quando este é simples adquirente de produto, serviço ou operação onerosa realizada com intuito lucrativo ("contribuinte de fato").

Diante do que estudamos neste item, e de acordo com a legislação tributária, podemos assim sistematizar o assunto:

Fato	Consequência
Contribuinte do imposto vende produto industrializado para União, Estados, Distrito Federal, Municípios, ou para suas autarquias e fundações	Operação tributada
União, Estados, Distrito Federal ou Municípios realizam importação de produto industrializado	Operação imune
Autarquias e fundações instituídas e mantidas pelo Poder Público realizam importação de produto industrializado destinado à utilização em suas finalidades essenciais ou delas decorrentes	Operação imune

49.2. Imunidades subjetivas

De acordo com a previsão constitucional, a imunidade subjetiva dos templos, dos partidos políticos e suas fundações, das entidades sindicais dos trabalhadores, e das instituições de educação e de assistência social sem fins lucrativos, refere-se apenas aos impostos incidentes sobre o patrimônio, a renda e os serviços relacionados com as finalidades essenciais das referidas entidades.

Novamente podemos dizer que, a rigor, a referida imunidade não constitui proteção contra a incidência do IPI. No entanto, o STF tem precedentes em sentido inverso em relação a importações realizadas por entidades imunes relacionadas na alínea "c" do inciso VI do art. 150 da CF:

> *IMUNIDADE TRIBUTÁRIA. IMPOSTO SOBRE PRODUTOS INDUSTRIALIZADOS E IMPOSTO DE IMPORTAÇÃO. ENTIDADE DE ASSISTÊNCIA SOCIAL. IMPORTAÇÃO DE "BOLSAS PARA COLETA DE SANGUE". A imunidade prevista no art. 150, VI, c, da Constituição Federal, em favor das instituições de assistência social, abrange o Imposto de Importação e o Imposto sobre Produtos Industrializados, que incidem sobre bens a serem utilizados na prestação de seus serviços específicos. (RE 243.807; Julgamento: 15/02/2000)*

> *AGRAVO REGIMENTAL EM AGRAVO DE INSTRUMENTO. IMUNIDADE TRIBUTÁRIA. IMPOSTO SOBRE PRODUTOS INDUSTRIALIZADOS E IMPOSTO DE IMPORTAÇÃO. ENTIDADE DE ASSISTÊNCIA SOCIAL. A imunidade prevista no art. 150, VI, "c" da Constituição Federal, em favor das instituições de assistência social, abrange o Imposto de Importação e o Imposto sobre Produtos Industrializados, que incidem sobre bens a serem utilizados na prestação de seus serviços específicos. (AI 378.454 AgR; Julgamento: 15/10/2002)*

Nos fundamentos da decisão mencionada logo acima (AI 378.454 AgR), citando Aliomar Baleeiro, o Ministro Maurício Corrêa declarou que a imunidade deve abranger os impostos que, por seus efeitos econômicos, segundo as circunstâncias, desfalcariam o patrimônio, diminuiriam a eficácia dos serviços ou a integral aplicação das rendas aos objetivos específicos daquelas entidades.

Sobre o tema, é importante registrar que, no DOU de 16/11/2006, foi publicado despacho do Ministro da Fazenda que aprovou o Parecer PGFN/CRJ nº 2.138, de 2006, dispensando os procuradores da Fazenda Nacional de apresentar recursos nas ações judiciais que visem a obter a declaração de que a imunidade prevista no art. 150, VI, "c" da CF abrange o IPI, desde que a instituição de assistência social, sem fins lucrativos, utilize os bens na prestação de seus serviços específicos, e desde que inexista outro fundamento relevante.

49.3. Imunidade do livro, jornal, periódico e do papel utilizado em sua impressão

É bem conhecido o fato de que são imunes à incidência do IPI os livros, jornais, periódicos e o papel destinado à sua impressão (CF, art. 150, inciso VI, alínea "d"). Trata-se de uma proteção constitucional à liberdade de circulação de informações.

Conforme já vimos, a imunidade do livro, do jornal, e dos periódicos é absoluta. Na TIPI, tais produtos são classificados nas posições 49.01 e 49.02, e a eles se encontra associada a notação NT (não tributado).

Por outro lado, a imunidade do papel é condicionada a uma destinação bem específica (a impressão de livros, jornais ou periódicos). Por essa razão, na TIPI, aos diversos tipos de papel (posição 48.02 e outras) está associada, com mais frequência, a alíquota de 5%.

Portanto, não é imune o papel destinado a pessoas diferentes de empresas jornalísticas, editoras ou estabelecimento distribuidor do produto. Por isso mesmo, o Regulamento prevê que se considera ocorrido o fato gerador do imposto na saída do fabricante, do importador ou de seus estabelecimentos distribuidores, para destinatário que não seja empresa jornalística ou editora (RIPI, art. 36, inciso VIII).

E com o objetivo de certificar a correta destinação do papel imune, a Secretaria da Receita Federal do Brasil está autorizada a estabelecer obrigações acessórias específicas (RIPI, art. 18, § 1º).

Com base nessa autorização, a RFB exige dos estabelecimentos que realizam operações com papel destinado à impressão de livros, jornais e periódicos um registro especial (item 69.3) e a apresentação da Declaração Especial de Informações Relativas ao Controle de Papel Imune (DIF-Papel Imune), conforme estabelecido pela Instrução Normativa RFB nº 976, de 7 de dezembro de 2009.

A referida Instrução Normativa estabelece que o Registro Especial deve ser concedido por estabelecimento, de acordo com a atividade desenvolvida, sendo específico para:

- fabricante de papel (FP);
- usuário – empresa jornalística ou editora que explore a indústria de livro, jornal ou periódicos (UP);
- importador (IP);
- distribuidor (DP); e
- gráfica – impressor de livros jornais e periódicos, que recebe papel de terceiros ou o adquire com imunidade tributária (GP).

Para os casos de descumprimento da destinação que condiciona a fruição do benefício, o RIPI estabeleceu que a imunidade do papel cessa quando ele for consumido ou utilizado em finalidade diversa da impressão de livros, jornais ou periódicos (RIPI, art. 20). Nesse caso, deverão agir como contribuintes os que consumirem ou utilizarem o papel em outra finalidade, e considera-se ocorrido o fato gerador no início do consumo ou utilização (RIPI, art. 36, inciso VIII).

Também não prevalece a imunidade nos casos em que o papel for encontrado em poder de pessoa que não seja fabricante, importador, ou seus estabelecimentos distribuidores, e também não seja empresa jornalística ou editora (RIPI, art. 20). Nesse caso, a pessoa física ou jurídica em cuja posse for encontrado o papel fica responsável pelo pagamento do imposto (RIPI, art. 25, inciso VIII).

Diante do que vimos neste item, podemos assim sistematizar o assunto:

Fato	Consequência
Saída ou importação de livros, jornais, periódicos	Operação imune
Importação de papel realizada por pessoa detentora de registro especial	Operação imune

Fato	Consequência
Saída de papel para empresas jornalísticas, editoras ou gráficas **com** a finalidade de impressão de livros, jornais ou periódicos	Operação imune
Saída de papel para estabelecimento distribuidor de papel, detentor de registro especial	Operação imune
Saída de papel **sem** a finalidade de impressão de livros, jornais ou periódicos, ainda que para empresas jornalísticas, editoras ou gráficas	Operação tributada
Saída de papel para destinatário diferente de empresas jornalísticas, editoras, gráficas ou estabelecimento distribuidor do produto	Operação tributada
Consumo ou utilização de papel em finalidade diversa da impressão de livros, jornais ou periódicos	Operação tributada; considera-se ocorrido o fato gerador do IPI no momento do consumo ou utilização
Papel encontrado em poder de pessoa que não seja fabricante, importador, estabelecimento distribuidor, empresa jornalística ou editora	Operação tributada; a pessoa física ou jurídica possuidora do papel fica responsável pelo pagamento do imposto

49.4. Imunidade na exportação de produtos industrializados

Nos termos do inciso III do § 3º do art. 153 da Constituição Federal, são imunes ao IPI os produtos industrializados destinados ao exterior. Para fins de controle da saída dos produtos exportados, com vistas à comprovação de atendimento da destinação prevista na norma imunizante, obrigações acessórias específicas são estabelecidas, inclusive quanto ao trânsito do produto a ser exportado, dentro do território nacional. Essas medidas fazem parte do controle aduaneiro de exportação.

Entretanto, há casos em que se considera realizada a exportação sem que ocorra a efetiva saída dos produtos do território nacional. Para tanto, a venda do produto deve ser realizada para (RIPI, art. 19)[3]:

---

3 Por um lapso, o art. 19 do RIPI desde sua publicação em 2010 não refletiu uma alteração introduzida pelo art. 8º da Lei nº 12.024, de 2009, que passou a permitir o pagamento em moeda nacional, e não, obrigatoriamente, em moeda estrangeira de livre conversibilidade.

- empresa sediada no exterior, para ser utilizado exclusivamente nas atividades de pesquisa ou lavra de jazidas de petróleo e de gás natural, ainda que a utilização se faça por terceiro sediado no País;

> **Observação:** Trata-se do regime aduaneiro especial de exportação de bens destinados às atividades de pesquisa e de lavra das jazidas de petróleo e de gás natural (Repetro). A matéria encontra-se disciplinada pelo art. 10 e seguintes da Instrução Normativa RFB nº 1.415, de 4 de dezembro de 2013.

- empresa sediada no exterior, para ser totalmente incorporado a produto final exportado para o Brasil; ou

> **Observação:** Matéria disciplinada pela Instrução Normativa SRF nº 369, de 28 de novembro de 2003.

- órgão ou entidade de governo estrangeiro ou organismo internacional de que o Brasil seja membro, para ser entregue, no País (no Brasil), à ordem do comprador.

> **Observação:** Matéria também disciplinada pela Instrução Normativa SRF nº 369, de 28 de novembro de 2003.

Além dos casos acima mencionados, também se encontram ao abrigo da imunidade as operações de exportação para empresa sediada no exterior, sem exigência de saída do território nacional, de produto industrializado para ser (RIPI, art. 19, § 3º):

- totalmente incorporado a bem que se encontre no País, de propriedade do comprador estrangeiro, inclusive em regime de admissão temporária sob a responsabilidade de terceiro;
- entregue a órgão da administração direta, autárquica ou fundacional da União, dos Estados, do Distrito Federal ou dos Municípios, em cumprimento de contrato decorrente de licitação internacional;
- entregue, em consignação, a empresa nacional autorizada a operar o regime de Loja Franca;
- entregue, no País, a subsidiária ou coligada, para distribuição sob a forma de brinde a fornecedores e clientes;
- entregue a terceiro, no País, em substituição de produto anteriormente exportado e que tenha se mostrado, após o despacho aduaneiro de importação, defeituoso ou imprestável para o fim a que se destinava; ou
- entregue, no País, a missão diplomática, repartição consular de caráter permanente ou organismo internacional de que o Brasil seja membro, ou a seu integrante, estrangeiro;

- entregue, no País, para ser incorporado à plataforma destinada à pesquisa e lavra de jazidas de petróleo e gás natural em construção ou conversão contratada por empresa sediada no exterior, ou a seus módulos.

> **Observação:** Esta última hipótese é diferente da primeira referida neste item 49.4 (utilização nas atividades de pesquisa ou lavra de jazidas de petróleo e de gás natural no âmbito do Repetro). Note que aqui se trata da etapa anterior: produto destinado à construção de plataforma que será utilizada na atividade de pesquisa e lavra de jazidas de petróleo e gás natural.

Perceba que, em todos esses casos, o adquirente está no exterior, mas há o interesse de o produto permanecer no País por conta das várias circunstâncias acima listadas.

Por fim, em relação às operações de exportação sem saída do produto do território nacional, se o pagamento for a prazo ou a prestação, os efeitos fiscais e cambiais são produzidos no momento da contratação, sob condição resolutória, aperfeiçoando-se pelo recebimento integral em moeda de livre conversibilidade. Ou seja, as operações são consideradas de exportação desde o momento em que são realizadas, e quando se completa o pagamento, fica confirmada sua natureza de exportação; do contrário, deixam de ser consideradas de exportação desde o momento em que foram realizadas.

Capítulo 50
Industrialização

Industrialização é o elemento essencial da hipótese de incidência do IPI. Nos termos do art. 46 do CTN, industrialização é qualquer operação que modifique a natureza ou a finalidade de um produto, ou o aperfeiçoe para o consumo. A modificação da natureza de um produto se observa, por exemplo, no processo de vulcanização da borracha. A finalidade de chapas metálicas é modificada, por exemplo, quando elas são cortadas, dobradas e soldadas, formando perfis que são utilizados em estruturas diversas. E quando cortados em placas e polidos, blocos de granito são aperfeiçoadas para consumo, por exemplo, na forma de pisos e revestimentos.

Obviamente, pelo caráter de norma geral dessa previsão, a operacionalização do imposto exige um maior grau de detalhamento. Esse é o objeto dos arts. 3º a 7º do RIPI.

O art. 3º do RIPI estabelece que produto industrializado é o resultante de qualquer operação definida como industrialização, mesmo que incompleta, parcial ou intermediária. Os demais artigos tratam da industrialização, nos termos que a seguir iremos analisar.

50.1. Características e modalidades de industrialização

O RIPI estabelece que industrialização corresponde a qualquer operação que modifique a natureza, o funcionamento, o acabamento, a apresentação ou a finalidade do produto, ou o aperfeiçoe para consumo (RIPI, art. 4º).

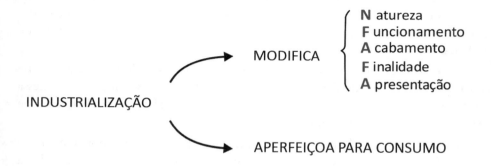

Nesse sentido, o dispositivo do Regulamento apresenta e define algumas operações que se enquadram na definição de industrialização. São elas: transformação, beneficiamento, montagem, acondicionamento ou reacondicionamento, renovação ou recondicionamento.

Antes de analisar as características de cada uma dessas modalidades, é preciso ressaltar que, para caracterizar uma operação como industrialização, são irrelevantes o processo utilizado para obtenção do produto e a localização e condições das instalações ou equipamentos empregados (RIPI, art. 4º, parágrafo único). Com isso, fica claro que o enquadramento da atividade como industrialização depende apenas do efeito obtido sobre o produto. O modo pelo qual tal efeito foi alcançado é, a princípio, irrelevante.

50.1.1. Transformação

Transformação é a operação exercida sobre matérias-primas ou produtos intermediários que importa na obtenção de espécie nova.

Trata-se da atividade que, intuitivamente, consideramos industrialização. Com a operação de transformação **surge um novo produto**, geralmente de classificação fiscal diversa daquela das matérias-primas e produtos intermediários a partir dos quais foi elaborado. Exemplos são os mais diversos: a fabricação de tintas a partir de resinas, solventes e pigmentos; a fabricação de bebidas a partir de produtos básicos de origem vegetal, água, conservantes e outros insumos; a preparação de sorvetes a partir de leite, gordura vegetal e outros insumos; entre tantos outros exemplos.

50.1.2. Beneficiamento

Beneficiamento é a operação que importa em modificar, aperfeiçoar ou, de qualquer forma, alterar o funcionamento, a utilização, o acabamento ou a aparência do produto, sem que constitua mera colocação ou substituição de embalagem.

A operação de beneficiamento pressupõe a existência de um produto, que **mantém sua individualidade e identidade originais**. Enquadra-se nessa modalidade, por exemplo, a operação de corte e acabamento de blocos de mármore e granito, para emprego na construção civil.

Também se enquadram nessa modalidade a produção de polpa de fruta congelada, a operação que cria roscas e furos em tubos ou canos destinados a instalações hidráulicas, a filtragem de azeite com incremento de sua qualidade, a colocação de terceiro eixo em caminhões, entre outros exemplos.

50.1.3. Montagem

A montagem é a operação que consiste na reunião de produtos, peças ou partes e de que resulte um novo produto ou unidade autônoma, ainda que sob a mesma classificação fiscal.

Só se caracteriza a montagem como industrialização se o produto final resultante da reunião constituir um novo produto ou unidade autônoma, em que os produtos partes e peças integrantes perdem a individualidade.

Constitui operação de montagem, a colocação de carroçarias sobre chassis, enquadrando-se o produto assim obtido no código fiscal de veículo automóvel.

Também se caracteriza nessa modalidade, a montagem de elevadores fora do estabelecimento industrial, e a reunião de peças e componentes que resulta em um microcomputador, uma televisão ou um telefone celular.

Para esclarecer a hipótese em que o produto resultante da montagem tem a mesma classificação fiscal das partes que foram reunidas, é preciso adiantar o conteúdo da Regra 2ª de Interpretação do Sistema Harmonizado (item 52.2.2), segundo a qual um produto completo, porém desmontado, tem a mesma classificação do produto completo e montado. Por exemplo, pense numa grande máquina que deva ser instalada numa indústria, e que seja inviável transportá-la em sua conformação final, completamente montada. Desse modo, o conjunto todo é levado para o local da instalação, e lá é montada a máquina. Tem-se, no caso, uma operação de industrialização na modalidade de montagem, da qual resulta um produto final com a mesma classificação fiscal do conjunto de partes que foram reunidas.

50.1.4. Acondicionamento ou reacondicionamento

Acondicionamento é a operação que importa na alteração da apresentação do produto, pela colocação da embalagem. Ocorre o reacondicionamento quando a colocação da embalagem é feita em substituição à original, por exemplo, no caso do açúcar comprado em embalagens de 50 Kg, e acondicionado em embalagens menores próprias para apresentação ao consumidor final.

O acondicionamento ou reacondicionamento que constitui operação industrial é aquele que tem propósito promocional. Por isso mesmo, a operação somente será considerada como industrialização, sujeitando o produto à incidência do IPI, quando a forma de embalagem do produto puder ser entendida como "acondicionamento de apresentação". Nesse sentido, o mel natural, por exemplo, somente está no campo de incidência do IPI quando acondicionado em embalagem de apresentação (Código fiscal 0409.00.00 Ex 01).

Nesse sentido, podemos afirmar que embalagem de apresentação é a que visa a alcançar o consumidor final, contendo produto na quantidade em que é comumente vendido no varejo. Por essa razão, não se considera embalagem de apresentação a hipótese em que a natureza do acondicionamento e as características do rótulo atendam, apenas, a exigências técnicas ou outras constantes de leis e de atos administrativos (RIPI, art. 6º, § 2º), como no caso de alguns produtos da área médica.

Pela mesma razão, não se considera industrialização a operação de acondicionamento que se destina **apenas** ao transporte da mercadoria (RIPI, art. 4º, inciso IV, parte final). Para a embalagem ser considerada acondicionamento para transporte e, portanto, não caracterizar industrialização, deve atender, cumulativamente, às seguintes condições (RIPI, art. 6º, § 1º):

- ser feita em caixas, caixotes, engradados, barricas, latas, tambores, sacos, embrulhos e semelhantes, sem acabamento e rotulagem de função promocional e que não objetive valorizar o produto em razão da qualidade do material nele empregado, da perfeição do seu acabamento ou da sua utilidade adicional; e
- ter capacidade acima de 20 Kg ou superior àquela em que o produto é comumente vendido, no varejo, aos consumidores.

50.1.5. Renovação ou recondicionamento

Renovação ou recondicionamento é a **operação exercida sobre produto usado**, ou parte remanescente de produto deteriorado ou inutilizado, que renova ou restaura o produto para utilização.

Como exemplo de renovação ou recondicionamento, enquadram-se as operações realizadas em veículos adquiridos de terceiros e destinados à revenda, nos casos em que ocorra troca de motor, substituição completa do chassi ou da carroçaria, reforma ou substituição de parte da carroceria ou do chassi cujo defeito impeça o uso do veículo em condições de segurança.

Por fim, vale ressaltar que a operação de renovação ou recondicionamento somente se processa sobre produtos usados, diferentemente do beneficiamento que tem por objeto bens sem uso ou semiacabados.

50.1.6. Síntese do conceito de industrialização e suas modalidades

Diante do que vimos até aqui, podemos sistematizar o conceito de industrialização e suas modalidades da seguinte forma:
- industrialização é qualquer operação que modifique a natureza, o funcionamento, o acabamento, a apresentação ou a finalidade do produto, ou o aperfeiçoe para consumo; e
- para caracterizar a operação como industrialização, são irrelevantes o processo utilizado para obtenção do produto e a localização e condições das instalações ou equipamentos empregados.

MODALIDADES DE INDUSTRIALIZAÇÃO		
	Transformação	Obter **espécie nova**. Ex.: fabricação de tintas a partir de resinas, solventes e pigmentos
	Beneficiamento	Modificar, aperfeiçoar, alterar o funcionamento, a utilização, o acabamento ou a aparência do produto, sem que constitua mera colocação ou substituição de embalagem. A operação **mantém a individualidade e identidade originais do produto**. Ex.: corte e acabamento de granito, para emprego como piso na construção civil
	Montagem	**Reunir** produtos, peças ou partes e de que **resulte um novo produto** ou unidade autônoma, ainda que sob a mesma classificação fiscal. Ex.: reunião de peças e componentes que resulta em um microcomputador
	Acondicionamento ou reacondicionamento	**Alterar a** apresentação do produto, pela colocação da embalagem. Ex.: acondicionar mel natural em potes. Não se considera industrialização a colocação de embalagem que se destina apenas ao transporte da mercadoria.
	Renovação ou recondicionamento	Renovar ou restaurar **produto usado** ou parte remanescente de produto deteriorado ou inutilizado. Ex.: restauração de automóvel antigo inutilizado.

50.2. Exclusões do conceito de industrialização

Por motivos diversos, algumas operações foram expressamente excluídas do conceito de industrialização. Se não fosse pela norma excludente, os produtos delas resultantes estariam sujeitos à incidência do IPI.

Desse modo, os produtos resultantes das atividades a seguir relacionadas não são considerados industrializados e, portanto, não se submetem à incidência do IPI, mesmo quando classificados em código fiscal em que haja indicação de alíquota positiva.

Da mesma forma, o local em que essas operações são realizadas não é considerado estabelecimento industrial, e quem as pratica não é industrial nem contribuinte do imposto.

Nesse sentido, não se considera industrialização (RIPI, art. 5º):
- o preparo de produtos alimentares, não acondicionados em embalagem de apresentação:

- ✓ na residência do preparador ou em restaurantes, bares, sorveterias, confeitarias, padarias, quitandas e semelhantes, desde que os produtos se destinem a venda direta a consumidor; ou

> **Observação:** Como a venda tem que ser feita diretamente ao consumidor final, a exclusão não é aplicada aos produtos vendidos pelo produtor a estabelecimentos comerciais revendedores.

- ✓ em cozinhas industriais, quando destinados à venda direta a pessoas jurídicas e a outras entidades, para consumo de seus funcionários, empregados ou dirigentes;
- o preparo de refrigerantes, à base de extrato concentrado, por meio de máquinas, automáticas ou não, em restaurantes, bares e estabelecimentos similares, para venda direta a consumidor (é o "post mix");
- a confecção ou preparo de produto de artesanato, assim considerado o proveniente de trabalho manual realizado por pessoa natural, nas seguintes condições (RIPI, art. 7º, inciso I):
  - ✓ quando o trabalho não contar com o auxílio ou a participação de terceiros assalariados; e

> **Observação:** Poderá contar apenas com a ajuda de pessoas da família ou mesmo terceiros (aprendizes, por exemplo) que não recebam salários.

  - ✓ quando o produto for vendido a consumidor, diretamente ou por intermédio de entidade de que o artesão faça parte ou seja assistido;

> **Observação:** Para ser considerado artesanato o produto não pode ser vendido a estabelecimentos comerciais revendedores.

- a confecção de vestuário, por encomenda direta do consumidor ou usuário, em oficina ou na residência do confeccionador;
- o preparo de produto, por encomenda direta do consumidor ou usuário, na residência do preparador ou em oficina, desde que, em qualquer caso, seja preponderante o trabalho profissional;

> **Observação:** Refere-se apenas ao preparo de roupas, feitas por alfaiates, costureiros e modistas. É condição que o preparo seja feito na própria residência do confeccionador ou em oficina.
>
> Oficina, nos termos do inciso II do art. 7º do RIPI, é o estabelecimento que empregar, no máximo, 5 operários e, quando utilizar força motriz, não dispuser de potência superior a 5 kW (cinco quilowatts).

- a manipulação em farmácia, para venda direta a consumidor, de medicamentos oficinais e magistrais, mediante receita médica;

> **Observação:** Somente se consideram excluídos do conceito de industrialização os medicamentos preparados mediante receita médica expedida em nome do adquirente.
>
> Medicamentos oficinais são aqueles preparados na própria farmácia, de acordo com normas e doses estabelecidas por Farmacopeias ou formulários e com uma designação uniforme. Ex.: Tintura de Iodo.
>
> Medicamentos magistrais são aqueles preparados a partir de prescrição médica e formulação individualizada, com indicação de composição qualitativa e quantitativa, da forma farmacêutica e da maneira de administração.

- a moagem de café torrado, realizada por estabelecimento comercial varejista como atividade acessória;
- a operação efetuada fora do estabelecimento industrial, consistente na reunião de produtos, peças ou partes e de que resulte:

> **Observação:** A montagem dos produtos a seguir relacionados, no local da utilização, não é considerada industrialização.
>
> Os produtos, partes e peças a serem utilizados nessa montagem excluída do conceito de industrialização estão normalmente sujeitos à incidência do imposto.

  - ✓ edificação (casas, edifícios, pontes, hangares, galpões e semelhantes, e suas coberturas);
  - ✓ instalação de oleodutos, usinas hidrelétricas, torres de refrigeração, estações e centrais telefônicas ou outros sistemas de telecomunicação e telefonia, estações, usinas e redes de distribuição de energia elétrica e semelhantes; ou
  - ✓ fixação de unidades ou complexos industriais ao solo;
- a montagem de óculos, mediante receita médica;

> **Observação:** A exclusão abrange unicamente as prescrições individualizadas.
>
> A receita deve conter as especificações próprias, de graduação, transparência, cor, angulação etc.
>
> A exceção só alcança a montagem de óculos. Desse modo, constitui operação industrial a fabricação das partes, peças e produtos que se destinam à montagem de óculos.

- o acondicionamento de produtos classificados nos Capítulos 16 a 22 da TIPI (produtos das indústrias alimentícias, bebidas, líquidos alcoólicos e vinagres), adquiridos de terceiros, em embalagens confeccionadas sob a forma de cestas de natal e semelhantes;

Observação: Note bem que para não serem considerados industrializados os produtos têm que ser adquiridos de terceiros. Portanto, se forem de produção própria, haverá incidência do imposto.

Perceba que, no caso de produtos de fabricação própria, se fosse aplicável essa hipótese de exclusão do conceito de industrialização, o acondicionamento em cestas de natal ou algo semelhante afastaria definitivamente a incidência do imposto. Mas não é isso que acontece. Como devem ser adquiridos de terceiros para que a operação fique fora do conceito de industrialização, em alguma etapa anterior já terá havido a incidência do IPI sobre os produtos individualmente considerados.

- o conserto, a restauração e o recondicionamento de produtos usados, nos casos em que se destinem ao uso da própria empresa executora ou quando essas operações sejam executadas por encomenda de terceiros não estabelecidos com o comércio de tais produtos, bem como o preparo, pelo consertador, restaurador ou recondicionador, de partes ou peças empregadas exclusiva e especificamente naquelas operações;

Observação: Portanto, são excluídas do conceito de industrialização as operações que normalmente se enquadrariam na caracterização de renovação ou recondicionamento, desde que os bens se destinem:

a) ao uso da própria executora da operação de conserto, ou

b) ao uso de terceiro não estabelecido com o comércio de tais produtos.

É o caso, por exemplo, da reciclagem de equipamentos decodificadores de sinal de TV por assinatura, que integram o ativo não circulante da prestadora de serviços de comunicação, e que são cedidos aos usuários do serviço em regime de comodato.

- o reparo de produtos com defeito de fabricação, inclusive mediante substituição de partes e peças, quando a operação for executada gratuitamente, ainda que por concessionários ou representantes, em virtude de garantia dada pelo fabricante;
- a restauração de sacos usados, executada por processo rudimentar, ainda que com emprego de máquinas de costura;
- a mistura de tintas entre si, ou com concentrados de pigmentos, sob encomenda do consumidor ou usuário, realizada em estabelecimento comercial varejista, efetuada por máquina automática ou manual, desde que fabricante e varejista não sejam empresas interdependentes, controladora, controlada ou coligadas; e

- a operação de que resultem os produtos relacionados na Subposição 2401.20 da TIPI (tabaco destalado), quando exercida por produtor rural pessoa física.

> **Observação:** Esta hipótese, em sua literalidade, foi objeto de uma assertiva (correta) na prova do concurso de AFRFB de 2012, nos seguintes termos: a mistura de tintas entre si, ou com concentrados de pigmentos, sob encomenda do consumidor ou usuário, realizada em estabelecimento comercial varejista, efetuada por máquina automática ou manual, não se caracteriza como industrialização, desde que fabricante e varejista não sejam empresas interdependentes, controladora, controlada ou coligadas.

Portanto, embora muitos dos produtos referidos neste item 50.2 estejam associados a alíquotas positivas na TIPI, eles estão fora do campo de incidência do imposto porque resultam das operações excluídas do conceito de industrialização.

Por exemplo, na TIPI, óculos para correção (9004.90.10) tem alíquota de 5%. No entanto, se os óculos para correção forem montados mediante receita médica sob prescrições individualizadas, eles não estão sujeitos à incidência do IPI. Em outros termos, para fins de aplicação da legislação do IPI, estes óculos não são considerados produtos industrializados.

Capítulo 51
Campo de Incidência do IPI

O campo de incidência do IPI, abrangendo produtos industrializados nacionais e estrangeiros, é definido pela Tabela de Incidência do Imposto sobre Produtos Industrializados (TIPI).

Nesse sentido, de acordo com o art. 2º do RIPI, encontram-se no campo de incidência do IPI todos os produtos com alíquota, ainda que zero, relacionados na TIPI, observadas as disposições contidas nas respectivas notas complementares, excluídos aqueles a que corresponde a notação "NT" (não tributado).

Portanto, o campo de incidência do IPI, abrangendo produtos industrializados nacionais e estrangeiros, é definido pela TIPI, da seguinte forma:
- dentro, estão todos os produtos relacionados com alíquota, ainda que ela seja zero e, no caso de a alíquota ser positiva, mesmo que os produtos sejam isentos do imposto;

- fora, estão os produtos que estiverem associados à notação "NT" (não tributado).

Aqui cabe uma observação importante. Conforme vimos anteriormente, embora possam estar associados a alíquotas na TIPI, também estão fora do campo de incidência do imposto os produtos resultantes das operações excluídas do conceito de industrialização (item 50.2).

Quanto aos produtos relacionados na TIPI com a notação NT, para fins didáticos, podemos agrupá-los em três categorias:

- animais vivos e produtos naturais, de origem animal, vegetal ou mineral, em estado bruto, sem que tenham passado por qualquer processo de industrialização, para os quais a União não tem competência para instituir o IPI. Neste caso, não há que se falar em imunidade, mas sim em falta de autorização constitucional para que seja cobrado o imposto. Como exemplo podemos citar os galos e galinhas vivos (0105.11), a couve-flor fresca ou refrigerada (0704.10.00), e o sulfato de bário natural (2511.10.00);
- produtos industrializados que, por determinação da Constituição, não possam ser alcançados pela incidência do imposto. São os produtos imunes ao IPI, a exemplo dos derivados de petróleo como gasolinas (2710.11.5), querosenes (2710.19.1), óleo lubrificante (2710.19.3); os minerais do País, beneficiados; os livros (49.01), os jornais e os periódicos (49.02); e a energia elétrica (2716.00.00);
- produtos industrializados que o legislador ordinário não quis tributar, com as moedas (71.18) e a cal viva (2522.10.00).

Neste momento, alguém pode estar se perguntando a razão pela qual a Tabela de Incidência do IPI contém produtos que não são tributados pelo imposto. Trata-se de um questionamento plausível, e por isso é importante fazer algumas considerações sobre a TIPI.

O motivo disso está na Nomenclatura Comum do Mercosul (NCM), que constitui a base da TIPI, conforme determina o art. 2º do Decreto nº 4.070, de 2001. Em linhas gerais, pode-se afirmar que a TIPI é o resultado da associação de alíquotas do IPI aos produtos organizados de acordo com a NCM.

Por sua vez, a NCM tem por base o Sistema Harmonizado de Designação e de Codificação de Mercadorias, ou simplesmente Sistema Harmonizado (SH), que constitui um método internacional de classificação de produtos, baseado em uma estrutura de códigos e respectivas descrições, criado para promover o desenvolvimento do comércio internacional.

Como regra, qualquer produto pode ser classificado pelo SH e, por consequência, também pela NCM, que constitui a base da TIPI. Por essa razão até mesmo produtos NT são listados na TIPI.

A TIPI atualmente em vigor[4] se encontra em anexo ao Decreto nº 7.660, de 23 de dezembro de 2011.

E já que fizemos referência à classificação de produtos, vamos aproveitar para tratar do assunto, no próximo Capítulo.

Capítulo 52
Classificação de Produtos

No Regulamento do IPI, sobre a classificação de produtos, há apenas os três artigos abaixo reproduzidos:

> TÍTULO III
>
> DA CLASSIFICAÇÃO DOS PRODUTOS
>
> **Art. 15.** Os produtos estão distribuídos na TIPI por Seções, Capítulos, Subcapítulos, Posições, Subposições, Itens e Subitens.
>
> **Art. 16.** Far-se-á a classificação de conformidade com as Regras Gerais para Interpretação – RGI, Regras Gerais Complementares – RGC e Notas Complementares – NC, todas da Nomenclatura Comum do MERCOSUL – NCM, integrantes do seu texto.
>
> **Art. 17.** As Notas Explicativas do Sistema Harmonizado de Designação e de Codificação de Mercadorias – NESH, do Conselho de Cooperação Aduaneira na versão luso-brasileira, efetuada pelo Grupo Binacional Brasil/Portugal, e suas alterações aprovadas pela Secretaria da Receita Federal do Brasil, constituem elementos subsidiários de caráter fundamental para a correta interpretação do conteúdo das Posições e Subposições, bem como das Notas de Seção, Capítulo, Posições e de Subposições da Nomenclatura do Sistema Harmonizado.

Portanto, no RIPI não há muitas disposições sobre classificação de produtos. De acordo com os artigos acima reproduzidos, temos o seguinte:

---

4 É possível obter o arquivo atualizado da TIPI na página da Receita Federal na internet, no seguinte endereço: <http://www.receita.fazenda.gov.br/Aliquotas/DownloadArqTIPI.htm>.

RIPI	Objeto	Comando
Art. 15	Distribuição dos produtos na TIPI	Em Seções, Capítulos, Subcapítulos, Posições, Subposições, Itens e Subitens
Art. 16	Classificação deve observar	• Regras Gerais para Interpretação – RGI • Regras Gerais Complementares – RGC e • Notas Complementares – NC
Art. 17	Notas Explicativas do SH (Nesh)	São elementos subsidiários para a correta interpretação do conteúdo: • de Posições e de Subposições; e • das Notas de Seção, Capítulo, Posições e de Subposições.

Para compreender perfeitamente o teor do art. 15 do RIPI, no item 52.1 analisaremos a estrutura da nomenclatura de classificação de produtos. Na sequência, para esclarecer os arts. 16 e 17, vamos estudar as regras de interpretação da nomenclatura.

Antes de iniciar, vale dizer que a correta classificação exige o domínio de informações detalhadas do produto, além de conhecimento técnico e adequada utilização das Regras Gerais de Interpretação (RGI). Trata-se de um assunto bastante específico, mas que, ainda assim, foi objeto de avaliação na prova do concurso de AFRFB realizado em 2012. Por essa razão, teremos que ir além do conteúdo dos três artigos acima reproduzidos.

52.1. Estrutura da nomenclatura de classificação de produtos

Conforme vimos no Capítulo 51, a TIPI é formada pela associação de alíquotas (ou a expressão NT) aos produtos organizados de acordo com a Nomenclatura Comum do Mercosul (NCM)[5].

Como a NCM está organizada em Seções, Capítulos, Subcapítulos, Posições, Subposições, Itens e Subitens, fica esclarecida a razão pela qual o art. 15 do RIPI dispõe que os produtos estão dessa forma distribuídos na TIPI.

Cumpre, agora, analisar a estrutura da NCM, lembrando que ela tem por base o Sistema Harmonizado (SH).

---
5 A Nomenclatura Comum do Mercosul (NCM), introduzida no Brasil a partir de 1995 pelo Decreto nº 1.343/94, passou a constituir a Nomenclatura Brasileira de Mercadorias para todos os efeitos legais.

A composição dos códigos do SH, formados por seis dígitos, permite que sejam atendidas as especificidades dos produtos, tais como origem, matéria constitutiva e aplicação, em um ordenamento numérico lógico, crescente e de acordo com o nível de sofisticação das mercadorias.

Por sua vez, os códigos que compõem a NCM são formados por 8 dígitos, sendo que os 6 primeiros são os códigos do SH, enquanto o 7º e o 8º dígitos correspondem a desdobramentos específicos atribuídos no âmbito do Mercosul. Desse modo, podemos representar a relação entre o SH, a NCM e a TIPI da seguinte forma:

Como vimos acima, a nomenclatura é composta de Seções subdivididas em Capítulos, algumas vezes também divididos em Subcapítulos. Por sua vez, os Capítulos são divididos em Posições.

As Seções e os Capítulos normalmente são dotados de Notas (de seção, e de capítulo), devidamente numeradas e que, juntamente com o texto das posições, são determinantes para a classificação do produto, de acordo com a Regra Geral de Interpretação nº 1 do SH (RGI-1 – item 52.2.1).

No final deste livro, no Capítulo 73, apenas a título de ilustração, foi reproduzida a estrutura de Seções e Capítulos da TIPI.

Nos Capítulos encontramos as Posições, codificadas por quatro algarismos. As Posições podem estar subdivididas em Subposições, Itens e Subitens. Desse modo, um código completo da classificação fiscal é composto de oito algarismos, e é assim representado: NNNN.NN.NN, em que cada N representa um algarismo arábico.

Isoladamente, os quatro primeiros algarismos, separados por um ponto, representam a Posição do produto na nomenclatura, sendo que os dois primeiros correspondem à numeração do Capítulo no qual a Posição está inserida, e os dois últimos à ordem da Posição no Capítulo.

O 5º e o 6º algarismos representam a Subposição, sendo que o 5º corresponde à Subposição de 1º nível, que é uma subdivisão da Posição da qual faz parte, e o 6º, à Subposição de 2º nível.

As codificações e textos das mercadorias das Posições e Subposições (os seis primeiros dígitos do código de produtos), compõem o Sistema Harmonizado de Classificação de Mercadorias, aprovado por Convenção Internacional da qual o Brasil é signatário.

Os dois últimos algarismos compõem a parte regional da codificação da NCM. O 7º representa os Itens, que são subdivisões das Subposições ou das próprias Posições, quando não subdivididas, e o 8º representa os Subitens, que são subdivisões dos Itens.

Tomando como exemplo o código NCM 2207.20.11, temos a seguinte estrutura:

- 2 primeiros dígitos do código NCM (dígitos do SH): Capítulo 22 – Bebidas, líquidos alcoólicos e vinagres;
- 4 primeiros dígitos do código NCM (dígitos do SH): Posição 22.07 – Álcool etílico não desnaturado, com um teor alcoólico, em volume, igual ou superior a 80% vol; álcool etílico e aguardentes, desnaturados, com qualquer teor alcoólico;
- 6 primeiros dígitos do código NCM (dígitos do SH): Subposição 2207.20 – Álcool etílico e aguardentes, desnaturados, com qualquer teor alcoólico;
- 7º dígito do código NCM (1º dígito da regionalização): Item 2207.20.1 – Álcool etílico;
- 8º dígito do código NCM (2º dígito da regionalização): Subitem 2207.20.11 – Com um teor de água igual ou inferior a 1% vol.

52.1.1. Desdobramentos de interesse nacional na TIPI

Eventualmente, a codificação de oito dígitos da NCM pode se mostrar insuficiente para especificar produtos segundo interesse da Administração Tributária brasileira. Nesse contexto, surgem os desdobramentos de interesse nacional, originados por meio de exceções na TIPI (Ex), numeradas em ordem sequencial em relação a um mesmo código NCM, assim representadas: Ex 01, Ex 02, Ex 03, e assim por diante.

Na tabela reproduzida a seguir, extraída da TIPI, confira o detalhamento de interesse nacional representado pelos Ex 01:

NCM	DESCRIÇÃO	ALÍQUOTA (%)
70.02	Vidro em esferas (exceto as microsferas da posição 70.18), barras, varetas ou tubos, não trabalhado.	
7002.10.00	-Esferas	10
	Ex 01 – De vidro óptico	0
7002.20.00	-Barras ou varetas	10
	Ex 01 – De vidro óptico	0
7002.3	-Tubos:	
7002.31.00	-De quartzo ou de outras sílicas fundidos	10
	Ex 01 – De vidro óptico	0

Na tabela acima, note que o código das esferas de vidro (7002.10.00) encontra-se desdobrado no Ex 01. Desse modo, foi possível estabelecer um tratamento diferenciado (alíquota 0%) para certo tipo de esferas de vidro, compostas de vidro óptico.

Aproveitando a mesma tabela, observe que, na TIPI, somente encontramos alíquotas fixadas para codificações completas (dotadas de oito algarismos) e para seus "Ex", quando existirem. Note na tabela que a Posição 70.02 não recebeu alíquota, o mesmo acontecendo com a Subposição de 1º nível 7002.3.

Lembrando que estão sujeitos à incidência do IPI apenas os produtos dotados de alíquotas na TIPI, ainda que zero; e que os produtos associados à expressão NT não estão sujeitos à incidência do imposto.

52.1.2. Repercussão de alterações na NCM

Segundo dispõe o art. 2º do Decreto nº 4.732, de 2003, compete à Câmara de Comércio Exterior (Camex) alterar a Nomenclatura Comum do Mercosul, na forma estabelecida nos atos decisórios do Mercado Comum do Sul. Essas alterações refletem decisões tomadas no âmbito do Mercosul, e são veiculadas no País por meio de Resoluções da Camex, com publicação no Diário Oficial da União[6].

---

6 A título de exemplo de exercício dessa atribuição, pode ser mencionada a Resolução Camex nº 4, de 2012, disponível em: <http://www.desenvolvimento.gov.br/sitio/interna/noticia.php?area=1&noticia=11240>.

Uma vez alterada a NCM, é necessário atualizar a TIPI. Para esse fim, o Decreto nº 7.660, de 2011, estabelece o seguinte:

> **Art. 4º** Fica a Secretaria da Receita Federal do Brasil autorizada a adequar a TIPI, sempre que não implicar alteração de alíquota, em decorrência de alterações promovidas na NCM pela Câmara de Comércio Exterior – CAMEX.
>
> **Parágrafo único.** Aplica-se ao ato de adequação referido no *caput* o disposto no inciso I do *caput* do art. 106 da Lei nº 5.172, de 25 de outubro de 1966, Código Tributário Nacional – CTN.

As alterações da TIPI promovidas com base nesse dispositivo são formalizadas por meio de Ato Declaratório Executivo do Secretário da RFB[7]. Note que essa atribuição do Secretário da RFB somente se instala nos casos em que as alterações promovidas na NCM pela CAMEX não implicarem alteração de alíquota na TIPI.

Para compreender essa circunstância, imagine que dois códigos sejam unificados por meio de uma Resolução Camex. Suponha que antes da alteração, na TIPI, a um deles estivesse associada a alíquota de 10%, enquanto ao outro estivesse associada a alíquota de 15%. Nesse caso, a adequação da TIPI não pode ocorrer por meio de um ato do Secretário da RFB, afinal, certamente haverá alteração de alíquota em relação a produtos antes classificados em um dos códigos que foram unificados.

Por fim, cumpre ressaltar que esse tema foi objeto de assertiva em uma das questões do concurso de AFRFB de 2012:

> *A Secretaria da Receita Federal do Brasil (RFB) é autorizada a adequar a Tabela de Incidência do Imposto sobre Produtos Industrializados (TIPI), em decorrência de alterações promovidas na Nomenclatura Comum do Mercosul (NCM) pela Câmara de Comércio Exterior (CAMEX), caso as alterações promovidas pela CAMEX impliquem necessidade de adequação de alíquotas na TIPI pela RFB.*

A assertiva foi dada como incorreta. De fato, muito embora a RFB seja autorizada a adequar a TIPI, em decorrência de alterações promovidas na NCM pela Câmara de Comércio Exterior (CAMEX), essa competência está limitada aos casos que não implicarem alteração de alíquota.

---

7 Por conta da acima mencionada Resolução Camex nº 4, de 2012, a TIPI teve que ser atualizada. Confira a repercussão em: <http://www.receita.fazenda.gov.br/Legislacao/AtosExecutivos/2012/RFB/ADRFB003.htm>.

52.1.3. Visão geral da estrutura da classificação de produtos

Neste momento, considerando que o tema envolve diversas "regras" e "notas", talvez seja interessante oferecer uma visão geral antes de avançar:

NCM (8 dígitos)	SH (6 dígitos) • RGI • NESH	Seção (título) • Notas de seção
		Capítulo (título – 2 primeiros dígitos) • Notas de capítulo
		Posição (texto – 4 primeiros dígitos)
		Subposição (texto – 6 primeiros dígitos) • Notas de subposição
	+ 2 dígitos regionais Mercosul RGC (NCM)	Item (texto – 7 primeiros dígitos)
		Subitem (texto – 8 primeiros dígitos)

No diagrama acima, repare na estrutura da classificação de produtos, e também na localização dos elementos necessários à sua correta utilização: nomes de seção e de capítulo; textos de posição, subposição, item e subitem; além das RGI, das NESH, das RGC, e das notas de seção, capítulo e subposição.

Quanto à TIPI, além de códigos, alíquotas e Ex, nela também encontramos a Regra Geral Complementar (RGC/TIPI) e as Notas Complementares:

> **TIPI = NCM (código com 8 dígitos) + alíquotas do IPI**
> - Além dos 8 dígitos, um código de produto ainda pode se desdobrar em "Ex" da TIPI (Exemplo: 0305.71.00 EX 01)
> - Regra Geral da Complementar da TIPI (RGC/TIPI)
> - Notas Complementares – Exemplo: NC (48-1)

Todos esses elementos serão analisados nos itens a seguir.

52.2. Regras Gerais de Interpretação (RGI)

Nos itens anteriores, apresentamos a estrutura da nomenclatura de classificação de produtos. A partir deste ponto, vamos analisar, ainda que brevemente, como deve ser feita a classificação de um produto.

De acordo com o art. 16 do RIPI, a classificação de produtos deve ser realizada "de conformidade com as Regras Gerais para Interpretação – RGI, Regras Gerais Complementares – RGC e Notas Complementares – NC, todas da NCM, integrantes do seu texto".

O Sistema Harmonizado oferece seis Regras Gerais de Interpretação (RGI), incorporadas à NCM (itens 52.2.1 a 52.2.6). Associadas a essas regras existem notas explicativas (NESH) que nos ajudam a entender o conteúdo das regras. Por seu turno, a NCM possui duas Regras Gerais Complementares (RGC), que serão analisadas no item 52.3.

Cabe aqui ressaltar que, na prova do concurso de AFRFB realizado em 2012, o examinador formulou uma assertiva versando sobre o conteúdo de uma das Regras Gerais de Interpretação.

Diante desse fato, torna-se imperioso analisar o conteúdo dessas regras, que além de serem encontradas na parte inicial da TIPI, constituem o objeto dos anexos às Instruções Normativas RFB nº 807, de 11 de janeiro de 2008; nº 1.666, de 4 de novembro de 2016; e nº 1.667, também de 4 de novembro de 2016.

Considerando a importância que o examinador da Esaf conferiu ao tema, vamos a partir de agora analisar o conteúdo dessas regras isoladamente. Mais adiante, em momento oportuno, faremos referência à mencionada assertiva da prova de 2012 do concurso para AFRFB.

52.2.1. Primeira Regra para Interpretação do SH (RGI-1)

É o seguinte o texto da RGI-1:

> *1. Os títulos das Seções, Capítulos e Subcapítulos têm apenas valor indicativo. Para os efeitos legais, a classificação é determinada pelos textos das posições e das Notas de Seção e de Capítulo e, desde que não sejam contrárias aos textos das referidas posições e Notas, pelas Regras seguintes.*

A primeira parte da regra é bastante clara ao determinar que os títulos de Seções, Capítulos e Subcapítulos servem apenas como orientação para iniciar o trabalho de classificação. Desse modo, não encontraria amparo jurídico a classificação efetuada unicamente com base no título de uma Seção, Capítulo ou Subcapítulo.

Em verdade, segundo a parte final da RGI-1, são juridicamente determinantes para a classificação de produtos os textos das posições e das Notas de Seção e de Capítulo. As RGI 2 a 5 também são determinantes, desde que não sejam contrárias aos textos das posições e das Notas de Seção e de Capítulo.

Em muitos casos, a classificação se resolve diretamente por meio da RGI-1, a partir da descrição contida no texto das posições. Por isso mesmo, nas notas explicativas da RGI-1 encontramos a seguinte afirmação:"numerosas mercadorias podem classificar-se na Nomenclatura sem que seja necessário recorrer às outras Regras Gerais Interpretativas (por exemplo, os cavalos vivos da posição 01.01)".

52.2.2. Segunda Regra para Interpretação do SH (RGI-2)

Na verdade, a RGI-2 é composta por duas regras: a RGI-2a e a RGI-2b.

a. RGI-2a

A RGI-2a se refere aos produtos incompletos, inacabados, desmontados ou a montar, e estabelece o seguinte:

> 2. a) Qualquer referência a um artigo em determinada posição abrange esse artigo mesmo incompleto ou inacabado, desde que apresente, no estado em que se encontra, as características essenciais do artigo completo ou acabado. Abrange igualmente o artigo completo ou acabado, ou como tal considerado nos termos das disposições precedentes, mesmo que se apresente desmontado ou por montar.

A RGI-2a é praticamente autoexplicativa. As posições que mencionam um determinado produto englobam não apenas o produto completo, mas também os produtos incompletos, inacabados, desmontados ou a montar, desde que estes apresentem as características essenciais do produto completo, acabado ou montado.

Por exemplo, bicicletas desprovidas de pedal por uma conveniência de transporte são classificadas no código 8712.00.10 – Bicicletas. Da mesma forma, é no código 8712.00.10 – Bicicletas que se deve classificar o conjunto completo de peças necessárias para montar uma bicicleta.

b. RGI-2b

A RGI-2b se refere aos produtos compostos por matérias diversas e às obras de uma matéria determinada. É o seguinte o texto da Regra:

> 2. b) Qualquer referência a uma matéria em determinada posição diz respeito a essa matéria, quer em estado puro, quer misturada ou associada a outras matérias. Da mesma forma, qualquer referência a obras de uma matéria determinada abrange as obras constituídas inteira ou parcialmente por essa matéria. A classificação destes produtos misturados ou artigos compostos efetua-se conforme os princípios enunciados na Regra 3.

De acordo com as Notas Explicativas da RGI-2b, "o efeito dessa regra é ampliar o alcance das posições que mencionam uma matéria determinada, de modo a nessas posições permitir a inclusão dessa matéria misturada ou associada a outras matérias. Também tem o efeito de ampliar o alcance das posições que mencionam as obras de determinada matéria, de modo a permitir a inclusão dessas obras quando constituídas parcialmente dessa matéria".

Portanto, de acordo com a RGI-2b, uma posição da NCM abrange:
- a própria matéria referida no texto da posição;
- a matéria referida no texto da posição, ainda quando misturada ou associada a outras matérias;
- as obras constituídas total ou parcialmente da matéria referida no texto da posição.

Em relação à própria matéria e às obras constituídas de uma única matéria, a RGI-2b é suficiente para a classificação (p.ex., as obras de metais comuns dos Capítulos 72 a 83).

No entanto, quanto aos produtos que se constituem da mistura ou associação de matérias diferentes (p.ex., tecidos compostos), bem como as obras constituídas de matérias diferentes (p.ex., objetos compostos de madeira e metal), a RGI-2b é insuficiente, sendo necessário apelar ao conteúdo da RGI-3 para definir qual a matéria que deve prevalecer para fins de classificação do produto.

52.2.3. Terceira Regra para Interpretação do SH (RGI-3)

O conteúdo da RGI-3 foi objeto de uma questão na prova do concurso de AFRFB em 2012. Como visto no item anterior, esta regra deve ser utilizada para identificar a matéria que deve prevalecer para fins de classificação no caso de produtos compostos por matérias diversas.

Mas não só nessa situação. A RGI-3 também tem lugar para os casos em que um produto parece se enquadrar em mais de uma posição da nomenclatura. Eis o texto completo da RGI-3:

> 3. Quando pareça que a mercadoria pode classificar-se em duas ou mais posições por aplicação da Regra 2 b) ou por qualquer outra razão, a classificação deve efetuar-se da forma seguinte:
>
> a) A posição mais específica prevalece sobre as mais genéricas. Todavia, quando duas ou mais posições se refiram, cada uma delas, a apenas uma parte das matérias constitutivas de um produto misturado ou de um artigo composto, ou a apenas um dos componentes de sortidos acondicionados para venda a retalho, tais posições devem considerar-se, em relação a esses produtos ou artigos, como igualmente específicas, ainda que uma delas apresente uma descrição mais precisa ou completa da mercadoria.

> *b) Os produtos misturados, as obras compostas de matérias diferentes ou constituídas pela reunião de artigos diferentes e as mercadorias apresentadas em sortidos acondicionados para venda a retalho, cuja classificação não se possa efetuar pela aplicação da Regra 3 a), classificam-se pela matéria ou artigo que lhes confira a característica essencial, quando for possível realizar esta determinação.*
>
> *c) Nos casos em que as Regras 3 a) e 3 b) não permitam efetuar a classificação, a mercadoria classifica-se na posição situada em último lugar na ordem numérica, dentre as suscetíveis de validamente se tomarem em consideração.*

Em primeiro lugar, é preciso ressaltar o seguinte: a RGI-3b somente se aplica quando a RGI-3a for insuficiente; e, da mesma forma, a RGI-3c somente tem vez quando as regras RGI-3a e RGI-3b não solucionarem o problema da classificação.

Portanto, para o caso de produtos compostos por matérias diferentes, devem ser adotados os seguintes critérios, sucessivamente considerados:

- posição mais específica;
- posição da matéria que confere a característica essencial ao produto;
- posição colocada em último lugar na ordem numérica.

a. RGI-3a

A RGI-3a determina que a posição mais específica deve prevalecer em relação às mais genéricas.

Para esclarecer o conteúdo dessa regra, as notas explicativas apresentam o seguinte exemplo: os aparelhos de barbear, com motor elétrico incorporado, devem ser classificados na posição 85.10 – aparelhos ou máquinas de barbear, máquinas de cortar o cabelo ou de tosquiar e aparelhos de depilar, com motor elétrico incorporado; e não na posição 84.67 – ferramentas pneumáticas, hidráulicas ou com motor (elétrico ou não elétrico) incorporado, de uso manual; ou na posição 85.09 – aparelhos eletromecânicos com motor elétrico incorporado, de uso doméstico, exceto os aspiradores da posição 85.08.

Por fim, note que a própria RGI-3a reconhece ser insuficiente para classificar produtos compostos de matérias diferentes, constituídos pela reunião de artigos diferentes ou mercadorias apresentadas em sortidos acondicionados para venda, situação em que todas as posições devem ser consideradas igualmente específicas.

b. RGI-3b

Segundo as notas explicativas da RGI-3b, ela contém um método de classificação destinado, unicamente:

- aos produtos misturados;
- às obras compostas por matérias diferentes;
- às obras constituídas pela reunião de artigos diferentes;
- às mercadorias apresentadas em sortidos acondicionados para venda a retalho.

Para esses casos, a classificação é determinada pela matéria que confere a característica essencial ao produto.

Um exemplo de aplicação da RGI-3b é oferecido por Cesar Olivier Dalston, em sua obra "Classificando Mercadorias", publicada pela Editora Aduaneiras. Trata-se dos produtos compostos por uma resistência elétrica inserida num conjunto plástico, ao qual se introduz um papelão impregnado de inseticida, que se volatiliza com o aquecimento da resistência elétrica. Nesse caso, segundo o referido autor, não foi possível utilizar a RGI-3a porque são ambos específicos, o aparelho elétrico e o inseticida. A solução foi encontrada mediante aplicação da RGI-3b, considerando-se que a característica essencial do conjunto é determinada pelo inseticida.

c. RGI-3c

Por fim, quando as regras anteriores se mostrarem inaplicáveis, a RGI-3c determina que a classificação deve ser feita na posição situada em último lugar na ordem numérica. Essa regra tem especial aplicação na classificação de máquinas com funções múltiplas, em relação às quais não é possível determinar uma como essencial.

Note que, ao estabelecer que a classificação deve ser feita na posição situada em último lugar na ordem numérica, de maneira implícita a RGI-3c estabelece que o produto deve ser classificado no código que corresponde ao maior grau de elaboração, e não no código com alíquota mais elevada.

E foi justamente esse o objeto de uma assertiva da prova do concurso de 2012 para AFRFB:

> De acordo com as regras gerais para interpretação de classificação de produtos na Tabela de Incidência do Imposto sobre Produtos Industrializados (TIPI), a classificação de um produto, quando misturado ou composto de mais de uma matéria, efetuar-se-á, alternadamente, por uma das seguintes regras: a) na posição em que tiver descrição mais específica; b) na posição da matéria ou artigo que lhe conferir caráter essencial; c) na posição que der lugar a aplicação da alíquota mais elevada; d) na posição situada em último lugar na ordem numérica, entre as suscetíveis de validamente se tomarem em consideração.

Claramente, a assertiva é incorreta, afinal, não há o critério da posição com alíquota mais elevada.

52.2.4. Quarta Regra para Interpretação do SH (RGI-4)

A RGI-4, aplicável quando as anteriores não oferecem solução para a classificação do produto, tem a seguinte redação:

> *4. As mercadorias que não possam ser classificadas por aplicação das Regras acima enunciadas classificam-se na posição correspondente aos artigos mais semelhantes.*

Segundo as Notas Explicativas da RGI-4, a classificação em conformidade com essa regra exige a comparação de mercadorias análogas, baseando-se em elementos como denominação, características e utilização.

Essa regra é aplicável, principalmente, para classificar produtos recém-lançados ou novos materiais desenvolvidos ou descobertos.

52.2.5. Quinta Regra para Interpretação do SH (RGI-5)

A RGI-5 trata de estojos e embalagens de produtos, nos seguintes termos:

> *5. Além das disposições precedentes, as mercadorias abaixo mencionadas estão sujeitas às Regras seguintes:*
>
> *a) Os estojos para câmeras fotográficas, instrumentos musicais, armas, instrumentos de desenho, joias e artigos semelhantes, especialmente fabricados para conterem um artigo determinado ou um sortido, e suscetíveis de um uso prolongado, quando apresentados com os artigos a que se destinam, classificam-se com estes últimos, desde que sejam do tipo normalmente vendido com tais artigos. Esta Regra, todavia, não diz respeito aos artigos que confiram ao conjunto a sua característica essencial.*
>
> *b) Sem prejuízo do disposto na Regra 5 a), as embalagens que contenham mercadorias classificam-se com estas últimas quando sejam do tipo normalmente utilizado para o seu acondicionamento. Todavia, esta disposição não é obrigatória quando as embalagens sejam claramente suscetíveis de utilização repetida.*

a. RGI-5a

A RGI-5a estabelece que os estojos especialmente concebidos para acondicionar produtos determinados devem ser classificados juntamente com os produtos a que se destinam.

De acordo com as notas explicativas da RGI-5a, ela se aplica aos recipientes que, cumulativamente, atendam ao seguinte:

- sejam especialmente fabricados para receber um determinado produto;
- sejam suscetíveis de uso prolongado, para terem duração de uso comparável com a duração do produto que acondicionam;
- sejam apresentados juntamente com o produto a que se referem;
- sejam da mesma espécie que os normalmente vendidos com os produtos a que se referem;
- não confiram ao conjunto a sua característica essencial.

b. RGI-5b

A regra anterior se refere aos recipientes de uso prolongado, especialmente fabricados para receber um determinado produto, quando apresentados juntamente com o produto a que se referem.

Já a RGI-5b se refere às embalagens contendo mercadorias, que devem ser classificadas juntamente com os produtos que acondicionam.

No entanto, conforme expressamente declara a RGI-5b, e de acordo com suas notas explicativas, "esta disposição não é obrigatória quando tais embalagens são claramente suscetíveis de utilização repetida, por exemplo, certos tambores metálicos ou recipientes de ferro ou de aço para gases comprimidos ou liquefeitos".

Portanto, nos casos em que a embalagem pode ser utilizada repetidas vezes, sua classificação pode, ou não, acompanhar a classificação do produto que acondicione. Nesses casos, os Estados ficam livres para determinar o modo como a questão se resolve relativamente às operações que ocorrerem sob sua jurisdição.

Vale dizer, no caso do Mercosul, a RGI-5b do SH é complementada pela Regra Geral Complementar nº 2 da NCM (item 52.3.2).

52.2.6. Sexta Regra para Interpretação do SH (RGI-6)

As regras RGI-1 a RGI-5 são utilizadas para determinar a posição na qual se classifica um produto. Por sua vez, para classificar os produtos nas subposições de uma determinada posição, tem lugar a RGI-6, que assim estabelece:

> *6. A classificação de mercadorias nas subposições de uma mesma posição é determinada, para efeitos legais, pelos textos dessas subposições e das Notas de subposição respectivas, bem como, mutatis mutandis, pelas Regras precedentes, entendendo-se que apenas são comparáveis subposições do*

mesmo nível. Na acepção da presente Regra, as Notas de Seção e de Capítulo são também aplicáveis, salvo disposições em contrário.

A princípio, a RGI-6 deve ser utilizada sempre que uma posição for dividida em subposições. Segundo seu comando, uma vez encontrada a posição adequada ao produto em questão, a decisão entre diferentes subposições de mesmo nível deve observar o texto das mesmas, além das respectivas Notas de subposição, sem prejuízo da utilização das regras RGI-1 a RGI-5.

52.2.7. Quadro sinótico das Regras Gerais para Interpretação do SH

Em síntese, por meio das regras RGI-1 a RGI-5, primeiro há que se encontrar a posição correta, representada pelos quatro primeiros dígitos da NCM (p.ex., posição 81.12).

Depois, para encontrar a subposição de 1º nível (8112.1, 8112.2, 8112.5 ou 8112.9), devem ser novamente utilizadas as regras RGI-1 a RGI-5, bem assim o teor das respectivas notas de subposições, quando houver.

REGRA	APLICAÇÃO	COMANDO
1	Início do trabalho de classificação.	A classificação é determinada pelos textos das posições e das Notas de Seção e de Capítulo.
2a	Produtos incompletos, inacabados, desmontados ou a montar.	Além do produto completo, posições também englobam os produtos incompletos, inacabados, desmontados ou a montar.
2b	Abrangência da matéria referida no texto de uma posição.	Além da matéria referida em seu texto, as posições englobam produtos constituídos de matérias diferentes, e também obras constituídas total ou parcialmente da matéria referida em seu texto.
3a	Produtos que parecem se enquadrar em mais de uma posição.	A posição mais específica deve prevalecer em relação às mais genéricas.
3b	Identificação da matéria que deve prevalecer no caso de produtos constituídos de matérias diversas, quando não for possível aplicar a Regra 3a.	A classificação é determinada pela matéria que confere a característica essencial ao produto.
3c	Quando forem inaplicáveis as Regra 3a e 3b.	A classificação deve ser feita na posição situada em último lugar na ordem numérica.

REGRA	APLICAÇÃO	COMANDO
4	Quando as regras anteriores não oferecem solução para a classificação do produto (normalmente utilizada para classificar novos produtos).	As mercadorias que não possam ser classificadas por aplicação das Regras acima enunciadas classificam-se na posição correspondente aos artigos mais semelhantes.
5a	Recipientes de uso prolongado, quando apresentados juntamente com o produto a que se referem.	Os estojos referidos por esta Regra devem ser classificados juntamente com os produtos a que se destinam.
5b	Embalagens contendo mercadorias.	As embalagens devem ser classificadas juntamente com as mercadorias que acondicionam, não sendo obrigatório tal procedimento quando as embalagens forem sujeitas a utilização repetida.
6	Classificação na subposição correta, entre várias possíveis.	Uma vez encontrada a posição adequada ao produto em questão, a decisão entre subposições de mesmo nível deve ser obtida mediante a utilização das regras RGI-1 a RGI-5.

52.3. Regras Gerais Complementares da NCM

Além das Regras Gerais para Interpretação, a NCM contém duas Regras Gerais Complementares (RGC), a seguir examinadas.

52.3.1. Regra Geral Complementar nº 1 (RGC-1)

A RGC-1 trata da classificação dos produtos no nível regional, referindo-se a "item" e "subitem", nos seguintes termos:

> *(RGC-1) As Regras Gerais para Interpretação do Sistema Harmonizado se aplicarão, mutatis mutandis, para determinar dentro de cada posição ou subposição, o item aplicável e, dentro deste último, o subitem correspondente, entendendo-se que apenas são comparáveis desdobramentos regionais (itens e subitens) do mesmo nível.*

Em poucas palavras, uma vez encontrada a posição ou subposição correta, a decisão entre os possíveis itens que compõem a subposição deve ser obtida mediante a utilização das RGI-1 a RGI-6, na ordem em que se apresentam.

Portanto, depois de encontrado o item adequado ao produto, o mesmo procedimento deve ser aplicado para determinar o subitem entre aqueles em que se encontrar subdividido o item.

52.3.2. Regra Geral Complementar nº 2 (RGC-2)

Conforme vimos anteriormente, a RGC-2 diz respeito a embalagens suscetíveis de utilização repetida, hipótese em que não é obrigatória a aplicação da RGI-5b, segundo a qual a embalagem deve acompanhar a classificação do produto que acondiciona.

Eis o texto da RGC-2:

> *(RGC-2) As embalagens que contenham mercadorias e que sejam claramente suscetíveis de utilização repetida, mencionadas na Regra 5 b), seguirão seu próprio regime de classificação sempre que estejam submetidas aos regimes aduaneiros especiais de admissão temporária ou de exportação temporária. Caso contrário, seguirão o regime de classificação das mercadorias.*

Como se nota, a RGC-2 reflete uma decisão no âmbito do Mercosul: quando submetidas aos regimes aduaneiros especiais de admissão temporária ou de exportação temporária, as embalagens que contenham mercadorias e que sejam claramente suscetíveis de utilização repetida seguirão seu próprio regime de classificação.

Portanto, no âmbito do Mercosul, em regime de admissão temporária ou de exportação temporária, cilindros de aço contendo gás etileno não são classificados no código NCM 2711.14.00 (Etileno, propileno, butileno e butadieno), mas sim no código 7311.00.00 (Recipientes para gases comprimidos ou liquefeitos, de ferro fundido, ferro ou aço).

52.4. Elementos subsidiários para classificação

De acordo com o art. 17 do RIPI, as Notas Explicativas do Sistema Harmonizado (Nesh) constituem elementos subsidiários de caráter fundamental para a correta interpretação do conteúdo das Posições e Subposições e das Notas de Seção, Capítulo, Posições e de Subposições.

Conforme vimos, a classificação de produtos é determinada pelos textos das posições e das Notas de Seção e de Capítulo, de acordo com as Regras Gerais de Interpretação e as Regras Gerais Complementares.

No entanto, as notas explicativas auxiliam a compreensão do conteúdo das regras de interpretação, de modo que constituem "elementos subsidiários de caráter fundamental" para a execução da tarefa de classificação de produtos.

52.5. Elementos de classificação específicos da TIPI

Além das Regras Gerais de Interpretação do SH (RGI) e das Regras Gerais Complementares (RGC) da NCM, tratando-se da incidência do IPI, é preciso fazer referência a mais dois elementos importantes, estes, específicos da TIPI.

Trata-se da Regra Geral Complementar da TIPI (RGC/TIPI) e das Notas Complementares da TIPI (NC).

52.5.1. Regra Geral Complementar da TIPI (RGC/TIPI)

A TIPI contém, até o momento, apenas uma Regra Geral Complementar, cujo texto é o seguinte:

> *(RGC/TIPI-1) As Regras Gerais para Interpretação do Sistema Harmonizado se aplicarão, mutatis mutandis, para determinar, no âmbito de cada código, quando for o caso, o "Ex" aplicável, entendendo-se que apenas são comparáveis "Ex" de um mesmo código.*

Antes de fazer referência à RGC/TIPI-1, é preciso esclarecer que, uma vez concluído o processo de classificação que determina o código NCM (de oito dígitos), no âmbito do IPI é preciso ainda verificar a existência de desdobramentos de interesse nacional (os Ex do IPI).

Mas é preciso ficar claro que, mesmo que haja um Ex do IPI num código NCM, isso não significa que, necessariamente, o produto tenha que "descer ao nível" do Ex. Vamos a um exemplo para esclarecer esse ponto.

Suponha que o procedimento de classificação de um desinfetante contendo brometo de metila tenha nos conduzido ao código 3808.94.11, com alíquota do IPI fixada em 5%. Ocorre que, neste código, há um Ex com a seguinte descrição: *Ex 01 – Com propriedades acessórias odoríferas ou desodorizantes de ambientes, apresentados em embalagem tipo aerossol*. Nesse caso, se o produto em questão não apresentar a referida propriedade acessória, ou não for apresentado em aerossol, a classificação ficará no código NCM 3808.94.11. Ou seja, o fato de haver Ex não implica, necessariamente, que a classificação deverá "descer a esse nível".

Neste momento, lembre-se que, na TIPI, além das codificações completas (dotadas de oito algarismos), também encontramos alíquotas fixadas para seus Ex, quando estes existirem.

Pois bem, voltando à RGC/TIPI-1, podemos afirmar que ela tem lugar quando há mais de um Ex no código NCM em questão. Nesse caso, entre os Ex de um mesmo código, a RGC/TIPI-1 estabelece que a classificação é determinada mediante o emprego das Regras Gerais de Interpretação do SH.

Essa regra tem especial aplicação, por exemplo, no caso do código NCM 3926.90.90, que contém nada menos do que onze Ex!

52.5.2. Notas Complementares da TIPI

Vimos que o art. 16 do RIPI estabelece que a classificação de produtos deve ser feita em conformidade com as Regras Gerais para Interpretação, Regras Gerais Complementares e as Notas Complementares, todas da Nomenclatura Comum do Mercosul (NCM). Mas, não é só na NCM que existem notas complementares. Também há as Notas Complementares da TIPI, conforme veremos a seguir.

Notas Complementares (NC) são inseridas na TIPI para fins de estabelecer algum detalhamento específico à incidência do IPI na nomenclatura de produtos. Veja os seguintes exemplos:

> *NC (9-1) O IPI incide sobre os produtos das posições 09.08 a 09.10, somente quando em pó ou preparados.*

> *NC (38-1) O Biodiesel de que trata o Ex 01 do código 3826.00.00 é o combustível para motores a combustão interna com ignição por compressão, renovável e biodegradável, derivado de óleos vegetais ou de gorduras animais, e que possa substituir parcial ou totalmente o óleo diesel de origem fóssil.*

> *NC (86-1) O IPI incide sobre os veículos da posição 86.06, somente quando próprios para o transporte de mercadorias em minas, estaleiros, estabelecimentos fabris, armazéns ou entrepostos.*

Cabe observar que, nos exemplos acima, a NC 9-1 é a primeira nota complementar da TIPI no Capítulo 9; a NC 38-1 é a primeira nota complementar da TIPI no Capítulo 38, e assim por diante.

Por vezes, as Notas Complementares da TIPI são utilizadas para definir um tratamento diferenciado a depender da destinação dada ao produto:

> *NC (39-2) Fica reduzida a zero a alíquota do imposto incidente sobre o produto constituído de mistura de plásticos exclusivamente reciclados, com camadas externas próprias para receber impressões, denominado papel sintético, classificado no código 3920.20.19, quando destinado à impressão de livros e periódicos.*

Também é comum a utilização de Notas Complementares da TIPI com o objetivo de estabelecer alíquotas específicas (*ad rem*), como no exemplo abaixo:

> *NC (18-1) Nos termos do disposto na alínea "b" do § 2º do art. 1º da Lei nº 7.798, de 10 de julho de 1989, com suas posteriores alterações, as saídas*

dos estabelecimentos industriais ou equiparados a industrial dos produtos classificados nas subposições 1806.31, 1806.32 e 1806.90 (exceto "Ex – 01"), acondicionados em embalagens para consumo inferior a dois quilogramas, ficam sujeitas ao imposto de doze centavos por quilograma do produto.

(Observação: A NC (18-1) foi suprimida da TIPI pelo Decreto nº 8.656, de 2016.)

Apresentadas as possíveis funções cumpridas pelas Notas Complementares da TIPI, podemos então analisar a seguinte assertiva, que era parte de uma das questões da prova do concurso de 2012 para AFRFB:

As Notas Complementares (NC) da Tabela de Incidência do Imposto sobre Produtos Industrializados (TIPI), nesta incluídas por Decreto do Executivo, constituem elementos subsidiários de caráter fundamental para a correta interpretação do conteúdo das Posições e Subposições da classificação dos produtos, mas não constituem instrumento hábil para interferir na tributação prevista na TIPI.

Em primeiro lugar, conforme dispõe o art. 17 do RIPI, os elementos subsidiários para a correta interpretação do conteúdo de Posições e de Subposições são as Notas Explicativas do SH (item 52.4). Percebe-se, portanto, que não há referência às Notas Complementares da TIPI como elementos subsidiários para interpretação.

Além disso, ao contrário do que afirma a assertiva, vimos que as Notas Complementares da TIPI interferem diretamente na tributação prevista na TIPI, inclusive determinando alíquotas específicas (R$ por unidade de produto), ou estabelecendo tratamentos diferenciados (reduções de alíquotas) condicionados à destinação dada ao produto. Desse modo, a assertiva é claramente incorreta!

Capítulo 53
Redução e Majoração do IPI

Sabemos que o IPI é uma das exceções ao princípio da legalidade, de modo que a Constituição Federal autoriza a alteração das alíquotas do imposto por ato do Poder Executivo, atendidas as condições e os limites estabelecidos em lei (item 48.1).

Autorização semelhante já havia no art. 21 da Constituição de 1967, com redação dada pela EMC nº 1, de 1969. Com base nessa autorização, o assunto foi disciplinado pelo art. 4º do Decreto-Lei nº 1.199, de 1971, ainda vigente[8]. Essa é a base legal do art. 69 do RIPI atualmente em vigor:

> **Art. 69.** O Poder Executivo, quando se tornar necessário para atingir os objetivos da política econômica governamental, mantida a seletividade em função da essencialidade do produto, ou, ainda, para corrigir distorções, poderá reduzir alíquotas do imposto até zero ou majorá-las até trinta unidades percentuais.
>
> **Parágrafo único.** Para efeito do disposto neste artigo, as alíquotas básicas são as constantes da TIPI, aprovada pelo Decreto nº 4.070, de 28 de dezembro de 2001.

Portanto, sem desrespeitar a seletividade em função da essencialidade dos produtos, sempre que for necessário atingir objetivos de política econômica ou corrigir distorções, o Poder Executivo pode editar decreto alterando as alíquotas do IPI.

No entanto, para cada produto classificado na TIPI, alíquota definida em lei serve como referência para as alterações efetuadas por meio de decreto. Para esse fim, conforme estabeleceu o art. 7º da Lei nº 10.451, de 2002, consideram-se básicas (ou legais) as alíquotas do IPI que constavam da TIPI aprovada pelo Decreto nº 4.070, de 28 de dezembro de 2001.

Ou seja, observando os limites estabelecidos, se é 10% a alíquota legal do IPI sobre um determinado produto (conforme a TIPI/2001), para fixar a alíquota efetivamente aplicável na incidência concreta do imposto, o Poder Executivo tem à sua disposição um espectro de possibilidades que se estende do zero até 40%.

Aproveitando esse mesmo exemplo, se o Poder Executivo deseja fixar a alíquota do referido produto em 60%, precisará convencer o Poder Legislativo. Com esse objetivo, pode propor um projeto de lei ou editar uma medida

---

8 Cabe destacar que o Decreto-Lei nº 1.191/71 previa a possibilidade de alteração da base de cálculo do IPI por ato do Poder Executivo. No entanto, essa possibilidade não foi recepcionada pela CF/88, razão pela qual não foi reproduzida no art. 69 do RIPI.

provisória aumentando a alíquota legal para, pelo menos, 30%. Só depois que a alíquota legal estiver fixada em 30% (pelo menos) poderá editar um decreto para fixar os desejados 60%, valendo-se da possibilidade de elevar a alíquota legal em até 30 pontos percentuais.

Em síntese, podemos afirmar que, na TIPI atualmente em vigor – que se encontra em anexo ao Decreto nº 7.660, de 23 de dezembro de 2011, e que é atualizada com as constantes alterações promovidas pelo Executivo –, a alíquota de cada produto deve estar contida na faixa que se estende do zero até 30 pontos percentuais acima das alíquotas básicas fixadas para os mesmos produtos na TIPI/2001, sob pena de estar em pleno curso um desrespeito à CF/88.

Além das regras relativas à autorização para o Poder Executivo alterar as alíquotas do imposto, no capítulo que trata da redução e majoração do imposto (arts. 69 a 80), o RIPI apresenta as seguintes disposições:

- são asseguradas reduções do IPI incidente na importação de bens de procedência estrangeira, nos casos em que forem aplicáveis benefícios análogos relativos ao Imposto de Importação, desde que presentes os requisitos e cumpridas as condições exigidas para sua concessão, na forma da legislação específica;
- em relação ao imposto incidente sobre os produtos classificados nas posições 71.13, 71.14, 71.16 e 71.17 da TIPI (artefatos de joalheria, de ourivesaria e bijuterias), o Poder Executivo pode fixar alíquotas correspondentes às mínimas estabelecidas para o ICMS. Nesse caso, as alíquotas devem ser uniformes em todo o território nacional;
- fica reduzido em 50% o IPI incidente sobre equipamentos, máquinas, aparelhos e instrumentos, e também sobre acessórios sobressalentes e ferramentas que acompanhem esses bens, quando destinados à pesquisa e ao desenvolvimento tecnológico;
- a União pode reduzir a zero a alíquota do IPI incidente na aquisição ou na importação de equipamentos, máquinas, aparelhos, instrumentos, acessórios sobressalentes e ferramentas que os acompanhem, quando adquiridos, ou importados, diretamente por microempresas ou empresas de pequeno porte para incorporação ao seu ativo imobilizado;
- até 31 de dezembro de 2015[9], encontrava-se reduzida a zero a alíquota do IPI incidente sobre equipamentos e materiais de fabricação nacional destinados, exclusivamente, ao treinamento e preparação de atletas e de equipes brasileiras para competições desportivas em jogos olímpicos, paraolímpicos, pan-americanos, parapan-americanos e mundiais, desde

---

9 Prazo definido pela Lei nº 12.649, de 2012. Encontra-se em trâmite na Câmara dos Deputados o PL nº 879, de 2015, por meio do qual se pretende a prorrogação desse benefício até 31 de dezembro de 2018.

que os referidos equipamentos sejam homologados pela entidade desportiva internacional da respectiva modalidade esportiva.

Antes de encerrar este capítulo, é importante mencionar mais uma hipótese de redução de alíquotas do IPI, e que não se encontra no RIPI. Trata-se da autorização prevista nos arts. 5º e 6º da Lei nº 12.546, de 2011, para o Poder Executivo reduzir as alíquotas do IPI sobre os produtos classificados nas posições 87.01 a 87.06 da TIPI (tratores, ônibus, caminhões e automóveis).

Para esse fim, a redução deve ser calibrada pelo Poder Executivo[10] segundo critérios referentes a níveis de investimento, de inovação tecnológica e de agregação de conteúdo nacional, e poderá ser usufruída até 31 de dezembro de 2017.

Capítulo 54
Contribuintes do IPI

Nos termos do art. 24 do RIPI, são obrigados ao pagamento do imposto como contribuintes:

- o importador, em relação ao fato gerador decorrente do desembaraço aduaneiro de produto de procedência estrangeira;
- o industrial, em relação ao fato gerador decorrente da saída de produto que industrializar em seu estabelecimento, bem como quanto aos demais fatos geradores decorrentes de atos que praticar;

> **Observação:** O sentido de "demais fatos geradores decorrentes de atos que praticar" ficará claro quando estudarmos as hipóteses de ocorrência do fato gerador, que não se resumem apenas à saída do estabelecimento (item 58.3).

- o estabelecimento equiparado a industrial, quanto ao fato gerador relativo aos produtos que dele saírem, bem como quanto aos demais fatos geradores decorrentes de atos que praticar; e
- os que consumirem ou utilizarem em outra finalidade, ou remeterem a pessoas que não sejam empresas jornalísticas ou editoras, o papel destinado à impressão de livros, jornais e periódicos, quando alcançado (beneficiado) pela imunidade.

---

[10] Com esse objetivo foi editado o Decreto nº 7.819, de 2012.

Em resumo, temos o seguinte:

FATO GERADOR	CONTRIBUINTE
• Desembaraço aduaneiro	Importador
• Saída de produto que industrializar em seu estabelecimento • Outros atos que a legislação considera suficientes para que se tenha por ocorrido o fato gerador	Estabelecimento industrial
• Saída de produto industrializado do seu estabelecimento • Outros atos que a legislação considera suficientes para que se tenha por ocorrido o fato gerador	Estabelecimento equiparado a industrial
• Consumo ou utilização do papel imune em outra finalidade • Remessa do papel imune a pessoas que não sejam empresas jornalísticas ou editoras	Qualquer pessoa que pratique esses atos

No Capítulo 55, analisaremos o conceito de estabelecimento industrial e de estabelecimento equiparado a industrial. Portanto, neste momento cumpre analisar alguns aspectos relativos ao importador de produtos de procedência estrangeira, e às pessoas que descumprem a condição de utilização do papel imune.

54.1. Importador de produtos de procedência estrangeira

Importador é qualquer pessoa, física ou jurídica, que importa produtos do exterior. É quem figura como tal na declaração da importação e no conhecimento de transporte, mesmo que seja um simples escritório administrativo. Assim, são contribuintes do IPI todos os que promovem o desembaraço aduaneiro de produto que esteja no campo de incidência do imposto.

Perceba que, segundo a legislação tributária, tanto pessoas físicas[11] quanto jurídicas são contribuintes do imposto na qualidade de importadores,

---
11 Em sessão realizada no dia 03/02/2016, o plenário do STF julgou o RE 723.651, com repercussão geral, confirmando a incidência do IPI na hipótese em que o importador é pessoa física (natural). Nas palavras do Ministro Relator, "incide o imposto de produtos industrializados na importação de veículo automotor por pessoa natural, ainda que não desempenhe atividade empresarial e o faça para uso próprio". Com isso, o STF modificou o entendimento que vinha adotando (nesse sentido, vide RE nº 550.170), e impôs essa alteração de posicionamento ao STJ, conforme ficou evidente, por exemplo, no julgamento do AgRg no REsp 1.505.960, em 10/05/2016.

independentemente do destino a ser dado aos produtos importados (consumo, integralização ao ativo, comércio, industrialização, locação etc.).

Portanto, em relação ao produto de origem estrangeira, é irrelevante se o importador vai executar, ou não, alguma operação enquadrada no conceito de industrialização. É o simples fato de importar o produto industrializado que torna alguém contribuinte do IPI vinculado à importação.

É importante ficar bem claro que a importação de produto industrializado torna alguém contribuinte do IPI na qualidade de importador, e não na qualidade de estabelecimento equiparado a industrial. Apenas num segundo momento, caso dê saída do produto importado de seu estabelecimento, o importador terá praticado novo fato gerador, e aí sim, em relação a essa saída, será contribuinte na qualidade de estabelecimento equiparado a industrial (item 55.4.1.a).

Desse modo, em relação a um mesmo produto industrializado de origem estrangeira, alguém pode ser contribuinte do IPI em dois momentos: na importação, na qualidade de importador; e na saída desse mesmo produto, como estabelecimento equiparado a industrial, ainda que não tenha sido executada nenhuma operação enquadrada no conceito de industrialização. Acompanhe no diagrama a seguir:

54.2. Pessoa física ou jurídica que descumpre a condição de utilização do papel imune

Sabemos que o papel só é imune quando empregado na impressão de livros, jornais ou periódicos. Em consequência disso, tornam-se contribuintes do imposto aqueles que:
- tendo em seu poder papel adquirido com imunidade, derem a ele destinação diversa da prevista pela norma imunizante; ou

- remeterem papel a pessoas que não sejam empresas jornalísticas ou editoras.

Em ambos os casos, entende-se que não se tem mais presente a condição exigida para fruição do direito à imunidade.

Portanto, aquele que empregar o papel adquirido com imunidade na impressão ou confecção de outros produtos que não livros, jornais ou periódicos, torna-se contribuinte do IPI em relação ao papel desviado de sua finalidade.

Da mesma forma, quando derem saída de papel para estabelecimento que não seja empresa jornalística ou editora, tornam-se contribuintes do IPI em relação a essa saída os importadores, fabricantes, ou seus distribuidores. Confira essas conclusões no diagrama abaixo:

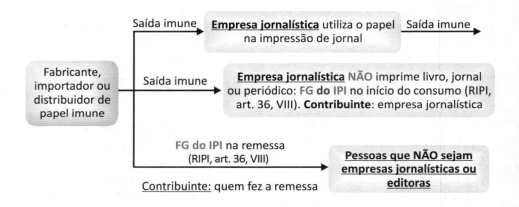

Capítulo 55
Estabelecimentos Industriais e Equiparados a Industrial

Conforme vimos no item anterior, além dos estabelecimentos industriais, entre os contribuintes do IPI se encontram os estabelecimentos equiparados a industrial.

A conceituação do estabelecimento industrial é simples, e decorre da própria atividade de industrialização por ele desenvolvida. Já a condição de equiparado a industrial é mais específica, e demanda uma análise um pouco mais detalhada.

55.1. Estabelecimento industrial

Nos termos do art. 8º do RIPI, estabelecimento industrial é o que executa qualquer das operações enquadradas no conceito de industrialização, de que resulte produto tributado, ainda que de alíquota zero ou isento.

Nesse sentido, no Capítulo 50 vimos que a execução de operação enquadrada no conceito de industrialização, mesmo que incompleta, parcial ou intermediária, impõe considerar o estabelecimento como industrial.

Além disso, as condições em que se realiza a operação, por exemplo, no tocante à regularidade formal do estabelecimento, ou quanto à utilização ou não de maquinário, são irrelevantes para enquadrá-lo como industrial, bastando que a operação nele desenvolvida se enquadre no conceito de industrialização.

Portanto, industrial é o estabelecimento que realiza operação enquadrada no conceito de industrialização, conforme definimos no Capítulo 50, da qual resulte um produto tributado. Por isso mesmo, o local em que são realizadas as operações expressamente excluídas do conceito de industrialização (item 50.2) não é considerado estabelecimento industrial, e quem as pratica não é industrial nem contribuinte do imposto.

Por fim, vale também destacar que, nos termos do inciso III do art. 609 do RIPI, a expressão "estabelecimento" diz respeito ao prédio em que são exercidas atividades geradoras de obrigações, nele compreendidos, unicamente, as dependências internas, galpões e áreas contínuas muradas, cercadas ou por outra forma isoladas, em que sejam, normalmente, executadas operações industriais, comerciais ou de outra natureza.

55.2. Autonomia dos estabelecimentos

No parágrafo único do art. 24 do RIPI encontra-se prevista a autonomia dos estabelecimentos, nos seguintes termos:

> *Considera-se contribuinte autônomo qualquer estabelecimento de importador, industrial ou comerciante, em relação a cada fato gerador que decorra de ato que praticar.*

Também deve ser mencionado o inciso IV do art. 609 do RIPI, que dispõe o seguinte: *para efeito de cumprimento da obrigação tributária, os estabelecimentos são autônomos, ainda que pertencentes a uma mesma pessoa física ou jurídica.*

Portanto, para fins de cumprimento das obrigações relativas ao IPI, os vários estabelecimentos de uma mesma pessoa jurídica são considerados contribuintes autônomos, com domicílio fiscal próprio, devendo apurar e recolher o imposto, independentemente dos demais estabelecimentos da mesma pessoa jurídica.

Além disso, cada estabelecimento deve ter suas notas e livros fiscais, que devem ser escriturados e conservados no próprio estabelecimento, sendo vedada a sua centralização, ainda que no estabelecimento matriz (RIPI, art. 384).

55.3. Conceito de estabelecimentos atacadistas e varejistas

Antes de iniciar a análise das hipóteses de equiparação a industrial, é importante conhecer o que a legislação do IPI entende por estabelecimentos atacadistas e varejistas:

- estabelecimento comercial atacadista é aquele que efetua vendas (RIPI, art. 14, inciso I):
    - ✓ de bens de produção (matérias-primas, produtos intermediários e material de embalagem), exceto no caso de venda a particulares em quantidade que não exceda à normalmente destinada ao seu próprio uso;
    - ✓ de bens de consumo, em quantidade superior àquela normalmente destinada a uso próprio do adquirente;
    - ✓ a revendedores; e
- estabelecimento comercial varejista, o que efetuar vendas diretas a consumidor, ainda que realize vendas por atacado esporadicamente, considerando-se esporádicas as vendas por atacado quando, no mesmo semestre civil, o seu valor não exceder a 20% do total das vendas realizadas.

Portanto, o estabelecimento que vender concomitantemente no atacado e no varejo (a consumidores) será considerado atacadista se, em um mesmo semestre civil, o valor das vendas no atacado exceder a 20% do valor total das vendas realizadas. Nesse sentido, um estabelecimento que, no semestre, tenha efetuado vendas no valor de R$ 10 milhões, será considerado varejista se as vendas esporadicamente realizadas no atacado, nesse período, não superarem R$ 2 milhões.

Nos casos que iremos analisar, note que o mais comum é a equiparação do atacadista. No entanto, a equiparação alcança também o varejista nos seguintes casos:

- quando recebe, diretamente da repartição que os liberou, produtos importados por outro estabelecimento da mesma firma (RIPI, art. 9º, inciso II – item 55.4.1.b);
- quando comercializa importados por encomenda, ou por sua conta e ordem, por intermédio de pessoa jurídica importadora (RIPI, art. 9º, inciso IX – item 55.4.1.c);
- quando comercializa produtos submetidos a industrialização por encomenda (RIPI, art. 9º, incisos IV e V – itens 55.4.1.d e 55.4.1.e).

55.4. Estabelecimentos equiparados a industrial

Estabelecimentos equiparados a industrial não realizam operações enquadradas no conceito de industrialização. Isso é óbvio, pois, se assim fizessem, seriam estabelecimentos industriais, e não equiparados a industrial. Mas, às vezes, é bom reforçar o óbvio.

Com a equiparação a industrial o estabelecimento é considerado contribuinte do IPI, e como tal, fica sujeito ao pagamento do imposto e ao cumprimento de obrigações acessórias. Embora não execute operações de industrialização, nas situações previstas nas normas de equiparação, por ficção legal, tudo se passa como se os produtos fossem nele industrializados.

A equiparação a industrial normalmente decorre de uma imposição legal (item 55.4.1). As razões que justificam essa técnica são, essencialmente, a isonomia tributária e o esforço de preservação do valor tributável, conforme veremos a seguir.

No entanto, sob certas circunstâncias, o próprio contribuinte pode ter interesse em atuar como se estabelecimento industrial fosse. Nesses casos, a equiparação a industrial se verifica por opção (item 55.4.2).

De qualquer forma, o importante é perceber que a técnica de equiparação a industrial, autorizada pelo inciso II do art. 51 do CTN, permite ao legislador ajustar a tributação ao longo da cadeia de produção e comercialização dos produtos industrializados, levando a incidência do imposto a certas etapas em que não se verifica a realização de alguma das modalidades de industrialização.

55.4.1. Hipóteses de equiparação a industrial

Nos arts. 9º e 10 do RIPI encontram-se relacionadas as hipóteses de equiparação a industrial por imposição legal. Trata-se daqueles dispositivos com longa enumeração.

A seguir, vamos analisar as hipóteses mais representativas da técnica de equiparação a industrial, numa ordem que deixe o assunto um pouco menos indigesto, passível de compreensão, e reduzindo ao máximo possível a necessidade de ter que decorá-lo.

Antes, porém, cumpre ressaltar que, em razão de disposição expressa (RIPI, art. 9º, § 7º), aos estabelecimentos comerciais atacadistas e varejistas de cigarros e cigarrilhas, de fabricação nacional ou importados, não se aplicam as equiparações a estabelecimento industrial previstas na legislação do imposto. A razão para essa ressalva será exposta no item 70.1.

a. Equiparação dos estabelecimentos importadores

São equiparados a industrial os estabelecimentos importadores de produtos de procedência estrangeira, que derem saída a esses produtos (RIPI, art. 9º, inciso I).

Este é o caso em que o importador, depois de ter se submetido à incidência do IPI na importação (item 54.1), pratica novo fato gerador quando dá saída ao produto industrializado de procedência estrangeira. Com isso, ele se comporta como um fornecedor de produtos industrializados, e está na origem da cadeia de distribuição no território nacional. Confira no diagrama abaixo:

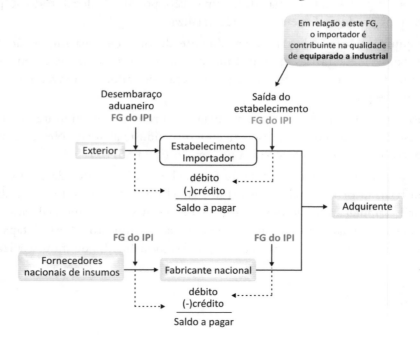

Note que o estabelecimento importador de produtos de procedência estrangeira, quando dá saída a esses produtos, é estabelecimento equiparado a industrial e se sujeita à incidência do IPI, ainda que não tenha realizado qualquer operação definida como industrialização.

Perceba que a incidência do IPI na saída do estabelecimento importador é uma questão de isonomia entre o produto nacional e o importado, em relação ao cliente que tem a possibilidade de escolher qual deles irá adquirir.

Mas apesar da clareza da legislação tributária, muitos importadores se insurgem contra a incidência do IPI sobre os produtos de procedência estrangeira na saída de seus estabelecimentos, e ingressam com ações no Poder Judiciário alegando, principalmente, que essa incidência do imposto representaria *bis in idem* (espécie de bitributação).

Sobre o tema, ao longo dos últimos anos, o STJ expediu decisões ora favorecendo os contribuintes, ora favorecendo a Fazenda Nacional. Eis que, em 14/10/2015, no julgamento de embargos de divergência no REsp nº 1.403.532, a matéria foi decidida a favor da Fazenda Nacional, no âmbito da sistemática de recursos repetitivos, nos seguintes termos:

> *EMBARGOS DE DIVERGÊNCIA EM RECURSO ESPECIAL. DIREITO TRIBUTÁRIO. RECURSO REPRESENTATIVO DA CONTROVÉRSIA. ART. 543-C DO CPC. IMPOSTO SOBRE PRODUTOS INDUSTRIALIZADOS – IPI. FATO GERADOR. INCIDÊNCIA SOBRE OS IMPORTADORES NA REVENDA DE PRODUTOS DE PROCEDÊNCIA ESTRANGEIRA. FATO GERADOR AUTORIZADO PELO ART. 46, II, C/C 51, PARÁGRAFO ÚNICO DO CTN. SUJEIÇÃO PASSIVA AUTORIZADA PELO ART. 51, II, DO CTN, C/C ART. 4º, I, DA LEI Nº 4.502/64. PREVISÃO NOS ARTS. 9º, I E 35, II, DO RIPI/2010 (DECRETO Nº 7.212/2010).*
>
> *1. Seja pela combinação dos artigos 46, II, e 51, parágrafo único do CTN – que compõem o fato gerador, seja pela combinação do art. 51, II, do CTN, art. 4º, I, da Lei nº 4.502/64, art. 79, da Medida Provisória nº 2.158-35/2001 e art. 13, da Lei nº 11.281/2006 – que definem a sujeição passiva, nenhum deles até então afastados por inconstitucionalidade, os produtos importados estão sujeitos a uma nova incidência do IPI quando de sua saída do estabelecimento importador na operação de revenda, mesmo que não tenham sofrido industrialização no Brasil.*
>
> *2. Não há qualquer ilegalidade na incidência do IPI na saída dos produtos de procedência estrangeira do estabelecimento do importador, já que equiparado a industrial pelo art. 4º, I, da Lei nº 4.502/64, com a permissão dada pelo art. 51, II, do CTN.*
>
> *3. Interpretação que não ocasiona a ocorrência de bis in idem, dupla tributação ou bitributação, porque a lei elenca dois fatos geradores*

> *distintos, o desembaraço aduaneiro proveniente da operação de compra de produto industrializado do exterior e a saída do produto industrializado do estabelecimento importador equiparado a estabelecimento produtor, isto é, a primeira tributação recai sobre o preço de compra onde embutida a margem de lucro da empresa estrangeira e a segunda tributação recai sobre o preço da venda, onde já embutida a margem de lucro da empresa brasileira importadora. Além disso, não onera a cadeia além do razoável, pois o importador na primeira operação apenas acumula a condição de contribuinte de fato e de direito em razão da territorialidade, já que o estabelecimento industrial produtor estrangeiro não pode ser eleito pela lei nacional brasileira como contribuinte de direito do IPI (os limites da soberania tributária o impedem), sendo que a empresa importadora nacional brasileira acumula o crédito do imposto pago no desembaraço aduaneiro para ser utilizado como abatimento do imposto a ser pago na saída do produto como contribuinte de direito (não cumulatividade), mantendo-se a tributação apenas sobre o valor agregado.*

Note na ementa acima reproduzida o entendimento no sentido de que a incidência do IPI na revenda de produto de procedência estrangeira pelo importador "não ocasiona a ocorrência de *bis in idem*, dupla tributação ou bitributação, porque a lei elenca dois fatos geradores distintos".

Além disso, perceba como foi precisa a análise no sentido de que o imposto pago no desembaraço aduaneiro constitui crédito para fins de abatimento do imposto a ser pago na saída do produto no mercado interno, mantendo-se a tributação apenas sobre o valor agregado, sem onerar a cadeia de distribuição para além do razoável, exatamente como demonstrado neste item 55.4.1.a.

Por fim, cumpre registrar que esse mesmo tema encontra-se sob apreciação do STF, com repercussão geral já reconhecida no RE 946.648 (Tema 906). Desse modo, é importante manter o acompanhamento sobre a matéria.

b. Equiparação da filial da mesma firma de estabelecimento importador

São equiparados a industrial os estabelecimentos, **ainda que varejistas**, que receberem, para comercialização, diretamente da repartição que os liberou, produtos importados por outro estabelecimento da mesma firma (RIPI, art. 9º, inciso II).

É o caso de equiparação da filial da mesma firma do estabelecimento importador, seja ela atacadista ou varejista, quando recebe produtos diretamente da repartição aduaneira que efetuou o desembaraço.

Trata-se de um caso especial da hipótese anterior. Também nesse caso, a filial se comporta como um fornecedor de produtos industrializados que se situa na origem da cadeia de distribuição no território nacional. Confira a lógica dessa hipótese no diagrama abaixo:

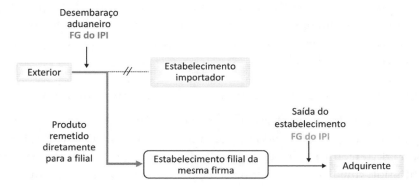

c. Equiparação na importação por encomenda

São equiparados a industrial os estabelecimentos, **atacadistas ou varejistas**, que adquirirem produtos de procedência estrangeira, importados por encomenda, ou por sua conta e ordem, por intermédio de pessoa jurídica importadora (RIPI, art. 9º, inciso IX).

Aqui temos o caso da empresa que não importa diretamente os produtos, mas atua na revenda, no atacado ou no varejo, de produtos que foram importados por outra pessoa jurídica, por sua encomenda ou por sua conta e ordem.

Como se nota, trata-se do agente que assume o risco econômico da importação e que, portanto, realiza a operação com o valor tributável relevante para a incidência do IPI:

Presume-se por conta e ordem de terceiro, a operação de comércio exterior realizada (RIPI, art. 9º, § 2º):
- mediante utilização de recursos de terceiro; ou
- em desacordo com os requisitos e condições estabelecidos pela Receita Federal para os casos de aquisição de mercadorias no exterior para revenda a encomendante predeterminado.

Por fim, considera-se promovida por encomenda, não configurando importação por conta e ordem, a importação realizada com recursos próprios da pessoa jurídica importadora que adquira mercadorias no exterior para revenda a encomendante predeterminado, participando ou não o encomendante das operações comerciais relativas à aquisição dos produtos no exterior (RIPI, art. 9º, § 3º).

d. Equiparação do estabelecimento comercial encomendante

São equiparados a industrial os estabelecimentos comerciais de produtos cuja industrialização tenha sido realizada por outro estabelecimento da mesma firma ou de terceiro, mediante a remessa, por eles efetuada, de matérias-primas, produtos intermediários, embalagens, recipientes, moldes, matrizes ou modelos (RIPI, art. 9º, inciso IV).

Este é o caso da industrialização por encomenda (Capítulo 72), em que estabelecimentos comerciais (**atacadistas ou varejistas**) remetem insumos para industrialização de produtos em outro estabelecimento, da mesma firma ou de terceiros.

Ao final da industrialização por encomenda, o estabelecimento comercial encomendante recebe os produtos. Quando dá saída a estes produtos, mesmo não tendo realizado qualquer operação de industrialização, o comerciante será considerado industrial, por equiparação. Mais uma vez, é um caso de preservação do valor tributável:

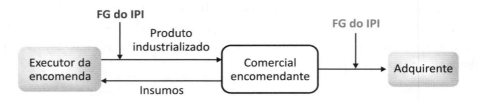

e. Equiparação do estabelecimento comercial na industrialização de bebidas por encomenda

O inciso V do art. 9º do RIPI dispõe o seguinte:

> **Art. 9º** Equiparam-se a estabelecimento industrial:
>
> [...]
>
> V – os estabelecimentos comerciais de produtos do Capítulo 22 da TIPI, cuja industrialização tenha sido encomendada a estabelecimento industrial, sob marca ou nome de fantasia de propriedade do encomendante, de terceiro ou do próprio executor da encomenda;

Como se nota, assim como na hipótese anterior, trata-se de industrialização por encomenda. No entanto, aqui temos especificamente os produtos do Capítulo 22 da TIPI, que abrange bebidas, líquidos alcoólicos e vinagres.

Perceba que, embora seja um caso semelhante ao anterior, há uma diferença fundamental: para fins de equiparação a industrial do estabelecimento comercial encomendante de bebidas, não há a necessidade da remessa de insumos ao executor da encomenda, sendo irrelevante a titularidade da marca da bebida.

Acompanhe o efeito dessa hipótese de equiparação no diagrama a seguir:

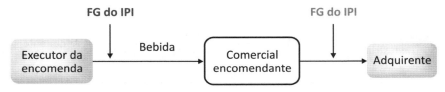

f. Equiparação da filial atacadista

São equiparados a industrial as filiais e demais estabelecimentos que exercerem o comércio de produtos importados, industrializados ou mandados industrializar por outro estabelecimento da mesma firma (RIPI, art. 9º, inciso III).

Este é, talvez, o caso mais abrangente de equiparação a industrial, pois se aplica à filial atacadista que comercializa produtos importados, industrializados ou encomendados por outro estabelecimento da mesma firma.

Podemos afirmar que se trata da filial atacadista, pois, conforme o próprio dispositivo determina, esta equiparação não se aplica no caso de o estabelecimento operar exclusivamente na venda a varejo, desde que não receba os produtos importados diretamente da repartição aduaneira (o que seria suficiente para enquadrá-lo na hipótese do subitem *b*).

Se não fosse por essa hipótese de equiparação, haveria margem para um planejamento tributário bem elementar, em que parte do valor das operações de venda a clientes do estabelecimento industrial poderia ser facilmente transferido para estabelecimento atacadista da mesma empresa, especialmente criado para esse fim, livre incidência do IPI.

Na medida em que o estabelecimento filial atacadista fica equiparado a industrial, a estratégia viabiliza, no máximo, uma espécie de postergação no pagamento do tributo.

Trata-se, portanto, de um caso de preservação do valor tributável. Acompanhe no diagrama a seguir:

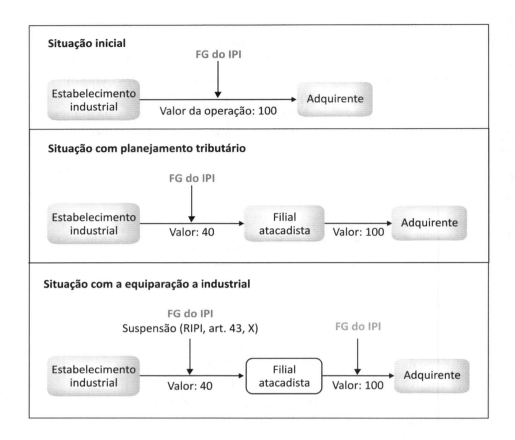

g. Equiparação de atacadistas de produtos de beleza na hipótese de operação realizada entre pessoas ligadas

Conforme dispõe o art. 10 do RIPI, são equiparados a industrial os estabelecimentos atacadistas que adquirirem os produtos listados no Anexo III da Lei nº 7.798, de 1989:

- de estabelecimentos industriais; ou
- dos estabelecimentos equiparados a industriais de que tratam os incisos I a V do art. 9º do RIPI (importador, filial que recebe diretamente da repartição aduaneira, filial atacadista ou encomendante).

Mais uma vez, temos uma hipótese de equiparação de comerciante atacadista, permitindo que a incidência do IPI "avance" na cadeia de distribuição, de modo a alcançar operações com valores agregados superiores aos verificados na etapa efetivamente industrial.

No entanto, o maior objetivo desta hipótese se revela no § 1º do mesmo art. 10 do RIPI, uma vez que estabelece que a equiparação se aplica aos casos em que o adquirente e o remetente dos produtos sejam empresas controladoras ou controladas, coligadas, interligadas ou interdependentes. Com isso, fica escancarado o objetivo de evitar a efetivação de arranjos negociais tendentes a corroer, de modo artificial, o valor tributável na etapa industrial, em setores sensíveis do ponto de vista da incidência do IPI.

Note que esse é um caso que não se enquadra na hipótese anterior, pois aqui o estabelecimento atacadista é outra pessoa jurídica, e não uma mera filial do industrial.

Quanto aos produtos aos quais se aplica esta hipótese de equiparação, a simples referência ao Anexo III da Lei nº 7.798, de 1989, não ajuda muito, afinal, foram inúmeras as alterações desde a sua publicação.

De qualquer forma, é importante destacar que a relação de produtos aos quais se aplica esta hipótese de equiparação pode ser alterada mediante decreto, de modo que produtos podem ser excluídos quando sua permanência se torne irrelevante para a arrecadação do imposto, ou incluídos outros, desde que a alíquota do imposto seja igual ou superior a 15% (RIPI, art. 10, § 2º), o que presumivelmente poderia levar os agentes econômicos a implementar tais arranjos.

Com base nessa autorização, foi editado o Decreto nº 8.393, de 2015, incluindo nessa hipótese de equiparação os estabelecimentos atacadistas dos produtos de beleza classificados nos códigos 3303.00.10, 3305.30.00, 3304.10.00, 3305.90.00, 3304.20, 3307.10.00, 3304.30.00, 3307.30.00, 3304.9, 3307.4, 3305.20.00 e 3307.90.00. Perceba que esta hipótese se relaciona à que será estudada no próximo item, mas não a torna inócua, na medida que aquela equiparação, ainda que envolva apenas produtos importados, compreende todos os classificados nas Posições 33.03 a 33.07 da TIPI.

h. Equiparação do atacadista de produtos de beleza importados

São equiparados a industrial os estabelecimentos comerciais atacadistas que adquirirem de estabelecimentos importadores produtos de procedência estrangeira classificados nas Posições 33.03 a 33.07 da TIPI – perfumes, produtos de beleza, de higiene pessoal etc. (RIPI, art. 9º, inciso VIII).

Aqui temos a hipótese de atacadista que comercializa produtos de beleza importados por estabelecimentos de outras pessoas jurídicas:

Mais uma vez, temos um caso de preservação do valor tributável. Neste caso, perceba que se trata de uma situação um pouco diferente daquela prevista no inciso III do art. 9º (subitem *f*), em que o atacadista e o estabelecimento importador integram a mesma pessoa jurídica.

No caso ora analisado, como o atacadista e o importador são estabelecimentos de pessoas jurídicas diferentes, o atacadista não seria alcançado pela regra de equiparação do inciso III do art. 9º, e o imposto não incidiria nas saídas que promovesse.

No entanto, com a hipótese específica de equiparação a industrial prevista no inciso VIII do art. 9º do RIPI, a incidência do IPI alcança o valor tributável onde ele efetivamente se encontra, considerando-se as características da cadeia de distribuição dos produtos de beleza.

Em resumo, se for importado o produto de beleza classificado nas Posições 33.03 a 33.07 da TIPI, qualquer atacadista é equiparado a industrial por força do art. 9º, inc. VIII, do RIPI (tratado neste subitem); mas, se o produto for nacional, o atacadista somente será equiparado se for filial do fabricante (art. 9º, inc. III – subitem *f*), ou, caso não seja filial de fabricante, se com ele mantiver relação de interdependência, quanto aos produtos classificados nos códigos 3303.00.10, 3305.30.00, 3304.10.00, 3305.90.00, 3304.20, 3307.10.00, 3304.30.00, 3307.30.00, 3304.9, 3307.4, 3305.20.00 e 3307.90.00 (art. 10 – subitem *g*).

i. Equiparação do atacadista de artefatos de joalheria

São equiparados a industrial os estabelecimentos comerciais atacadistas dos produtos classificados nas Posições 71.01 a 71.16 da TIPI (pérolas, pedras preciosas, metais preciosos e suas obras; RIPI, art. 9º, inciso VI).

Aqui, mais uma vez, temos um caso de preservação do valor tributável. Trata-se de produtos com uma cadeia de distribuição bem peculiar, em que o valor é agregado mais intensamente pelo comerciante atacadista. Assim, independentemente de qualquer circunstância, o atacadista de artefatos de joalheria é estabelecimento equiparado a industrial, sujeito à incidência do IPI.

j. Equiparação do atacadista de automóveis

São equiparados a industrial os estabelecimentos comerciais atacadistas de automóveis, produtos classificados na Posição 87.03 da TIPI (RIPI, art. 9º, inciso X).

Temos aqui mais um caso de preservação do valor tributável.

Segundo o § 4º do art. 9º do RIPI, essa hipótese de equiparação se aplica, inclusive, ao estabelecimento fabricante de automóveis que revender produtos de outro fabricante.

Portanto, sendo essencialmente varejistas, as concessionárias de automóveis não se enquadram nesta hipótese de equiparação. No entanto, nos casos em que eventualmente realize vendas no atacado (para lojas multimarcas ou para pequenas locadoras de veículos, por exemplo), o revendedor será equiparado a industrial se efetivamente passar a se caracterizar como atacadista. Conforme vimos no item 55.3, isso ocorre quando, no mesmo semestre civil, o valor das vendas por atacado ultrapassar o limite de 20% do total das vendas realizadas.

Por fim, cabe também destacar que se equipara a estabelecimento industrial a empresa comercial atacadista adquirente dos produtos classificados nas Posições 87.01 a 87.05 da TIPI, industrializados por encomenda por conta e ordem de pessoa jurídica domiciliada no exterior, da qual é controlada direta ou indiretamente (RIPI, art. 137).

k. Equiparação do atacadista de bebidas quentes

São equiparados a industrial os estabelecimentos atacadistas e as cooperativas de produtores que derem saída a bebidas alcoólicas e demais produtos, de produção nacional, classificados nas Posições 22.04, 22.05, 22.06 e 22.08 da TIPI e acondicionados em recipientes de capacidade superior ao limite máximo permitido para venda a varejo, com destino aos seguintes estabelecimentos (RIPI, art. 9º, inciso VII):

- industriais que utilizarem os produtos mencionados como matéria-prima ou produto intermediário na fabricação de bebidas;
- atacadistas e cooperativas de produtores; ou
- engarrafadores dos mesmos produtos.

Aqui temos uma hipótese de equiparação que se presta a conferir continuidade à cadeia de produção das bebidas quentes (vinhos, aguardentes, uísques etc.), permitindo maior controle da Administração Tributária, no caso em que um atacadista (ou cooperativa) se insere entre estabelecimentos industriais dos referidos produtos. Confira:

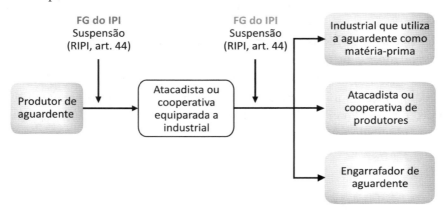

Para bem compreender essa hipótese, perceba que se trata de bebida ou líquido alcoólico acondicionado em recipiente de capacidade superior ao limite máximo permitido para venda a varejo.

Agora, note bem o efeito dessa hipótese de equiparação, conjugada com a suspensão do IPI, prevista no art. 44 do RIPI: enquanto a bebida não for acondicionada em recipiente próprio para venda a varejo, a incidência do IPI vai "avançando na cadeia", preservando-se o controle fiscal, mesmo que o imposto não seja efetivamente cobrado, por conta da suspensão. Quando o produto é finalmente engarrafado em recipiente próprio para venda a varejo, aí sim será exigido o imposto.

Entendo que essa equiparação fica mantida, mesmo com as alterações na tributação das bebidas quentes, introduzidas pela Lei nº 13.241, de 2015. Minha conclusão se baseia no seguinte raciocínio: independentemente de como se dê a incidência do IPI (se por meio de alíquotas *ad rem* ou *ad valorem*), se não houvesse essa equiparação a industrial, prevista na Lei nº 9.430, de 1996, o IPI que incide sobre o produtor de aguardente seria um custo não recuperável para o atacadista, que o repassaria para a próxima etapa, onerando a cadeia. Em outras palavras, as razões que motivaram as alterações na tributação das bebidas quentes, introduzidas pela Lei nº 13.241, de 2015, não prejudicam os objetivos que estão por trás desta hipótese de equiparação a industrial.

l. Equiparação do industrial que dá saída de bens de produção

De acordo com o § 6º do art. 9º do RIPI, os estabelecimentos industriais, em relação à saída de matéria-prima, produto intermediário e material de embalagem, adquiridos de terceiros, com destino a outros estabelecimentos para industrialização ou revenda, são considerados estabelecimentos comerciais de bens de produção e obrigatoriamente equiparados a estabelecimento industrial em relação a essas operações.

Aqui temos um caso curioso, em que o estabelecimento industrial, em relação a certas operações, fica equiparado a industrial. Isso acontece quando os estabelecimentos industriais remetem a outros estabelecimentos, industriais ou revendedores, matérias-primas, produtos intermediários ou material de embalagem adquiridos de terceiros para emprego no processo industrial.

A equiparação aqui é para a simples revenda (ou saída a qualquer título), quando, por qualquer razão, o estabelecimento industrial não emprega os insumos adquiridos de terceiros em seu próprio processo.

Acompanhe no diagrama abaixo:

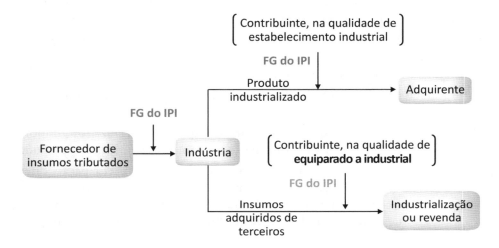

Portanto, deve ficar claro que os estabelecimentos aqui referidos são industriais, normalmente, quando dão saída aos produtos por eles industrializados. No entanto, quanto às saídas de bens de produção (matérias-primas, produtos intermediários e material de embalagem) adquiridos de terceiros, como não há industrialização, se não fosse por essa hipótese não haveria incidência do IPI e nem crédito para o adquirente. No entanto, por conta da hipótese aqui analisada, haverá incidência do imposto nas saídas de bens de produção porque, quanto a essas operações, eles são equiparados a industrial.

m. Equiparações a industrial relacionadas à tributação de bebidas

Em 2010, ano em que foi publicado o RIPI vigente, as bebidas estavam sujeitas à incidência do IPI segundo regimes que não mais se encontram em vigor. Em consequência, encontra-se revogada a base legal de vários dos dispositivos do RIPI.

No que diz respeito a hipóteses de equiparação a industrial, é o que se verifica em relação aos incs. XI a XV do art. 9º, que se referem às bebidas frias.

Mas isso não quer dizer que não há hipóteses de equiparação a industrial aplicáveis em relação à cadeia de produção e distribuição de bebidas frias. Na verdade, conforme o art. 14 da Lei nº 13.097, de 2015, deixa bem claro, aplica-se a esses produtos a legislação aplicável à generalidade dos estabelecimentos. Em outras palavras, as hipóteses de equiparação a industrial analisadas até este ponto aplicam-se também às bebidas frias, obviamente, naquilo que for pertinente.

No entanto, para além de afirmar a aplicação das hipóteses genéricas de equiparação a industrial, a Lei nº 13.097, de 2015, elencou em seu art. 18 hipóteses específicas, em relação às operações de revenda de bebidas frias. Nesse sentido, fica equiparado a industrial o estabelecimento de pessoa jurídica:

- caracterizado como controladora, controlada ou coligada de pessoa jurídica que industrializa ou importa bebidas frias;
- caracterizado como filial de pessoa jurídica que industrializa ou importa bebidas frias;
- que, juntamente com pessoa jurídica que industrializa ou importa bebidas frias, estiver sob controle societário ou administrativo comum;
- que apresente sócio ou acionista controlador, em participação direta ou indireta, que seja cônjuge, companheiro, ou parente, consanguíneo ou afim, em linha reta ou colateral, até o terceiro grau, de sócio ou acionista controlador de pessoa jurídica que industrializa ou importa bebidas frias;
- que tenha participação no capital social de pessoa jurídica que industrializa ou importa bebidas frias, exceto nos casos de participação inferior a 1% em pessoa jurídica com registro de companhia aberta junto à Comissão de Valores Mobiliários;
- que possuir, em comum com pessoa jurídica que industrializa ou importa bebidas frias, diretor ou sócio que exerçam funções de gerência, ainda que essas funções sejam exercidas sob outra denominação;
- quando tiver adquirido ou recebido em consignação, no ano anterior, mais de 20% do volume de saída da pessoa jurídica que industrializa ou importa bebidas frias.

Nessa mesma linha, na oportunidade em que foi alterado o regime de tributação das bebidas quentes, a Lei nº 13.241, de 2015, esclareceu que, em relação a esses produtos, aplicam-se as regras relativas a contribuintes e responsáveis previstas na legislação do IPI, e em seu art. 4º acrescentou hipóteses específicas de equiparação a industrial, que na verdade são as mesmas estabelecidas para as bebidas frias, acima listadas.

55.4.2. Equiparados a industrial por opção

Até este ponto, estudamos as hipóteses em que a legislação tributária determina, obrigatoriamente, a equiparação a estabelecimento industrial. Nesse sentido, os estabelecimentos equiparados a industrial são, necessariamente, contribuintes do IPI em relação às operações que realizarem com produtos industrializados.

No entanto, há uma categoria de estabelecimentos que, embora não se enquadrem nas hipóteses compulsórias de equiparação, podem optar pela equiparação. Trata-se dos seguintes casos, previstos no art. 11 do RIPI:

- os estabelecimentos comerciais que derem saída a bens de produção, para estabelecimentos industriais ou revendedores; e
- as cooperativas que se dedicarem à venda em comum de bens de produção, recebidos de seus associados para comercialização.

À primeira vista, pode parecer estranho que alguém espontaneamente se submeta ao imposto e a todos os demais controles inerentes à sua administração.

Entretanto, tal equiparação pode ser de fundamental importância para a cooperativa ou estabelecimento revendedor que atua como fornecedor de bens de produção para estabelecimentos industriais. Isso porque, com a equiparação, eles se submetem à incidência do imposto e, o que é mais importante, ao adquirente de seus produtos possibilitam o direito ao crédito integral da não cumulatividade, na hipótese de fornecimento de bens de produção (matérias-primas, produtos intermediários e material de embalagem).

Dessa forma, a vantagem para o equiparado por opção é passar a ser um potencial fornecedor de bens de produção para adquirentes contribuintes do IPI. Em outras palavras, caso não fizesse a opção, não seria contribuinte do imposto, não possibilitaria o creditamento integral a seus clientes e, por isso mesmo, poderia enfrentar dificuldades para se inserir e se manter no mercado de bens de produção.

Vale ressaltar que o estabelecimento equiparado por opção deve agir como contribuinte, o que resulta na tributação de todos os bens de produção saídos de seu estabelecimento. Não tem cabimento, portanto, o procedimento que consiste em destacar o imposto incidente sobre a saída de alguns bens de produção, e não fazer o mesmo quanto a outros.

Por fim, um último detalhe, a opção não é irretratável. Ou seja, admite-se a desistência (RIPI, art. 12).

Capítulo 56
Responsabilidade Tributária em Relação ao IPI

No Capítulo 54, vimos que são contribuintes do IPI os importadores, os estabelecimentos industriais e equiparados a industrial, bem assim os que descumprirem a condição de imunidade do papel. Vamos agora analisar outra categoria de sujeito passivo da obrigação tributária principal relativa ao IPI: os responsáveis.

De acordo com o art. 128 do CTN, a lei pode atribuir de modo expresso a responsabilidade pelo crédito tributário a terceira pessoa, vinculada ao fato gerador da respectiva obrigação. É justamente esse o objeto dos arts. 25 a 30 do RIPI.

56.1. Responsáveis pelo IPI por imputação legal

A seguir, estão relacionados os casos de responsabilidade tributária pelo IPI, encontrados no art. 25. De acordo com o referido dispositivo, são obrigados ao pagamento do imposto como responsáveis:

- o transportador, em relação aos produtos tributados que transportar, desacompanhados da documentação comprobatória de sua procedência (inciso I);

> **Observação:** Vale ressaltar que, de acordo com o art. 323 do RIPI, os transportadores não podem aceitar despachos ou efetuar transporte de produtos que não estejam acompanhados dos documentos exigidos (item 69.4.1).
> E, ainda, segundo o art. 324, os transportadores são pessoalmente responsáveis pelo extravio dos documentos que lhes tenham sido entregues pelos remetentes dos produtos.
> Neste caso, não fica excluída a responsabilidade por infração do contribuinte quando este for identificado (RIPI, art. 25, § 1º).

- o possuidor ou detentor, em relação aos produtos tributados que possuir ou mantiver para fins de venda ou industrialização, quando desacompanhados da documentação comprobatória de sua procedência (inciso II);

> **Observação:** Segundo o art. 327 do RIPI, fabricantes, comerciantes e depositários que recebem ou adquirem produtos tributados ou isentos para industrialização, comércio ou depósito, ou para emprego ou utilização nos respectivos estabelecimentos, devem examinar se eles estão acompanhados dos documentos exigidos (item 69.4.2).
> Em linha com esta hipótese de responsabilidade, o § 3º do art. 327 estabelece que, no caso de falta do documento fiscal que comprove a procedência do produto e identifique o remetente pelo nome e endereço, o destinatário não pode recebê-lo, sob pena de ficar responsável pelo pagamento do imposto, se exigível, e sujeito às sanções cabíveis.
> Neste caso, também não fica excluída a responsabilidade por infração do contribuinte quando este for identificado (RIPI, art. 25, § 1º).

- os estabelecimentos que possuírem produtos tributados ou isentos que não estejam rotulados ou marcados na forma estabelecida na legislação, ou, se sujeitos ao selo de controle, não estejam selados (inciso V);

> **Observação:** A rotulagem, a marcação e o selo de controle são obrigações acessórias exigidas pela legislação do IPI, impostas aos contribuintes para viabilizar o controle exercido pela Administração Tributária (itens 69.1 e 69.2).
> Segundo o acima referido art. 327 do RIPI, fabricantes, comerciantes e depositários que recebem ou adquirem produtos tributados ou isentos para industrialização, comércio ou depósito, ou para emprego ou utilização nos respectivos estabelecimentos, devem examinar se eles se acham devidamente rotulados ou marcados ou, ainda, selados se estiverem sujeitos ao selo de controle.
> Em linha com esta hipótese de responsabilidade, o § 3º do art. 327 estabelece que, no caso de produto que não se encontre selado, rotulado ou marcado, quando exigido o selo de controle, a rotulagem ou a marcação, respectivamente, o destinatário não pode recebê-lo, sob pena de ficar responsável pelo pagamento do imposto, se exigível, e sujeito às sanções cabíveis.

- o proprietário, o possuidor, o transportador ou qualquer outro detentor de bebidas do Capítulo 22 ou de cigarros do código 2402.20.00 da TIPI, destinados à exportação, saídos do estabelecimento industrial com imunidade ou suspensão do imposto e encontrados no território nacional, exceto os que forem encontrados em trânsito, quando (inciso IV):
  - ✓ destinados a uso ou consumo de bordo em embarcações ou aeronaves de tráfego internacional, com pagamento em moeda conversível;
  - ✓ destinados a lojas francas, em operação de venda direta (lojas francas são estabelecimentos comerciais, situados na zona primária dos portos e aeroportos internacionais, destinados à venda, em moeda estrangeira conversível, a passageiros em viagens internacionais);
  - ✓ adquiridos por empresa comercial exportadora e, por conta e ordem desta, remetidos diretamente para embarque de exportação ou para recintos alfandegados;
  - ✓ remetidos a recintos alfandegados ou a outros locais onde se processe o despacho de exportação.
- o estabelecimento adquirente de produtos usados cuja origem não possa ser comprovada pela falta de marcação, se exigível, de documento fiscal próprio ou recibo do vendedor ou transmitente, de que constem o seu nome, endereço, CPF, número da carteira de identidade, bem como a descrição minuciosa e o preço ou valor de cada objeto (inciso III);
- os que desatenderem as normas e condições à que estiver condicionada a imunidade, a isenção ou a suspensão do imposto (inciso VI);

> **Observação:** Trata-se de cláusula genérica de responsabilidade tributária, relativa ao desatendimento de condição necessária à fruição de benefício fiscal.

- a empresa comercial exportadora, em relação ao imposto que deixou de ser pago, na saída do estabelecimento industrial (que lhe forneceu com suspensão do imposto – item 64.3), referente aos produtos por ela adquiridos com o fim específico de exportação, nas hipóteses em que (inciso VII):
    - ✓ tenha transcorrido 180 dias da data da emissão da nota fiscal de venda pelo estabelecimento industrial, sem que tenha sido efetivada a exportação;
    - ✓ os produtos forem revendidos no mercado interno; ou
    - ✓ ocorrer a destruição, o furto ou roubo dos produtos.

> **Observação:** Note que em cada uma dessas hipóteses foi frustrada a finalidade que justificou a suspensão (não pagamento) do IPI pelo estabelecimento industrial fornecedor dos produtos destinados à exportação.
>
> Quanto a essa previsão, vale mencionar que, na prova do concurso de 2012 para AFRFB, a seguinte assertiva foi dada como correta: "A empresa comercial exportadora, que adquirir produtos industrializados com fim específico de exportação, é obrigada ao pagamento do IPI suspenso na saída dos produtos do estabelecimento industrial, caso referidos produtos venham a ser destruídos, furtados ou roubados".

- a pessoa física ou jurídica que não seja empresa jornalística ou editora, em cuja posse for encontrado o papel destinado à impressão de livros, jornais e periódicos (inciso VIII).

Quanto à última hipótese de responsabilidade entre as acima relacionadas, cabe fazer uma observação. Ela está de acordo com a regra geral de que é responsável pelo imposto quem desatende as normas de imunidade, isenção ou suspensão (RIPI, art. 25, VI). Nesse sentido, é responsável pelo imposto a pessoa física ou jurídica que não seja empresa jornalística ou editora, em cuja posse for encontrado o papel destinado à impressão de livros, jornais e periódicos (RIPI, art. 25, VIII).

No entanto, quem utiliza ou consome o papel em finalidade diversa da prevista na norma imunizante, ou o remete a pessoas diferentes de editoras e empresas jornalísticas, na verdade, é contribuinte do imposto, e não apenas responsável (RIPI, art. 24, IV). Portanto, quem efetivamente descumpre a finalidade da imunidade do papel é contribuinte, e não apenas responsável. E qual a razão para esse tratamento diferenciado?

A razão está numa previsão muito particular de ocorrência de fato gerador que estudaremos no Capítulo 58, encontrada no inciso VIII do art. 36 do RIPI, abaixo reproduzido:

> **Art. 36.** Considera-se ocorrido o fato gerador:
> [...]
> VIII – no início do consumo ou da utilização do papel destinado à impressão de livros, jornais e periódicos, em finalidade diferente da que lhe é prevista na imunidade de que trata o inciso I do art. 18, ou na saída do fabricante, do importador ou de seus estabelecimentos distribuidores, para pessoas que não sejam empresas jornalísticas ou editoras;

Como se nota, há uma hipótese específica de ocorrência de fato gerador para o caso de descumprimento da finalidade subjacente à imunidade do papel. Desse modo, considerando que quem pratica o fato gerador é contribuinte, podemos dizer que, tecnicamente, o legislador foi preciso.

Vale ainda mencionar que, em relação às bebidas quentes (classificadas nas posições 22.04, 22.05, 22.06 e 22.08, exceto o código 2208.90.00 Ex 01), a Lei nº 13.241, de 2015, estabelece que sujeita-se ao pagamento do IPI, na condição de responsável, o estabelecimento comercial atacadista que possuir ou mantiver os referidos produtos desacompanhados da documentação comprobatória de sua procedência ou que a eles der saída. Como se nota, trata-se de hipótese semelhante à que se encontrava prevista no inc. IX do art. 25 do RIPI, dispositivo que restou prejudicado pelas mudanças introduzidas pela Lei nº 13.241, de 2015.

Por fim, o art. 22 da Lei nº 13.097, de 2015, contém previsão semelhante de responsabilidade pelo IPI ao estabelecimento comercial atacadista que possuir ou mantiver bebidas frias desacompanhadas da documentação comprobatória de sua procedência, ou que a elas der saída.

56.2. Responsabilidade pelo IPI por substituição

Nos termos do art. 26 do RIPI, mediante requerimento e nas hipóteses e condições estabelecidas pela Secretaria da Receita Federal do Brasil, o estabelecimento industrial ou equiparado a industrial pode se revestir da condição de responsável tributário por substituição, em relação às operações anteriores, concomitantes ou posteriores às saídas que promover.

Atualmente, a matéria encontra-se regulada pela Instrução Normativa RFB nº 1.081, de 4 de novembro de 2010.

Na referida instrução normativa, verificamos que há autorização para concessão de regime especial de substituição tributária apenas em relação às operações anteriores (substituição para trás ou diferimento). Portanto, a substituição tributária para frente, que recebeu tratamento constitucional no § 7º do art. 150, não foi objeto de regulamentação pela RFB.

Na hipótese regulamentada pela RFB, considera-se:

- contribuinte substituto[12], o estabelecimento industrial ou equiparado a industrial que recebe produtos saídos do estabelecimento substituído com suspensão do IPI; e
- contribuinte substituído, o estabelecimento industrial ou equiparado a industrial que dá saída a produtos, com suspensão do IPI, para o contribuinte substituto.

Note que, mediante autorização da RFB, responsável por substituição é o industrial ou equiparado a industrial que recebe matérias-primas, produtos intermediários e materiais de embalagem com suspensão do imposto, para emprego no seu processo de industrialização.

Com a aplicação desse regime de substituição, ocorre o diferimento do imposto que deveria ser pago pelo estabelecimento industrial fornecedor, haja vista que, com a suspensão do imposto na etapa anterior (de fornecimento), se de um lado o imposto deixa de ser recolhido pelo fornecedor e destacado em nota fiscal, de outro, o adquirente deixa de fazer jus ao direito de crédito da não cumulatividade do imposto (IN RFB nº 1.081, de 2010, art. 13, § 2º). Consequentemente, quando calcula seu IPI a pagar, o adquirente (substituto) terá o débito incidente sobre as saídas que realizar, mas não terá o crédito relativo às respectivas matérias-primas, produtos intermediários e materiais de embalagem que foram adquiridos com suspensão, de modo que acabará "pagando" o IPI relativo à etapa anterior, que foi diferido no âmbito do regime de substituição.

Vamos a um exemplo, primeiro sem substituição. Considere uma cadeia bastante simplificada de contribuintes do IPI, com alíquota uniforme de 10%, onde:

- ALFA produz e vende a BETA o componente "Básico" por R$ 100,00;
- BETA transforma o componente "Básico" no semielaborado "Intermediário", e vende este último a GAMA por R$ 150,00;
- por fim, GAMA aplica o "Intermediário" na produção do "Produto final" e o vende ao consumidor final por R$ 300,00.

---

12 Considerando que contribuinte e responsável são diferentes espécies do gênero sujeito passivo, aqui se nota uma imprecisão terminológica da legislação tributária que, em relação ao IPI devido pelo substituído, denominou "contribuinte substituto" quem, na verdade, é responsável.

Considerando ainda que ALFA não disponha de crédito algum, a apuração de IPI na cadeia seria a seguinte:
- IPI ALFA = R$ 10,00 (= R$ 100,00 x 10%; sem créditos a descontar)
- IPI BETA = R$ 5,00 [= (R$ 150,00 x 10%) − R$ 10,00 a título de crédito na aquisição de "Básico"]
- IPI GAMA = R$ 15,00 [=(R$ 300,00 x 10%) − R$ 15,00 a título de crédito na aquisição de "Intermediário"]
- IPI total = R$ 30,00

Importante notar que o IPI total da cadeia corresponde à aplicação da alíquota uniforme sobre o valor final do produto (10% x R$ 300,00).

Vamos introduzir a substituição tributária nas saídas do componente "Básico". Com isso, ALFA não terá débito de IPI, e BETA não terá o respectivo crédito:
- IPI ALFA = zero (substituído)
- IPI BETA = R$ 15,00 [= (R$ 150,00 x 10%) − zero a título de crédito na aquisição de "Básico"]
- IPI GAMA = R$ 15,00 [= (R$ 300,00 x 10%) − R$ 15,00 a título de crédito na aquisição de "Intermediário"]
- IPI total = R$ 30,00

Note que não houve alteração no valor do IPI total. Daí dizer que a substituição não é um benefício fiscal. É medida de racionalização.

Além disso, note que até BETA, nas duas situações, o IPI recolhido totalizou R$ 15,00. Na hipótese sem substituição, parte desses R$ 15,00 foi recolhido por ALFA, e o restante por BETA. Na hipótese com substituição, BETA teria recolhido integralmente os R$ 15,00.

Portanto, o objetivo do regime de substituição tributária, na forma como prevista na IN RFB nº 1.081, de 2010, é a racionalização das operações realizadas pelo requerente (contribuinte substituto), sem prejuízo aos interesses da Fazenda Nacional.

Notadamente, o regime previsto pela IN RFB nº 1.081, de 2010, é interessante para o contribuinte do IPI que tem direito a créditos na aquisição de insumos, mas não tem débitos suficientes para utilizá-los, em razão de suas saídas serem beneficiadas com isenção, alíquota zero ou mesmo imunidade na exportação.

Nesses casos, sem o regime de substituição, o IPI incidiria normalmente na saída de insumos para o interessado, e haveria o direito ao respectivo crédito da não cumulatividade. No entanto, em decorrência de eventual insuficiência de débitos na saída de seus produtos (em decorrência de isenção, alíquota zero ou imunidade nas exportações), esses créditos ficariam "represados", empatando seu capital de giro e prejudicando sua competitividade.

Com a substituição tributária aqui analisada, o IPI fica suspenso na saída de matéria-prima para o substituto, de modo que ele não suporta o ônus representado pelo tributo, e nem registra crédito. Desse modo, ainda que não haja débito na saída, como também não há crédito na entrada (por conta da substituição), não ocorre o mencionado "represamento" de capital de giro do substituto.

56.3. Responsabilidade solidária em relação ao IPI

Nos termos do inciso II do art. 124 do CTN, são solidariamente obrigadas as pessoas expressamente designadas por lei. Trata-se da solidariedade de direito, decorrente de expressa previsão legal. E como é pacífico no meio jurídico, o legislador não pode estabelecer solidariedade para quem não tenha relação com o fato gerador da obrigação tributária principal.

Nesse sentido, no âmbito da legislação do IPI, de acordo com os arts. 27 a 29 do RIPI e em harmonia com a previsão do CTN, são solidariamente responsáveis:

- o contribuinte substituído (na forma prevista no item 56.2), pelo pagamento do imposto em relação ao qual estiver sendo substituído, no caso de inadimplência do contribuinte substituto (art. 27, inciso I);

Observação: Note bem que, embora a responsabilização do contribuinte somente se verifique no caso de inadimplemento por parte do substituto, não estamos diante de uma hipótese em que se tenha benefício de ordem.

Isso porque há dois momentos distintos. Num primeiro momento, a substituição tributária transfere a responsabilidade pelo pagamento do IPI, do substituído para o substituto. Essa é a hipótese do art. 26 do RIPI.

Num segundo momento, somente em caso de inadimplência do substituto (o que não quer dizer, necessariamente, que ele não tenha possibilidade econômica ou patrimonial de pagar), a cobrança pode ser dirigida a qualquer um deles (substituto ou substituído), sem benefício de ordem. Se a União quiser arrolar os dois no polo passivo da execução fiscal, pode fazê-lo.

- o adquirente ou cessionário de mercadoria importada beneficiada com isenção ou redução do imposto pelo seu pagamento e dos acréscimos legais (art. 27, inciso II);

Observação: Obviamente que essa hipótese somente se aplica nos casos em que o IPI incidente na importação, isento ou reduzido, passa a ser devido, por exemplo, nos termos do art. 124 do Regulamento Aduaneiro. Nesse caso, o adquirente ou cessionário é solidário com o importador (alienante ou cedente).

- o adquirente de mercadoria de procedência estrangeira, no caso de importação realizada por sua conta e ordem, por intermédio de pessoa jurídica importadora, pelo pagamento do imposto e acréscimos legais (art. 27, inciso III);

> **Observação:** Esta situação se liga à hipótese de equiparação analisada no item 55.4.1.c. Naquela oportunidade, vimos que, na hipótese de a importação se realizar por sua conta e ordem, o adquirente fica equiparado a industrial e, portanto, suas saídas constituem fato gerador do Imposto.
>
> Aqui estamos tratando da responsabilidade do adquirente – para quem é realizada a importação (por sua conta e ordem) – em relação ao IPI incidente na importação, que tem como contribuinte o importador.

- o encomendante predeterminado que adquire mercadoria de procedência estrangeira de pessoa jurídica importadora, pelo pagamento do imposto e acréscimos legais (art. 27, inciso IV);

> **Observação:** Novamente temos uma situação relacionada à hipótese de equiparação analisada no item 55.4.1.c, caso em que o encomendante predeterminado fica equiparado a industrial.
>
> De maneira análoga à hipótese anterior, aqui estamos tratando da responsabilidade daquele que encomenda a importação, em relação ao IPI incidente no desembaraço aduaneiro, que tem como contribuinte o importador.

- o estabelecimento industrial de produtos classificados no Código 2402.20.00 da TIPI (cigarros), com a empresa comercial exportadora, na hipótese de operação de venda com o fim específico de exportação, pelo pagamento do imposto e dos respectivos acréscimos legais, devidos em decorrência da não efetivação da exportação (art. 27, inciso V);

> **Observação:** Este é o caso em que o cigarro, vendido com o fim específico de exportação, não é efetivamente exportado.
>
> Vimos no item 56.1 que, caso não seja efetivada a exportação, a empresa comercial exportadora fica responsável pelo pagamento do IPI suspenso na saída promovida pelo seu fornecedor.
>
> Neste item percebemos que, quando se trata de cigarro, além da comercial exportadora, a legislação também trouxe ao polo passivo da obrigação tributária o próprio contribuinte (industrial) que vendeu o cigarro com o fim específico de exportação. É uma garantia maior para a cobrança do crédito tributário, especialmente contra estratégias evasivas que utilizam "empresas de fachada" no papel de comercial exportadora.

- o estabelecimento industrial de produtos classificados no Código 2402.20.00 da TIPI (cigarros), com o atacadista especializado em fornecer suprimentos para embarcações (*ship's chandler*), na hipótese de operação de venda de produtos destinados a uso ou consumo de bordo, em embarcações ou aeronaves em tráfego internacional (art. 27, § 2º);

> **Observação:** Trata-se de caso análogo ao anterior, com a diferença de que o estabelecimento industrial de cigarro fica solidariamente responsável com o *ship's chandler*.

- o beneficiário de regime aduaneiro suspensivo do imposto, destinado à industrialização para exportação, pelas obrigações tributárias decorrentes da admissão de mercadoria no regime por outro beneficiário, mediante sua anuência, com vistas na execução de etapa da cadeia industrial do produto a ser exportado (art. 27, inciso VII);

> **Observação:** Este é o caso em que há dois estabelecimentos beneficiários de regime aduaneiro especial, e um deles realiza uma admissão de produto estrangeiro, com suspensão do IPI, para ser aplicado em etapa necessária ao processo produtivo do outro.

- os acionistas controladores, e os diretores, gerentes ou representantes de pessoas jurídicas de direito privado, no período de sua administração, gestão ou representação, pelos créditos tributários decorrentes do não recolhimento do imposto no prazo legal (art. 28);

> **Observação:** Trata-se de uma hipótese prevista por meio de decreto-lei, no ano de 1979, que a jurisprudência resiste em observar. A título de exemplo, *vide* decisão do STJ no Agravo Regimental no Agravo de Instrumento nº 710.747.

- os curadores quanto ao imposto que deixar de ser pago, em razão da isenção concedida aos automóveis de passageiros de fabricação nacional, na hipótese de aquisição por pessoas portadoras de deficiência física, visual, mental severa ou profunda, ou autistas (art. 29).

> **Observação:** Obviamente que essa hipótese somente se aplica nos casos em que o IPI, antes isento, passa a ser devido, nos termos do art. 59 do RIPI: "A alienação do veículo adquirido nos termos desta Seção [com isenção], antes de dois anos contados da data da sua aquisição, a pessoas que não satisfaçam às condições e aos requisitos estabelecidos nos referidos diplomas legais acarretará o pagamento pelo alienante do tributo dispensado, atualizado na forma da legislação tributária."
>
> Nesse caso, o curador é solidário com o deficiente alienante do bem adquirido com isenção, quando a alienação for efetuada antes de dois anos contados da data da sua aquisição a pessoa que não satisfaz as condições e requisitos estabelecidos.

Antes de encerrar este Capítulo, cumpre mencionar que o art. 21 da Lei nº 13.097, de 2015, e o art. 3º da Lei nº 13.241, de 2015, estabeleceram hipóteses de responsabilidade solidária entre o encomendante e o industrial executor da encomenda, nos casos de produção por encomenda de bebidas frias e quentes, respectivamente.

Capítulo 57
Domicílio Fiscal em Relação ao IPI

Conforme vimos no Capítulo 8, domicílio fiscal é o local onde o sujeito passivo deverá ser encontrado para responder às suas obrigações de natureza tributária. Por conseguinte, é o local para onde devem ser dirigidas as comunicações e onde o sujeito passivo deve ser cientificado de atos de interesse fiscal (intimações, notificações de lançamento, autos de infração etc.).

As disposições do RIPI sobre o domicílio encontram-se no art. 32. Note que não há grandes novidades na estruturação do tema, quando se considera a forma pela qual o CTN tratou da matéria no nível de normas gerais.

Desse modo, o dispositivo inicia fixando o domicílio conforme a natureza do sujeito passivo; depois, reitera a regra subsidiária; e, por fim, reproduz a possibilidade de recusa do domicílio eleito pelo sujeito passivo, pela autoridade fiscal.

57.1. Domicílio fiscal segundo a espécie de sujeito passivo

O Regulamento do IPI estabelece que, para os efeitos do cumprimento da obrigação tributária e da determinação da competência das autoridades administrativas, considera-se domicílio fiscal do sujeito passivo:

- se pessoa jurídica de direito privado, ou firma individual, o lugar do estabelecimento responsável pelo cumprimento da obrigação tributária;
- se pessoa jurídica de direito público, o lugar da situação da repartição responsável pelo cumprimento da obrigação tributária;
- se comerciante ambulante, a sede de seus negócios ou, na impossibilidade de determinação dela, o local de sua residência habitual, ou qualquer dos lugares em que exerça a sua atividade, quando não tenha residência certa ou conhecida; ou
- se pessoa natural que não comerciante ambulante, o local de sua residência habitual ou, sendo esta incerta ou desconhecida, o centro habitual de sua atividade.

57.2. Regra subsidiária para definição do domicílio fiscal

Quando não couber a aplicação das regras fixadas no item anterior, considera-se como domicílio fiscal do contribuinte ou responsável o lugar da situação dos bens ou da ocorrência dos atos ou fatos que deram origem à obrigação.

57.3. Recusa do domicílio eleito pelo sujeito passivo

A autoridade administrativa pode recusar o domicílio eleito, quando impossibilite ou dificulte a arrecadação ou a fiscalização do tributo.

Nesse caso, considera-se como domicílio fiscal do contribuinte ou responsável o lugar da situação dos bens ou da ocorrência dos atos ou fatos que deram origem à obrigação.

57.4. Síntese das regras de definição do domicílio fiscal em relação ao IPI

Quanto à definição do domicílio fiscal em relação ao IPI, em resumo, encontramos no RIPI o seguinte:

DOMICÍLIO FISCAL	PJ de direito privado	Lugar do **estabelecimento**
	PJ de direito público	Lugar da situação da **repartição**
	Comerciante ambulante	1. A sede de seus negócios 2. Se não for possível: o local de sua residência habitual 3. Se residência é incerta ou desconhecida: o **lugar onde exerce a atividade**
	Pessoa natural que não seja comerciante ambulante	1. O local de sua **residência habitual** 2. Se residência é incerta ou desconhecida: o **centro habitual de sua atividade**
	Regra subsidiária (quando não couber a aplicação das regras acima) **Recusa da autoridade fiscal** (quando o domicílio eleito impossibilita ou dificulta a arrecadação ou a fiscalização)	Lugar da situação dos bens ou da ocorrência dos atos ou fatos que deram origem à obrigação.

Capítulo 58
Fato Gerador do IPI

O fato gerador do IPI é o evento que, uma vez ocorrido, faz surgir a obrigação tributária de pagar o imposto. Obviamente, o evento relevante para esse fim tem que envolver um produto incluído no campo de incidência e um estabelecimento contribuinte, seja ele importador, industrial ou equiparado a industrial.

Segundo o art. 46 do Código Tributário Nacional, três situações constituem o fato gerador do IPI. São elas:

- o desembaraço aduaneiro de produto industrializado de procedência estrangeira;
- a saída de produto industrializado dos estabelecimentos contribuintes do imposto;
- a arrematação de produto industrializado, quando apreendido ou abandonado e levado a leilão.

No entanto, a legislação tributária prevê apenas duas hipóteses de incidência do imposto (RIPI, art. 35):

- o desembaraço aduaneiro de produto de procedência estrangeira; ou
- a saída de produto do estabelecimento industrial, ou equiparado a industrial.

Embora não esteja expresso no texto do RIPI, em ambos os casos, para se considerar ocorrido o fato gerador do imposto, o produto tem que estar no campo de incidência do imposto.

Quanto à falta de previsão de fato gerador na hipótese de arrematação de produto industrializado apreendido ou abandonado, faremos algumas observações no item 58.1.

Quanto à incidência na importação, cabe destacar que o parágrafo único do art. 35 do RIPI estabelece que, para efeito de verificação concreta da ocorrência do fato gerador do imposto, considera-se ocorrido o desembaraço aduaneiro da mercadoria que constar como tendo sido importada e cujo extravio ou avaria venham a ser apurados pela autoridade fiscal, inclusive na hipótese de mercadoria sob regime suspensivo de tributação.

Sobre essa previsão, é curioso o fato de que, sem que a base legal tenha sido modificada, o Regulamento Aduaneiro (art. 238, § 1º) foi alterado, por meio de decreto, para fins de deixar de considerar a avaria como sendo hipótese de incidência do IPI na importação.

Considerando que o mesmo ajuste ainda não foi reproduzido na legislação do IPI, pode-se concluir que nessa circunstância, por enquanto, o RIPI e o RA encontram-se desalinhados. Diante disso, recomendo a adoção da seguinte conduta:

- na prova de Legislação Tributária, oriente-se pelo que consta no RIPI, até mesmo porque, quem elabora a prova relativa ao IPI deve se basear no que consta no seu Regulamento;
- na prova de Legislação Aduaneira, pelos mesmos motivos, oriente-se pelo que consta no RA.

58.1. A arrematação de produto apreendido ou abandonado

Como visto, a arrematação de produto industrializado apreendido ou abandonado não foi adotada como hipótese de incidência do IPI pelo legislador ordinário.

Quando fica evidenciada essa diferença, alguém sempre pergunta "quem está certo, o CTN ou a legislação?" Para essa pergunta, a resposta é: ambos estão certos, cada qual na sua função.

Como o CTN veicula normas gerais, ele não estabelece as efetivas hipóteses de incidência do IPI. Ele apenas indica aquelas que o legislador poderá eleger quando for instituir o imposto.

Eis que o legislador do IPI, embora autorizado, não instituiu a hipótese de incidência do imposto no caso de arrematação de produtos apreendidos ou abandonados.

Portanto, na prova de um concurso público, se o examinador fizer referência ao CTN, e enumerar como fato gerador do IPI a arrematação de produtos apreendidos ou abandonados, a assertiva estará correta. Por outro lado, se o examinador afirmar que a legislação tributária (e não mais o CTN, no plano de normas gerais) considera a arrematação de produtos apreendidos ou abandonado como fato gerador do IPI, o item estará errado (RIPI, art. 35).

Feitas essas observações, vamos analisar o efeito produzido pela Lei nº 12.350, de 2010. Seu art. 41 alterou o Decreto-Lei nº 1.455, de 7 de abril de 1976, e inseriu o § 12 no art. 29 do referido decreto-lei, com a seguinte previsão:

> Art. 29. [...]
>
> § 12. Não haverá incidência de tributos federais sobre o valor da alienação, mediante licitação, das mercadorias de que trata este artigo [mercadorias abandonadas ou objeto de pena de perdimento].

Diante dessa alteração, pergunta-se: essa norma prejudicou a previsão do CTN? De forma nenhuma. Primeiramente, de se dizer que o CTN tem eficácia de lei complementar, de acordo com o que esclarece a teoria da recepção, desenvolvida pelos constitucionalistas. Além disso, o CTN, em obediência à alínea "a" do inciso III do art. 146 da CF, definiu os contornos do que o legislador ordinário poderá transformar em hipótese de incidência do IPI. É norma geral que "paira" sobre as leis instituidoras de hipóteses de incidência do IPI, e que lhe devem respeito.

Então, essa previsão da Lei nº 12.350, de 2010, teria revogado alguma norma da legislação do IPI? Também não! Se o legislador do IPI tivesse instituído a arrematação como hipótese de incidência do IPI, teria havido uma revogação. No entanto, como o legislador, mesmo estando autorizado pelo CTN, não instituiu tal hipótese de incidência, em matéria de IPI, e do ponto de vista prático, esse dispositivo da lei de 2010 é inócuo, afinal, só é possível suprimir algo que existe.

Em outras palavras, se a arrematação de produtos abandonados não é hipótese de incidência do IPI, não há que se falar em supressão dessa hipótese! E mais, como a Lei nº 12.350, de 2010, é ordinária, basta uma nova lei ou medida provisória instituindo a arrematação de produto apreendido ou abandonado como hipótese de incidência do IPI para que ela se torne válida e eficaz, depois de transcorrido o prazo exigido pelo princípio da anterioridade nonagesimal.

58.2. A interpretação da hipótese de incidência do IPI

Nos termos do art. 39 do RIPI, para que se considere ocorrido o fato gerador do IPI, como regra, é irrelevante a finalidade a que se destina o produto. Da mesma forma, é irrelevante a que título seja efetuada a importação ou a saída do estabelecimento produtor. Note a forma pela qual o RIPI esclarece esse ponto:

> Art. 39. O imposto é devido sejam quais forem as finalidades a que se destine o produto ou o título jurídico a que se faça a importação ou de que decorra a saída do estabelecimento produtor.

Obviamente, este dispositivo não prejudica a aplicação das normas relativas a imunidades vinculadas a uma destinação específica, como no caso do papel. Na verdade, com este dispositivo o legislador pretendeu explicitar que, ausente qualquer norma especial relativa a benefício fiscal, a incidência do imposto se verifica, como regra, em qualquer saída de produto industrializado do estabelecimento contribuinte, seja ela a título de venda, locação, arrendamento, comodato, doação, cessão a título gratuito, transferência para outro estabelecimento da mesma pessoa jurídica, uso ou consumo fora do estabelecimento, demonstração, experiência ou teste. Tal circunstância também se aplica em relação ao desembaraço aduaneiro de produtos importados do exterior.

Na prova do concurso de 2012 para Auditor-Fiscal da Receita Federal do Brasil, esse dispositivo foi cobrado da seguinte forma:

> A incidência do IPI na importação de produtos industrializados depende do título jurídico a que se der a importação. Por isso, a Lei exclui da sujeição passiva do IPI a pessoa física na condição de importadora de produtos industrializados para uso próprio.

A assertiva é claramente incorreta, pois dispõe sobre o tema de forma exatamente contrária ao que estabelece a legislação tributária. Em verdade, a incidência do IPI na importação de produtos industrializados independe do título jurídico a que se der a importação.

Como visto, até este ponto, em relação ao fato gerador do IPI, a legislação não oferece maiores dificuldades. O problema está nos dispositivos que detalham o momento de ocorrência do fato gerador, tema do próximo item.

58.3. Momento de ocorrência do fato gerador do IPI

Este é um tema de grande importância. Além do desembaraço aduaneiro e das operações mais óbvias de saída de produto do estabelecimento industrial ou equiparado a industrial, o RIPI, em seu art. 36, relaciona uma série de hipóteses em que também se considera ocorrido o fato gerador.

Novamente, trata-se de um daqueles dispositivos com longa enumeração de hipóteses, a partir do qual o examinador pode facilmente formular uma questão.

58.3.1. Produtos vendidos por intermédio de ambulantes

Para os efeitos da legislação do IPI, ambulante é um comerciante autônomo, assim considerada a pessoa física que habitualmente pratica atos de comércio em seu próprio nome, com o fim de lucro, na revenda direta a consumidor dos produtos que conduzir ou oferecer por meio de mostruário ou catálogo, mediante oferta domiciliar (RIPI, art. 613).

Nesse contexto, o inciso I do art. 36 do RIPI estabelece que, quanto aos produtos vendidos por intermédio de ambulantes, considera-se ocorrido o fato gerador do IPI na entrega ao comprador.

Aqui, além de conhecer a regra, é preciso cuidado para não considerar que o fato gerador só ocorre na entrega ao comprador. Isso não é verdade, pois o fato gerador do IPI ocorre tanto na saída dos produtos do estabelecimento industrial ou equiparado (RIPI, art. 35, II), quanto na entrega ao comprador em razão da venda efetuada pelo ambulante (RIPI, art. 36, I).

Tanto é assim que o inciso III do art. 195 do RIPI estabelece um valor tributável mínimo para o caso de produtos saídos do estabelecimento industrial, ou equiparado a industrial, com destino a ambulante para venda direta a consumidor (59.5).

Além disso, em referência à emissão dos documentos fiscais, o RIPI apresenta o seguinte tratamento:

- na saída de produtos do estabelecimento industrial, ou equiparado a industrial, para venda por intermédio de ambulantes, deve ser emitida nota fiscal, com a indicação dos números e série das notas em branco, em poder do ambulante, a serem utilizadas por ocasião da entrega dos produtos aos adquirentes (art. 479);
- na entrega efetuada por ambulante, nova nota fiscal deve ser emitida, ficando dispensado o destaque do imposto desde que nela se declare que o imposto se acha incluído no valor dos produtos, e faça referência ao número e à data da nota fiscal que acompanhou os produtos que foram entregues ao ambulante (art. 480);
- no retorno do ambulante, no verso da primeira via da nota fiscal relativa à remessa, emitida na saída do estabelecimento industrial, deve ser feito o balanço do imposto destacado com o devido sobre as vendas realizadas, indicando-se a série, se houver, e os números das notas emitidas pelo ambulante (art. 481);
- se da apuração acima referida resultar saldo devedor, o estabelecimento deve emitir nota fiscal com destaque do imposto e a declaração "Nota Emitida Exclusivamente para Uso Interno", para escrituração no livro Registro de Saídas (art. 481, § 1º);
- se da apuração resultar saldo credor, deve ser emitida nota fiscal para escrituração no livro Registro de Entradas (art. 481, § 1º e art. 434, VIII).

58.3.2. Saída de armazém-geral

Considera-se ocorrido o fato gerador do IPI na saída de armazém-geral ou outro depositário do estabelecimento industrial ou equiparado a industrial depositante, quanto aos produtos entregues diretamente a outro estabelecimento (RIPI, art. 36, inciso II).

Armazém-Geral é um estabelecimento de empresa organizada na forma da Lei nº 1.102, de 1903, que recebe produtos para guarda e depósito por conta e ordem de terceiros.

Na remessa de produtos pelo estabelecimento contribuinte do IPI para depósito em armazém-geral ou outro depositário, assim como em seu retorno, deve ser emitida nota fiscal com suspensão do imposto, aplicando-se o disposto no art. 482 do RIPI no caso em que depositante e depositário estiverem no mesmo Estado federado, ou o disposto no art. 485 se estiverem em Estados federados diferentes.

De qualquer forma, se o produto sair do armazém-geral, ou de outro depositário, com destino a estabelecimento que não o depositante (numa venda a terceiros, por exemplo), considera-se ocorrido o fato gerador do IPI, praticado pelo depositante. Nesse caso, o armazém-geral deve emitir uma nota de retorno simbólico ao depositante, com suspensão do imposto, e o depositante deve emitir uma nota fiscal, com destaque do imposto, em nome do terceiro destinatário do produto (RIPI, arts. 483 ou 486).

Essa tramitação de notas fiscais se harmoniza perfeitamente com a hipótese de ocorrência do fato gerador do imposto, ora estudada, prevista no inciso II do art. 36 do RIPI.

58.3.3. Saída da repartição aduaneira diretamente a terceiros

Conforme já sabemos (item 54.1), o importador pratica o fato gerador do IPI duas vezes: na importação, e na saída dos produtos de procedência estrangeira de seu estabelecimento, nesse caso, como equiparado a industrial.

Mas, o que acontece se o produto é despachado para um terceiro sem transitar pelo estabelecimento do importador?

Nesse caso, a legislação estabelece que o fato gerador do IPI considera-se ocorrido na saída da repartição que promoveu o desembaraço aduaneiro, quanto aos produtos que, por ordem do importador, forem remetidos diretamente a terceiros (RIPI, art. 36, inciso III).

Portanto, se não fosse por essa previsão legal, a remessa da repartição alfandegária diretamente para terceiros evitaria a ocorrência do segundo fato gerador praticado pelo importador. Desse modo, para fins de incidência do imposto, torna-se indiferente o fato de os produtos de origem estrangeira transitarem, ou não, pelo estabelecimento importador antes de serem despachados para terceiros.

58.3.4. Remessa de produto industrializado por encomenda a estabelecimento diverso do encomendante

Na situação mais simples envolvendo industrialização por encomenda, quando o produto resultante da industrialização transita pelo estabelecimento do encomendante, na remessa para o encomendante o executor da encomenda pratica um fato gerador, e o encomendante pratica outro, quando dá saída dos produtos a terceiros.

Numa outra situação, quando os produtos são remetidos para estabelecimento diferente do encomendante, da mesma pessoa jurídica ou não, só há uma operação de saída, do executor da encomenda para o outro estabelecimento, de modo que o produto não transita pelo estabelecimento do encomendante.

No entanto, ainda assim, a legislação estabelece que se considera ocorrido o fato gerador praticado pelo encomendante, nos seguintes termos:

> *Considera-se ocorrido o fato gerador do IPI na saída do estabelecimento industrial diretamente para estabelecimento da mesma firma ou de terceiro, por ordem do encomendante, quanto aos produtos mandados industrializar por encomenda (RIPI, art. 36, inciso IV).*

Portanto, se não fosse por essa previsão legal, a remessa de produtos industrializados por encomenda para estabelecimento diverso do encomendante, evitaria a ocorrência do fato gerador praticado pelo encomendante. Mais uma vez, para fins de incidência do imposto, torna-se indiferente o fato de os produtos industrializados por encomenda transitarem, ou não, pelo estabelecimento encomendante antes de serem despachados para outros estabelecimentos.

Mais detalhes sobre essas operações serão apresentados no item 72.5.

58.3.5. Executor da encomenda que adquire os produtos resultantes da industrialização por encomenda

Mais detalhes sobre essa operação serão apresentados no item 72.3. Mas já podemos adiantar que, na situação normal, os produtos industrializados por encomenda seriam remetidos para o estabelecimento encomendante, que daria nova saída tributada.

Mas o que acontece se o próprio executor da encomenda decide ficar com os produtos que tenha industrializado por solicitação do encomendante? Nesse caso, se não fosse pela previsão aqui analisada, o fato de o próprio executor da encomenda ficar com os produtos que tenha industrializado evitaria a ocorrência do fato gerador praticado pelo encomendante.

Isso explica porque, quanto aos produtos adquiridos pelo executor da encomenda antes mesmo de saírem do seu estabelecimento, o inciso IX do art. 36 do RIPI estabelece que considera-se ocorrido o fato gerador do IPI:
- na aquisição (caso a industrialização já esteja concluída); ou
- na conclusão da operação industrial, caso a venda tenha sido efetuada antes de concluída a industrialização.

58.3.6. Saída de bens de produção dos associados para as suas cooperativas

Por óbvio, com a equiparação a estabelecimento industrial, por opção, a cooperativa se obriga ao destaque do imposto na saída dos produtos de seu estabelecimento.

A hipótese de ocorrência do fato gerador do IPI de que trata este item se refere à etapa anterior, a remessa de bens de produção do associado para a cooperativa.

De acordo com o inciso V do art. 36 do RIPI, considera-se ocorrido o fato gerador do IPI na saída de bens de produção dos associados para as suas cooperativas, equiparadas a estabelecimento industrial, por opção. Com isso, fica claro que a incidência do IPI tem início na etapa correspondente à remessa do associado para a cooperativa, dando início também aos controles da Administração Tributária.

Para essa situação, pode se mostrar bem adequado o regime de substituição tributária analisado no item 56.2.

58.3.7. Saída simbólica de álcool das usinas produtoras

No mesmo contexto de cooperativas equiparadas a estabelecimento industrial por opção, o inciso XII do art. 36 do RIPI trata da hipótese em que o álcool não chega a ser remetido pela usina para a cooperativa, embora perante terceiros seja a cooperativa o estabelecimento vendedor.

Nesse caso, considera-se ocorrido o fato gerador do IPI na saída simbólica de álcool das usinas produtoras para as suas cooperativas, equiparadas, por opção, a estabelecimento industrial.

Portanto, trata-se da transferência simbólica da produção de álcool das usinas produtoras às suas cooperativas, equiparadas, por opção, a estabelecimento industrial. Desse modo, ainda que o álcool não transite fisicamente da usina para a cooperativa, por ficção legal considera-se ocorrido o fato gerador praticado pela usina.

Parte V | Imposto sobre Produtos Industrializados

Antes de encerrar este item, para evitar qualquer confusão, vale ressaltar que, embora os combustíveis sejam imunes ao IPI (RIPI, art. 18, inciso IV), nem todo álcool tem fins carburantes. Isso explica a hipótese de ocorrência do fato gerador do IPI tratada neste item.

Note na tabela abaixo, que reproduz parte da TIPI, que é um produto NT apenas o álcool para fins carburantes, com as especificações determinadas pela ANP (Ex 01 dos códigos 2207.10.10, 2207.10.90, 2207.20.11 e 2207.20.19):

22.07	Álcool etílico não desnaturado, com um teor alcoólico, em volume, igual ou superior a 80% vol; álcool etílico e aguardentes, desnaturados, com qualquer teor alcoólico.	
2207.10	Álcool etílico não desnaturado, com um teor alcoólico, em volume, igual ou superior a 80% vol	
2207.10.10	Com um teor de água igual ou inferior a 1% vol	0
	Ex 01 – Para fins carburantes, com as especificações determinadas pela ANP	NT
	Ex 02 – Retificado (álcool neutro)	8
2207.10.90	Outros	0
	Ex 01 – Para fins carburantes, com as especificações determinadas pela ANP	NT
	Ex 02 – Retificado (álcool neutro)	8
2207.20	Álcool etílico e aguardentes, desnaturados, com qualquer teor alcoólico	
2207.20.1	Álcool etílico	
2207.20.11	Com um teor de água igual ou inferior a 1% vol	8
	Ex 01 – Para fins carburantes, com as especificações determinadas pela ANP	NT
2207.20.19	Outros	8
	Ex 01 – Para fins carburantes, com as especificações determinadas pela ANP	NT
2207.20.20	Aguardente	8

58.3.8. Industrialização fora do estabelecimento

Considera-se ocorrido o fato gerador do IPI no momento em que ficar concluída a operação industrial, quando a industrialização se der no próprio local de consumo ou de utilização do produto, fora do estabelecimento industrial (RIPI, art. 36, inciso VII).

Nesse caso, considera-se concluída a operação industrial, e ocorrido o fato gerador do imposto (RIPI, art. 36, parágrafo único):
- na data da entrega do produto ao adquirente; ou
- na data em que se iniciar o seu consumo ou a sua utilização, se anterior à formalização da entrega.

58.3.9. Desvio de finalidade do papel imune

De acordo com o inciso VIII do art. 36 do RIPI, considera-se ocorrido o fato gerador do IPI:
- no início do consumo ou da utilização do papel destinado à impressão de livros, jornais e periódicos, em finalidade diferente da que lhe é prevista na imunidade; ou
- na saída do fabricante, do importador ou de seus estabelecimentos distribuidores, para pessoas que não sejam empresas jornalísticas ou editoras.

Já fizemos referência a esta hipótese de ocorrência do fato gerador do IPI no final do item 56.1, quando identificamos a diferença de tratamento entre a pessoa que não seja empresa jornalística ou editora, em cuja posse for encontrado o papel destinado à impressão de livros, jornais e periódicos, hipótese em que é responsável pelo imposto (RIPI, art. 25, VIII), e o caso ora analisado, em que ocorre o descumprimento da finalidade subjacente à imunidade do papel, e quem lhe der causa se torna contribuinte do imposto.

58.3.10. Produto que não é exportado após ter sido remetido a empresa comercial exportadora

Os produtos destinados a empresas comerciais exportadoras, com o fim específico de exportação, saem do estabelecimento industrial com suspensão do imposto (item 64.3).

Em relação aos produtos adquiridos com o fim específico de exportação, a empresa comercial exportadora fica responsável pelo imposto que deixou de

ser pago, na saída do estabelecimento industrial fornecedor (item 56.1), nas hipóteses em que:
- tenha transcorrido 180 dias da data da emissão da nota fiscal de venda pelo estabelecimento industrial, não houver sido efetivada a exportação;
- os produtos forem revendidos no mercado interno; ou
- ocorrer a destruição, o furto ou roubo dos produtos;

Nesses casos em que restar caracterizado que não foi exportado o produto remetido a empresa comercial exportadora com o fim específico de exportação, o inciso X do art. 36 do RIPI estabelece que considera-se ocorrido o fato gerador do IPI na data da emissão da nota fiscal pelo estabelecimento industrial.

Ou seja, se a empresa comercial exportadora não exporta os produtos recebidos com suspensão, fica responsável pelo pagamento do imposto que deixou de ser pago pelo fornecedor com os devidos acréscimos legais, contados desde a data de emissão da nota fiscal pelo estabelecimento industrial fornecedor.

58.3.11. Consumo no próprio estabelecimento industrial

Considera-se ocorrido o fato gerador do IPI no momento da sua venda, quanto aos produtos objeto de operação de venda que forem consumidos ou utilizados dentro do estabelecimento industrial (RIPI, art. 36, inciso XI).

Trata-se da hipótese de consumo do produto no próprio estabelecimento industrial. É o caso das microcervejarias.

58.3.12. Produto que permanece no estabelecimento mesmo depois de emitida a nota fiscal

Considera-se ocorrido o fato gerador do IPI no 4º dia da data da emissão da respectiva nota fiscal, quanto aos produtos que, até o dia anterior, não tiverem deixado o estabelecimento do contribuinte (RIPI, art. 36, inciso VI).

Portanto, por ficção legal, considera-se ocorrido o fato gerador no 4º dia após a emissão da nota fiscal, ainda que o produto não tenha efetivamente saído do estabelecimento. Nesse caso, supondo que a nota fiscal foi emitida no dia 3 de um determinado mês, se até o dia 6 o produto não sair do estabelecimento, considera-se ocorrido o fato gerador no dia 7, que é o quarto dia após a emissão da nota fiscal.

58.3.13. Mercadorias importadas que permanecem em recinto alfandegado além do prazo permitido

De acordo com o inciso XIII do art. 36 do RIPI, considera-se ocorrido o fato gerador do IPI na data do vencimento do prazo de permanência da mercadoria no recinto alfandegado, antes de aplicada a pena de perdimento, quando as mercadorias importadas forem consideradas abandonadas pelo decurso do referido prazo.

Esta é uma hipótese análoga à prevista relativamente ao imposto de importação (Regulamento Aduaneiro, art. 73, inciso III). Os prazos máximos para permanência da mercadoria em recinto alfandegado sem que iniciado o despacho de importação encontram-se estabelecidos no art. 642 do Regulamento Aduaneiro.

Ultrapassados esses prazos, a mercadoria é considerada abandonada, ficando sujeita à pena de perdimento. Entretanto, se o importador, antes de aplicada a pena de perdimento, registra a declaração de importação marcando o início do despacho aduaneiro, o fato gerador do imposto de importação – e também do IPI (é disso que trata este item 58.3.13) – reporta-se à data do vencimento do prazo de permanência da mercadoria no recinto alfandegado.

Portanto, nessa hipótese, ficam afastadas as regras gerais que definem o momento de ocorrência do fato gerador do imposto de importação (no registro da declaração), e do IPI (no desembaraço aduaneiro), considerando-se ocorrido o fato gerador de ambos os impostos na data do vencimento do prazo de permanência da mercadoria no recinto alfandegado.

58.3.14. Descumprimento de condição para benefício fiscal

Por fim, vale reproduzir a hipótese prevista no art. 37 do RIPI:

> **Art. 37.** Na hipótese de venda, exposição à venda, ou consumo no território nacional, de produtos destinados ao exterior, ou na hipótese de descumprimento das condições estabelecidas para a isenção ou a suspensão do imposto, considerar-se-á ocorrido o fato gerador na data da saída dos produtos do estabelecimento industrial ou equiparado a industrial.

Portanto, segundo se depreende do dispositivo acima reproduzido, havendo descumprimento de condição para fruição de isenção ou suspensão, ou mesmo da imunidade das exportações (nesse caso, pela simples venda, exposição à venda, ou consumo no território nacional), o fato gerador não se considera ocorrido na data em que se verificar o descumprimento. Em verdade, nesses casos, o fato gerador se reporta à data da saída dos produtos do estabelecimento industrial ou equiparado a industrial.

Assim, por exemplo, se produtos deixam o estabelecimento industrial em 10 de fevereiro de um determinado ano com destino ao exterior, mas permanecem no País e são expostos à venda em 20 de março. Nesse caso, considera-se ocorrido o fato gerador do IPI em 10 de fevereiro, e não em 20 de março.

58.4. Hipóteses de não ocorrência do fato gerador do IPI

No item 58.3, estudamos os casos em que se considera ocorrido o fato gerador do IPI. A partir deste ponto, vamos analisar a situação inversa. Vamos tratar dos casos em que não se considera ocorrido o fato gerador do imposto.

Nesse sentido, há certas situações que se enquadrariam perfeitamente na hipótese de incidência do IPI e que, por isso mesmo, por ela estariam abrangidas caso não houvesse previsão legal estabelecendo expressamente que elas não constituem fato gerador do imposto. Esse é o objeto do art. 38 do RIPI.

58.4.1. No desembaraço aduaneiro

De acordo com o inciso I do art. 38 do RIPI, não constitui fato gerador do IPI, o desembaraço aduaneiro de produto nacional que retorne ao Brasil:
- quando enviado em consignação para o exterior e não vendido nos prazos autorizados;
- por defeito técnico que exija sua devolução, para reparo ou substituição;
- em virtude de modificações na sistemática de importação do país importador;
- por motivo de guerra ou calamidade pública; e
- por quaisquer outros fatores alheios à vontade do exportador.

Trata-se, em verdade, da repercussão, na legislação do IPI, de igual tratamento dado pela legislação aduaneira em relação à mercadoria nacional que retorna do exterior por motivos alheios à vontade do exportador brasileiro (Regulamento Aduaneiro, art. 70).

Vale ressaltar que, além desses casos, o Regulamento Aduaneiro estabelece que não constitui fato gerador do IPI o desembaraço aduaneiro de produtos nacionais, que retornem ao País, aos quais tenha sido aplicado o regime aduaneiro especial de exportação temporária, ainda que descumprido o regime (RA, art. 238, § 2º, inciso II).

58.4.2. Em relação a saídas do estabelecimento contribuinte

Em relação às saídas de produtos industrializados do estabelecimento contribuinte do imposto, também há casos em que não se considera ocorrido o fato gerador.

Nesse sentido, a legislação estabelece que não constituem fato gerador as saídas de produtos subsequentes à primeira (RIPI, art. 38, inciso II):

- nos casos de locação ou arrendamento, salvo se o produto tiver sido submetido à nova industrialização; ou
- quando se tratar de bens do ativo permanente, industrializados ou importados pelo próprio estabelecimento industrial ou equiparado a industrial, destinados à execução de serviços pela própria firma remetente.

Além dessas hipóteses, nos incisos III e IV de seu art. 38, o RIPI dispõe sobre duas outras situações que também não constituem fato gerador do IPI. São elas:

- a saída de produtos incorporados ao ativo permanente, após cinco anos de sua incorporação, pelo estabelecimento industrial, ou equiparado a industrial, que os tenha industrializado ou importado; ou
- a saída de produtos por motivo de mudança de endereço do estabelecimento.

As hipóteses previstas nos incisos III e IV do art. 38 do RIPI são praticamente autoexplicativas. Mas o mesmo não ocorre em relação às hipóteses do inciso II, razão pela qual serão analisadas com mais atenção nos subitens a seguir.

a. Saídas com finalidade de locação ou arrendamento

Na primeira hipótese do inciso II do art. 38 do RIPI, temos o caso em que o estabelecimento industrializa ou importa bens, com a finalidade de alugá--los ou arrendá-los a terceiros. É situação comum no caso das máquinas copiadoras, impressoras, entre outros produtos.

De qualquer forma, é preciso que fique bem claro que, nessas situações, ocorre o fato gerador na primeira vez que o produto sair do estabelecimento industrial, ou equiparado a industrial.

Para ilustrar essa hipótese, vamos imaginar uma indústria de empilhadeiras que, além de vender tais equipamentos, também celebra contratos de arrendamento com seus clientes. Depois de finalizada a industrialização, o estabelecimento tem um produto novo no seu estoque. Suponha que uma transportadora decida arrendar esse bem. No momento em que ele sai pela primeira vez do estabelecimento da indústria ocorre o fato gerador do IPI. Dois anos se passam e a empilhadeira retorna para o industrial. Como as manutenções foram todas realizadas em dia, ela ainda tem excelentes condições. Novo arrendamento é celebrado, com o produto exatamente nas mesmas condições em que retornou depois de encerrado o primeiro contrato. Ocorre nova saída da mesma empilhadeira, mas não ocorre novo fato gerador do IPI porque nova industrialização não foi realizada.

Portanto, como regra, depois que o produto retorna ao estabelecimento, as novas saídas não constituem novos fatos geradores, salvo se o produto tiver sido submetido à nova industrialização. Desse modo, caso o produto venha a sofrer nova industrialização, ocorrerá novo fato gerador na primeira saída subsequente à industrialização.

Considerando aquele mesmo exemplo, suponha agora que, depois de encerrado o segundo contrato de arrendamento, o bem retorna à linha de produção do estabelecimento industrial para que seja instalado um novo sistema eletromecânico para movimentação de carga, diferente do original, com novas e avançadas funcionalidades. Suponha, agora, que depois dessa nova industrialização (na modalidade de beneficiamento) é celebrado um terceiro contrato de arrendamento. Na saída do equipamento para o cliente do novo contrato de arrendamento, ocorrerá novo fato gerador do IPI.

b. Saídas de bens do ativo permanente para prestação de serviços

Passando, agora, para a segunda hipótese do inciso II do art. 38 do RIPI, temos o caso de bens do ativo permanente, industrializados ou importados pelo próprio estabelecimento industrial ou equiparado a industrial, destinados à execução de serviços pela própria pessoa jurídica remetente.

Da mesma forma, considera-se ocorrido o fato gerador do imposto apenas na primeira vez em que o produto deixa o estabelecimento para fins de execução de serviços prestados pelo próprio remetente.

Para ilustrar esse caso, imagine uma empresa que importe um trator e o incorpore em seu ativo imobilizado para, com ele, executar serviços na construção civil. No desembaraço aduaneiro de importação haverá um fato gerador. Na primeira saída efetuada para com ele executar serviços também ocorrerá fato gerador do IPI. Depois de concluído o serviço e retornado o equipamento, nas demais saídas para execução de novos serviços, não ocorrerá novo fato gerador.

Capítulo 59
Base de Cálculo do IPI

Embora definida no plano de normas gerais, é importante conhecer a base de cálculo do IPI, segundo a previsão do Código Tributário Nacional. Nada impede que uma pergunta de prova seja elaborada tendo por referência a previsão do Código.

Segundo o art. 47 do CTN, a base de cálculo do IPI:
- no desembaraço aduaneiro, é o valor que serve de base para o imposto de importação[13], acrescido do montante:
    - ✓ do imposto sobre a importação;
    - ✓ das taxas exigidas para entrada do produto no País;
    - ✓ dos encargos cambiais efetivamente pagos pelo importador ou dele exigíveis;
- nas saídas de produtos industrializados de estabelecimento contribuinte do imposto:
    - ✓ é o valor da operação de que decorrer a saída da mercadoria; ou
    - ✓ na falta de valor da operação, é o preço corrente da mercadoria, ou sua similar, no mercado atacadista da praça do remetente;
- no caso de produto industrializado apreendido ou abandonado e levado a leilão, o preço da arrematação.

No RIPI, de acordo com o art. 189, o imposto é calculado mediante aplicação das alíquotas da TIPI sobre o valor tributável dos produtos. Portanto, a legislação denomina a base de cálculo do IPI de "valor tributável".

A matéria se encontra disciplinada no art. 190 e seguintes, e vamos a partir de agora analisar os aspectos mais relevantes do assunto.

59.1. Valor tributável

Nos termos do art. 190 do RIPI, salvo disposição em contrário, constitui valor tributável:
- dos produtos de procedência estrangeira:
    - ✓ o valor que servir ou que serviria de base para o cálculo dos tributos aduaneiros, por ocasião do despacho de importação, acrescido do

---
[13] Segundo dispõe o inciso II do art. 20 do CTN, o valor que serve de base para o imposto de importação é preço normal que o produto, ou seu similar, alcançaria, ao tempo da importação, em uma venda em condições de livre concorrência, para entrega no porto ou lugar de entrada do produto no País.

montante desses tributos e dos encargos cambiais efetivamente pagos pelo importador ou dele exigíveis; e

✓ o valor total da operação de que decorrer a saída do estabelecimento equiparado a industrial; ou

• dos produtos nacionais, o valor total da operação de que decorrer a saída do estabelecimento industrial ou equiparado a industrial.

Note que o RIPI, de forma coerente com a definição das hipóteses de incidência, não dispõe sobre base de cálculo no caso de produto industrializado apreendido ou abandonado e levado a leilão, como faz o CTN. Já vimos a razão disso no item 58.1.

Note também que o dispositivo do RIPI que trata da base de cálculo do imposto está organizado segundo a procedência do produto (estrangeira ou nacional), e não, como faz o CTN, segundo o fato gerador (desembaraço aduaneiro de importação ou saída do estabelecimento contribuinte).

Com isso, mais uma vez fica evidenciado que, em relação aos produtos de procedência estrangeira, o importador pratica dois fatos geradores: um deles, no desembaraço aduaneiro, na qualidade de importador; e outro, na saída subsequente, como estabelecimento equiparado a industrial.

Sobre o valor da operação é importante registrar que ele compreende o preço do produto, acrescido do valor do frete[14] e das demais despesas acessórias, cobradas ou debitadas pelo contribuinte ao comprador ou destinatário (RIPI, art. 190, § 1º).

Quanto ao frete, o RIPI estabelece, ainda, que na hipótese de o transporte ser realizado ou cobrado por pessoa jurídica interligada, controladora ou controlada do estabelecimento contribuinte, ou por firma com a qual este tenha relação de interdependência, mesmo quando subcontratado, o frete deve ser considerado como cobrado ou debitado pelo contribuinte (RIPI, art. 190, § 2º). Ou seja, para evitar a "corrosão" da base de cálculo do imposto por meio de arranjos operacionais elaborados por pessoas ligadas ao contribuinte (mediante transferência artificial do valor do produto para o frete), a legislação peremptoriamente estabelece que, nesses casos, o frete integra a base de cálculo do IPI. Dispositivo com finalidade análoga encontra-se no art. 19 da Lei nº 13.097, de 2015, tratando especificamente do transporte de bebidas frias.

---

14 No STF, o entendimento também é no sentido da impossibilidade de inclusão dos descontos incondicionais na base de cálculo do IPI, sob o fundamento de inconstitucionalidade formal do art. 15 da Lei nº 7.798, de 1989. Nesse sentido é a ementa do acórdão, de relatoria do Min. Marco Aurélio, proferido no julgamento do RE nº 881.908: "IMPOSTO SOBRE PRODUTOS INDUSTRIALIZADOS – FRETE – BASE DE CÁLCULO – INCLUSÃO – LEI ORDINÁRIA – INCONSTITUCIONALIDADE FORMAL. Viola o art. 146, inc. III, alínea "a", da Carta Federal norma ordinária segundo a qual hão de ser incluídos, na base de cálculo do Imposto sobre Produtos Industrializados – IPI, valores em descompasso com o disposto na alínea "a" do inc. II do art. 47 do Código Tributário Nacional. Precedente – Recurso Extraordinário nº 567.935/SC, de minha relatoria, Pleno, apreciado sob o ângulo da repercussão geral".

O RIPI, no § 3º do art. 190, também estabelece que do valor da operação não podem ser deduzidos descontos, diferenças ou abatimentos, concedidos a qualquer título, ainda que incondicionalmente. Em outras palavras, segundo a legislação tributária, ao contrário do que se verifica com o Imposto de Renda, descontos incondicionais não constituem dedução da base de cálculo do IPI[15].

Por outro lado, no específico caso em que o fabricante ou importador efetua vendas diretas ao consumidor final de automóveis, podem ser excluídos da base de cálculo do imposto os valores devidos às concessionários pela intermediação ou entrega dos veículos, nos termos estabelecidos nos respectivos contratos de concessão, limitados a 9% do valor da operação (RIPI, art. 190, §§ 5º e 6º).

59.2. Valor tributável no caso de consignação mercantil

Nas saídas de produtos a título de consignação mercantil, o valor da operação que serve de base de cálculo do IPI é o preço de venda do consignatário, estabelecido pelo consignante (RIPI, art. 190, § 4º).

Ou seja, no caso de consignação, o valor da operação que serve de base de cálculo do imposto é o preço estabelecido pelo estabelecimento contribuinte, titular do produto, a ser praticado pelo consignatário na venda realizada a um terceiro.

59.3. Valor tributável no caso de ausência de valor da operação

Quando a saída se der a título de locação ou arrendamento mercantil ou decorrer de operação a título gratuito considera-se valor tributável o preço corrente do produto ou seu similar, no mercado atacadista da praça do remetente. Isso se aplica a qualquer operação que, em virtude de não transferir a propriedade do produto, não importe em fixar-lhe o preço (RIPI, art. 192).

---

15   Sobre a possibilidade de exclusão de descontos incondicionais da base de cálculo do IPI, o STJ tem entendimento diverso, conforme fica evidente no Acórdão proferido no REsp nº 1.149.424, incluído na sistemática dos recursos repetitivos: "A Lei 7.798/89, ao conferir nova redação ao § 2º do art. 14 da Lei 4.502/64 e impedir a dedução dos descontos incondicionais, permitiu a incidência da exação sobre base de cálculo que não corresponde ao valor da operação, em flagrante contrariedade à disposição contida no art. 47, II, "a", do CTN. Os descontos incondicionais não compõem a real expressão econômica da operação tributada, sendo permitida a dedução desses valores da base de cálculo do IPI."
No STF, o entendimento também é no sentido da impossibilidade de inclusão dos descontos incondicionais na base de cálculo do IPI, sob o fundamento de inconstitucionalidade formal do art. 15 da Lei nº 7.798, de 1989. Nesse sentido é a ementa do acórdão proferido no julgamento do RE nº 567.935: "IMPOSTO SOBRE PRODUTOS INDUSTRIALIZADOS – VALORES DE DESCONTOS INCONDICIONAIS – BASE DE CÁLCULO – INCLUSÃO – ARTIGO 15 DA LEI Nº 7.798/89 – INCONSTITUCIONALIDADE FORMAL – LEI COMPLEMENTAR – EXIGIBILIDADE. Viola o art. 146, inc. III, alínea "a", da Carta Federal norma ordinária segundo a qual hão de ser incluídos, na base de cálculo do Imposto sobre Produtos Industrializados – IPI, os valores relativos a descontos incondicionais concedidos quando das operações de saída de produtos, prevalecendo o disposto na alínea "a" do inc. II do art. 47 do Código Tributário Nacional".

59.4. Valor tributável no recondicionamento de produto usado

O imposto incidente sobre produtos usados, adquiridos de particulares ou não, que sofrem processo de industrialização na modalidade renovação ou recondicionamento, tem como base de cálculo a diferença de preço entre a aquisição e a revenda (RIPI, art. 194).

Para bem compreender essa hipótese, vamos considerar o seguinte exemplo:
- Aquisição do produto usado: R$ 5 mil
- Venda do produto usado recondicionado: R$ 15 mil
- Alíquota do IPI sobre o produto: 20%
- IPI incidente sobre partes e peças utilizadas na operação de recondicionamento (outros produtos, que não o próprio produto usado): R$ 250

Determinação da base de cálculo
- BC = R$ 15 mil − R$ 5 mil = R$ 10 mil

Apuração do Imposto a pagar
- Débito de IPI: BC x Alíquota = R$ 10 mil x 20% = R$ 2 mil
- Crédito da não cumulatividade: R$ 250 (relativo às partes e peças tributadas)
- IPI a pagar: R$ 2 mil − R$ 250 = R$ 1.750

Nesse exemplo, perceba que a aquisição do produto usado não corresponde à hipótese de crédito. Na verdade, o preço de aquisição do produto usado é considerado na determinação da própria base de cálculo do imposto.

59.5. Valor tributável mínimo

Sabemos que o imposto é calculado mediante aplicação das alíquotas previstas na TIPI sobre o valor tributável dos produtos. Portanto, o valor do imposto depende diretamente da alíquota e do valor tributável.

A alíquota é estabelecida de maneira objetiva na TIPI. No entanto, grandes variações podem decorrer de divergências na classificação dos produtos, fruto de divergências de interpretação, ou mesmo de má-fé em certos casos.

O outro elemento sensível na definição do montante calculado do tributo é o valor tributável da operação. Manipulações de preços podem repercutir negativamente sobre a arrecadação do IPI. Por isso mesmo, como forma de preservação do crédito tributário, a legislação estabelece o valor tributável mínimo que deve ser observado sob certas circunstâncias.

Algumas dessas regras são bem específicas. De qualquer forma, para se considerar bem preparado para a prova de um concurso público que exija conhecimentos acerca de legislação do IPI, o candidato precisa conhecer essas regras.

Nos termos do art. 195 do RIPI, o valor tributável não poderá ser inferior:

- ao preço corrente no mercado atacadista da praça do remetente quando o produto for destinado a outro estabelecimento do próprio remetente ou a estabelecimento de firma com a qual mantenha relação de interdependência;

> **Observação:** Aqui é evidente o objetivo da legislação de evitar a "corrosão" da base de cálculo do imposto, no caso de preços combinados sem a intervenção das forças de mercado.

- a 90% do preço de venda aos consumidores, não inferior ao preço corrente no mercado atacadista da praça do remetente, quando o produto for remetido a outro estabelecimento da mesma empresa, **desde que o destinatário opere exclusivamente na venda a varejo;**

> **Observação:** Esta hipótese trata da movimentação entre estabelecimentos da mesma pessoa jurídica, no caso em que o estabelecimento destinatário opera exclusivamente na venda a varejo.
>
> Nesse caso, o valor tributável mínimo é o maior entre os seguintes valores: 90% do preço de venda aos consumidores; ou o preço corrente no mercado atacadista da praça do remetente.
>
> Aqui, o objetivo é o mesmo: evitar a "corrosão" da base de cálculo do imposto.

- ao custo de fabricação do produto, acrescido dos custos financeiros e dos de venda, administração e publicidade, bem como do seu lucro normal e das demais parcelas que devam ser adicionadas ao preço da operação, no caso de produtos saídos do estabelecimento industrial, ou equiparado a industrial, com destino a comerciante autônomo, ambulante ou não, para venda direta a consumidor; e

> **Observação:** Neste caso, como o estabelecimento industrial realiza venda ao próprio consumidor (embora o faça indiretamente, por meio de comerciante autônomo), aqui se tem a autorização legal para a aproximação do valor da operação pelo qual o produto efetivamente chega ao consumidor final.
>
> Para esse efeito, considera-se comerciante autônomo, ambulante ou não, a pessoa física, que, ainda que como empresário individual, pratique habitualmente atos de comércio, com o fim de lucro, em seu próprio nome, na revenda direta a consumidor, mediante oferta domiciliar, dos produtos que conduzir ou oferecer por meio de mostruário ou catálogo.

- a 70% do preço da venda a consumidor no estabelecimento moageiro, nas remessas de café torrado a estabelecimento comercial varejista que possua atividade acessória de moagem.

59.6. Arbitramento do Valor Tributável

Ressalvada a avaliação contraditória, decorrente de perícia, o Fisco pode arbitrar o valor tributável ou qualquer dos seus elementos, quando forem omissos ou não merecerem fé os documentos expedidos pelas partes ou, tratando-se de operação a título gratuito, quando inexistir ou for de difícil apuração o valor tributável.

Como se nota, mera repercussão do art. 148 do CTN.

Capítulo 60
Créditos da Não Cumulatividade do IPI

A não cumulatividade ao IPI, originalmente prevista na Lei nº 4.502, de 1964, ganhou *status* de princípio constitucional, sendo que o legislador atende a essa diretriz através do sistema de crédito do imposto. É o que prevê o art. 225 do RIPI:

> **Art. 225.** A não cumulatividade é efetivada pelo sistema de crédito do imposto relativo a produtos entrados no estabelecimento do contribuinte, para ser abatido do que for devido pelos produtos dele saídos, num mesmo período.
>
> § 1º O direito ao crédito é também atribuído para anular o débito do imposto referente a produtos saídos do estabelecimento e a este devolvidos ou retornados.
>
> § 2º Regem-se, também, pelo sistema de crédito os valores escriturados a título de incentivo, bem como os resultantes das situações indicadas no art. 240.

Portanto, em cada período de apuração, para determinar o valor a pagar a título de IPI, o estabelecimento contribuinte encontra-se autorizado a abater créditos da não cumulatividade do imposto.

Basicamente, o direito de crédito se refere ao imposto destacado nas notas fiscais relativas a produtos tributados que ingressam no estabelecimento contribuinte do IPI. Mas há outras hipóteses a considerar. Na terminologia do RIPI, são as seguintes as espécies de créditos da não cumulatividade do IPI:
- créditos básicos (item 60.1);
- créditos por devolução ou retorno de produtos (item 60.2);
- créditos como incentivo (item 60.3);
- créditos de outra natureza (item 60.4);
- crédito presumido (Capítulo 61).

Além das hipóteses que dão direito ao crédito da não cumulatividade do imposto, o RIPI também contém disposições sobre a escrituração e a utilização dos créditos (item 60.7).

Antes de iniciar a análise das hipóteses de creditamento, é oportuno dizer que, como regra, não é permitida qualquer correção monetária dos valores registrados a título de créditos do IPI. No entanto, de acordo com a Súmula nº 411/STJ, "é devida a correção monetária ao creditamento do IPI quando há oposição ao seu aproveitamento decorrente de resistência ilegítima do Fisco". Portanto, segundo a jurisprudência do STJ, na hipótese em que o Fisco indevidamente impede a utilização dos créditos, não se pode impor ao contribuinte a "corrosão" do respectivo valor, sendo-lhe, nesse caso, autorizada a correção monetária.

60.1. Créditos básicos

As hipóteses de créditos básicos da não cumulatividade do imposto estão relacionadas nos arts. 226 e 227 do RIPI. Segundo os referidos artigos, os estabelecimentos industriais e os que lhes são equiparados podem computar:
- créditos decorrentes da aquisição de insumos tributados (item 60.1.1);
- créditos na industrialização por encomenda (item 60.1.2);
- créditos relativos ao imposto pago no desembaraço aduaneiro (item 60.1.3);
- créditos do estabelecimento equiparado a industrial (itens 60.1.4, 60.1.5 e 60.1.6);
- créditos na hipótese de descumprimento de condição a que esteja vinculada a imunidade, a isenção ou a suspensão (item 60.1.7);
- créditos nas remessas simbólicas (item 60.1.8);
- créditos nas remessas de terceiros para armazém-geral ou depósito fechado (item 60.1.9);
- créditos nas aquisições junto a fornecedor não contribuinte do IPI (item 60.1.10).

60.1.1. Créditos decorrentes da aquisição de insumos tributados

Segundo dispõe o inciso I do art. 226 do RIPI, os estabelecimentos industriais podem se creditar do imposto relativo à matéria-prima, produto intermediário e material de embalagem (MP, PI e ME), adquiridos para emprego na industrialização de produtos tributados.

Para esse fim, entre as matérias-primas e os produtos intermediários estão incluídos os insumos que, embora não se integrem ao novo produto, são consumidos no processo de industrialização, a exemplo de compostos químicos necessários na produção de ligas metálicas.

Portanto, pode-se sintetizar a regra geral de creditamento da seguinte forma: há direito a crédito relativo ao imposto destacado na aquisição de MP, PI e ME utilizados na industrialização de produtos tributados.

Esquematicamente, temos a seguinte representação:

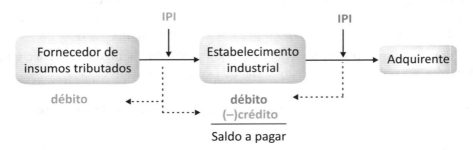

Note ainda que, para fins do direito de crédito, a matéria-prima ou o produto intermediário não precisam ser incorporados ao produto resultante da industrialização. Basta que os produtos tributados adquiridos sejam "consumidos no processo de industrialização".

a. Créditos relativos a insumos tributados vinculados à industrialização de produtos isentos, tributados à alíquota zero ou destinados à exportação

De acordo com o que se depreende do § 2º do art. 256 do RIPI, o direito de crédito relativo à aquisição de insumos tributados prevalece ainda que a MP, o PI ou o ME sejam aplicados na industrialização de produtos isentos, tributados à alíquota zero ou ao abrigo da imunidade em virtude de se tratar de operação de exportação, conforme esclarece o diagrama abaixo:

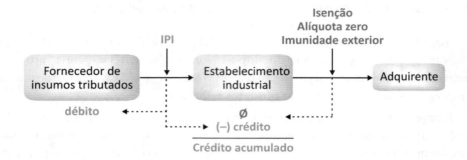

Note bem que aqui estamos nos referindo à entrada tributada de insumos combinada com a saída de produto isento, beneficiado com alíquota 0% ou imune para o exterior.

Em relação ao imposto destacado na aquisição de MP, PI ou ME aplicados na elaboração de produtos destinados à exportação, saídos com imunidade, a legislação considera que se trata de um crédito com natureza de incentivo, conforme expressamente declara o art. 238 do RIPI (item 60.3).

Portanto, as exportações recebem um tratamento bem diferente da que veremos no próximo subitem, que trata da saída de produto NT.

b. Anulação de créditos vinculados à industrialização de produtos não tributados

Diferentemente do que se verifica no caso da saída de produtos isentos, tributados com alíquota zero ou destinados ao exterior (subitem a), deve ser anulado o crédito eventualmente registrado, relativo a MP, PI ou ME que venham a ser empregados na industrialização de produtos não tributados, ainda que para seu acondicionamento (RIPI, art. 254, I, "a"):

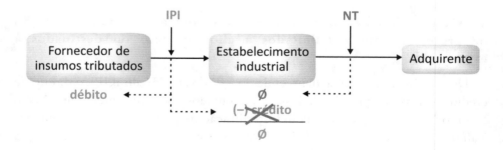

c. Ausência do direito ao crédito na hipótese de aquisição de produtos não tributados, isentos ou tributados à alíquota zero

Conforme vimos acima, o direito ao crédito decorre do imposto incidente na aquisição de insumos utilizados na industrialização de produtos tributados.

Vimos também que o direito ao crédito prevalece ainda que os insumos tributados sejam aplicados na industrialização de produtos isentos ou tributados à alíquota zero.

Pois vamos agora mudar o enfoque. Vamos deixar de lado as saídas isentas ou sujeitas à alíquota zero, e vamos tratar de entradas sob essas circunstâncias.

Considerando que, tradicionalmente, considera-se ocorrido o fato gerador do imposto nas hipóteses de isenção e alíquota zero, durante muito tempo se discutiu a possibilidade de creditamento na aquisição de produtos isentos ou tributados à alíquota-zero.

A Administração Tributária sempre defendeu que não há direito ao crédito da não cumulatividade na aquisição de insumos não tributados, isentos ou tributados com alíquota zero.

Depois de algumas idas e vindas da jurisprudência, o STF firmou entendimento no sentido defendido pela Administração Tributária, conforme esclarece a seguinte ementa:

> *TRIBUTÁRIO. IPI. CREDITAMENTO. AQUISIÇÃO DE INSUMOS FAVORECIDOS PELA ALÍQUOTA-ZERO, NÃO TRIBUTAÇÃO E ISENÇÃO. IMPOSSIBILIDADE.*
>
> *1. A jurisprudência do Supremo Tribunal Federal é no sentido de que não há direito à utilização de créditos do IPI na aquisição de insumos não tributados, isentos ou sujeitos à alíquota zero. [...] (RE 508.708; Julgamento em 04/10/2011)*

No mesmo sentido, temos os seguintes precedentes: RE 592.917; RE 566.551; RE 370.682; RE 370.682; RE 353.657.

Portanto, em relação aos insumos não tributados, isentos ou tributados com alíquota zero, temos a seguinte situação:

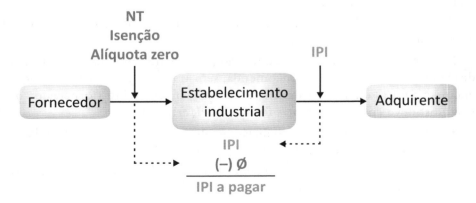

d. Direito ao crédito na aquisição de insumos: breve síntese

Diante de todo o exposto, podemos concluir o seguinte:

- o direito ao crédito do IPI decorre do imposto incidente na aquisição de insumos utilizados na industrialização de produtos tributados;
- a aquisição de bens integrantes do ativo permanente da empresa não gera direito a creditamento de IPI;
- o direito ao crédito prevalece ainda que a MP, o PI ou o ME sejam aplicados na industrialização de produtos isentos ou tributados à alíquota zero. Ou seja, a saída de produtos isentos ou tributados à alíquota zero não implica anulação do crédito relativo ao imposto destacado na aquisição de insumos empregados na sua produção;
- da mesma forma, pode ser mantido o crédito relativo ao imposto destacado na aquisição de MP, PI ou ME aplicados na elaboração de produtos destinados à exportação;
- por outro lado, a saída de produtos NT implica anulação de crédito eventualmente registrado na entrada de insumos tributados que foram empregados na sua produção;
- por fim, não dá direito a crédito a aquisição de insumos NT, isentos ou tributados à alíquota zero.

60.1.2. Créditos na industrialização por encomenda

Vamos, a partir de agora, analisar o direito aos créditos da não cumulatividade do IPI na hipótese de industrialização por encomenda.

Segundo dispõe o inciso II do art. 226 do RIPI, os estabelecimentos industriais e os que lhes são equiparados podem se creditar do imposto relativo à matéria-prima, produto intermediário e material de embalagem, quando remetidos a terceiros para industrialização sob encomenda, sem transitar pelo estabelecimento adquirente.

Esse é o caso do encomendante que adquire MP, PI ou ME, e manda entregá-los diretamente ao executor da encomenda.

Nas operações em que os insumos adquiridos de terceiros são entregues diretamente ao executor da encomenda, sem transitar pelo estabelecimento encomendante (adquirente da MP, PI e ME), o remetente (fornecedor dos insumos) deve emitir duas notas fiscais (RIPI, art. 493):

- uma em nome do estabelecimento adquirente (encomendante), contendo o destaque do imposto, se este for devido;
- e outra em nome do estabelecimento industrial executor da encomenda, para acompanhar as matérias-primas, sem destaque do imposto.

Parte V | Imposto sobre Produtos Industrializados

Portanto, ainda que não receba os insumos, o direito ao crédito cabe ao encomendante, e não ao executor da encomenda. Acompanhe no diagrama abaixo:

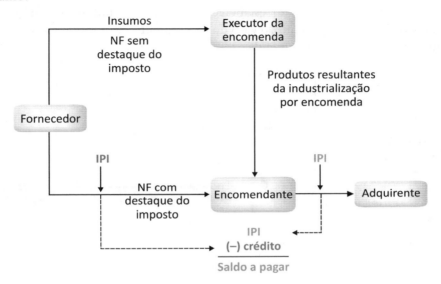

Também se referindo à industrialização por encomenda, o inciso III do art. 226 do RIPI estabelece que os estabelecimentos industriais podem se creditar do imposto relativo à matéria-prima, produto intermediário e material de embalagem recebidos de terceiros para industrialização de produtos por encomenda, quando estiver destacado ou indicado na nota fiscal.

Agora estamos diante do caso do executor da encomenda que, do próprio encomendante, recebe MP, PI ou ME para serem empregados na industrialização por encomenda. Se o imposto estiver destacado na nota fiscal emitida pelo encomendante, o executor da encomenda tem direito ao respectivo crédito:

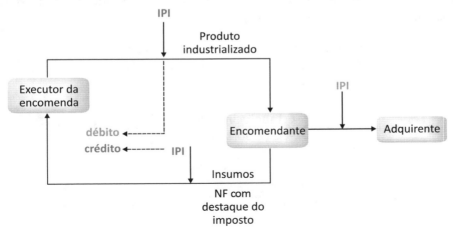

Ao final da industrialização por encomenda, na remessa dos produtos industrializados para o encomendante, a este último cabe o direito ao crédito do imposto destacado em nota fiscal relativa a produtos industrializados por encomenda, recebidos do estabelecimento que os industrializou (RIPI, art. 226, inciso IV). É, portanto, o caso do recebimento dos produtos resultantes da industrialização sob encomenda:

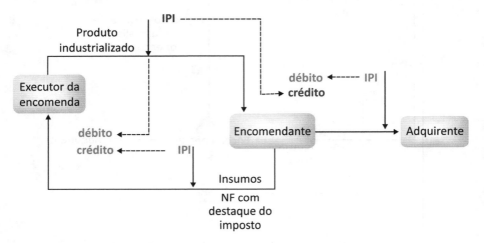

Mais informações sobre as operações de industrialização por encomenda são encontradas no Capítulo 72.

60.1.3. Créditos relativos ao imposto pago no desembaraço aduaneiro

Nos termos do inciso V do art. 226 do RIPI, os estabelecimentos industriais e os que lhes são equiparados podem se creditar do imposto pago no desembaraço aduaneiro, conforme esclarece o diagrama abaixo:

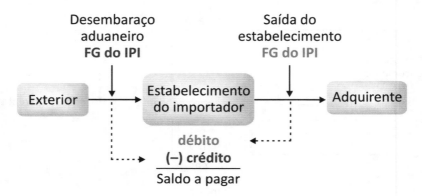

Note bem que este crédito não é utilizado na importação. Ele nasce na importação, mas é utilizado na forma de dedução dos débitos relativos às saídas promovidas pelo estabelecimento importador equiparado a industrial (o segundo fato gerador praticado pelo importador). Portanto, na prática, esse crédito "compensa" o efeito do débito pago no desembaraço aduaneiro de importação.

Suponha que, na importação de um lote de calçados para revenda, a título de IPI vinculado, uma empresa tenha pago a importância de R$ 10 mil. Ela desembaraça a mercadoria e a recebe em seu estabelecimento. Ao efetuar a venda desse lote a um varejista, ele dá saída dos produtos e pratica novo fato gerador do IPI, desta vez, registrando um débito de R$ 18 mil. Nesse caso, considerando apenas essas operações, ele terá a recolher R$ 8 mil, pois os R$ 10 mil pagos na importação podem ser utilizados como crédito.

60.1.4. Créditos do estabelecimento equiparado a industrial que recebe produtos importados diretamente da repartição aduaneira

Os estabelecimentos equiparados a industrial podem se creditar do imposto mencionado na nota fiscal que acompanhar produtos de procedência estrangeira, diretamente da repartição que os liberou, para estabelecimento do próprio importador (RIPI, art. 226, inciso VI).

É o caso do produto de procedência estrangeira que é remetido diretamente da repartição alfandegária para outro estabelecimento da mesma empresa, que não o estabelecimento importador (item 55.4.1.b). Nesse caso, o crédito cabe ao estabelecimento que recebe o produto importado, e o estabelecimento importador deve anular o crédito que eventualmente tenha registrado (RIPI, art. 254, inciso III).

Acompanhe no diagrama abaixo:

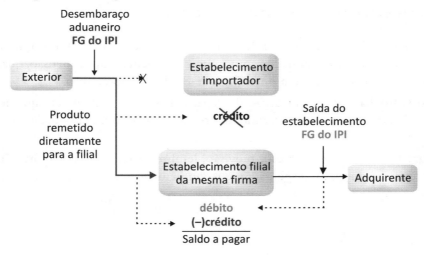

60.1.5. Créditos do estabelecimento comercial equiparado a industrial por opção

Segundo dispõe o inciso VII do art. 226 do RIPI, há o direito ao crédito em relação aos bens de produção recebidos por comerciantes equiparados a industrial.

Nota-se que é o caso dos comerciantes equiparados a industrial por opção. Como eles adquirem os bens para revenda, essa situação não se enquadra na regra geral de creditamento decorrente da aquisição de insumos (item 60.1.1), razão pela qual o legislador considerou importante instituir uma hipótese específica para esse caso.

60.1.6. Regra genérica de direito ao crédito para estabelecimentos equiparados a industrial

O inciso VIII do art. 226 do RIPI contém a regra genérica de direito ao crédito para estabelecimentos equiparados a industrial. Segundo essa regra, há o direito ao crédito decorrente do imposto relativo aos produtos recebidos pelos estabelecimentos equiparados a industrial que, na saída destes, estejam sujeitos ao imposto, nos demais casos não compreendidos nos itens anteriores.

Com isso a legislação criou a regra genérica de creditamento sempre que o estabelecimento for equiparado a industrial, e der saída a produtos sujeitos ao imposto. Ou seja, o estabelecimento não realiza qualquer operação, mas tem o débito do IPI na saída. Portanto, para preservar a não cumulatividade, tem direito ao crédito na entrada.

60.1.7. Créditos na hipótese de descumprimento de condição à que esteja vinculada a imunidade, a isenção ou a suspensão

O inciso IX do art. 226 do RIPI estabelece o direito ao crédito do imposto pago sobre produtos adquiridos com imunidade, isenção ou suspensão, quando descumprida a condição, em operação que dê direito ao crédito.

Portanto, havendo a obrigação de pagar o IPI no caso de descumprimento da condição, haverá o correspondente crédito da não cumulatividade, quando for o caso.

Para bem compreender essa previsão, lembre-se de que, na hipótese de a imunidade, a isenção ou suspensão serem condicionadas, com o descumprimento da condição os produtos deixam de ser imunes ou isentos, e o imposto antes suspenso passa a ser exigido.

Para compreender essa hipótese, pense numa gráfica que, ao invés de compor livros, utiliza o papel adquirido com imunidade na produção de "blocos de anotação". No momento em que desvia a destinação do papel imune considera-se ocorrido o fato gerador do IPI relativo à aquisição do papel que deixou de ser imune (RIPI, art. 36, inciso VIII).

Nesse caso, quando der saída aos "blocos de anotação", a gráfica deverá registrar o débito do respectivo imposto, mas vai poder se aproveitar do crédito relativo ao imposto que pagou em razão de ter descumprido a imunidade do papel.

60.1.8. Créditos nas remessas simbólicas

Nos termos do inciso X do art. 226 do RIPI, os estabelecimentos industriais e os que lhes são equiparados podem se creditar do imposto destacado nas notas fiscais relativas a entregas ou transferências simbólicas do produto, permitidas pelo Regulamento.

Por exemplo, de acordo com o inciso XII do art. 36 do RIPI, considera-se ocorrido o fato gerador do IPI na saída simbólica de álcool das usinas produtoras para as suas cooperativas, equiparadas por opção a estabelecimento industrial. Trata-se do caso em que o álcool não chega a ser remetido pela usina para a cooperativa, embora perante terceiros seja a cooperativa o estabelecimento vendedor (item 58.3.7).

Nesse caso, de acordo com o que dispõe o inciso X do art. 226 do RIPI, embora não receba fisicamente o álcool, a cooperativa tem direito ao crédito do imposto.

60.1.9. Créditos nas remessas de terceiros para armazém-geral ou depósito fechado

No parágrafo único do art. 226 do RIPI, há uma disposição específica para os casos de produtos remetidos por terceiros para armazém-geral ou depósito fechado, a pedido do depositante.

Portanto, é o caso de os produtos não circularem pelo estabelecimento do depositante. Nessa hipótese, o direito ao crédito do imposto, quando admitido, ainda assim é do estabelecimento depositante.

Confira essa hipótese no diagrama abaixo:

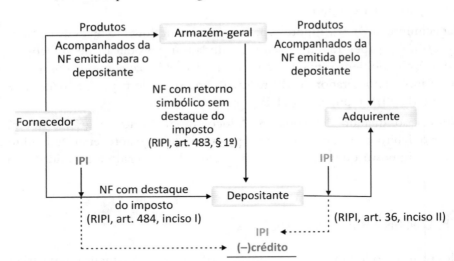

60.1.10. Créditos nas aquisições junto a fornecedor não contribuinte do IPI

Os estabelecimentos industriais, e os que lhes são equiparados, podem se creditar do imposto relativo à matéria-prima, produto intermediário e material de embalagem, adquiridos de comerciante atacadista não contribuinte, calculado pelo adquirente, mediante aplicação da alíquota a que estiver sujeito o produto, sobre 50% do seu valor, constante da respectiva nota fiscal (RIPI, art. 227).

Nesse caso, ainda que o IPI não incida nas vendas realizadas pelo fornecedor não contribuinte do imposto, como os produtos fornecidos são industrializados, em algum momento ocorreu a incidência do imposto. Portanto, embutido no custo da mercadoria vendida pelo atacadista não contribuinte há um valor que um dia foi IPI. Essa é a explicação mais provável para esta hipótese.

Desse modo, se numa emergência um contribuinte do IPI paga R$ 5 mil sobre embalagens adquiridas de fornecedor atacadista não contribuinte do imposto, ainda que não tenha havido incidência do IPI nessa operação, o estabelecimento industrial adquirente terá direito de se creditar de metade do imposto que incidiria se o fornecedor fosse contribuinte. Nesse exemplo, supondo que essas embalagens sejam normalmente tributadas à alíquota de 5%, nessa operação haverá direito de crédito no valor de R$ 125, equivalente a R$ 2.500 x 5%, que corresponde ao resultado da seguinte operação: (R$ 5 mil x 50%) x 5%.

60.1.11. Vedação ao creditamento na aquisição junto a fornecedor optante do Simples Nacional

As aquisições de produtos junto a estabelecimentos optantes pelo Simples Nacional não conferem aos adquirentes o direito ao crédito da não cumulatividade do IPI em relação à matéria-prima, ao produto intermediário e ao material de embalagem (RIPI, art. 228).

60.1.12. Vedação ao creditamento na aquisição de bens do ativo permanente

A aquisição de bens integrantes do ativo permanente, ainda que tributada, não gera direito ao crédito do imposto (RIPI, art. 226, inciso I).

Em linha com a previsão do RIPI está a jurisprudência do STJ, conforme evidencia a seguinte súmula:

> **Súmula nº 495/STJ** – *A aquisição de bens integrantes do ativo permanente da empresa não gera direito a creditamento de IPI.*

Além da súmula acima reproduzida, cabe mencionar que, no julgamento do REsp nº 1.075.508, representativo de controvérsia sobre o tema e inserido na sistemática dos recursos repetitivos, o STJ assim registrou seu entendimento:

> *A aquisição de bens que integram o ativo permanente da empresa ou de insumos que não se incorporam ao produto final ou cujo desgaste não ocorra de forma imediata e integral durante o processo de industrialização* **não gera direito a creditamento de IPI**, *consoante a ratio essendi do art. 164, I, do Decreto 4.544/2002.*

Vale dizer, o decreto acima mencionado pelo STJ é o RIPI/2002, revogado pelo atualmente em vigor, de modo que a referência ao inciso I do art. 164 do Decreto nº 4.544, de 2002, deve se adaptada para o inciso I do art. 226 do Decreto nº 7.212, de 2010.

60.2. Créditos por devolução ou retorno de produtos

De acordo com o § 1º do art. 225 do RIPI, o direito ao crédito é também atribuído para anular o débito do imposto referente a produtos saídos do estabelecimento e a este devolvidos ou retornados.

Nesse sentido, o art. 229 do RIPI estabelece que é permitido ao estabelecimento industrial, ou equiparado a industrial, creditar-se do imposto relativo a produtos tributados recebidos em devolução ou retorno, total ou parcial.

60.2.1. Obrigação de emitir nota fiscal de entrada

Quando a devolução for feita por pessoa física ou jurídica não obrigada à emissão de nota fiscal, o produto deve estar acompanhado de carta ou memorando do comprador, em que são declarados os motivos da devolução, competindo ao vendedor, na entrada, a emissão de nota fiscal com a indicação do número, data da emissão da nota fiscal originária e do valor do imposto relativo às quantidades devolvidas (RIPI, art. 232).

60.2.2. Reentrada de produto alugado a terceiros

No caso de locação ou arrendamento, a reentrada do produto no estabelecimento remetente não dá direito ao crédito do imposto, salvo se o produto tiver sido submetido a nova industrialização e ocorrer nova saída tributada (RIPI, art. 230).

Isso se deve ao fato de que nos casos de locação ou arrendamento, somente ocorre fato gerador do IPI na primeira saída, exceto se o produto tiver sido submetido a nova industrialização (item 58.4.2).

Desse modo, quando o produto retorna de uma locação, em regra, não há direito ao crédito do imposto. Porém, se o produto retorna ao estabelecimento, sofre nova industrialização e ocorre nova saída tributada, o art. 230 do RIPI confere o crédito relativo à reentrada do produto. Com isso, há o débito referente à nova saída tributada, e o crédito referente à reentrada do produto, anterior à nova industrialização.

60.3. Créditos como incentivo

Nos arts. 236 a 239, o RIPI estabelece as hipóteses de créditos que têm natureza de incentivo. Essas hipóteses abrangem incentivos à Sudene, à Sudam e à Amazônia Ocidental.

No entanto, a hipótese que certamente mais nos interessa é a que prevê o crédito como incentivo em relação às matérias-primas, aos produtos intermediários e aos materiais de embalagem adquiridos para emprego na industrialização de produtos destinados à exportação para o exterior, saídos com imunidade, conforme vimos no item 60.1.1, nos seguintes termos:

> **Art. 238.** É admitido o crédito do imposto relativo às matérias-primas, aos produtos intermediários e aos materiais de embalagem adquiridos para emprego na industrialização de produtos destinados à exportação para o exterior, saídos com imunidade.

Parte V | Imposto sobre Produtos Industrializados

A seguir, vamos reproduzir aquele mesmo diagrama que explica essa hipótese:

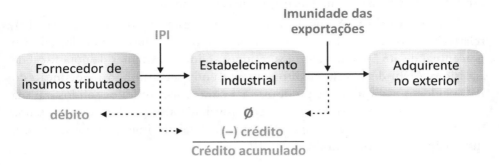

Um benefício análogo é observado na etapa anterior, de fornecimento de MP, PI e ME para emprego na industrialização de produtos destinados ao exterior, conforme dispõe o seguinte dispositivo:

> Art. 239. É admitido o crédito do imposto relativo às matérias-primas, aos produtos intermediários e aos materiais de embalagem adquiridos para emprego na industrialização de produtos saídos com suspensão do imposto e que posteriormente sejam destinados à exportação nos casos dos incisos IV, V, XIV e XV do art. 43.

A hipótese prevista no dispositivo acima reproduzido beneficia, diretamente, o fornecedor do estabelecimento exportador. Mas o objetivo é contribuir para evitar o acúmulo de créditos pelo exportador.

No diagrama abaixo, confira o efeito dessa medida para o "Fornecedor 2", no caso de ser suspenso o IPI incidente sobre suas saídas destinadas ao exportador, nos termos do inciso XIV do art. 43 do RIPI:

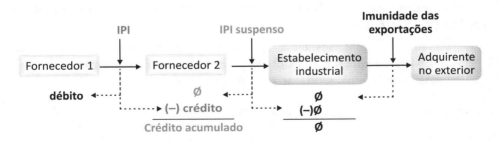

Neste momento, é oportuno mencionar que o art. 5º da Lei nº 12.375, de 2010, concede aos estabelecimentos industriais o direito de descontar crédito presumido de IPI em razão da aquisição de resíduos sólidos junto a cooperativas de catadores, para serem utilizados como matérias-primas ou produtos intermediários na fabricação de seus produtos.

O referido crédito é calculado mediante a aplicação da alíquota da TIPI, relativa ao produto final ao qual é incorporado o resíduo adquirido, sobre o percentual de até 50% do valor dos resíduos sólidos constantes da nota fiscal de aquisição. Além disso, esse crédito somente pode ser utilizado na dedução do IPI incidente nas saídas dos produtos que contenham resíduos sólidos em sua composição. No entanto, não pode ser aproveitado se o produto que contenha resíduos sólidos em sua composição sair do estabelecimento industrial com suspensão, isenção ou imunidade do IPI.

60.4. Créditos de outra natureza

É ainda admitido ao contribuinte creditar-se (RIPI, art. 240):
- do valor do imposto, já escriturado, no caso de cancelamento da respectiva nota fiscal, antes da saída da mercadoria; e

Observação: Note que o cancelamento da nota fiscal de saída gera o direito ao registro de um crédito, e não à anulação de um débito.

- do valor da diferença do imposto em virtude de redução de alíquota, nos casos em que tenha havido lançamento antecipado do imposto (item 62.5).

60.5. Anulação do crédito

Entre outros casos, mediante estorno na escrita fiscal, deve ser anulado o crédito (RIPI, art. 254):
- relativo à matéria-prima, produto intermediário e material de embalagem, que tenham sido empregados na industrialização, ainda que para acondicionamento, de produtos não tributados;

Observação: Vimos essa hipótese no item 60.1.1.b.

- relativo à matéria-prima, produto intermediário e material de embalagem empregados nas operações de conserto, restauração, recondicionamento ou reparo enquadradas nas hipóteses de exclusão do conceito de industrialização;

- relativo à matéria-prima, produto intermediário e material de embalagem vendidos a pessoas que não sejam industriais ou revendedores;

> **Observação:** Nesse caso, o estabelecimento industrial que revende bens de produção produzidos por terceiros não se enquadra na hipótese de equiparação do inciso do § 6º do art. 9º do RIPI. Desse modo, como não haverá o débito, a legislação manda anular o crédito relativo à entrada dos bens de produção revendidos.

- relativo a produtos de procedência estrangeira remetidos, pelo importador, diretamente da repartição que os liberou a outro estabelecimento da mesma firma;

> **Observação:** É o caso da remessa da repartição alfandegária diretamente para outro estabelecimento da mesma empresa, que não o estabelecimento importador.
>
> Nessa hipótese, o crédito fica com o estabelecimento que recebe o produto, sendo essa a razão deste estorno, conforme ilustra o diagrama apresentado no item 60.1.4.

- relativo a matéria-prima, produto intermediário, material de embalagem, e quaisquer outros produtos que hajam sido furtados ou roubados, inutilizados ou deteriorados ou, ainda, empregados em outros produtos que tenham tido a mesma sorte.

60.6. Manutenção do crédito

É assegurado o direito à manutenção do crédito do imposto em virtude da saída de sucata, aparas, resíduos, fragmentos e semelhantes, que resultem do emprego de matéria-prima, produto intermediário e material de embalagem, bem como na ocorrência de quebras admitidas pela legislação (RIPI, art. 255).

60.7. Utilização dos créditos

Os créditos do imposto, escriturados pelos estabelecimentos industriais ou equiparados a industrial, são utilizados mediante dedução do IPI devido pelas saídas de produtos dos mesmos estabelecimentos. Essa é a essência da não cumulatividade. Trata-se da utilização básica dos créditos (RIPI, art. 256).

Do confronto de débitos e créditos, num período de apuração do imposto, pode resultar saldo credor. Neste caso, o saldo credor:

- pode ser transferido para utilização no período seguinte como dedução dos débitos relativos a saídas de produtos (RIPI, art. 256, § 1º); ou

- quando acumulado em cada trimestre-calendário, pode ser objeto de compensação (CTN, art. 170) ou de pedido de ressarcimento em dinheiro (RIPI, art. 256, § 2º c/c arts. 268 e 269).

Capítulo 61
Crédito Presumido de IPI

No Capítulo 60, estudamos as várias espécies de créditos da não cumulatividade do imposto, exceto o crédito presumido de que trata o art. 241 e seguintes do RIPI.

O referido crédito é presumido porque não se refere ao IPI incidente na operação anterior. Trata-se, em verdade, de uma forma que o legislador encontrou para aliviar o impacto financeiro decorrente da incidência cumulativa da contribuição para o PIS/Pasep e da Cofins sobre os insumos incorporados aos produtos nacionais exportados. E isso se dá em detrimento da arrecadação do IPI!

61.1. Origem do crédito presumido de IPI

A origem desse crédito está em período anterior à introdução do regime de apuração não cumulativa da Contribuição para o PIS/Pasep e da Cofins. No entanto, tendo em vista que o regime cumulativo não foi extinto, o benefício permanece vigente em nosso ordenamento.

Para entender a razão de surgimento do benefício, vamos considerar a situação de um exportador submetido ao regime cumulativo da Contribuição para o PIS/Pasep e da Cofins. Nesse caso, o valor das referidas contribuições incidentes sobre insumos adquiridos é incorporado ao custo dos produtos exportados, haja vista que, no regime cumulativo, não há o direito de crédito relativo aos insumos empregados no processo produtivo. Com isso, ainda que não haja nova incidência das referidas contribuições sobre as receitas de exportação (CF, art. 149, § 2º), as contribuições incidentes na aquisição de insumos representam custo agregado aos produtos exportados.

Considerando que esse fato não se verifica na hipótese em que o exportador faz jus aos créditos das contribuições, calculados com base no valor de aquisição de insumos, fica esclarecida a razão pela qual o § 5º do art. 241 do RIPI veda o aproveitamento do crédito presumido de IPI pelas pessoas jurídicas produtoras sujeitas à incidência não cumulativa das contribuições.

61.2. Cálculo do crédito presumido de IPI

É de se esperar que, a exemplo do estilo das provas que foram aplicadas nos concursos de 2012 e 2014, a Esaf elabore questões teóricas sobre o tema, sem envolver cálculos.

De qualquer forma, uma vez compreendida a razão de surgimento do crédito, vamos agora analisar como ele é determinado, nas duas formas previstas pela legislação tributária.

61.2.1. Forma original de cálculo do crédito presumido de IPI

Na forma originalmente prevista, em 1996, o crédito presumido de IPI é determinado de acordo com as seguintes disposições do RIPI:

> **Art. 241.** A empresa produtora e exportadora de mercadorias nacionais fará jus a crédito presumido do imposto, como ressarcimento das contribuições de que tratam as Leis Complementares nº 7, de 1970, nº 8, de 1970, e nº 70, de 1991, incidentes sobre as respectivas aquisições, no mercado interno, de matéria-prima, produto intermediário e material de embalagem, para utilização no processo produtivo.
>
> § 1º O disposto neste artigo aplica-se, inclusive, nos casos de venda a empresa comercial exportadora com o fim específico de exportação para o exterior
>
> § 2º O crédito presumido de que trata o *caput* será determinado de conformidade com o art. 242.
>
> [...]
>
> **Art. 242.** O crédito fiscal a que se refere o § 2º do art. 241 será o resultado da aplicação do percentual de cinco inteiros e trinta e sete centésimos por cento sobre a base de cálculo definida no § 1º.
>
> § 1º A base de cálculo do crédito presumido será determinada mediante a aplicação, sobre o valor total das aquisições de matéria-prima, produto intermediário e material de embalagem referidas no art. 241, do percentual correspondente à relação entre a receita de exportação e a receita operacional bruta do produtor exportador.
>
> [...]

Note que beneficiária do crédito é a empresa produtora e exportadora de mercadorias nacionais. Note também que, para calcular o valor do crédito, o beneficiário primeiro precisa encontrar a relação entre sua receita de exportação e sua receita operacional bruta, da seguinte forma:

$$P(\%) = Rx / Rt$$

Onde:
- P(%) é o percentual de participação das exportações
- Rx é o montante das receitas de exportação
- Rt é a receita operacional bruta

Utilizando essa expressão, a cada mês[16], o beneficiário precisa determinar o tamanho da participação das exportações na composição de suas receitas, considerando as receitas acumuladas desde o início do ano até o mês a que se referir o crédito.

Como esclarece o § 1º do art. 241, no valor das receitas de exportação, podem ser consideradas, inclusive, as vendas a empresa comercial exportadora com o fim específico de exportação para o exterior.

Uma vez determinado o percentual de participação das receitas de exportação da pessoa jurídica até o mês de referência, o próximo passo é apurar a base de cálculo do crédito presumido. Para isso, basta multiplicar o referido percentual pelo valor total de matéria-prima, produto intermediário e material de embalagem, apurado também de forma acumulada desde o início do ano até o mês a que se referir o crédito:

$$BC = P(\%) \times C$$

Onde:
- BC é a base de cálculo do benefício
- P é o percentual de participação das exportações
- C é o valor total de MP, PI e ME

Portanto, perceba que a base de cálculo do crédito presumido é uma parte do custo incorrido com matéria-prima, produto intermediário e material de embalagem desde o início do ano até o mês a que se referir o crédito.

---

[16] Nos termos do art. 3º da Portaria MF nº 93, de 27 de abril de 2004, o crédito presumido deve ser apurado ao final de cada mês em que houver ocorrido exportação ou venda para empresa comercial exportadora com o fim específico de exportação.

Depois de determinada a base de cálculo do benefício, basta aplicar o percentual de 5,37% para encontrar o crédito presumido acumulado desde o início do ano até o mês da apuração:

$$CPA = BC \times 5{,}37\%$$

Onde:
- CPA é o valor do crédito presumido acumulado no ano
- BC é a base de cálculo do benefício

Por fim, para encontrar o valor do crédito presumido relativo ao mês, no valor acumulado desde o início do ano, basta subtrair o valor do crédito presumido referente ao mesmo ano, já utilizado em meses anteriores:

$$CP_m = CPA - CP_{m-1}$$

Onde:
- CP_m é o valor do benefício que pode ser apropriado no mês de referência
- CPA é o valor do crédito presumido acumulado no ano
- CP_{m-1} é o valor do benefício já aproveitado no ano, até o mês anterior

Por fim, vale mencionar que o cálculo e a utilização do crédito presumido do IPI, na forma originalmente prevista pela Lei nº 9.393, de 1996, encontram-se disciplinados pela Instrução Normativa SRF nº 419, de 10 de maio de 2004.

61.2.2. Forma alternativa de cálculo do crédito presumido de IPI

Alternativamente, o contribuinte pode calcular o crédito presumido segundo a fórmula prevista no art. 243 do RIPI, disciplinada pela Instrução Normativa SRF nº 420, de 10 de maio de 2004.

Analogamente ao método original, também na forma alternativa, o crédito presumido deve ser apurado ao final de cada mês em que houver ocorrido exportação ou venda a empresa comercial exportadora com fim específico de exportação.

Segundo a forma alternativa, o benefício é calculado da seguinte forma:

$$CPA = BC \times F$$

Onde:
- CPA é o valor do crédito presumido acumulado no ano
- BC é a base de cálculo do benefício, definida pelo somatório dos seguintes custos, sobre os quais incidiram as contribuições:
    ✓ de aquisição, no mercado interno, de insumos correspondentes a MP, PI e ME, utilizados no processo industrial;
    ✓ de energia elétrica e combustíveis, adquiridos no mercado interno, utilizados no processo industrial;
    ✓ correspondente ao valor da prestação de serviços decorrente de industrialização por encomenda, na hipótese em que o encomendante seja o contribuinte do IPI, na forma da legislação deste imposto.
- F é o fator de cálculo, definido da seguinte forma:

$$F = (0{,}0365 \times Rx) / (Rt - C)$$

Onde:
- Rx é o montante das receitas de exportação
- Rt é a receita operacional bruta
- C é o custo com insumos, energia elétrica, combustíveis e com a prestação de serviços decorrente de industrialização por encomenda

Por fim, para encontrar o valor do crédito presumido relativo ao mês, no valor acumulado desde o início do ano, basta subtrair o valor do crédito presumido referente ao mesmo ano, já utilizado em meses anteriores:

$$CP_m = CPA - CP_{m-1}$$

Onde:
- CP_m é o valor do benefício que pode ser apropriado no mês de referência
- CPA é o valor do crédito presumido acumulado no ano
- CP_{m-1} é o valor do benefício já aproveitado no ano, até o mês anterior

Neste momento, cabe ressaltar que a opção pelo método alternativo é anual e irretratável, devendo ser aplicada ao longo de todo o ano-calendário.

61.3. Utilização do crédito

A apuração do crédito presumido do imposto deve ser efetuada, de forma centralizada, pelo estabelecimento matriz da pessoa jurídica (RIPI, art. 244), devendo ser utilizado, primeiramente, como dedução do valor do IPI devido nas operações no mercado interno.

A critério do contribuinte, o crédito presumido pode ser transferido para qualquer estabelecimento da empresa para efeito de dedução do IPI devido em relação às operações tributadas (RIPI, art. 246).

No caso de comprovada impossibilidade de sua dedução do imposto devido em relação às operações de venda no mercado interno, a pessoa jurídica pode solicitar à RFB o seu ressarcimento em espécie ou utilizá-lo como direito creditório em declaração de compensação (Instrução Normativa SRF nº 419, de 2004, art. 18; ou, conforme o caso, Instrução Normativa SRF nº 420, de 2004, art. 22).

O pedido de ressarcimento deve ser apresentado por trimestre-calendário, sendo o ressarcimento em espécie efetuado ao estabelecimento matriz da pessoa jurídica.

Por fim, cabe destacar que, nos termos da Súmula nº 494/STJ, o benefício fiscal do ressarcimento do crédito presumido do IPI relativo às exportações incide mesmo quando as matérias-primas ou os insumos sejam adquiridos de pessoa física ou jurídica não contribuinte do PIS/Pasep.

Capítulo 62
Lançamento do IPI

O RIPI trata do lançamento entre os arts. 181 e 188. Além de conceituar o lançamento, o Regulamento dispõe sobre suas modalidades e sobre a decadência, que é a perda do direito de a Fazenda Nacional constituir o crédito tributário relativo ao imposto.

Sobre a decadência, no art. 188 o RIPI simplesmente reproduz a disciplina do CTN, matéria que compõe o objeto de Direito Tributário nos concursos da Receita Federal, razão pela qual não iremos abordá-la neste livro.

62.1. Conceito de lançamento

O CTN conceitua o lançamento tributário no seu art. 142. Sem prejuízo do conceito definido pelo CTN no plano das normas gerais, a legislação do IPI trata do tema de forma específica, nos seguintes termos:

> **Art. 181.** Lançamento é o procedimento destinado à constituição do crédito tributário, que se opera de ofício ou por homologação mediante atos de iniciativa do sujeito passivo da obrigação tributária, com o pagamento antecipado do imposto e a devida comunicação à Secretaria da Receita Federal do Brasil, observando-se que tais atos:
>
> I – compreendem a descrição da operação que lhe dá origem, a identificação do sujeito passivo, a descrição e classificação do produto, o cálculo do imposto, com a declaração do seu valor e, sendo o caso, a penalidade prevista; e
>
> II – reportam-se à data da ocorrência do fato gerador da obrigação e regem-se pela lei então vigente, ainda que posteriormente modificada ou revogada.

Sobre o lançamento, ainda que em linhas gerais, podemos destacar os seguintes aspectos:

- como regra, o lançamento do IPI se opera por homologação, mas pode ser efetuado de ofício;
- o lançamento por homologação pressupõe a prática de atos de iniciativa do sujeito passivo, a realização do pagamento antecipado do imposto e a devida comunicação à RFB;
- os atos de iniciativa do sujeito passivo compreendem a classificação do produto, o cálculo do imposto e o destaque na nota fiscal ou a indicação de seu valor na declaração de importação;
- se o sujeito passivo não praticar os atos que dele se espera, ou os praticar de forma divergente daquela prevista na legislação tributária, o imposto deve ser lançado de ofício;
- no lançamento de ofício, além de descrever o produto, classificá-lo e calcular o respectivo imposto, a autoridade fiscal deve descrever a operação que lhe dá origem, identificar o sujeito passivo e, sendo o caso, aplicar a penalidade prevista;
- em qualquer caso, o lançamento reporta-se à data da ocorrência do fato gerador da obrigação e rege-se pela lei então vigente, ainda que posteriormente modificada ou revogada.

62.2. Lançamento por homologação

Em regra, o lançamento do IPI se dá por homologação, com o pagamento antecipado do imposto pelo sujeito passivo, sem prévio exame da autoridade administrativa. O lançamento se opera com a posterior homologação pela autoridade fiscal, expressa ou tácita, nos termos do art. 150 do CTN.

Os atos praticados são de exclusiva responsabilidade do sujeito passivo, e consideram-se aperfeiçoados com o pagamento do imposto ou sua compensação (CTN, art. 170), quando efetuados antes de qualquer procedimento de ofício da autoridade administrativa (RIPI, art. 183).

Conforme o caso, o resultado dos atos de iniciativa do sujeito passivo deve ficar registrado na nota fiscal ou na declaração da importação no Siscomex. Em situações eventuais – que envolvem firmas ou pessoas não sujeitas habitualmente ao pagamento do imposto – o próprio documento de arrecadação (Darf) se presta a essa finalidade (RIPI, art. 182, inciso II).

Para fins de lançamento do IPI por homologação, são considerados como não efetuados os atos de iniciativa do sujeito passivo (RIPI, art. 184):
- quando o documento em que forem efetuados for reputado sem valor por lei ou pelo Regulamento;
- quando o produto tributado não se identificar com o descrito no documento fiscal; ou
- quando os atos não forem efetuados de acordo com as normas estabelecidas.

62.3. Definição de pagamento antecipado

Para os efeitos do lançamento por homologação do IPI, considera-se pagamento (RIPI, art. 183):
- o recolhimento do saldo devedor, após a dedução dos créditos admitidos, no período de apuração do imposto;
- o recolhimento do imposto não sujeito à apuração por períodos, haja ou não créditos a deduzir (importação e situações eventuais);
- a utilização dos créditos como dedução dos débitos, quando no período de apuração do imposto não resultar saldo a recolher (é o caso em que, num período de apuração, os créditos superam os débitos).

62.4. Momento em que o sujeito passivo deve praticar os atos de sua responsabilidade

Quanto ao momento em que devem ser praticados os atos de iniciativa do sujeito passivo, no art. 182 o RIPI apresenta nada menos do que 20 hipóteses! Ainda que seja um número elevado de hipóteses, perceba que em mais da metade delas há a perfeita identidade com aquelas em que se considera ocorrido o fato gerador do imposto, conforme dispõem os arts. 35 e 36.

Desse modo, aqui daremos destaque aos casos que tratam de situações eventuais em que o imposto é exigido, enumerados pelo RIPI especificamente no contexto de determinação do momento em que os atos de iniciativa do sujeito passivo devem ser praticados (art. 182):

- no depósito para fins comerciais, na venda ou na exposição à venda, quanto aos produtos trazidos do exterior e desembaraçados com a qualificação de bagagem, com isenção ou com pagamento de tributos;
- na venda, efetuada em feiras de amostras e promoções semelhantes, do produto que tenha sido remetido pelo estabelecimento industrial, ou equiparado a industrial, com suspensão do imposto;
- no reajustamento do preço do produto, em virtude do acréscimo de valor decorrente de contrato escrito;
- na apuração, pelo usuário, de diferença no estoque dos selos de controle fornecidos para aplicação em seus produtos, na hipótese que estudaremos no item 69.2.4;
- na apuração, pelo contribuinte, de falta no seu estoque de produtos;
- na apuração, pelo contribuinte, de diferença de preços de produtos saídos do seu estabelecimento;
- na apuração, pelo contribuinte, de diferença do imposto em virtude do aumento da alíquota, ocorrido após emissão da primeira nota fiscal, hipótese aplicável nos casos em que o contribuinte antecipou o destaque do imposto (item 62.5);
- quando desatendidas as condições da imunidade, da isenção ou da suspensão do imposto;
- na ocorrência dos demais casos não especificados, em que couber a exigência do imposto.

62.5. Destaque antecipado do imposto

Nos casos de faturamento antecipado e de faturamento, pelo valor integral, de produto cuja unidade não possa ser transportada de uma só vez, é facultado o destaque antecipado do imposto (RIPI, art. 187).

O faturamento antecipado se verifica nos casos de vendas à ordem ou para entrega futura. Venda à ordem é aquela em que o vendedor, uma vez acertada a operação, aguarda ordem do comprador com a indicação do local para onde deva ser enviado o produto adquirido.

Nesses casos, o contribuinte, se assim desejar, pode destacar o imposto no momento da venda ou do faturamento e, portanto, de forma antecipada relativamente à ocorrência do fato gerador, que somente se verifica com a saída dos produtos do estabelecimento do contribuinte ou outro evento previsto no Regulamento.

62.6. Lançamento de ofício

Se o sujeito passivo não tomar a iniciativa para o lançamento, ou se os procedimentos por ele adotados para o lançamento forem considerados sem efeito na forma da legislação, o imposto deve ser lançado de ofício, privativamente, por ocupante do cargo de Auditor-Fiscal da Receita Federal do Brasil (RIPI, art. 186, § 3º).

Se a falta for verificada no serviço externo, isso se dá por meio de auto de infração lavrado por Auditor-Fiscal da Receita Federal do Brasil. Por outro lado, se a falta for verificada no serviço interno da repartição, o lançamento se materializa por intermédio de notificação de lançamento (RIPI, art. 186, § 2º).

Capítulo 63
Apuração e Recolhimento do IPI

Considerando as hipóteses já analisadas em capítulos anteriores, perceberemos que o fato gerador do IPI é instantâneo. Ou seja, com a verificação concreta de cada um daqueles eventos enquadrados na hipótese legal de incidência do IPI, considera-se ocorrido o seu fato gerador.

Isso significa que haverá um valor de imposto a pagar a todo instante em que ocorre o fato gerador do imposto? Não necessariamente! Na verdade, pode-se afirmar, com certeza, que a todo instante em que ocorre o fato gerador do IPI o contribuinte deve computar um débito do imposto. Se esse também será o valor a recolher, isso depende das regras de apuração do imposto.

63.1. Período de apuração

Durante muito tempo o IPI teve período de apuração decendial. Atualmente, é mensal o período de apuração do imposto incidente nas saídas dos produtos do estabelecimento industrial ou equiparado a industrial, inclusive no caso de microempresas e empresas de pequeno porte não optantes pelo Simples Nacional (RIPI, art. 259).

Isso não se aplica ao IPI incidente no desembaraço aduaneiro dos produtos importados, que deve ser apurado e recolhido a cada operação de importação, antes da saída do produto da repartição que processar o despacho (RIPI, arts. 259, § 1º e 262, inciso I).

63.2. Apuração do valor a recolher

O valor do débito do imposto deve ser calculado mediante aplicação das alíquotas previstas na TIPI sobre o valor tributável dos produtos, sem prejuízo de outras formas de apuração previstas em legislação específica (RIPI, art. 189).

No entanto, conforme dito acima, o valor do débito do imposto não corresponde, necessariamente, ao valor a recolher. Quem esclarece isso é o art. 260 do RIPI. Segundo esse dispositivo:

- na importação, a importância a recolher é a resultante do cálculo do imposto constante do registro da declaração de importação no SISCOMEX;

> **Observação:** Nesse caso, note que o valor a recolher corresponde ao próprio valor do débito. Assim, não há que se falar em desconto de créditos na importação.

- no depósito para fins comerciais, na venda ou na exposição à venda de produtos trazidos do exterior e desembaraçados com a qualificação de bagagem, a importância a recolher é o valor integral do imposto dispensado, no caso de desembaraço com isenção, ou o que incidir sobre a diferença apurada entre o valor que serviu de base de cálculo do imposto pago na importação e o preço de venda, no caso de produtos desembaraçados com o tratamento de importação comum nas condições previstas na legislação aduaneira;

> **Observação:** Traduzindo. Se os produtos desembaraçados como bagagem forem vendidos ou expostos à venda, o valor do IPI a pagar é:
> - o valor que deixou de ser exigido na importação, caso tenham sido beneficiados com isenção;
> - o valor que resultar da incidência da alíquota sobre uma base composta da diferença entre o preço de venda e o valor que serviu de base para incidência do IPI na importação, no caso de os produtos terem sido desembaraçados com o tratamento de importação comum (ou seja, se a alíquota do IPI é 10%, o preço de venda é R$ 100, e a base de cálculo utilizada na importação foi de R$ 40, o imposto a pagar será de R$ 6 por produto desembaraçado como bagagem que for vendido ou exposto à venda).

- nas operações realizadas por firmas ou pessoas não sujeitas habitualmente ao pagamento do imposto, a importância a recolher é a diferença entre o tributo devido e o consignado no documento fiscal de aquisição do produto; e

> **Observação:** Essa é uma regra que alcança pessoas físicas ou jurídicas que eventualmente pratiquem o fato gerador do IPI.

- nos demais casos, a importância a recolher é a resultante do cálculo do imposto relativo ao período de apuração a que se referir o recolhimento, deduzidos os créditos do mesmo período.

> **Observação:** Aqui se tem a regra geral de apuração do valor do imposto a recolher em relação às saídas do estabelecimento contribuinte: é o resultado da diferença entre o valor dos débitos e dos créditos do mesmo período. Não podemos esquecer que, num período de apuração do imposto, quando do confronto dos débitos e créditos resultar saldo credor, este pode ser transferido para o período seguinte (RIPI, art. 256, § 1º).

63.3. Prazos e forma de recolhimento

O recolhimento do imposto deve ser efetuado por meio de Darf, de acordo com os seguintes prazos (RIPI, art. 262):
- antes da saída do produto da repartição que processar o despacho, nos casos de importação;

- no ato do pedido de autorização da venda de produtos trazidos do exterior a título de bagagem, despachados com isenção do imposto ou com pagamento de tributos nas condições previstas na legislação aduaneira;
- até o 10º dia do mês subsequente ao de ocorrência dos fatos geradores, nos casos dos produtos classificados no Código 2402.20.00 da TIPI (cigarros); ou
- até o 25º dia do mês subsequente ao de ocorrência dos fatos geradores, no caso dos demais produtos.

Se o dia do vencimento não for dia útil, considera-se antecipado o prazo para o primeiro dia útil que o anteceder. De toda sorte, o recolhimento do imposto após os prazos previstos na legislação deve ser efetuado com acréscimos moratórios.

Capítulo 64
Suspensão do IPI

A suspensão do imposto é o objeto do RIPI entre os art. 40 e 49. A maior parte desses artigos se refere a hipóteses bem específicas em que o imposto é suspenso. Vamos, aqui, abordar os aspectos mais relevantes sobre o tema, e destacar algumas das hipóteses listadas no RIPI, evidenciando a função do instituto.

Mas, antes de prosseguir, é importante esclarecer que a suspensão aqui estudada não se confunde com a suspensão da exigibilidade do crédito tributário, de que trata o art. 151 do CTN. Com a suspensão do imposto prevista no RIPI, o crédito tributário não é formalizado e, assim, o IPI nem mesmo chega a se tornar exigível. Veja a seguir como isso se processa.

Sob circunstâncias normais, em operações tributadas envolvendo produtos industrializados, o IPI deve ser lançado (destacado) na respectiva nota fiscal, escriturado em livro próprio e, consequentemente, considerado na apuração do valor a pagar referente a determinado período.

Entretanto, uma vez verificada concretamente alguma das hipóteses em que a legislação autoriza (ou determina) a suspensão do IPI, apesar de ocorrido o fato gerador, o sujeito passivo fica dispensado da obrigatoriedade de destacar e recolher o imposto relativo à operação.

Dessa forma, com a suspensão, o imposto nem mesmo chega a se tornar exigível. Na verdade, o IPI fica suspenso até que se cumpra a condição a que estiver subordinada a hipótese de suspensão. Cumprida a condição, resolve-se a obrigação tributária suspensa, ou seja, o imposto relativo à operação realizada não mais será exigido. É o que estabelece o art. 41 do RIPI:

> **Art. 41.** O implemento da condição a que está subordinada a suspensão resolve a obrigação tributária suspensa.

Para bem compreender como se processa a suspensão do IPI, vamos tomar como exemplo a hipótese prevista na alínea "a" do inciso XIV do art. 43 do RIPI:

> **Art. 43.** Poderão sair com suspensão do imposto:
>
> [...]
>
> XIV – as matérias-primas, os produtos intermediários e os materiais de embalagem, de fabricação nacional, vendidos a:
>
> a) estabelecimento industrial, para industrialização de produtos destinados à exportação;

Suponha que um estabelecimento industrial seja exportador de máquinas lava-louça. Para montar uma máquina a ser exportada, o industrial emprega várias partes e peças adquiridas junto a fornecedores, também contribuintes do imposto. Entre essas partes e peças adquiridas pelo industrial exportador, vamos considerar que se encontra a placa eletrônica de comando da máquina.

Portanto, com a hipótese de suspensão prevista na alínea "a" do inciso XIV do art. 43 do RIPI, nas remessas ao estabelecimento exportador, o estabelecimento fornecedor da placa eletrônica, contribuinte do imposto, fica dispensado de lançar o IPI na nota fiscal. Caso a referida placa seja inserida numa máquina lava-louça efetivamente destinada ao exterior, considera-se implementada a condição que justificou a suspensão do imposto. Com isso, fica resolvida a obrigação tributária relativa ao IPI incidente na operação de fornecimento da placa eletrônica.

64.1. Descumprimento da condição à que estiver subordinada a suspensão

Caso a condição não seja cumprida, quem deu causa ao descumprimento fica responsável pelo pagamento do imposto, que se torna devido desde a ocorrência do fato gerador, ocorrido na saída do estabelecimento industrial ou equiparado, ou no desembaraço aduaneiro.

Lembre-se de que são sujeitos passivos da obrigação tributária, na qualidade de responsáveis, os que desatenderem as normas e requisitos à que estiver condicionada a suspensão do imposto (item 56.1).

Nesse sentido, até o momento em que os produtos sejam entregues ao destinatário, o remetente responde pelo imposto suspenso, cabendo-lhe o recolhimento quando descumprir a condição que autoriza a suspensão do imposto.

Só que, por vezes, a condição está relacionada a uma destinação específica do produto que tem o IPI suspenso. Nesse caso, é o recebedor do produto que pode dar causa ao descumprimento da condição. Isso explica a forma como a legislação tratou da questão:

> **Art. 42.** Quando não forem satisfeitos os requisitos que condicionaram a suspensão, o imposto tornar-se-á imediatamente exigível, como se a suspensão não existisse.
>
> § 1º Se a suspensão estiver condicionada à destinação do produto e a este for dado destino diverso do previsto, estará o responsável pelo fato sujeito ao pagamento do imposto e da penalidade cabível, como se a suspensão não existisse.
>
> § 2º Cumprirá a exigência:
>
> I – o recebedor do produto, no caso de emprego ou destinação diferentes dos que condicionaram a suspensão; ou
>
> II – o remetente do produto, nos demais casos.

No exemplo utilizado no item anterior, suponha que o estabelecimento adquirente da placa eletrônica remetida com suspensão do imposto, ao invés de empregá-la numa máquina a ser exportada, a tenha incorporado numa máquina vendida no mercado interno. Nesse caso, por ter dado destinação diversa daquela que condicionava a suspensão, o estabelecimento que recebeu a placa eletrônica com suspensão fica responsável pelo IPI que deixou de ser pago pelo seu fornecedor, com os devidos acréscimos legais. Por outro lado, como vimos no item 60.1.7, poderá se creditar do valor do imposto.

64.2. Finalidade da suspensão do imposto

Embora produza, na prática, efeito semelhante ao observado nas hipóteses de isenção, a suspensão do IPI, a rigor, não constitui um benefício fiscal. Em verdade, a principal finalidade da suspensão é a racionalização da incidência do imposto.

Por vezes, a suspensão do imposto é uma exigência da lei, como fica bem claro na hipótese do art. 44 do RIPI. Ali, especificamente, encontra-se presente a finalidade de garantir o efeito esperado com a imposição de um regime tributário específico criado para as chamadas "bebidas quentes" (vinhos, cachaças, vodkas etc.). No entanto, a finalidade mais frequente nas hipóteses de suspensão do imposto é a racionalização da incidência.

Para entender como a suspensão é utilizada com esse objetivo, é preciso que antes fiquem bem claros seus dois efeitos principais. Com a suspensão aplicada de maneira eficaz: (i) não é exigível o imposto incidente na operação e; (ii) por outro lado, como regra, não há crédito a ser aproveitado pelo estabelecimento contribuinte do imposto, destinatário do produto que teve o IPI suspenso.

Para ilustrar o efeito de racionalização proporcionado pela suspensão, podemos recorrer ao mesmo exemplo que utilizamos nos itens anteriores.

Suponha que não houvesse a hipótese de suspensão do imposto incidente na operação de fornecimento da placa eletrônica para o fabricante da lava-louça. Nesse caso, o IPI seria devido pelo fornecedor, e o adquirente faria jus ao crédito da não cumulatividade do imposto.

Mas, uma vez exportada a máquina lava-louça, sabemos que a imunidade impede a incidência do IPI. No entanto, ainda assim o exportador manteria o direito ao crédito registrado na entrada da placa eletrônica (item 60.3).

Agora, imagine essa situação em uma escala maior, envolvendo todos os componentes tributados pelo IPI. Considere, também, que grande parte das lava-louças produzidas seja destinada à exportação. Numa hipótese como essa, como não haveria débitos suficientes em razão das saídas que promove, o exportador experimentaria a situação indesejável de acúmulo de créditos, fato que prejudicaria, e muito, sua competitividade[17].

Numa situação como essa, a suspensão do imposto que incide no fornecimento de partes e peças a serem empregadas na industrialização de produto a ser exportado ajuda a racionalizar a incidência tributária, impedindo o acúmulo de créditos pelo exportador.

64.3. Hipóteses de suspensão do imposto

São várias as hipóteses de saída com suspensão do imposto, justificadas pelas mais diversas razões. Muitas delas se encontram inseridas no contexto de regimes tributários bem específicos, como ocorre com a previsão do art. 44 do

---

[17] Ainda que esses créditos sejam passíveis de ressarcimento pela União (RIPI, art. 256, § 2º), sabe-se que isso não ocorre de maneira automática, sem a devida verificação.

RIPI, que trata de algumas operações envolvendo as "bebidas quentes" (vinhos, cachaças, vodkas etc.).

Obviamente foge muito ao nosso escopo aprofundar tais situações. Para explicar detalhadamente todas as hipóteses de suspensão do imposto previstas no RIPI seria necessário entrar em especificidades de várias cadeias produtivas.

Portanto, cabe agora destacar as hipóteses com maior probabilidade de serem exigidas na prova de um concurso para cargos da Receita Federal do Brasil.

De qualquer forma, recomenda-se que, dentro do possível, seja lido todo o capítulo de suspensão do RIPI, atentamente, tendo como base o norte que foi dado no item 64.2.

Entre as várias hipóteses de suspensão do IPI, cabe destacar as seguintes:

- o óleo de menta em bruto, produzido por lavradores, com emprego do produto de sua própria lavoura, quando remetido a estabelecimentos industriais, diretamente ou por intermédio de postos de compra;

Observação: Este é um caso pra lá de específico. Está aqui somente porque a Esaf já o cobrou em prova anterior. Sendo o primeiro caso listado pelo Regulamento, o fato de já ter sido cobrado em prova pode ser encarado como um sinal: em provas de concursos públicos, quanto a essas longas enumerações que encontramos na legislação tributária, pelo menos os primeiros casos listados têm que ser conhecidos pelo candidato.

- os produtos remetidos pelo estabelecimento industrial, ou equiparado a industrial, diretamente a exposição em feiras de amostras e promoções semelhantes;

Observação: Para prevalecer o favor da suspensão do imposto torna-se necessário que o envio seja feito exclusivamente para exposição ao público, vinculado, portanto, ao retorno ao estabelecimento de origem.

- os produtos remetidos pelo estabelecimento industrial, ou equiparado a industrial, a depósitos fechados ou armazéns-gerais, bem como aqueles devolvidos ao remetente;

Observação: Depósito fechado não realiza vendas, mas apenas entregas por ordem do depositante dos produtos. Em outras palavras, é um estabelecimento da própria firma, destinado à guarda ou armazenagem de produtos (art. 609, VII).

Vimos que armazém-geral é um estabelecimento de empresa organizada na forma da Lei nº 1.102, de 1903, que recebe produtos para guarda e depósito por conta e ordem de terceiros.

O contexto onde se aplica essa hipótese de suspensão encontra-se descrito no item 58.3.2.

- os produtos industrializados, que contiverem matéria-prima, produto intermediário ou material de embalagem importados submetidos ao regime aduaneiro especial de *drawback*, remetidos diretamente a empresas industriais exportadoras para emprego na produção de mercadorias destinadas à exportação direta ou por intermédio de empresa comercial exportadora, atendidas as condições estabelecidas pela Secretaria da Receita Federal do Brasil;

> **Observação:** O *drawback* é um regime aduaneiro especial em que insumos são importados, com isenção ou suspensão do IPI, para serem aplicados em produtos que serão obrigatoriamente exportados.
>
> Com essa hipótese, podem sair com suspensão os produtos obtidos a partir de insumos importados no regime de *drawback* e que forem remetidos a estabelecimentos industriais que os apliquem como insumos em produtos que sejam exportados. A exportação pode ser feita diretamente pelo industrial recebedor dos insumos suspensos, ou por meio de empresa comercial exportadora.

- os produtos, destinados à exportação, que saiam do estabelecimento industrial para:
    - ✓ empresas comerciais exportadoras, com o fim específico de exportação;
    - ✓ recintos alfandegados; ou
    - ✓ outros locais onde se processe o despacho aduaneiro de exportação;
- as matérias-primas, os produtos intermediários e os materiais de embalagem destinados à industrialização, desde que os produtos industrializados sejam enviados ao estabelecimento remetente daqueles insumos;

> **Observação:** Trata-se da hipótese de industrialização por encomenda com remessa de insumos. Nesse caso, os insumos enviados pelo encomendante ao executor da encomenda podem ser remetidos com suspensão. A condição para essa suspensão é que os produtos gerados com a matéria-prima enviada com suspensão sejam remetidos ao encomendante.
> Mais detalhes sobre essas operações são encontrados no Capítulo 72.

- os produtos que, industrializados por encomenda e em cuja operação o executor não tenha utilizado produtos de sua industrialização ou importação, forem remetidos ao estabelecimento de origem e desde que sejam por este destinados:
    - ✓ a comércio; ou
    - ✓ a emprego, como matéria-prima, produto intermediário e material de embalagem, em nova industrialização que dê origem a saída de produto tributado;

> **Observação:** Trata-se agora da remessa, ao encomendante, dos produtos que tiveram a industrialização encomendada.
>
> Mas perceba que a suspensão somente prevalece se o encomendante que receber o produto resultante da industrialização por encomenda o aplicar em nova industrialização, ou o comercializar. Em outras palavras, a suspensão somente pode ser aplicada se o encomendante der nova saída tributada, do mesmo produto executado por encomenda, ou de produto que o tenha incorporado como insumo.
>
> Note bem o efeito de racionalização: no final, se as condições forem cumpridas, sob o ponto de vista do recolhimento do imposto, tudo se passa como se não houvesse movimentação entre o encomendante e o executor da encomenda.
>
> Mais detalhes sobre essas operações são encontrados no Capítulo 72.

- as matérias-primas ou os produtos intermediários remetidos por estabelecimento industrial, para emprego em operação industrial realizada fora desse estabelecimento, quando o executor da industrialização for o próprio contribuinte remetente daqueles insumos;

> **Observação:** É o caso da remessa de insumos do estabelecimento industrial para emprego em industrialização a ser realizada por ele próprio, fora do estabelecimento. Nessa hipótese, confundem-se remetente e recebedor, resolvendo-se a suspensão com a industrialização.

- o veículo, aeronave ou embarcação dos Capítulos 87, 88 e 89 da TIPI, que deixar o estabelecimento industrial exclusivamente para emprego em provas de engenharia pelo próprio fabricante, desde que a ele tenha de voltar, não excedido o prazo de permanência fora da fábrica, que será de trinta dias, salvo motivos de ordem técnica devidamente justificados, e constará da nota fiscal expedida para esse fim;
- os produtos remetidos, para industrialização ou comércio, de um estabelecimento industrial ou equiparado a industrial para outro da mesma firma;

> Observação: É o caso da remessa de produtos de um estabelecimento a outro da mesma empresa, para industrialização ou comércio, desde que o recebedor dos produtos seja industrial ou equiparado a industrial.
>
> Novamente, perceba que a suspensão somente prevalece se o estabelecimento que receber o produto o aplicar em nova industrialização ou o comercializar.
>
> Em outras palavras, a suspensão somente pode ser aplicada se o recebedor der nova saída tributada, do mesmo produto, ou de produto que o tenha incorporado como insumo.

De qualquer forma, essa hipótese de suspensão não se aplica às saídas de cigarros e cigarrilhas dos Códigos 2402.20.00, excetuados os classificados no Ex 01, e 2402.10.00, da TIPI, de fabricação nacional ou importados, dos estabelecimentos industriais ou equiparados quando destinados aos estabelecimentos comerciais atacadistas e varejistas. Com esse dispositivo, apenas se implementa o objetivo de manter em etapa única a incidência do IPI sobre cigarros e cigarrilhas, nas saídas dos cigarros destinados ao mercado interno, ou no desembaraço aduaneiro dos cigarros de procedência estrangeira, conforme veremos no Capítulo 70.

- os bens do ativo permanente (máquinas e equipamentos, aparelhos, instrumentos, utensílios, ferramentas, gabaritos, moldes, matrizes e semelhantes) remetidos pelo estabelecimento industrial a:
  - ✓ outro estabelecimento da mesma firma, para serem utilizados no processo industrial do recebedor; ou
  - ✓ outro estabelecimento, para serem utilizados no processo industrial de produtos encomendados pelo remetente, desde que devam retornar ao estabelecimento encomendante, após o prazo fixado para a fabricação dos produtos;
- as partes e peças destinadas a reparo de produtos com defeito de fabricação, quando a operação for executada gratuitamente por concessionários ou representantes, em virtude de garantia dada pelo fabricante;

Observação: É uma medida de racionalização. Lembre-se do que vimos no item 50.2: o reparo de produtos com defeito de fabricação, inclusive mediante substituição de partes e peças, quando a operação for executada gratuitamente, ainda que por concessionários ou representantes, em virtude de garantia dada pelo fabricante, não constitui industrialização (RIPI, art. 5º, inciso XII).

- produtos para emprego ou consumo na industrialização ou elaboração de produto a ser exportado, adquiridos no mercado interno ou importados.

Observação: É hipótese análoga àquela que utilizamos como exemplo no item 64.2 para explicar a operacionalização da suspensão do imposto.

- as matérias-primas, os produtos intermediários e os materiais de embalagem, quando adquiridos por pessoas jurídicas preponderantemente exportadoras;

> **Observação:** Considera-se preponderantemente exportadora a pessoa jurídica cuja receita bruta decorrente de exportação, para o exterior, no ano-calendário imediatamente anterior ao da aquisição dos bens de que trata o *caput*, houver sido igual ou superior a 50% de sua receita bruta total de venda de bens e serviços no mesmo período.

- os materiais e os equipamentos, incluindo partes, peças e componentes, destinados ao emprego na construção, conservação, modernização, conversão ou reparo de embarcações pré-registradas ou registradas no Registro Especial Brasileiro (REB), quando adquiridos por estaleiros navais brasileiros.

Vale também dizer que no art. 48 do RIPI estão relacionadas as hipóteses de suspensão do IPI no desembaraço aduaneiro, entre as quais merecem destaque as aquisições de produtos estrangeiros por lojas francas e os casos em que o produto seja desembaraçado com suspensão do Imposto de Importação.

Por fim, considerando o perfil das provas que a Esaf vem aplicando, é importante mencionar as seguintes hipóteses de suspensão do IPI que ainda não foram consolidadas no RIPI. Nesse sentido, fica suspenso o IPI incidente sobre:

- máquinas, aparelhos, instrumentos e equipamentos, novos, e de materiais de construção para utilização ou incorporação nas obras de infraestrutura nas Regiões Norte, Nordeste e Centro-Oeste, nos setores petroquímico, de refino de petróleo e de produção de amônia e uréia a partir do gás natural:
  - ✓ na saída de estabelecimento industrial ou equiparado, quando a aquisição no mercado interno for efetuada por estabelecimento industrial de pessoa jurídica beneficiária do Regime Especial de Incentivos para o Desenvolvimento de Infraestrutura da Indústria Petrolífera nas Regiões Norte, Nordeste e Centro-Oeste – Repenec (Lei nº 12.249, de 2010, art. 3º, inciso III);
  - ✓ no desembaraço aduaneiro, quando a importação for efetuada por estabelecimento industrial de pessoa jurídica beneficiária do Repenec (Lei nº 12.249, de 2010, art. 3º, inciso IV);
- partes, peças, ferramentais, componentes, equipamentos, sistemas, subsistemas, insumos e matérias-primas, a serem empregados na manutenção, conservação, modernização, reparo, revisão, conversão e industrialização das aeronaves classificadas na posição 88.02 da Nomenclatura Comum do Mercosul – NCM:

- ✓ na saída do estabelecimento industrial ou equiparado, quando a aquisição no mercado interno for efetuada por estabelecimento industrial de pessoa jurídica beneficiária do Regime Especial para a Indústria Aeronáutica Brasileira – Retaero (Lei nº 12.249, de 2010, art. 31, inciso III);
- ✓ no desembaraço aduaneiro, quando a importação for efetuada por estabelecimento industrial de pessoa jurídica beneficiária do Retaero (Lei nº 12.249, de 2010, art. 31, inciso IV);
- máquinas, aparelhos, instrumentos e equipamentos, novos, e de materiais de construção para utilização ou incorporação em obras de infraestrutura destinadas ao ativo imobilizado:
  - ✓ na saída do estabelecimento industrial, quando adquiridos por pessoa jurídica beneficiária do Regime Especial de Incentivos para o Desenvolvimento de Usinas Nucleares – Renuclear (Lei nº 12.431, de 2011, art. 16, inciso I);
  - ✓ no desembaraço aduaneiro, quando a importação for realizada diretamente por pessoa jurídica beneficiária do Renuclear (Lei nº 12.431, de 2011, art. 16, inciso II);
- bens de defesa nacional definidos em ato do Poder Executivo, e ainda partes, peças, ferramentais, componentes, equipamentos, sistemas, subsistemas, insumos e matérias-primas a serem empregados na produção dos bens de defesa nacional definidos em ato do Poder Executivo:
  - ✓ na saída do estabelecimento industrial ou equiparado, quando a aquisição no mercado interno for efetuada por estabelecimento industrial de pessoa jurídica beneficiária do Regime Especial Tributário para a Indústria de Defesa – Retid (Lei nº 12.598, de 2012, art. 9º, inciso III);
  - ✓ no desembaraço aduaneiro, quando a importação for efetuada por estabelecimento industrial de pessoa jurídica beneficiária do Retid (Lei nº 12.598, de 2012, art. 9º, inciso IV);
- máquinas, aparelhos, instrumentos e equipamentos, novos, para incorporação no ativo imobilizado e utilização em complexos de exibição ou cinemas itinerantes, bem como de materiais para sua construção:
  - ✓ na saída do estabelecimento industrial ou equiparado, quando a aquisição no mercado interno for efetuada por estabelecimento de pessoa jurídica beneficiária do Regime Especial de Tributação para Desenvolvimento da Atividade de Exibição Cinematográfica – Recine (Lei nº 12.599, de 2012, art. 14, inciso III);

- ✓ no desembaraço aduaneiro, quando a importação for efetuada por pessoa jurídica beneficiária do Recine (Lei nº 12.599, de 2012, art. 14, inciso IV);
- matérias-primas e produtos intermediários destinados à industrialização dos equipamentos de informática destinados ao Programa Um Computador por Aluno – Prouca:
  - ✓ na saída do estabelecimento industrial, quando adquiridos por pessoa jurídica habilitada ao Regime Especial de Incentivo a Computadores para Uso Educacional – Reicomp (Lei nº 12.715, de 2012, art. 18, inciso I);
  - ✓ no desembaraço aduaneiro, quando a importação for realizada diretamente por pessoa jurídica habilitada ao Reicomp (Lei nº 12.715, de 2012, art. 18, inciso II);

> **Observação:** Na prova do concurso para AFRFB de 2014, essas hipóteses foram objeto de uma alternativa, nos seguintes termos: "O Regime Especial de Incentivo a Computadores para Uso Educacional (Reicomp) suspende a exigência de Imposto sobre Produtos Industrializados incidente sobre produtos destinados à industrialização de equipamentos de informática, desde que cumpridas as condições legais impostas ao contribuinte." Alternativa correta!

- máquinas, aparelhos, instrumentos e equipamentos novos e de materiais de construção para utilização ou incorporação nas obras civis abrangidas no projeto de implantação, ampliação ou modernização de redes de telecomunicações que suportam acesso à internet em banda larga, incluindo estações terrenas satelitais, quando a aquisição no mercado interno for efetuada, até 31 de dezembro de 2016, por pessoa jurídica beneficiária do Regime Especial de Tributação do Programa Nacional de Banda Larga para Implantação de Redes de Telecomunicações – REPNBL-Redes (Lei nº 12.715, de 2012, art. 30, inciso II e art. 32);
- a importação de veículos por empresa habilitada ao Programa de Incentivo à Inovação Tecnológica e Adensamento da Cadeia Produtiva de Veículos Automotores – Inovar-Auto, até 31 de dezembro de 2017 (Lei nº 12.715, de 2012, arts. 40 e 41, § 6º).
- bens duráveis adquiridos diretamente de estabelecimento industrial, para utilização nos Jogos Olímpicos de 2016 e nos Jogos Paraolímpicos de 2016, pelo Comitê Olímpico Internacional, federações, entre várias outras entidades e pessoas jurídicas relacionadas à organização dos Eventos (Lei nº 12.780, de 2013, art. 13);
- máquinas, aparelhos, instrumentos e equipamentos, novos, e de materiais de construção para utilização ou incorporação no projeto aprovado

para implantação ou ampliação de infraestrutura para produção de fertilizantes e de seus insumos:

- ✓ na saída do estabelecimento industrial, quando a aquisição no mercado interno for efetuada por estabelecimento industrial de pessoa jurídica beneficiária do Regime Especial de Incentivo ao Desenvolvimento da Infraestrutura da Indústria de Fertilizantes – Reif (Lei nº 12.794, de 2013, art. 8º, inciso III);
- ✓ no desembaraço aduaneiro, quando a importação for realizada por estabelecimento de pessoa jurídica beneficiária do Reif (Lei nº 12.794, de 2013, art. 8º, inciso IV).

Capítulo 65
Isenção do IPI

O Regulamento do IPI trata das hipóteses de isenção do imposto entre os arts. 50 e 68. Embora produzam efeito semelhante ao observado nos casos de suspensão (inclusive com a dispensa do destaque do imposto em nota fiscal), as isenções do imposto, sem qualquer dúvida, têm clara natureza de benefício fiscal.

Portanto, na prova de um concurso público, o examinador pode misturar hipóteses de isenção e de suspensão. Decorar todas essas hipóteses é tarefa muito difícil. Por isso mesmo, uma maneira adequada de enfrentar o problema consiste em identificar o objetivo da hipótese trazida pelo examinador. Se tiver natureza de benefício fiscal, é muito grande a chance de se tratar de isenção.

Antes de apresentar algumas das hipóteses de isenção do IPI, vamos analisar as disposições gerais sobre a matéria.

65.1. Isenções condicionadas ou incondicionadas

As isenções do IPI podem ser subordinadas à condição ou não. Por exemplo, a isenção de caixões funerários, prevista no inciso VII do art. 54, é incondicionada.

Por outro lado, se a isenção estiver subordinada à condição, vale a regra de responsabilidade a quem deu causa a seu descumprimento:

> **Art. 25.** São obrigados ao pagamento do imposto como responsáveis:
> [...]

VI – os que desatenderem as normas e requisitos a que estiver condicionada a imunidade, a isenção ou a suspensão do imposto.

Em algumas hipóteses, a condição da isenção pode ser a observância de uma destinação específica. Por exemplo, os produtos nacionais são isentos do IPI quando destinados a lojas francas (RIPI, art. 54, art. XIV). Nesse caso, é preciso observar o seguinte:

> **Art. 52.** Se a isenção estiver condicionada à destinação do produto e a este for dado destino diverso do previsto, estará o responsável pelo fato sujeito ao pagamento do imposto e da penalidade cabível, como se a isenção não existisse.
>
> § 1º Salvo comprovado intuito de fraude, o imposto será devido, sem multa, se recolhido espontaneamente, antes do fato modificador da destinação, se esta se der após um ano da ocorrência do fato gerador, não sendo exigível após o decurso de três anos.
>
> [...]

Traduzindo, havendo descumprimento da destinação, se agir espontaneamente, o beneficiário da isenção deverá observar o seguinte:

- se o desvio da destinação acontecer em até um ano da ocorrência do fato gerador, deve recolher o imposto, acompanhado de multa;
- se o desvio da destinação acontecer após decorrido um ano da ocorrência do fato gerador, deve recolher o imposto sem a multa;
- no entanto, se o desvio da destinação acontecer após o decurso de três anos da data de ocorrência do fato gerador, fica dispensado de recolher o imposto objeto da isenção.

Observação: Cabe observar que, no caso em que seja alterada a destinação de automóvel de fabricação nacional adquirido com isenção do IPI por missões diplomáticas, repartições consulares de caráter permanente, ou seus integrantes, bem assim pelas representações internacionais ou regionais de que o Brasil seja membro, o imposto deixa de ser devido, não depois de três anos, mas depois de um ano da ocorrência do fato gerador (RIPI, art. 52, § 2º).

65.2. Isenções objetivas ou subjetivas

As isenções do IPI, além de condicionadas ou incondicionadas, também podem ser objetivas ou subjetivas. No silêncio da lei que estabelece o benefício, a isenção é objetiva, conforme esclarece o art. 50 do RIPI:

> **Art. 50.** Salvo expressa disposição em lei, as isenções do imposto referem-se ao produto e não ao contribuinte ou adquirente.

Para ilustrar o efeito desse dispositivo, vamos novamente considerar a isenção relativa aos produtos nacionais destinados a lojas francas (RIPI, art. 54, inciso XIV). Suponha, agora, que um estabelecimento industrial produza dois lotes do mesmo perfume, sendo um deles destinado à loja franca, e o outro, vendido a uma rede varejista de cosméticos. Estará isento do IPI apenas o lote de perfumes destinados à loja franca. Isso porque, o fato de industrializar produtos isentos não tem o condão de isentar o próprio estabelecimento industrial.

É importante esclarecer que, nos termos do art. 51 do RIPI, a isenção de caráter subjetivo só exclui o crédito tributário quando o seu titular estiver na situação de contribuinte ou de responsável. Para compreender o alcance desse dispositivo, vamos considerar a isenção prevista no art. 67 do RIPI, dirigida a entidades beneficentes de assistência social:

> **Art. 67.** As entidades beneficentes de assistência social, certificadas na forma do inciso IV do art. 18 da Lei nº 8.742, de 7 de dezembro de 1993, reconhecidas como de utilidade pública, na forma da Lei nº 91, de 28 de agosto de 1935, ficam autorizadas a vender em feiras, bazares e eventos semelhantes, com isenção do imposto incidente na importação, produtos estrangeiros recebidos em doação de representações diplomáticas estrangeiras sediadas no País, nos termos e condições estabelecidos pelo Ministro de Estado da Fazenda
>
> **Parágrafo único.** O produto líquido da venda a que se refere este artigo terá como destinação exclusiva o desenvolvimento de atividades beneficentes no País.

Do dispositivo acima infere-se que os produtos recebidos em doação de representações diplomáticas são isentos do IPI incidente na importação realizada pela entidade, para venda em feiras, bazares e eventos semelhantes, com destinação exclusiva do produto da venda no desenvolvimento de atividades beneficentes no País.

Portanto, além de condicionada, trata-se, claramente, de uma isenção subjetiva, dirigida a entidades beneficentes de assistência social que se enquadrarem na condição de contribuintes do IPI na importação.

Situação bem diferente é o caso de fornecimento de produtos a essas mesmas entidades por estabelecimentos industriais, contribuintes do imposto. À luz do que dispõe o art. 51 do RIPI, a isenção das entidades não aproveita o estabelecimento industrial, fornecedor de produtos e contribuinte do imposto.

65.3. Hipóteses de isenção do IPI

Os arts. 54 e seguintes do RIPI apresentam os casos de isenção. Recomendo que você leia esses dispositivos com atenção. Vamos aqui apenas elencar alguns deles, a título meramente ilustrativo:

- produtos industrializados por estabelecimentos públicos e autárquicos da União, dos Estados, do Distrito Federal e dos Municípios, que não se destinem a comércio;
- as amostras de produtos para distribuição gratuita, de diminuto ou nenhum valor comercial;
- as aeronaves de uso militar e suas partes e peças, vendidas à União;
- o material bélico, de uso privativo das Forças Armadas, vendido à União;
- os caixões funerários;
- produtos nacionais saídos dos estabelecimentos industriais ou equiparados a industrial diretamente para lojas francas;
- automóvel de fabricação nacional adquirido pelas missões diplomáticas e repartições consulares e seus integrantes ou pelas representações internacionais ou regionais de que o Brasil seja membro, e seus funcionários, técnicos, peritos e consultores de nacionalidade estrangeira, que exerçam funções de caráter permanente, quando a aquisição se fizer em substituição da faculdade de importar o bem com idêntico benefício;
- veículo de fabricação nacional adquirido por funcionário das missões diplomáticas acreditadas junto ao Governo Brasileiro;
- os produtos importados diretamente por missões diplomáticas e repartições consulares de caráter permanente e pelos respectivos integrantes, e por representações, no País, de organismos internacionais de caráter permanente, inclusive os de âmbito regional, dos quais o Brasil seja membro, e pelos respectivos integrantes;
- a bagagem de passageiros desembaraçada com isenção do Imposto de Importação na forma da legislação pertinente;
- os bens de passageiros procedentes do exterior, desembaraçados com a qualificação de bagagem tributada, com o pagamento do Imposto de Importação, na forma da legislação pertinente;
- os bens contidos em remessas postais internacionais sujeitas ao regime de tributação simplificada para a cobrança do Imposto de Importação;
- os bens de informática destinados à coleta eletrônica de votos, fornecidos diretamente ao Tribunal Superior Eleitoral;

> **Observação:** Na prova do concurso de 2012 para AFRFB, essa hipótese foi objeto de uma alternativa, nos seguintes termos: "Os bens de informática destinados à coleta eletrônica de votos, fornecidos diretamente ao Tribunal Superior Eleitoral, assim como os caixões funerários, são objeto de suspensão de IPI". Alternativa incorreta! Temos aqui uma hipótese de isenção, com clara natureza de benefício fiscal, e não de suspensão.

- os aparelhos transmissores e receptores de radiotelefonia e radiotelegrafia, os veículos para patrulhamento policial, as armas e munições, quando adquiridos pelos órgãos de segurança pública da União, dos Estados e do Distrito Federal;
- os veículos automotores de qualquer natureza, máquinas, equipamentos, bem como suas partes e peças separadas, quando destinadas à utilização nas atividades dos Corpos de Bombeiros, em todo o território nacional, nas saídas de estabelecimento industrial ou equiparado a industrial;
- o automóvel de fabricação nacional destinado a uso na categoria de aluguel (táxi), e os adquiridos por pessoas portadoras de deficiência física;

> **Observação:** Na prova do concurso de 2012 para AFRFB, essa hipótese foi objeto de uma alternativa, nos seguintes termos: "Os automóveis de passageiros de fabricação nacional que obedeçam às especificações previstas em Lei são isentos de IPI, quando adquiridos por pessoas portadoras de deficiência mental severa ou profunda, ou autistas, desde que atendidos os requisitos previstos na legislação tributária". Alternativa correta!

- até 31 de dezembro de 2015[18], os equipamentos e materiais importados destinados, exclusivamente, ao treinamento e preparação de atletas e de equipes brasileiras para competições desportivas em jogos olímpicos, paraolímpicos, pan-americanos, parapan-americanos e mundiais.

Mais uma vez, considerando o perfil das provas da Esaf, é importante conhecer as seguintes hipóteses de isenção do IPI, encontradas fora do Regulamento:

- equipamentos de informática saídos da pessoa jurídica beneficiária do Reicomp diretamente para as escolas das redes públicas de ensino federal, estadual, distrital, municipal e as escolas sem fins lucrativos de atendimento a pessoas com deficiência (Lei nº 12.715, de 2012, art. 19);
- bens ou mercadorias importados para uso ou consumo exclusivo em atividades próprias e diretamente vinculadas à organização ou realização dos Jogos Olímpicos de 2016 e dos Jogos Paraolímpicos de 2016 (Lei nº 12.780, de 2013, art. 4º, § 1º, inciso I);

---

18 Prazo definido pela Lei nº 12.649, de 2012. Encontra-se em trâmite na Câmara dos Deputados o PL nº 879, de 2015, por meio do qual se pretende a prorrogação desse benefício até 31 de dezembro de 2018.

- na saída de produtos importados, quando efetuada por estabelecimento de empresas vinculadas ao Comitê Olímpico Internacional, e domiciliadas no Brasil, quando relacionados às atividades próprias e diretamente vinculadas à organização ou realização dos Jogos Olímpicos de 2016 e dos Jogos Paraolímpicos de 2016 (Lei nº 12.780, de 2013, art. 9º, inciso I, alínea "d");
- na saída de produtos importados, quando efetuada por estabelecimento do Comitê Organizador dos Jogos Olímpicos Rio 2016 (RIO 2016), quando relacionados às atividades próprias e diretamente vinculadas à organização ou realização dos Jogos Olímpicos de 2016 e dos Jogos Paraolímpicos de 2016 (Lei nº 12.780, de 2013, art. 10, inciso I, alínea "d");
- na saída dos produtos nacionais adquiridos diretamente de estabelecimento industrial fabricante pelas pessoas jurídicas envolvidas na realização dos Jogos Olímpicos de 2016 e dos Jogos Paraolímpicos de 2016, para uso ou consumo na organização ou realização dos referidos eventos (Lei nº 12.780, de 2013, art. 12).

Capítulo 66
Bens de Capital

Segundo a diretriz contida no inciso IV do § 3º do art. 153 do texto constitucional, o IPI deve ter reduzido seu impacto sobre a aquisição de bens de capital pelo contribuinte do imposto, na forma da lei.

Bem de capital é um conceito econômico. Segundo Mankiw[19], bem de capital é um fator de produção utilizado para produzir todos os tipos de bens e serviços, incluindo mais bens de capital. São as máquinas, os equipamentos, as ferramentas, os utensílios e os veículos, que podem ser associados ao trabalho (outro fator de produção) para gerar mais produtividade na economia.

É verdade que cabe à lei definir a forma como o objetivo constitucional será atingido. Por isso mesmo, é correto dizer que a norma foi endereçada ao legislador. No entanto, para quem, de fato, foi dirigida a norma constitucional?

A norma constitucional orienta o legislador no sentido de reduzir o impacto do IPI suportado pelo industrial brasileiro adquirente de bens de capital.

---
19 MANKIW, N. Gregory. *Introdução à economia*. São Paulo: Cengage Learning, 2009. p. 533.

Em outros termos, a norma constitucional pretende estimular o crescimento e a modernização do parque industrial do Brasil.

Com isso, a norma pretende beneficiar o contribuinte de fato do IPI incidente sobre bens de capital, aquele que efetivamente suporta o encargo financeiro representado pelo imposto. Estamos falando do industrial que precisa de máquinas e equipamentos para produzir bens de consumo, como eletrodomésticos, itens de vestuário, alimentos etc. Também estamos falando do industrial que precisa de máquinas e equipamentos para produzir outros bens de capital.

E como esse objetivo pode ser alcançado? A maneira mais direta, e também a mais utilizada, corresponde à redução das alíquotas incidentes sobre máquinas e equipamentos. Trata-se da redução do imposto devido pelo contribuinte de direito do IPI (o estabelecimento industrial que produz o bem de capital).

Nesse sentido, a legislação do IPI está repleta de reduções de alíquotas para bens de capital. A título de exemplo, podemos citar os arts. 73, 151 e 159 do RIPI que, entre outros, contêm previsão de redução de alíquotas do IPI incidente sobre máquinas e equipamentos em circunstâncias específicas.

Também podemos citar os diversos decretos que alteraram as alíquotas diretamente na TIPI, a exemplo do que fez o Decreto nº 7.394, de 2010, antes de ser revogado pela nova versão da TIPI.

Mas a redução de alíquotas do IPI incidente sobre máquinas e equipamentos não é a única forma de reduzir o impacto sobre a aquisição de bens de capital pelo contribuinte do imposto. Outra forma de obter esse efeito, mantendo a incidência do imposto sobre o bem de capital, seria mediante autorização ao estabelecimento adquirente para se creditar do imposto incidente sobre máquinas e equipamentos incorporados ao ativo imobilizado.

Inclusive, essa maneira de diminuir o impacto do IPI sobre a aquisição de bens de capital pelo contribuinte do imposto foi objeto de uma alternativa, correta, numa prova aplicada pela Esaf no ano de 2012, nos seguintes termos:

> *Tal diminuição poderá se dar mediante autorização para apropriação de crédito relativo ao IPI incidente na operação e sua utilização na compensação com o devido pela empresa adquirente em outras operações ou seu ressarcimento em dinheiro.*

Conforme vimos no item 60.1.12, a aquisição de bens integrantes do ativo permanente, ainda que tributada, não gera direito ao crédito do imposto (RIPI, art. 226, inciso I). No entanto, caso essa vedação venha a ser revogada, além das demais hipóteses de creditamento que vimos no Capítulo 60, o estabelecimento industrial poderia reduzir seus débitos de IPI mediante desconto de créditos decorrentes da aquisição de máquinas e equipamentos.

Para entender como isso ocorreria, considerando uma indústria de sorvetes, a sistemática seria mais ou menos assim: o industrial adquire uma máquina nova para seu processo produtivo. Suponha que a máquina tenha custado R$ 2 milhões, e que sobre esse valor tenha havido incidência do IPI à alíquota de 5%. Na nota fiscal de aquisição da máquina, constaria o destaque de R$ 100 mil a título de IPI, valor que poderia ser creditado pelo estabelecimento adquirente.

E como ele utilizaria esse crédito? Caberia à lei estabelecer a forma como esse crédito seria utilizado. O natural seria permitir a utilização na compensação com o imposto devido em razão das saídas dos sorvetes de sua fabricação. Caso não houvesse débitos suficientes, a lei poderia até mesmo autorizar seu ressarcimento em dinheiro.

Talvez por conta da complicação adicional que essa medida introduziria no sistema tributário, até hoje o Poder Executivo preferiu apenas reduzir as alíquotas do IPI incidente sobre bens de capital.

Capítulo 67
IPI na Importação

Ao longo dos últimos capítulos, estudamos vários aspectos relativos ao IPI incidente no desembaraço aduaneiro de importação. Com frequência, essa incidência é referida como "IPI vinculado à importação", ou simplesmente "IPI vinculado".

Como o RIPI está organizado segundo a lógica dos institutos (fato gerador, contribuintes, base de cálculo, créditos, suspensão, isenções, apuração e recolhimento etc.), as regras relativas à incidência do IPI vinculado encontram-se diluídas ao longo de inúmeros dispositivos do Regulamento do imposto. Por isso mesmo, não há, no RIPI, um capítulo ou seção dedicados unicamente ao IPI vinculado.

Ainda assim, nos editais dos concursos de 2012 e de 2014 para os cargos na Receita Federal, a Esaf incluiu um item específico no conteúdo da legislação tributária, denominado "IPI na importação".

Portanto, neste momento, ainda que brevemente, vamos tentar consolidar o tema, inclusive buscando identificar disposições específicas que se encontram apenas no Regulamento Aduaneiro (Decreto nº 6.759, de 2009).

Como já analisamos a maioria dessas regras, vamos utilizar a estrutura de resumo:

- Os produtos de procedência estrangeira relacionados na TIPI com alíquota, ainda que zero, encontram-se no campo de incidência do IPI.
- O fato gerador do IPI vinculado é o desembaraço aduaneiro de produto industrializado de procedência estrangeira.

> **Observação:** Para esse fim, é irrelevante a que título seja efetuada a importação (compra e venda, locação, arrendamento, comodato, doação, cessão a título gratuito).
>
> As diferenças percentuais de mercadoria a granel, apuradas no curso do despacho aduaneiro, não são consideradas para efeitos de exigência do imposto, até o limite de 1% (Regulamento Aduaneiro, art. 238, § 3º).
>
> De acordo com o Regulamento Aduaneiro, considera-se ocorrido o desembaraço aduaneiro da mercadoria que constar como tendo sido importada e cujo extravio venha a ser apurado pela autoridade fiscal, inclusive na hipótese de mercadoria sob regime suspensivo de tributação (art. 238, § 1º). Como se nota, sem que a base legal tenha sido alterada, por meio de decreto, o Regulamento Aduaneiro foi alterado para fins de deixar de considerar a avaria como sendo hipótese de incidência do IPI na importação. Neste ponto cabe recuperar as recomendações feitas logo no início do Capítulo 58:
> - na prova de Legislação Tributária, oriente-se pelo que consta no RIPI (art. 35, parágrafo único), até mesmo porque quem elabora a prova relativa ao IPI deve se basear no que consta no seu Regulamento;
> - na prova de Legislação Aduaneira, pelos mesmos motivos, oriente-se pelo que consta no RA.

- Considera-se ocorrido o fato gerador na data do vencimento do prazo de permanência da mercadoria no recinto alfandegado, antes de aplicada a pena de perdimento, quando as mercadorias importadas forem consideradas abandonadas pelo decurso do referido prazo.
- No caso de desembaraço aduaneiro de produto nacional que retorne ao Brasil, não constitui fato gerador:
    - ✓ quando enviado em consignação para o exterior e não vendido nos prazos autorizados;
    - ✓ por defeito técnico que exija sua devolução, para reparo ou substituição;
    - ✓ em virtude de modificações na sistemática de importação do país importador;
    - ✓ por motivo de guerra ou calamidade pública; e
    - ✓ por quaisquer outros fatores alheios à vontade do exportador.

- Também não constitui fato gerador do IPI vinculado o desembaraço aduaneiro no retorno ao País de produtos nacionais aos quais tenha sido aplicado o regime aduaneiro especial de exportação temporária, ainda que descumprido o regime (Regulamento Aduaneiro, art. 238, § 2º).
- Ainda que tenha sido desembaraçada, o IPI vinculado não incide sobre (Regulamento Aduaneiro, art. 237, § 1º, inciso I):
  - ✓ mercadoria estrangeira que, corretamente descrita nos documentos de transporte, chegar ao País por erro inequívoco ou comprovado de expedição, e que for redestinada ou devolvida para o exterior;
  - ✓ mercadoria estrangeira idêntica, em igual quantidade e valor, e que se destine à reposição de outra anteriormente importada que se tenha revelado, após o desembaraço aduaneiro, defeituosa ou imprestável para o fim a que se destinava, desde que observada a regulamentação editada pelo Ministério da Fazenda.
- O IPI vinculado também não incide sobre embarcações construídas no Brasil e transferidas por matriz de empresa brasileira de navegação para subsidiária integral no exterior, que retornem ao registro brasileiro, como propriedade da mesma empresa nacional de origem (Regulamento Aduaneiro, art. 237, § 1º, inciso II).
- Os cigarros importados classificados no código 2402.20.00 da TIPI estão sujeitos ao pagamento do imposto somente por ocasião do registro da declaração de importação. Trata-se de incidência em única etapa, de modo que, quando der saída de seu estabelecimento, em relação a esses produtos o importador não estará praticando novo fato gerador.
- Na importação, salvo disposição em contrário, constitui valor tributável dos produtos de procedência estrangeira o valor que servir ou que serviria de base para o cálculo dos tributos aduaneiros, por ocasião do despacho de importação, acrescido do montante desses tributos e dos encargos cambiais efetivamente pagos pelo importador ou dele exigíveis.

> **Observação:** "Se as mercadorias forem isentas ou gozarem de redução do Imposto de Importação, o valor do tributo excluído pelo benefício não integrará o valor tributável do IPI." (Parecer Normativo CST nº 565, de 1970).

- Na determinação da base de cálculo do IPI vinculado, deve ser excluído o valor depreciado decorrente de avaria ocorrida em produto (Regulamento Aduaneiro, art. 237, § 2º).
- Na importação, o valor do IPI a recolher é o resultante da aplicação da alíquota da TIPI sobre a base de cálculo, sem qualquer abatimento relativo a créditos da não cumulatividade.

> **Observação:** Portanto, na importação, não há que se falar em desconto de créditos.
>
> Deve ficar bem claro que o imposto pago no desembaraço aduaneiro gera o direito de crédito para utilização na apuração do IPI a recolher em razão das saídas que, posteriormente, o estabelecimento importador vier a efetuar.

- O RIPI estabelece que o IPI vinculado deve ser recolhido antes da saída do produto da repartição que processar o despacho (art. 262, inciso I). O Regulamento Aduaneiro é mais específico na determinação desse momento: o imposto deve ser recolhido por ocasião do registro da declaração de importação (art. 242).
- O importador é contribuinte do IPI vinculado, em relação ao fato gerador decorrente do desembaraço aduaneiro de produto de procedência estrangeira.

> **Observação:** Importador é qualquer pessoa física ou jurídica que importe produtos do exterior. É quem figura como tal na declaração da importação e no conhecimento de carga, mesmo que seja um simples escritório administrativo.
>
> Não há que se cogitar, portanto, se o importador industrializa ou não produtos.
>
> É o fato de ele importar do exterior o produto lá industrializado que o caracteriza como contribuinte do IPI.

- São solidariamente responsáveis com o importador pelo pagamento do imposto e acréscimos legais:
    - ✓ o adquirente ou cessionário de mercadoria importada beneficiada com isenção ou redução do imposto;
    - ✓ o adquirente de mercadoria de procedência estrangeira, no caso de importação realizada por sua conta e ordem, por intermédio de pessoa jurídica importadora;
    - ✓ o encomendante predeterminado que adquire mercadoria de procedência estrangeira de pessoa jurídica importadora (aqui se trata daquele que encomenda a importação, sem que fique caracterizada importação por conta e ordem).

Capítulo 68
Regimes Fiscais

Os Regimes Fiscais constituem o objeto dos arts. 81 a 175 do RIPI. Esse capítulo do Regulamento está dividido em regimes fiscais regionais e regimes fiscais setoriais.

É bastante improvável que a Esaf cobre detalhes relativos à operacionalização e aos requisitos para fruição dos referidos benefícios. Por essa razão, vamos nos ater a descrever a essência dos benefícios. Pelo menos isso o candidato bem preparado deve saber para a prova.

Vale dizer, na prova do concurso de 2012 para AFRFB, a Esaf cobrou esse tema em duas alternativas de uma mesma questão, ambas envolvendo a Zona Franca de Manaus.

68.1. Regimes fiscais regionais

Os regimes regionais se referem à Zona Franca de Manaus (item 68.1.1), à Amazônia Ocidental (item 68.1.2), às Áreas de Livre Comércio (item 68.1.3) e às Zonas de Processamento de Exportação (item 68.1.4).

68.1.1. Zona Franca de Manaus

A Zona Franca de Manaus (ZFM) é uma área de livre comércio de importação e exportação, e de incentivos fiscais especiais, criada pelo Decreto-Lei nº 288, de 1967 e regulamentada pelo Decreto nº 61.244 do mesmo ano.

Na redação original da Constituição Federal foi garantida a manutenção dos benefícios concedidos à ZFM por 25 anos, prazo que se extinguiria em 2013. Em 2003, foram acrescentados mais 10 anos a esse prazo, de modo que, se nova prorrogação não fosse concedida, os benefícios à ZFM seriam extintos a partir de 1º de janeiro de 2024 (RIPI, art. 94).

No entanto, por meio da Emenda Constitucional nº 83, de 2014, esse prazo foi novamente prorrogado. Desta vez, em mais 50 anos, de modo que os benefícios à ZFM serão extintos a partir de 1º de janeiro de 2074.

Os benefícios fiscais relativos à ZFM podem ser agrupados de acordo com sua procedência, da seguinte forma:
- produtos industrializados na ZFM:
    - ✓ destinados ao consumo interno à ZFM;

- ✓ destinados à comercialização em qualquer outro ponto do território nacional;
- ✓ bens de informática;
- produtos de procedência estrangeira importados pela ZFM; e
- produtos nacionais que entram na ZFM.

a. Produtos industrializados na ZFM e destinados a seu consumo interno

São isentos do IPI os produtos industrializados na ZFM, destinados a seu consumo interno.

No entanto, essa isenção não alcança:
- armas e munições;
- fumo;
- bebidas alcoólicas; e
- automóveis de passageiros.

Em uma questão da prova do concurso de 2012 para AFRFB, o examinador inseriu a seguinte alternativa:

> *Produtos industrializados na Zona Franca de Manaus, destinados ao seu consumo interno, não são isentos de IPI.*

A alternativa é claramente incorreta. Ela se refere à regra geral de isenção do IPI sobre produtos industrializados na ZFM, destinados a seu consumo interno. Como ela não fez menção às exceções (armas e munições, fumo, bebidas alcoólicas e automóveis de passageiros), vale a regra geral.

b. Produtos industrializados na ZFM e destinados à comercialização em qualquer outro ponto do território nacional

Além da isenção dirigida ao consumo interno à ZFM, também são isentos do IPI os produtos industrializados na ZFM por estabelecimentos com projetos aprovados pelo Conselho de Administração da Superintendência da Zona Franca de Manaus (Suframa), que não sejam industrializados pelas modalidades de acondicionamento ou reacondicionamento, quando destinados à comercialização em qualquer outro ponto do território nacional.

No entanto, mais uma vez, mediante expressa vedação legal, essa isenção não alcança:
- armas e munições;
- fumo;
- bebidas alcoólicas; e
- automóveis de passageiros.

A vedação acima referida também alcança os produtos de perfumaria ou de toucador, preparados ou preparações cosméticas. No entanto, esses produtos serão isentos do IPI quando destinados à comercialização em qualquer outro ponto do território nacional, na hipótese de serem produzidos com utilização de matérias-primas da fauna e flora regionais, em conformidade com processo produtivo básico.

Na prova do concurso de AFRFB de 2012, uma das questões trazia a seguinte alternativa:

> *As bebidas alcoólicas, os produtos de perfumaria ou toucador e as preparações cosméticas industrializadas na Zona Franca de Manaus, com utilização de matérias-primas da fauna e flora regionais, em conformidade com processo produtivo básico, por estabelecimentos com projetos aprovados pelo Conselho de Administração da Superintendência da Zona Franca de Manaus – SUFRAMA, são isentos de IPI, quando destinados à comercialização em qualquer outro ponto do território nacional.*

A alternativa é incorreta, haja vista que as bebidas alcoólicas não são isentas do IPI, ainda que produzidas com a utilização de matérias-primas da fauna e flora regionais.

c. Bens de informática produzidos na ZFM

São isentos do IPI os bens do setor de informática industrializados na ZFM por estabelecimentos com projetos aprovados pelo Conselho de Administração da Suframa, destinados a seu consumo interno ou à comercialização em qualquer outro ponto do território nacional, desde que atendidos os requisitos legais.

Para fazerem jus à isenção, as empresas fabricantes de bens de informática devem investir, anualmente, em atividades de pesquisa e de desenvolvimento a serem realizadas na Amazônia, conforme definido em legislação específica.

De qualquer forma, a isenção do imposto somente contempla os bens de informática relacionados pelo Poder Executivo, produzidos na Zona Franca de Manaus conforme Processo Produtivo Básico (PPB) estabelecido em portaria conjunta dos Ministros de Estado do Desenvolvimento, Indústria e Comércio Exterior e da Ciência e Tecnologia.

d. Produtos de procedência estrangeira importados pela ZFM

Os produtos de procedência estrangeira importados pela ZFM são desembaraçados com suspensão do IPI.

A suspensão é convertida em isenção quando os produtos forem ali consumidos ou utilizados na industrialização de outros produtos, na pesca e na agropecuária, na instalação e operação de indústrias e serviços de qualquer natureza, ou estocados para exportação para o exterior.

No entanto, mais uma vez, a suspensão não alcança:

- armas e munições;
- fumo;
- bebidas alcoólicas; e
- automóveis de passageiros.

Os produtos estrangeiros importados pela ZFM, quando dela saírem para outros pontos do território nacional, ficam sujeitos ao pagamento do imposto exigível na importação, salvo se tratar:

- de bagagem de passageiros;
- de produtos empregados como MP, PI ou ME, na industrialização de produtos na ZFM; e
- de bens de produção e de consumo, produtos alimentares e medicamentos, que se destinem à Amazônia Ocidental.

e. Produtos nacionais remetidos para a ZFM

São isentos do IPI os produtos nacionais que entram na ZFM, para seu consumo interno, utilização ou industrialização, ou ainda, para serem remetidos, por intermédio de seus entrepostos, à Amazônia Ocidental.

Essa isenção não alcança:

- armas e munições;
- fumo;
- bebidas alcoólicas das Posições 22.03 a 22.06, dos Códigos 2208.20.00 a 2208.70.00 e 2208.90.00 (exceto o Ex 01) da TIPI – são as bebidas quentes;
- automóveis de passageiros;
- perfumes.

Além da isenção acima referida, podem sair com suspensão do IPI os produtos nacionais especificamente remetidos à ZFM para serem exportados para o exterior.

68.1.2. Amazônia Ocidental

A Amazônia Ocidental é compreendida pelos Estados do Amazonas, Acre, Rondônia e Roraima. A ela foram estendidos alguns dos incentivos fiscais especiais concedidos à Zona Franca de Manaus.

Também os benefícios fiscais relativos à Amazônia Ocidental podem ser agrupados de acordo com sua procedência, da seguinte forma:
- produtos industrializados na Amazônia Ocidental;
- produtos de procedência estrangeira oriundos da ZFM; e
- produtos nacionais remetidos para a Amazônia Ocidental.

a. Produtos industrializados na Amazônia Ocidental

São isentos do IPI os produtos elaborados com matérias-primas agrícolas e extrativas vegetais de produção regional, excluídas as de origem pecuária, por estabelecimentos industriais localizados na Amazônia Ocidental, cujos projetos tenham sido aprovados pelo Conselho de Administração da Suframa.

Essa isenção não alcança o fumo e as chamadas "bebidas quentes".

b. Produtos de procedência estrangeira

São isentos do IPI os produtos de procedência estrangeira, a seguir relacionados, oriundos da Zona Franca de Manaus e que derem entrada na Amazônia Ocidental para ali serem consumidos ou utilizados:
- motores marítimos de centro e de popa, seus acessórios e pertences, bem como outros utensílios empregados na atividade pesqueira, exceto explosivos e produtos utilizados em sua fabricação;
- máquinas, implementos e insumos utilizados na agricultura, pecuária e atividades afins;
- máquinas para construção rodoviária;
- máquinas, motores e acessórios para instalação industrial;
- materiais de construção;
- produtos alimentares;
- medicamentos.

c. Produtos nacionais remetidos para a Amazônia Ocidental

São isentos do IPI os produtos nacionais consumidos ou utilizados na Amazônia Ocidental, desde que sejam ali industrializados por estabelecimentos com projetos aprovados pelo Conselho de Administração da Suframa, ou adquiridos por intermédio da ZFM ou de seus entrepostos na referida região.

Essa isenção não alcança:
- armas e munições;
- fumo;

- bebidas quentes;
- automóveis de passageiros;
- perfumes.

68.1.3. Áreas de Livre Comércio

São seis as Áreas de Livre Comércio de importação e exportação:
- Tabatinga;
- Guajará-Mirim;
- Boa Vista e Bonfim;
- Macapá e Santana;
- Brasiléia; e
- Cruzeiro do Sul.

A entrada de produtos estrangeiros em Áreas de Livre Comércio deve se dar, obrigatoriamente, por intermédio de porto, aeroporto ou posto de fronteira da Área de Livre Comércio, exigida consignação nominal a importador nela estabelecido.

Os produtos estrangeiros ou nacionais enviados às Áreas de Livre Comércio devem ser obrigatoriamente destinados às empresas nelas autorizadas a operar.

A bagagem acompanhada de passageiro procedente de Áreas de Livre Comércio, no que se refere a produtos de origem estrangeira, é desembaraçada com isenção do imposto, observados os limites e condições estabelecidos pela legislação.

De uma forma geral, os benefícios relativos a Áreas de Livre Comércio são os seguintes:
- os produtos ali industrializados são isentos do imposto, sejam eles destinados a seu consumo interno, ou à comercialização em qualquer outro ponto do território nacional;
- a entrada de produtos estrangeiros nas Áreas de Livre Comércio é feita com suspensão do imposto, convertida em isenção quando os produtos forem destinados a consumo interno, industrialização, entre outras atividades ali exercidas. O benefício não se aplica quanto a armas e munições, automóveis de passageiros, bens finais de informática, bebidas alcoólicas, perfumes e fumos;
- os produtos nacionais ou nacionalizados, que entrarem nas Áreas de Livre Comércio, são isentos do imposto quando destinados a consumo interno, industrialização, entre outras atividades ali exercidas. Estão excluídos dos benefícios fiscais armas e munições, veículos de passageiros, bebidas alcoólicas e fumo e seus derivados.

68.1.4. Zonas de Processamento de Exportação

Nos termos do parágrafo único do art. 1º da Lei nº 11.508, de 2007, as Zonas de Processamento de Exportação (ZPE) são "áreas de livre comércio com o exterior, destinadas à instalação de empresas voltadas para a produção de bens a serem comercializados no exterior, sendo consideradas zonas primárias para efeito de controle aduaneiro".

A referida lei autorizou o Poder Executivo a criar ZPE nas regiões menos desenvolvidas do País, com a finalidade de reduzir desequilíbrios regionais, fortalecer o balanço de pagamentos e promover a difusão tecnológica e o desenvolvimento econômico e social do País.

Às empresas autorizadas a operar em ZPE fica assegurada a suspensão do IPI incidente na aquisição no mercado interno ou na importação de equipamentos, máquinas, aparelhos e instrumentos, novos ou usados, e de matérias-primas, produtos intermediários e materiais de embalagem necessários à instalação industrial ou destinados a integrar o processo produtivo.

No entanto, as matérias-primas, produtos intermediários e materiais de embalagem, importados ou adquiridos no mercado interno com a suspensão devem ser integralmente utilizados no processo produtivo do produto final.

Excepcionalmente, em casos devidamente autorizados pelo Conselho Nacional das Zonas de Processamento de Exportação, as matérias-primas, produtos intermediários e materiais de embalagem poderão ser revendidos no mercado interno.

A suspensão do imposto converte-se em alíquota 0% depois de cumprido o compromisso de auferir e manter, por ano-calendário, a receita bruta decorrente de exportação para o exterior nos termos previstos na legislação específica e decorrido o prazo de dois anos da data de ocorrência do fato gerador.

Por outro lado, os produtos industrializados em ZPE, quando vendidos para o mercado interno, estão sujeitos ao pagamento do IPI normalmente incidente na operação.

68.1.5. Quadro-resumo dos Regimes Regionais

Em resumo, os Regimes Regionais do IPI abrangem os seguintes benefícios fiscais, abaixo considerados em regra*:

Zona Franca de Manaus	Produtos industrializados na ZFM (Isenção)	Produtos destinados a seu consumo interno
		Produtos destinados à comercialização em qualquer outro ponto do território nacional
		Bens do setor de informática destinados ao consumo interno ou à comercialização em qualquer outro ponto do território nacional
	Produtos de procedência estrangeira	Suspensão do imposto, convertida em isenção quando os produtos forem ali consumidos
	Produtos nacionais remetidos para a ZFM	Isenção de produtos que entram na ZFM, para seu consumo interno, utilização ou industrialização, ou ainda, para serem remetidos à Amazônia Ocidental
		Suspensão do imposto sobre os produtos nacionais remetidos à ZFM para exportação
Amazônia Ocidental	Produtos industrializados na Amazônia Ocidental	Isenção de produtos elaborados com matérias-primas agrícolas e extrativas vegetais de produção regional
	Produtos de procedência estrangeira	Isenção sobre motores marítimos; máquinas; materiais de construção; produtos alimentares; medicamentos
	Produtos nacionais remetidos para Amazônia Ocidental	Isenção do IPI sobre os produtos nacionais consumidos ou utilizados na Amazônia Ocidental, desde que sejam ali industrializados
Áreas de Livre Comércio		Os produtos industrializados nas ALC são isentos do imposto sejam eles destinados a seu consumo interno, ou à comercialização em qualquer outro ponto do território nacional.
		A entrada de produtos estrangeiros nas Áreas de Livre Comércio é feita com suspensão do imposto, convertida em isenção quando os produtos forem ali consumidos.
		Os produtos nacionais ou nacionalizados, que entrarem nas Áreas de Livre Comércio, são isentos do imposto quando destinados a consumo interno, industrialização, entre outras atividades ali exercidas.

Zonas de Processamento de Exportação	Áreas de livre comércio com o exterior, destinadas à instalação de empresas voltadas para a produção de bens a serem comercializados no exterior. Às ZPE é assegurada a suspensão do IPI incidente na aquisição no mercado interno ou na importação de: • equipamentos, máquinas, aparelhos e instrumentos, novos ou usados, e • matérias-primas, produtos intermediários e materiais de embalagem

* As exceções compreendem, na maioria das vezes, armas e munições, perfumes, fumo, automóveis de passageiros e bebidas alcoólicas.

68.2. Regimes fiscais setoriais

Os regimes setoriais abrangem os benefícios concedidos ao setor automotivo, a bens de informática, à indústria de semicondutores, à indústria de equipamentos para a TV Digital, além de um conjunto de medidas destinadas a estimular a modernização e ampliação da estrutura portuária (Reporto), e a exportação de serviços de tecnologia da informação (Repes).

68.2.1. Setor automotivo

Os empreendimentos industriais instalados nas áreas de atuação da Sudam, da Sudene e na região Centro-Oeste, exceto no Distrito Federal, fazem jus a crédito presumido, que pode ser aproveitado em relação às saídas ocorridas até 31 de dezembro de 2020[20], para dedução, na apuração do imposto, incidente nas saídas de produtos classificados nas posições 87.02 a 87.04 da TIPI (automóveis, ônibus e caminhões).

O referido crédito presumido corresponde a 32% do valor do IPI incidente nas saídas dos produtos nacionais ou importados diretamente pelo beneficiário.

Além do crédito presumido acima mencionado, há outro benefício previsto na legislação do IPI em favor de empresas montadoras e fabricantes de automóveis, ônibus, caminhões, tratores e reboques, bem assim aos fabricantes de partes e peças destinadas a tais veículos, instalados nas regiões Norte, Nordeste e Centro-Oeste. Trata-se de crédito presumido[21] fixado no montante do valor da Contribuição para o PIS/Pasep e da Cofins devidas em decorrência das vendas no mercado interno, multiplicado por 2 em 2011; 1,9 em 2012; e assim sucessivamente até 1,5 em 2015.

---

20 Prazo fixado pelo art. 102 da Lei nº 12.973, de 2014.
21 Vide Decreto nº 7.422, de 2010.

O crédito presumido deve ser escriturado no livro Registro de Apuração do IPI, e utilizado mediante dedução do imposto devido em razão das saídas de produtos do estabelecimento que apurar o referido crédito.

Ao final de cada trimestre-calendário, o saldo de crédito presumido aproveitado na apuração do IPI a pagar pode ser objeto de pedido de ressarcimento ou declaração de compensação.

No caso de empresa sujeita ao regime de apuração não cumulativa da Contribuição para o PIS/Pasep e da Cofins, o montante do crédito presumido é calculado com base no valor das contribuições efetivamente devidas em cada mês, decorrentes das vendas no mercado interno, considerando-se os débitos e os créditos referentes a essas operações de venda.

Antes de encerrar, é preciso mencionar que depois da publicação do RIPI foi editada a Lei nº 12.546, de 2011, autorizando o Poder Executivo a reduzir as alíquotas do IPI sobre tratores, ônibus, caminhões e automóveis, segundo critérios referentes a níveis de investimento, de inovação tecnológica e de agregação de conteúdo nacional, conforme vimos no Capítulo 53.

Posteriormente, foi publicada a Lei nº 12.715, de 2012, prevendo a criação do Programa de Incentivo à Inovação Tecnológica e Adensamento da Cadeia Produtiva de Veículos Automotores (Inovar-Auto), com objetivo de apoiar o desenvolvimento tecnológico, a inovação, a segurança, a proteção ao meio ambiente, a eficiência energética e a qualidade dos automóveis, caminhões, ônibus e autopeças. Os beneficiários desse Programa podem apurar crédito presumido de IPI, com base nos dispêndios realizados no País em cada mês-calendário com:

- pesquisa;
- desenvolvimento tecnológico;
- inovação tecnológica;
- insumos estratégicos;
- ferramentaria;
- recolhimentos ao Fundo Nacional de Desenvolvimento Científico e Tecnológico (FNDCT);
- capacitação de fornecedores; e
- engenharia e tecnologia industrial básica.

Além disso, os benefícios do Inovar-Auto incluem outro crédito presumido do IPI, desta vez relativamente aos veículos importados pelas empresas beneficiárias do Programa. O crédito é calculado mediante a aplicação de percentual estabelecido pelo Poder Executivo sobre a base de cálculo do IPI na saída do estabelecimento importador. Por meio do Decreto nº 7.819, de 2012, esse percentual foi definido em 30%.

Por fim, cabe destacar que, além dos benefícios acima citados, o art. 136 do RIPI dispõe sobre hipóteses de suspensão do IPI, específicas para operações envolvendo matérias-primas, produtos intermediários, peças, partes e componentes empregados pelos estabelecimentos industriais do setor automotivo.

68.2.2. Bens de informática

As empresas de desenvolvimento ou produção de bens e serviços de informática e automação que invistam em atividades de pesquisa e desenvolvimento em tecnologia da informação podem pleitear isenção ou redução do imposto incidente sobre os referidos produtos.

Os benefícios são diferenciados em relação a bens produzidos na Região Centro-Oeste e nas regiões de influência da Sudam e da Sudene (RIPI, art. 142, inciso I), quando comparados aos benefícios dirigidos aos mesmos bens produzidos em outros pontos do território nacional (RIPI, art. 142, inciso II).

No fornecimento para estabelecimentos industriais fabricantes de bens de informática, matéria-prima, produto intermediário e material de embalagem saem com suspensão do imposto (RIPI, art. 148).

Além disso, matéria-prima, produto intermediário e material de embalagem importados diretamente por estabelecimentos industriais fabricantes de bens de informática são desembaraçados com suspensão do imposto.

68.2.3. Indústria de semicondutores

Os benefícios fiscais para pessoa jurídica beneficiária Programa de Apoio ao Desenvolvimento Tecnológico da Indústria de Semicondutores (Padis) compreendem redução a zero das alíquotas do IPI:
- na saída do estabelecimento industrial, ou equiparado, ou na importação de máquinas, aparelhos, instrumentos e equipamentos, quando a aquisição no mercado interno ou a importação for efetuada por pessoa jurídica beneficiária do Padis, para incorporação ao ativo imobilizado;
- na saída de dispositivos eletrônicos semicondutores e dispositivos mostradores de informações (displays) do estabelecimento industrial de pessoa jurídica beneficiária do Padis.

A redução de alíquotas aqui referida não se aplica cumulativamente com outras reduções ou benefícios relativos ao imposto.

68.2.4. Indústria de equipamentos para a TV Digital

Os benefícios fiscais para pessoa jurídica beneficiária do Programa de Apoio ao Desenvolvimento Tecnológico da Indústria de Equipamentos para TV Digital (PATVD) compreendem redução a zero das alíquotas do IPI:
- na saída do estabelecimento industrial, ou equiparado, ou na importação de máquinas, aparelhos, instrumentos e equipamentos, novos, quando a aquisição no mercado interno ou a importação for efetuada por pessoa jurídica beneficiária do PATVD, para incorporação ao ativo imobilizado;
- na saída de equipamentos transmissores de sinais por radiofrequência para televisão digital do estabelecimento industrial de pessoa jurídica beneficiária do PATVD.

A redução de alíquotas aqui referida não se aplica cumulativamente com outras reduções ou benefícios relativos ao imposto.

68.2.5. Modernização e ampliação da estrutura portuária (Reporto)

No âmbito do Regime Tributário para Incentivo à Modernização e à Ampliação da Estrutura Portuária (Reporto) são efetuados com suspensão do imposto:
- a saída do estabelecimento industrial ou equiparado a industrial de máquinas, equipamentos, peças de reposição e outros bens, quando adquiridos diretamente pelos beneficiários do Reporto, e destinados ao seu ativo imobilizado; e
- o desembaraço aduaneiro de máquinas, equipamentos, peças de reposição e outros bens, quando importados diretamente pelos beneficiários do Reporto e destinados ao seu ativo imobilizado.

Em qualquer caso, aos bens adquiridos ou importados com suspensão deve ser dada utilização exclusiva em portos na execução de serviços de carga, descarga e movimentação de mercadorias, na execução dos serviços de dragagem, e nos Centros de Treinamento Profissional, na execução do treinamento e formação de trabalhadores.

A suspensão também se aplica a locomotivas e vagões, e aos trilhos e demais elementos de vias férreas, classificados na Posição 73.02 TIPI, relacionados em regulamento específico.

A suspensão do imposto se converte em isenção após o decurso do prazo de cinco anos, contados da data da ocorrência do respectivo fato gerador.

68.2.6. Plataforma de exportação de serviços de tecnologia da informação (Repes)

O Regime Especial de Tributação para a Plataforma de Exportação de Serviços de Tecnologia da Informação (Repes) tem como beneficiária a pessoa jurídica previamente habilitada pela Secretaria da Receita Federal do Brasil, que:

- exerça preponderantemente as atividades de desenvolvimento de *software* ou de prestação de serviços de tecnologia da informação; e
- assuma compromisso de exportação igual ou superior a 50%[22] de sua receita bruta anual decorrente da venda dos bens e serviços de tecnologia da informação.

O benefício fiscal relativo ao IPI consiste na suspensão do imposto no desembaraço de bens novos, sem similar nacional e relacionados em ato do Poder Executivo, importados diretamente pelo beneficiário do Repes para a incorporação ao seu ativo imobilizado, destinados ao desenvolvimento de software e de serviços de tecnologia da informação.

A referida suspensão se converte em isenção depois de cumprido o compromisso de exportação.

68.2.7. Quadro-resumo dos Regimes Setoriais

Como vimos, os Regimes Setoriais do IPI abrangem os seguintes benefícios fiscais:

Setor automotivo	**Crédito presumido** para dedução, na apuração do imposto, incidente nas saídas de produtos (corresponde a 32% do IPI).
	Crédito presumido no montante do valor do PIS/Pasep e da Cofins devido em decorrência das vendas no mercado interno, multiplicado por: 2 em 2011; 1,9 em 2012; e assim sucessivamente até 1,5 em 2015.
Bens de informática	Beneficiários: empresas de desenvolvimento ou produção de bens e serviços de informática e automação. Benefícios: • **Isenção** ou **redução** para produtos industrializados pelos beneficiários; • MP, PI e ME podem ser adquiridos no mercado interno ou importados com **suspensão**.

---

22 Novo percentual previsto pelo art. 61 da Lei nº 12.715, de 2012.

Indústria de semicondutores (Padis)	Alíquota zero: • na saída do estabelecimento industrial, ou equiparado, ou na importação de máquinas, aparelhos, instrumentos e equipamentos, para incorporação ao ativo imobilizado da PJ beneficiária do Padis; • na saída de dispositivos eletrônicos semicondutores e dispositivos mostradores de informações (*displays*), produzidos pela PJ beneficiária do Padis.
Indústria de equipamentos para a TV Digital (PATVD)	Alíquota zero: • na saída do estabelecimento ou na importação de máquinas, aparelhos, instrumentos e equipamentos NOVOS, para incorporação ao ativo imobilizado da PJ beneficiária do PATVD; • na saída de equipamentos transmissores de sinais por radiofrequência para televisão digital, produzidos pela PJ beneficiária do PATVD.
Modernização e ampliação da estrutura portuária (Reporto)	**Suspensão** do imposto na aquisição no mercado interno ou na importação de máquinas, equipamentos, peças de reposição e outros bens para incorporação ao ativo imobilizado da PJ beneficiária do Reporto.
Plataforma de exportação de serviços de tecnologia da informação (Repes)	**Suspensão** do imposto no desembaraço de bens novos, sem similar nacional e relacionados em ato do Poder Executivo, importados diretamente pelo beneficiário do Repes para a incorporação ao seu ativo imobilizado, destinados ao desenvolvimento de *software* e de serviços de tecnologia da informação.

Capítulo 69
Obrigações Acessórias Relativas ao IPI

Devido às características bem particulares da incidência do IPI, a legislação tributária estabelece uma série de obrigações acessórias específicas, como forma de viabilizar o controle da Administração Tributária sobre produtos industrializados e estabelecimentos contribuintes do imposto.

Além das obrigações mais óbvias, como emitir notas fiscais e escriturar os livros fiscais próprios, os contribuintes do IPI devem rotular ou marcar todos os produtos, permitindo a identificação de sua origem. E sem prejuízo da rotulagem ou marcação, alguns produtos devem, ainda, receber selo de controle.

Portanto, rótulos, marcações e selos de controle fazem parte do conjunto de obrigações acessórias que devem ser observadas pelos contribuintes do IPI, voltadas ao controle de produtos.

Mas os controles fiscais não se restringem aos produtos. Há, ainda, a obrigação acessória dirigida ao controle de estabelecimentos que importam, industrializam ou mesmo comercializam certos produtos. Trata-se do Registro Especial que a pessoa jurídica deve manter junto a Secretaria da Receita Federal do Brasil (item 69.3).

Transportadores, adquirentes e depositários de produtos também são obrigados a observar algumas regras destinadas a incrementar os controles sobre os produtos industrializados, sob pena de terem para si atribuída até mesmo a responsabilidade pelo pagamento do imposto (item 69.4).

Essas são as obrigações acessórias específicas da legislação do IPI que foram listadas pela Esaf nos editais dos concursos de 2012 e 2014 para AFRFB.

Antes de iniciar a análise dessas obrigações acessórias, cabe destacar o disposto no art. 271 do RIPI:

> **Art. 271.** Salvo disposições em contrário, incompatibilidade manifesta ou duplicidade de exigência, o cumprimento das obrigações estabelecidas neste título não dispensa o das demais previstas neste Regulamento.

Como se nota, o dispositivo acima trata de reafirmar o caráter autônomo das obrigações acessórias. Em outras palavras, estabelece que o contribuinte deve cumprir cada uma das obrigações acessórias que lhe forem dirigidas, exceto se houver dispensa expressa, incompatibilidade manifesta ou duplicidade de exigência.

69.1. Rotulagem e marcação de produtos

O capítulo da rotulagem e marcação dos produtos se estende dos arts. 273 a 283 do RIPI. Entre as diversas disposições relativas ao tema, merecem destaque os seguintes pontos.

Antes de sua saída do estabelecimento, os fabricantes são obrigados a rotular ou marcar seus produtos e os volumes que os acondicionarem, utilizando o idioma nacional e indicando:

- a firma;
- o número de inscrição, do estabelecimento, no Cadastro Nacional da Pessoa Jurídica – CNPJ;
- a situação do estabelecimento (localidade, rua e número);

- a expressão "Indústria Brasileira", com destaque e em caracteres bem visíveis;

> **Observação:** Essa informação pode ser dispensada da rotulagem ou marcação das bebidas alcoólicas, importadas em recipientes de capacidade superior a um litro e que sejam reacondicionadas no Brasil, no mesmo estado ou após redução do seu teor alcoólico.

- outros elementos que, de acordo com as normas do Regulamento e das instruções da RFB, forem considerados necessários à perfeita classificação fiscal e controle dos produtos.

> **Observação:** Entre esses outros elementos podemos citar: graduação alcoólica, peso, capacidade, volume, composição, destinação e outros elementos, quando necessários a identificar os produtos em determinado código da TIPI.
>
> Tratando-se de bebida alcoólica, deve ser indicada a espécie de bebida, conforme a nomenclatura da TIPI.
>
> No produto importado, o acondicionador ou reacondicionador deve mencionar o nome do país de origem. E no produto nacional, deve mencionar o nome e endereço do fabricante.

Perceba que os fabricantes devem rotular ou marcar seus produtos e os volumes que os acondicionarem. Vale dizer, o mais comum é a rotulagem. Mas a natureza do produto pode dificultar esse processo, como nos casos em que não exista superfície livre para receber um rótulo. Nesse sentido, perceba como a norma contida no § 1º do art. 273 do RIPI adere à realidade:

> A rotulagem ou marcação será feita no produto e no seu recipiente, envoltório ou embalagem, antes da saída do estabelecimento, em cada unidade, em lugar visível, por processo de gravação, estampagem ou impressão com tinta indelével [processos próprios de marcação], ou por meio de etiquetas coladas, costuradas ou apensadas [processos próprios de rotulagem], conforme for mais apropriado à natureza do produto, com firmeza e que não se desprenda do produto.

A obrigação de rotular ou marcar produtos e volumes que os acondicionarem também alcança o encomendante no caso de produtos cuja industrialização haja sido realizada por outro estabelecimento. Neste caso, o estabelecimento industrial executor da encomenda pode acrescentar as indicações referentes ao encomendante, sem prejuízo da obrigação de colocar as suas próprias indicações.

Segundo entendimento da RFB, mesmo inacabado ou incompleto, o produto deve sair do estabelecimento rotulado ou marcado, ainda que apenas para o fim específico de transitar até o estabelecimento industrial destinatário.

Por outro lado, note que não há exigência, para fins de desembaraço aduaneiro, de o importador identificar embalagens de transporte e de acondicionamento do produto importado. Exceto quanto aos produtos mencionados no item 69.1.1 (joias e relógios), as disposições relativas à rotulagem e marcação não se aplicam aos estabelecimentos importadores de produtos de procedência estrangeira, que neles não realizem qualquer operação de industrialização.

Portanto, perceba que a legislação do IPI estabelece a obrigatoriedade de rotulagem e marcação a fabricantes e encomendantes, antes da saída do estabelecimento (RIPI, art. 273). Não há, nesse artigo, referência a importadores.

Na verdade, em relação ao produto importado, há a obrigação de o acondicionador ou reacondicionador (industrial, portanto) mencionar o nome do país de origem (RIPI, art. 273, § 7º).

Então, pode-se concluir que, no desembaraço aduaneiro, não há obrigação de o importador manusear os produtos para fins de rotulagem ou marcação. Imagine que insanidade seria se, antes da saída da repartição que desembaraçar a mercadoria, cada importador tivesse que rotular seus produtos! Nesse sentido, é bastante clara a seguinte ementa de solução de consulta:

> SUPERINTENDÊNCIA REGIONAL DA RECEITA FEDERAL – 7ª REGIÃO
>
> SOLUÇÃO DE CONSULTA Nº 48, DE 16 DE MAIO DE 2011
>
> ASSUNTO: Imposto sobre Produtos Industrializados – IPI
>
> EMENTA: MERCADORIA IMPORTADA. ROTULAGEM DA EMBALAGEM DE ACONDICIONAMENTO. IDENTIFICAÇÃO DO IMPORTADOR.
>
> Para fins de desembaraço aduaneiro, não há exigência de identificação do importador nas embalagens de acondicionamento do produto importado. As disposições do art. 273 do RIPI/2010 não se aplicam aos estabelecimentos importadores de produtos de procedência estrangeira, que neles não realizem qualquer operação de industrialização, devendo ser observadas pelos mesmos, em relação à rotulagem, as estipulações do art. 283 do mesmo ato legal.

O mencionado art. 283 se refere à vedação de importar produto estrangeiro com rótulo escrito, no todo ou em parte, na língua portuguesa, sem indicação do país de origem.

69.1.1. Marcação de joias e relógios

Fabricantes, licitantes[23] e importadores de artefatos de metais preciosos classificados nas Posições 71.13 a 71.15, de relógios classificados nas Posições 91.01 e 91.03, e dos produtos de metais preciosos ou de metais folheados

---
23 Embora o IPI não incida na aquisição de produtos nacionais em licitação promovida pelo Poder Público para alienação de mercadorias apreendidas ou abandonadas, o licitante (adquirente) tem que marcar os produtos adquiridos.

ou chapeados de metais preciosos, classificados nos Códigos 9111.10.00, 9112.20.00 e 9113.10.00 da TIPI, devem marcar cada unidade por meio de punção, gravação ou processo semelhante, mesmo quando os referidos produtos forem reunidos a outros produtos, tributados ou não.

Entre outras informações, da gravação devem constar as letras indicativas da Unidade Federada onde estejam situados, e os três últimos algarismos de seu número de inscrição no CNPJ.

Se o produto for nacional, a punção deve ser feita antes de ocorrido o fato gerador do imposto. Se o produto for importado ou licitado, a punção deve ser feita dentro de oito dias, a partir da entrada no estabelecimento do importador ou licitante. No caso de produtos industrializados por encomenda, a punção pode ser realizada apenas pelo encomendante, no prazo de oito dias da data de seu recebimento.

Por fim, os importadores devem puncionar os produtos recebidos do exterior, mesmo que já tenham sido marcados no país de origem.

69.1.2. Falta de rotulagem

A falta de rotulagem, marcação ou numeração, quando exigidas, importa em considerar o produto como não identificado com o descrito nos documentos fiscais.

E qual a consequência disso? Conforme vimos no item 62, cabe lançamento de ofício do IPI quando o produto não estiver identificado com o descrito no documento fiscal.

69.1.3. Dispensa de rotulagem ou marcação

A legislação tributária dispensa a rotulagem em certos casos. Para a prova de um concurso público, é importante conhecer esses casos, afinal, é muito fácil formular uma questão de múltipla escolha a partir das hipóteses de dispensa de rotulagem.

Nos termos do art. 282, ficam dispensados de rotulagem ou marcação:
- as peças e acessórios de veículos automotores, adquiridos para emprego pelo próprio estabelecimento adquirente, na industrialização desses veículos;
- as peças e acessórios empregados, no próprio estabelecimento industrial, na industrialização de outros produtos;
- as antiguidades, assim consideradas as de mais de cem anos;

- as joias e objetos de platina ou de ouro, de peso individual inferior a 1 grama;
- as joias e objetos de prata de peso individual inferior a 3 gramas; e
- as joias e objetos sem superfície livre que comporte algarismos e letras de, pelo menos, 5 décimos de milímetro de altura.

69.1.4. Proibições

Em relação ao tema rotulagem e marcação, é proibido:
- importar, fabricar, possuir, aplicar, vender ou expor à venda rótulos, etiquetas, cápsulas ou invólucros que se prestem a indicar, como estrangeiro, produto nacional, ou vice-versa;
- importar produto estrangeiro com rótulo escrito, no todo ou em parte, na língua portuguesa, sem indicação do país de origem;
- empregar rótulo que declare falsa procedência ou falsa qualidade do produto;
- adquirir, possuir, vender ou expor à venda produto rotulado, marcado, etiquetado ou embalado nas condições acima; e
- mudar ou alterar os nomes dos produtos importados, constantes dos documentos de importação, ressalvadas as hipóteses em que eles tenham sido submetidos a processo de industrialização no País.

69.2. Selos de controle

Os selos de controle são bastante conhecidos, pelo menos pelos fumantes. Trata-se de medida de controle adicional sobre certos produtos industrializados. Nesse sentido é o art. 286 do RIPI:

> **Art. 286.** O emprego do selo não dispensa a rotulagem ou marcação dos produtos, de acordo com as normas previstas neste Regulamento.

Muito embora em alguns casos os selos possam revelar informações relativas ao produto e sua origem, eles se destinam, principalmente, ao controle das quantidades abrangidas pelas operações dos contribuintes. Essa finalidade essencial do selo de controle encontra-se bem evidenciada no art. 300 do RIPI (item 69.2.4).

A falta do selo no produto, o seu uso em desacordo com as normas estabelecidas ou a aplicação de espécie imprópria para o produto importam em considerar o produto respectivo como não identificado com o descrito nos documentos fiscais. Consequentemente, é caso de lançamento de ofício.

Além disso, é vedado reutilizar, ceder ou vender o selo de controle, considerando-se como não selado o produto cujo selo tenha sido reutilizado ou adquirido por cessão ou compra de terceiros.

69.2.1. Produtos sujeitos ao selo de controle

Enquanto a rotulagem ou a marcação constituem medida obrigatória para todos os produtos industrializados e os volumes que os acondicionarem, o selo de controle é de aplicação obrigatória em relação a um pequeno grupo de produtos. São produtos que, em geral, sofrem incidência do IPI de forma mais acentuada e que, portanto, com frequência são encontrados em situação irregular, justamente na tentativa de escapar da incidência do imposto.

Basicamente, encontram-se sujeitos ao selo de controle os cigarros[24], as bebidas alcoólicas[25] e os relógios[26] de pulso e de bolso.

No caso das obras fonográficas, temos uma situação bastante curiosa. Como regra, quem define a lista de produtos sujeitos ao selo de controle é o Secretário da RFB, conforme estabelece um dispositivo da Lei do Imposto sobre o Consumo (Lei nº 4.502, de 1964, art. 46).

Mas há um dispositivo legal de 1997 determinando que seja aplicado o selo às obras fonográficas (Lei nº 9.532, de 1997, art. 78). Esse dispositivo é a base legal do parágrafo único do art. 284 do RIPI, abaixo reproduzido:

> **Art. 284.** Parágrafo único. As obras fonográficas sujeitar-se-ão a selos e sinais de controle, sem ônus para o consumidor, com o fim de identificar a legítima origem e reprimir a produção e importação ilegais e a comercialização de contrafações, sob qualquer pretexto, observado para esse efeito o disposto em ato da Secretaria da Receita Federal do Brasil.

No entanto, ainda assim, por meio da Instrução Normativa RFB nº 842, de 2008, o Secretário da Receita Federal dispensou a aplicação do selo sobre as obras fonográficas.

Mas, e agora? Como fica o candidato? A lei determina a aplicação do selo, mas uma instrução normativa a dispensou! Bem, nesse caso, recomendo o seguinte:

---

24 Instrução Normativa RFB nº 770, de 21 de agosto de 2007.
25 Instrução Normativa RFB nº 1.432, de 26 de dezembro de 2013.
26 Instrução Normativa RFB nº 1.539, de 26 de dezembro de 2014.

- se o examinador exigir a literalidade do parágrafo único do art. 284 do RIPI ("As obras fonográficas sujeitar-se-ão a selos e sinais de controle[...]"), você deve assinalar como correta a alternativa;
- por outro lado, se o examinador simplesmente relacionar as obras fonográficas entre os produtos sujeitos ao selo de controle, assinale a assertiva como incorreta, afinal, na prática, por conta de uma norma editada pelo Secretário da Receita Federal, os selos antes aplicáveis a esses produtos foram recolhidos e incinerados.

Antes de seguir adiante, vale destacar que, mesmo em relação aos cigarros, às bebidas alcoólicas e aos relógios de pulso e de bolso há casos em que a selagem não é exigida.

No caso dos cigarros, as exceções à selagem estão previstas no art. 17 da Instrução Normativa RFB nº 770, de 2007:

> **Art. 17.** O selo de controle não será aplicado nos cigarros:
>
> I – destinados à distribuição gratuita, a título de propaganda, em invólucro que contenha fração de vintena;
>
> II – distribuídos gratuitamente a empregados do próprio estabelecimento fabricante;
>
> III – objeto de amostras comerciais gratuitas destinadas à exportação; e
>
> IV – procedentes do exterior, observadas as restrições da legislação aduaneira específica, quando:
>
> a) importados pelas missões diplomáticas e repartições consulares de carreira e de caráter permanente ou pelos respectivos integrantes;
>
> b) importados pelas representações de organismos internacionais de caráter permanente, inclusive os de âmbito regional, dos quais o Brasil seja membro, ou por seus integrantes;
>
> c) introduzidos no País como amostras ou remessas postais internacionais, sem valor comercial;
>
> d) introduzidos no País como remessas postais ou encomendas internacionais destinadas a pessoa física;
>
> e) constantes de bagagem de viajantes procedentes do exterior;
>
> f) adquiridos, no País, em loja franca.
>
> V – saídos do estabelecimento industrial para exportação ou em operação equiparada a exportação.

No caso dos relógios de pulso, as exceções à selagem estão previstas no art. 4º da Instrução Normativa RFB nº 1.539, de 2014:

> **Art. 4º** O selo de controle não será aplicado nos relógios de pulso e de bolso:

I – destinados à exportação, inclusive objeto de amostras comerciais gratuitas;

II – procedentes do exterior, observadas as restrições da legislação aduaneira específica, quando:

a) importados pelas missões diplomáticas e repartições consulares de carreira e de caráter permanente ou pelos respectivos integrantes;

b) importados pelas representações de organismos internacionais de caráter permanente, inclusive os de âmbito regional, dos quais o Brasil seja membro, ou por seus integrantes;

c) introduzidos no País como amostras ou remessas postais internacionais, sem valor comercial;

d) introduzidos no País como remessas postais e encomendas internacionais destinadas à pessoa física;

e) constantes de bagagem de viajantes procedentes do exterior;

f) despachados em regimes aduaneiros especiais, ou a eles equiparados;

g) integrantes de bens de residente no exterior por mais de três anos ininterruptos, que se tenha transferido para o País a fim de fixar residência permanente;

h) adquiridos, no País, em loja franca;

i) arrematadas por pessoas físicas em leilão promovido pela RFB.

No caso das bebidas alcoólicas, as exceções à selagem estão previstas no art. 16 da Instrução Normativa RFB nº 1.432, de 2013:

Art. 16. O selo de controle não será aplicado nas bebidas relacionadas no Anexo I:

I – destinadas à exportação para países que não sejam limítrofes com o Brasil;

II – objeto de amostras comerciais gratuitas destinadas à exportação; e

III – procedentes do exterior, observadas as restrições da legislação aduaneira específica, quando:

a) importadas pelas missões diplomáticas e repartições consulares de carreira e de caráter permanente ou pelos respectivos integrantes;

b) importadas pelas representações de organismos internacionais de caráter permanente, inclusive os de âmbito regional, dos quais o Brasil seja membro, ou por seus integrantes;

c) introduzidas no País como amostras ou remessas postais internacionais, sem valor comercial;

d) introduzidas no País como remessas postais e encomendas internacionais destinadas à pessoa física;

e) constantes de bagagem de viajantes procedentes do exterior;

f) despachadas em regimes aduaneiros especiais, ou a eles equiparados;

g) integrantes de bens de residente no exterior por mais de 3 (três) anos ininterruptos, que se tenha transferido para o País a fim de fixar residência permanente;

h) adquiridas, no País, em loja franca;

i) arrematadas por pessoas físicas em leilão promovido pela RFB;

j) retiradas para análise pelos órgãos competentes;

IV – acondicionadas em recipientes de capacidade até 180ml (cento e oitenta mililitros);

V – controladas pelo Sicobe operando em normal funcionamento;

VI – que deixarem de ser controladas pelo Sicobe a partir de 13 de dezembro de 2016, desde que:

a) o estabelecimento industrial faça opção definitiva por prestar as informações diárias de sua produção à RFB; e

b) a pessoa jurídica à qual o estabelecimento estiver vinculado cumpra os requisitos estabelecidos pelo § 1º do art. 3º.

[...]

§ 3º As informações de quantidades de produtos saídos do estabelecimento apresentadas pelo contribuinte nas notas fiscais eletrônicas de saída deverão ser discriminadas por unidades de produtos.

69.2.2. Confecção, distribuição, depósito e fornecimento de selos de controle aos usuários

A confecção e a distribuição do selo de controle competem à Casa da Moeda do Brasil. O depósito e a redistribuição dos selos aos usuários competem às Unidades da Secretaria da Receita Federal do Brasil.

No caso dos cigarros que contenham tabaco (exceto os feitos à mão), o selo de controle deve conter dispositivos de segurança que possibilitem a verificação de sua autenticidade no momento da aplicação no estabelecimento industrial fabricante de cigarros. Essa verificação é possível por conta dos equipamentos contadores, atualmente instalados nas linhas de produção de cigarros (item 70.2.3).

Os selos são fornecidos aos fabricantes, importadores e adquirentes em licitação dos produtos sujeitos ao seu uso, em quantidades compatíveis com a necessidade de utilização dos usuários.

Em certos casos, comerciantes também podem receber selos, notadamente com fins de regularização nos casos em que forem apanhados com produtos sem selo.

O fornecimento do selo de controle para produtos nacionais é feito mediante comprovação de recolhimento do imposto relativo aos períodos de apuração com prazo de recolhimento já vencido após a última aquisição, ou mediante comprovação da existência de saldo credor.

No caso de cigarros de origem estrangeira, o fornecimento do selo de controle é feito mediante apresentação do respectivo documento de arrecadação, referente ao pagamento dos selos, em quantidade igual ao número das unidades a importar, previamente informadas.

69.2.3. Ressarcimento do custo dos selos de controle

O art. 298 do RIPI estabelece que o Ministro de Estado da Fazenda pode determinar que o fornecimento do selo de controle aos usuários seja feito mediante ressarcimento de custos e demais encargos, em relação aos produtos ou espécies de produtos que indicar e segundo os critérios e condições que estabelecer.

A possibilidade de cobrança pelos selos de controle foi o motivo que tornou incorreta a seguinte assertiva de uma das questões da prova do concurso de 2012 para Auditor-Fiscal da Receita Federal do Brasil:

> *Para fins de controle do quantitativo de produtos industrializados tributados pelo IPI, a legislação tributária pode instituir obrigação acessória consistente na aplicação de selo especial, confeccionado pela Casa da Moeda do Brasil e distribuído aos contribuintes pela Secretaria da Receita Federal do Brasil, proibida cobrança de valores pela distribuição, exceto no caso de inutilização ou desperdício ocasionado pelo contribuinte, hipótese em que será cobrado ressarcimento pela redistribuição dos selos.*

No entanto, cabe destacar que, em fevereiro de 2014, a base legal do art. 298 do RIPI foi declarada inconstitucional pelo pleno do STF, nos seguintes termos:

RECURSO EXTRAORDINÁRIO 662.113

Relator: Min. MARCO AURÉLIO

Julgamento: 12/02/2014 Órgão Julgador: Tribunal Pleno

IPI – SELO DE QUALIDADE – NATUREZA – LEI Nº 4.502/64 E DECRETO-LEI Nº 1.437/75 – PRINCÍPIO DA LEGALIDADE – DELEGAÇÃO – ARTS. 150, INCISO I, e 25 DA CARTA FEDERAL. Ante o princípio da legalidade estrita, surge inconstitucional o art. 3º do Decreto-Lei nº 1.437/75 no que transferida a agente do Estado – Ministro da Fazenda – a definição do ressarcimento de custo e demais encargos relativos ao selo especial previsto, sob o ângulo da gratuidade, no art. 46 da Lei nº 4.502/64.

No voto que conduziu a decisão do STF, o Ministro Marco Aurélio destaca "a insubsistência da cobrança pelo fornecimento dos selos de controle do Imposto Sobre Produtos Industrializados, ante a falta de lei que legitime a referida exigência".

O selo de controle foi previsto inicialmente pelo art. 46 da Lei nº 4.502, de 1964. Em seu § 1º, o dispositivo estabelecia que a distribuição aos contribuintes seria feita gratuitamente, mediante as cautelas e formalidades que o regulamento estabelecer. No entanto, posteriormente, o art. 3º do Decreto--Lei nº 1.437, de 1975 (base legal do art. 298 do RIPI), estabeleceu que o Ministro da Fazenda poderia determinar que o fornecimento do selo fosse feito mediante ressarcimento de custo e demais encargos, em relação aos produtos que indicar e pelos critérios que estabelecer.

E foi justamente essa delegação ao Ministro da Fazenda que o STF entendeu ter sido revogada pelo art. 25 do Ato das Disposições Constitucionais Transitórias:

> **Art. 25.** Ficam revogados, a partir de cento e oitenta dias da promulgação da Constituição, sujeito este prazo a prorrogação por lei, todos os dispositivos legais que atribuam ou deleguem a órgão do Poder Executivo competência assinalada pela Constituição ao Congresso Nacional, especialmente no que tange a:
>
> I – ação normativa;

De acordo com o ministro relator, em razão da natureza de taxa do ressarcimento pelo fornecimento do selo de controle, a previsão de sua exigência demanda a publicação de lei, em vista do princípio da legalidade tributária.

Como forte evidência de que a Esaf está atenta às decisões proferidas pelos Tribunais Superiores, essa matéria foi objeto da seguinte assertiva no concurso AFRFB/2014, considerada incorreta:

> *Segundo entendimento recente do Supremo Tribunal Federal, o valor cobrado a título de ressarcimento de custos para utilização do selo especial de emissão oficial para controle do Imposto sobre Produtos Industrializados detém natureza jurídica tributária de contribuição de intervenção no domínio econômico, motivo pelo qual está reservado a lei em sentido estrito.*

Por fim, vale dizer que a decisão do STF foi prontamente acatada. Na Lei nº 12.995, de 18 de junho de 2014, foi inserida a previsão legal da exigência de taxa pelo fornecimento de selo de controle, nos seguintes termos:

> **Art. 13.** Fica instituída taxa pela utilização:
>
> I – do selo de controle de que trata o art. 46 da Lei nº 4.502, de 30 de novembro de 1964;

II – dos equipamentos contadores de produção de que tratam os arts. 27 a 30 da Lei nº 11.488, de 15 de junho de 2007, e o art. 58-T da Lei nº 10.833, de 29 de dezembro de 2003.

§ 1º São contribuintes da taxa as pessoas jurídicas obrigadas pela Secretaria da Receita Federal do Brasil à utilização dos instrumentos de controle fiscal relacionados nos incisos I e II do *caput*, nos termos da legislação em vigor.

§ 2º Os valores devidos pela cobrança da taxa são estabelecidos em:

I – R$ 0,01 (um centavo de real) por selo de controle fornecido para utilização nas carteiras de cigarros;

II – R$ 0,03 (três centavos de real) por selo de controle fornecido para utilização nas embalagens de bebidas e demais produtos;

III – R$ 0,05 (cinco centavos de real) por carteira de cigarros controlada pelos equipamentos contadores de produção de que tratam os arts. 27 a 30 da Lei nº 11.488, de 15 de junho de 2007;

IV – R$ 0,03 (três centavos de real) por unidade de embalagem de bebidas controladas pelos equipamentos contadores de produção de que trata o art. 58-T da Lei nº 10.833, de 29 de dezembro de 2003.

[...]

§ 7º A Secretaria da Receita Federal do Brasil poderá expedir normas complementares para a aplicação do disposto neste artigo.

69.2.4. Falta ou excesso de estoque do selo

O movimento de entrada e saída do selo de controle, inclusive das quantidades inutilizadas ou devolvidas, deve ser registrado pelo usuário em livro fiscal próprio, denominado Livro Registro de Entrada e Saída do Selo de Controle.

A movimentação de saída dos selos se dá, principalmente, conforme a saída de produtos nas quantidades indicadas nas notas fiscais.

Se a contagem física revelar a falta ou o excesso de selos em relação à quantidade que estiver escriturada no Livro Registro de Entrada e Saída do Selo de Controle, pode-se concluir o seguinte (RIPI, art. 300):

- havendo falta de selos, presume-se que produtos selados saíram do estabelecimento sem emissão da respectiva de nota fiscal; ou
- havendo excesso de selos, presume-se que produtos saíram do estabelecimento sem aplicação do selo.

Em qualquer dessas hipóteses, o imposto é cobrado sobre as diferenças apuradas. Verificando a divergência, o próprio contribuinte deve providenciar a regularização mediante emissão de nota fiscal com destaque do imposto. Quando as diferenças forem apuradas pela fiscalização tributária, será cobrado o imposto incidente sobre as diferenças apuradas, sem prejuízo da imposição das sanções cabíveis.

69.2.5. Aplicação do selo

Como regra, os produtos de procedência estrangeira, quando sujeitos ao selo, não podem ser liberados pelas repartições fiscais sem que antes sejam selados. Por essa razão, a legislação estabelece que a aplicação do selo de controle nos produtos deve ser feita pelo importador ou licitante, antes da saída do produto da repartição que o desembaraçar ou licitar.

Porém, em certos casos, a aplicação do selo de controle nos produtos importados ou adquiridos em licitação pode ser feita no estabelecimento do importador ou licitante. Como exemplo, pode-se citar o caso dos relógios de pulso e de bolso sujeitos ao selo (Instrução Normativa RFB nº 1.539, de 26 de dezembro de 2014, art. 14, § 2º).

Na importação de bebidas alcoólicas sujeitas ao selo de controle, a Secretaria da Receita Federal do Brasil pode estabelecer hipóteses, condições e requisitos para sua aplicação no desembaraço aduaneiro, ou mesmo pelo fabricante no exterior. Com base nessa autorização legal, a RFB estabeleceu as regras para que uísques importados sejam selados no exterior (Instrução Normativa RBF nº 1.432, de 26 de dezembro de 2013, art. 49 e seguintes).

No caso de cigarros de procedência estrangeira, os selos de controle são remetidos ao exterior pelo importador, para que as vintenas sejam seladas pelo fabricante.

Portanto, exceto nos casos em que é permitida a selagem no estabelecimento do importador ou do licitante, os produtos de procedência estrangeira sujeitos ao selo não podem ser liberados pelas repartições fiscais, sem que antes sejam selados.

Em se tratando de produtos nacionais, a aplicação do selo de controle deve ser feita pelo industrial, antes da saída do produto de seu estabelecimento. De qualquer forma, os produtos sujeitos ao selo não podem sair dos estabelecimentos industriais ou equiparados a industrial, nem ser expostos à venda, vendidos ou mantidos em depósitos fora dos mesmos estabelecimentos, ainda que em armazéns-gerais, sem que antes sejam selados.

69.2.6. Emprego indevido do selo

Nos termos do art. 320 do RIPI, considera-se não selado o produto em que se constate o emprego de selo:
- destinado a produto nacional em produto estrangeiro e vice-versa;
- em produtos diversos daquele a que é destinado;

- não marcado ou não aplicado como previsto na legislação; e
- que não estiver em circulação.

Nesses casos, a infração equipara-se à falta de pagamento do imposto, cabendo seu lançamento de ofício, sem prejuízo das demais penalidades cabíveis.

69.3. Registro Especial

Nos itens anteriores, estudamos controles sobre os produtos. Agora vamos analisar uma exigência destinada a controlar estabelecimentos. Trata-se do Registro Especial que certas pessoas jurídicas devem manter junto a RFB, matéria que compõe o objeto dos arts. 328 a 337 do RIPI.

A obrigação de manter Registro Especial recai sobre estabelecimentos que importam, fabricam ou comercializam papel imune, bebidas alcoólicas ou cigarros.

Em relação ao papel imune, deve manter Registro Especial na RFB a pessoa jurídica que:
- comercializar ou importar papel destinado à impressão de livros, jornais e periódicos;
- adquirir papel para a utilização na impressão de livros, jornais e periódicos.

Quanto à fabricação ou importação de cigarros, a legislação tributária estabelece que somente podem exercer tais atividades as empresas que mantenham Registro Especial, que disponham de instalações industriais adequadas, e que sejam constituídas sob a forma de sociedade, com capital mínimo estabelecido pelo Secretário da Receita Federal do Brasil[27].

Além disso, na hipótese de produção de cigarro, a concessão do registro especial fica condicionada à instalação de contadores automáticos da quantidade produzida, e, nos termos e condições estabelecidos pela Secretaria da Receita Federal do Brasil, à comprovação da regularidade fiscal do requerente[28].

Da mesma forma, os produtores, engarrafadores, cooperativas de produtores, estabelecimentos comerciais atacadistas e importadores de bebidas alcoólicas sujeitas ao selo de controle estão obrigados à inscrição no Registro Especial, não podendo exercer suas atividades sem prévia satisfação dessa exigência (RIPI, art. 336 e Instrução Normativa RFB nº 1.432, de 26 de dezembro de 2013, art. 2º).

---

27 Nos termos do inciso II do art. 3º da Instrução Normativa RFB nº 770, de 21 de agosto de 2007, o registro especial será concedido a pessoa jurídica que possuir capital social integralizado de valor não inferior, na data do pedido, à importância de R$ 2.500.000,00 (dois milhões e quinhentos mil reais), quando se tratar de estabelecimento fabricante de cigarros.

28 Em maio de 2013, no julgamento do RE 550.769, o STF considerou constitucional dispositivo que vincula a concessão de registro especial para a fabricação e comercialização de cigarros à regularidade da situação fiscal da empresa.

Por fim, cabe ressaltar que não estão obrigadas ao Registro Especial as lojas francas que efetuarem a importação de cigarros ou de bebidas sujeitas ao selo de controle, para venda em suas dependências.

69.4. Obrigações dos transportadores, adquirentes e depositários de produtos

Transportadores, adquirentes e depositários de produtos também são obrigados a observar algumas regras destinadas ao controle sobre os produtos industrializados, sob pena de terem para si atribuída a responsabilidade pelo pagamento do imposto.

69.4.1. Obrigações de transportadores

Conforme vimos no item 56.1, o transportador é obrigado ao pagamento do imposto como responsável, em relação aos produtos tributados que transportar, desacompanhados da documentação comprobatória de sua procedência (RIPI, art. 25, inciso I).

Por isso mesmo, a legislação estabelece que os transportadores somente podem aceitar despachos ou efetuar o transporte de produtos que estejam acompanhados dos documentos fiscais exigidos (RIPI, art. 323).

E mesmo quando os produtos estiverem acompanhados de documentos fiscais, os transportadores devem verificar se os volumes que os acondicionam estão de acordo com a discriminação nos documentos fiscais. Na falta de discriminação dos volumes, ou mesmo quando ela estiver incompleta, impossibilitando ou dificultando a sua identificação, o transportador não deve receber os produtos. O mesmo se aplica quando ausente a indicação do nome e endereço do remetente e do destinatário.

Quando suspeitar que as mercadorias a serem transportadas estejam em situação irregular, o transportador deve (RIPI, art. 325):
- tomar as medidas necessárias à sua retenção no local de destino;
- comunicar o fato à unidade da RFB do destino;
- aguardar, durante cinco dias, as providências da referida unidade.

Idêntico procedimento deve ser adotado se a suspeita vier a ocorrer na descarga das mercadorias.

Além disso, de acordo com o art. 517 do RIPI, mediante intimação escrita, as empresas transportadoras e os transportadores autônomos são obrigados a prestar aos Auditores-Fiscais da Receita Federal do Brasil todas as informações de que disponham com relação aos produtos, negócios ou atividades de terceiros, exceto quanto a fatos sobre os quais o informante esteja legalmente obrigado a observar segredo. Trata-se de uma disposição que decorre do art. 197 do CTN, e que foi o objeto de uma assertiva no concurso de 2012 para AFRFB.

Por fim, cabe dizer que os transportadores são pessoalmente responsáveis pelo extravio dos documentos que lhes tenham sido entregues pelos remetentes das mercadorias (RIPI, art. 324).

69.4.2. Obrigações de adquirentes e depositários

Quando receberem ou adquirirem produtos tributados, ainda que isentos, comerciantes e depositários devem examinar se eles se acham devidamente rotulados, marcados ou, quando for o caso, selados. Devem, ainda, verificar se estão acompanhados dos documentos exigidos e se estes satisfazem a todas as prescrições da legislação (RIPI, art. 327).

Verificada qualquer irregularidade, devem comunicar por escrito o fato ao remetente da mercadoria, dentro de oito dias, contados do seu recebimento, ou antes do início do seu consumo ou venda, se essas circunstâncias se verificarem em prazo menor, conservando em seu arquivo cópia do documento com prova de seu recebimento.

A comunicação feita com essas formalidades exime os recebedores ou adquirentes de responsabilidade pela irregularidade verificada.

Portanto, no caso de falta do documento fiscal que comprove a procedência do produto e identifique o remetente pelo nome e endereço, o destinatário não pode recebê-lo, sob pena de ficar responsável pelo pagamento do imposto, se exigível, e sujeito às sanções cabíveis.

O mesmo se aplica no caso em que o produto não estiver rotulado, marcado ou selado, quando couber tal exigência. Nos termos do inciso V do art. 25 do RIPI, são responsáveis pelo pagamento do imposto os estabelecimentos que possuírem produtos tributados nessas condições, conforme vimos no item 56.1.

Capítulo 70
Cigarros

No final do conteúdo de Legislação Tributária nos editais dos últimos concursos havia dois itens simplesmente denominados "cigarros" e "bebidas". São itens que surgem na sequência das obrigações acessórias já estudadas.

Na estrutura do RIPI ocorre algo semelhante. Logo depois de tratar do Registro Especial, ainda no Título VIII – Das Obrigações Acessórias, em capítulos próprios (intitulados Capítulo VI – Dos Produtos do Capítulo 22 da TIPI e Capítulo VII – Dos Produtos do Capítulo 24 da TIPI) o Regulamento aborda outras obrigações acessórias específicas para bebidas e cigarros.

Tudo leva a crer que os itens "cigarros" e "bebidas" que constam no final do edital dizem respeito a essas obrigações acessórias específicas para bebidas e cigarros.

No entanto, não vamos ficar só nas obrigações acessórias. Vamos aproveitar o momento para fazer um apanhado geral sobre regras específicas para cigarros e bebidas, encontradas no RIPI. Trataremos de cigarros neste Capítulo, e sobre bebidas no próximo.

70.1. A incidência do IPI sobre o cigarro

A atual sistemática de tributação do IPI incidente sobre os cigarros, em vigor a partir de 1º de dezembro de 2011, foi instituída originalmente pela Medida Provisória nº 540, de 2011, convertida na Lei nº 12.546, de 2011, e encontra-se regulamentada pelo Decreto nº 7.555, de 2011.

A incidência do IPI sobre os cigarros ocorre segundo o regime geral ou o regime especial. Antes de apresentar as características de cada um deles, é importante ressaltar que, seja no regime geral ou no especial, o imposto deve ser apurado e recolhido uma única vez pelo estabelecimento industrial, nas saídas dos cigarros destinados ao mercado interno, ou pelo importador, no desembaraço aduaneiro dos cigarros de procedência estrangeira.

Por isso mesmo, o § 7º do art. 9º do RIPI estabelece que as regras de equiparação a industrial previstas na legislação do imposto não se aplicam aos estabelecimentos comerciais atacadistas e varejistas de cigarros e cigarrilhas.

No mesmo sentido, para preservar a incidência do IPI em única etapa, o § 3º do art. 43 do RIPI estabelece que a hipótese de suspensão relativa à movimentação entre estabelecimentos da mesma firma não se aplica no caso de cigarros e cigarrilhas. Se assim não fosse, nas saídas de cigarros de um estabelecimento para outro da mesma firma o IPI ficaria suspenso, e não mais seria cobrado, haja vista que o estabelecimento destinatário não é equiparado a industrial, por força do § 7º do art. 9º do RIPI. Em outros termos, nas movimentações no mercado interno, a única oportunidade para incidência do IPI sobre cigarros está na saída do estabelecimento industrial e, por isso mesmo, não faz nenhum sentido permitir que o imposto seja suspenso nessa operação.

A regra geral de tributação do IPI estabelece que o imposto seja calculado utilizando-se uma alíquota *ad valorem* de 300% aplicada sobre 15% do preço de venda a varejo dos cigarros, resultando em uma alíquota efetiva de 45% sobre o preço de venda a varejo dos cigarros.

Alternativamente, o fabricante ou importador de cigarros pode optar pelo regime especial de apuração e recolhimento do IPI, no qual o valor do imposto é obtido pelo somatório de duas parcelas, sendo uma *ad valorem*, calculada da mesma forma que no regime geral, e outra específica, de acordo com o tipo de embalagem, maço ou box, utilizada nas carteiras de cigarros, conforme cronograma e alíquotas constantes do quadro abaixo:

VIGÊNCIA	REGIME ESPECIAL IPI – ALÍQUOTAS		
	AD VALOREM	ESPECÍFICA	
		MAÇO	BOX
1º/12/2011 a 30/04/2012	0%	R$ 0,80	R$ 1,15
1º/05/2012 a 31/12/2012	40,0%	R$ 0,90	R$ 1,20
1º/01/2013 a 31/12/2013	47,0%	R$ 1,05	R$ 1,25
1º/01/2014 a 31/12/2014	54,0%	R$ 1,20	R$ 1,30
1º/01/2015 a 30/04/2016	60,0%	R$ 1,30	R$ 1,30
1º/05/2016 a 30/11/2016	63,3%	R$ 1,40	R$ 1,40
A partir de 1º/01/2016	66,7%	R$ 1,50	R$ 1,50

Na hipótese de adoção de preços diferenciados em relação a uma mesma marca comercial de cigarro, prevalecerá, para fins de apuração e recolhimento do IPI, o maior preço de venda no varejo praticado em cada Estado ou no Distrito Federal.

Por fim, há que se fazer referência à obrigação, imposta a fabricantes de cigarros e cigarrilhas, de prestar à RFB informações sobre os preços dos cigarros:

> **Art. 219.** Os fabricantes de cigarros e cigarrilhas ficam obrigados a comunicar à Secretaria da Receita Federal do Brasil, na forma por ela estabelecida, com antecedência mínima de três dias úteis da data de vigência:
>
> I – as alterações de preço de venda no varejo, com indicação da data de vigência, de marcas comerciais já existentes; e
>
> II – os preços de venda no varejo de novas marcas comerciais.
>
> § 1º A Secretaria da Receita Federal do Brasil divulgará, por meio de seu sítio na Internet, o nome das marcas comerciais de cigarros e os preços de venda no varejo de que trata o *caput*, e a data de início de sua vigência.
>
> § 2º A comunicação, nas hipóteses dos incisos I e II do *caput*, deve ser instruída com modelo da respectiva embalagem, a qual será objeto de exame para verificação do cumprimento das exigências definidas segundo regulamentação da Secretaria da Receita Federal do Brasil.
>
> § 3º A utilização de nova embalagem ou a produção de nova marca poderá ser suspensa enquanto não sanadas eventuais divergências na embalagem, apontadas a partir do exame de que trata o § 2º.

Portanto, fabricantes de cigarros e cigarrilhas devem comunicar à RFB, com antecedência mínima de três dias úteis, alterações de preços de venda no varejo de marcas comerciais já existentes, bem assim os preços de venda no varejo de novas marcas comerciais.

Vale dizer, na redação anterior do art. 219 do RIPI havia referência a "enquadramento" dos cigarros, o que fazia sentido no regime de tributação anterior àquele que se encontra previsto na Lei nº 12.546, de 2011, atualmente em vigor.

70.2. Obrigações acessórias específicas em relação ao cigarro

No título das obrigações acessórias, em capítulo próprio para os cigarros (RIPI, arts. 343 a 368), o Regulamento dispõe sobre a exportação, a importação e o acondicionamento, além de questões relativas à industrialização por encomenda e o fornecimento de papel para cigarros.

Ainda que não esteja no mesmo capítulo, também merece destaque a exigência de instalação de equipamentos contadores nas linhas de produção de cigarros, prevista no art. 378 do RIPI.

70.2.1. Exportação de cigarros

A exportação de cigarros deve ser feita pelo respectivo estabelecimento industrial, diretamente para o importador no exterior. O tema é objeto da Instrução Normativa RFB nº 1.155, de 2011.

Os cigarros destinados à exportação não podem ser vendidos nem expostos à venda no País. Nesse sentido, consideram-se como produtos estrangeiros introduzidos clandestinamente no território nacional, para todos os efeitos legais, os cigarros nacionais destinados à exportação que forem encontrados no País.

Entretanto, são admitidas as seguintes operações:

- a saída dos produtos para uso ou consumo de bordo em embarcações ou aeronaves de tráfego internacional, quando o pagamento for efetuado em moeda conversível;
- a saída, em operação de venda, diretamente para as lojas francas nos termos e condições definidos pela legislação; e
- a saída, em operação de venda a empresa comercial exportadora, com o fim específico de exportação, diretamente para embarque de exportação ou para recintos alfandegados, por conta e ordem da empresa comercial exportadora.

Com o objetivo de auxiliar no controle desses produtos, as embalagens de apresentação dos cigarros destinados a países da América do Sul e América Central, inclusive Caribe, devem conter a expressão "Somente para exportação – proibida a venda no Brasil", admitida sua substituição por dizeres com exata correspondência em outro idioma.

Além disso, cada carteira de cigarros destinada à exportação deve ser marcada com códigos na face lateral inferior das embalagens, maço ou rígida, de forma a possibilitar a identificação de sua legítima origem e a reprimir a introdução clandestina desses produtos no território nacional.

70.2.2. Importação de cigarros

Vimos que, no caso de cigarros de procedência estrangeira, os selos de controle são remetidos ao exterior pelo importador, para que as vintenas sejam seladas pelo fabricante (item 69.2.5).

Para esse fim, o importador deve requerer, à unidade da RFB de sua jurisdição, o fornecimento dos selos de controle, devendo prestar as seguintes informações:

- nome e endereço do fabricante no exterior;
- quantidade, marca comercial e características físicas do produto a ser importado; e
- preço de venda a varejo pelo qual será feita a comercialização do produto no Brasil.

Se o requerimento for aceito, o importador tem quinze dias para efetuar o pagamento dos selos e, posteriormente, retirá-los na RFB. A partir da data de fornecimento do selo de controle, terá prazo de noventa dias para efetuar o registro da declaração de importação.

De qualquer forma, é preciso observar que a lei veda a importação de cigarros de marca que não seja comercializada no país de origem.

70.2.3. Demais obrigações acessórias relativas à fabricação de cigarros

Entre as demais obrigações acessórias relativas à fabricação de cigarros destacam-se:
- a proibição de industrialização de cigarros por encomenda (RIPI, art. 365);
- o controle sobre o fornecimento de papel para cigarros (RIPI, art. 367); e
- a obrigação de instalação de equipamentos contadores de produção e de aparelhos para o controle, registro, gravação e transmissão dos quantitativos medidos (RIPI, art. 378).

70.3. Disposições diversas relativas ao cigarro

Ao longo da Parte V do livro, estudamos vários aspectos específicos em relação ao IPI incidente sobre o produto classificado no Código 2402.20.00, os cigarros contendo fumo (tabaco).

A atenção da legislação do IPI em relação ao cigarro é evidente. Em respeito à seletividade que orienta a legislação do imposto, a incidência sobre o cigarro é acentuada e, consequentemente, é grande a motivação para a evasão fiscal.

Neste item, vamos apenas listar outras regras específicas relacionadas ao cigarro e às atividades de importação, fabricação ou comercialização do produto:
- responsabilidade do proprietário, possuidor, transportador ou qualquer outro detentor de cigarro destinado à exportação, encontrado no País (RIPI, art. 25, IV);

- responsabilidade solidária do estabelecimento industrial com a empresa comercial exportadora no caso de não efetivação da exportação (RIPI, art. 27, V);
- prazo de recolhimento diferenciado – até o 10º dia do mês subsequente (RIPI, art. 262, II);
- selo de controle com dispositivo de segurança (RIPI, art. 290, § 2º);
- selo de controle de cigarros de procedência estrangeira com CNPJ do importador e classe de enquadramento do cigarro (RIPI, art. 309);
- necessidade de registro especial para fabricar ou importar cigarros (RIPI, art. 330);
- penalidades específicas (RIPI, art. 581 e seguintes);
- pena de perdimento (RIPI, arts. 585, § 2º, e 604, inc. I);
- obrigatoriedade de escrituração do Livro de Registro de Controle da Produção e do Estoque integrante da Escrituração Fiscal Digital – EFD ICMS IPI para os estabelecimentos industriais fabricantes de produtos do fumo (Instrução Normativa RFB nº 1.652, de 2016).

Capítulo 71
Bebidas

De forma análoga ao que fizemos com o cigarro, não vamos ficar só nas obrigações acessórias relativas às bebidas. Vamos aproveitar o momento para fazer um apanhado geral sobre regras específicas para esse produto, encontradas no RIPI e em outros decretos.

71.1. Incidência do IPI sobre as bebidas frias

As chamadas bebidas frias compreendem águas, cervejas, refrigerantes, entre outros produtos listados no art. 14 da Lei nº 13.097, de 2015, e estão sujeitas à incidência do IPI segundo as regras previstas na referida lei, consolidadas no Decreto nº 8.442, de 2015.

Desse modo, foi revogado o regime de tributação anterior, bem mais complexo, baseado numa fórmula que levava em consideração pesquisa de preços praticados no varejo para cada tipo de produto e embalagem da bebida, multiplicado por um redutor e uma alíquota do imposto.

Segundo as novas regras, a tributação sobre esses produtos volta a ser *ad valorem*. Desse modo, o IPI incide no desembaraço aduaneiro e na saída dos estabelecimentos industriais ou equiparados de acordo com as seguintes alíquotas:
- 6%, sobre cervejas, com ou sem álcool; e
- 4%, para os demais produtos, sem prejuízo de eventuais reduções previstas para os produtos que contiverem suco de fruta, extrato de sementes de guaraná ou extrato de açaí, nos termos da legislação aplicável.

Na hipótese de saída das bebidas do estabelecimento importador, industrial ou equiparado diretamente para pessoa jurídica varejista ou consumidor final, as alíquotas ainda sofrem uma redução de 25%.

Por outro lado, a lei estabelece valores mínimos do IPI, em função da classificação fiscal na TIPI, do tipo de produto e da capacidade do recipiente. Esses valores mínimos, fixados em R$ por litro, podem ser alterados pelo Poder Executivo, e atualmente os valores aplicáveis estão estabelecidos no Anexo I do Decreto nº 8.442, de 2015.

Para os efeitos desse novo regime de incidência sobre as bebidas frias, fica equiparado a industrial o estabelecimento de pessoa jurídica:
- caracterizado como controlador, controlado ou coligado de pessoa jurídica que industrializa ou importa as bebidas tributadas;
- caracterizado como filial de pessoa jurídica que industrializa ou importa as bebidas tributadas;
- que, juntamente com pessoa jurídica que industrializa ou importa as bebidas tributadas, estiver sob controle societário ou administrativo comum;
- que apresente sócio ou acionista controlador, em participação direta ou indireta, que seja cônjuge, companheiro, ou parente, consanguíneo ou afim, em linha reta ou colateral, até o terceiro grau, de sócio ou acionista controlador de pessoa jurídica que industrializa ou importa as bebidas tributadas;
- que tenha participação no capital social de pessoa jurídica que industrializa ou importa as bebidas tributadas, exceto nos casos de participação inferior a 1% em pessoa jurídica com registro de companhia aberta junto à Comissão de Valores Mobiliários;
- que possuir, em comum com pessoa jurídica que industrializa ou importa as bebidas tributadas, diretor ou de sócio que exerçam funções de gerência, ainda que essas funções sejam exercidas sob outra denominação;

- quando tiver adquirido ou recebido em consignação, no ano anterior, mais de 20% do volume de saída da pessoa jurídica que industrializa ou importa as bebidas tributadas.

Como forma de preservar o valor tributável, o art. 19 da Lei nº 13.097, de 2015, estabelece que, na hipótese de o transporte ser realizado por pessoa jurídica que mantenha com o estabelecimento industrial ou equiparado algum dos vínculos acima listados, o valor do frete deve integrar a base de cálculo do IPI.

Quando a industrialização das bebidas tributadas se der por encomenda, o IPI será devido na saída do produto:
- do estabelecimento que o industrializar; e
- do estabelecimento encomendante, que poderá creditar-se do IPI cobrado do executor da encomenda.

Ainda quanto à industrialização de bebidas frias por encomenda, a Lei nº 13.097, de 2015, estabelece que o encomendante e o industrial respondem solidariamente pelo IPI devido nas saídas que realizarem.

Outra hipótese de responsabilidade prevista na Lei nº 13.097, de 2015, refere-se ao caso do estabelecimento comercial atacadista que possuir ou mantiver bebidas frias desacompanhadas da documentação comprobatória de sua procedência, ou que a elas der saída, ficando responsável pelo pagamento do Imposto.

Para finalizar, cabe destacar que os estabelecimentos industriais de refrigerantes e cervejas estão obrigados a instalar equipamentos contadores de produção que possibilitem, ainda, a identificação do tipo de produto, de embalagem e sua marca comercial. E de acordo com o que dispõe o art. 6º da Lei nº 12.649, de 2011, essa exigência pode recair, inclusive, sobre estabelecimentos industriais de outras bebidas classificadas no Capítulo 22 da TIPI, ainda que não estejam entre as abrangidas pelo regime de tributação criado pelo art. 14 da Lei nº 13.097, de 2015.

71.2. Incidência do IPI sobre as bebidas quentes

A Medida Provisória nº 690, de 2015, convertida na Lei nº 13.241, de 2015, alterou a incidência do IPI sobre as chamadas bebidas quentes, produtos classificados nas posições 22.04, 22.05, 22.06 e 22.08, exceto o código 2208.90.00 Ex 01, da TIPI. Trata-se do vinho, da vodka, do uísque, do rum, do licor, entre outros produtos.

Basicamente, as bebidas quentes foram excluídas do regime tributário do IPI previsto na Lei nº 7.798, de 1989, reproduzido nos arts. 204 e 209 a 211 do RIPI. Segundo aquele regime de tributação, o IPI incidia uma única vez, por unidade de produto, mediante a aplicação de alíquotas *ad rem* (específicas) estabelecidas por classes de produto.

A partir do início da vigência das novas regras, o Imposto passa a incidir sobre as bebidas quentes segundo alíquotas *ad valorem* previstas na TIPI (*vide* Decreto nº 8.512, de 2015), e a esses produtos passam a se aplicar as previsões gerais da legislação do IPI, inclusive as relativas a:

- fato gerador;
- contribuintes e responsáveis;
- base de cálculo; e
- cálculo do imposto.

Foram também criadas novas hipóteses específicas de equiparação a industrial, relativamente a estabelecimentos que derem saída a bebidas quentes, nos seguintes casos, análogos ao que foi estabelecido para as bebidas frias:

- pessoa jurídica caracterizada como controladora, controlada ou coligada de pessoa jurídica que industrializa ou importa bebidas quentes, na forma definida no art. 243 da Lei das S/A;
- pessoa jurídica caracterizada como filial de pessoa jurídica que industrializa ou importa bebidas quentes;
- pessoa jurídica que, juntamente com pessoa jurídica que industrializa ou importa bebidas quentes, estiver sob controle societário ou administrativo comum;
- pessoa jurídica que apresente sócio ou acionista controlador, em participação direta ou indireta, que seja cônjuge, companheiro ou parente consanguíneo ou afim, em linha reta ou colateral, até o terceiro grau, de sócio ou acionista controlador de pessoa jurídica que industrializa ou importa bebidas quentes;
- pessoa jurídica que tenha participação no capital social de pessoa jurídica que industrializa ou importa bebidas quentes, exceto nos casos de participação inferior a 1% em pessoa jurídica com registro de companhia aberta junto à CVM;
- pessoa jurídica que possuir, em comum com pessoa jurídica que industrializa ou importa bebidas quentes, diretor ou sócio que exerçam funções de gerência, ainda que essas funções sejam exercidas sob outra denominação; ou
- pessoa jurídica que tiver adquirido ou recebido em consignação, no ano anterior, mais de 20% do volume de saída da pessoa jurídica que industrializa ou importa bebidas quentes.

Havendo industrialização de bebidas quentes por encomenda, o IPI será devido na saída do produto:
- do estabelecimento que o industrializar; e
- do estabelecimento encomendante, que poderá creditar-se do IPI cobrado do estabelecimento que o industrializar.

Ainda quanto à industrialização de bebidas quentes por encomenda, a Lei nº 13.241, de 2015, estabelece que o encomendante e o industrial respondem solidariamente pelo IPI devido nas saídas que realizarem.

Outra hipótese de responsabilidade prevista na Lei nº 13.241, de 2015, refere-se ao caso do estabelecimento comercial atacadista que possuir ou mantiver bebidas quentes desacompanhadas da documentação comprobatória de sua procedência, ou que a elas der saída, ficando responsável pelo pagamento do Imposto.

Além disso, o Poder Executivo foi autorizado a estabelecer valores mínimos do IPI em função da classificação fiscal, do tipo de produto e da capacidade do recipiente.

Por fim, vale ressaltar que, por meio da IN RFB nº 1.583, de 2015, a Receita Federal desobrigou a aplicação do selo de controle aos vinhos (produtos classificados na posição 22.04 da TIPI).

71.3. Obrigações acessórias específicas em relação a bebidas

No título das obrigações acessórias, em breve capítulo próprio para bebidas do Capítulo 22 da TIPI (RIPI, arts. 339 a 342), o Regulamento dispõe sobre a remessa de bebidas ao comércio varejista e sobre a exportação.

71.3.1. Remessa de bebidas ao comércio varejista

As bebidas do Capítulo 22 da TIPI somente podem ser remetidas ao comércio varejista, expostas à venda ou vendidas no varejo, acondicionadas em recipientes de capacidade máxima de 1 litro.

A vedação se aplica, inclusive, às bebidas estrangeiras importadas a granel e reacondicionadas no País.

É vedado ao estabelecimento comercial varejista receber bebidas que se apresentem em desacordo com essa previsão.

Entre outras bebidas, estão excluídas da vedação:
- águas, refrigerantes e cervejas;
- vinhos e outras bebidas fermentadas; e
- uísques.

71.3.2. Exportação de bebidas

A exportação de bebidas deve ser feita pelo respectivo estabelecimento industrial, diretamente para o importador no exterior.

Consideram-se como produtos estrangeiros introduzidos clandestinamente no território nacional, para todos os efeitos legais, as bebidas nacionais destinadas à exportação que forem encontradas no País.

Entretanto, são admitidas as seguintes operações:
- a saída dos produtos para uso ou consumo de bordo em embarcações ou aeronaves de tráfego internacional, quando o pagamento for efetuado em moeda conversível;
- a saída, em operação de venda, diretamente para as lojas francas nos termos e condições definidos pela legislação; e
- a saída, em operação de venda a empresa comercial exportadora, com o fim específico de exportação, diretamente para embarque de exportação ou para recintos alfandegados, por conta e ordem da empresa comercial exportadora.

71.4. Disposições diversas relativas a bebidas

Assim como faz em relação ao cigarro, a legislação do IPI dedica especial atenção às bebidas.

Neste item, vamos apenas relacionar algumas das várias regras específicas relacionadas às bebidas e às atividades de importação, fabricação ou comercialização do produto:
- equiparação a industrial do estabelecimento comercial encomendante (RIPI, art. 9º, V);
- responsabilidade do proprietário, possuidor, transportador ou qualquer outro detentor de bebida destinada à exportação, encontrada no País (RIPI, art. 25, IV);
- marcação de produtos nacionais destinados à exportação por via terrestre, fluvial ou lacustre (RIPI, art. 275, § 1º);
- selo de controle de bebidas nacionais (RIPI, art. 284; Instrução Normativa RFB nº 1.432, de 2013);
- selo de controle para bebidas importadas aplicados no desembaraço aduaneiro, remetidos pelo importador, para selagem pelo fabricante (RIPI, art. 308);

- registro especial do importador, industrial ou equiparado a industrial de bebidas (RIPI, art. 336);
- obrigatoriedade de escrituração do Livro de Registro de Controle da Produção e do Estoque integrante da Escrituração Fiscal Digital – EFD ICMS IPI para os estabelecimentos industriais fabricantes de bebidas (Instrução Normativa RFB nº 1.652, de 2016).

Capítulo 72
Produtos Industrializados por Encomenda

Em nosso estudo sobre a incidência do IPI, com frequência nos deparamos com disposições relativas à industrialização por encomenda. Como o RIPI e o edital da Esaf estão organizados segundo a lógica dos institutos (fato gerador, contribuintes, base de cálculo, créditos, suspensão etc.), as regras relativas à industrialização por encomenda encontram-se diluídas ao longo de inúmeros dispositivos do Regulamento do imposto.

Embora haja uma subseção denominada "Dos Produtos Industrializados, por Encomenda, com Matérias-Primas do Encomendante" (arts. 493 a 497), trata-se de prescrições relativas a obrigações acessórias, inseridas no capítulo do documentário fiscal.

Portanto, assim como fizemos com o IPI vinculado, com o cigarro e as bebidas, vamos neste momento tentar consolidar o tema, sob a ótica das operações, e não dos institutos tributários.

Antes de iniciar, cabe lembrar que estabelecimentos comerciais (atacadistas ou varejistas) são equiparados a industrial quando remetem matérias-primas, produtos intermediários, embalagens, recipientes, moldes, matrizes ou modelos para industrialização por encomenda (RIPI, art. 9º, IV).

72.1. Remessa de MP, PI ou ME para o executor da encomenda

Na legislação do IPI, a industrialização por encomenda se caracteriza pela remessa de MP, PI ou ME para o executor da encomenda.

Nesse contexto, a remessa da MP, PI ou ME pode ser efetuada pelo próprio encomendante, ou por terceiros diretamente ao executor da encomenda, por ordem do encomendante (verdadeiro adquirente da MP, PI ou ME).

72.1.1. Remessa pelo encomendante

Na hipótese em que o encomendante remete MP, PI ou ME para industrialização pelo executor da encomenda, temos a situação em que o remetente, quanto a essa remessa, fica equiparado a industrial:

> **Art. 9º** Equiparam-se a estabelecimento industrial:
>
> [...]
>
> IV – os estabelecimentos comerciais de produtos cuja industrialização tenha sido realizada por outro estabelecimento da mesma firma ou de terceiro, mediante a remessa, por eles efetuada, de matérias-primas, produtos intermediários, embalagens, recipientes, moldes, matrizes ou modelos.

Por isso mesmo, como medida de racionalização, essa remessa pode ser efetuada com suspensão do IPI, nos termos do inciso IV do art. 43:

> **Art. 43.** Poderão sair com suspensão do imposto:
>
> [...]
>
> VI – as matérias-primas, os produtos intermediários e os materiais de embalagem destinados à industrialização, desde que os produtos industrializados sejam enviados ao estabelecimento remetente daqueles insumos;

Portanto, a legislação autoriza que MP, PI e ME saiam com suspensão do IPI de estabelecimentos contribuintes com destino a estabelecimento industrial, para serem empregados como insumos no processo de industrialização de produtos encomendados pelo estabelecimento remetente desses insumos. No entanto, a norma condiciona a saída dos insumos com suspensão ao envio do produto que for fabricado ao estabelecimento remetente dos insumos.

Por outro lado, caso a remessa seja efetuada pelo encomendante com suspensão do IPI, o executor da encomenda não poderá se creditar na entrada da MP, PI e ME.

Entretanto, sendo a suspensão facultativa, o encomendante pode optar pelo destaque do IPI na nota fiscal, cabendo o direito ao crédito do imposto, neste caso, ao executor da encomenda (RIPI, art. 226, III).

72.1.2. Remessa por terceiros

Nas operações em que a MP, PI e ME, adquiridos de terceiros, sejam entregues diretamente ao executor da encomenda sem transitar pelo estabelecimento encomendante (adquirente da MP, PI e ME), o remetente deve emitir duas notas fiscais (RIPI, art. 493):

- uma em nome do estabelecimento adquirente (encomendante), contendo:
  - ✓ a qualificação do destinatário industrializador pelo nome, endereço e números de inscrição no CNPJ e no Fisco estadual;
  - ✓ a declaração de que os produtos se destinam à industrialização; e
  - ✓ o destaque do imposto, se este for devido;
- e outra em nome do estabelecimento industrializador (executor da encomenda), para acompanhar as matérias-primas, sem destaque do imposto, e com:
  - ✓ a qualificação do adquirente, por cuja conta e ordem é feita a remessa;
  - ✓ a indicação, pelo número, pela série, se houver, e pela data da nota fiscal emitida para o adquirente;
  - ✓ e a declaração de ter sido o imposto destacado na mesma nota, se ocorrer essa circunstância.

Essas disposições são coerentes com a seguinte hipótese de creditamento:

> **Art. 226.** Os estabelecimentos industriais e os que lhes são equiparados poderão creditar-se:
>
> [...]
>
> II – do imposto relativo a matéria-prima, produto intermediário e material de embalagem, quando remetidos a terceiros para industrialização sob encomenda, sem transitar pelo estabelecimento adquirente;

Perceba que esse é o caso do encomendante que adquire matéria-prima, produto intermediário e material de embalagem e manda entregá-los diretamente ao executor da encomenda.

72.2. Industrialização pelo executor da encomenda

Para atender a encomenda, além da MP, PI e ME recebidos do encomendante, o executor da industrialização pode empregar insumos de sua propriedade.

72.2.1. Execução da encomenda com o emprego de produtos de industrialização ou importação do executor da encomenda

Na execução da encomenda, se o executor empregar produtos de sua industrialização ou importação, a remessa dos produtos industrializados ao encomendante não poderá ser efetuada com suspensão do IPI (RIPI, art. 43, inciso VII).

Nesse caso, como os produtos resultantes da industrialização por encomenda saem com destaque do IPI, o executor da encomenda tem direito ao crédito do imposto relativo às MP, PI e ME:
- de sua propriedade, que tenham sido empregados na fabricação dos produtos encomendados (RIPI, art. 226, incisos I e V e art. 227);
- recebidos do encomendante, para emprego na industrialização dos produtos encomendados, quando o seu valor estiver destacado ou indicado na nota fiscal (RIPI, art. 226, inciso III).

A *contrario sensu*, caso a remessa de insumos seja efetuada pelo encomendante com suspensão do IPI, o executor da encomenda não poderá se creditar na entrada da MP, PI e ME.

72.2.2. Execução da encomenda sem o emprego de produtos de industrialização ou importação do executor da encomenda

Se não empregar produtos de sua industrialização ou importação, a remessa dos produtos industrializados ao encomendante pode ser efetuada com suspensão do imposto.

Nesse caso, se a remessa dos produtos industrializados ao encomendante realmente for efetuada com suspensão, o executor da encomenda não tem direito a eventual crédito relativo a MP, PI e ME (recebidos do encomendante ou de sua propriedade, que tenha recebido de terceiros) que tenha empregado na sua fabricação. Trata-se de hipótese de anulação de crédito (RIPI, art. 254, inciso I, alínea "b" c/c art. 43, inciso VII).

72.3. Aquisição pelo executor da encomenda

Caso o executor adquira os produtos que industrializou por encomenda, a legislação estabelece que deve-se considerar ocorrido o fato gerador do IPI, nos seguintes termos:

> **Art. 36.** Considera-se ocorrido o fato gerador:
> [...]
> IX – na aquisição ou, se a venda tiver sido feita antes de concluída a operação industrial, na conclusão desta, quanto aos produtos que, antes de sair do estabelecimento que os tenha industrializado por encomenda, sejam por este adquiridos;

Conforme vimos no item 58.3.5, o normal seria a remessa dos produtos para o estabelecimento encomendante, que daria nova saída tributada. Se não fosse por essa previsão legal, seria evitada a ocorrência do fato gerador praticado pelo encomendante.

72.4. Remessa dos produtos industrializados por encomenda para o encomendante

Na remessa dos produtos resultantes da industrialização por encomenda, novo fato gerador ocorre, desta vez praticado pelo executor da encomenda.

O encomendante que recebe os produtos industrializados por encomenda faz jus ao crédito relativo aos produtos recebidos, desde que o imposto esteja destacado na nota fiscal emitida pelo executor da encomenda:

> **Art. 226.** Os estabelecimentos industriais e os que lhes são equiparados poderão creditar-se:
>
> [...]
>
> IV – do imposto destacado em nota fiscal relativa a produtos industrializados por encomenda, recebidos do estabelecimento que os industrializou, em operação que dê direito ao crédito;

Mas, nessa remessa, o imposto pode não estar destacado. Isso porque, como medida de racionalização, nos casos em que o executor da encomenda não tenha utilizado produtos de sua industrialização ou importação, essa remessa pode ser efetuada com suspensão do IPI, desde que sejam destinados pelo encomendante (RIPI, art. 43, inciso VII):

- a comércio; ou
- a emprego, como matéria-prima, produto intermediário e material de embalagem, em nova industrialização que dê origem a saída de produto tributado;

Perceba que a suspensão somente prevalece se o encomendante aplicar o produto resultante da industrialização por encomenda em nova industrialização ou o comercializar. Em outras palavras, a suspensão somente é autorizada se o encomendante der nova saída tributada, do mesmo produto industrializado por encomenda, ou de produto que o tenha incorporado como insumo.

Note bem o efeito de racionalização: no final, se as condições forem cumpridas, sob a ótica de recolhimento do imposto, tudo se passa como se não houvesse movimentação entre o encomendante e o executor da encomenda!

72.5. Remessa dos produtos industrializados por encomenda para estabelecimento que não o encomendante

Como vimos acima, na remessa dos produtos resultantes da industrialização por encomenda, o executor da encomenda pratica o fato gerador do IPI.

No entanto, a mesma saída pode dar origem a outro fato gerador, este praticado pelo encomendante. Trata-se do caso em que a remessa dos produtos resultantes da industrialização por encomenda é efetuada para estabelecimento que não o encomendante, da mesma firma ou de terceiros:

> **Art. 36.** Considera-se ocorrido o fato gerador:
> [...]
> IV – na saída do estabelecimento industrial diretamente para estabelecimento da mesma firma ou de terceiro, por ordem do encomendante, quanto aos produtos mandados industrializar por encomenda;

É importante ficar claro que esta hipótese de ocorrência do fato gerador tem como contribuinte o encomendante, sendo distinta da hipótese ordinária de ocorrência do fato gerador (RIPI, art. 35, inciso II), representada pela saída do produto do estabelecimento industrial e que tem como contribuinte o executor da encomenda.

Note que, se não fosse por essa previsão legal, a remessa para outro estabelecimento evitaria a ocorrência do fato gerador praticado pelo encomendante.

Antes que alguém pense estar havendo bitributação, é importante ressaltar que, ainda que seja exigido destaque do imposto em ambas as hipóteses definidas como fato gerador, a sistemática de crédito da não cumulatividade impede o duplo recolhimento do imposto.

A ocorrência de dois fatos geradores fica evidenciada no seguinte dispositivo:

> **Art. 495.** Na remessa dos produtos industrializados, efetuada pelo industrializador, diretamente a outro estabelecimento da firma encomendante, ou a estabelecimento de terceiros, caberá o seguinte procedimento:
> I – pelo estabelecimento encomendante: emitir nota fiscal em nome do estabelecimento destinatário, com destaque do imposto, se este for devido, e a declaração "O produto sairá de........................, sito na Rua........................, nº........, na cidade de................"; e
> II – pelo estabelecimento industrializador: emitir nota fiscal em nome do estabelecimento encomendante, com a declaração "Remessa Simbólica de Produtos Industrializados por Encomenda", no local destinado à natureza

da operação; a indicação da nota fiscal que acompanhou as matérias-primas recebidas para industrialização, e a qualificação de seu emitente; o valor total cobrado pela operação, com destaque do valor dos produtos industrializados ou importados pelo estabelecimento, diretamente empregados na operação, se ocorrer essa circunstância; e o destaque do imposto, se este for devido.

72.6. Conclusões sobre a industrialização por encomenda

A seguir, vamos listar algumas conclusões importantes, que de certa forma consolidam o que foi estudado neste item sobre a industrialização por encomenda:

- Na hipótese em que a matéria-prima é remetida diretamente ao executor da encomenda (sem passar pelo encomendante), é do encomendante o direito de crédito relativo à MP que manda entregar diretamente ao executor da encomenda.
- Na industrialização por encomenda, o executor da encomenda só tem direito ao crédito relativo à matéria-prima recebida para industrialização por encomenda **quando remetida pelo encomendante com destaque do imposto**.
- No final da execução da encomenda, **saindo o produto do estabelecimento de executor da encomenda com destaque do IPI**, ele tem direito ao crédito do imposto relativo às matérias-primas, produtos intermediários e materiais de embalagem:
    - ✓ **de sua propriedade**, que tenham sido empregados na fabricação dos produtos encomendados (arts. 226, I e V, e 227);
    - ✓ **recebidos do encomendante**, para emprego na industrialização dos produtos encomendados, quando o seu valor estiver destacado ou indicado na nota fiscal (art. 226, III).
- Saindo o produto do estabelecimento executor da encomenda com suspensão do imposto, não lhe cabe direito aos créditos relativos aos insumos que empregar na sua fabricação (art. 254, I, "b" c/c art. 43, VII).

Capítulo 73
Seções e Capítulos da TIPI

Seção I
ANIMAIS VIVOS E PRODUTOS DO REINO ANIMAL

Capítulos:
1. Animais vivos
2. Carnes e miudezas, comestíveis
3. Peixes e crustáceos, moluscos e os outros invertebrados aquáticos
4. Leite e laticínios; ovos de aves; mel natural; produtos comestíveis de origem animal, não especificados nem compreendidos em outros Capítulos
5. Outros produtos de origem animal, não especificados nem compreendidos em outros Capítulos

Seção II
PRODUTOS DO REINO VEGETAL

Capítulos:
6. Plantas vivas e produtos de floricultura
7. Produtos hortícolas, plantas, raízes e tubérculos, comestíveis
8. Frutas; cascas de cítricos e de melões
9. Café, chá, mate e especiarias
10. Cereais
11. Produtos da indústria de moagem; malte; amidos e féculas; inulina; glúten de trigo
12. Sementes e frutos oleaginosos; grãos, sementes e frutos diversos; plantas industriais ou medicinais; palhas e forragens
13. Gomas, resinas e outros sucos e extratos vegetais
14. Matérias para entrançar e outros produtos de origem vegetal, não especificados nem compreendidos em outros Capítulos

Seção III
GORDURAS E ÓLEOS ANIMAIS OU VEGETAIS; PRODUTOS DA SUA DISSOCIAÇÃO; GORDURAS ALIMENTARES ELABORADAS; CERAS DE ORIGEM ANIMAL OU VEGETAL

Capítulo:
15. Gorduras e óleos animais ou vegetais; produtos da sua dissociação; gorduras alimentares elaboradas; ceras de origem animal ou vegetal

Seção IV
PRODUTOS DAS INDÚSTRIAS ALIMENTARES; BEBIDAS, LÍQUIDOS ALCOÓLICOS E VINAGRES; FUMO (TABACO) E SEUS SUCEDÂNEOS MANUFATURADOS

Capítulos:

16. Preparações de carne, de peixes ou de crustáceos, de moluscos ou de outros invertebrados aquáticos
17. Açúcares e produtos de confeitaria
18. Cacau e suas preparações
19. Preparações à base de cereais, farinhas, amidos, féculas ou de leite; produtos de pastelaria
20. Preparações de produtos hortícolas, de frutas ou de outras partes de plantas
21. Preparações alimentícias diversas
22. Bebidas, líquidos alcoólicos e vinagres
23. Resíduos e desperdícios das indústrias alimentares; alimentos preparados para animais
24. Fumo (tabaco) e seus sucedâneos manufaturados

Seção V
PRODUTOS MINERAIS

Capítulos:

25. Sal; enxofre; terras e pedras; gesso, cal e cimento
26. Minérios, escórias e cinzas
27. Combustíveis minerais, óleos minerais e produtos da sua destilação; matérias betuminosas; ceras minerais

Seção VI
PRODUTOS DAS INDÚSTRIAS QUÍMICAS OU DAS INDÚSTRIAS CONEXAS

Capítulos:

28. Produtos químicos inorgânicos; compostos inorgânicos ou orgânicos de metais preciosos, de elementos radioativos, de metais das terras raras ou de isótopos
29. Produtos químicos orgânicos
30. Produtos farmacêuticos

31. Adubos ou fertilizantes
32. Extratos tanantes e tintoriais; taninos e seus derivados; pigmentos e outras matérias corantes; tintas e vernizes; mástiques; tintas de escrever
33. Óleos essenciais e resinóides; produtos de perfumaria ou de toucador preparados e preparações cosméticas
34. Sabões, agentes orgânicos de superfície, preparações para lavagem, preparações lubrificantes, ceras artificiais, ceras preparadas, produtos de conservação e limpeza, velas e artigos semelhantes, massas ou pastas para modelar, "ceras" para dentistas e composições para dentistas à base de gesso
35. Matérias albuminoides; produtos à base de amidos ou de féculas modificados; colas; enzimas
36. Pólvoras e explosivos; artigos de pirotecnia; fósforos; ligas pirofóricas; matérias inflamáveis
37. Produtos para fotografia e cinematografia
38. Produtos diversos das indústrias químicas

Seção VII
PLÁSTICOS E SUAS OBRAS; BORRACHA E SUAS OBRAS

Capítulos:
39. Plásticos e suas obras
40. Borracha e suas obras

Seção VIII
PELES, COUROS, PELETERIA (PELES COM PELO*) E OBRAS DESTAS MATÉRIAS; ARTIGOS DE CORREEIRO OU DE SELEIRO; ARTIGOS DE VIAGEM, BOLSAS E ARTEFATOS SEMELHANTES; OBRAS DE TRIPA

Capítulos:
41. Peles, exceto a peleteria (peles com pelo*), e couros
42. Obras de couro; artigos de correeiro ou de seleiro; artigos de viagem, bolsas e artefatos semelhantes; obras de tripa
43. Peleteria (peles com pelo*) e suas obras; peleteria (peles com pelo*) artificial

Seção IX
MADEIRA, CARVÃO VEGETAL E OBRAS DE MADEIRA; CORTIÇA E SUAS OBRAS; OBRAS DE ESPARTARIA OU DE CESTARIA

Capítulos:

44. Madeira, carvão vegetal e obras de madeira
45. Cortiça e suas obras
46. Obras de espartaria ou de cestaria

Seção X
PASTAS DE MADEIRA OU DE OUTRAS MATÉRIAS FIBROSAS CELULÓSICAS; PAPEL OU CARTÃO DE RECICLAR (DESPERDÍCIOS E APARAS); PAPEL OU CARTÃO E SUAS OBRAS

Capítulos:

47. Pastas de madeira ou de outras matérias fibrosas celulósicas; papel ou cartão de reciclar (desperdícios e aparas)
48. Papel e cartão; obras de pasta de celulose, de papel ou de cartão
49. Livros, jornais, gravuras e outros produtos das indústrias gráficas; textos manuscritos ou datilografados, planos e plantas

Seção XI
MATÉRIAS TÊXTEIS E SUAS OBRAS

Capítulos:

50. Seda
51. Lã, pelos finos ou grosseiros; fios e tecidos de crina
52. Algodão
53. Outras fibras têxteis vegetais; fios de papel e tecidos de fios de papel
54. Filamentos sintéticos ou artificiais
55. Fibras sintéticas ou artificiais, descontínuas
56. Pastas ("ouates"), feltros e falsos tecidos; fios especiais; cordéis, cordas e cabos; artigos de cordoaria
57. Tapetes e outros revestimentos para pavimentos, de matérias têxteis
58. Tecidos especiais; tecidos tufados; rendas; tapeçarias; passamanarias; bordados
59. Tecidos impregnados, revestidos, recobertos ou estratificados; artigos para usos técnicos de matérias têxteis

60. Tecidos de malha
61. Vestuário e seus acessórios, de malha
62. Vestuário e seus acessórios, exceto de malha
63. Outros artefatos têxteis confeccionados; sortidos; artefatos de matérias têxteis, calçados, chapéus e artefatos de uso semelhante, usados; trapos

Seção XII
CALÇADOS, CHAPÉUS E ARTEFATOS DE USO SEMELHANTE, GUARDA-
-CHUVAS, GUARDA-SÓIS, BENGALAS, CHICOTES, E SUAS PARTES; PENAS
PREPARADAS E SUAS OBRAS; FLORES ARTIFICIAIS; OBRAS DE CABELO

Capítulos:
64. Calçados, polainas e artefatos semelhantes, e suas partes
65. Chapéus e artefatos de uso semelhante, e suas partes
66. Guarda-chuvas, sombrinhas, guarda-sóis, bengalas, bengalas-assentos, chicotes, rebenques e suas partes
67. Penas e penugem preparadas, e suas obras; flores artificiais; obras de cabelo

Seção XIII
OBRAS DE PEDRA, GESSO, CIMENTO, AMIANTO, MICA OU DE MATÉRIAS
SEMELHANTES; PRODUTOS CERÂMICOS; VIDRO E SUAS OBRAS

Capítulos:
68. Obras de pedra, gesso, cimento, amianto, mica ou de matérias semelhantes
69. Produtos cerâmicos
70. Vidro e suas obras

Seção XIV
PÉROLAS NATURAIS OU CULTIVADAS, PEDRAS PRECIOSAS OU
SEMIPRECIOSAS E SEMELHANTES, METAIS PRECIOSOS, METAIS
FOLHEADOS OU CHAPEADOS DE METAIS PRECIOSOS, E SUAS OBRAS;
BIJUTERIAS; MOEDAS

Capítulo:
71. Pérolas naturais ou cultivadas, pedras preciosas ou semipreciosas e semelhantes, metais preciosos, metais folheados ou chapeados de metais preciosos, e suas obras; bijuterias; moedas

Seção XV
METAIS COMUNS E SUAS OBRAS

Capítulos:

72. Ferro fundido, ferro e aço
73. Obras de ferro fundido, ferro ou aço
74. Cobre e suas obras
75. Níquel e suas obras
76. Alumínio e suas obras
77. (Reservado para uma eventual utilização futura no Sistema Harmonizado)
78. Chumbo e suas obras
79. Zinco e suas obras
80. Estanho e suas obras
81. Outros metais comuns; ceramais ("cermets"); obras dessas matérias
82. Ferramentas, artefatos de cutelaria e talheres, e suas partes, de metais comuns
83. Obras diversas de metais comuns

Seção XVI
MÁQUINAS E APARELHOS, MATERIAL ELÉTRICO, E SUAS PARTES; APARELHOS DE GRAVAÇÃO OU DE REPRODUÇÃO DE SOM, APARELHOS DE GRAVAÇÃO OU DE REPRODUÇÃO DE IMAGENS E DE SOM EM TELEVISÃO, E SUAS PARTES E ACESSÓRIOS

Capítulos:

84. Reatores nucleares, caldeiras, máquinas, aparelhos e instrumentos mecânicos, e suas partes
85. Máquinas, aparelhos e materiais elétricos, e suas partes; aparelhos de gravação ou de reprodução de som, aparelhos de gravação ou de reprodução de imagens e de som em televisão, e suas partes e acessórios

Seção XVII
MATERIAL DE TRANSPORTE

Capítulos:

86. Veículos e material para vias férreas ou semelhantes, e suas partes; aparelhos mecânicos (incluídos os eletromecânicos) de sinalização para vias de comunicação

87. Veículos automóveis, tratores, ciclos e outros veículos terrestres, suas partes e acessórios
88. Aeronaves e aparelhos espaciais, e suas partes
89. Embarcações e estruturas flutuantes

Seção XVIII
INSTRUMENTOS E APARELHOS DE ÓPTICA, FOTOGRAFIA OU CINEMATOGRAFIA, MEDIDA, CONTROLE OU DE PRECISÃO; INSTRUMENTOS E APARELHOS MÉDICO-CIRÚRGICOS; APARELHOS DE RELOJOARIA; INSTRUMENTOS MUSICAIS; SUAS PARTES E ACESSÓRIOS

Capítulos:
90. Instrumentos e aparelhos de óptica, fotografia ou cinematografia, medida, controle ou de precisão; instrumentos e aparelhos médico-cirúrgicos; suas partes e acessórios
91. Aparelhos de relojoaria e suas partes
92. Instrumentos musicais; suas partes e acessórios

Seção XIX
ARMAS E MUNIÇÕES; SUAS PARTES E ACESSÓRIOS

Capítulo:
93. Armas e munições; suas partes e acessórios

Seção XX
MERCADORIAS E PRODUTOS DIVERSOS

Capítulos:
94. Móveis; mobiliário médico-cirúrgico; colchões, almofadas e semelhantes; aparelhos de iluminação não especificados nem compreendidos em outros Capítulos; anúncios, cartazes ou tabuletas e placas indicadoras luminosos, e artigos semelhantes; construções pré-fabricadas
95. Brinquedos, jogos, artigos para divertimento ou para esporte; suas partes e acessórios
96. Obras diversas

Seção XXI
OBJETOS DE ARTE, DE COLEÇÃO E ANTIGUIDADES

Capítulo:

97. Objetos de arte, de coleção e antiguidades
98. (Reservado para usos especiais pelas partes contratantes)
99. (Reservado para usos especiais pelas partes contratantes)

Capítulo 74
Exercícios da Parte V

1. (Esaf/ Curso de Formação AFRFB – 2006) – Adaptada. Uma lei aumentando alíquota ou alterando a base de cálculo do IPI com aumento do imposto, com início de vigência trinta dias após a data de sua publicação:

    a) produz efeitos no primeiro dia do período de apuração seguinte, se assim dispuser o próprio ato;

    b) somente pode produzir efeitos no primeiro dia do exercício seguinte ao da sua publicação;

    c) sempre produz efeitos na data da sua publicação;

    d) produz efeitos 90 dias após a sua publicação;

    e) produz efeitos 90 dias após o início de sua vigência.

2. (Esaf/ Técnico da Receita Federal – 07/04/2002) Constituição Federal, art. 153, parágrafo 3º:

    § 3º O imposto previsto no inciso IV: (Imposto Sobre Produtos Industrializados)

    I – será seletivo, em função da essencialidade do produto;

    II – (...)

    Em face do enunciado, assinale a opção correta.

    a) Seletividade quer dizer discriminação ou sistema de alíquotas diferenciais por espécies de mercadorias. Trata-se de dispositivo programático endereçado ao legislador ordinário, recomendando-lhe que estabeleça as alíquotas em razão inversa da imprescindibilidade das mercadorias de consumo generalizado. Quanto mais sejam elas necessárias à alimentação, ao vestuário, à moradia, ao tratamento médico e higiênico das classes mais numerosas, tanto menores devem ser.

    b) Seletividade quer dizer discriminação ou sistema de alíquotas diferenciais por espécies de mercadorias. Trata-se de dispositivo programático endereçado ao legislador ordinário, recomendando-lhe que estabeleça as alíquotas em razão direta da imprescindibilidade das mercadorias de consumo generalizado. Quanto menos sejam elas necessárias à alimentação, ao vestuário, à moradia, ao tratamento médico e higiênico das classes mais numerosas, tanto menores devem ser.

    c) Seletividade quer dizer discriminação ou sistema de alíquotas homogêneas por espécies de mercadorias. Trata-se de dispositivo programático endereçado ao legislador ordinário, recomendando-lhe que estabeleça as alíquotas em razão direta da imprescindibilidade das mercadorias de consumo supérfluo. Quanto mais sejam elas necessárias à alimentação, ao vestuário, à moradia, ao tratamento médico e higiênico das classes mais numerosas, tanto maiores devem ser.

    d) Seletividade quer dizer não discriminação ou sistema de alíquotas homogêneas por espécies de mercadorias. Trata-se de dispositivo programático endereçado ao legislador ordinário, recomendando-lhe que estabeleça as alíquotas em razão inversa da imprescindibilidade das mercadorias de consumo generalizado. Quanto mais sejam elas necessárias à alimentação, ao vestuário, à moradia, ao tratamento médico e higiênico das classes mais numerosas, tanto menores devem ser.

e) Seletividade quer dizer discriminação ou sistema de alíquotas diferenciais por espécies de mercadorias. Trata-se de dispositivo programático endereçado ao legislador constitucional, recomendando-lhe que estabeleça as alíquotas em razão inversa da imprescindibilidade das mercadorias de consumo supérfluo. Quanto mais sejam elas necessárias à alimentação, ao vestuário, à moradia, ao tratamento médico e higiênico das classes menos numerosas, tanto menores devem ser.

3. (Esaf/ Analista-Tributário da Receita Federal do Brasil – 2009) "A redução do Imposto sobre Produtos Industrializados – IPI para geladeiras, fogões, máquinas de lavar e tanquinhos, produtos da linha branca, que encerraria no próximo dia 31, foi prorrogada por mais três meses. A partir de 10 de novembro entra em vigor uma nova tabela cujas alíquotas passam a ser estabelecidas com base na eficiência energética dos produtos, de acordo com a classificação do Programa Brasileiro de Etiquetagem, coordenado pelo Inmetro. O anúncio foi feito nesta quinta-feira pelo ministro da Fazenda Guido Mantega. "Nós estamos desonerando mais os produtos que consomem menos energia", explicou. A medida vale até 31 de janeiro de 2010.

Segundo ele, as geladeiras, que antes do IPI baixo tinham uma alíquota de 15%, e recuou para 5%, poderão manter essa mesma alíquota reduzida, mas somente para os produtos da chamada classe "A", ou seja, com menor consumo de energia.

As geladeiras da classe "B" passarão a ter uma alíquota de 10% e o restante voltará a ter um IPI de 15%." (Extraído do site www.fazenda.gov.br, notícia de 29/10/2009).

Na notícia acima, identificamos um importante aspecto do IPI – Imposto sobre Produtos Industrializados. Assinale, entre as opções que se seguem, aquela que explica e justifica tal aspecto, isto é, somente aquele que a notícia mencionada destacou.

a) Por meio da seletividade, pode-se tributar com alíquotas diferenciadas produtos de acordo com o seu grau de essencialidade.

b) A notícia demonstra a aplicabilidade do princípio constitucional da capacidade tributária, pois estabelece alíquotas diferenciadas para as diversas categorias de geladeiras existentes no mercado.

c) O IPI constitui uma exceção à regra geral da legalidade, já que o Poder Executivo pode, a qualquer momento, baixar ou restabelecer as suas alíquotas.

d) A não cumulatividade, outra característica do IPI, visa impedir que as incidências sucessivas nas diversas operações da cadeia econômica de um produto impliquem um ônus tributário muito elevado, decorrente da múltipla tributação da mesma base econômica.

e) A extrafiscalidade consiste na possibilidade de, por meio de alíquotas diferenciadas, estimular-se determinado comportamento por parte da indústria e, consequentemente, dos consumidores.

4. (Esaf/ Auditor-Fiscal da Receita Federal – 2005) O Imposto sobre Produtos Industrializados (IPI), de competência da União:

   a) terá reduzido seu impacto sobre a aquisição de bens de capital pelo contribuinte do imposto, mediante ato do Poder Executivo;

   b) poderá incidir sobre produtos industrializados destinados ao exterior;

   c) poderá ser seletivo, em função da essencialidade do produto;

   d) constitui exceção ao princípio da legalidade, eis que é facultado ao Poder Executivo, atendidas as condições e os limites da lei, alterar suas alíquotas;

   e) poderá ser não cumulativo, compensando-se o que for devido em cada operação com o montante cobrado nas anteriores.

5. (Esaf/ Procurador da Fazenda Nacional – 2012) Alguns tributos possuem, além da função meramente arrecadatória ou fiscal, finalidade outra que se destina a regular a economia, criando mecanismos que induzem, ou incentivam, a conduta do potencial contribuinte numa ou noutra direção. É o que se viu recentemente com a majoração das alíquotas do IPI – Imposto sobre Produtos Industrializados, incidente sobre a importação de automóveis, já que, no período de janeiro a agosto de 2011, a balança comercial do setor automotivo atingiu um déficit de R$ 3 bilhões. Contudo, o STF entendeu que o decreto que majorar as alíquotas aplicáveis às operações de importação de veículos automotores:

   a) sujeita-se ao princípio da anterioridade, segundo o qual não se poderá exigir, no mesmo exercício financeiro em que o decreto é publicado, alíquotas maiores do que aquelas até então vigentes;

   b) tem aplicabilidade imediata, por ser o IPI um tributo regulatório e pelo fato de que o decreto-lei que o criou (DL nº 1.191/1971) ter autorizado o Poder Executivo a reduzir suas alíquotas a zero; majorá-las, acrescentando até 30 unidades ao percentual de incidência fixado na lei, e, ainda, alterar a base de cálculo em relação a determinados produtos, podendo, para esse fim, fixar-lhes valor tributável mínimo;

   c) submete-se, dentre outros, ao princípio constitucional da anterioridade nonagesimal, ou seja, fica suspenso até que tenha transcorrido o prazo de noventa dias da sua publicação;

   d) fica suspenso, por força da anterioridade nonagesimal, até que tenha transcorrido o prazo de noventa dias da sua publicação. Contudo, a suspensão somente opera efeitos *ex tunc* caso haja pedido liminar formulado no sentido de reparar dano, e não para prevenir risco ao contribuinte;

   e) não se submete ao princípio constitucional da anterioridade nonagesimal, eis que a Constituição Federal foi clara ao prever tal comando para a lei (antes de decorridos 90 dias da data em que haja sido publicada a lei que os instituiu ou aumentou). Assim, como o texto constitucional fala em "lei", o aumento das alíquotas por decreto não está sujeito à espera nonagesimal.

Parte V | Imposto sobre Produtos Industrializados   691

6. (Esaf/ Curso de Formação AFRFB – 2006) – Adaptada. A Constituição Federal veda a incidência do IPI sobre:
    a) o ouro;
    b) o álcool para fins carburantes;
    c) os produtos feitos à base de substâncias minerais, quando tributados pelo ICMS;
    d) os produtos industrializados adquiridos pela União, Estados, Distrito Federal e Municípios;
    e) o papel.

7. (Questão inédita – MLV) Sobre as normas previstas na legislação tributária relativas à imunidade do Imposto sobre Produtos Industrializados, assinale a alternativa incorreta.
    a) Se a imunidade estiver condicionada à destinação do produto, e a este for dado destino diverso, ficará o responsável pelo fato sujeito ao pagamento do imposto e da penalidade cabível, como se a imunidade não existisse.
    b) Para os efeitos da imunidade do IPI, derivados do petróleo compreendem apenas os produtos classificados quimicamente como hidrocarbonetos, decorrentes da transformação do petróleo, por meio de conjunto de processos genericamente denominado refino ou refinação.
    c) Para os efeitos da imunidade do IPI, ainda que não ocorra a saída do território nacional, admite-se como exportação a venda para empresa sediada no exterior, na hipótese em que o produto nacional é totalmente incorporado a produto final exportado para o Brasil.
    d) Como nem todo o papel é imune, na TIPI, em geral os vários tipos de papel não estão associados à notação NT.
    e) Considerando que a destinação do papel somente é definida após sua efetiva utilização, a legislação tributária estabelece que, ainda que o papel seja encontrado em poder de pessoa que não seja fabricante, importador, estabelecimentos distribuidores, empresa jornalística ou editora, prevalece a imunidade enquanto ele não for consumido em processo produtivo.

8. (Questão inédita – MLV) De acordo com a legislação do Imposto sobre Produtos Industrializados, caracteriza industrialização qualquer operação que modifique a natureza, o funcionamento, o acabamento, a apresentação ou a finalidade do produto, ou o aperfeiçoe para consumo. Analise as assertivas abaixo considerando o que dispõe a legislação tributária acerca do conceito e das várias modalidades de industrialização, e em seguida assinale a alternativa correta.
    I. Transformação é a operação exercida sobre matérias-primas ou produtos intermediários, que importa na obtenção de espécie nova.

II. Montagem é a operação que consiste na reunião de produtos, peças ou partes, da qual resulte um novo produto ou unidade autônoma, sempre sob classificação fiscal diferente.

III. Recondicionamento é a operação exercida sobre produto usado ou parte remanescente de produto deteriorado ou inutilizado, que o renova ou o restaura para utilização.

IV. Produto industrializado é o resultante de qualquer operação definida como industrialização, mesmo que incompleta, parcial ou intermediária, sendo relevante o processo utilizado para obtenção do produto e a localização e condições das instalações ou equipamentos empregados.

a) V, F, V, F
b) V, V, V, F
c) V, F, F, V
d) F, F, F, V
e) F, F, V, V

9. (Esaf/ Curso de Formação AFRFB – 2006) – Adaptada. A Fábrica São José Ltda., além de produzir suas próprias velas, adquire de outro estabelecimento industrial velas perfumadas (3406.00.00 – 0%), que são embaladas em caixas de 12 unidades, próprias para venda a consumidores. Esses últimos produtos, ao saírem da fábrica São José, estão:

a) fora do campo de incidência do IPI, por terem alíquota zero;
b) incluídos no campo de incidência do IPI, por terem sofrido operação de acondicionamento;
c) fora do campo de incidência do IPI, por aí não terem sofrido operação de industrialização;
d) incluídos no campo de incidência do IPI, por terem sofrido operação de transformação;
e) incluídos no campo de incidência do IPI, por terem sofrido operação de recondicionamento.

10. (Esaf/ Analista-Tributário da Receita Federal do Brasil – 2012) Avalie os itens a seguir e assinale a opção correta.

I. Para fins da incidência do Imposto sobre Produtos Industrializados, a industrialização é caracterizada como qualquer operação que modifique a natureza, o funcionamento, o acabamento, a apresentação ou a finalidade do produto.

II. O aperfeiçoamento para consumo é considerado como industrialização, para fins da incidência do Imposto sobre Produtos Industrializados, dependendo do processo utilizado para obtenção do produto e da localização e condições das instalações ou equipamentos empregados.

III. A alteração da apresentação do produto pela colocação de embalagem, ainda que em substituição da original, salvo quando a embalagem colocada se destine apenas ao transporte da mercadoria, é caracterizado como industrialização para fins da incidência do Imposto sobre Produtos Industrializados.

a) Somente o item I está correto.
b) O item I e o item II estão corretos.
c) Os itens I, II e III estão corretos.
d) Os itens II e III estão corretos.
e) Os itens I e III estão corretos.

11. (Questão inédita – MLV) Considerando as disposições da legislação do Imposto sobre Produtos Industrializados, assinale V ou F e, em seguida, assinale a alternativa que contenha a sequência correta.

I. Caracteriza industrialização qualquer operação que modifique a natureza, o funcionamento, o acabamento, a apresentação ou a finalidade do produto, ou o aperfeiçoe para consumo, tal como a que, exercida sobre produto usado ou parte remanescente de produto deteriorado ou inutilizado, renove ou restaure o produto para utilização.

II. O campo de incidência do imposto abrange todos os produtos com alíquota, ainda que zero, relacionados na TIPI, observadas as disposições contidas nas respectivas notas complementares, excluídos aqueles a que corresponde a notação "NT" (não tributado).

III. Produto industrializado é o resultante de qualquer operação definida pela legislação como industrialização, sendo inadmitida a incidência do imposto nas hipóteses em que a operação for apenas incompleta ou parcial.

IV. Não se considera industrialização o conserto, a restauração e o recondicionamento de produtos usados, ainda que essas operações sejam executadas por encomenda de terceiros estabelecidos com o comércio de tais produtos.

a) V, V, F, F
b) V, V, V, V
c) V, F, F, V
d) F, F, V F
e) F, V, V F

12. (Esaf/ Técnico da Receita Federal – 2000) Não se considera industrialização a operação:

a) definida como tal, mas que esteja incompleta, ou seja parcial ou intermediária;
b) que, exercida sobre matéria-prima ou produto intermediário, importe na obtenção de espécie nova;

c) que apenas modifique, aperfeiçoe ou altere o funcionamento, a utilização, o acabamento ou a aparência do produto;

d) que altere a apresentação do produto, pela colocação da embalagem, quando esta se destine apenas ao transporte da mercadoria;

e) que consista na reunião de produtos, peças ou partes e de que resulte um novo produto ou unidade autônoma, sob a mesma classificação fiscal.

13. (Esaf/ Técnico do Tesouro Nacional – 1998) Caracteriza-se produto industrializado:
    a) produto do reino vegetal, *in natura*;
    b) produto alimentar preparado em estabelecimento comercial, exposto à venda, não acondicionado em embalagem de apresentação;
    c) produto isento do imposto e que tenha sido parcialmente industrializado;
    d) óculos montados mediante receita médica;
    e) água mineral natural.

14. (Questão inédita – MLV) De acordo com a legislação do Imposto sobre Produtos Industrializados, qualquer operação que modifique a natureza, o funcionamento, o acabamento, a apresentação ou a finalidade do produto, ou o aperfeiçoe para consumo, caracteriza industrialização. No entanto, a mesma legislação exclui algumas operações do conceito de industrialização. Sobre o tema, analise as assertivas abaixo, e em seguida assinale a alternativa correta.

    I. Não se considera industrialização o preparo de produtos alimentares na residência do preparador, quando se destinem a venda direta a consumidor, mesmo que acondicionados em embalagem de apresentação.

    II. Considera-se resultante de artesanato e, como tal, excluído do conceito de industrialização, o produto proveniente de trabalho manual realizado por pessoa natural, desde que a venda seja feita diretamente a consumidor e o trabalho não conte com o auxílio ou a participação de terceiros assalariados.

    III. Não se considera industrialização a moagem de café torrado, realizada por estabelecimento comercial atacadista.

    IV. Não se considera industrialização o conserto, a restauração e o recondicionamento de produtos usados, nos casos em que se destinem ao uso da própria empresa executora ou quando essas operações sejam executadas por encomenda de terceiros não estabelecidos com o comércio de tais produtos, bem como o preparo, pelo consertador, restaurador ou recondicionador, de partes ou peças empregadas exclusiva e especificamente naquelas operações.

    a) V, F, V, F
    b) F, F, F, V
    c) V, F, F, V
    d) V, V, V, F
    e) F, F, V, V

15. (Esaf/ Auditor-Fiscal da Receita Federal – 2005) O campo de incidência do Imposto sobre Produtos Industrializados abrange:
    a) todos os produtos relacionados na TIPI;
    b) todos os produtos com alíquota;
    c) todos os produtos, exceto aqueles a que corresponde a notação "Zero";
    d) todos os produtos, mesmo os com alíquota zero ou com a notação NT, ainda que não relacionados na TIPI;
    e) todos os produtos relacionados na TIPI, com alíquota, mesmo os com alíquota zero.

16. (Esaf/ Técnico da Receita Federal – 2002) A notação NT (não tributado) aposta diante do código TIPI, constante da Tabela de Incidência do IPI, implica considerar-se que o produto está:
    a) imune;
    b) isento;
    c) sujeito a pauta de valores;
    d) fora do campo de incidência;
    e) sujeito à tributação pelo preço da operação.

17. (Questão inédita – MLV) Sobre a classificação de produtos, atividade essencial na correta definição do aspecto quantitativo da incidência do Imposto sobre Produtos Industrializados, assinale a alternativa correta.
    a) As Notas Explicativas do Sistema Harmonizado de Designação e de Codificação de Mercadorias constituem o principal elemento da classificação de produtos.
    b) Qualquer referência a um artigo em determinada posição abrange apenas o artigo completo, montado ou acabado.
    c) Qualquer referência a uma matéria em determinada posição diz respeito a essa matéria, quer em estado puro, quer misturada ou associada a outras matérias. Da mesma forma, qualquer referência a obras de uma matéria determinada abrange as obras constituídas inteira ou parcialmente por essa matéria.
    d) Quando duas ou mais posições se refiram, cada uma delas, a apenas uma parte das matérias constitutivas de um produto misturado ou de um artigo composto, é indiferente a classificação do produto em qualquer uma das referidas posições.
    e) As embalagens que contenham mercadorias devem ser classificadas com estas últimas quando sejam do tipo normalmente utilizado para o seu acondicionamento, ainda que sejam claramente suscetíveis de utilização repetida.

18. (Esaf/ Auditor-Fiscal da Receita Federal do Brasil – 2012) Sobre o Imposto sobre Produtos Industrializados (IPI), julgue os itens abaixo, classificando-os como corretos (C) ou errados (E). Em seguida, escolha a opção adequada às suas respostas.

I. A Secretaria da Receita Federal do Brasil (RFB) é autorizada a adequar a Tabela de Incidência do Imposto sobre Produtos Industrializados (TIPI), em decorrência de alterações promovidas na Nomeclatura Comum do Mercosul (NCM) pela Câmara de Comércio Exterior (CAMEX), caso as alterações promovidas pela CAMEX impliquem necessidade de adequação de alíquotas na TIPI pela RFB.

II. A empresa comercial exportadora, que adquirir produtos industrializados com fim específico de exportação, é obrigada ao pagamento do IPI suspenso na saída dos produtos do estabelecimento industrial, caso referidos produtos venham a ser destruídos, furtados ou roubados.

III. De acordo com as regras gerais para interpretação de classificação de produtos na Tabela de Incidência do Imposto sobre Produtos Industrializados (TIPI), a classificação de um produto, quando misturado ou composto de mais de uma matéria, efetuar-se-á, alternadamente, por uma das seguintes regras: a) na posição em que tiver descrição mais específica; b) na posição da matéria ou artigo que lhe conferir caráter essencial; c) na posição que der lugar a aplicação da alíquota mais elevada; d) na posição situada em último lugar na ordem numérica, entre as suscetíveis de validamente se tomarem em consideração.

IV. As Notas Complementares (NC) da Tabela de Incidência do Imposto sobre Produtos Industrializados (TIPI), nesta incluídas por Decreto do Executivo, constituem elementos subsidiários de caráter fundamental para a correta interpretação do conteúdo das Posições e Subposições da classificação dos produtos, mas não constituem instrumento hábil para interferir na tributação prevista na TIPI.

a) Os itens I, II e IV estão corretos.
b) Os itens I, III e IV estão errados.
c) Somente os itens II e IV estão corretos.
d) Os itens I, III e IV estão corretos.
e) Todos os itens estão errados.

19. (Esaf/ Técnico da Receita Federal – 2003) Para ser caracterizado como tal, o estabelecimento industrial deve:
a) estar estabelecido em local apropriado, ou seja, na área industrial do município;
b) exercer uma, ou mais, das operações a seguir: transformação, beneficiamento, montagem, acondicionamento ou recondicionamento e renovação ou restauração, e que destas operações resulte produto tributado, ainda que de alíquota zero;
c) revender produtos industrializados por terceiros, na condição de estabelecimento atacadista;
d) somente elaborar produtos com alíquota do IPI superior a 0% (zero por cento);
e) importar produtos industrializados diretamente do exterior e dê saída a tais produtos.

20. (Questão inédita – MLV) Entre outras hipóteses, contribuinte do Imposto sobre Produtos Industrializados é o estabelecimento industrial ou equiparado a industrial. Considerando as normas relativas à equiparação de estabelecimentos a industrial e à sujeição passiva do Imposto sobre Produtos Industrializados, assinale a alternativa incorreta.

   a) É obrigado ao pagamento do imposto como responsável o transportador, em relação aos produtos tributados que transportar, desacompanhados da documentação comprobatória de sua procedência.

   b) O adquirente de mercadoria de procedência estrangeira, no caso de importação realizada por sua conta e ordem, por intermédio de pessoa jurídica importadora, é responsável solidário pelo pagamento do imposto e acréscimos legais.

   c) São equiparados a industrial os estabelecimentos que, para fins de comercialização, receberem produtos importados por outro estabelecimento da mesma firma, diretamente da repartição que os liberou.

   d) As cooperativas que se dedicarem à venda em comum de bens de produção, recebidos de seus associados para comercialização, podem ser equiparadas a estabelecimento industrial, por opção.

   e) O importador é obrigado ao pagamento do imposto como contribuinte em relação ao fato gerador decorrente do desembaraço aduaneiro de produto de procedência estrangeira, e obrigado ao pagamento do imposto como responsável quando der a saída do mesmo produto de seu estabelecimento.

21. (Questão inédita – MLV) Entre outras hipóteses, contribuinte do Imposto sobre Produtos Industrializados é o estabelecimento industrial ou equiparado a industrial. Considerando as normas relativas à equiparação de estabelecimentos a industrial e à sujeição passiva do Imposto sobre Produtos Industrializados, assinale a alternativa incorreta.

   a) Equiparam-se a estabelecimento industrial os estabelecimentos atacadistas e cooperativas de produtores que derem saída a bebidas alcoólicas e demais produtos, de produção nacional, classificados nas Posições 22.04, 22.05, 22.06 e 22.08 da TIPI e acondicionados em recipientes de capacidade superior ao limite máximo permitido para venda a varejo, com destino a industriais que utilizarem os produtos mencionados como matéria-prima ou produto intermediário na fabricação de bebidas, a atacadistas e cooperativas de produtores ou a engarrafadores dos mesmos produtos.

   b) Equiparam-se a estabelecimento industrial os estabelecimentos comerciais varejistas de produtos cuja industrialização tenha sido encomendada por outro estabelecimento da mesma firma, mediante a remessa, por eles efetuada, de matérias-primas, produtos intermediários, embalagens, recipientes, moldes, matrizes ou modelos.

c) Equiparam-se a estabelecimento industrial os estabelecimentos, ainda que varejistas, que receberem, para comercialização, diretamente da repartição que os liberou, produtos importados por outro estabelecimento da mesma firma.

d) Equiparam-se a estabelecimento industrial os estabelecimentos, atacadistas ou varejistas, que adquirirem produtos de procedência estrangeira, importados por encomenda ou por sua conta e ordem, por intermédio de pessoa jurídica importadora.

e) Os estabelecimentos industriais quando derem saída a matéria-prima, produto intermediário e material de embalagem, adquiridos de terceiros, com destino a outros estabelecimentos, para industrialização ou revenda, serão considerados estabelecimentos comerciais de bens de produção e obrigatoriamente equiparados a estabelecimento industrial em relação a essas operações.

22. (Esaf/ Curso de Formação AFRFB – 2006) – Adaptada. Qual dos estabelecimentos abaixo NÃO é equiparado a industrial, em face da operação descrita.

a) A filial atacadista da Importadora Veloso & Cia., quando revende canetas esferográficas (9608.10.00 – 20%) importadas pela matriz da empresa.

b) A filial varejista da Elan Industrial Ltda., quando revende produtos fabricados por estabelecimento industrial da mesma empresa.

c) O estabelecimento matriz da Importadora Veloso & Cia., quando revende a consumidor canetas esferográficas por ele importadas do Paraguai.

d) Elan Industrial Ltda., fabricante de cadeados (8301.10.00 – 10%), relativamente às matérias-primas adquiridas de terceiros que dê saída para outro estabelecimento industrial.

e) Primavera Ltda., comercial de cosméticos industrializados por encomenda mediante a remessa de matérias-primas e embalagens de sua propriedade.

23. (Esaf/ Analista-Tributário da Receita Federal do Brasil – 2012) Avalie os itens a seguir e assinale a opção correta. São equiparados aos estabelecimentos industriais para fins de incidência do Imposto sobre Produtos Industrializados.

I. Os estabelecimentos que comercializam produtos cuja industrialização tenha sido realizada por outro estabelecimento da mesma firma ou de terceiro, mediante a remessa, por eles efetuada, de matérias-primas, produtos intermediários, embalagens, recipientes, moldes, matrizes ou modelos.

II. Os estabelecimentos, ainda que varejistas, que receberem, para comercialização, diretamente da repartição que os liberou, produtos importados por outro estabelecimento da mesma firma.

III. Os estabelecimentos atacadistas e cooperativas de produtores que derem saída a bebidas alcoólicas.

a) Somente o item I está correto.

b) O item I e o item II estão corretos.

Parte V | Imposto sobre Produtos Industrializados 699

c) Os itens I, II e III estão corretos.
d) Os itens II e III estão corretos.
e) Os itens I e III estão corretos.

24. (Esaf/ Técnico da Receita Federal – 2002.1) Relativamente às cooperativas, constituídas nos termos da Lei nº 5.764, de 16 de dezembro de 1971, que se dedicarem a venda em comum dos bens de produção, recebidos de seus associados para comercialização, a legislação sobre produtos industrializados as considera estabelecimentos:
    a) equiparados à Industrial;
    b) industriais;
    c) equiparados a importadores;
    d) equiparados à Industrial, por opção;
    e) comerciais.

25. (Questão inédita – MLV) Considerando as disposições da legislação do Imposto sobre Produtos Industrializados, assinale V ou F e, em seguida, assinale a alternativa que contenha a sequência correta.
    I. São obrigados ao pagamento do imposto como contribuinte o possuidor ou detentor, em relação aos produtos tributados que possuir ou mantiver para fins de venda ou industrialização desacompanhados da documentação comprobatória de sua procedência.
    II Considera-se ocorrido o fato gerador do imposto no início do consumo ou da utilização do papel destinado à impressão de livros, jornais e periódicos, em finalidade diferente da que lhe é prevista na imunidade, ou na saída do fabricante, do importador ou de seus estabelecimentos distribuidores, para pessoas que não sejam empresas jornalísticas ou editoras.
    III. Na hipótese de venda, exposição à venda, ou consumo no território nacional, de produtos destinados ao exterior, ou na hipótese de descumprimento das condições estabelecidas para a isenção ou a suspensão do imposto, considerar-se-á ocorrido o fato gerador na data da venda, exposição à venda, ou consumo no território nacional.
    IV. Não constituem fato gerador do imposto as saídas de produtos subsequentes à primeira, nos casos de locação ou arrendamento, salvo se o produto tiver sido submetido a nova industrialização.
    a) V, V, V, F
    b) V, V, F, V
    c) F, F, F, V
    d) F, F, V, F
    e) F, V, F, V

26. (Esaf/ Analista-Tributário da Receita Federal do Brasil – 2012) São responsáveis solidários pelo pagamento do Imposto sobre Produtos Industrializados:

a) os possuidores ou detentores, em relação os produtos tributados que possuírem ou mantiverem para fins de venda ou industrialização, acompanhados ou não de documentação comprobatória de sua procedência;

b) os adquirentes de mercadorias de procedência estrangeira, no caso de importação realizada por sua conta e ordem, por intermédio de pessoa jurídica importadora;

c) os transportadores em relação aos produtos tributados que transportarem, acompanhados ou não de documentação comprobatória de sua procedência;

d) os que consumirem ou utilizarem em outra finalidade, ou remeterem a pessoas que não sejam empresas jornalísticas ou editoras, o papel destinado à impressão de livros, mesmo que não alcançado pela imunidade prevista no art. 150 da Constituição Federal;

e) os estabelecimentos equiparados a industrial, quanto aos fatos geradores relativos aos produtos que deles saírem, bem como quanto aos demais fatos geradores decorrente de atos que sejam por eles praticados.

27. (Esaf/ Técnico da Receita Federal – 2000) Segundo o vigente Regulamento do IPI, é o obrigado ao pagamento do imposto como responsável:

a) o transportador, em relação aos produtos tributados que transportar desacompanhados da documentação comprobatória de sua procedência;

b) o importador, em relação ao fato gerador decorrente do desembaraço aduaneiro de produto de procedência estrangeira;

c) o industrial, em relação ao fato gerador decorrente da saída de produto que industrializar em seu estabelecimento, bem assim quanto aos demais fatos geradores decorrentes de atos que praticar;

d) o estabelecimento equiparado a industrial, quanto ao fato gerador relativo aos produtos que dele saírem, bem assim quanto aos demais fatos geradores decorrentes de atos que praticar;

e) quem consumir ou utilizar em outra finalidade, ou remeter a pessoas que não sejam empresas jornalísticas ou editoras, o papel destinado à impressão de livros, jornais e periódicos, quando alcançado pela imunidade.

28. (Esaf/ Curso de Formação AFRFB – 2006) – Adaptada. O Expresso Nordestino está recebendo para despacho produtos tributados sem a nota fiscal competente. Logo:

a) equipara-se a industrial;

b) passa a ser contribuinte;

c) não deverá aceitar o despacho nem efetuar o transporte da mercadoria, sob pena de tornar-se responsável pelo pagamento do imposto;

d) está sujeito a penalidades severas;

e) não precisa tomar qualquer providência, pois não se reveste da condição de pessoa jurídica obrigada à emissão de nota fiscal relativa de produtos industrializados.

Parte V | Imposto sobre Produtos Industrializados   701

29. (Esaf/ Auditor-Fiscal da Receita Federal – 2002.2) Assinale a resposta correta.

   (i) O imposto sobre produtos industrializados (IPI) incide sobre produtos industrializados estrangeiros?

   (ii) O campo de incidência do IPI abrange os produtos com alíquota zero?

   a) (i) Sim, porque para efeito de IPI não há distinção em relação à procedência dos bens.
   (ii) Não, porque alíquota zero equivale à ausência de alíquota.

   b) (i) Sim, porque se o produto é industrializado esse imposto substitui o de importação. (ii) Sim, porque alíquota zero não impede que o produto siga o regime geral do imposto.

   c) (i) Sim. A lei assim o diz.
   (ii) Sim, porque a lei determina que seu campo de incidência abrange todos os produtos com alíquota.

   d) (i) Não, porque haveria bis in idem, já que sobre eles incide o imposto de importação.
   (ii) Sim, porque o campo de incidência desse imposto abrange todos os produtos industrializados.

   e) (i) Não, porque o IPI não é um tributo aduaneiro.
   (ii) Não, porque o campo de incidência advém da Constituição e esta não previu a hipótese.

30. (Esaf/ Curso de Formação AFRFB – 2006) – Adaptada Veloso & Cia. importou da Alemanha os seguintes produtos:

   I. perfume "Cheiro de Gringa" (3303.00.10 – 40%), que será revendido;

   II. canetas esferográficas (9608.10.00 – 20%), para distribuição gratuita a seus clientes no Natal;

   III. sapatos (6403.59.00 – 0%), para uso de seus funcionários;

   IV. figos frescos (0804.20.10 – NT), também para venda.

   Para cada um desses casos, haverá incidência do IPI na importação?

   a) sim, não, não, não
   b) sim, sim, não, não
   c) sim, sim, sim, não
   d) não, não, não, não
   e) sim, não, sim, não

31. (Questão inédita – MLV) O Imposto sobre Produtos Industrializados, de competência da União, incide sobre produtos nacionais e sobre produtos de procedência estrangeira. Considerando as normas relativas à incidência do referido imposto, assinale a alternativa correta.

   a) Haverá incidência do IPI sempre que um estabelecimento industrial der saída de um produto industrializado, assim entendido o resultante de qualquer operação definida como industrialização, mesmo incompleta, parcial ou intermediária.

b) Caracteriza industrialização a operação que modifique a natureza, o funcionamento, o acabamento, a apresentação ou a finalidade do produto, ou o aperfeiçoe para consumo, tal como a que importe em alterar a apresentação do produto, pela colocação da embalagem, ainda que em substituição da original, mesmo que se destine apenas ao transporte da mercadoria.

c) Para fins de caracterização da operação como industrialização, é imprescindível que o processo utilizado para obtenção do produto seja compatível com as normas técnicas específicas do setor ao qual estiver vinculada a firma, e as condições de instalações e equipamentos empregados atendam à regulamentação trabalhista.

d) Considera-se ocorrido o fato gerador do IPI na saída da repartição que promoveu o desembaraço aduaneiro, quanto aos produtos que forem remetidos diretamente ao estabelecimento importador.

e) Na importação, o fato gerador do IPI é o desembaraço aduaneiro de produto de procedência estrangeira, e que, relativamente à mercadoria que constar como tendo sido importada e cujo extravio ou avaria venham a ser apurados pela autoridade fiscal, considera-se ocorrido inclusive na hipótese de mercadoria sob regime suspensivo de tributação.

32. (Esaf/ Técnico do Tesouro Nacional – 1998) Considera-se ocorrido o fato gerador:
    a) a saída de estabelecimento equiparado a industrial, de produtos tributados à alíquota zero;
    b) a permanência, no estabelecimento vendedor, de produtos vendidos, dois dias depois da emissão da nota fiscal;
    c) a terceira saída do estabelecimento industrial, a título de locação, de produto tributado, no mesmo estado em que foi devolvido ao estabelecimento locador;
    d) na transferência de propriedade do produto do estabelecimento, permanecendo dito produto no mesmo local (no estabelecimento);
    e) a saída de produto tributado, por motivo de mudança do estabelecimento, previamente comunicada à Secretaria da Receita Federal.

33. (Esaf/ Técnico da Receita Federal – 2002.2) Considera-se ocorrido o fato gerador do IPI, entre outras hipóteses, na seguinte situação:
    a) na saída do estabelecimento filial de estabelecimento industrial ou equiparado a industrial, que opere exclusivamente no comércio varejista.
    b) no retorno de produtos ao estabelecimento industrial remetente, efetivado pelo comprador ou destinatário.
    c) nas saídas de estabelecimentos atacadistas, sem vínculo com os estabelecimentos industriais ou equiparados.
    d) nas saídas subsequentes à primeira, nos casos de locação ou arrendamento.
    e) no momento da sua venda, quanto aos produtos objeto de operação de venda que forem consumidos ou utilizados dentro do estabelecimento industrial.

34. (Questão inédita – MLV) Assinale V ou F e, em seguida, assinale a alternativa que contenha a sequência correta.

   I. Considera-se ocorrido o fato gerador do IPI na saída de armazém-geral ou outro depositário do estabelecimento industrial ou equiparado a industrial depositante, quanto aos produtos entregues diretamente a outro estabelecimento.

   II. O IPI é devido sejam quais forem as finalidades a que se destine o produto ou o título jurídico a que se faça a importação ou de que decorra a saída do estabelecimento produtor. Nesse sentido, é lícita a incidência do imposto na primeira saída de produto industrializado integrante do ativo não circulante do estabelecimento importador, destinados à execução de serviços pela própria firma remetente.

   III. Na hipótese de utilização do papel por empresa jornalística, em finalidade diferente da que lhe é prevista na imunidade, o IPI se torna devido e responsável pelo pagamento do imposto é o estabelecimento industrial que deu saída ao produto na operação de venda à empresa jornalística.

   a) V, V, V
   b) V, V, F
   c) F, F, F
   d) F, F, V
   e) F, V, V

35. (Esaf/ Técnico da Receita Federal – 2002.2) A empresa Ypsolon Ltda. importou da Índia 2000 jaquetas de couro de boi e 5000 varetas de incenso, varetas essas que seriam para brinde aos seus compradores. Diante destas informações, responda qual a opção correta.

   a) Ocorre o fato gerador nas saídas das 2000 jaquetas e das 5000 varetas no desembaraço aduaneiro, e, na saída do estabelecimento importador, apenas nas saídas das 2000 jaquetas de couro.
   b) Ocorre apenas o fato gerador no desembaraço das jaquetas e das varetas.
   c) Ocorre o fato gerador, no desembaraço e na saída de seu estabelecimento comercial importador, tanto das jaquetas como das varetas.
   d) Produtos doados não estão sujeitos ao imposto.
   e) Não ocorre o fato gerador em nenhum dos casos acima apontados.

36. (Esaf/ Analista-Tributário da Receita Federal do Brasil – 2012) Avalie os itens a seguir e assinale a opção correta.

   I. O desembaraço aduaneiro de produto de procedência estrangeira é fato gerador do Imposto sobre Produtos Industrializados, considerando-se ocorrido o referido desembaraço quando a mercadoria consta como tendo sido importada e o extravio ou avaria venham a ser apurados pela autoridade fiscal, inclusive na hipótese de mercadoria sob regime suspensivo de tributação.

II. Considera-se ocorrido o fato gerador do Imposto sobre Produtos Industrializados na saída de armazém-geral ou outro depositário do estabelecimento industrial ou equiparado a industrial depositante, quanto aos produtos entregues diretamente a outro estabelecimento.

III. Considera-se ocorrido o fato gerador do Imposto sobre Produtos Industrializados na saída do estabelecimento industrial diretamente para estabelecimento da mesma firma ou de terceiro, por ordem do encomendante, quanto aos produtos mandados industrializar por encomenda.

a) Somente o item I está correto.
b) O item I e o item II estão corretos.
c) Os itens I, II e III estão corretos.
d) Os itens II e III estão corretos.
e) Os itens I e III estão corretos.

37. (Esaf/ Técnico da Receita Federal – 2003) Considera-se ocorrido o fato gerador do IPI, quando:
   a) ocorrer a venda do produto industrializado por intermédio de ambulante;
   b) acontecer a revenda de produtos industrializados sem qualquer operação de recondicionamento ou renovação;
   c) ocorrer a saída do cliente do bar que elabora, em seu estabelecimento, a cerveja;
   d) houver a emissão da competente nota-fiscal, que registra o fato, o valor e, especialmente, o imposto devido;
   e) o produto, que tiver saído do estabelecimento industrial com o fim específico de exportação, for revendido no mercado interno, no momento da efetivação da venda.

38. (Esaf/ Auditor-Fiscal da Receita Federal – 2003) Avalie o acerto das afirmações adiante e marque com V as verdadeiras e com F as falsas; em seguida, marque a opção correta.

   ( ) Os encargos cambiais pagos pelo importador ou dele exigíveis não se incluem na base de cálculo do imposto sobre produtos industrializados, no caso de importação de produto de procedência estrangeira.

   ( ) A base de cálculo do imposto sobre produtos industrializados, em se tratando de produto de procedência estrangeira apreendido ou abandonado e levado a leilão, é o preço da arrematação, acrescido do valor dos demais tributos exigíveis na importação regular do produto.

   ( ) O imposto de importação não integra a base de cálculo do imposto sobre produtos industrializados, no caso de importação de produto de procedência estrangeira.

   a) V, V, F
   b) V, F, V
   c) V, V, V

d) F, V, F
e) F, F, F

39. (Questão inédita – MLV) O Imposto sobre Produtos Industrializados, de competência da União, incide sobre produtos nacionais e sobre produtos de procedência estrangeira. Considerando as normas relativas à incidência do referido imposto, assinale a alternativa correta.

   a) São isentos do imposto os produtos remetidos pelo estabelecimento industrial, ou equiparado a industrial, diretamente a exposição em feiras de amostras e promoções semelhantes.

   b) Poderão sair com suspensão do imposto os produtos para distribuição gratuita, de diminuto ou nenhum valor comercial, destinados exclusivamente a médicos, veterinários e dentistas, bem como a estabelecimentos hospitalares, quando se tratar de produtos da indústria farmacêutica.

   c) Serão desembaraçados com suspensão do imposto os materiais de construção, as máquinas, os equipamentos, os veículos, os aparelhos e os instrumentos, sem similar nacional, bem como suas partes, peças, acessórios e outros componentes, de procedência estrangeira, importados por empresas nacionais de engenharia, e destinados à execução de obras no exterior, quando autorizada a suspensão pelo Secretário da Receita Federal do Brasil.

   d) Se a suspensão estiver condicionada à destinação do produto e a este for dado destino diverso do previsto, estará o responsável pelo fato sujeito ao pagamento do imposto e da penalidade cabível, como se a suspensão não existisse.

   e) Salvo expressa disposição em lei, as isenções do imposto referem-se ao contribuinte e não ao adquirente.

40. (Cespe/UnB – Juiz Federal Substituto da 1ª Região – 2009) A respeito do crédito e do princípio da não cumulatividade do IPI, assinale a opção correta.

   a) A indústria não pode creditar-se do valor do IPI relativo à energia elétrica consumida no processo de industrialização, por não se tratar de insumo ou matéria-prima que se incorpore à transformação do produto.

   b) Se uma indústria utilizar, no processo de industrialização, diversos bens onerados pelo IPI sobre os quais incidam diferentes alíquotas, quando da saída do produto dessa indústria, deverá ser utilizada a alíquota média, objetivando cumprir o princípio da não cumulatividade.

   c) Em razão da seletividade e essencialidade do produto é que poderá o industrial creditar-se do IPI referente aos insumos adquiridos com alíquota zero.

   d) A indústria pode creditar-se do IPI pago na aquisição de materiais destinados ao ativo permanente da empresa, para fazer face ao princípio constitucional da não cumulatividade.

   e) Não gera crédito do IPI o valor do tributo incidente sobre as embalagens recebidas para emprego em industrialização e acondicionamento.

41. (Esaf/ Auditor-Fiscal da Receita Federal do Brasil – 2012) Assinale a opção que contém a sequência correspondente à classificação correta dos institutos tratados em cada um dos itens a seguir.

   I. Crédito atribuído a empresa produtora e exportadora de mercadorias nacionais, como ressarcimento das contribuições, legalmente especificadas, incidentes sobre as respectivas aquisições, no mercado interno, de matéria-prima, produto intermediário e material de embalagem, para utilização no processo produtivo.

   II. Crédito correspondente ao imposto incidente sobre matéria-prima, produto intermediário e material de embalagem, adquiridos para emprego na industrialização de produtos tributados, incluindo-se, entre as matérias-primas e os produtos intermediários, aqueles que, embora não se integrando ao novo produto, forem consumidos no processo de industrialização, salvo se compreendidos entre os bens do ativo permanente.

   III. Créditos extintos em 1990, antes atribuídos a empresas fabricantes e exportadoras de produtos manufaturados, a título estímulo fiscal, sobre suas vendas para o exterior, como ressarcimento de tributos pagos internamente.

   IV. Valores instituídos por prazo determinado, atribuídos a pessoa jurídica produtora que efetue exportação de bens manufaturados no País, calculados pela aplicação de percentual estabelecido pelo Poder Executivo sobre a receita decorrente da exportação desses bens, objetivando ressarcir o resíduo tributário federal existente nessa cadeia de produção.

   a) Crédito-prêmio; crédito-escritural; crédito-básico; valores decorrentes do Regime Especial de Reintegração de Valores Tributários para as Empresas Exportadoras (Reintegra).
   b) Crédito presumido; crédito-básico; crédito-prêmio; crédito-básico.
   c) Crédito-prêmio; crédito não cumulativo; valores decorrentes do Regime Especial de Reintegração de Valores Tributários para as Empresas Exportadoras (Reintegra); crédito por devolução.
   d) Crédito presumido; crédito-básico; crédito-prêmio; valores decorrentes do Regime Especial de Reintegração de Valores Tributários para as Empresas Exportadoras (Reintegra).
   e) Crédito não cumulativo; crédito presumido; crédito por devolução; crédito-prêmio.

42. (Esaf/ Técnico da Receita Federal – 2002.1) É admitido o crédito do imposto relativo às matérias-primas e material de embalagem adquiridos para emprego na industrialização de produtos destinados à exportação para o exterior, saídos com imunidade (Dec-Lei nº 491, de 1969, art. 5º, e Lei nº 8.402, de 1992, art. 1º, inciso II). Segundo o Regulamento do Imposto sobre Produtos Industrializados-RIPI, trata-se de um crédito:
   a) básico;
   b) por devolução;

Parte V | Imposto sobre Produtos Industrializados   707

   c) como incentivo;
   d) presumido;
   e) por estorno.

43. (Esaf/ Técnico do Tesouro Nacional – 1998) Entre as aquisições de produtos a seguir enunciadas, nas condições indicadas, assinale a que, como regra geral, confere direito ao crédito do imposto.
   a) Produto intermediário, sujeito à alíquota zero, para emprego na industrialização de produto tributado.
   b) Produto isento, para emprego na industrialização de produtos tributados.
   c) Matérias-primas industrializadas na Zona Franca de Manaus, para emprego na industrialização de refrigerantes.
   d) Bens destinados ao ativo permanente, tributados, adquiridos por estabelecimento industrial.
   e) Partes e peças tributadas, para emprego no recondicionamento de objetos usados, tributados, destinados à comercialização.

44. (Esaf/ Curso de Formação AFRFB – 2006) – Adaptada. Não há direito de crédito do IPI relativo a MP, PI e ME utilizados na fabricação de produtos:
   a) isentos e de alíquota zero;
   b) tributados com alíquotas inferiores às do insumo;
   c) industrializados por pessoas físicas;
   d) saídos com a expressão NT na TIPI;
   e) remetidos a terceiros para industrialização sob encomenda.

45. (Questão inédita – MLV) Sobre os créditos da não cumulatividade, responda sim ou não conforme as disposições da legislação do Imposto sobre Produtos Industrializados, e em seguida aponte a alternativa que corresponde à sequência correta.
   I. Os estabelecimentos industriais e os que lhes são equiparados poderão se creditar do imposto relativo a bens do ativo permanente?
   II. Nas remessas de produtos para armazém-geral ou depósito fechado, o direito ao crédito do imposto, quando admitido, é do próprio estabelecimento depositário?
   III. O saldo credor, acumulado em cada mês, decorrente de aquisição de matéria-prima, produto intermediário e material de embalagem, aplicados na industrialização, que o contribuinte não puder deduzir do imposto devido na saída de outros produtos, poderá ser utilizado para fins de compensação, de conformidade com as normas expedidas pela Secretaria da Receita Federal do Brasil?

IV. Deverá ser anulado, mediante estorno na escrita fiscal, o crédito do imposto relativo a matéria-prima, produto intermediário e material de embalagem, que tenham sido vendidos a pessoas que não sejam industriais ou revendedores?

a) sim, não, não, sim
b) sim, sim, não, não
c) não, não, não, sim
d) não, não, sim, não
e) não, sim, sim, sim

46. (Esaf/ Auditor-Fiscal da Receita Federal do Brasil – 2012) De acordo com a legislação tributária do Imposto sobre Produtos Industrializados (IPI), julgue os itens abaixo, classificando-os como corretos (C) ou errados (E). Em seguida, escolha a opção adequada às suas respostas.

I. O saldo credor do Imposto sobre Produtos Industrializados – IPI, acumulado em cada trimestre-calendário, decorrente de aquisição de matéria-prima, produto intermediário e material de embalagem, aplicados na industrialização, inclusive de produto isento ou tributado à alíquota zero, que o contribuinte não puder compensar com o IPI devido na saída de outros produtos, poderá ser utilizado na forma prevista em Lei.

II. A incidência do IPI na importação de produtos industrializados depende do título jurídico a que se der a importação. Por isso, a Lei exclui da sujeição passiva do IPI a pessoa física na condição de importadora de produtos industrializados para uso próprio.

III. Segundo entendimento atual do Superior Tribunal de Justiça, é devida a correção monetária ao creditamento do IPI quando há oposição ao seu aproveitamento decorrente de resistência ilegítima do Fisco.

IV. A legislação tributária determina, em observância à não-cumulatividade do tributo, que a entrada de insumos não onerados – seja por força de alíquota zero, de não incidência, de isenção ou de imunidade – gera direito ao crédito de IPI na saída dos produtos industrializados.

a) Apenas os itens I e III estão corretos.
b) Apenas os itens I e IV estão corretos.
c) Apenas o item IV está correto.
d) Apenas os itens II e IV estão corretos.
e) Apenas o item III está errado.

Parte V | Imposto sobre Produtos Industrializados

709

47. (Questão inédita – MLV) Sobre o Lançamento do Imposto sobre Produtos Industrializados (IPI), avalie as assertivas abaixo e, em seguida, assinale a alternativa que apresente a sequência correta.

   I. Segundo dispõe o Regulamento do IPI, lançamento é o procedimento destinado à constituição do crédito tributário. Quando se opera de ofício, reporta-se à data em que for lavrado o termo de início de fiscalização, sendo regido pela lei então vigente.

   II. Segundo dispõe o Regulamento do IPI, lançamento é o procedimento destinado à constituição do crédito tributário. Quando se opera por homologação, pressupõe o pagamento antecipado do imposto, assim considerado apenas o ato de recolhimento do valor devido por intermédio do documento de arrecadação.

   III. Na importação de produtos de procedência estrangeira, os atos de iniciativa do sujeito passivo, inerentes ao lançamento por homologação, devem ser efetuados, sob a sua exclusiva responsabilidade, no momento em que for efetivado o desembaraço aduaneiro.

   IV. Quanto aos produtos trazidos do exterior e desembaraçados com a qualificação de bagagem, com isenção ou com pagamento de tributos, os atos de iniciativa do sujeito passivo, inerentes ao lançamento por homologação, devem ser efetuados, sob a sua exclusiva responsabilidade, no momento em que ocorrer o depósito para fins comerciais, a venda ou a exposição à venda.

   a) V, V, V, V
   b) F, V, V, V
   c) F, F, V, V
   d) F, F, F, V
   e) F, F, F, F

48. (Esaf/ Técnico do Tesouro Nacional – 1998) Se houver diferença no estoque de selos de controle, constatada pelo usuário, o imposto correspondente deverá ser lançado e pago pelo mesmo usuário, antes do início da ação fiscal, sob pena de lançamento de ofício. Nesse caso, o momento do lançamento espontâneo, pelo usuário, será:

   a) no fim do período de apuração do imposto;
   b) na data fixada na intimação, para pagamento;
   c) no momento em que for constatada a diferença, pela fiscalização;
   d) no momento da apuração, pelo usuário, da diferença no estoque de selos;
   e) no momento da requisição dos selos faltantes.

49. (Questão inédita – MLV) Considerando as disposições da legislação tributária relativas à apuração e ao recolhimento do Imposto sobre Produtos Industrializados (IPI), assinale a alternativa incorreta.

   a) O período de apuração do IPI incidente nas saídas dos produtos do estabelecimento industrial ou equiparado a industrial é mensal, inclusive no caso de microempresas e empresas de pequeno porte não optantes pelo Simples Nacional.

   b) Na importação, a importância a recolher a título de IPI é a resultante do cálculo do imposto constante do registro da declaração de importação no Siscomex, deduzidos os créditos admitidos na legislação.

   c) No depósito para fins comerciais, na venda ou na exposição à venda de produtos trazidos do exterior e desembaraçados com a qualificação de bagagem, a importância a recolher corresponde ao valor integral do IPI dispensado, no caso de desembaraço com isenção, ou o que incidir sobre a diferença apurada entre o valor que serviu de base de cálculo do imposto pago na importação e o preço de venda, no caso de produtos desembaraçados com o tratamento de importação comum nas condições previstas na legislação aduaneira.

   d) Em regra, o IPI deve ser recolhido até o vigésimo quinto dia do mês subsequente ao de ocorrência dos fatos geradores, no caso da saída de produtos industrializados do estabelecimento industrial ou equiparado a industrial, exceto quanto aos produtos classificados no Código 2402.20.00 da TIPI (cigarros), caso em que o imposto deve ser recolhido até o décimo dia do mês subsequente ao de ocorrência dos fatos geradores.

   e) Se não for dia útil o dia do vencimento para recolhimento do imposto devido em razão das saídas promovidas pelo estabelecimento industrial ou equiparado a industrial, considera-se antecipado o prazo para o primeiro dia útil que o anteceder. E, em qualquer caso, fica facultado ao contribuinte o recolhimento do imposto antes do vencimento do prazo fixado.

50. (Esaf/ Técnico da Receita Federal – 2003) Poderão sair com suspensão do imposto, os produtos elaborados pelos estabelecimentos industriais e destinados a:

   a) estabelecimento filial varejista;

   b) estabelecimentos atacadistas;

   c) estabelecimento filial atacadista;

   d) demonstração ao interessado, o qual poderá devolver o produto caso a venda não se concretize;

   e) venda por meio do comércio eletrônico.

51. (Esaf/ Analista-Tributário da Receita Federal do Brasil – 2012) Assinale a opção incorreta.

   a) As isenções do Imposto sobre Produtos Industrializados, salvo disposição expressa de lei, referem-se ao produto e não ao contribuinte ou adquirente.

b) A isenção do Imposto sobre Produtos Industrializados, quando possuir caráter subjetivo, só exclui o crédito tributário quando o seu titular estiver na situação de contribuinte ou responsável.

c) Se a isenção do Imposto sobre Produtos Industrializados estiver condicionada à destinação do produto e a este for dado destino diverso do previsto, estará o responsável pelo fato sujeito ao pagamento do imposto e da penalidade cabível.

d) Os produtos desembaraçados como bagagem só poderão ser depositados para fins comerciais ou expostos à venda após comunicação obrigatória à Receita Federal para fins de controle do pagamento posterior do Imposto sobre Produtos Industrializados.

e) O titular da isenção do Imposto sobre Produtos Industrializados poderá renunciar ao benefício, devendo comunicar o fato à unidade da Receita Federal de sua jurisdição.

52. (Esaf/ Auditor-Fiscal da Receita Federal do Brasil – 2012) De acordo com a legislação tributária sobre o Imposto sobre Produtos Industrializados (IPI), assinale a opção correta.

a) As bebidas alcoólicas, os produtos de perfumaria ou toucador e as preparações cosméticas industrializadas na Zona Franca de Manaus, com utilização de matérias-primas da fauna e flora regionais, em conformidade com processo produtivo básico, por estabelecimentos com projetos aprovados pelo Conselho de Administração da Superintendência da Zona Franca de Manaus – Suframa, são isentos de IPI, quando destinados à comercialização em qualquer outro ponto do território nacional.

b) Os produtos industrializados na Zona Franca de Manaus, destinados ao seu consumo interno, não são isentos de IPI.

c) Os automóveis de passageiros de fabricação nacional que obedeçam às especificações previstas em Lei são isentos de IPI, quando adquiridos por pessoas portadoras de deficiência mental severa ou profunda, ou autistas, desde que atendidos os requisitos previstos na legislação tributária.

d) Os bens de informática destinados à coleta eletrônica de votos, fornecidos diretamente ao Tribunal Superior Eleitoral, assim como os caixões funerários, são objeto de suspensão de IPI.

e) Há isenção de IPI sobre hidrocarbonetos, assim entendidos os derivados do petróleo, resultantes da sua transformação, mediante processos genericamente denominados refino ou refinação.

53. (Esaf/ Técnico do Tesouro Nacional – 1998) Se a lei não ressalvar expressamente, a isenção do imposto refere-se:
a) à seletividade e à essencialidade do produto;
b) ao produto;
c) às condições em que o produto seja adquirido;
d) ao adquirente;
e) ao contribuinte;

54. (Esaf/Analista de Comércio Exterior – 27/05/2012) Ao dispor sobre o IPI – Imposto sobre Produtos Industrializados, a Constituição Federal previu que ele terá reduzido seu impacto sobre a aquisição de bens de capital pelo seu contribuinte na forma da lei. Sobre o tema, é incorreto afirmar que:

a) caberá à lei ordinária federal estabelecer os critérios para a diminuição do impacto do IPI na aquisição de bens de capital;

b) tal diminuição poderá se dar mediante autorização para apropriação de crédito relativo ao IPI incidente na operação e sua utilização na compensação com o devido pela empresa adquirente em outras operações ou seu ressarcimento em dinheiro;

c) tal diminuição poderá se dar mediante o estabelecimento de critérios a serem observados pelo Executivo na redução das alíquotas relativas a operações com tais bens;

d) referido dispositivo constitucional é autoaplicável, no sentido de que tem a eficácia imediata de impedir a validade de lei ou ato normativo que atue em sentido contrário, aumentando o impacto do IPI na aquisição de bens de capital;

e) referido dispositivo não ampara o reconhecimento do direito à imunidade de tais operações ao IPI.

55. (Esaf/ Técnico da Receita Federal – 2002.2) Importador brasileiro adquiriu máquina estrangeira no dia 10/01, por US$ 100,000.00, data em que havia isenção objetiva do IPI. O Registro de Importação (RI) foi obtido em 01/02. A mercadoria foi embarcada em 04/02. A mercadoria entrou no território nacional, foi descarregada e atracada em 20/02. Em 22/02, a isenção do IPI foi revogada. A Declaração de Importação (DI) foi numerada pelo Siscomex em 26/02. Em 28/02, a alíquota do II foi reduzida para zero e restabelecida a isenção do IPI. A mercadoria foi desembaraçada em 01/03. A taxa cambial e as alíquotas vigentes no período eram as seguintes:

Dia	US$ 1.00 = R$	Alíquota do II	Alíquota do IPI
10/jan	R$ 1,80	15%	8%
1/fev	R$ 2,20	15%	8%
4/fev	R$ 2,00	15%	5%
20/fev	R$ 2,00	10%	5%
26/fev	R$ 2,50	10%	5%
28/fev	R$ 2,00	0%	5%
01/mar	R$ 2,50	0%	5%

Com base nessas informações, assinale a opção que contenha o valor do IPI devido.

a) Zero (R$0,00).

b) R$ 25.000,00.

Parte V | Imposto sobre Produtos Industrializados   713

   c) R$ 13.750,00.
   d) R$ 38.750,00.
   e) R$ 11.000,00.

56. (Esaf/ Procurador da Fazenda Nacional – 2007) – Adaptada. O Código Tributário Nacional dispõe que o fato gerador do imposto de importação é a entrada do produto estrangeiro no território nacional, não esclarecendo exatamente quando se considera ocorrida essa entrada.

   Quanto à tributação de produtos alienígenas, observe as asserções seguintes e avalie se elas são verdadeiras ou falsas.

   I. A legislação do IPI esclarece que o fato gerador desse imposto (sobre produtos industrializados) é o desembaraço aduaneiro, quando de procedência estrangeira, considerando-se ocorrido esse desembaraço relativamente à mercadoria que constar como tendo sido importada e cujo extravio seja verificado pela autoridade fiscal.

   II. É na data do registro da declaração de importação de mercadoria submetida a despacho para consumo que se considera ocorrido o fato gerador do imposto de importação.

   III. Como o CTN dispõe que, quando o valor tributário esteja expresso em moeda estrangeira, no lançamento far-se-á sua conversão em moeda nacional ao câmbio do dia da ocorrência do fato gerador da obrigação, para efeito de cálculo do imposto [de importação] os valores expressos em moeda estrangeira deverão ser convertidos em moeda nacional à taxa de câmbio vigente na data da entrada do bem em águas territoriais nacionais.

   a) As três afirmações são verdadeiras.
   b) Só é verdadeira a primeira asserção.
   c) Só é falsa a terceira afirmação.
   d) Só são verdadeiras as duas últimas.
   e) São todas falsas.

57. (Esaf/ Técnico da Receita Federal – 2000) Entre as perguntas abaixo, qual merece resposta negativa?

   I. O desembaraço aduaneiro de produto de procedência estrangeira e a saída de produto do estabelecimento industrial, ou equiparado a industrial, são fatos geradores do IPI?

   II. Prevê a legislação que o óleo de menta em bruto, produzido por lavradores, com emprego do produto de sua própria lavoura, quando remetido a estabelecimentos industriais, diretamente ou por intermédio de postos de compra, possa sair com suspensão do imposto?

III. Prevê a legislação a isenção dos produtos remetidos pelo estabelecimento industrial, ou equiparado a industrial, diretamente a exposição em feiras de amostras e promoções semelhantes?

IV. Poderão os estabelecimentos industriais creditar-se do imposto relativo a matérias-primas, produtos intermediários e material de embalagem, adquiridos para emprego na industrialização de produtos tributados?

V. Será considerado lançamento de ofício (e não lançamento por homologação) o que efetuar a autoridade quando o sujeito passivo não tomar as iniciativas que lhe competiam para o lançamento?

a) a primeira;
b) a terceira;
c) a segunda;
d) a quarta;
e) a quinta.

58. (Questão inédita – MLV) Considerando a legislação do Imposto sobre Produtos Industrializados (IPI), julgue as assertivas e, em seguida, assinale a alternativa que contenha a sequência correta.

I. Sairão com suspensão do imposto os produtos industrializados na Zona Franca de Manaus, destinados, ao seu consumo interno, excluídos as armas e munições, fumo, bebidas alcoólicas e automóveis de passageiro.

II. Devem ser integralmente utilizados no processo produtivo de empresas autorizadas a operar em Zona de Processamento de Exportação as matérias-primas, produtos intermediários e materiais de embalagem, importados ou adquiridos no mercado interno com suspensão do imposto, sendo vedada, em qualquer hipótese, a revenda dos referidos insumos no mercado interno.

III. A entrada de produtos estrangeiros em Áreas de Livre Comércio dar-se-á, obrigatoriamente, por intermédio de porto, aeroporto ou posto de fronteira da Área de Livre Comércio, exigida consignação nominal a importador nela estabelecido.

IV. No âmbito do Regime Tributário para Incentivo à Modernização e à Ampliação da Estrutura Portuária (Reporto), máquinas, equipamentos, peças de reposição e outros bens são isentos do imposto quando destinados ao ativo imobilizado de beneficiários do regime, inclusive quando adquiridos junto a comerciante atacadista.

a) V, V, V, F
b) V, V, F, V
c) F, F, F, V
d) F, F, V, F
e) F, V, V, V

Parte V | Imposto sobre Produtos Industrializados   715

59. (Questão inédita – MLV) Considerando a legislação do Imposto sobre Produtos Industrializados (IPI), assinale a alternativa correta.

   a) O cumprimento de uma obrigação acessória estabelecida pela legislação do IPI dispensa o cumprimento de outras eventualmente previstas pela mesma legislação.

   b) O fabricante e o comerciante são os sujeitos passivos da obrigação de rotular ou marcar os produtos industrializados e, no caso de produtos cuja industrialização haja sido realizada por outro estabelecimento, o encomendante é o sujeito passivo da referida obrigação.

   c) A falta de rotulagem, marcação ou numeração, quando exigidas, importa em considerar o produto como não identificado com o descrito nos documentos fiscais.

   d) Ficam dispensadas de rotulagem ou marcação as peças e acessórios de veículos automotores, adquiridos para emprego na industrialização desses veículos ou para abastecimento do mercado de reposição.

   e) Sob nenhuma hipótese é permitido mudar ou alterar o nome dos produtos importados, constantes dos documentos de importação.

60. (Questão inédita – MLV) Considerando a legislação do Imposto sobre Produtos Industrializados (IPI), assinale a alternativa incorreta.

   a) A falta do selo no produto, o seu uso em desacordo com as normas estabelecidas ou a aplicação de espécie imprópria para o produto importarão em considerar o produto respectivo como não identificado com o descrito nos documentos fiscais.

   b) O fornecimento do selo de controle para produtos nacionais é feito mediante comprovação de recolhimento do imposto relativo aos períodos de apuração com prazo de recolhimento já vencido após a última aquisição, ou mediante comprovação da existência de saldo credor.

   c) No caso de cigarros de origem estrangeira, o fornecimento do selo de controle é feito mediante apresentação do respectivo documento de arrecadação, referente ao pagamento dos selos, em quantidade igual ao número das unidades a importar, previamente informadas.

   d) A aplicação do selo de controle nos produtos dever ser feita pelo industrial, antes da saída do produto do estabelecimento industrial, e pelo importador ou licitante, antes da saída do produto da repartição que o desembaraçar ou licitar.

   e) O emprego do selo de controle dispensa a rotulagem ou marcação dos produtos, de acordo com as normas previstas no Regulamento do IPI.

61. (Esaf/ Técnico do Tesouro Nacional – 1998) Se houver diferença no estoque de selos de controle, constatada pelo usuário, o imposto correspondente deverá ser lançado e pago pelo mesmo usuário, antes do início da ação fiscal, sob pena de lançamento de ofício. Nesse caso, o momento do lançamento espontâneo, pelo usuário, será:

a) no fim do período de apuração do imposto;
b) na data fixada na intimação, para pagamento;
c) no momento em que for constatada a diferença, pela fiscalização;
d) no momento da apuração, pelo usuário, da diferença no estoque de selos;
e) no momento da requisição dos selos faltantes.

62. (Questão inédita – MLV) Considerando as disposições da legislação do Imposto sobre Produtos Industrializados, assinale V ou F e, em seguida, assinale a alternativa que contenha a sequência correta.

   I. Se a contagem física revelar falta de selos de controle em relação à quantidade que estiver escriturada no Livro Registro de Entrada e Saída do Selo de Controle, pode-se concluir que produtos selados saíram do estabelecimento sem emissão da respectiva de nota fiscal.
   II. Em certos casos, a expressão "Indústria Brasileira" pode ser dispensada da rotulagem ou marcação de produtos industrializados.
   III. Os estabelecimentos industriais e os que lhes são equiparados poderão se creditar do imposto relativo a matéria-prima, produto intermediário e material de embalagem, recebidos de terceiros para industrialização de produtos por encomenda, quando estiver destacado ou indicado na nota fiscal.
   IV. A isenção de caráter subjetivo só exclui o crédito tributário quando o seu titular estiver na situação de contribuinte ou de adquirente.

   a) V, V, V, F
   b) V, V, F, V
   c) F, F, F, V
   d) F, F, V, F
   e) F, V, V, V

63. (Questão inédita – MLV) Sobre o tema rotulagem e marcação, responda sim ou não conforme as disposições da legislação do Imposto sobre Produtos Industrializados, e em seguida aponte a alternativa que corresponde à sequência correta.

   I. Em qualquer caso, é proibido importar produto estrangeiro com rótulo escrito, no todo ou em parte, na língua portuguesa?
   II. É necessário rotular ou marcar peças e acessórios empregados, no próprio estabelecimento industrial, na industrialização de outros produtos?
   III. Os importadores devem puncionar os artefatos de metais preciosos recebidos do exterior, mesmo que já tenham sido marcados no país de origem?
   IV. No caso de acondicionamento ou reacondicionamento de produto importado, o acondicionador ou reacondicionador no Brasil deve mencionar o nome do país de origem?

a) sim, não, não, não;
b) sim, sim, não, não;
c) não, não, não, sim;
d) não, não, sim, sim;
e) não, sim, sim, sim.

64. (Questão inédita – MLV) Considerando a legislação do Imposto sobre Produtos Industrializados (IPI), assinale a alternativa incorreta.

   a) O transportador é obrigado ao pagamento do imposto como responsável, em relação aos produtos tributados que transportar, desacompanhados da documentação comprobatória de sua procedência.

   b) No caso de falta do documento fiscal que comprove a procedência do produto e identifique o remetente pelo nome e endereço, ou de produto que não se encontre selado, rotulado ou marcado, quando exigido o selo de controle, a rotulagem ou a marcação, não poderá o destinatário recebê-lo, sob pena de se sujeitar às sanções cabíveis, sendo incabível, nessa circunstância, a exigência do imposto haja vista que o destinatário não praticou qualquer fato gerador.

   c) O registro especial concedido ao fabricante de cigarros pode ser cancelado, a qualquer tempo, pela autoridade concedente, se, após a sua concessão, for constatada a prática de fraude, conluio, ou de crime contra a ordem tributária.

   d) O emprego de selos que não estiverem em circulação é circunstância suficiente para que sejam considerados não selados os produtos aos quais forem aplicados.

   e) A inscrição da expressão "Indústria Brasileira" com destaque e em caracteres bem visíveis pode ser dispensada da rotulagem ou marcação das bebidas alcoólicas do Capítulo 22 da TIPI, importadas em recipientes de capacidade superior a um litro e que sejam reacondicionadas no Brasil, no mesmo estado ou após redução do seu teor alcoólico, atendidas às condições estabelecidas pelo Ministro de Estado da Fazenda.

65. (Esaf/ Auditor-Fiscal da Receita Federal do Brasil – 2012) A Lei nº 12.546, de 14 de dezembro de 2011, prevê incidência específica do Imposto sobre Produtos Industrializados (IPI) sobre certos tipos de cigarros (Cigarros que contenham tabaco – classificados no código 2402.20.00 da TIPI, com exceção do EX 01). A respeito desta incidência, assinale a opção incorreta.

   a) O IPI em questão será apurado e recolhido, uma única vez, pelo estabelecimento industrial, em relação às saídas dos cigarros destinados ao mercado interno, ou pelo importador, no desembaraço aduaneiro dos cigarros de procedência estrangeira.

   b) O valor a ser pago a título desse IPI é calculado mediante a aplicação da alíquota do tributo sobre a sua base de cálculo, a qual é obtida mediante aplicação de uma porcentagem, cujo mínimo está previsto em lei, incidente sobre o preço de venda a varejo do produto.

c) O Poder Executivo poderá fixar preço mínimo de venda no varejo dos cigarros de que trata o *caput*, válido em todo o território nacional, abaixo do qual fica proibida a sua comercialização.

d) O fabricante dos cigarros em questão é obrigado a Registro Especial junto à Secretaria da Receita Federal do Brasil, cuja concessão dar-se-á por estabelecimento industrial e estará, também, na hipótese de produção, condicionada à instalação de contadores automáticos da quantidade produzida, sendo a ausência de regularidade fiscal uma das hipóteses que pode resultar no cancelamento deste Registro Especial.

e) A pessoa jurídica industrial ou importadora dos cigarros referidos poderá optar por regime favorecido de apuração e recolhimento do IPI, caso em que, atendidos certos requisitos, a base de cálculo do tributo será o menor preço de venda a varejo do produto, praticado em cada Estado ou no Distrito Federal.

66. (Questão inédita – MLV) Considerando o que dispõe a legislação do Imposto sobre Produtos Industrializados (IPI) acerca do enquadramento das chamadas bebidas quentes em Classes de valores do imposto, julgue as assertivas e, em seguida, assinale a alternativa que contenha a sequência correta.

    I. O enquadramento dos produtos nacionais nas Classes de valores de imposto deve feito pelo próprio contribuinte e apenas comunicado à autoridade competente da Receita Federal do Brasil.

    II. As bebidas quentes de procedência estrangeira se sujeitam ao mesmo processo de enquadramento em Classes de valores do IPI aplicável às nacionais.

    III. O enquadramento inicial somente pode ser alterado de ofício, sendo inadmitido o reenquadramento a pedido do próprio contribuinte.

    IV. Após a formulação do pedido de enquadramento e enquanto não editado o ato pelo Ministro de Estado da Fazenda, o contribuinte deve enquadrar o seu produto na maior Classe de valores da Tabela constante do art. 209, observadas as Classes por capacidade do recipiente.

    a) V, V, V, F
    b) V, V, F, V
    c) F, F, F, V
    d) F, F, V, F
    e) F, V, V, V

67. (Questão inédita – MLV) Assinale a alternativa incorreta, observando as disposições da legislação do Imposto sobre Produtos Industrializados (IPI) acerca da industrialização por encomenda.

    a) Os estabelecimentos industriais e os que lhes são equiparados podem se creditar do imposto relativo a matéria-prima, produto intermediário e material de embalagem, quando remetidos a terceiros para industrialização sob encomenda, sem transitar pelo estabelecimento adquirente.

b) Na execução da encomenda, se o executor empregar produtos de sua industrialização ou importação, a remessa dos produtos industrializados ao encomendante não poderá ser efetuada com suspensão do IPI.

c) Considera-se ocorrido o fato gerador do IPI na saída do estabelecimento industrial diretamente para estabelecimento da mesma firma ou de terceiro, por ordem do encomendante, quanto aos produtos mandados industrializar por encomenda.

d) Na remessa dos produtos industrializados, efetuada pelo industrializador, diretamente a outro estabelecimento da firma encomendante, ou a estabelecimento de terceiros, caberá ao estabelecimento encomendante emitir nota fiscal em nome do estabelecimento destinatário, com destaque do imposto, se este for devido.

e) Nas operações em que a matéria-prima, produto intermediário ou material de embalagem, adquiridos de terceiros, sejam entregues diretamente ao executor da encomenda sem transitar pelo estabelecimento encomendante, o remetente deve emitir nota fiscal nome do estabelecimento adquirente sem o destaque do imposto, ainda quando este for devido.

68. (Questão inédita − MLV) Considerando o que dispõe a legislação do Imposto sobre Produtos Industrializados (IPI), julgue as assertivas e, em seguida, assinale a alternativa que contenha a sequência correta.

I. Exceto nos casos em que é permitida a selagem no estabelecimento do importador ou do licitante, os produtos de procedência estrangeira sujeitos ao selo não podem ser liberados pelas repartições fiscais, sem que antes sejam selados.

II. Consideram-se como produtos estrangeiros introduzidos clandestinamente no território nacional, para todos os efeitos legais, as bebidas nacionais destinados à exportação que forem encontrados no País, sendo, entretanto, admitida a saída dos produtos para uso ou consumo de bordo em embarcações ou aeronaves de tráfego internacional, quando o pagamento for efetuado em moeda conversível.

III. São isentos do IPI os produtos elaborados com matérias-primas agrícolas e extrativas vegetais de produção regional, excluídas as de origem pecuária, por estabelecimentos industriais localizados na Amazônia Ocidental, cujos projetos tenham sido aprovados pelo Conselho de Administração da SUFRAMA, excetuados o fumo do Capítulo 24 e as bebidas alcoólicas, das Posições 22.03 a 22.06, dos Códigos 2208.20.00 a 2208.70.00 e 2208.90.00 (exceto o Ex 01) da TIPI.

IV. Para fins de desembaraço aduaneiro, o importador deve identificar embalagens de transporte e de acondicionamento do produto importado.

a) V, V, V, F
b) V, V, F, V
c) F, F, F, V
d) F, F, V, F
e) F, V, V, V

69. (Esaf/ Auditor-Fiscal da Receita Federal do Brasil – 2012) Tendo por base a legislação tributária aplicável ao Imposto sobre Produtos Industrializados (IPI), julgue os itens abaixo, classificando-os como corretos (C) ou errados (E). Em seguida, escolha a opção adequada às suas respostas.

   I. A tributação das bebidas classificadas nas Posições 22.04, 22.05, 22.06 e 22.08 da TIPI, vulgarmente chamadas de "bebidas quentes", dá-se por intermédio de técnica especial, consistente no enquadramento dos produtos por Classes de valores de imposto. Este enquadramento é passível de alteração pelo Ministro da Fazenda, desde que o comportamento do mercado justifique a alteração, sendo esta alteração legalmente limitada ao valor do imposto que resultaria da aplicação da alíquota do produto constante da TIPI sobre o seu valor tributável.

   II. Mediante intimação escrita, as empresas transportadoras e os transportadores autônomos são obrigados a prestar aos Auditores-Fiscais da Receita Federal do Brasil todas as informações de que disponham com relação aos produtos, negócios ou atividades de terceiros, exceto quanto a fatos sobre os quais estejam legalmente obrigados a observar segredo em razão de cargo, ofício, função, ministério, atividade ou profissão.

   III. A mistura de tintas entre si, ou com concentrados de pigmentos, sob encomenda do consumidor ou usuário, realizada em estabelecimento comercial varejista, efetuada por máquina automática ou manual, não se caracteriza como industrialização, desde que fabricante e varejista não sejam empresas interdependentes, controladora, controlada ou coligadas.

   IV. Para fins de controle do quantitativo de produtos industrializados tributados pelo IPI, a legislação tributária pode instituir obrigação acessória consistente na aplicação de selo especial, confeccionado pela Casa da Moeda do Brasil e distribuído aos contribuintes pela Secretaria da Receita Federal do Brasil, proibida cobrança de valores pela distribuição, exceto no caso de inutilização ou desperdício ocasionado pelo contribuinte, hipótese em que será cobrado ressarcimento pela redistribuição dos selos.

   a) Apenas o item II está correto.
   b) Apenas os itens II e III estão corretos.
   c) Apenas o item III está correto.
   d) Apenas o item IV está errado.
   e) Todos os itens estão corretos.

70. (Esaf/ Analista-Tributário da Receita Federal do Brasil – 2012) Quanto à obrigatoriedade de rotulação ou marcação de produtos, exigida na legislação do Imposto sobre Produtos Industrializados, pode-se afirmar, exceto:

   a) a rotulagem ou marcação será feita no produto e no seu recipiente, envoltório ou embalagem;
   b) a rotulagem ou marcação será feita antes da saída do estabelecimento, em cada unidade, em lugar visível, por processo de gravação, estampagem ou impressão;

Parte V | Imposto sobre Produtos Industrializados   721

c) nos tecidos a rotulagem ou marcação será feita nas extremidades de cada peça, com indicação de sua composição, vedado cortar as indicações constantes da parte final da peça;

d) no caso de impossibilidade ou impropriedade de rotulagem ou marcação no produto, o fato será comunicado à Receita Federal do Brasil para fins de dispensa.

e) das amostras grátis isentas do imposto e das que, embora destinadas a distribuição gratuita, sejam tributadas, constarão, respectivamente, as expressões "Amostra Grátis Isenta de IPI" e "Amostra Grátis Tributada".

71. (Esaf/ Analista-Tributário da Receita Federal do Brasil – 2012) Quanto aos estabelecimentos industriais fabricantes de cigarros, segundo a legislação do Imposto sobre Produtos Industrializados, assinale a opção correta.

a) Tais estabelecimentos estão obrigados à instalação de contadores de produção, exceto no caso da instalação de equipamento que permita o controle e o rastreamento dos produtos em todo território nacional.

b) Os equipamentos contadores de produção deverão ser instalados em todas as linhas de produção existentes nos estabelecimentos industriais fabricantes de cigarros, em local correspondente ao da aplicação do selo de controle.

c) No caso de avaria dos contadores de produção, o contribuinte terá o prazo de trinta dias para conserto, sendo obrigado a utilizar o selo de controle enquanto perdurar a interrupção.

d) Os equipamentos contadores de produção, em condições normais de operação, deverão permanecer acessíveis para ações de configuração ou para interação manual direta com o fabricante.

e) Nem todos os estabelecimentos industriais fabricantes de cigarros estão obrigados à instalação de contadores de produção, somente aqueles que não tenham aparelhos que façam o controle, registro, gravação e transmissão dos quantitativos produzidos.

72. (Esaf/ Auditor-Fiscal da Receita Federal do Brasil – 2014) Julgue os itens abaixo e, em seguida, assinale a opção correta.

I. Segundo entendimento recente do Supremo Tribunal Federal, o valor cobrado a título de ressarcimento de custos para utilização do selo especial de emissão oficial para controle do Imposto sobre Produtos Industrializados detém natureza jurídica tributária de contribuição de intervenção no domínio econômico, motivo pelo qual está reservado a lei em sentido estrito.

II. A legislação tributária impõe obrigação acessória consistente na aplicação de selo especial de emissão oficial para controle de determinados produtos sujeitos ao Imposto sobre Produtos Industrializados.

III. A exigência legal de utilização de selos para o controle da produção de algumas mercadorias sujeitas ao Imposto sobre Produtos Industrializados foi recentemente revogada por lei que instituiu, em substituição ao selo, a obrigatoriedade de utilização da nuvem digital para controle de mercadorias, que capta imagens da produção e transporte das mercadorias em tempo real.

IV. A legislação tributária impõe obrigação acessória consistente na instalação de equipamentos contadores de produção, que possibilitem a identificação do tipo de produto, de embalagem e de sua marca comercial, ficando os contribuintes obrigados ao ressarcimento pelo custo necessário à instalação desses equipamentos na linha de produção.

a) Apenas o item II está correto.

b) Apenas os itens II e III estão corretos.

c) Apenas o item III está correto.

d) Apenas o item IV está errado.

e) Apenas os itens I e III estão errados.

73. (Esaf/ Auditor-Fiscal da Receita Federal do Brasil – 2014) Leia o texto abaixo:

"Anápolis-GO (17 de outubro de 2013) – O ministro do Desenvolvimento, Indústria e Comércio Exterior disse que o regime automotivo em vigor desde janeiro de 2013 está atingindo os objetivos de atrair tecnologia para o Brasil. "Com o Inovar-Auto, estamos conseguindo atualizar nossas plantas industriais", disse, durante inauguração de uma linha de veículos em fábrica, em Anápolis-GO, na manhã desta quinta-feira. Desde o lançamento do regime automotivo, 11 montadoras anunciaram a construção ou ampliação de plantas industriais e a vinda para o Brasil. O investimento anunciado desde então já soma R$ 8,3 bilhões, parte dele para a produção de veículos do segmento de luxo. O objetivo do governo federal ao lançar o plano é produzir carros mais econômicos e mais eficientes do ponto de vista energético e aumentar a exportação de veículos."

(Texto adaptado. Disponível em: <http://www.mdic.gov.br/sitio/interna/noticia.php?area=1&noticia=12745>)

Com base na legislação tributária, assinale a opção correta quanto ao Programa de Incentivo à Inovação Tecnológica e Adensamento da Cadeia Produtiva de Veículos Automotores (Inovar-Auto).

a) O Inovar-Auto é exemplo de anomalia típica do Imposto sobre Produtos Industrializados, pois desonera a cadeia nacional, reservando toda incidência tributária para o momento da exportação dos veículos.

b) O Inovar-Auto é exemplo de seletividade invertida do Imposto sobre Produtos Industrializados, pois desonera a produção de itens supérfluos, como carros de luxo, ao tempo em que aumenta a incidência do tributo sobre veículos utilitários de uso coletivo, tais como os ônibus.

c) Mediante o cumprimento de certas condições, o Inovar-Auto concede ao contribuinte beneficiado crédito presumido de Imposto sobre Produtos

Industrializados e dedutibilidade de percentual investido em tecnologia do Imposto de Renda da Pessoa Jurídica.

d) Assim como em outras políticas públicas, tais como o Programa Nacional de Apoio à Atenção Oncológica (Pronon), o Inovar-Auto busca metas alheias à arrecadação em troca da dedutibilidade de percentuais de certas despesas e custos do Imposto de Renda da Pessoa Jurídica e suspensão da exigência do Imposto sobre Produtos Industrializados.

e) Mediante o cumprimento de certas condições, o Inovar-Auto concede ao contribuinte beneficiado a suspensão de Imposto sobre Produtos Industrializados incidente no desembaraço aduaneiro de alguns veículos importados.

74.1. Gabarito dos exercícios da Parte V

1. D	2. A	3. E	4. D
5. C	6. B	7. E	8. A
9. B	10. E	11. A	12. D
13. C	14. B	15. E	16. D
17. C	18. B	19. B	20. E
21. B	22. B	23. C	24. D
25. E	26. B	27. A	28. C
29. C	30. C	31. E	32. A
33. E	34. B	35. C	36. C
37. A	38. E	39. D	40. A
41. Anulada	42. C	43. E	44. D
45. C	46. A	47. D	48. D
49. B	50. C	51. D	52. C
53. B	54. D	55. C	56. C
57. B	58. D	59. C	60. E
61. D	62. A	63. D	64. B
65. E	66. C	67. E	68. A
69. D	70. D	71. B	72. E
73. E			

74.2. Justificativa da Esaf para anulação de questão do Concurso de 2012

Durante o período em que a Esaf estava recebendo recursos contra o gabarito preliminar relativo à prova aplicada no concurso de 2012 para Auditor- -Fiscal da Receita Federal do Brasil, ofereci na parte aberta do site do Ponto dos Concursos a seguinte sugestão de recurso:

> *PROVA 3 (GABARITO 1) AFRFB – QUESTÃO 41 (LEGISLAÇÃO TRIBUTÁRIA)*
>
> *A questão precisa ser anulada, para preservação da lisura do certame, tendo em vista que a assertiva IV versou sobre tema não compreendido no conteúdo programático previsto no edital do concurso.*
>
> *Segue abaixo reproduzida a referida assertiva:*
>
> *IV. Valores instituídos por prazo determinado, atribuídos a pessoa jurídica produtora que efetue exportação de bens manufaturados no País, calculados pela aplicação de percentual estabelecido pelo Poder Executivo sobre a receita decorrente da exportação desses bens, objetivando ressarcir o resíduo tributário federal existente nessa cadeia de produção.*
>
> *A assertiva se refere a benefício fiscal concedido pela Lei nº 12.546, de 2011, para pessoas jurídicas habilitadas ao Regime Especial de Reintegração de Valores Tributários para as Empresas Exportadoras (Reintegra).*
>
> *Em atenta análise aos dispositivos da referida Lei, nota-se que o benefício não guarda qualquer relação com o Imposto sobre Produtos Industrializados. A única menção ao IPI se faz, na verdade, em relação à TIPI, e unicamente para fins de identificar os produtos abrangidos pelo Regime. Mas, isso não é, nem de longe, motivo para afirmar que a Lei instituidora do Reintegra é legislação do IPI. Técnica semelhante tem sido frequentemente adotada para identificação de produtos beneficiados por disposições relativas ao IRPJ, à CSLL, à Contribuição para o PIS/Pasep e à Cofins, e nem por isso alguém ousa afirmar que se trata de legislação do IPI.*
>
> *Percebe-se que o benefício do Reintegra é calculado mediante a aplicação de percentual sobre a receita decorrente da exportação de bens produzidos pela pessoa jurídica (Lei nº 12.546, de 2011, art. 2º, § 1º). Não há, portanto, qualquer relação do IPI com o cálculo do valor do benefício.*
>
> *Além disso, diferentemente da técnica adotada pelo legislador da Lei nº 9.363, de 1996, no Reintegra o benefício não é utilizado à conta do IPI. Em outras palavras, a utilização do benefício do Reintegra não influencia a apuração do IPI em nenhum momento. Isso porque o legislador da Lei nº 12.546, de 2011, estabeleceu que o valor do benefício pode ser ressarcido em dinheiro*

ou utilizado em compensação com débitos próprios, vencidos ou vincendos, relativos a tributos administrados pela RFB.

Fica assim evidenciado que o Regime Especial de Reintegração de Valores Tributários para as Empresas Exportadoras (Reintegra) não faz parte da legislação do IPI e, consequentemente, as regras do referido regime não poderiam constituir o objeto de questão da prova.

Ante o exposto, a questão deve ser anulada.

Segue abaixo a íntegra do parecer da Esaf, publicado após a apreciação dos recursos, relativamente à questão 41 na numeração original da prova de gabarito 1 do concurso de 2012 para Auditor-Fiscal da Receita Federal do Brasil (Questão 41 na lista de exercícios da Parte V deste livro):

A questão pediu ao candidato para assinalar a alternativa incorreta. O gabarito divulgado informou a letra D como resposta, por considerá-la de acordo com a classificação dos itens I, II, III e IV. Os candidatos recorreram da questão alegando que a matéria veiculada no item IV da questão (Lei nº 12.546, de 2011 – Regime Especial de Reintegração de Valores Tributários para as Pessoas Exportadoras (Reintegra)) não está contida no conteúdo programático do Edital nº 24, de 06 de julho de 2012, porque o benefício fiscal concedido no Reintegra não guarda relação com o Imposto sobre Produtos Industrializados, porque o cálculo do benefício não utiliza elementos de valores pagos a título de IPI e porque a compensação do benefício não é exclusivamente feita com débitos do IPI, dado que os créditos de Reintegra são compensáveis com qualquer outro tributo.

Analisemos as ponderações dos candidatos.

O Edital nº 24, de 06 de julho de 2012, no conteúdo programático referente à Legislação Tributária, exigiu o tópico "2.12 Créditos" e o tópico "2.20 Crédito presumido", independentemente do tópico "2.10 Base de cálculo", significando que exige o conhecimento de créditos compensáveis com IPI, não necessariamente apenas os créditos decorrentes da não cumulatividade, mas outros créditos porventura criados por lei para serem compensados na cadeia. Não é correto afirmar que os créditos do Reintegra não possuem relação com o IPI, porque esses créditos, além de serem compensáveis com débitos de IPI (art. 2º da Lei nº 12.546, de 2011) têm por finalidade ressarcir eventual resíduo de IPI, remanescente na cadeia produtiva voltada à exportação, conforme consta da Exposição de motivos nº 122, de 2 de agosto de 2011 da Medida Provisória nº 540, de 2011, convertida na Lei nº 12.546, de 14 de dezembro de 2011: " (...) 6. A proposta de instituição do REINTEGRA, com duração até 31 de dezembro de 2012, tem por objetivo reintegrar valores referentes a custos tributários residuais – impostos pagos ao longo da cadeia produtiva e que não foram compensados – existentes nas suas cadeias de produção.

A partir do REINTEGRA será possível para as empresas exportadoras efetuarem compensação de resíduos tributários com débitos próprios ou mesmo solicitarem seu ressarcimento em espécie, em termos a serem estabelecidos pela Secretaria da Receita Federal do Brasil. (...)".

Contudo, assiste razão aos candidatos no que dizem que o REINTEGRA não é benefício exclusivamente instituído no âmbito de IPI. Embora o crédito objetive ressarcir resíduo de IPI e embora ele seja compensável com IPI, ele também visa ressarcir resíduo de outros tributos federais (contribuições do PIS, a COFINS, eventual CIDE), do mesmo modo, o crédito é compensável com outros tributos federais, e não exclusivamente com IPI.

Assim, por cautela, tendo em vista que o conteúdo programático de legislação tributária se ateve à Legislação do IPI e do Imposto de Renda, não é desarrazoado considerar que o Reintegra não estaria abarcado pelo programa, porque, embora esteja relacionado ao IPI, não se enquadraria como legislação específica de IPI. Ante o exposto, proponho a anulação da questão.

Referências bibliográficas

ANDRADE FILHO, Edmar Oliveira. *Imposto de renda das empresas*. 9ª ed. São Paulo: Atlas, 2012.

BOTALLO, Eduardo Domingos. *IPI*: princípios e estrutura. São Paulo: Dialética, 2009.

DALSTON, Cesar Olivier. *Classificando mercadorias*: uma abordagem didática da ciência da Classificação de Mercadorias. São Paulo: Lex Editora, 2005.

FERREIRA, Ricardo José. *Contabilidade avançada*: teoria e questões comentadas sobre os principais pronunciamentos do CPC. 6ª ed. Rio de Janeiro: Ed. Ferreira, 2013.

FUNDAÇÃO INSTITUTO DE PESQUISAS CONTÁBEIS, ATUARIAIS E FINANCEIRAS. *Manual de contabilidade das sociedades por ações*: aplicável às demais sociedades. 7ª ed. São Paulo: Atlas, 2010.

GRECO, Marco Aurélio. *Planejamento tributário*. São Paulo: Dialética, 2004.

LEITE, Luciana Souza; IZZO, Sonia Regina. *RIPI*: regulamento do imposto sobre produtos industrializados. São Paulo: IOB, 2013.

MELO, José Eduardo Soares de. *IPI*: teoria e prática. São Paulo: Malheiros, 2009.

MORAES JR., José Jayme. *Contabilidade geral*. 4ª ed. Rio de Janeiro: Elsevier, 2013.

NEVES, Silvério das; VICECONTI, Paulo E. *Contabilidade avançada e análise das demonstrações financeiras*. 17ª ed. São Paulo: Saraiva, 2013.

NEVES, Silvério das; VICECONTI, Paulo E. *Imposto de renda pessoa jurídica e tributos conexos* (CSLL, PIS e COFINS). 14ª ed. São Paulo: Frase Editora, 2009.

OLIVEIRA, Ricardo Mariz de. *Fundamentos do imposto de renda*. São Paulo: Quartier Latin, 2008.

PEIXOTO, Marcelo Magalhães (Coord.) et al. *Regulamento do imposto de renda 2013*: anotado e comentado. 7ª ed. São Paulo: MP Editora, 2013.

PEIXOTO, Marcelo Magalhães (Coord.) et al. *Regulamento do IPI*: imposto sobre produtos industrializados – anotado e comentado. São Paulo: MP Editora, 2008.

PENHA, José Ribamar Barros. *Imposto de renda pessoa física*: norma, doutrina, jurisprudência e prática. São Paulo: MP Editora, 2010.

SILVA, Antonio César Valério da. *Contabilidade avançada* (incluindo a legislação tributária federal pertinente). Niterói: Impetus, 2004.

SILVA, Lourival Lopes da. *Contabilidade avançada e tributária*. São Paulo: IOB, 2011.

VALLE, Clovis Raimundo do; MASCARENHAS, Cabral. *Tudo sobre o IPI*. 5ª ed. São Paulo: Aduaneiras, 2003.

Rua Alexandre Moura, 51
24210-200 – Gragoatá – Niterói – RJ
Telefax: (21) 2621-7007
www.impetus.com.br

Esta obra foi impressa em papel offset 63 grs./m².